청소년학 ^{2판}

청소년 이해와 지도

• 한상철 저 •

학지사

2판 서문

　최근 새 정부 출범과 더불어 청소년 분야 행정조직이 과거 국가청소년위원회에서 보건복지가족부 아동청소년정책실로 이관되면서 커다란 변화가 일어나고 있다. 청소년 활동과 상담 및 보호를 주축으로 발전되어 왔던 행정체계가 역량개발과 복지로 양분화되고 있으며, 행정조직에 이어 관계법과 행정 전달체계 역시 새로운 변화를 앞두고 있다. 이와 같은 변화가 완성된다면 청소년 분야가 더욱 발전적이고 내실 있는 형태가 될 것으로 기대한다. 또한 그 수혜자인 청소년들 역시 역동적이고 창조적인 이 시대의 주인공으로서, 그리고 사회적 잠재역량으로서의 가치를 더욱 높여 나갈 수 있을 것으로 예상한다. 한편, 정책 및 행정의 변화가 완성될 경우 이 책의 보다 완전한 개정 또한 가능할 것이다. 지금 현재는 변화과정에 있음으로 기존의 내용을 토대로 부분적으로 수정하는 수준에서 개정판을 준비할 수밖에 없음을 널리 양해해 주기 바란다.

　오늘날 우리 사회의 청소년들은 과거의 청소년들과 분명히 다른 특성들을 지니고 있다. 신체 크기나 외모의 변화뿐만 아니라 심리적인 특성과 문화적인 행동 그리고 진로와 직업세계에 대한 인식 등에 있어서 과거의 청소년들과 분명다른 면모를 보이고 있다. 청소년들의 변화된 사고와 가치관, 행동 등은 곧바로 기성사회에 투영되어 사회변화를 주도하게 된다. 이들은 더 이상 성인사회의 종속물이나 수동적인 존재가 아니라 우리 사회의 문화와 경제, 정치를 선도하고 창조해 나가는 적극적인 주체자가 되고 있다.

　청소년기는 한 인간이 아동기에서 성인기로 발달해 가는 과정에서 누구나 겪게 되는 한순간의 과도기나 이행기가 아니다. 일부 식자들은 청소년들이 다소 혼란스럽고 격정적인 것처럼 보이지만 그들의 대부분은 아무런 어려움 없이 정상적인 성인으로 성장해 간다고 주장하며, 이들에게 특별한 그 무엇은 없다고 생각한다. 단지 인내하면서 그들을 지켜보다 보면 모든 것이 해결될 것이라는 안이한 생각을 갖기도 한다. 물론 이러한 생각도 전적으로 잘못된 것은 아니지만, 그렇다고 청소년기를 그냥 스쳐 지나가는 시기쯤으로 생각한다면 그것은 분명 잘못된 것이며 많은 시행착오를 범할 수밖에 없다. 청소년기는 인간이 영아기와 유아기를 거쳐 아동기까지 형성하고 습득한 모든 특성과 행동양식을 재통합하여 새로운 인간으로 다시 태어나는 시기이며, 청소년기 동안의 경험과 대인관계, 가치관 등은 최소한 50년 이상 지속되는 성인기의 삶을 결정한다고 해도 과언이 아니다. 루소가 청소년기를 '제2의 탄생기'라고 명명한 것도 이러한 이유에서다.

청소년학은 청소년을 한 사람의 독립된 개체로 인정하고 그들의 사고와 문화를 존중하며, 청소년의 잠재력과 무한한 가능성을 수용하는 데에서 출발한다. 청소년기의 가치와 중요성에도 불구하고 우리나라의 청소년행정 및 정책은 청소년의 성장과 생활환경을 지원하고 조력하기는커녕 청소년을 정치적으로 이용하는 모순을 범해 왔다. 이것은 청소년을 아직도 미성숙자나 사회적 반항아로 인식하는 성인들의 편견으로부터 비롯된 것이며, 우리 사회에 청소년 문제가 발생할 때면 이를 이용하여 정치적인 기득권을 챙기려는 얕은 술수로부터 비롯되었다고 볼 수 있다. 청소년은 그 어떤 집단의 부산물이나 종속물일 수 없으며, 그들만의 인격과 삶의 주체성을 지닌 독자적인 개체이며 문화인이다. 우리는 청소년의 이와 같은 특성을 정확하게 그리고 과학적으로 이해하고, 이에 기초하여 청소년들의 생활환경을 개선하고 삶의 과정을 지원하는 형태로 청소년지도활동을 수행해 나가야 할 것이다. 이것이 청소년학의 본질이며, 과학적 학문으로서의 기본 틀을 형성하는 것이라고 생각한다.

청소년학은 청소년의 다양한 심리적 특성과 발달과정, 문화와 행동 등을 보다 과학적으로 이해하고 그들을 합리적으로 지도하는 데 필요한 학적 체계다. 이를 다른 말로 표현하면, 청소년 분야의 다양한 현상들을 과학적인 방법으로 탐구하는 학문이다. 이때 청소년 분야의 다양한 현상이란 청소년 개체의 본질적인 특성과 문화적 행동, 청소년행정 및 정책, 청소년지도 현장의 다양한 환경, 지도방

법과 프로그램 등이 모두 포함될 것이다. 이 책은 청소년학의 정체성을 수립한
다는 의미에서 청소년학의 구조를 크게 청소년 이해 영역과 청소년지도 영역으
로 대별한다. 이 두 가지 영역, 즉 청소년을 직접대상으로 하는 영역을 청소년학
의 본질적인 영역으로 규정하며, 청소년들의 생활환경과 활동공간, 제도와 법규
등을 개선하고 지원하기 위한 분야, 즉 청소년행정과 정책 및 관계법 등을 청소
년학의 부수적 영역으로 그리고 청소년의 다양한 문제행동을 이해하고 지도하기
위한 분야를 청소년학의 실천적 영역으로 규정한다. 청소년학에서 이들 두 가지
영역, 즉 실천적 영역과 부수적 영역을 이 책에서는 주변 영역으로 간주한다. 그
러므로 이 책의 제1부에서는 청소년학의 역사적 발생배경과 학문의 구조 등을
다루었고, 제2부에서는 청소년 개체를 심리학적 또는 문화적으로 이해하기 위한
영역을 포함하였으며, 제3부에서는 청소년을 지도하고 상담하는 데 필요한 이론
과 방법 등을 탐색하는 데 초점을 두었다. 마지막으로 제4부는 청소년학의 주변
영역에 속하는 청소년 문제행동과 청소년행정 및 정책에 대해 살펴보았다.

　본서의 집필과 출판과정에 도움을 주신 많은 분들께 진심으로 감사를 드린다.
먼저 청소년학　관련 분야에서 학문적인 열정뿐만 아니라 교육자로서의 소명의
식을 실천하고 계시는 전국의 청소년관련학과 교수님들께 지면을 통해 감사와
존경의 뜻을 전한다. 이와 더불어 청소년 분야의 열악한 환경에도 불구하고 이
시대 우리 사회의 청소년들을 위해 헌신적인 사랑을 실천하고 계시는 청소년지
도사 및 청소년상담사 여러분께도 감사를 드리며, 대학에서 청소년학을 전공하
고 있는 사랑하는 제자들에게도 진정으로 따뜻한 격려와 존중의 마음을 전하고
싶다. 우리나라에서 청소년학이 보다 성숙된 모습으로 정체성을 확립하기를 소
망하면서, 『청소년학: 청소년 이해와 지도』가 작은 밑거름이 될 수 있기를 진심
으로 소망해 본다. 부족한 저자에게 여러 모로 도움을 주신 많은 분들을 기억하
며, 특히 이 책의 출판을 맡아 주신 학지사의 김진환 사장님과 편집부 여러분께
도 깊은 감사를 드린다.

2008년 8월
대구한의대학교 청소년교육상담학과 한상철

| 차 례 |

2부 청소년 이해 영역

3부 청소년지도 영역

4부 청소년학의 주변 영역

1부 ■ 청소년학의 학문적 배경

대부분의 사람들은 자신의 생애 동안 청소년기(adolescence)라는 발달단계를 거친다. 그러나 사람들은 제각기 다른 방식으로 청소년기를 통과하며, 시대와 사회에 따라서도 개인의 청소년기 경험은 다양할 수밖에 없다. 이 시기 동안 대부분의 청소년들은 다소 위험스럽고 모험적인 행동을 선택하며, 이를 통해 자기 존재의식을 증명하려고 한다. 이것은 불안해 보일 뿐만 아니라 심지어 불량스러워 보이기까지 하지만 청소년은 이러한 행동을 통해 성인됨으로의 질적인 발전을 이루어 나가고 복합적인 사회환경에 적응해 나간다.

'청소년학'은 이와 같은 청소년의 삶을 보다 체계적이고 과학적으로 이해하고 지도하기 위한 것이다. 우리나라에서 청소년학이 하나의 학문으로 성립되기까지는 많은 진통을 겪었으며, 독립적인 완전한 학문으로 인정받기에는 아직도 다소 미흡한 점이 없지 않다. 다만, 청소년학이 보다 과학적인 학문으로 정립되기를 희망하는 마음으로 학문적 체계를 구축해 보려고 한다. 청소년학의 학문적 체계는 앞으로 보다 많은 사람들의 논의와 연구를 통해 완성되어야 할 것이다. 여기서는 이와 같은 논의의 초석을 마련한다는 심정으로 저자의 부족한 식견을 피력하고자 한다.

본서의 제1부는 청소년기가 사회적으로 그리고 학문적으로 언제부터 주목받게 되었는지, 그들의 존재는 역사적으로 어떻게 평가되었는지, 현대사회에서 그들의 존재는 어떤 의미를 지니고 있는지 등에 대해 고찰해 보고 이와 더불어 청소년학의 학문적 의미와 발전 방향, 연구방법론에 대해 논의하고자 한다. ■

::01 청소년학의 역사적 배경과 청소년의 특성

현대사회는 청소년에게 최상의 시기임과 동시에 최악의 시기다. 청소년의 세계는 50년 전에는 도저히 상상할 수 없었던 권력과 비전을 지니고 있다. 컴퓨터, 생명 연장에 대한 기대감, 텔레비전, 인공위성, 우주여행 등이 그것이다. 그러나 이런 많은 지식들은 그들에게 위험과 혼란을 초래하기도 한다. 학교 교육과정은 AIDS, 청소년 자살, 약물과 알코올 남용, 근친상간 등의 새로운 주제를 도입하기에 이르렀다. 뿐만 아니라 가끔 청소년을 유혹하는 성인 세계의 각종 위험물들은 청소년에게 치명적인 손상을 초래하며, 그들의 이상을 붕괴시키기도 한다.

인간의 성장은 결코 쉬운 것이 아니다. 개인의 생물학적 속성과 주변 환경, 그리고 자유의지에 따른 선택이 성장 및 발달을 결정하지만, 여기에는 또 다시 수많은 변수가 작용한다. 청소년 발달은 그들이 성장해 온 사회적 환경과 문화적 요소의 영향을 크게 받으며, 이것은 시대적 상황에 따라 커다란 차이를 보이게 된다. 제1장에서는 청소년이란 존재가 언제부터 어떻게 관심을 받게 되었는지를 살펴보고, 현대사회에서 청소년의 위상에 대해 논의하며, 이와 더불어 청소년 발달의 일반적인 특징을 개관하고, 청소년에 대한 성인사회의 잘못된 고정관념을 지적하고자 한다.

1. 청소년에 대한 역사적 조망

청소년에 대한 역사적 관점은 청소년이 초기 희랍시대에 어떻게 인식되었으며, 그 이후 중세와 계몽기 동안 어떻게 전환되었는지를 개관하는 것에서부터 시작된다. 다음으로 서구 근대화 시기의 청소년의 삶을 검토하고 20세기 이후 청소년을 평가한다.

1) 고대 희랍시대

초기 희랍시대에 Platon과 Aristoteles는 모두 젊은이의 본질에 대해 언급하였다. Platon은 『공화국(*The Republic*)』(B.C. 4세기/1968년 번역)에서 인간발달(그는 '영혼'이라고 함)의 세 가지 국면을 욕망, 정신, 이성이라고 하였다. Platon에 따르면, 이성(가장 높은 차원)은 아동기에 발달하는 것이 아니라 우리가 오늘날 '청소년기'라고 부르는 연령 시기에 최초로 발달한다. 그러므로 아동기의 교육은 스포츠와 음악만으로 충분하며, 청소년기가 되면서 이성, 즉 합리적 사고를 요구하는 과학과 수학을 지도해야 한다고 주장하였다(Santrock, 1996). Platon은 이원론적 사상을 주장한 철학자로서 인간의 이성이 욕망을 지배하게 될 때 진정한 인간이 될 수 있다고 믿었다.

한편, Platon에 따르면 아동기 초기에는 지적인 면이 아니라 성격적인 면이 발달되어야 한다. 그는 성격 형성에서 후기 경험의 중요성을 간과하지는 않았지만 특히, 초기 경험의 중요성을 강조했다. 인간발달에서 초기 경험의 중요성에 대한 주장은 오늘날까지도 계속되고 있으며, 후대의 학자들에게 많은 영향을 주었다. 그러나 후기 경험, 즉 청소년기의 경험이 성격 형성에 미치는 영향을 배제하지 않고 있다는 점 또한 명심할 필요가 있다.

Aristoteles(B.C. 4세기/1941년 번역)는 우리가 지금 '청소년기'라고 부르는 연령기의 가장 중요한 측면을 선택능력의 발달이라고 주장하였다. Aristoteles는 자기 선택에 의한 자기 결정(self-determination)이야말로 성숙의 징표라고 하였다. 그는 청소년 초기의 개인들은 성숙한 사람에 비해 불안정하고 인내심이 부족하며 자기 통제능력이 부족하다고 생각하였다. 그러나 약 21세경이 되면 대부분의 사람들은 자기 통제능력이 훨씬 더 개선된다고 믿었다.

　그는 인간발달 단계의 구체적인 시기를 기술한 최초의 사람 가운데 한 사람이었다. 그는 인간발달 단계를 ① 유아기(생의 최초 7년), ② 소년기(7세부터 사춘기까지), ③ 청소년기(young manhood; 사춘기부터 21세까지)로 구분하였다. Aristoteles의 견해는 청소년의 증가된 자기결정의 중요성을 기술하기 위해 독립성, 정체감, 직업 선택과 같은 용어를 사용하고 있는데, 이는 현대의 견해와 크게 다르지 않다(Santrock, 1996).

　이와 같이 희랍시대의 대표적인 철학자들 역시 청소년기의 중요성을 강조하고 있으며, 청소년기를 이성의 발달적 시기 또는 자기 선택에 의한 자기결정과 자기 통제능력의 발달적 시기로 규정하고 있다. 그러나 Platon은 이원론적 사상가로서 인간의 영혼과 이성이 육체와 감정을 지배해야 된다고 믿고 있었는 데 반해, Aristoteles는 일원론적 사상가로서 인간의 정신과 육체를 동일시하였으며, 청소년기의 자기결정능력과 자기 통제능력 역시 육체적 성숙과 이성의 도야를 함께 고양시킴으로써 발달될 수 있다고 보았다.

2) 중세와 계몽기

　중세기 동안 아동 및 청소년에 대한 사회의 시각은 매우 냉소적이었으며, 이들을 비인격적인 존재로 취급하였다. 아동 및 청소년은 '축소된 성인(miniature adult)'으로 간주될 뿐이었다. 그들은 아동과 청소년이 성인과 똑같은 흥미와 욕구를 갖고 있는 것으로 믿었다. 엄격한 교리주의적 전통은 아동의 비이성적이고 반문화적인 행동을 그들의 마음 속에 악령이 내재되어 있기 때문이라고 해석하였고, 따라서 혹독한 훈육과 체벌, 노동을 통해 악령을 몰아내야 한다고 생각하였다. 그러므로 아동과 청소년은 엄격한 훈육의 대상이 될 수밖에 없었으며, 성인과 동일한 노동력으로 취급될 뿐이었다. 이들은 성인과 다른 지위 및 역할을 부여받지 못하였으며(Muuss, 1989), 다만 '작은 야만인'으로 취급될 뿐이었다.

　중세시대 종교교육 이외의 생활교육으로 도제교육이 행해졌는데, 이것은 특정 기술을 익히기 위하여 어릴 때부터 전문 기술자의 견습공으로 일을 하면서 단계적으로 기술을 습득해 나가는 교육형태였다. 어릴 때의 혹독한 시련은 당연한 것이 되었고, 점차 나이가 들고 전문 기술자의 전수 지도가 약화되면서 홀로 자립하게 되었다. 이 시기의 청소년은 견습공 또는 하급 기술자에 지나지 않았으며, 그들 나름의 독자적인 문화와 사고방식은 허용되지 않았다.

18세기에 Jean-Jacques Rousseau는 청소년에 대한 보다 계몽된 견해를 제시하였다. 프랑스의 철학자 Rousseau는 다른 어떤 사람보다도 어린이가 성인과 동일하게 취급받아서는 안 된다는 신념을 펼치는 데 주력하였다. 그는 『에밀』(1762/1962년 번역)에서 어린이는 '축소된 성인'이 아니라 '독립된 인격체'라고 주장하였다. Rousseau는 12세 가량이 될 때까지 어린이는 성인의 규제로부터 자유로워야 하며, 그들의 세상을 자유롭게 경험할 수 있도록 허용되어야 한다고 믿었다.

그리고 Rousseau 역시 Aristoteles와 같이 아동기와 청소년기의 발달이 일련의 단계로 진행된다고 생각하였다. Rousseau가 제시한 발달의 네 단계는 다음과 같다.

- 단계 1: 유아기(최초 4, 5세까지). 유아기는 강한 신체적 욕구를 지니고 있는 만큼 동물과 가장 유사하며, 그들은 쾌락 지향적이다(쾌락과 고통에 의해 지배된다).
- 단계 2: 야만인기(5~12세). 이 시기에는 감각발달이 가장 중요하다. 따라서 놀이, 스포츠, 게임 등과 같은 감각적 발달이 교육의 초점이 되어야 한다. Aristoteles와 같이, Rousseau 또한 이성은 이 시기의 말경까지도 발달되지 않는다고 주장하였다.
- 단계 3: 초기 청소년기(12~15세). 이 단계 동안 풍부한 신체적 에너지와 함께 이성과 자기 의식이 발달한다. 따라서 Rousseau는 12~15세의 교육은 다양한 탐색활동을 통해 호기심을 고무시켜야 한다고 주장한다. 그는 이 시기에 들면서 오직 한 권의 책 『로빈슨크루소우』를 읽도록 권장하였다. 그것은 호기심과 탐색활동에 대한 통찰력을 제공한다.
- 단계 4: 후기 청소년기(15~20세). 개인은 이 시기 동안 정서적으로 성숙해지기 시작한다. 이기심 대신 다른 사람에 대한 관심이 증대된다. 덕과 도덕

역시 이 시기에 나타난다.

그리고 Rousseau는 발달이 계층화된다는 믿음, 즉 엄격한 단계로 이루어진다는 생각을 전개하였다. 그러나 그의 청소년에 대한 생각은 사변적이었다.

3) 근대 말과 20세기 초: '청소년'이란 말의 등장

19세기 말과 20세기 초는 우리가 지금 '청소년'이라고 말하는 개념이 창안된 중요한 시기다. 이 시기의 많은 학자들은 철학자들의 생각과 과학자들의 경험적 접근 간의 간격을 연결해 주는 가교 역할을 하였다. 산업혁명에 따른 세기 전환기의 사회적 변동과 청소년의 개념이 등장하게 된 배경을 살펴보면 다음과 같다.

(1) G. Stanley Hall의 견해

1890년과 1920년 사이의 수많은 심리학자, 도시개혁자, 교육학자, 청년사업가, 상담자는 '청소년'의 개념을 창안하기 시작하였다. 이 시기에 많은 학자들은 특히 소년에 해당되는 어린 세대에 대해 그들은 더 이상 퇴폐적인 문제의 원인 제공자가 아니라 다만 수동적이고 상처받기 쉬운 존재(이전에 여자 청소년들에게만 관련된 특성들)에 불과하다고 주장하였다.

그러나 1904년에 G. S. Hall이 『청소년기』라는 두 권의 저서를 출간하면서 청소년에 대한 생각이 재정립되었다. Hall은 청소년이야말로 질풍과 노도를 경험하고 있는 퇴폐적인 문제의 원인 제공자라고 주장하였던 것이다. Hall은 많은 청소년들이 수동적인 존재로 보이지만, 그들은 내적으로 상당한 혼란을 경험하고 있다고 하였다(Santrock, 1996). 역사가들은 Hall(1844~1924)을 청소년에 대한 과학적 연구의 아버지라고 부른다.

Hall은 유명한 진화론자인 Charles Darwin의 영향을 크게 받았다. Hall은 Darwin의 견해를 받아들여 청소년 발달연구에 과학적·생물학적 측면을 적용하였다. Hall은 모든 발달, 특히 유아기와 아동기의 발달은 유전적으로 결정된 생리학적 요소에 의해 통제되며, 환경은 발달에 최소한의 역할을 수행할 뿐이라고 생각하였다. 그러나 청소년의 발달은 생의 초기보다는 환경의 영향력이 더 크며,

현대적 관점에서와 같이 적어도 유전과 환경과의 상호작용이 청소년의 발달을 결정한다.

Rousseau와 같이 Hall 역시 발달의 네 단계, 즉 유아기, 아동기, 청소년 전기 (youth), 청소년 후기(adolescence)를 기술했다. Hall에 따르면, 청소년기는 14세에서 25세까지의 연령 범위에 해당되며, '질풍과 노도(storm and stress)'로 특징지어진다. '질풍과 노도'는 청소년기가 갈등과 정서혼란으로 가득 찬 격변기임을 나타내기 위하여 Hall이 명명한 개념이다. Hall은 '질풍과 노도'란 명칭을 Goethe나 Schiller와 같은 독일 작가가 쓴 'Sturm und Drang'에서 빌려왔다. 이 작가들은 이상주의, 목적의 수행, 열정, 감정, 개혁 등의 용어로 가득 찬 소설을 썼다. Hall은 독일 작가들의 주제와 청소년의 심리학적 발달 간에 유사성이 많다고 생각하였다. Hall에 따르면 청소년의 사고, 감정 그리고 행동은 자만과 겸손, 선과 유혹, 행복과 슬픔 사이를 왔다갔다 한다. 청소년은 어느 한순간 친구에게 화를 내다가 금방 친절해지기도 한다. 어떤 때는 혼자이기를 원하다가 또 다른 때는 우정을 갈구한다.

Hall의 견해는 청소년의 사회적 발달과 교육을 함축하고 있다. Hall은 발달을 사회적 발달을 지향한 생물학적 과정으로 인식했다. Hall의 관점에서 청소년기의 생물학적 변화는 더욱 복잡한 사회적 조절을 필요로 한다. 교육과 관련하여 Hall은 시민정신, 과학적 사고, 도덕성과 같은 개념들을 15세 이후 집중적으로 가르쳐야 한다고 믿었다. 그러나 Hall의 교육에 대한 발달심리학적 견해는 주로 과학적 자료보다 사변적인 이론에 의존하고 있다. Hall은 청소년을 이해하는 데 체계적인 방법을 사용해야 한다고 믿었지만, 그의 연구 노력은 매우 취약하고 불확실한 의문들을 내포하고 있다.

비록 그의 연구가 의문시되고 있지만, Hall은 청소년 분야의 거장이다. 단순한 사변과 철학을 초월하여 청소년 발달을 이론화하고 체계화하고 의문을 제기한 사람이 바로 Hall이기 때문이다. 사실 우리는 청소년 발달에 대한 과학적 연구의 시작을 Hall로부터 찾고 있다.

(2) Margaret Mead의 사회 문화적 견해

인류학자인 Margaret Mead(1928)는 남쪽 해안에 있는 사모아 섬의 청소년들을 연구하였다. 그녀는 결론적으로 청소년의 기본적인 성질은 Hall이 주장한 생물학적인 특징을 지닌 것이 아니라 사회 문화적 특징을 지니고 있다고 하였다. 그녀는 문화가 사모아 섬의 청소년들이 경험하는 방식대로 아동기에서 성인기로 부드럽고 점차적인 형태로 진행될 때 '질풍과 노도'는 청소년 시기와 거의 관계가 없다고 주장하였다.

Mead의 사모아 섬의 청소년들에 대한 관찰은 청소년의 삶이 질풍노도와 비교적 거리가 멀다는 사실을 보여 주었다. Mead는 청소년들에게 성관계를 관찰할 수 있도록 허용하고, 아기 출산을 지켜볼 수 있도록 하고, 죽음을 자연적인 것으로 간주하도록 하고, 중요한 일을 하도록 하고, 섹스를 허용하는 등의 문화가 청소년들을 스트레스로부터 비교적 자유롭게 만들고 있다고 결론내렸다. 그러나 미국과 같은 문화에서 어린이는 성인과 다르게 간주될 수밖에 없으며, 청소년 역시 사모아 섬의 청소년과 동일한 경험을 가질 수 없다. 따라서 미국사회의 청소년은 더 많은 긴장과 스트레스를 경험할 수밖에 없다.

Mead의 사모아 섬에 관한 연구가 발표되고 반세기 이상이 지난 후에 그녀의 연구는 편견과 오류가 많다는 비판을 받았다(Freeman, 1983). 현재의 비판가들 역시 사모아 섬의 청소년들은 Mead가 관찰했던 것보다 더 많은 스트레스를 경험하고 있으며, 비행행동 또한 서구의 청소년들과 마찬가지로 사모아 섬의 청소년들 사이에서 많이 발생하고 있다고 주장한다. Mead의 연구결과에 대한 현대 이론가들의 반론에 대해 또 다른 어떤 연구자(Holmes, 1987)는 Mead의 연구를 방어하는 입장에 서 있기도 하다. 결론적으로, 청소년에 대한 Hall과 Mead의 논쟁은 끝나지 않았다고 말할 수 있다.

(3) 창조주의자의 견해

청소년은 G. S. Hall이 생각했던 대로 생물학적 기초를 지니고 있지만, 또한 M. Mead의 주장과 같이 사회 문화적 특징도 가지고 있다. 이와 다른 시각에서 사회 역사적 조건들 역시 '청소년'의 개념 출현에 실질적인 기여를 하였다. '십대'란 말이 창조된 것은 역사적으로 그렇게 오래되지 않았다. 청소년에 대한 창조주의적 견해에서 특히 중요한 것은 20세기 초의 사회 역사적 상황이다.

청소년에 대한 역사적 조망은 도제기간의 축소, 산업혁명 동안 기술의 증가, 노동의 최신 기술과 전문화된 분업의 요구, 가정과 직업의 분리, G. S. Hall의 저서, 도시화, YMCA나 보이스카우트와 같은 청소년단체의 출현, 연령에 따라 구분된 학교 등에 의해 특징지어진다. 학교, 직업, 경제는 청소년에 대한 창조주의적 견해의 중요한 국면들이다(Fasick, 1994; Lapsley, Enright, & Serlin, 1985).

청소년을 연구하는 어떤 학자들은 청소년의 개념이 공립 의무교육 체제를 만드는 과정에서 발생한 부산물이라고 주장한다. 이러한 관점에서 볼 때, 중등학교의 기능은 청소년에게 지적 기능을 전수하는 것에 불과하다(Stedman & Smith, 1983). 한편 또 다른 학자들은 중등학교의 주요 목적이 청소년을 경제적 분야에서 배제시키는 것이며, 또한 문화의 권위구조 속에 중요 인자로 예속시키는 것이라고 주장한다(Lapsley et al., 1985). 이런 견해에 근거할 때, 미국의 사회는 아동구제법을 통해 청소년들의 지위를 침해하였다고 볼 수 있다. 청소년에 대한 법을 만듦으로써 성인의 권력구조는 청소년의 선택을 제한하고, 의존성을 고무하며, 그들을 직업세계 속에 묶어 두어 더욱 편리하게 관리할 수 있도록 하는 방향으로 청소년을 복종적인 지위자로 만들었던 것이다.

오늘날 역사가들은 1890년부터 1920년의 시기를 '청소년의 시대'라고 부른다. 그 이유는 이 기간 동안 청소년의 개념이 창조되었다고 믿기 때문이다. 이 기간에 청소년 관련법이 아주 많이 제정되고 실행되었다. 실제로 미국의 모든 주에서 청소년을 고용에서 배제하고 중등학교에 입학할 것을 요구하는 법률이 통과되었다. 이러한 법의 대부분은 포괄적인 강제적 금지규약의 성격을 지니고 있었다(미국의 경우 1910년에서 1930년 사이 청소년들의 75%가 해고되었고, 고등학교 졸업자의 수는 크게 증가하였다.).

산업혁명의 여파로 일자리가 축소되면서 청소년들의 도제기간이 축소되었고 실직상태로 거리로 내몰리는 사례가 빈번하게 발생하였다. 이들에 대한 사회적인 구제대책은 전무하였으며, 이들을 정신적인 미성숙자, 비숙련공, 보호받아야 될 대상으로 해석함으로써 공립학교라는 울타리 속에 묶어 두고, 이들에게 성인사회의 가치 없는 지식들을 전수하는 데 역량을 결집시켰다.

발달심리학 분야의 전문학술지 가운데 가장 오래된 *Journal of Genetic Psychology*(초기에는 *Pedagogical Seminary*로 간행)를 분석해 보았을 때(Enright et al., 1987), 대부분의 학자들이 경제공황기에는 청소년의 심리적 미성숙과 그들의 교육적 요구에 대해 기술한 반면 세계대전 동안에는 청소년을 오히려 용병과 공장 노동자로 기술하고 있음을 발견할 수 있다. 이것은 청소년을 성인사회의 편리에 따라 해석하고 있음을 보여 주는 것이다. 즉, 청소년은 미성숙하기 때문에 성인사회로부터 지식을 더 많이 전수받아야 하며, 학교라는 울타리 속에서 보호받아야 되는 존재로 취급되기도 하고, 성인사회의 필요에 따라 용감한 전투병 또는 공장 노동자로서 국가를 위해 헌신해야 할 충성스러운 사회인으로 취급되기도 한다. 사회 역사가들의 주장에 따르면, '청소년'은 발달적인 산물이 아니라 우리 사회가 필요에 따라 그들의 지위를 창조한 것에 불과하다.

그러나 청소년은 생애발달 과정에서 아동기와 성인기 사이의 발달단계에 있는 독립된 개체이며, 다만 청소년의 사회적 위상이 사회 역사적 조건에 따라 다양하게 변화되어 왔다고 보는 것이 가장 타당할 것이다. 청소년이란 개체는 사회적 여건에 관계없이 존재하며, 그들의 사회적 가치와 위상, 역할 등은 역사적 맥락에 따라 커다란 변화를 겪어 왔다고 보아야 할 것이다.

4) 20세기의 청소년

1920년에서 1950년까지 30년 동안 청소년은 많은 복잡한 변화들을 겪었던 만큼 사회에서도 보다 현저한 지위를 획득하였다. 청소년의 생활은 1920년대에 보다 좋은 방향으로 전환되었으나 1930년대와 1940년대에는 어려운 시기를 겪었다.

1920년대의 청소년은 고함치고 법석대는 20대로 그려졌다. 성인의 지도성에 따른 수동성과 순응성은 동료들의 영향에 따른 자율성과 순응성으로 대치되었다. 젊은이들이 성인들의 행동을 모방하기보다 반대로 성인들이 젊은이들의 스타일을 모방하기 시작하였다. 새로운 춤이 유행하게 되면, 여자 청소년들은 그것을 먼저 모방하고 그의 어머니는 딸로부터 그것을 배웠다. 그 당시 법으로 술을 금지하였지만, 많은 청소년은 지나칠 정도로 술을 마셨다. 이성에 대해 더욱 허용적인 태도가 조성되었으며, 파티에서의 키스 행위는 당연한 것으로 인식되었다. YWCA에서 짧은 치마에 대해 비정상적인 행동으로 간주하고 이를 반대하는 캠페인을 벌이기까지 하였다(Santrock, 1996).

청소년이 재미를 얻기 시작할 무렵인 1930년대에 대공황이 닥쳤으며, 곧바로 1940년대에는 제2차세계대전이 발발하였다. 심각한 경제적 어려움과 정치에 대한 관심이 1920년대 청소년의 쾌락주의적 가치를 대신하게 되었다. 1930년대에는 정부를 비난하는 급진적 저항집단들이 크게 증가하였으며, 제2차세계대전은 청소년에게 삶을 위협하는 또 다른 심각한 문제를 부과하였다.

1950년대에 청소년을 연령으로 구분한 발달심리학적 기반이 확립되었다. 그것은 청소년의 신체적·사회적 정체성에 주목하도록 하였을 뿐만 아니라 법적 관심을 불러일으켰다. 미국의 모든 주는 16세와 18~20세 사이의 청소년을 대상으로 특별법을 제정하였다. 1950년대 청소년은 침묵의 세대로 기술되었다. 1950년대의 청소년의 생활은 1930년대와 1940년대보다 훨씬 더 개선되었다. 정부는 GI 법안을 통과시킴으로써 많은 청소년의 대학교육을 지원하게 되었으며, 대부분의 가정에 텔레비전이 침투하기 시작하였다. 대학 학위가 있어야 좋은 직업을 얻을 수 있다는 생각이 1950년대 청소년의 정신 속에 자리잡았다. 그래야만 결혼도 할 수 있고, 가정을 구성할 수 있으며, 텔레비전에 비쳐진 화려한 생활에 안착할 수 있었던 것이다.

1960년대의 청소년 역시 고등교육을 추구하였다. 그러나 많은 아프리카계 미국 청소년들은 대학교육을 거절당했을 뿐만 아니라 그보다 낮은 중등교육조차 받지 못하였다. 인종갈등은 폭동 형태로 확산되었는데, 대학 연령층의 목소리가 가장 요란하였다.

청소년의 정치적 저항운동은 1960년대 말과 1970년대 초에 절정에 달했다. 그 당시 수백만의 청소년들이 미국의 비합리적인 베트남전쟁 개입에 격렬하게 반대하였다. 부모들이 1968년의 민주주의 집회를 지켜볼 때, 그들은 후보를 지지하는 정치적 연설뿐만 아니라 정치가들과 심한 욕설로 소리치며 싸우고 있는 그들의 청소년 자녀를 보았다. 부모들은 과거의 어떤 시대에서보다 1960년대 10대들의 약물남용에 대해 많은 관심을 가졌다. 미혼 남녀의 성행동, 동거생활, 금지된 성행위의 증가 등도 커다란 걱정거리가 되었다.

1970년대 중반경에 청소년의 급진적 저항운동이 누그러들었고, 그 대신에 고등학교나 대학교 또는 직업훈련학교에서의 엄격한 교육을 통해 성취 지향적 직업이나 지위 상승적 직업에 관심을 갖게 되었다. 사회제도에 대한 이념적 도전이 관심에서 멀어짐과 동시에 물질적 관심이 청소년의 동기를 다시 지배하기 시작하였던 것이다.

1970년대 가장 큰 저항은 여성운동과 관련된 것이었다. 초기의 청소년에 대한 기술은 여성에 대한 것보다 남성에 대한 것이 더 많았다. 그러나 1970년대 청소년에 대한 기술은 남성에 못지 않게 여성에 대한 비중이 높았으며, 여성의 사회적 지위 향상과 성역할의 변화에 많은 관심이 모아졌다. 당시 여자 청소년의 가정과 직업에서의 목표는 1890년대와 1900년대 초기의 여자 청소년들에게는 거의 인식되지 않았던 것들이다.

지금까지 서구와 미국사회를 중심으로 청소년에 대한 시각의 변화를 살펴보았는데, 이와 같은 관점은 해방 이후 미국의 절대적인 영향권에 놓여 있던 우리나라에도 대체로 약 10년 또는 20년의 차이를 두면서 비슷하게 작용하였다.

2. 현대의 청소년

1) 청소년의 현행 지위

오늘날의 청소년은 한 세대 이전의 청소년이 겪었던 것보다 더 많은 모험과 위기, 그리고 요구 및 기대에 직면하고 있다(Feldman & Elliott, 1990; Hamburg, 1993). 그럼에도 불구하고 대다수의 청소년들은 자신들이 높은 스트레스를 받고 있고 불편한 존재라고 생각하는 잘못된 고정관념과는 반대로 아동기에서 성인기로 이동하는 경로를 성공적으로 통과하고 있다(Offer & Church, 1991). 몇 가지 준거에 비추어 볼 때, 오늘날의 청소년은 10년이나 20년 전의 청소년보다 더 훌륭한 것 같다. 청소년의 대부분이 고등학교를 졸업하고 대학에 진학하고 있다. 지난 몇 년간에 걸쳐 청소년 문제와 살인사건은 약물남용이나 청소년 비행, 청소년 임신과 함께 다소 줄어들었다. 오늘날 대부분의 청소년들은 긍정적인 자아개념을 가지고 있으며 다른 사람과의 긍정적인 관계를 유지하고 있다. 현대의 연구결과들은 청소년기를 인생주기에서 매우 혼란스럽고 극도로 긴장된 시기로 묘사하지 않는다. 오히려 대다수의 청소년들은 아동기에서 성인기로의 이행을 가치있는 도전과 기회, 그리고 성장을 제공하는 신체적 · 인지적 · 사회적 발달의 시기로 생각하고 있다(Santrock, 1996).

대부분의 청소년들은 아동기에서 성인기로의 이행을 많은 성인과 대중매체가 묘사하는 것보다 더욱 긍정적으로 경험하고 있지만, 아직도 일부 청소년들은 유능한 성인이 되는 데 필요한 적절한 기회와 지원을 받지 못하고 있다(Lerner et al., 1994). 여러 가지 면에서 많은 청소년이 10년 또는 20년 전의 청소년보다 덜 안정적인 환경에서 생활하고 있다. 높은 이혼율, 청소년층의 높은 임신율 그리고 가족의 잦은 이사는 청소년의 삶에서 안정성을 위협하는 요인이 되고 있다. 오늘날의 청소년은 대중매체가 제시하는 복잡한 생활양식 메뉴에서 그들의 생활양식을 선택해야 한다(Kaplan, 2004).

이러한 논의가 강조하는 바를 요약하면, 대부분의 청소년들이 성숙한 성인에 이르는 긴 경로를 성공적으로 통과하지만 소수집단(minority) 청소년을 포함한 일부의 청소년들은 그렇지 않다. 인종, 문화, 성, 사회 경제, 연령, 생활양식의 차이는 각 청소년의 실제적 생활궤도에 영향을 미친다. 청소년에 대한 여러 가지 다른 묘사는 특정 집단 청소년들에 기초해서 이루어진 것일 뿐이다.

2) 이상적인 청소년상과 청소년에 대한 사회의 양면적 메시지

청소년 발달 연구자인 Shirley Feldman과 Glenn Elliott(1990)는 청소년이 어떤 존재이어야 하는지, 그리고 어떤 존재가 되어서는 안 되는지에 대해 우리 사회가 얼마나 불확실한 입장을 지니고 있는가를 기술하였다. 다음의 예들은 성인이 보는 이상적인 청소년상과 청소년에 대한 사회의 양면적인 메시지가 청소년 문제에 어떻게 작용할 수 있는지를 예시한다(Santrock, 1996).

- 많은 성인은 청소년의 독립성을 소중하게 생각하면서도 청소년이 그들의 삶에 대해 자율적이고 유능하게 의사결정을 할 수 있을 만큼 성숙되어 있지 않다고 고집한다. 성인의 지위와 성숙성에 대하여 사회가 청소년들에 대

해 갖는 메시지의 모호성은 그들이 16세가 될 때까지 자동차를 운전할 수 없으며, 18세가 될 때까지 투표를 할 수 없으며, 21세가 될 때까지 술을 마실 수 없다는 것을 규정하는 법의 형태로 나타난다. 그러나 오늘날 일부 주의 경우 14세의 청소년은 부모의 이혼 후 그들이 함께 살기를 원하는 어느 한쪽 부모를 선택할 합법적인 권리가 있고, 낙태나 정신치료와 같은 의학적 문제에 대해 부모의 생각을 무시할 수 있는 권리도 있다.

- 청소년에 대한 사회의 성적 메시지는 특히 양면적인 성격을 많이 지니고 있다. 청소년은 성적으로 거의 무지에 가까운 존재로 기술되는가 하면, 한 편으로는 성적으로 상당한 지식이 있는 존재로도 취급된다. 청소년에 대한 메시지는 다음과 같다. "너희들은 성을 실험할 수 있고 성관계를 가질 수 있으나, 반드시 매우 높은 성숙과 안정성을 바탕으로 하여야 한다." 청소년들은 어떤 종류의 성교육을 얼마나 많이 받아야 하는지에 대하여 합의가 되어 있지 않은 사회에서 이와 같은 심각한 양면적 과제를 부여받고 있는 것이다. 양면적 과제를 조정하는 것은 그들 스스로의 몫일 뿐이다.
- 법은 청소년들의 음주, 흡연, 기타 약물사용을 금지하고 있으며, 성인들은 청소년의 약물사용을 강도 높게 비난한다. 그러나 청소년의 약물사용에 대해 비판하거나 잘못된 편견을 가지고 있는 성인들 가운데 많은 사람들이 약물남용자이거나 상습적인 흡연자다.
- 사회는 청소년에게 성인기에서의 성공을 위해 교육과 지식의 발전을 촉구한다. 그러나 청소년은 가끔 사회가 그들의 운동기술이나 운영의 묘에 대하여 보상을 제공하는 것을 목격한다(White, 1993). 청소년이 학습의 과정에 가치를 두지 않는 성인과 상호작용하면서, 그들은 어떤 목표를 달성해가는 과정보다도 단지 자격증을 획득하는 데 더 중요성을 두게 된다.

청소년의 현행 지위를 이해한다는 것은 그들의 이질성을 고려하는 것이다. 그럼에도 불구하고 많은 성인들은 청소년에 대한 이상적인 이미지와 양면적인 메시지를 전달하고 있다. 오늘날의 청소년을 더 잘 이해하기 위해서는 청소년 발달의 복잡성을 보다 잘 인식할 필요가 있다.

3) 청소년 발달의 복잡성과 사회 문화적 맥락

청소년의 생활을 보다 주의 깊게 검토한 연구자들에 따르면, 어떤 단일한 모형도 모든 청소년을 정확하게 규정짓지 못하고 있다(Feldman & Elliott, 1990). 청소년을 보다 정확하게 이해하기 위해서는 발달의 다양성과 복잡성, 그리고 맥락성을 함께 고려하는 신중한 자세가 필요하다(Rice, 1999).

청소년 발달에 대하여 가장 광범위하게 기술하고 있는 일반적 모형은 청소년기가 아동기에서 성인기로의 이행기임을 주장한다. 이행기 동안 개인은 정체성(identity) 발달의 일부로서 대안을 탐색하고 선택을 실험한다. 이 모형은 많은 백인과 중류층 청소년들에게 정확하게 적용될 수 있지만, 저소득층 가정과 학교 탈락자, 그리고 비고용 청소년들에게는 적합하지 않다. 이러한 청소년들에게 있어서 발달은 종종 더욱 혼란스럽고 제한적이다. 사회적 · 인종적 장벽이 그들을 차별과 편견으로 내몰고 있다.

특히 중요한 것은 청소년 발달에 영향을 미치는 사회 문화적 맥락에 대한 관심이 점차 증가되고 있다는 것이다. '맥락(context)'이란 발달이 일어나는 장면이며, 또한 역사적 · 경제적 · 사회적 · 문화적 요인들에 의해 영향을 받는 환경이다. 많은 청소년 연구자들이 특별히 관심을 가지고 있는 세 가지 사회 문화적 맥락은 문화, 민족성, 성(gender)이다.

첫째, 문화는 세대에서 세대로 전달되는 특정 집단의 행동 형태, 신념 그리고 그 밖의 모든 산출물이다. 산출물은 사람들의 집단과 여러 해에 걸쳐 이루어진 그들 환경 간의 상호작용으로부터 파생된 것이다. 문화적 집단은 미국과 같이 큰 집단일 수도, 아프리카 사냥꾼과 같이 작은 집단일 수도 있다. 집단의 크기가 어떠하든 집단의 문화는 집단 구성원들의 정체성, 학습, 사회적 행동에 영향을 미친다(Goodnow, 1995; LeVine & Shweder, 1995).

둘째, 민족성(ethnicity; '민족'이란 단어는 'nation'을 뜻하는 그리스어로부터 유래되었다)은 문화적 유산, 국민성, 종족, 종교, 언어 등에 기초한다. 민족성은 민족적 정체성(ethnic identity) 발달의 핵심적인 부분인데, 이것은 공유된 언어, 종교, 관습, 가치, 역사, 종족집단에의 소속감을 의미한다. 우리 각자는 하나 이상의 민족 집단의 구성원이다. 민족적 정체성은 조상이나 조상 집단의 정체성에 대한 개개인의 신중한 의사결정을 반영한다. 당신이 미국 원주민(American Indian)이면서 아프리카 노예의 후예라면, 비록 외부에서는 당신의 정체성을 아프리카계 미국인으로 생각하지만 당신 스스로는 미국 원주민의 전통과 역사를 자신의 정체성으로 선택할 것이다. 미국 청소년의 민족적 다양성만큼이나 사회 문화적 변화가 더 심각한 곳은 세계 어디에서도 찾아볼 수 없을 것이다(Halonen & Santrock, 1996).

최근에 어떤 사람들은 소수민족집단(ethnic minority group)이란 구문 내에 'minority'란 용어를 사용하는 것에 대해 불만의 목소리를 나타내고 있다. 이는 전통적으로 'minority'란 용어가 열등감이나 부족함과 연관되어 있기 때문이다. 더구나 소수란 개념은 다수가 있음을 함축하고 있다. 사실 백인은 많은 다른 인종집단으로 구성되어 있기 때문에 미국에서 다수가 아니며, 세계에서도 다수가 아니라고 할 수 있다. '소수민족'이란 용어가 이런 맥락에서 사용될 때 그 말의 사용은 다분히 고의적이다. 즉, 소수민족 청소년들은 어떤 면에서 열등감이나 부족함으로 간주되어야 할 것이 아니며, 많은 소수민족 청소년에 대해 소수라는 지위가 부여되었을 뿐이다.

셋째, 사회 문화적 맥락 가운데 매우 중요한 국면은 성(gender)역할에 관한 것으로, 이는 점차 높은 관심을 받고 있다. 성역할은 남자와 여자가 되어 가는 사회 문화적 국면인 반면, 성(sex)은 남자 또는 여자의 생물학적 국면이라고 할 수 있다(Unger & Crawford, 1992). 사회의 성역할 태도는 변화하고 있다. 그러나 얼마나 많이 변화하는가? 사회가 남자와 여자 청소년들에게 적절한 행동이 무엇인가를 얼마나 결정할 수 있는가? 남녀평등을 주장하는 많은 작가와 학자들의 특별한 관심은 청소년에 관심을 가진 많은 역사적 자료들이 '남성 지배적 주제'로서 청소년의 발달을 묘사하고 있다는 것이다.

4) 사회정책과 청소년의 발달

사회정책이란 국가 정부가 시민들의 복지에 영향을 주기 위하여 고안한 행위 과정이다. 현재의 과제는 사회정책 분야에서 현명하고 효과적인 의사결정을 유도하기 위한 목적으로 청소년 발달을 연구하는 것이다. 미국의 청소년들 가운데 20% 이상이 출산을 하고 있고, 약물의 사용과 남용이 청소년들 사이에 광범위하게 확산되고 있으며, AIDS가 확산되면서 청소년과 관련된 사회정책의 개정이 불가피한 실정이다. 〈표 1-1〉은 미국 청소년의 상황을 생생하게 묘사하고 있는데, 이는 청소년을 위한 사회정책의 개정이 얼마나 시급한가를 보여 주고 있다(Santrock, 1996; Kaplan, 2004).

'어린이보호기구(Children's Defense Fund)'의 의장인 M. Wright Edelman은 어린이의 권리를 꾸준하게 주장해 왔다. Edelman(1992)이 특히 문제로 지적하고 있는 것은 어린이와 청소년을 취급하는 데 있어서 미국이 산업화된 국가들 가운데 거의 밑바닥 수준임을 나타내는 지표다. Edelman은 다음 세대인 어린이와 청소년을 양육하고 보호하는 것은 우리 사회의 가장 중요한 기능이라고 말하면서, 우리가 과거에 취해 왔던 것보다 더욱 진지하게 이와 같은 기능을 수행할 필요가 있다고 말한다. 그녀는 오늘날의 정치가들로부터 '가족의 가치'에 대하여 많

 〈표 1-1〉 미국 청소년의 일상

- 매일 7명의 10대와 10명의 젊은 성인이 살인자에 의해 희생된다.
- 매일 10명의 10대와 13명의 젊은 성인이 총기에 의해 살해된다.
- 매일 15～24세 사이의 청소년 39명이 교통사고로 죽는다.
- 매일 604명의 10대가 매독이나 성병에 감염된다.
- 추정컨대 매일 1,140명의 10대가 낙태수술을 받는다.
- 매일 1,336명의 10대가 아기를 출산하며, 이 가운데 15세 이하의 10대들이 29명의 아이를 출산한다.
- 매일 2,478명의 10대가 학교에서 탈락된다.
- 매일 4,901명의 10대와 2,976명의 젊은 성인이 폭행을 당한다.
- 매일 7,742명의 10대가 성적인 행동을 한다.
- 매일 8,826명의 10대와 6,235명의 젊은 성인이 절도를 당한다.
- 134,000명의 10대가 일주일에 한 번 이상 코카인을 사용한다.
- 580,000의 10대가 일주일에 한 번 이상 마리화나를 사용한다.
- 454,000명의 중·고등학생이 매주 한 번씩 음주로 고주망태가 된다.
- 8백만 명의 중·고등학생이 매주 한 번씩 술을 마신다.
- 매달 평균 110만 명의 10대와 120만 명의 젊은 성인이 실직하고 있다.

은 이야기를 듣지만, 가족을 위한 우리 정부의 정책은 정치가들의 말과 일치하지 않고 있다고 지적한다. Edelman(1994)은 우리에게 필요한 것은 가족을 위한 보다 우수한 건강 보호체제, 보다 안전한 학교와 이웃, 보다 우수한 부모교육 그리고 개선된 가족지원 프로그램이라고 말한다.

청소년과 관련된 사회정책의 형태와 범위는 미국 정치체제의 영향을 받는데, 그것은 협상과 타협에 기초한다. 입법가들의 생각과 국가의 경제는 모두 국가의 정책 입안 및 청소년 복지에 영향을 준다. 발달심리학자들은 대중의 긍정적인 의견을 개발하는 데 도움을 주고, 청소년들의 복지에 도움이 될 연구를 수행하거나 촉진하며, 입법가들이 청소년들에게 유리한 광범위한 복지법을 만들 수 있도록 필요한 정보를 제공함으로써 청소년과 관련된 사회정책에 중요한 역할을 행사하고 있다.

정책을 개선하기 위한 지원금은 누가 얻어야 하는가? 어린이인가, 청소년인가, 아니면 그들의 부모인가? 세대 간 불평등이란 '나이 많은 성인들이 사회보장과 의료보험 같은 대규모의 자원 할당을 불공정하게 수령함으로써 이득을 축적하고 있는 사회에서 젊은 사람들이 불공평하게 취급되는 것'을 말한다. 이런 세대 간 불평등은 젊은 사람들이 연장자를 위해 돈을 지불해야 하는지, 유리한 입장에 있는 연장자들이 불리한 위치에 처해 있는 어린이와 청소년을 위해 자원을 사용해야 하는지에 대해 문제를 제기한다. 연장자인 성인들은 그들이 공식적으로 연금과 의료보험, 납세필 증지, 집세, 세금 등을 지불해 왔기 때문에 젊은 세대가 갖지 못하는 이점을 가져야 된다고 주장한다. 성인들을 위한 더 큰 지원체제가 지속되고 있는 동안 빈곤 속에서 생활하는 어린이와 청소년의 비율은 점차 증가할 것이다. 특히, 청소년들은 정부로부터 제대로 대우받지 못해 왔다.

생애발달심리학자인 Bernice Neugarten(1988)은 청소년 문제를 세대 간 불평등의 하나로 간주하기보다 오히려 보다 광범위한 경제적·사회적 정책의 결함 때문이라고 말한다. 그리고 발달심리학자인 Peter Scales(1990)는 청소년의 삶을 개선하기 위한 사회정책으로 네 가지를 제언하였다. 그는 청소년 문제의 예방을 위한 효과적인 사회정책의 입안자라면 다음과 같은 변화를 수용할 것으로 믿고 있다.

- 사회적 문제들을 각각 분리된 것으로 인식하는 것에서 벗어나 상호 결합된 것으로 인식하여야 한다.
- 위기 해결에 '돈을 밀어넣기'보다 광범위한 건강 촉진에 더 많이 투자할 수 있는 방안들을 마련하여야 한다. 이것은 생의 초기에서부터 시작되어 청소년 후기까지도 체계적으로 지속되어야 한다.
- 프로그램의 즉각적인 결과물을 기대하기보다 장기적인 결과를 예상하는 방향으로 정책이 수립되어야 한다.
- 청소년에 대한 정책을 자선의 관점에서가 아니라 투자로 보는 관점을 지녀야 한다. 즉, 유능한 청소년의 성장과 경제적 개발을 동등하게 보아야 한다.

21세기에 들어서면서 청소년 복지는 우리 사회의 초미의 관심사가 되었다. 젊은이들의 미래는 우리 사회의 미래다. 그들이 완전한 잠재력을 발휘하지 못하고, 사회가 필요로 하는 것보다 더 적게 사회에 기여할 수밖에 없으며, 그들의 위치를 생산적인 성인의 위치로 전환시키지 못한다면 청소년은 그 사회의 미래에 대하여 힘을 발휘하지 못할 것이다.

3. 한국의 사회변화와 청소년

한국의 '청소년'이라고 하면 가장 먼저 떠오르는 이미지가 대학생운동일 것이다. 한국의 대학생들은 반독재정치운동의 선봉이었다. 그러나 그들의 운동은 사춘기적 방황과 갈등, 이상사회에 대한 열망과 실험정신, 대안문화 등과 같은 청소년의 이미지와는 거리가 멀다. 서구의 청소년이 근대화 이후 부모나 기성세대로부터 독립하고 구별화됨으로써 그들 나름의 확고한 사회적 세력으로 자리잡게 된 것과는 차이가 있는 것이다. 서구의 경우 1970년대 히피운동이나 반문화운동을 통하여 평등과 자유라는 근대적 이상을 실현하려는 청소년들의 움직임이 그들의 주류 문화를 형성하였고, 21세기 사회에서 그들은 대량실업과 세기말적 혼란 속에서 사회의 불안세력이자 가능성의 세대로 인정받고 있다. 한국의 청소년은 1980년대 대학생운동의 절정기를 맞으면서 조직력과 이데올로기가 극도로 강조되는 분위기에서 청소년의 실험성과 자유로움을 상실하였다.

한국에서도 청소년에 의한 문화 변혁적 운동이 없었던 것은 아니다. 1930년대 '신여성'과 '모던 보이'들이 불러 일으켰던 신문화 조류나 1960년대 말부터 일었던 '청년문화운동'이 그러한 성격을 띠고 있다. 그러나 통기타와 히피풍조 패션으로 대변되는 청년문화운동은 서구 풍조의 모방이자 퇴폐 풍조로 간주되어 장발과 미니스커트 단속정책에 의해 억제되었고, 새로운 문화를 주도했던 그 시대의 청년들은 군대를 갔다 오면서 곧바로 기성세대 체제에 편입되어 버렸다. 1988년 서울 올림픽 이후 반독재투쟁은 어느 정도의 결실을 이루게 되지만, 청소년들의 행보는 곧바로 소비에만 열중하는 '신세대'로 규정됨으로써 하나의 독자적인 세력으로 형성되기에는 역부족이었다. 여기서는 근대 한국사에서 청소년의 위상이 어떤 식으로 형성되었는지를 조혜정 교수(1999)의 견해에 근거하여 세 단계로 나누어 살펴보고자 한다.

첫 번째 단계는 대가족의 '소인'일 뿐이었던 청소년이 가족에서 빠져나와 '학생'이라는 독자적인 위상을 갖게 되는 단계다. 근대 국가기구는 모든 아이들을 '근대적 국민'으로 만들기 위해 학교를 지었고, 이 과정에서 아이들은 가정에서 벗어나 개인의 공간을 갖기 시작하였다. 학생이라는 새로운 지위를 획득했고, 이 시대에는 청소년 자신들이 이 지위를 선호했다. 그러나 이 범주에 들지 않는 이들은 주변적 범주로 인식되었다. '학교에 가지 못하는 소외계층', '학교 공부보다 생계 유지가 더 시급한 사람'이라는 식의 범주화가 근대 전반부에 청소년들의 삶을 지배하였던 것이다.

이 시대에 행운아는 자기를 상급 학교에 보내 줄 경제력을 가진 아버지나 잡다한 집안일을 시키지 않고 숙제를 하도록 배려하는 어머니를 가진 아이였다. 소수의 선택된 아이만이 학교에 갈 수 있었던 시대에 '학생'이 되는 것은 축복이었던 것이다. 반면에 '학생'에 속하지 않는 청소년은 주변적인 범주인 '근로청소년'에 속하였다. 이들은 교복을 입은 같은 또래의 학생을 선망의 눈길로 바라보는 계층으로, 이들을 위해 1970년대 국가는 산업역군이라는 이름을 붙여 주었고, 근로청소년회관을 지어서 검정고시반을 운영하거나 취미교실을 운영하여 이들을 위로하기도 하였다. 1980년대 후반에는 화장법을 가르쳐서 이들을 숙녀로 만들어 내려고 노력하기도 하였다. 그러나 1990년대에 들어서면 더 이상 학생과 근로청소년의 이분법은 성립되지 않는다. 근대화가 진행되면서 대다수의 청소년들이 고등학교에 갈 수 있게 되었기 때문이다.

두 번째 단계는 다수의 청소년들이 학생인 시점에서, 학교에 다니지 않는 것이 더 이상 불우한 청소년이 아니라 부적응자이거나 일탈자로 범주화되는 단계다. 이 시점에서 10대는 '학생'과 '비학생'으로 이분화되었으며, 학생은 '좋은 청소년'인 반면 비학생은 '불량 청소년'으로 취급되었다. 1980년대까지 지속된 대량생산 체제에서 학교는 그 체제가 필요로 하는 인력을 대량으로 생산해 내는 기능을 수행했으며, 기성사회는 그 체제에서 이탈하는 청소년을 '불량 청소년'으로 낙인찍었던 것이다.

또한 한국의 청소년은 대학생과 중·고등학생으로 구분되고, 청소년이란 용어는 중·고등학생을 지칭하는 것으로 변하였다. 대학생들이 고등학생들을 의식화시킬 것을 염려하여 선배들이 모교에 와서 동아리활동을 하던 것이 금지되었고, 그래서 많은 선후배가 함께하는 청소년 동아리의 맥이 끊겼다. 따라서 1980년대를 거치면서 중·고등학교는 가장 폐쇄적인 공간이 되었으며, 중·고등학교 학생들은 '학생' 이외의 정체성을 버려야 했다. 강압적이고 통제 일변도의 학교 분위기가 형성된 것도 이런 특수한 역사적 시점을 거치면서다.

이 시대의 학생은 더 이상 특권 계층이 아니었으며 단지 '공부하는 사람'이었다. 그러므로 학교에서 공부를 잘하는 사람만이 훌륭한 사람, 모범생 등으로 인식되었을 뿐 공부를 게을리 하거나 공부를 포기한 사람들은 열등생, 부적응자, 비행자로 분류될 수밖에 없었다. 공부를 잘하는 사람만이 인정받았으며, 그들의 사소한 허물이나 실수는 묻혀질 수 있을 망정 공부 못하는 사람의 허물은 인생의 실패나 부도덕으로 낙인찍혔던 것이다. 대량생산 시대에 필요한 인력은 뛰어난 엘리트가 아니라 대중화되고 평준화된 사람이었다. 지금까지도 지속되고 있지만, 학교교육은 점차 평준화를 지향함으로써 모든 학생들을 백화점의 상품과 같이 개성 없는 생산품 또는 진열품으로 만들었다.

세 번째 단계는 1990년대 전후 본격적인 소비자본주의 체제가 진행되면서 '학생'의 위상이 '청소년'이란 위상으로 또는 '소비자'란 이름으로 전환되기 시작한 단계다. 이제 학교라는 울타리와 학생이라는 신분을 적극적으로 이탈하는 아이들이 생겨났으며, 이에 따라 정부에서도 학교의 규범에 얽매인 학생들을 보다 자유로운 인격체로 인정하려는 움직임을 보이게 되었다. 구체적인 예로서 1987년 당시 체육부는 청소년육성법을 제정하였고, 1988년에 체육부 내에 '체육청소년국'이 설치되었으며, 1990년에는 청소년헌장이 선포되고 '체육부'가 '체육청소년부'로 명칭을 변경하였다. 이러한 일련의 노력은 당시 정부 차원의 청소년 정책이 비교적 활발하게 전개되었음을 보여 주는 것이다. '학생'의 신분을 '청소년'이라는 신분으로 이미지 변신을 도모한 것은 성공적으로 평가되지만, 학교 내 각종 규제에 얽매여 있는 10대들의 삶을 실질적으로 크게 바꾸어 놓지는 못하였다. 1991년 청소년기본법이 제정되면서 학생들은 잠시 학교를 떠나 자연 속에서 수련활동을 할 수 있게 되었다. 청소년의 범위를 9세부터로 정한 것도 학생들의 수련원 활동을 권장하기 위한 차원에서다. 1997년 이래로 다시 청소년5개년 계획을 수립하고 청소년헌장을 개정하는 등 '학생'이 아닌 '전인적 청소년'을 강조하기 위한 노력은 계속되고 있지만, '국가발전을 위해 청소년을 육성하겠다'는 식의 국가주의적 패러다임이 잔존하고 교육부와 교육청의 학생 지배에 대한 욕심이 계속되는 한 청소년 활동의 활성화는 사실상 쉽지 않은 형편이다.

그러나 국가적 노력에 의해서가 아니라 자본시장의 급격한 변동에 의해서 청소년의 세계가 새롭게 탈바꿈하고 있다. 자본은 청소년을 위한 거리 농구장을 마련하였고, 유명 상표를 부착한 신발과 의류를 팔았으며, 각종 잡지와 패션 책을 통해 10대들만의 무수한 이야기들을 제공하였다. 청소년들은 정부에서 벌인 행사에서와는 달리 시장의 자본이 만든 공간에는 자발적으로 찾아 다녔으며, 노래방, PC방, 오락실, 호프집, 콜라텍을 선택하였다. 1980년대 이후 자본에 의해 청소년의 학교 밖 놀이공간들이 광범위하게 만들어졌으며, 청소년들은 그 공간에서 자기들만의 개별 공간을 만들어 가기 시작하였다. 다시 말하면, 10대들은 한편으로 자본이 만든 새롭고 광활한 소비공간의 유혹을 받고, 다른 한편으로는 낙후된 학교가 밀쳐 내는 힘의 작용에 의해 독자적인 생활터전을 마련한 것이다. 인터넷으로 온갖 정보를 접할 수 있게 된 아이들에게 학교는 재미없는 공간에 불과했으며, 오래 머물다가는 낙후될지도 모른다는 불안감을 심어줄 뿐이다. 실제로 학교를 떠나는 아이들의 수는 적지만 다수의 아이들이 몸만 학교에 있는 식의 태업에 들어갔고, 상당수는 학교생활을 삶의 일부로만 간주하는 사고방식을 갖게 되었다.

가끔 우리는 한국의 청소년이 서양의 청소년보다 학교에 잘 다니고 있지만, 더 폭력적이라고 말하는 사람들을 만난다. 학교에 대한 문제제기를 학교 망신시키는 행동이라고 하면서 여전히 고답적인 자세를 버리지 못하는 학교 지도자도 있다. 청소년 문제는 너무 심각하고 해결책이 없으므로 그냥 덮어 두자고 말하는 전문가도 있다. 청소년의 행동에 포함되어 있는 권리와 자유를 인정해 주지 않고 그들의 반항적인 행동만을 문제 삼는다면 앞으로도 영원히 청소년의 세계는 존재하지 않을 것이다.

현대 우리 사회의 학교 청소년들은 크게 네 가지 부류로 구분될 수 있다. 첫 번째 부류는 학교에서는 모범생이지만 그들 나름대로 사이버공간이나 댄스연습, 밴드활동 등에 몰두하면서 학교 밖의 공간을 확보해 놓고 있는 청소년들이다. 이들은 자기들만의 작업공간을 마련하고 있기 때문에 학교에 대해 큰 기대도 불만도 없는 편이며, 학교에서는 그들 나름의 시간 때우기 방법을 터득하고 있다.

두 번째 부류는 아예 학교를 떠난 청소년들이다. 이들은 학교 밖에서 학원에도 다니고 여러 종류의 비공식적 모임에 참여하거나 독학을 하면서 자신의 삶을 계획해 나간다. 문화센터를 통해 영화 제작을 배운다거나 아르바이트를 통해서 사회경험을 하는 등 새로운 학습의 공간을 개척하고 있는 것이다.

세 번째 부류는 딱히 자기만의 창조적 공간을 마련했다고 보기는 어렵지만 열심히 노는 청소년들이다. 인기 대중가수의 열성적인 팬클럽 회원이기도 하고, 때로는 나이트클럽이나 콜라텍 등에 가서 열심히 춤도 추고, 노래방에 가서 적극적으로 노는 아이들이다. 이들은 발랄하고 당돌한 신세대의 전형적인 모습을 연출한다.

네 번째 부류는 아마 현재 대다수를 차지할 것으로 생각되는 수동적인 청소년들이다. 부모님을 실망시킬 수 없으니까 학교에 가라면 가고, 텔레비전도 조금 보고, 친구를 따라 콜라텍이나 노래방에도 가끔 간다. 이들은 대체로 "별 생각 없이 살아요.", "사는 게 재미없어요."라고 반응한다. 수동적이고 권태로운 생활로 지쳐 있는 이들 대부분의 청소년은 얼핏 보기에는 학교생활에 잘 적응하고 있는 것 같지만, 잠재적 비행 성향을 내포하고 있기 때문에 언제든 폭발 가능한 시한폭탄을 안고 살아가고 있다고 볼 수 있다. 실제로 청소년 비행의 많은 부분은 잠재적 비행에서 비롯되며, 이들의 경우 극단적인 문제행동에 개입하는 경향이 높다.

　이와 같이 한국사회에서 청소년들은 다양한 형태의 삶을 살아가고 있다. 더이상 국민들이 단일 속성을 가지고 있지 않듯이, 청소년 역시 단일한 존재가 아니라 학생이며 시민이며 문화 생산자이며 소비자다. 시대적 전환기에서, 그리고 인재난이 심각한 상황에서 그동안 주변적 범주에 머물렀던 청소년집단의 잠재력은 중요한 자원이 될 것이다. 이제 그들의 다양한 잠재력이 여과 없이 표출되고 신장될 수 있는 교육정책이 마련되어야 할 때다.

4. 청소년의 의미와 발달적 특징

1) 청소년의 의미

　오늘날의 청소년은 과거 어느 때보다 긴 이행기를 통과하고 있다. 다시 말해 청소년기가 계속 연장되고 있으며, 이 과정에서 많은 청소년이 혼란과 갈등을 경험하고 있다. 청소년기의 연장에 영향을 미치는 요인들은 매우 많다. 즉, 가정과 사회, 그리고 학교환경의 변화로 인하여 청소년의 행동이 더욱 복잡하고 다양해짐으로써 그들의 역할 수행을 위해 청소년기가 연장되고 있다고 볼 수 있다. 그리고 가정환경과 식생활의 개선, 자극적인 사회환경, 학교교육의 연장, 사회의 전문화, 가치관의 변화 등으로 인하여 청소년기의 시작이 빨라지고 마무리가 늦어지고 있다는 것 또한 청소년기 연장의 중요 요인으로 작용하고 있다. 이러한 현상은 청소년들에게 생애 전체에서 이행의 시기, 즉 불안정과 혼돈의 시간이 증가된다는 것을 의미한다. 청소년들은 심리적 불안 및 혼란은 물론 사회적응에 더 많은 시간과 노력을 요구받는다. 이것은 그들에게 심각한 도전이며 삶의 손실이다. 사회의 모든 혜택은 성인들의 몫일 뿐 청소년들은 더 많이 인내하고 더 오랫동안 준비하도록 강요받는다.

　그렇다면 청소년이란 누구이며, 어떤 존재인가? 연령에 의해 '몇 살에서부터 몇 살까지를 청소년이라고 한다'는 식의 개념규정은 관계법규나 규정의 변화에 따라 '청소년'이 변화되는 모순을 가져올 뿐만 아니라 규정 간에도 일치된 견해를 제시하고 있지 않으며, 명칭 또한 통일되어 있지 않아서 청소년정책과 연구를 수행하는 데 큰 혼란을 초래할 수 있다. 여기서는 연령 구분에 의해서가 아니라 그들의 특성과 본질을 통해 청소년의 개념을 정립하려고 한다. 이를 위해 몇몇 학자들의 청소년에 대한 견해들을 소개하고 이를 종합하여 청소년의 본질적 의미를 밝히고자 한다.

정범모(1972)는 사춘기와 청년기의 젊은이들을 통칭하여 청년이라 하고, 그 시기는 보통 12~14세경에서부터 연령에 관계없이 결혼 및 직업의 책임을 성취할 때까지라고 주장하고 있다. Bergis와 Roth는 심리학적인 측면에서 청소년을 보통 12세에서 20세까지 급성장을 경험하고 있는 존재라고 하였다. 그리고 Schelsky는 14세에서 25세까지를 청소년기로 규정하고, 이 연령기의 청소년을 다음과 같이 개념화하였다.

> "청소년은 인간의 행동발달 단계로서 아동의 역할행동은 더 이상 수행하지 않으나 성인의 역할과 행동을 수행하기에는 아직 이른 단계에 있는 자다. 이러한 행동의 미성숙으로 사회체제들은 그들에게 교육, 정치, 경제 등에 대해서 교육받을 기회를 제공해야 한다."

독일의 교육학자 Poggeler는 인간성장 중에 청소년기만을 별도로 개념화할 수 없다고 하였다. 즉, '이것이 청소년이다'라고 정의할 수 없고, 다만 성취인이 되어 가는 과정에 있을 뿐이라고 하였다.

청소년에 대한 대표적인 정의들과 발달단계로서의 청소년기의 특징을 종합해 볼 때 청소년의 개념을 다음과 같이 규정할 수 있을 것이다(한상철, 1998).

첫째, 청소년은 아동의 특성과 성인의 특성을 부분적으로 가지고 있으면서, 양자의 어디에도 속하지 않는 과도기적인 존재이다. 다시 말하면 그들은 현재 성장을 경험하고 있는 자이며 안정되어 있지 않다. 신체적인 면과 지적인 면, 그리고 정서적인 면 모두에서 그들은 미성숙의 상태에서 성숙의 상태로 발달되어 가는 과정에 있을 뿐이다.

둘째, 청소년은 생식능력을 갖고 있지 못한 소년(소녀)과는 구별된다. 정도의 차이는 있지만 이성에 대한 관심이나 성적 호기심은 모두에게 있다. 그러나 소년

(소녀)에게는 생식능력이 없다. '조숙한 소녀가 임신을 하였다'는 표현은 적절치 못하며 이 경우 '소녀' 대신 '청소년'이라고 해야 할 것이다. 이것은 행형법에서 청소년 범죄를 소년 범죄로 명명하고 있는 것에 대해, 청소년학에서는 소년과 청소년을 동일시하지 않는다는 점을 명확히 하기 위한 것이다.

셋째, 청소년은 성장이 완료된 청년과는 의미상 구별된다. 청소년 후기를 청년기로 표현하기도 하지만, 이 책에서는 '청년기'라는 말보다는 '청소년 후기'라는 용어를 사용할 것이다. 청년이라는 말은 생애발달 과정상의 한 단계를 의미하기보다 사회적인 의미를 더 많이 내포하고 있다. 청년은 청소년 후기의 젊은이들뿐만 아니라 사회적으로 자기독립과 자율적 의사결정권을 가진 성인들까지도 포함하게 된다. 이들은 대체로 성장이 정지된 상태에 있다. 청년이란 말 속에는 학문적인 의미보다 사회 통념적인 의미, 즉 '젊은이' 또는 '아랫사람'을 지칭하는 경우가 더 많다. 지역의 청년회의소나 마을의 청년회는 50세 미만의 젊은이로 구성되는 조직을 말하는데, 여기서 청년은 단지 '젊은 사람'을 뜻한다. 그리고 연장자들의 모임에서 자기보다 아랫사람을 '청년'이라고 부르는 경우가 있는데, 이 경우는 말 그대로 '아랫사람'을 지칭한다. 청년이라고 하였을 때는 신체적 · 지적 · 정서적 특성의 발달이 안정 상태에 도달함과 동시에 젊음과 힘을 상징하는 존재로 생각할 수 있다. 그러나 청소년은 신체적 · 지적 · 정서적 특성의 발달이 미성숙의 상태에서 성숙의 상태로 진행되고 있는 자다.

넷째, 청소년은 생애발달 과정의 어떤 시기와도 다른 독특성을 지님과 동시에 한 인간으로서의 인격적 존엄성을 지닌 존재다. 즉, 청소년은 한 인간으로서의 보편적 인격성과 청소년만이 갖는 독특성을 동시에 지니고 있다. 따라서 청소년에 대해 그들을 한 인격체로서 존중해야 할 뿐만 아니라 그들만의 독특성과 가치를 인정하고 수용해 주어야 한다. 청소년만의 독특한 생활양식이나 행동을 연구해야 될 뿐만 아니라 그들의 특성을 생애발달 전체와 관련지을 수 있도록 설계되어야 한다.

2) 청소년기의 범위 및 특성

청소년기가 생애발달의 한 단계로 인식되면서 일차적인 관심은 이 시기의 범위에 관한 것이다. 아동기에서 성인기로 넘어가는 이행기 또는 과도기를 청소년기라고 할 때, 아동기가 끝나는 시점과 성인기가 시작되는 시점을 어떻게 설정할 것인가의 문제가 여러 학자들의 관심거리였다. 아동기의 종착점은 사춘기의 시작이며, 청소년기의 종착점은 성인기의 시작이다. 사춘기는 생물학적으로 결정되지만, 성인기는 사회학적 의미로 결정된다는 점에서 양 지점을 명확하게 구분하고 비교하는 데 어려움이 있다. 그러나 통상적인 수준에서 사춘기의 특징과 성인됨의 의미를 고찰함으로써 청소년기의 범위를 설정하고자 한다.

먼저, 청소년기의 시작을 알리는 사춘기(puberty)는 일반적으로 11~12세경부터인데, 여자의 경우 10세경부터, 남자의 경우 12세경부터 사춘기적 징후가 나타난다. 이와 같은 연령에 기초한 구분은 청소년들의 다양한 개인차로 인하여 정확하지 않다. 즉, 개인에 따라 사춘기의 시작 시기가 매우 다양할 뿐만 아니라 특성의 출현 순서 또한 일정하지 않기 때문이다. 따라서 사춘기의 신체적 · 심리적 특징들을 살펴보는 것이 더욱 타당할 것으로 생각된다.

사춘기의 외형적인 특징으로 대표적인 것은 신체적인 급성장, 즉 성장폭발(growth spurt) 현상이 나타난다는 것이다. 신장과 체중의 급성장과 더불어 머리와 얼굴, 그리고 생식기의 크기 또한 급속도로 증가하게 되는데, 이러한 신체발달은 현대에 들면서 더욱 가속화되고 있다. 신체발달이 가속되고 있는 원인에 대해서는 여러 가지 가설이 제기되고 있다. 즉, 영양, 건강, 기후 등이 과거에 비해 성장조건에 더욱 알맞게 변화되고 있는 것과 관련성이 있으며, 이질 집단 간의 결혼이 확산되고 있는 것과도 밀접한 관련성이 있는 것으로 밝혀지고 있다(Jensen, 1969). 그리고 남녀 간의 데이트 빈도가 증가되고 있고, 이성에 대한 관심이 높아지고 있으며, 첫 성교 시기가 빨라지고 있다는 많은 연구결과와도 무관하지 않다.

그리고 사춘기에는 신체적 급성장과 함께 성호르몬의 급격한 변화가 이루어진다. 남자의 경우 고환과 음낭이 성장하고, 음모가 발생하고, 겨드랑이 털과 턱수염이 나기 시작하고, 대체로 사춘기 후기의 특징이지만 변성이 이루어지고, 유방의 변화도 나타난다. 여자의 경우도 음모가 발생하고, 유방이 발달하고, 겨드랑이 털이 발생하고, 에스트로겐(여성 호르몬)의 발달과 함께 초경이 시작되고, 자궁과 질이 가속적으로 발달하고, 사춘기 후기가 되면서 젖꼭지가 성인 모양에 가깝게 색조를 띠기 시작하며, 규칙적인 월경이 이루어진다. 이와 같은 성적 성숙은 신체적 급성장과 함께 사춘기 청소년의 심리적 발달에 큰 영향을 미친다(Kaplan, 2004).

사춘기적 변화가 감지될 때 우리는 그들이 청소년기에 위치해 있다고 판단할 수 있을 것이다. 이제 그들은 아동기에 있는 것이 아니라 청소년기에 들어선 것이다.

다음의 과제는 청소년기가 마무리되는 시점인 성인기의 특징을 규정하는 것이다. 성인기의 시작은 법적 연령으로 볼 때 20세 이상인 자를 말한다. 20세가 되면서 성인식을 하고, 선거권을 갖게 되며, 부모 승인 없이 결혼이 가능하고, 유흥업소 출입에 대해서도 법적으로 제재를 받지 않는다. 뿐만 아니라 형사책임을 지고 병역의 의무를 수행한다. 이와 같이 법적 연령에 의해서 성인기를 규정한다면, 청소년기는 11, 12세부터 19세까지라고 말할 수 있다. 그러나 연령에 의해 20세 이상을 성인이라고 한다면 현재 대학생들도 성인에 해당되지만, 현실적으로 그렇지 못하다. 그들은 아직 미성숙하고 사회적 성인으로서의 지위와 역할, 그리고 책무성을 지니고 있지 못한 상태에 있다.

사회적 의미로서의 성인은 부모로부터 완전히 독립할 수 있고, 자신의 행동과 의사결정에 대해 책임을 질 수 있으며, 국민으로서의 권리와 의무를 수행할 수 있는 상태를 말한다. 이러한 측면에서 볼 때, 청소년기는 아동기의 자기 중심적 행동에서 벗어나 남을 의식할 뿐만 아니라 동료의식을 갖게 되면서 시작되며 사회적 자립과 함께 마무리된다고 할 수 있다. 그리고 정신분석학적으로 성인은 다른 사람과 성숙한 대상관계를 가질 수 있고, 생산적인 활동에 참여할 수 있는 존재를 의미한다.

청소년기는 사춘기부터 성인기 이전까지의 기간을 말하고, 청소년이란 이 시기에 있는 자로서 지적 · 정서적 · 신체적인 제반 특성이 미성숙한 상태에서 성숙한 상태로 변화해 가는 과도기에 있는 자, 즉 성장을 경험하고 있는 자를 말한다. 그렇다면 이 시기에 있는 청소년은 어떤 구체적인 특성들을 지니고 있는가? 이를 다음과 같이 몇 가지 측면에서 고찰해 볼 수 있다(한상철, 1998).

첫째, 신체 · 생리적 특성과 관련하여, 청소년은 일반적으로 여자 10세, 남자 13세를 전후해 성장 급등기(spurt)를 맞이하다가 여자 13세와 남자 15세경이 되면 성장

속도가 둔화되기 시작한다. 신체발달과 함께 성호르몬의 발달 및 2차 성징의 발달이 이루어진다. 이러한 신체·생리적 변화는 특히 청소년기 초기에 그들의 심리 사회적 발달에 큰 영향을 미친다. 청소년기의 신체·생리적 발달은 대부분 사춘기적 변화를 의미한다.

둘째, **지적 특성**의 발달과 관련하여, 청소년의 지능은 12~14세까지 대체로 급상승하다가 그 이후에 발달속도가 완만해지며, 17~18세경에 정점에 달한다. 청소년기는 지능의 우열에 의해 상황에 대한 적응력의 차이가 크게 나타난다. 따라서 지능발달이 지체된 청소년은 열등감을 가질 수 있다.

또한 청소년은 형식적 조작의 사고를 할 수 있다. 그러므로 가능한 모든 대안을 통해 문제를 해결할 수 있고, 구체적인 사물에 의존하지 않고도 연역적 또는 가설적 사고를 할 수 있으며, 자신에 대해서도 깊은 추리와 탐색을 할 수 있게 된다. 이 과정에서 고차적인 사고와 철학적이고 사변적인 사고가 발달하며, 이와 동시에 비판적인 사고가 발달하기도 한다. 그러나 그들은 자기 상상의 늪에 빠져서 현실을 망각하고 그 속에서 영원성과 순수함, 그리고 완벽함을 추구하는 비합리적 사고를 하기도 한다. 청소년기 후기가 되면서 점차 현실적·합리적 사고를 갖게 되며, 자신에 대한 탐색 또한 보다 완숙한 수준에 이른다.

셋째, **정서적 특성**과 관련하여, 청소년은 성충동의 급격한 증가로 인한 정서적 혼동을 경험한다. 정서적 혼동은 불안감과 과민성을 증대시키며, 이는 신체적 에너지와 심리적 긴장감을 수반한다. 청소년의 약물남용이나 폭주 등은 정서적 불안감이나 긴장감으로부터 스스로를 해방시키고자 하는 그들 자신의 생존전략일 수도 있다. 그리고 이들은 감정의 양가성을 나타낸다. 즉, 존경심과 열등감, 의존과 자립, 부모에 대한 애정과 경멸 등과 같이 서로 상반된 감정을 동시에 갖는다. 예컨대 부모님을 사랑하면서도 기성세대에 대해 보수적이라고 경멸하거나 반항하는 태도를 갖는다. 청소년 후기가 되면서 정서적 혼동으로 인한 불안감과 긴장감이 감소되고 감정의 양가성 또한 점차 줄어들게 된다.

넷째, **가정환경 또는 부모와의 관계**와 관련하여, 그들이 사춘기를 맞이할 즈음 그들의 부모 또한 제2의 사춘기를 맞이하는 경우가 많다. 즉, 청소년들이 정체감 위기(identity crisis)를 경험하고 있는 동안 그들의 부모 역시 정체감 위기를 경험하고 있는 것이다. '나는 누구인가?', '나의 삶에 어떤 가치와 의미가 있는가?'

등의 자기 회의적인 의문과 심리적 갈등은 청소년에게 정체감 혼미(identity diffusion)를 야기하며, 그들만의 특별한 시련과 아픔을 통해 이러한 혼미를 극복함으로써 정체감 확립을 이루어 나간다. 그렇지 못할 경우 정체감 혼미를 거듭하거나 부정적 정체감(negative identity)을 형성함으로써 방황과 문제행동을 계속하기도 한다.

청소년의 정체감 혼미에 따른 갖가지 문제행동은 그들 부모의 정체감 위기가 가세되면서 더욱 심각한 상황에 이르게 된다. 물론 대부분의 부모는 정체감 위기를 건전하게 극복해 나가는 것으로 믿지만, 최근 들어 상황변화와 사회 가치관의 혼동으로 인하여 그렇지 못한 경우도 많다. 부모들의 정체감 위기는 심각한 우울증이나 삶의 무력감으로 발전하기도 하고, 심지어 자기만족을 위해 모든 심적·경제적 에너지를 소모하는 방향으로 진행되기도 하며, 자기과시를 통해 자신을 확인하려는 허황된 행동으로 나타나기도 한다.

따라서 효과적인 청소년지도를 위해서는 청소년 개인의 정체감 확립을 조력하고 그들의 사회적 적응과 삶의 만족감을 증대시켜 나가는 것도 중요하지만, 그들 가정 내 환경을 정비하고 부모교육을 강화함으로써 부모의 심리적 갈등을 순조롭게 극복할 수 있는 방안에 대해서도 심도 깊은 연구와 지원대책이 마련되어야 할 것이다.

다섯째, 사회적 특성과 관련하여, 청소년은 부모, 학교, 사회에 대한 의존적인 태도나 보호에서 벗어나 독립적인 대인관계를 구축한다. 그들은 아동기의 무조건적 교우관계에서 벗어나 선택적인 교우관계를 형성하고, 동년배와의 연대의식을 형성하며, 부모나 교사, 기성세대에 대한 비판적 안목과 배타적 성향을 갖게된다. 그리고 청소년 후기가 되면서 교우관계나 사회적 관계의 폭과 깊이가 점차 증대되고, 기성세대에 대해 무조건적 비판이나 반항에서 합리적 비판과 논리적 대항의 자세가 형성된다.

5. 청소년에 대한 고정관념

고정관념(stereotype)이란 사람들에 대한 우리의 인상이나 신념을 반영하는 광범위한 범주를 말한다. 모든 고정관념은 특정 집단의 전형적인 구성원들이 무엇과 유사한지에 대한 이미지라고 할 수 있다(Santrock, 1996). 우리는 복잡한 세상에서 살면서 복잡성을 단순화시키고자 노력한다. 사람에 대해 고정관념을 갖는 것도 이런 단순화의 한 방법이다. 예컨대 우리가 "젊은이들은 제멋대로야."라고 말하는 것도 이와 같은 것이다. 일단 고정관념이 부여되면 정반대의 증거에 봉착했을 때조차 그것을 쉽게 포기하기가 어렵다.

청소년에 대한 고정관념은 아주 풍부하다. '그들은 직업을 원한다고 말하지만 직업을 얻었을 때는 그것을 원하지 않았다고 말한다.', '그들은 모두 게으르다.', '그들은 모두 섹스광이다.', '그들은 약물중독자다.', '요즘 젊은이들은 우리 세대의 도덕적 기질을 가지고 있지 않아.', '요즘 청소년들은 무서운 아이들이야.', '청소년들은 자기 입장에서만 대단히 똑똑하단 말이야.' 등은 청소년에 대한 부정적인 고정관념의 대표적인 예다. 한편, 청소년을 '꿈과 희망의 세대', '조국의 미래', '젊음과 용기의 상징' 등으로 격찬하기도 하는데, 이러한 말들도 청소년에 대한 고정관념에서 비롯된 것이다. 이와 같이 청소년을 편리에 따라 두 가지 극단적인 존재로 해석하는 것은 청소년에 대한 객관적인 연구와 합리적인 지도대책을 마련하는 데 커다란 장애요인이 될 수밖에 없다.

다음의 두 가지 연구는 청소년에 대한 광범위한 고정관념을 예시하고 있다. 먼저, Daniel Yankelovich(1974)는 청소년의 태도와 그들 부모의 태도를 여러 가지 가치, 생활양식 그리고 개인적 행동에 기초하여 비교하였다. 그 결과 자아 통제, 힘든 과업, 저축, 경쟁, 약속, 법적 권위, 사유재산에 있어서 청소년의 태도와 그들 부모의 태도 간에 차이가 거의 없거나 전혀 차이가 없었다. 청소년과 그들 부모 간에 실질적인 차이가 나타난 부분은 종교뿐이었다(부모의 89%는 종교가 그들에게 중요하다고 말한 반면, 청소년의 경우 66%만이 동일한 반응을 보였다.).

Daniel Offer와 그의 동료들(1988)은 세계 각국(미국, 오스트레일리아, 방글라데시, 헝가리, 이스라엘, 이탈리아, 일본, 태국, 터키, 서독) 청소년들의 자아상(self-images)을 조사하였다. 청소년 가운데 적어도 73%는 건강한 자아상으로 특징지어졌다. 청소년들은 이전 경험의 건전한 통합, 자아 확신 그리고 미래에 대한 낙천주의적 태도를 지니고 성인기를 향해 발달해 가고 있는 것으로 나타났다. 청소년들 간에 다소 차이는 있었지만, 그들은 그 시기의 대부분을 행복하게 보내고 있었고,

생활을 즐겼으며, 그들 자신을 자기 통제(self-control)를 행사할 수 있는 존재로 인식하였고, 공부와 학교에 가치를 두었으며, 그들의 성적 자아에 대해 확신감을 표현하였고, 생활의 스트레스에 대처할 수 있는 능력을 가지고 있다고 믿었다. 청소년이 질풍과 노도로 묘사되어야 할 아무런 증거도 찾을 수 없었다.

G. S. Hall이 청소년기를 질풍과 노도의 시기로 묘사하기 시작한 이래 미국과 그 밖의 서구문화에서 청소년기는 불행히도 인간 생애주기 가운데 가장 불확실한 시기로 인식되어 왔다. 따라서 청소년과 그들의 가족, 그리고 사회는 이와 같은 불확실한 시기를 인내할 수밖에 없었다(Offer & Church, 1991). 그러나 방금 소개되었던 두 연구가 지적하듯이, 대다수의 청소년들은 대중의 고정관념이 제안하는 바와 같이 혼란스럽고 갈등에 처한 존재가 아니다. 청소년에 대한 대중의 태도는 개인적인 경험과 대중매체의 묘사가 결합되어서 형성된 것일 뿐 정상적인 청소년의 발달에 대한 객관적인 자료에 기초한 것이 아니다(Feldman & Elliott, 1990).

청소년을 무섭고 두려운 존재로 비약해서 해석하는 관점은 비행청소년을 중심으로 청소년을 이해하고, 이들에 대한 지도대책을 강구하려는 입장에서 나온 생각일 것이다. 그러나 청소년학은 청소년 비행과 문제행동을 예방하고 지도하는 것도 포함하지만, 일반 청소년의 자기 성장과 사회적응을 조력하는 것에 더 큰 비중을 두고 있다. 따라서 문제 청소년이든 일반 청소년이든 관계없이 그들을 있는 그대로의 존재로서 이해하고 수용하며, 이를 통해 그들과의 관계를 창조적으로 모색해 나갈 필요가 있다.

특히, 청소년에 대한 부정적인 고정관념은 청소년들이 부정적 정체감(negative identity)이나 자기 충족적 예언(self-fulfilling prophecies)을 형성하도록 자극할 수 있다. '청소년은 무서운 존재다'라는 일반적인 관념을 예로 들어 보자. 청소년기에 접어든 청소년의 경우 "그래, 난 무섭고 나쁜 놈이야. 이것이 바로 나야!"라고 자신의 정체성을 부정적인 방향으로 확립해 나갈 수 있다. 특히, 부모나 선생님과의 갈등이 심화되면서 이와 같은 생각이 자신의 정체성으로 확고해지게 된다. 그럼으로써 자신의 부정적 정체성에 걸맞는 행동을 의도적으로 수행해 나갈 수 있다. 무섭고 나쁜 놈이니까 나쁜 행동을 하는 것은 당연하다는 것이다. 그래서 전혀 엉뚱하게 아무런 잘못도 없는 동네 아이들을 구타한다거나, 학급의 친구들을 괴롭힌다거나, 부모에게 반항한다거나, 모르는 사람을 폭행하는 식의 행동을 하게 된다(한상철, 2002).

청소년의 부정적 정체감이나 자기 충족적 예언은 개인의 잘못된 지각이나 판단에 기인하기도 하지만, 일반 성인들의 고정관념이나 대중매체의 과잉 보도에서 비롯되었다고 볼 수 있다. 청소년 문제에 대한 사회적 관심은 바람직하지만, 청소년의 세계와 문제행동을 객관적으로 볼 수 있는 안목과 전문가적인 태도 없이 청소년의 행동과 사고를 성인의 시각으로서만 판단하고 심지어 이를 공론화하는 것은 비록 그들의 의도가 순수하였다고 하더라도 결과적으로 청소년지도에 심각한 역효과를 가져올 수 있음을 명심하여야 한다. 이것은 비단 청소년에 대한 부정적 관념뿐만 아니라 그들을 절대적으로 찬양하고 미사여구를 늘어놓는 식의 고정관념에 대해서도 그대로 적용된다.

따라서 청소년은 문제아도 아닐 뿐더러 미래의 주인공도 아니다. 청소년은 지금 이 시대를 살아가고 있고, 성인들과 동일한 사회에서 공동체적 삶을 만들어 가는 존재다. 또한 생애발달 과정의 한 단계에 있는 존재이면서 인격적으로 독립된 개체다. 아침이면 등교하고, 학교에서 공부하고, 친구들과 어울려서 교우관계를 확립해 나가고, 집으로 돌아와서 가족들과 안락한 시간을 보내고 있는 것이다. 물론 이 과정의 어떤 부분에서 문제를 가지기도 하며, 상대적으로 매우 우수한 능력을 발휘하기도 한다. 다시 말하면, 공부를 못한다고 인생 전체가 실패하거나 열등한 것이 아니며, 하굣길에 친구와 싸웠다고 해서 모든 대인관계가 단절되고 사회생활에서 탈락하는 것도 아니다. 생활의 일부분을 보고 그들의 삶 전체를 판단하는 오류를 범한다면, 성인들의 고정관념이야말로 치유되어야 할 일차적인 과제일 것이다.

::02 청소년학의 학문적 구조와 연구방법론

역사적으로 청소년에 대한 관심은 희랍시대 때부터라고 할 수 있지만, 학문적인 연구 노력은 G. S. Hall에 의해서부터라고 할 수 있다. 그 이후 여러 학자들(예, Mead, lewin, Manheim, Ausubel, Erikson, Marcia, Elkind 등)에 의해 청소년 연구가 본격화되면서 많은 연구결과가 축적되었다. 그러나 아직도 청소년학의 학문적 구조와 본질에 대해 합의점을 찾지 못하고 있으며, 학자들의 개인적인 식견과 정치적 의도에 따라 달리 해석되고 있을 뿐이다. 청소년학이 국가정책이나 법률 위주로 논의되는가 하면, 문제행동 중심으로 열거되기도 한다. 청소년학은 청소년을 보다 과학적으로 이해하고 합리적으로 지도하는 데 필요한 원리와 방법을 탐구하는 학문이다. 다시 말해 청소년 분야의 다양한 현상들을 과학적인 방법으로 탐구하는 과정을 일컫는다. 이에 따라 본서에서는 청소년의 본질적 특성과 행동 및 문화를 체계적으로 이해할 수 있는 학문적 영역과 청소년의 성장과 적응을 조력하고 지원할 수 있는 학문적 영역을 청소년학의 기본 구조로 삼고, 그 밖의 청소년행정이나 정책, 관계법 등과 청소년 문제행동을 청소년학의 주변 영역으로 설정하고자 한다. 이 장에서는 이들 학문적 구조에 대한 논의와 더불어 청소년의 다양한 현상을 과학적인 방법으로 탐구하기 위한 연구방법론에 대해 살펴보고자 한다.

1. 청소년학의 성격 및 발전과제

1) 우리나라 청소년학의 현주소

우리나라에서의 청소년 분야는 학문적인 연구와 이론적인 발전에 따라 성립된 것이라기보다 시대 사회적인 변화와 정책입안자의 결정에 따라 구축되었음을 부인하기 어렵다. 1980년대 이후 청소년 폭력, 약물남용, 성관련 문제 등이 사회문제로 대두되면서 일반인들의 관심과 우려의 목소리가 높아지게 되었다. 그 무렵 정치적인 논리에 의해 1989년 중앙정부에 '체육청소년부'가 신설되었으며, 이를 계기로 각종 청소년단체는 물론이고 시민단체들까지 청소년 교육운동에 가담하였다. 체육청소년부는 그뒤 1994년 '문화체육부'를 거쳐 1998년 정부조직의 개편으로 '문화관광부'가 되었다. 그리고 그 이전까지 혼재되어 있던 청소년관련 법규들을 총 정리하는 형식으로 제정·공포된 청소년기본법(1991. 12)은 청소년 정책의 방향과 관련 시설의 설치, 청소년지도사의 양성과 배치 등을 포함함으로써 제도적인 뒷받침을 보다 충실하게 마련해 주었다. 이와 더불어 1997년 발족된 청소년보호위원회(1998년 국무총리 산하로 이전)는 소외, 일탈, 문제 청소년의 보호와 선도, 복지를 전담하게 되었으며, 그 이후 소위 청소년육성업무를 전담하는 문화관광부 내 청소년국과 이원 체제를 갖추게 되었다.*

그러나 육성과 보호의 일원화를 갈망하는 청소년 분야의 요청과 정부조직개편에 따라 참여정부 시절인 2005년 5월을 계기로 이원 체제가 '국가청소년위원회'로 일원화되었다. 그 이후 일원화 체제의 정착이 완성되기도 전에 2008년 5월 새로운 정부(이명박 정부)의 탄생 및 정부조직개편과 더불어 보건복지가족부 내 '아동청소년정책실'로 청소년행정 조직이 축소 조정되기에 이르렀다.

행정부서 및 제도의 변화에 따라 청소년지도사 양성을 목적으로 대학 내에 청소년 관련학과가 신설되었으며, 이를 계기로 교수와 전문 연구자들이 대학과 연구소를 중심으로 보다 과학적이고 체계적인 연구를 수행하기 시작하였다. 물론

---

* 2004년 7월 현재 청소년 담당업무의 일원화를 전제로 청소년 업무담당 중앙부처 재통합 논의가 진행되고 있다.

심리학, 교육학, 상담학, 사회학, 복지학 등의 인접 사회과학 분야에서도 많은 학자들이 청소년의 다양한 심리적 현상과 사회 문화적 현상, 지도와 상담의 실천적인 기법 등을 과학적인 방법으로 탐구해 왔다. 청소년관련 연구들은 청소년 관계법이나 정책과 관계없이 계속되어 왔지만, 대학 내 청소년관련 학과가 설치되면서 청소년학을 독자적인 학문 영역으로 발전시키려는 노력이 가속화되었다고 볼 수 있다. 그러나 오늘날까지도 청소년학은 다양한 이해집단들의 기득권 투쟁에 휘말려서 그 본질적 의미를 망각한 채 표류하고 있는 느낌이다.

복잡 다양한 경로를 통해 발전된 청소년학이 정치적·사회적 필요를 충족시키는 수단으로 머물러 왔던 것을 인정한다면, 이제부터는 명실상부한 학적 체계를 갖는 독자적인 학문으로 거듭나야 할 때다. 추상적인 이론에만 머물지 않고 시대적 변화와 현장의 상황적 요구를 적극적으로 수용하고 반영함으로써 청소년학의 위상과 학문적 가치를 더 높여 나가야 할 것으로 생각된다.

그러나 아직도 청소년학을 정책입안자의 논리를 뒷받침해 주거나 관계법과 제도를 보완해 주는 도구적인 학문으로 잘못 이해하고 있는 사람들이 있다. 지금 중요한 것은 독자적인 학문으로서의 정체성을 확립하는 것이지만, 이에 못지 않게 시급한 과제는 증명되지 않은 여러 가지 속설이나 이념을 가지고 청소년을 이용하거나 청소년정책을 호도하는 사람들을 경계하는 것이다. 청소년학은 정책이나 제도의 수단이 아니라 필수불가결한 선행요건임을 명심할 필요가 있다.

매스 미디어의 편향된 시각이 이 시대의 청소년을 선도하기는 커녕 청소년 문제를 확산시키는 주범으로 인식되고 있음을 볼 때, 그들의 의도가 무엇이건 간에 청소년을 위한 것이라기보다 청소년을 이용하고 있음이 틀림없어 보인다. 청소년에 대한 올바른 신념과 과학적인 이해를 위한 노력, 체계적인 지도전략은 청소년학의 기본 요소이며, 이를 통해 청소년학의 올바른 정체성을 확립해 나가야 할 것이다.

2) 청소년학의 개념

청소년학이란 무엇인가? 이에 대해 지금까지 많은 학자들이 고심해 왔지만 아직도 논란이 거듭되고 있는 것이 사실이다. 본서에서는 청소년학의 개념에

대해 청소년 분야의 다양한 현상을 과학적인 방법으로 탐구하는 과정으로 이해
하고자 한다. 이와 같은 탐구과정을 통해 청소년의 다양한 현상(심리, 발달, 문
화, 적응양식 등)을 보다 정확하게 이해할 수 있으며, 이와 더불어 그들을 합리적
이고 체계적으로 지도할 수 있는 원리와 방법을 발견할 수 있을 것이다(한상철,
1998a).

이때 청소년 분야의 현상이란 예컨대, 청소년의 스트레스와 문제행동의 관계,
청소년의 가정환경과 또래관계가 그들의 성장과 발달에 미치는 영향, 인터넷 문
화가 그들의 교우관계에 미치는 영향, 공동체적 삶을 지원하기 위한 다양한 지
도방법의 개발, 학교 부적응 청소년에 대한 상담학적 개입전략의 개발 등과 같
이 청소년에 관련된 여러 변인들 간의 관련성을 의미한다.

그리고 과학적인 방법이란 연구설계와 자료수집, 도구제작, 자료분석, 결과도
출 등의 전체 과정이 객관적이고 체계적이어야 한다는 것을 의미한다. 학문
(discipline)이 단순한 지식 습득과 다른 것은 과학적인 방법을 동원한다는 것이
며, 그것을 제3자가 확인 가능한 방법으로 객관화시킬 수 있고 체계화시킬 수 있
다는 것이다. 따라서 청소년의 개인적 심리와 발달, 사회적 행동과 문화, 지도방
법 등을 보다 객관적인 방법으로 이해하고 합리적으로 지도할 수 있는 원리를
개발하는 등의 노력이 청소년학의 본질이라고 할 수 있다.

현상을 탐구(inquire; discover)하는 과정은 과학자의 본질이며, 이를 위해 실험
하고 분석하고 창조하는 등의 다양한 연구활동을 전개한다. 주어진 내용을 단순
히 기억하고 연습하는 것이 아니라 자기 스스로 가설을 세우고 이를 검증하는
적극적인 학습방법인 것이다. Bruner(1968)는 이를 '그 분야의 학자가 하는 것처
럼 하는 것'이라고 하였다. 어떤 분야이든 그 분야의 학자는 머릿속에 많은 지식
을 지닌 사람이 아니라 학습하는 방법을 알고 있는 사람이며, 이는 곧 실험하고
탐구하는 방법에 익숙한 전문가라고 할 수 있다.

청소년학을 이와 같이 정의하였을 때, 청소년학의 본질과 학문적 구조가 더욱
명료하게 드러나게 된다. 즉, 청소년학의 본질은 청소년과 관련된 다양한 현상을
과학적인 방법으로 연구하는 것이며, 청소년 분야의 현상이 청소년을 이해하기
위한 영역과 이에 기초하여 청소년을 지도하기 위한 영역으로 크게 구분된다고
보았을 때 이것이 곧 청소년학의 학문적 구조라고 할 수 있다. 그리고 청소년학

의 연구목적은 과학적 연구의 목적과 마찬가지로, 청소년 분야의 다양한 현상을 정확하게 기술(descriptive)하고, 변인과 변인 간의 인과관계를 논리적으로 설명 (explanation)하며, 특정 변인으로 청소년의 미래 행동을 신뢰할 수 있게 예언 (prediction)하고, 잘못된 행동을 체계적으로 통제(control)하는 것이다.

이 정의에 따르면, 먼저 청소년학의 대상은 발달과정상 청소년기에 해당되는 모든 청소년뿐만 아니라 이들에게 직·간접적인 영향을 주는 부모나 가족, 또래 와 선후배, 교사, 목사, 학교환경, 지역사회 환경 등이 될 것이다. 즉, 청소년 개 인뿐만 아니라 생태학적 환경 일체가 연구의 대상이다. 그리고 청소년은 학생청 소년, 근로청소년, 비행청소년, 재수생 청소년 등을 모두 포함한다. 또한 청소년 개인의 성장 및 발달을 이해하고 지도하기 위한 목적으로 청소년의 아동기적 경 험 및 생활을 추적 연구하거나 청소년의 성인기적 경험을 예측 연구하는 경우, 아동 및 성인 역시 청소년학의 학문적 대상이라고 할 수 있다.

그리고 청소년학의 연구내용은 청소년과 관련된 모든 것이 될 수 있는데, 특히 청소년의 발달과정과 성격, 인지활동 등을 포함하는 청소년심리, 청소년 문제행 동, 청소년문화, 청소년복지, 청소년정책, 청소년활동, 지도활동 프로그램, 청소 년상담 등의 학문적 영역이 연구내용이 될 것이며, 또한 이들 학문이 연구에 필 요한 기초 이론을 제공할 것이다.

3) 청소년학의 성격

청소년학은 청소년을 보다 과학적으로 이해하고자 하는 학문이며, 이에 기초 하여 청소년지도의 합리적인 방법 및 전략을 모색하고자 하는 학문이다. 그러므 로 청소년학의 이론적 성격은 청소년을 과학적으로 이해하는 데 필요한 기술적 (descriptive)인 면과 청소년지도의 합리적인 방법을 모색하는 처방적(prescriptive) 인 성격을 동시에 지니고 있는 사회과학의 일종이라고 볼 수 있다.

교육심리학자인 Bruner(1968)의 주장에 따르면, 기술적이라 함은 학습이론이나 발달이론과 같이 행동의 변화가 일어나는 과정을 있는 그대로 정확하게 서술해 주는 이론을 말하며, 처방적이라 함은 수업이론이나 상담이론과 같이 행동의 변 화가 일어나도록 지원하기 위해 특정한 교수방법을 안내하고 처치하는 이론을 의미한다. 약의 성분과 용도 등을 자세하게 표시한 약병의 설명문을 기술적인 내용이라고 한다면, 약사가 환자의 연령과 건강상태, 병의 증세 등에 따라 여러 가지 약을 조제하여 제공함과 동시에 약을 먹는 방법과 주의사항, 건강에 도움이 되는 말 등을 적절하게 해 주는 것을 처방이라고 할 수 있다. 약국에 아무리 좋은 약을 많이 갖추고 있다고 하더라도 약사가 이를 적절히 활용하지 못한다면, 즉 환자 각자에게 적합한 안내를 제공해 주지 못한다면 환자를 만족시킬 수 없을 것이다. 훌륭한 약사는 약의 종류와 성분, 용도 등에 대해 정확하게 알고 있어야 할 뿐만 아니라 이를 환자에게 가장 적합한 방식으로 제공해 주는 사람일 것이다. 따라서 약사는 약의 기술적인 내용과 이를 처방해 주는 방법 모두를 잘 알고 실행할 수 있어야 한다. 즉, 기술과 처방은 동전의 양면과 같은 것이어서 항상 상보적인 관계에 있음을 이해할 필요가 있다(한상철, 1998a).

이를 청소년학에 적용해 보면, 청소년을 지도하는 지도사와 상담사는 물론이고 청소년관련 정책을 입안하고 실행하는 사람들은 청소년의 행동과 발달적 특성, 문화, 환경, 제도 등에 대한 정확한 지식을 갖추고 있어야 하며, 이와 더불어 이들을 효율적으로 지도하기 위한 여러 가지 방법과 전략을 개발하고 적용할 수 있어야 한다. 따라서 청소년학은 궁극적으로 청소년을 보다 정확하게 이해하기 위한 이론적 학문임과 동시에 이에 기초하여 청소년을 보다 효율적으로 지도하는 데 필요한 방법적 학문이다.

4) 청소년학의 영역

청소년학은 기술적인 성격과 처방적인 성격을 동시에 지니고 있으며, 이는 곧 청소년을 보다 정확하고 객관적으로 이해하기 위한 영역과 청소년을 합리적이고 체계적으로 지도하기 위한 영역을 내포하고 있음을 의미한다. 즉, 청소년 이해를 위한 다양한 교과와 주제들을 내포함과 동시에 청소년지도(guidance)를 위한 여러 가지 교과와 주제를 포함하고 있다. 여기에 포함되지 않는 영역 및 주제들은 실제로 청소년학의 본질이라기보다 청소년학을 실천하고 보조하는 내용이라고 보는 것이 더 합당할 것이다.

청소년을 정확하게 이해한다는 것은 청소년의 심리 내적 행동과 사회 문화적 행동, 청소년을 둘러싸고 있는 환경, 청소년의 발달적 특성 등을 보다 과학적인 방법으로 이해한다는 것을 의미한다. 이때 '과학적 방법'이라 함은 객관적이고 경험적인 연구방법을 의미한다. 그러므로 청소년학에서 청소년 이해를 위한 노력은 개인의 주관이나 직관, 설화 등에 의존할 것이 아니라 객관적이고 경험적인 연구결과에 기초하여야 한다. 청소년학을 실천적인 학문으로만 생각하는 경향이 있지만, 합리적인 실천이 이루어지기 위해서는 반드시 청소년에 대한 정확한 이해가 전제되어야 한다는 점을 명심할 필요가 있다.

그리고 청소년 이해는 청소년 개인을 이해하는 영역과 청소년을 둘러싸고 있는 환경적 맥락을 이해하는 영역으로 구분될 수 있다(〈표 2-1〉 참조). 구체적으로, 청소년은 어떤 존재이며 우리 사회에서 그들의 인간으로서의 권리는 무엇인가, 청소년은 어떤 발달적 특성을 지니고 있으며 청소년기의 주요 심리적 장애는 무엇인가, 청소년의 교우관계 및 가족관계의 특징은 무엇이며 어떤 변화 양상을 나타내고 있는가 등은 청소년 개인의 이해 영역에 속한다. 한편 청소년의 문화는 무엇이며 시대에 따라 어떻게 변화되어 왔는가, 청소년의 생활환경은 어떠하며 주요 문제는 무엇인가, 우리 사회의 대중매체는 어떤 특징을 지니고 있으며 청소년들에게 어떤 영향을 미치고 있는가, 현대사회의 가정과 학교는 어떤 특징을 지니고 있으며 청소년들에게 어떤 영향을 주는가, 현대사회의 구조적·제도적 변화는 청소년들에게 어떤 영향을 주는가 등은 청소년을 둘러싼 환경적 맥락에 대한 이해 영역이다.

청소년학의 처방적인 측면은 청소년을 지도하는 방법적 원리를 발견하고 이를 실행하는 과정을 의미한다. 이를 위해 먼저 청소년지도 및 상담의 목표를 어떻

 〈표 2-1〉 청소년 이해 영역

영 역	교과목	주 제
청소년 개인	청소년심리, 발달심리, 학습심리, 사회심리, 성격심리, 청소년인권 등	청소년의 심리와 발달적 특성, 행동, 성격, 인지, 맥락적 요소, 부적응 및 정서장애, 청소년의 권리 등
청소년 환경	청소년문화, 청소년 사회화, 지역사회복지, 청소년환경 등	사회구조, 문화, 생활환경, 대중매체, 가정, 학교, 유해환경, 국제환경 등

게 세울 것인가를 결정해야 하고, 다음으로 지도 목표를 달성하기 위한 체계적인 프로그램을 설계하고 개발하여야 한다. 그리고 이에 근거하여 구체적이고 실천 가능한 지도방법을 확인하고 실행해야 하며, 또한 지도과정을 평가하고 그 결과로서 다음 지도활동을 개선해 나가야 한다. 이것은 계속적인 순환적 과정이며 상호작용적 과정이다. 청소년지도 및 상담의 과정을 그림으로 나타내면 [그림 2-1]과 같다.

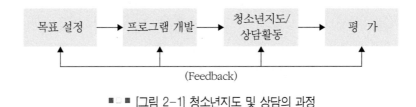

■□■ [그림 2-1] 청소년지도 및 상담의 과정

청소년학의 처방적인 영역을 살펴보면 크게는 청소년 활동지도(청소년지도)와 상담활동으로 구분된다. 활동지도에는 청소년 수련활동지도, 야외활동지도, 단체활동지도, 놀이활동지도, 봉사활동지도, 캠프활동지도, 여가지도, 레크리에이션지도 등이 포함되며, 상담활동에는 생활지도, 집단상담, 개인상담, 가족상담, 진로상담 등이 포함된다(〈표 2-2〉 참조).

청소년학이 우리 시대의 점증하는 청소년 문제에 대처하기 위한 방편으로 정치적 논리에 의해 시작되었다고 보았을 때, 우리나라의 청소년학은 청소년지도로부터 출발하였다고 보아도 지나치지 않을 것이다. 그러나 당시 청소년지도는

 〈표 2-2〉 청소년지도 영역

영 역	교과목	주 제
활동지도	청소년지도론, 청소년활동론, 프로그램 개발, 야외활동론, 레크리에이션지도 등	청소년지도의 목적, 요구분석, 프로그램 개발, 프로그램 평가 야외활동지도, 캠프활동지도, 단체활동지도, 봉사활동지도, 레크리에이션지도, 지도매체 개발 등
상담활동	집단상담, 가족상담, 진로상담, 심리검사 등	인간관계, 생활지도, 건강지도, 진로지도, 집단상담, 가족상담, 심리검사 등

청소년 개인과 환경, 제도에 대한 과학적인 연구를 바탕으로 하지 않았을 뿐만 아니라 청소년지도의 목적이나 프로그램을 구체화하지 않은 상태에서 전체 청소년을 마치 일탈집단으로 착각한 듯이 그들에게 극기훈련과 체력훈련, 복종훈련만을 수행하였다고 볼 수 있다. 청소년학은 청소년을 이해하고 지도하는 데 필요한 이론과 방법적 원리를 연구 · 개발하는 학문이다. 따라서 청소년지도자들이 청소년학의 기본적인 소양을 갖추어야 함은 자명한 사실이다.

한편, 청소년행정과 정책, 관계법 등은 청소년학을 이해하고 지도하는 데 필요한 지원 학문으로서의 성격을 갖는다. 청소년행정과 정책은 청소년의 권리와 복지를 향상시키고 교육과 지도방법을 지원하는 데 필요한 수단적 또는 보조적 학문이라고 할 수 있다. 행정을 위해 청소년이 있는 것이 아니라 청소년을 위해 법과 행정 등이 존재하는 것이 자명한 사실이고 보면, 국가와 지방자치단체 등에서 청소년의 성장과 적응을 조력하기 위한 법과 정책을 입안하고, 사회환경을 조성하는 등의 업무를 하는 것은 청소년학의 본질적 성격이라기보다 국가행정의 당연한 과제다. 물론, 국가의 청소년정책과 행정은 청소년학의 연구결과를 바탕으로 결정되고 집행되어야 하며, 청소년학은 국가와 사회의 정책 입안에 도움이 될 수 있는 연구결과를 창출할 수 있어야 할 것이다. 이것은 현실적인 상보관계의 중요성을 말해 주는 것으로, 양자의 긴밀하고 지속적인 협조체계를 전제로 한다.

그리고 비행이나 일탈, 부적응 등을 포괄하는 청소년 문제행동은 그것이 청소년학의 본질적인 내용이라기보다 실천적인 부분이며, 청소년학의 이론과 지도 원리를 통해 해결해 나가야 될 구체적인 과제들이다. 예컨대 청소년 가출이란 주제가 있다면, 이를 해결하기 위해서는 청소년 일반에 대한 이해와 더불어 가출 청소년들의 특징과 배경, 경로, 유형 등에 대한 종합적이고 체계적인 이해가 전제되어야 하며, 이를 바탕으로 실천적인 지도프로그램을 개발하고 적용함으로써 문제해결을 시도해 나가야 한다. 이때 청소년정책과 행정의 과제는 이와 같은 문제행동을 해결하는 과정에서 요구되는 다양한 서비스를 제공하는 것이다. 청소년들의 불안이나 우울증에 대한 부분도 마찬가지다. 이것이 외형적인 문제행동의 원인이 될 뿐만 아니라 그 자체가 청소년들의 성장에 심각한 장애요인이 되고 있다고 판단될 경우, 이에 대한 과학적이고 체계적인 분석과 더불어 이를 감소 또는 극복할 수 있는 전략을 개발하고 처치함으로써 이 과제를 해결해 나가야 한다. 이것은 청소년학이 청소년 문제행동에 기여하는 실천적인 과제임을 의미한다.

청소년학은 크게 청소년 이해 영역과 지도 영역으로 양분되지만, 이 두 가지 영역은 상호 독립적이라기보다 상호 의존적인 성격이 더 강하다. 예를 들면, 현행 청소년의 일반적인 성장과정에 영향을 미치는 요인들을 과학적으로 탐색하였다면, 이에 기초하여 청소년 수련활동의 지도목적을 설정하고 지도내용과 방법을 결정한 다음, 전문지도사에 의해 체계적인 방법으로 지도활동을 전개해 나가야 한다. 또한 청소년의 현행 문제행동을 분석함으로써 구체적인 원인이 확인되었다면, 이를 기초로 문제행동의 예방 또는 교정방법을 탐색하고 처치해 나가야 한다. 예컨대, 문제행동의 교정을 하고자 한다면 구체적으로 어떤 절차에 의해 어느 수준까지 교정을 할 것인지를 정한 다음, 프로그램을 선정하거나 개발하고, 이에 기초하여 문제행동을 교정한 후, 그 결과를 평가하는 등의 체계적인 과정에 따라 청소년을 지도하게 될 것이다. 따라서 청소년학은 기술적 · 처방적 성격을 동시에 지니며, 이 두 가지 성격은 상호 보완적 또는 상호 작용적 관계에 있다고 할 수 있다.

5) 청소년학의 정체성 확립을 위한 과제

청소년학 분야의 연구는 유사 학문 분야, 예컨대 아동학이나 교육학, 심리학, 사회학 등과 비교했을 때 국내에서뿐만 아니라 외국에서도 아직까지 매우 부족한 실정이다. 국내에서 청소년학 연구가 본격화된 것은 1992년의 한국청소년학회와 1993년의 한국청소년개발원이 설립되기까지 교육학이나 심리학 분야 내에서 소수 연구자들에 의해 수행되어 왔을 뿐이며(차경수, 1998), 그나마도 청소년 연구라기보다 중 · 고등학생을 대상으로 실시된 연구가 대다수를 차지하고 있다(한상철, 1998b). 외국에서는 2004년도 현재 청소년 분야의 대표적인 학술잡지인 *Journal of Youth and Adolescence*가 약 35년, *Journal of Adolescent Research*가 20년, *Adolescence*가 30년 동안 매년 시리즈로 출간되고 있음을 볼 때, 비교적 오랜 역사와 많은 연구성과를 축적하고 있다고 볼 수 있으나, 이 또한 타 분야의 연구와 비교했을 때 만족할 만한 수준은 아니다.

청소년학 연구의 과제는 일차적으로 청소년학의 독자성을 확립하는 데 있다. 오늘날 국내 여러 대학에서 청소년관련 학과가 신설되고 이 분야에 대한 전문적인 연구기관과 학자 배출을 위한 대학원 설치가 본격화되고 있는 현실에서 청소년학이 여전히 타 학문 분야에 의존하면서 차별화를 이루지 못할 때, 앞으로 대학의 유사 학과 통폐합 과정에서 그 존폐 여부는 장담할 수 없게 될 것이다. 청소년관련 학과는 시대 사회적 요청에 따라 전문적인 청소년지도사를 양성하기 위한 필요성에 의해 각 대학에 설치되었지만, 청소년학은 단지 청소년지도사 양성을 위한 수단적인 학문이 아니라 과학적 학문으로서 그 정체성을 지니고 있음을 명심해야 한다.

이를 위해 오늘날 유아교육학이나 아동학이 자타가 공인하는 하나의 독자적 학문으로 인정받게 된 배경을 깊이 되새겨 볼 필요가 있다. 유아나 청소년은 한 인간 개체이며, 발달과정의 어느 한 특정 시기에 있는 존재다. 그들을 각각 분리해서 연구한다는 것은 자칫 인간의 팔과 다리, 머리를 따로따로 떼어 내어 연구하는 것과 다를 바가 없다. 그러나 유아교육이 중요시되는 것은 인간의 성장과정에서 유아기의 발달이 중요하기 때문에 이를 교육학이나 발달심리학에서 분리하여 연구한 것만은 아니다. 인간의 성장과정 전체에서 유아기 동안의 발달이 중요하기도 하지만, 유아에 대한 지도방법이 다른 어떤 시기의 인간에 대한 지도방법과 차별화되어야 한다는 점과 유아의 발달과 교육에 대한 연구방법이 다른 분야의 연구방법과 질적으로 다른 특징을 많이 지니고 있음으로써 독자적 학문으로 발전할 수 있었던 것이다.

청소년학 역시 생애발달 과정에서 청소년기가 매우 중요한 의미를 지니고 있기 때문에 독자성을 갖는 것으로 판단할 수만은 없다. 생애발달심리학에 의하면, 생애발달의 어느 한 단계도 중요하지 않을 수 없다. 그렇다면 오늘날 청소년들이 다른 어떤 시대보다 문제행동을 더 많이 일삼고, 더 비인간적이고, 적응과정상에 더 많은 문제를 내포하기 때문인가? 시대 사회적 의미만으로 청소년학의 독자성 또는 차별성을 강조한다면, 청소년정책이나 관계법, 행정에 대한 연구만으로 충분할 것이다. 청소년학이 시대 사회적 요구에 의해 생겨났다는 것을 부인할 수는 없지만, 이제 청소년학의 독자성은 학문 연구의 차별화와 지도방법의 차별화에서 찾지 않으면 안 될 것이다. 이를 위해 본서에서는 다음의 세 가지를 우선적인 과제로 제안하고자 한다.

첫째, 청소년학 분야의 연구대상을 보다 확대하고 특성화시킬 필요가 있다. 한상철(1998b)에 따르면, 국내 청소년관련 연구의 대부분이 고등학생(33.24%)을 대상으로 하고 있으며, 외국 상담연구의 경우에도 편의상 연구자가 소속한 대학의 대학생들(71.8%)을 일차적인 표집대상으로 삼고 있다. 청소년학의 주요 목적이 궁극적으로는 청소년의 전인적 성장과 잠재력을 신장시키고 공동체적인 삶을 지원하는 것이라면, 연구의 대상 또한 일반 청소년뿐만 아니라 소외된 청소년, 비행청소년, 시설 청소년, 근로청소년 등을 포함시켜야 할 것이다. 이들 소수집단(minority group) 청소년과 더불어 특정 집단(specific group)의 청소년, 예컨대 불안 수준이 높은 청소년, 모험적인 청소년, 학교의 소위 들러리 집단 청소년, 지능이나 창의성이 특별히 높은 청소년 등을 보다 합리적으로 진단 분류하여 이들에 대한 보다 체계적이고 집중적인 연구를 수행할 필요가 있다.

이것은 다른 유사 분야, 예컨대 심리학이나 교육학, 사회학 등과 청소년학을 차별화할 수 있는 전략이며, 청소년학의 독자성을 확립해 나갈 수 있는 방법이라고 생각된다. 오늘날 교육학이나 상담학에서의 연구가 다수 정상아의 개인적 성장과 발달을 촉진시키는 방향을 취하고 있으며, 치료보다 예방의 적극적 기능을 강조하고 있다. 그러나 청소년학 연구는 학문의 특성상 청소년의 일반적인 발달적 특성이나 지도방법을 연구하기보다 소수집단이나 특정집단의 특성을 보다 심층적이고 체계적으로 연구함으로써 연구의 질을 향상시키고, 청소년지도에 필요한 실질적인 정보를 제공할 수 있어야 한다. 이것은 청소년지도의 치료적 기능과 예방적 기능 모두를 충족시켜 줄 것이며, 심지어 다수 정상아 집단을 이해하는 데도 구체적이고 유용한 정보를 제공할 것이다.

소수집단이나 특정집단 청소년에 대한 연구는 사실상 매우 어렵고 힘든 작업일지 모른다. 가장 먼저 그들을 어떻게 모집할 것인가의 문제가 뒤따르고, 연구대상을 선정하는 과정에서 갖가지 사회적·윤리적 마찰을 가져올 수 있으며, 이들 청소년집단을 분류하고 진단하는 데 따른 어려움이 예상되며, 이들이 연구과정에 적극적으로 협조하지 않는 데 따른 어려움도 예상된다. 그러나 이러한 어려움을 극복하고 과학적인 연구설계에 따라 객관적인 자료를 수집해 나가는 것이야말로 다른 관련 학문 분야의 연구와 청소년학 연구를 차별화할 수 있는 전략이 될 것이며, 결국 연구의 질을 향상시켜 줄 것이다. 후발 개척 학문 분야로서 남다른 노력과 적극적인 자세가 요구되는 부분이다.

둘째, 연구방법의 개선을 들 수 있다. 한상철(1998b)에 의하면, 청소년학 연구의 대부분이 질문지 조사법에 의존하고 있으며(89.73%), 통계처리 방법에 있어서도 빈도나 백분율 비교, 상관관계 분석, 단순 변량분석 차원을 크게 벗어나지 못하고 있다. 이것은 청소년학 연구의 대부분이 기술적 성격을 지니고 있음을 증명하는 것이다. 앞으로 보다 체계적인 연구설계에 기초하여 어떤 현상이나 행동의 원인과 인과관계를 밝히는 연구가 활발히 이루어질 필요가 있다. 기술적 연구가 과학적 표현의 제1단계라고 한다면 인과관계를 설명하는 연구는 모든 학문에서 한 단계 더 발전된 형태의 연구로 인정받고 있다. 어떤 행동의 원인으로 작용하는 변인이 무엇인지, 그리고 성과에 작용하는 투입변인과 과정변인은 무엇인지 등을 구체적으로 밝히는 연구들은 청소년 연구의 질을 한층 더 높여줄 것이다.

그리고 설문조사에 의한 연구는 청소년학 연구에 있어서 많은 한계를 지닐 수 있다. 일반 학교 청소년의 경우는 다소 덜 하겠지만, 소수집단 청소년의 경우 그들이 설문지에 성실하게 응답해 줄 것을 기대하는 것은 매우 단순한 생각일지 모른다. 이들은 자신들의 소외와 부당한 생활이 기존 사회제도나 일반인들의 편의주의적 태도에서 비롯된 것으로 오해하고 있을 수도 있고, 기득권층의 무관심에서 비롯되었다고 생각할 수도 있다. 뿐만 아니라 동일한 외부 요소에 대해서도 일반 청소년들보다 부정적인 시각을 더 많이 가지고 있는 것이 사실이다. 이러한 소외집단 청소년들에게 설문지 조사를 하는 것은 그것 자체가 그들에게 모욕감을 줄 수 있으며, 결국 허위반응을 유도할 수 있다. 따라서 청소년학 연구에서의 자료수집 방법은 참여 관찰법이나 반구조화된 면접법 등을 적용하는 것이 더 적합할 것이다. 그리고 실험과정에 있어서도 인위적 실험장면을 설정하기보다 자연적인 장면을 조작하는 현장 실험법이나 유사 실험법(시간계열법, 동형시간표집, 비동형 통제집단 등)이 더 적합할 것으로 판단된다. 이러한 연구방법의 적용은 연구주제나 연구설계에 따라 달라질 수밖에 없지만, 청소년 연구의 독자성을 강화시켜 나가는 중요한 요인이 될 것이다.

청소년상담 연구의 경우 특히 연구방법의 개선이 크게 요구되는 분야다. 청소년의 성격이나 정서, 행동 등을 단순히 조사하거나 실태를 분석하는 차원에서 벗어나 실제 상담기법이나 상담 프로그램을 적용하여 그 효과를 다각적인 방법으로 검증하는 연구가 보다 활성화되어야 할 것이다. 오늘날 국내 상담연구에서 집단상담 연구의 비율이 증가하고 있는데, 이 경우의 예를 보면, 집단처치설계(group-treatments design)를 해야 함에도 불구하고 단순무선설계(simple-randomized design)를 적용하고 그에 따른 통계적 처리를 한 연구가 있는가 하면, 처치피험자설계(treatments×subjects design)를 해 놓고는 처치수준설계(treatments×levels design)에 알맞은 통계처리를 한 논문도 많이 찾아볼 수 있다(변창진, 1995). 통계처리는 실험설계 유형에 따라 결정되므로 실험설계와 통계처리에 대한 보다 전문적인 학습과 능력개발이 요구된다고 하겠다. 청소년상담의 경우 이론적 발전보다 실제 적용방법의 개선과 상담의 효과분석이 무엇보다 중요한 과제가 될 것이기 때문이다.

셋째, 연구주제를 청소년의 행동, 문화, 정책 등에 따라 보다 심화 확대시킬 필요가 있다. 한상철(1998b)에 의하면, 국내 청소년학 연구의 대부분(약 34%)은 청소년의 의식이나 가치관과 관련된 조사연구이며, 최근의 몇몇 연구보고서들 역시 청소년의 문제행동을 유형별로 구분하여(예, 폭력적 · 성적 · 풍속적 · 퇴행적 · 금전적 문제행동) 각 문제행동의 실태를 분석하는 데 그치고 있다. 이러한 주제들도 청소년 연구에 있어서 중요한 과제임에 틀림없지만, 청소년학의 독자성을 확보하기 위해서는 청소년기의 발달과업이나 청소년만의 고유한 특성 및 행동, 청소년지도를 위한 독특한 지도방법이나 상담기법, 청소년문화와 환경, 청소년정책 등과 관련된 연구가 보다 많이 이루어질 필요가 있다. 다시 말해 청소년학 분야에서만 고유하게 또는 핵심적으로 다룰 수 있는 내용들을 보다 많이 발굴하여 연구해야 할 것이다.

다른 연령단계에서도 중요한 과제가 될 수 있지만, 특히 청소년기에 그 중요성이 높은 연구주제를 선정한다는 것은 쉽지 않은 일이다. 그러나 심도 깊은 연구노력을 통해 이와 같은 연구주제를 보다 많이 발견하고 체계적으로 연구할 필요가 있다. 청소년심리 분야의 예를 들면, Piaget(1958)의 발달단계이론에서 형식적 조작사고의 특징과 청소년기의 발달과정은 다른 어떤 발달단계보다 연구성과가

적으며, 연구결과의 신뢰성도 낮은 편이다. 그리고 Erikson(1968)과 Marcia(1988)
의 청소년기 자아정체감 형성과정에 대한 연구, Elkind(1967; 1979)가 제안한 청
소년기의 자아중심성에 대한 연구, Harter(1990)의 청소년기 자아인지에 대한 연
구, Blos(1979)의 청소년기 자아발달에 대한 연구 등은 특히 청소년기에 초점을
둔 연구과제라고 할 수 있다. Arnett(1996, 1998)와 Selman 등(1996)이 제안한 청
소년 위험행동(risk behavior)에 대한 연구도 최근에 흥미 있는 관심거리가 되고
있다.

청소년지도 프로그램의 설계와 개발에 관한 보다 풍부하고 과학적인 연구 또
한 청소년학의 독자성을 강화시킬 수 있는 중요한 연구주제다. 청소년지도는 청
소년학 연구에 기초하여 그 지식과 기술을 실제 지도현장에 적용하는 것으로,
여기에는 무엇보다 다양하고 체계적인 프로그램이 요구된다. 청소년지도는 결국
프로그램에 기초한 활동으로서, 프로그램의 질에 의해 지도의 성패가 결정된다
고 할 수 있다(한상철, 1997; 1998). 프로그램의 설계와 개발에 대한 연구, 프로그
램 성과 분석에 대한 연구, 프로그램 평가모형에 대한 연구, 청소년지도의 과정
을 구조화하는 연구, 지도기술과 전략을 개발하고 처치하는 연구 등 다양한 형
태의 연구가 요망된다. 그리고 이와 더불어 청소년상담 프로그램과 상담과정 및
기법 등에 대한 연구도 보다 체계적이고 전문적으로 수행될 필요가 있다. 이러
한 연구들은 지금까지 거의 미개척 분야나 다름없었지만 앞으로 양적으로나 질
적으로 더욱 발전된 연구들이 발표될 것으로 기대해 본다.

2. 청소년학의 연구방법

1) 청소년 연구의 일반적 단계

청소년학을 청소년 분야의 다양한 현상을 과학적인 방법으로 탐구하는 과정이
라고 정의할 때, 이는 곧 청소년 전문가들이 청소년 분야의 다양한 현상들을 과
학적으로 연구하는 방법에 대해 알고 실천할 수 있어야 한다는 것을 의미한다.
그러므로 청소년학이 독자적인 학문으로서의 정체성을 확립해 나가기 위해서는

연구방법에 대한 보다 풍부한 지식과 실천능력을 갖추어야 할 것이다. 그러나 연구방법은 각 학문 분야의 해당 연구문제의 성격이나 연구유형에 따라 다를 수밖에 없다. 사실 모든 연구활동에 공통적으로 적용할 수 있는 일반적인 연구모형을 제시하는 일은 거의 불가능할지도 모른다. 따라서 여기서는 편의상 청소년 연구에서 비교적 광범위하게 채택되고 있는 하나의 모형을 소개하고자 한다. 아래에 제시되는 각 단계와 요소는 명확히 분리되어 있는 것이 아니라 어느 정도 서로 중첩되면서 계열적으로 연결되는 일련의 연구활동임을 명심할 필요가 있다 (이종승, 1989: 32-35).

(1) 논리적 단계

① 문제발견

연구는 연구자의 마음속에서 일어난 의문으로부터 시작된다. 우리는 일상생활의 주변에서 우리를 놀라게 하고 호기심을 불러일으키는 수많은 사건과 현상에 직면하게 되는데, 이때 연구자는 지적 호기심과 의문을 갖고 그러한 사상을 주의 깊게 관찰해야 한다. 연구문제란 바로 이러한 지적 호기심과 의문이기 때문이다. 예컨대, 청소년들은 왜 다른 연령의 사람들보다 또래집단의 영향을 더 많이 받는 것일까? 가정이나 학교에서 비교적 모범적인 청소년이 가출을 하는 이유는 무엇일까? 초기 청소년들이 후기 청소년들보다 패션이나 유행에 더 민감한 이유는 무엇일까? 등은 연구자의 지적 호기심을 자극하는 의문들이다.

② 문헌고찰

연구하려는 문제가 어느 정도 구체화되었으면, 그 문제와 관련된 이론이나 선행연구를 고찰한다. 관계 문헌을 고찰하는 주요 목적은 가설을 형성하기 위한 근거를 찾는 데 있으며, 이와 더불어 연구방법이나 결과해석에 도움이 될 자료를 얻기 위한 것이다. 그러므로 연구문제와 관련된 문헌만을 체계적으로 수집하고 분석해야 하며, 이는 연구에 대한 상당한 경험과 지식을 필요로 한다.

③ 가설설정

가설이란 변인과 변인 간의 관계를 진술한 것으로, 연구자가 내린 연구의 잠정적인 결론이라고 할 수 있다. 가설은 변인 간의 관계로 진술하되, 경험적으로 검증될 수 있는 것이어야 한다. 그리고 문헌고찰을 통해 독립변인과 종속변인을 명료화하고 난 다음, 기대되는 결론을 논리적으로 추론하여 진술해야 한다.

(2) 방법론적 단계

① 연구설계

연구설계란 연구문제의 해결방안이나 가설검증 방법을 체계적으로 계획한 것을 말한다. 집을 지을 때 건축설계를 하듯이 연구를 할 때도 구체적인 연구설계를 해야 한다. 이때 연구자가 고려해야 할 핵심적인 사항으로는 연구대상의 표집, 자료수집 방법과 분석방법, 연구설계의 실행방안 등에 관한 것이다. 연구설계 과정에서 대상선정이나 도구선정의 어려움, 연구절차의 비현실성 등이 확인되면 부득이 이전 단계로 거슬러 올라가서 연구문제나 가설을 수정 또는 변경시킬 수밖에 없게 된다.

② 도구제작

도구란 크게 두 가지의 의미를 갖는데, 하나는 어떤 현상이나 행동특성을 관찰하고 조사하는 데 사용되는 측정도구를 말하고, 다른 하나는 연구의 조건이나 상황을 제시하고 규정하는 처치도구, 즉 실험처치의 내용을 일컫는다. 일반적으로 조사연구에서는 측정도구만 필요하지만, 실험연구에서는 측정도구와 처치도구 모두를 필요로 한다.

연구자가 직접 측정도구를 제작하거나 기존의 도구들 중에서 특정한 것을 선택할 때는 도구의 타당도와 신뢰도 등을 고려하여 최적의 도구를 선정하여야 한다. 도구의 중요성은 우리가 물건의 길이나 무게를 잴 때 엉터리 눈금의 줄자나 고장난 저울을 가지고 그 물건을 재어서 길이나 무게를 말할 때의 비신뢰성과 다를 바가 없기 때문에 아무리 강조해도 부족하지 않을 것이다. 그리고 처치도구를 고안할 때도 처치의 상황이나 조건을 구체적으로 명시하고 객관화시켜야 한다. 예컨대, 특정한 청소년지도 프로그램을 개발하여 처치할 경우 처치의 방법과 조건, 상황 등을 명확하게 제시함으로써 제3자가 쉽게 확인할 수 있고, 반복처치할 수 있도록 해 주어야 한다.

③ 자료수집

이 단계에서는 연구설계안에 따라 실험연구이면 실험을, 조사연구이면 조사를 수행하게 된다. 이때 유의할 점은 조건통제를 엄격하게 하여 연구의 타당성을 높이는 일이다. 그런데 현장연구에서는 갖가지 제약요인들로 인하여 조건을 엄격하게 통제하기가 어려운 경우가 많다. 그럼에도 불구하고 실험집단과 통제집단에 처치변인 이외의 나머지 모든 변인을 동일하게 할 수 있도록 최대한의 노력을 경주해야 하며, 그러한 절차를 명시해야 한다.

그리고 미리 설계된 방법과 도구를 가지고 필요한 자료를 수집하게 되는데, 이때도 역시 객관적인 절차에 의해 자료를 수집해야 한다. 관찰이나 면접을 통한 자료수집에서는 사전에 훈련을 잘 받은 사람들이 이를 담당해야 하며, 표준화검사를 사용할 때는 검사실시 요강에 충실히 따르도록 해야 한다.

(3) 결론도출 단계

① 자료분석

대개 자료분석 이전의 원자료(raw data)는 갖가지 정보가 무질서하게 섞여 있어서 그 자체만으로는 연구문제에 대한 해답을 얻기가 어렵다. 따라서 연구자는 수집된 자료를 체계적으로 정리하고 의미 있게 재조직하고 분석하는 작업을 해야 한다. 자료분석이란 한마디로 관찰이나 실험 또는 조사 등의 방법으로 수집한 정리되지 않은 상태의 원자료에 대해 어떤 질서를 주는 일이라고 하겠다. 연구설계를 할 때 자료를 어떤 기준으로 분석·조직하고, 어떤 통계방법을 이용하여 가설을 검증할 것인가 등에 관하여 미리 구상하게 되므로 이러한 사전계획에 따라서 체계적으로 자료를 분석하면 된다.

② 결과평가

연구결과의 평가는 연구에서 발견한 사실을 바탕으로 가설의 긍정 여부를 판단하고, 연구를 진행하는 과정에서 있었던 문제들을 전반적으로 검토하고 논의하여 연구의 결론을 도출하는 것이다. 연구결과가 원래 자기가 기대했던 방향으로 나오든 그렇지 않게 나오든 관계없이 연구자는 이를 있는 그대로 받아들이고 다른 선행연구나 이론과 관련지어 논의해야 한다. 연구결과는 설령 연구자의 기대와 다른 방향으로 나왔어도 그 나름의 가치가 있기 마련이다. 연구자는 지적으로 정직해야 하며, 개방적인 자세로 연구에 임하여야 한다. 그리고 연구결과를 해석하거나 결론을 내릴 때 지나친 일반화를 삼가는 것이 바람직하다.

③ 결과보고

다른 사람들에게 자기가 수행한 연구결과를 알려 주기 위하여 보고서를 작성한다. 보고서 작성은 실제 연구를 수행하는 일 못지 않게 중요하며, 어려운 작업이다. 연구보고서에는 연구목적과 연구문제, 연구방법과 절차, 결과 및 해석 등을 포함시키되, 논리적이고 체계적인 방법으로 진술되어야 한다. 그리고 연구보고서는 문학적인 작품과 같이 감상적이거나 과장된 수식어로 표현해서는 안 되며, 솔직하고 간결하게 오직 사실대로만 기술되어야 한다.

2) 연구유형

(1) 상관연구

상관연구(correlational study)란 인간의 심리 및 발달에 영향을 미치는 여러 변인들의 상호 관련성을 밝히기 위한 연구를 말한다. 청소년의 TV 시청 시간과 사회성 발달수준 간의 관계, 가정의 심리적 환경과 청소년의 공격적 행동과의 관계, 부모의 키와 자녀의 키 간의 관계, 수학성취도와 창의력 간의 관계 등이 상관연구로 구명될 수 있다.

상관연구는 단순히 변인들 간에 관련성이 있다는 사실을 보여 줄 따름이지 인과적 관계를 보여 주는 것은 아니다. 예를 들면, 상관연구를 통해 TV를 보는 시간이 길수록 청소년의 사회성이 낮다는 연구결과를 얻었을 경우(양 변인 간에 의미 있는 부적 상관), TV 시청이 청소년의 사회성을 낮추는 원인이 되는 것으로 해석해서는 안 된다. TV 시청 시간이 길어서 사회성이 낮아질 수도 있으나, 반대로 사회성이 낮기 때문에 TV 시청에 더 많은 시간을 보낼 수도 있는 것이다. 이처럼 상관연구는 변인들 간의 양방적 관계를 알려 주기는 하지만 일방적인 인과관계를 밝혀 주지 못하는 한계가 있다.

상관연구를 위한 대표적인 통계적 분석법은 적률상관분석과 등위상관분석이며, 이 모두 기술통계에 해당된다. 상관계수에 기초한 회귀분석(regression analysis)의 결과는 통계적으로 한 변인이 다른 한 변인 또는 다른 여러 변인을 설명하거나 예언하는 정도를 확인해 주지만, 이 또한 엄격한 의미에서 인과관계를 나타내는 것은 아니다. 통계분석 절차와 기술은 본서의 범위를 넘어서기 때문에 통계학관련 도서를 참고하기 바란다.

(2) 실험연구

실험연구(experimental study)는 인간 심리에 영향을 미치는 변인들 간의 인과관계를 밝히기 위한 연구다. 앞에서 예를 든 청소년의 TV 시청 시간이 사회성 발달에 미치는 영향을 실험연구를 통해 알아본다고 하자. 이 경우 우선 실험집단과 통제집단을 구성한 뒤, 독립변인인 TV 시청 시간을 조작하여 일정 기간 동안 실험집단에 처치하고 실험 이후에 종속변인인 사회성 발달을 측정하여 실험 통제집단 간 종속변인 득점의 차이를 분석한다. 이때 실험집단에게는 연구자가 의도한 시간만큼의 TV 시청 시간을 부여하고, 통제집단에게는 아무런 처치도 가하지 않는다. 그 결과 실험집단의 사회성 득점이 통제집단보다 유의한 수준으로 낮거나 높다면, TV 시청 시간은 청소년들의 사회성 발달에 의미 있는 영향을 미친다고 결론지을 수 있으며, 독립변인이 종속변인의 원인이 되고 있다고 해석할 수 있다. 예컨대, TV 시청 시간이 길수록 청소년들의 사회성 발달이 낮다고 말할 수 있다.

TV 시청이 아동의 공격적 행동에 미치는 영향에 관한 Bandura(1969)의 실험은 발달심리 분야 실험연구의 대표적인 예다. 이 실험에서 서로 조건이 유사한 두 집단의 아동을 선정하여 실험집단에게는 일정 기간 동안 공격적인 놀이가 담긴 내용의 TV를 보여 주는 반면, 통제집단에게는 이를 보여 주지 않았다. 일정 기간의 실험처치가 끝난 후 공격적인 내용의 TV를 시청한 실험집단의 아동들이 통제집단의 아동들보다 놀이장면에서 실제로 보다 많은 공격적 행동을 보인다는 사실을 확인하였다. 이처럼 실험연구는 공격적 TV 시청이라는 독립변인이 아동의 공격적 행동이라는 종속변인에 미치는 영향을 직접적으로 확인해 줌으로써 인과관계를 밝히는 데 적용되고 있다.

실험연구는 독립변인의 처치조건을 다양화함으로써 여러 형태의 인과관계를 밝혀볼 수 있는 장점이 있다. 예를 들어, TV 내용을 공격적 행동이 보상받는 경우와 처벌받는 경우로 구분하거나, 공격적 행동이 담긴 TV 내용을 시청하는 시간을 여러 조건으로 나누어 보거나, 주인공의 성별 특성을 구분하여 처치해 봄으로써 TV 시청과 관련되는 제반 요인들이 공격적 행동발달에 미치는 영향을 보다 자세하게 검토해 볼 수 있다.

실험연구는 변인들 간의 인과적 관계를 보여 주는 가치 있는 방법이기는 하지만 실험조건의 인위성으로 인해 많은 문제점을 노출시키기도 한다. 예를 들면, 도덕성을 발달시키기 위하여 도덕성 훈련을 받은 집단의 청소년들은 인위적인 실험장면에서는 다른 청소년들을 돕거나 자신의 물건을 나누어 주는 등 높은 수준의 도덕적 행동 경향을 보이지만 그들의 일상생활에서는 이러한 행동이 급격하게 감소되는 경우를 볼 수 있다. 이와 같은 실험연구의 문제점을 해소하기 위해 인위적인 실험실 대신에 흔히 학교, 가정, 양로원 등 피험자의 일상생활 장면 내에서 실험을 실시하는 현장실험(field experiment) 또는 자연적 실험(natural experiment)이 적용되기도 한다. 청소년 연구에서는 특히 인위적 실험보다 현장실험의 가치가 더 높을 것으로 예상된다.

그리고 실험연구지만, 독립변인의 인위적인 처치가 불가능할 경우 사후 실험설계를 활용하는 방안이 널리 활용되고 있다. 이것은 결혼 여부가 위험행동에 미치는 영향 같이, 결혼을 인위적으로 조작할 수 없는 경우 결혼한 집단과 그렇지 않은 집단을 구성한 뒤 위험행동의 정도를 측정함으로써 변인 간의 인과적 관계를 분석하는 방법이다. 이와 같은 방법은 외형상 조사연구와 유사하지만 독립변인에 영향을 주는 가외변인들을 엄격하게 통제할 경우 이를 통해 기대하는 인과관계를 유추할 수 있다.

(3) 사례연구

사례연구(case study)란 한두 명의 피험자를 대상으로 얻은 연구결과를 바탕으로 발달 및 심리기제의 일반적인 양상을 추론하는 연구방법을 말한다. Piaget (1952)가 자신의 세 아이를 대상으로 관찰과 실험을 반복한 결과 인지발달이론을 유추해 낸 경우처럼, 발달심리학과 상담심리학 분야에서 사례연구는 일찍부터 사용되어 온 중요한 연구유형이다. 소수 피험자의 전 생애의 회고를 통해 인간

의 삶의 발달적 변화과정과 그에 영향을 미치는 요인을 찾아내고자 하는 자서전
적 기억(autobigraphic memory) 방법은 최근에 발달 분야에서 주목받는 사례연구
의 새로운 형태다.

  상담이나 심리치료 분야에서는 소수 내담자의 문제행동 치료과정에서 상담관
계와 상담기술, 그리고 개선과정을 자서전적 방법으로 상세히 기술하여 보고하
게 함으로써 이와 유사한 증상의 다른 내담자에게 특정 상담방법을 적용할 수
있도록 안내하는 역할을 하고 있다.

  사례연구는 관찰, 실험, 면접 등 다양한 기법을 동시에 사용하여 개인의 발달
과 심리적 특징의 변화과정을 면밀히 분석해 낼 수 있는 장점이 있으나, 소수의
사례를 전체 대상에게 일반화하는 데 따른 문제점을 내포하고 있다.

3) 자료수집 방법

  어떤 형태의 연구에서든지 거기에는 자료를 수집하는 구체적인 절차와 방법을
요구하게 된다. 청소년학에서 자주 사용될 수 있는 자료수집 방법을 다음의 두
범주로 묶어서 살펴보고자 한다.

(1) 자기보고법

  자기보고(self-report)는 자신의 생각, 태도, 관점 등을 스스로 평가하고 보고하
는 형식으로서 개인의 심리적 특성에 관한 자료를 수집하는 데 많이 사용되는
방법이다. 각종 검사, 질문지, 면접 등이 자기보고에 해당된다. 자기보고는 타인
이 식별해 내기 힘든 개인의 내재적 특성을 진단해 낼 수 있고, 짧은 시간에 많
은 정보를 수집할 수 있으며, 보고결과의 수량화를 통한 과학적 분석이 용이한
장점이 있으나, 무엇보다 피험자 자신의 주관적 판단이 작용할 수 있고, 반응의
허구성을 완전히 차단하기 어렵다는 단점이 있다. 특히, 내적 성찰능력이 부족하
거나 언어능력에 한계가 있는 피험자들에게는 적용하기 어려운 문제점이 있다.

  이러한 자기보고법은 대부분 사전에 구조화된 질문지나 검사에 의해 실시되고
있는데, 특히 질문지의 경우 도구의 타당도와 신뢰도의 문제가 중요한 선택기준
이 된다. 또한 대부분의 조사연구가 표본(sample)을 대상으로 어떤 요인을 조사

하여 그 결과로서 일반화를 시도하는데, 이 경우 표본은 전집(population)을 대표할 수 있어야 한다. 그리고 검사는 대부분 표준화검사를 의미하는데, 이것은 각 피험자의 반응을 해석하고 평가하기 위한 집단 규준(norm)과 표준화된 검사절차가 있으며, 검사의 타당도와 신뢰도 등이 검증된 상태다. 따라서 검사를 실시할 경우 검사 매뉴얼에 제시된 표준화된 절차와 조건을 준수해야 하며, 검사결과의 해석에 있어서도 규준표를 참조해야 한다.

자기보고는 면접(interview)에 의해서도 이루어진다. 면접의 경우 질문지의 경우보다 연구대상의 생각이나 관점을 있는 그대로 보다 자유롭게 드러나게 하는데 효과적이다. 이러한 면접법은 구조화된 면접과 비구조화된 면접, 그리고 반구조화된 면접으로 구분된다. 구조화된 면접은 사전에 면접할 질문을 선정하고 이를 체계화하여 계획적으로 질문하고 이에 따른 반응을 체크해 나가는 형태로서 반응의 객관성을 확보할 수 있다는 이점이 있고, 비구조화된 면접은 일반적인 연구범위 내에서 상황에 맞게 자유롭게 질문을 제시하는 방법으로서 풍부하고 자유로운 반응을 획득할 수 있는 이점이 있다. 반구조화된 면접은 질문의 내용을 어느 정도까지는 구조화하되 상황에 따라 세부 질문과 질문 형식을 자유롭게 할 수 있도록 허용하는 방법이다.

최근 자기보고법의 일종으로 성격연구에서 각광을 받고 있는 새로운 자료수집방법으로 사고표집법(thought sampling method)이 있다. 이것은 무작위로 특정 순간에 개인에게 무선호출기를 통해 신호를 보내고, 그 순간에 자신의 내면에 흘러가고 있는 생각을 말하게 하거나 기록하게 하는 기법이다. 때로는 피험자가 연구자에게 신호를 보내기도 하는데, 피험자에게 새로운 생각이 일어났을 때 그렇게 한다. 이 방법은 보다 자연적인 상황에서 개인의 생각을 있는 그대로 밝힐 수 있으므로 생태학적 측면에서 매우 가치 있는 현장 중심의 방법이라고 할 수 있다.

(2) 관찰법

일반적으로 사회과학에서 다양한 자료수집방법을 고안하여 사용하고 있지만, 결국 가장 기본적인 방법은 관찰법(observation method)이라고 할 수 있다. 자기보고법의 경우 처치의 효과를 피험자의 주관적인 보고에 의존하고 있는 반면,

관찰법은 처치의 효과를 연구자가 직접 확인할 수 있으며 비교적 자연스러운 상황에서 진실된 반응을 수집할 수 있다는 점에서 연구결과의 신뢰성을 높일 수 있다. 그러므로 연구자의 주관적 편견이나 상황적 편견이 내포되지 않는 한 이 방법을 통해 가장 정확하고 풍부한 자료를 수집할 수 있다. 관찰법은 대체로 자연스러운 상황에서 피험자의 반응이나 행동을 확인하는 자연적 관찰법과 인위적 상황에서 피험자의 반응과 행동을 확인하는 실험실적 관찰법, 그리고 연구자가 피험자의 생활환경에 직접 참여하여 피험자의 보다 진실된 반응을 확인하는 참여 관찰법 등이 있다.

먼저, 자연적 관찰법의 경우 일상적 장면에서 피험자의 행동을 있는 그대로 관찰하는 방법으로 가장 진실되고 정확한 자료를 수집할 수 있는 이점이 있으나, 관찰하고자 의도한 행동을 쉽게 관찰할 수 없다는 점과 시간과 노력이 많이 소요된다는 점이 가장 큰 약점이라고 할 수 있다. 그러나 특히, 청소년의 생활실태와 심리적 과정을 이해하기 위하여 이 방법을 가능한 한 많이 사용할 필요가 있을 것으로 생각된다.

근래에 들어 자연적 관찰법의 일종으로 참여 관찰법이 크게 각광받고 있다. 이는 연구자가 피험자의 생활환경에 직접 참여하여 피험자들과 같이 생활하고 행동함으로써 더욱 진실되고 심층적인 반응을 확보하기 위한 방법이다. 과거에는 문화인류학 분야에서 많이 사용되었으나, 오늘날에는 아동의 또래관계 연구나 청소년의 생활실태 연구, 청소년의 상황에 따른 심리적 고민과 갈등 및 그 해결방안에 관한 연구 등에서 폭넓게 활용되고 있다.

실험실적 관찰법은 자연적 관찰법의 한계를 극복하기 위하여 관찰하고자 하는 상황을 인위적으로 만들어 놓고 그 상황에서 일어나는 행동을 관찰하는 것을 말한다. 그러나 이 경우 자신의 행동이 관찰되고 있다는 사실을 피관찰자가 의식함으로써 사회적으로 보다 합당하거나 기대되는 행동을 나타내 보이는 경향이 종종 나타난다. 이러한 문제점을 해소하고자 실험실에 일방경(one-way mirror)을 설치하여 피관찰자가 관찰자의 관찰을 의식하지 않고 비교적 자유롭게 행동하도록 하는 방법을 채택하기도 한다. 그러나 이 경우에도 피관찰자들은 실험실이라는 낯선 환경에 처해 있다는 사실만으로 일상생활에서의 행동이나 반응을 왜곡시킬 가능성이 있다. 청소년 연구와 관련해서는 인지적 과제나 학습방법을 탐색하는 연구에서 실험실적 관찰법을 사용할 수 있으나, 크게 권장할 만한 방법은 아니다.

4) 연구의 윤리적 문제

청소년학 연구는 청소년의 삶의 질을 향상시키고 보다 가치 있는 인격체로 성장할 수 있도록 이에 필요한 제반 요인들을 과학적으로 탐구하는 과정이라고 할 수 있다. 구체적으로, 청소년학은 청소년들이 현실에 보다 잘 적응하여 행복하고 만족스러운 삶을 가꾸어 갈 수 있고, 인지적인 결함을 극복하여 창의적이고 효율적인 학습을 할 수 있으며, 편견과 공포, 불안으로부터 벗어나 정서적 안정을 지속시키고 발전시킬 수 있으며, 협동적이고 배타적인 태도와 인도주의적인 태도로서 사회발전에 이바지할 수 있도록 도와주는 데 목적이 있다. 청소년 연구는 청소년학이 독립된 학문으로서 정체성을 확립하고 청소년 분야의 제도와 정책 결정에 실질적인 도움이 되는 제반 원리와 방법, 기법 등을 탐구하여 제공해 주는 데 목적이 있다.

그러나 청소년 연구자가 과학적 지식을 얻기 위한 연구과정에서 자칫 청소년의 잠재력을 파괴시키거나 정서적 결함을 자극하는 모순을 범한다면, 이는 연구를 위해 청소년을 이용하는 결과를 초래하게 되며, 연구를 위한 연구에 그치고 말 것이다. 청소년 연구는 궁극적으로 청소년을 위한 것이어야 한다. 따라서 모든 연구가 그러하듯이 청소년 연구에 있어서도 연구의 윤리적인 문제와 연구자의 책임은 매우 중요하고 민감한 문제다. 특히, 청소년기는 감수성이 예민하고 모방적이고 도전적이며, 자기중심성이 강하면서도 아직 충분한 자아의식이 확립되어 있지 못한 상태이므로 연구를 위한 외적 자극 및 요인들이 그들의 행동에 크게 영향을 미칠 수 있음을 고려해야 한다.

연구자가 반드시 지켜야 할 의무는 연구의 대상이 되는 모든 청소년에게 그들의 복지와 품위, 권위를 지켜 주는 것이다. 예컨대, 비행청소년을 대상으로 비행 교정훈련의 효과를 연구하는 과정에서 청소년을 잔인하게 다루거나 무관심하게 취급하거나 감금하는 실험을 한다면 연구의 결과와 관계없이 청소년의 복지와 안녕을 위협하는 것이 될 것이다. 그리고 현대사회의 청소년 문제가 심각하다고 해서 이를 노골적으로 카메라에 담아서 기록하고 분석하여 그 결과를 보고한다고 할 때, 그것이 충격적인 보고서는 될 수 있을지 모르지만 영상물 속의 청소년들에게는 인격적 손상은 물론 정서적 혼란을 초래할 것이며, 일반 청소년들에게는 문제행동의 모방심리를 확산시키는 효과를 낳게 될 것이다.

이 문제와 관련하여 오늘날 영상매체의 청소년 실태 고발 프로그램을 생각해 볼 때, 과연 그들 제작자가 청소년 문제를 염려하고 해결하고자 하는 의도를 가지고 있는지 의문을 갖지 않을 수 없다. 과학적인 조사와 충분한 정보수집, 합리적인 해석 등을 요구하고 있는 문제인데도 불구하고 몇몇 단편적인 사례를 확대 해석하거나 특정 문제행동을 노골화하거나 선정적이고 퇴폐적인 행동을 확대 강조하는 행위 등은 시청률이나 상업성만을 생각한 처사일 뿐 그들의 의도와 관계없이 영상매체가 청소년들에게 그릇된 모델을 제시하고 있다고 할 것이다.

청소년 연구에 있어서 대부분의 윤리적 문제는 위와 같이 뚜렷한 사례로 나타나지 않는다는 점에서 논란을 내포하고 있다. 연구자가 청소년들에게 질문지를 통해 그들 부모의 양육방법과 가족 내 대화 정도를 묻는다면, 그것이 대상 청소년이나 그들 부모에게 프라이버시 침해가 되지는 않는가? 이러한 것이 부모와 자녀의 관계에 해로운 영향을 미치지는 않는가? 조사과정에서 속임수(예, 실험하기 전에 거짓 정보를 제공하거나 자신의 시험성적에 대해 거짓 정보를 알려 주는 것)를 사용하는 것에 대해 합리화시킬 수 있는가? 실험을 하면서 실험대상에게 좌절이나 스트레스를 주는 것이 윤리적으로 합당한 행위인가? 자연 상황에서 그들의 동의 없이 특정 행동을 관찰하는 것이 윤리적으로 가능한가? 이러한 많은 질문에 대해 명확한 대답을 제공해 줄 수 있는 방법은 없으며, 모든 사람에게 용납될 수 있는 대답도 없다.

미국심리학회에서는 이러한 문제를 해결하기 위해 회원들로부터 보고된 수많은 윤리적 문제를 검토하여 '인간을 연구대상으로 삼았을 경우의 윤리적 기준'(1)이라는 규약을 제정하였다. 여기에는 연구에 참여하는 사람들에게 강요당하지 않을 자유를 보장하고, 연구결과를 공정하게 이용하고, 신체적 · 정신적 스트레스에서 보호하고, 연구가 완성된 후에 연구 참여자가 책임을 지고 자료의 기밀 보장과 연구대상자의 익명을 보장하는 등의 내용을 포함하고 있다. 이러한 내용을 토대로 본서에서는 청소년 연구에서의 윤리적 규약을 다음과 같이 제안하고자 한다.

첫째, 연구자는 자신의 권리보다 청소년의 권리를 우선으로 생각해야 한다. 이를 위해 연구 참여를 강요하는 행위, 특정한 행동이나 언어를 강요하는 행위, 신체적·정서적으로 해가 되는 자극제를 투여하는 행위 등을 금해야 하며, 그들의 자발적 참여 의사와 사전 합의가 연구에 선행되어야 한다. 또한 연구를 계획하는 단계에서부터 결과를 평가하는 데 이르기까지 청소년의 권리가 존중되도록 해야 한다.

둘째, 연구자는 연구 참여 청소년들에게 연구의 의도와 절차, 그리고 참여자로서의 역할 등에 대해 사전에 충분한 정보를 제공해야 한다. 연구의 사전 정보 누출이 연구결과에 해가 되거나 연구의 목적과 불일치할 경우에는 이러한 사실을 대상 청소년들에게 알려 줌과 동시에 연구의 과정에서 인권이 침해당한다고 생각될 경우에는 언제든지 참여를 포기할 수 있음을 분명히 알려 주어야 한다.

셋째, 연구자는 육체적으로나 심리적으로 해를 줄 수 있는 조작은 하지 말아야 한다. 확실히 심리적인 해가 무엇인지에 대해서는 정의하기 어렵지만, 연구자의 책임에 의해 규정되어야 할 것으로 생각된다.

넷째, 연구자는 연구결과의 학문적 가치와 관계없이 그것이 청소년의 성장과 실제 행동에 나쁜 영향을 미칠 수 있다고 판단될 경우 이를 대중에 발표하지 않아야 한다. 물론 어떠한 연구결과가 청소년에게 해가 되는가를 판단하는 것은 연구자 자신의 책임과 윤리적 기준에 의존할 수밖에 없다. 그러나 자신의 연구가 청소년들에게 나쁜 영향을 주는 것이 거의 확실한데도 불구하고 이를 대중에 공표한다면 윤리적인 문제로 제재를 받아 마땅할 것이다.

다섯째, 청소년학의 연구자는 과학적인 태도와 더불어 도덕적 성실성, 정직성, 타인의 권리에 대한 존경심 등을 갖추어야 한다. 이는 모든 연구자에게 공통적인 기준이겠지만 특히 청소년 연구자에게 강조되어야 할 요소다. 연구자의 이러한 태도는 구체적 수량으로 명시할 수 없다는 것이 가장 큰 문제점이지만, 이는 연구의 각 단계에 함축되어 나타나게 될 것이다.

2부 ■ 청소년 이해 영역 □

　　이 책의 제1부에서 청소년학은 청소년 분야의 현상을 과학적인 방법으로 탐구하는 과정이라고 정의하고, 청소년 분야의 현상을 청소년 이해를 위한 영역과 청소년지도를 위한 영역으로 크게 양분하였다. 물론 청소년을 이해하고 지도하는 것이 엄격하게 양분될 수는 없지만, 학문적 체계를 수립하기 위해 기술적·이론적 영역과 처방적·방법적 영역으로 구분하고자 하였던 것이다. 제2부에서는 청소년 이해 영역을 청소년 개인의 심리학적 특징 및 발달과정에 대한 이해와 청소년을 둘러싸고 있는 환경 및 문화적 요소에 대한 이해로 구분하여 이들 각 영역별로 구체적인 특징을 살펴보고자 한다.

　　청소년을 이해하기 위한 방법은 매우 다양하며 가변적이다. 청소년을 이해하기 위해서는 청소년 개체를 분석적으로 이해하는 것도 중요하지만, 청소년들이 형성하고 발전시켜 나가는 그들만의 독특한 문화를 이해하는 것 또한 중요한 의미를 지닌다. 청소년 개체의 심리적 특성과 발달과정에 대한 이해에는 신체·생리적 발달, 인지적 발달, 정서 및 성격 발달, 사회적 맥락요인 등이 각 장별로 포함되며, 청소년문화에 대한 이해에는 대중매체 문화, 여가문화, 춤과 패션 문화 등이 포함된다. ■

:: 03 사춘기의 신체 · 생리적 발달

사춘기와 청소년기라는 용어는 구분하여 사용하기도 하고 혼용해서 사용하기도 한다. 사춘기는 영어로 'puberty'라고 하며 라틴어의 'pubertas', 즉 '성장하다', '발모(發毛)하다'에서 유래되었다. 이 말은 다분히 신체적 성장과 제2차 성징의 출현으로 인한 치모(恥毛)의 발생을 뜻한다. 청소년기란 말의 'adolescence'도 라틴어의 'adol'과 'scent'에서 유래된 말로 '~로'라는 방향성과 '성장하다'라는 의미를 동시에 지니고 있는 합성어다. 그러므로 청소년기와 사춘기는 '어른으로 성장하는 시기'라는 점에서 공통성을 지니고 있다. 그러나 굳이 그 차이를 가린다면 사춘기는 신체적 · 생리적 측면에서의 성장이 강조되는 반면 청소년기는 신체적 · 생리적 성장보다 더 포괄적인 의미에서의 성장, 즉 인지적 성장과 정의적 또는 사회적 성장까지를 포함한다고 볼 수 있다.

아동기가 끝날 무렵이 되면 제2차 성징의 출현과 함께 사춘기가 시작되며, 이는 그 후 수년간 지속된다. 사춘기적인 변화와 함께 청소년기가 시작되었다고 볼 수 있지만, 수년 후 사춘기가 끝났다고 하여 청소년기가 끝나는 것은 아니다. 청소년기의 끝이 언제쯤인가는 개인과 사회에 따라 상당한 차이가 있지만, 제1부에서 밝혔듯이 사회적인 성인으로 독립할 수 있는 시기까지라고 할 수 있다. 일반적으로 우리는 사춘기를 청소년 초기라고 하고 사춘기적 변화가 끝난 이후부터 성인기 이전까지를 청소년 후기라고 한다. 제3장에서는 사춘기의 신체 · 생리적 변화와 이에 따른 심리적 특징들에 대해 논의할 것이다.

1. 사춘기의 의미와 특징

1) 사춘기의 의미

청소년기에 대한 규정은 시대와 지역에 따라 차이가 있지만, 오늘날 대부분의 발달심리학자는 청소년기가 생물학적으로 시작하여 사회 문화적으로 끝난다는 입장에 동의하고 있다. 즉, 어떤 개인이 성인과 유사한 크기의 신장이나 체격으로 발달하고 1, 2차 성징의 생물학적 변화가 나타나는 사춘기(puberty)에 접어들면 청소년기가 시작되었다고 보며, 특정 사회나 문화가 성인에게 부과하고 있는 사회적 책무성이나 자율적 의사결정, 경제적 독립성 등을 개인이 성취하게 될 때 성인기가 시작된 것으로, 즉 청소년기가 종결된 것으로 판단한다. 다시 말해 사춘기의 시작과 함께 청소년기가 시작되므로 청소년기의 시작은 객관적으로 확인할 수 있지만, 청소년기가 끝나는 시점은 그 사회가 지니고 있는 문화적 규준에 따라 차이가 있을 뿐만 아니라 개인의 주관적인 인식이 크게 작용한다고 볼 수 있다. 청소년기에 대한 이러한 정의에서 알 수 있듯이 청소년기는 사춘기의 생물학적 변화로부터 시작되며, 이것은 청소년의 발달과 행동을 이해하는 데 매우 중요한 의미를 지닌다.

사춘기는 생물학적 변화로 인해 한 개인이 생식능력을 갖게 되는 시기를 말한다. 그렇지만 보다 넓은 의미에서 사춘기는 한 개인이 아동기에서 성인기로 넘어가는 기간 동안 발생하는 모든 신체적 변화를 의미하기도 한다. Marshall(1978)은 사춘기에 다음과 같은 중요한 신체·생리적 변화가 나타난다고 하였다. 첫째, 신장과 체중의 급격한 증가 둘째, 남성의 고환과 여성의 난소와 같은 생식선(gonads) 또는 성선(sexual gonads)의 발달 셋째, 생식기와 가슴의 변화, 음모와 수염의 출현과 같은 2차 성징의 발달 넷째, 지방질과 근육 같은 신체 구성요소의 변화 다섯째, 신체의 순환계통과 호흡기의 변화로 인한 운동능력의 증가가 그것이다(한상철·임영식, 2000).

사춘기의 신체·생리적 변화는 단순히 외형상의 변화만을 의미하는 것은 아니다. 이것은 이 시기 청소년기의 모든 발달을 선도하며, 청소년의 정서와 성격,

인지능력, 사회관계 등 모든 측면에 중요한 영향을 미친다.

2) 사춘기 신체 · 생리적 발달의 특징

사춘기는 신체적으로나 정신적으로 급격한 변화를 보여 주는 시기다. 그런데 신장이나 체중 등의 성장이나 성적 성숙에서 볼 수 있는 현저한 변화는 단순히 형태적 변화만을 의미하는 것이 아니라 인간의 기본적 욕망이나 정서, 그리고 그 밖의 많은 요인들과 의미 있는 관계를 유지하고 있다. 성선의 발달은 제2차 성징의 출현을 자극하며, 이것이 남녀의 성적 차이뿐만 아니라 강렬한 성적 욕구를 불러일으킨다. 그리고 운동능력이나 작업능력의 발달은 성차를 더욱 분명하게 해 주며, 여러 가지 사태에 대한 흥미와 동기의 차별화에 영향을 준다. 정서 또한 이 시기의 신체 · 생리적 발달과 밀접한 관련을 갖는데, 신체 · 생리적 발달은 정서적 혼란과 갈등을 초래하기도 한다. 그리고 신체적 성장과 지능 및 성격의 발달과도 직접적인 관계를 가정할 수는 없지만 간접적인 관계는 충분히 가정해 볼 수 있다(Kaplan, 2004).

사춘기의 급속한 신체발달은 운동능력의 현저한 발달을 가져온다는 점에서 커다란 의미를 지닌다. 운동능력의 발달은 근육 및 신경계의 발달과 밀접하게 연결되어 있으며, 인간의 구체적인 생활과 활동의 기초가 될 뿐만 아니라 청소년의 사회적 적응에 중요한 역할을 한다. 즉, 운동능력이 발달된 청소년들은 자신감을 갖게 되고 사회적으로도 높은 평가를 받게 됨으로써 안정된 정서와 건강한 성격을 형성할 수 있다. 반면에 운동능력의 발달이 부족한 청소년들은 자연히 사회적 부적응을 경험할 수밖에 없으며, 그것이 다른 발달에도 부정적인 영향을 주어 부적응의 악순환을 밟게 된다.

사춘기의 신체 · 생리적 발달은 단순히 외형상의 양적인 변화만을 의미하는 것이 아니라 성인됨을 향한 질적인 변화를 의미한다. 신체적 발달은 사춘기 이외에 영유아기에도 매우 활발하게 일어난다. 그러나 사춘기의 신체적 성장은 영유아기와는 달리 질적인 변화가 생긴다는 점에서 더 중요한 의미가 있다. 특히, 사춘기의 제2차 성징의 출현은 이 시기의 청소년을 그 이전과는 질적으로 다른 상태로 변화시킨다. 예를 들면, 여자의 경우 초경의 시작과 함께 유방과 몸매가 변화됨에 따라 아이에서 어른으로 옮겨 가는 커다란 변화를 겪게 된다. 남자의 경우도 몽정을 경험하거나 수염이 짙어지거나 하는 등의 변화는 질적인 측면에서 어른으로의 변화를 뜻한다. 이러한 변화는 사춘기의 청소년으로 하여금 성인 세계의 가치와 규범을 습득하도록 강요하며, 성인사회에 적응할 수밖에 없도록 하는 강한 메시지를 전달한다. 그러나 그들은 성인사회의 보수성과 모순성에 대해 무조건적으로 비판하거나 반항하는 속성을 지니고 있는 만큼 신체 · 생리적 성숙에 따른 자신의 질적인 변화를 쉽게 수용하거나 이에 적응하지 못하는 경향이 많다. 따라서 신체 · 생리적 변화를 거부하거나 심지어 이를 회피하게 되며, 이의 구체적인 양태가 자기 학대나 퇴행적 행동을 통해 나타난다.

이와 같이 신체 · 생리적 발달은 단순히 신체 외모나 형태의 변화만을 의미하는 것이 아니라 청소년의 다양한 특성들과 밀접한 관련성을 맺고 있는 만큼 Anna Freud가 강조한 대로 "사춘기의 신체 및 생리적 변화가 청소년기의 발달을 선도한다."라는 말은 충분한 호소력을 갖는다. 사춘기의 신체 · 생리적 발달의 몇 가지 중심적인 특징을 요약해 보면 다음과 같다(한상철, 1998).

첫째, 청소년기 전기, 즉 사춘기를 맞이하면서 **성장폭발**(growth spurt) 현상이 일어난다. 일반적으로 11~13세 사이의 청소년들은 신장을 비롯하여 체중, 근육, 머리, 얼굴, 생식기관 등의 급성장을 경험한다. 대체로 여자가 남자보다 2년 정도 성장폭발이 먼저 일어나지만, 급성장 이후의 최종 성장치는 남자가 여자보다 더 크다. 성장폭발 시작에서부터 끝나는 시점까지의 성장치는 남녀 모두 약 5~13cm이다. Tanner(1962)에 따르면, 이러한 성장폭발 현상은 유전이나 영양상태, 계절, 기후, 인종 등에 따라 어느 정도 영향을 받기도 하지만 모든 인류에 보편적으로 일어나는 현상이라고 할 수 있다.

둘째, 성장폭발이 일어나는 시기가 시대에 따라 점차 빨라지고 있다. 이를 신체 · 생리적 발달의 가속화 현상이라고 한다. 남녀 청소년 모두 과거 50년이나 10년 전에 비해 더 빨리 성장하고 더 어린 나이에 성인의 체격에 도달한다. 신체 · 생리적 발달이 가속화되고 있는 원인은 여러 가지가 있겠지만 영양, 건강, 기후조건 등의 물리적 조건이 과거보다 혁신적으로 개선되고 있다는 점과 이질집단 간의 결혼이 증가되고 있다는 점, 그리고 남녀 간의 데이트가 증가되고 섹스 경험 시기가 저연령화되는 등의 사회 심리적 현상 때문이라고 볼 수 있다.

셋째, 사춘기의 신체적 발달은 다른 어떤 시기보다 불균형 현상이 심하다. 즉, 청소년 전기의 아이들은 신체의 각 부분이 무럭무럭 자라지만, 특히 다리와 팔의 길이가 동체에 비해 매우 큰 경우가 많다. 그래서 다리와 팔이 서로 어울리지 않게 크게 성장함으로써 신체적 불균형을 크게 경험할 수 있다. 이것은 그들에게 자신의 정상성을 의심하는 등의 심각한 고민거리를 제공한다.

넷째, 청소년기의 신체·생리적 발달은 다른 어떤 시기보다도 개인차가 심하다. 청소년들은 신체적 급성장 시기와 초경 시작 시기의 개인차와 더불어 신체나 생리적 발달의 순서에 있어서도 개인차가 있다. 보통의 아이들이 11, 12세를 전후하여 성장폭발이 일어나지만 어떤 아이들은 14, 15세가 되어도 변화가 나타나지 않는 경우가 있는가 하면, 보편적으로 신장의 발달과 함께 남자의 경우 고환과 음낭이 발달하고 음모가 발생하고 겨드랑이 털과 턱수염이 나게 되지만 그 순서가 뒤죽박죽인 아이도 있다. 여자의 경우도 역시 음모가 발생하고 가슴이 커지고 겨드랑이 털이 나고 초경이 시작되는 순으로 진행되지만 초경이 먼저 시작되거나 가슴이 먼저 발달하기도 한다. 이와 같은 심한 개인차는 청소년들의 심리적 변화에 크게 영향을 미친다.

2. 사춘기의 신체발달

1) 신장과 체중의 발달

사춘기의 신체적 성장은 대체로 신장과 체중의 급성장으로부터 시작된다. 신장의 경우 급성장 시기는 여학생이 11세, 남학생이 13세이며, 대체로 여자가 남자보다 2년 정도 빠르다고 할 수 있다. 그러나 남자의 급성장 시기인 13세경부터는 남자가 훨씬 많이 성장하여 성인 남자의 키는 성인 여자의 키보다 훨씬 크다.

그리고 일반적으로 성장의 최고점에 일찍 도달하는 청소년들은 최고점에 늦게 도달하는 청소년들보다 최종 성장치가 더 높다. 또한 급성장의 시작연령과 그 과정은 사춘기의 생리적 변화와도 관계가 있는데, 급성장이 일찍 시작되는 여자들은 늦게 시작되는 여자보다 더 일찍 초경을 경험하는 경향이 있다. 남자의 경우도 대체로 급성장 기간이 빠를수록 음모나 겨드랑이 털, 음경의 발달과 같은 2차 성징의 출현시기가 더 빠르다.

Nancy Bayley는 부모의 평균 신장과 6세부터 18세까지 자녀의 신장 크기 간에 점증하는 상관관계가 있음을 밝혔다. 신장 크기에 있어서 영양이나 질병, 스트레스와 같은 요인들도 영향을 미치지만 최적의 환경조건이라면 유전인자의 역할이 매우 크다고 할 수 있다. Bayley의 연구에서 흥미로운 사실은 아버지와 딸의 신장크기가 가장 높은 상관을 나타낸다는 것이며, 다음으로 아버지와 아들, 어머니와 딸, 어머니와 아들의 순으로 높은 상관을 보여 주고 있다.

체중 증가는 남녀 모두 신장 증가 곡선을 따르는 경향이 있지만 약간의 차이가 있다. 청소년 초기에 여자는 남자보다 체중이 더 많이 나가지만 나중에는 남자의 체중이 여자의 체중을 능가하게 된다. 1965년부터 매 십 년간 한국 청소년의 체중발달을 살펴보면 신장발달과 매우 비슷한 경향을 보인다. 즉, 고등학생의 경우 여자는 남자보다 과거에 비해 신장과 마찬가지로 체중이 별로 증가하지 않았지만, 여자 11세와 남자 13세경에 해당하는 청소년 초기의 체중은 급격하게 증가하였다(한상철 등, 2001). 따라서 체중이 급격하게 증가하는 시기와 신장의 급성장 시기는 밀접한 관련이 있다고 볼 수 있다.

그러나 체중의 증가는 골격의 성장과 근육이나 지방조직의 증가를 반영한다. 이와 같이 체중이 여러 신체기관의 발달을 종합적으로 반영해 주기 때문에 그 자체만으로는 많은 것을 시사해 주지 못한다. 예를 들면, 체중의 증가는 뼈나 근육의 발달을 반영하는 것일 수도 있고, 단순히 지방질의 증가를 나타내는 것일 수도 있다.

2) 신체구조의 발달

신장과 체중의 급성장은 신체구조상의 변화를 수반한다. 그러나 신체 각 부위에 따라 성장의 정도와 성장과정은 다소 차이가 있다. 성인과 비슷한 크기로 발달하는 최초의 신체부위는 머리와 손발이다. 이어서 팔과 다리가 길어지며, 몸통과 어깨가 가장 늦게 성장한다. 이와 같이 신체구조의 각기 다른 성장률과 성장 순서는 청소년들에게 심각한 고민거리가 된다. 어떤 순간에는 손발이 너무 크며,

또 어떤 순간에는 다리가 너무 길다고 느낌으로써 신체의 정상성을 의심하기까지 하게 된다.

그리고 청소년기의 신체변화와 더불어 얼굴에 남아 있던 어린아이의 모습이 사라지기 시작한다. 낮은 이마는 길고 넓어지며 입은 넓어지고 비교적 평평했던 입술은 도톰해지며 약간 들어가 있던 턱은 튀어나오기 시작한다. 머리의 크기는 다른 신체구조의 급속한 발달로 인하여 어린아이 때보다 적어지는 것처럼 보이지만 실제로는 발달속도가 상대적으로 줄어들었을 뿐이다.

또한 신장의 증가와 함께 골격구조의 변화가 나타나는데, 어린아이였을 때에는 연골과 섬유조직으로 되어 있어서 스폰지처럼 부드럽고 탄력적이었던 골격이 청소년기가 되면서 단단하게 굳어지게 된다. 이것은 연골조직이 석회질로 변화되기 때문이다. 이러한 골화과정은 급성장 기간에 가속화되며, 여자들의 경우 그 정도는 더욱 심하여 17세경이 되면 골격의 크기뿐만 아니라 골화과정이 완전히 성숙된다.

청소년기 신체구조의 변화는 골격뿐만 아니라 근육과 지방조직에서도 나타난다. 근육의 발달은 남자와 여자 모두에 있어서 신장의 증가와 함께 급속도로 증가한다. 근육발달의 최고점은 신장의 최고점 바로 직후에 나타나며, 남자의 증가 속도가 여자보다 더 빠르다. 반면에 지방조직의 발달률은 청소년기의 급성장 시기에 감소하며, 신장의 최고점 시기에 지방감소율도 최고에 달한다. 여자들의 지방 감소는 이 시기의 성장에 필요한 지방의 절대량을 감소시킬 정도는 아니어서 많은 여학생이 고민하는 것과 같이 지방질적인 둥근 체형을 유지하도록 만든다. 그러나 남자들의 지방감소율은 매우 커서 신장 증가의 최고점 전후의 몇 개월 동안 지방 감소가 눈에 띄게 나타난다.

이 기간 동안에 일어나는 근육발달의 가속화는 팔의 미는 힘이나 끌어당기는 힘과 같이 수치로 측정되는 힘의 증가를 수반한다. 힘이 가장 크게 증가하는 것은 신장과 체중의 최고점의 약 1년 후다. 사춘기 전의 남자와 여자는 힘이 비슷하지만 사춘기 이후에는 남자의 힘이 훨씬 더 강하다. 이런 강력한 힘은 주로 근육발달의 기능 때문이지만 심장과 폐, 그리고 혈액의 심장수축력과도 관계가 있다.

3. 사춘기의 생리적 변화

1) 사춘기의 호르몬 작용

사춘기에는 신장이나 체중의 증가와 더불어 내분비선(endocrine gonads)도 급격한 성장을 나타낸다. 내분비선의 위치는 [그림 3-1]과 같다. 사춘기와 관련이 있는 내분비선은 뇌하수체(pituitary gland)와 성선(sex gland)이다. 사춘기의 신체 · 생리적 발달에 가장 강력한 영향을 미치는 것은 뇌하수체 가운데서도 전엽이며, 이것은 생식선의 활동을 자극한다(한상철 · 임영식, 2000).

뇌하수체는 다른 많은 내분비선의 활동을 자극하거나 억제하기 때문에 특히

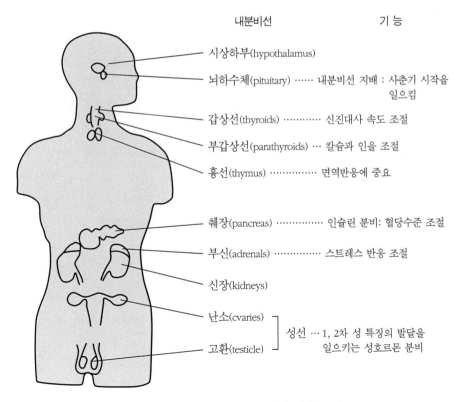

내분비선   기능

시상하부(hypothalamus)

뇌하수체(pituitary) ······ 내분비선 지배 : 사춘기 시작을
                              일으킴

갑상선(thyroids) ·········· 신진대사 속도 조절

부갑상선(parathyroids) ··· 칼슘과 인을 조절

흉선(thymus) ·············· 면역반응에 중요

췌장(pancreas) ············· 인슐린 분비: 혈당수준 조절

부신(adrenals) ············· 스트레스 반응 조절

신장(kidneys)

난소(cvaries) ┐
              │ 성선 ··· 1, 2차 성 특징의 발달을
고환(testicle) ┘   일으키는 성호르몬 분비

■□ ■ [그림 3-1] 주요 내분비선의 위치와 기능

중요하며 전배엽, 중배엽, 후배엽으로 구성되어 있다. 이 가운데 뇌하수체 전엽은 여섯 가지의 호르몬을 분비하는데, 그 중 세 가지가 생식선의 활동을 자극한다. 이 생신선을 자극하는 세 가지 호르몬을 향생식선 호르몬(gonadotropic hormones)이라고 하고 나머지 세 가지를 부신피질을 자극한다고 하여 향부신피질 호르몬이라고 한다. 사춘기가 되면서 뇌하수체 전엽은 이런 중요한 자극 호르몬을 분비하는데, 이것은 또한 시상하부(hypothalamus)의 자극 때문이다. 시상하부→뇌하수체→생식선의 관계는 사춘기 이전부터 작용하지만 사춘기가 되면서 이 체제가 더욱 활성화된다(Kaplan, 2004).

생식선 또는 성선은 향생식선 호르몬의 자극에 의해 자체 호르몬을 분비하기 시작하는데, 남성 호르몬인 안드로겐(androgen)과 여성 호르몬인 에스트로겐군(the estrogen group)이 그것이다. 안드로겐은 음경의 발달, 프로스트레이트선(prostrate gland), 정액(seminal vesicleo), 2차 성 특징을 담당한다. 그리고 에스트로겐군은 자궁, 질(vagina), 나팔관, 유방, 여성의 2차 성 특징의 발달에 관여하며, 이 밖에도 월경주기와 정상적인 자궁 수축, 그리고 유선조직의 성장을 통제한다(Rice, 1999).

인간의 체내에 있는 여러 가지 물질 가운데 혈액이나 수분 못지 않게 또는 그 이상으로 중요한 것이 바로 호르몬이다. 호르몬은 내분비선에서 분비되어 체액과 같이 체내를 순환하며, 모든 신체기관에 여러 가지 중요한 작용을 하는 물질로서, 특히 신체 내부에서 뇌를 특정 방식으로 조직화(organization)하고 활성화(activation)시키는 역할을 한다(Coe, Hayaschi, & Levine, 1988). 즉, 호르몬은 뇌에 영향을 주어 어떤 행동이 사춘기가 시작되기 전에는 나타나지 않게 하는 역할을 한다. 예를 들어, 태아기에서 어떤 호르몬의 성차는 남성과 여성의 행동패턴을 다르게 할 수 있지만 이러한 성차로 인한 행동패턴의 차이는 청소년기 이전에는 나타나지 않는다. 따라서 어떤 연구자들은 청소년들의 공격성에서 나타나는 성차는 사춘기에서의 호르몬 변화 때문이라기보다는 태아기에서의 호르몬 차이 때문이라고 주장한다.

인간성장 호르몬(HGH; Human Growth Hormone)은 체강영양 호르몬(SH)이라고도 불리는 것으로 인간의 성장과 골격형성에 중요한 영향을 준다. 이 호르몬이 지나치게 많으면 거인증에 걸리고 지나치게 적으면 외소증에 걸린다. 반면에 향생식선 호르몬은 뇌하수체 전엽에서 분비되는 여섯 가지의 호르몬 가운데 세 가지를 말하며 성선을 자극한다. 세 가지 향생식선 호르몬은 다음과 같다.

첫째, 포자극 호르몬(FSH; Follicle-Stimulating Hormone)은 난소에서 성숙된 알의 모양으로 성장하는 그라피안 포리클(graafian follicle)을 자극하며, 남자의 경우 정자를 생산하는 택환(정소; testics)의 수정관 성장에 영향을 준다.

둘째, 황체형성 호르몬(luteinizing hormone)은 여성의 경우 난소에 의한 여성발정 호르몬인 에스트로겐(estrogen)과 황체 호르몬인 프로게스테론(progesteron)의 생산과 공급을 통제한다. 프로게스테론은 여성들이 월경주기에 따라 정서상태가 변화하는 것과 관련이 있다. 그리고 프로게스테론은 자궁이 임신을 준비하게 한다. 만일 임신준비 기간 동안 임신이 되지 않으면 프로게스테론이 더 이상 생산되지 않기 때문에 프로게스테론이 만든 자궁의 내면이 파열된다. 자궁조직이 퇴화되어 피가 흐르게 되는 것을 월경이라고 한다. 이때 황체 자체는 퇴화하기 시작하며, 결국 황색을 잃고 줄어든다. 프로게스테론 수준이 낮고 에스트로겐이 감소되면 뇌하수체 전엽의 향생식선 호르몬이 다시 생산되어 성선을 자극하며, 새로운 주기가 시작된다. 그리고 임신이 될 경우 프로게스테론은 임신 자체를 유지시키는 기능을 하며, 임산부의 유선을 자극하고 가슴이 커지도록 도와주는 역할을 한다.

셋째, 간세포자극 호르몬(ICSH; Interstitial-Cell-Stimulating Hormone)은 남성의 경우 고환에 의한 남성 호르몬, 즉 테스토스테론(testosterone)의 생산과 공급을 통제한다. 즉, 간세포자극 호르몬이 남성의 정자 형성을 자극하는 책임을 지고 있다. 만약 간세포자극 호르몬이 없거나 부족하면 정자의 생산은 2차 세포분열 이상을 넘지 못하며, 성장도 거기서 멈추게 된다.

여성 호르몬이나 남성 호르몬은 태어날 때부터 발견되나 사춘기에 이르기까지는 미약한 수준에 머문다. 청소년기가 되면서 그 양이 극적으로 증가되며, 여성의 경우는 월경 기간 동안 주기성을 띠게 된다. 어떤 사람이 남성적 특징을 지니고 있는가 또는 여성적 특징을 지니고 있는가 하는 것은 여성 호르몬과 남성 호르몬의 비에 따라 결정된다. 예를 들어, 여성이 너무 많은 남성 호르몬을 분비하게 되면 수염이나 털이 많이 난다든지, 남성과 같은 근육질이 된다든지 또는 음핵(clitoris)이 커지는 현상을 볼 수 있다. 반대로 남성이 너무 많은 여성 호르몬을 분비하게 되면 수정능력이 떨어지고 가슴이 커지는 현상이 일어나게 된다.

2) 성적 성숙

사춘기의 성장폭발은 성적 성숙을 동반한다. 이러한 변화는 사춘기 시작과 함께 약 4년 동안 일어나며, 청소년들의 삶에 큰 영향을 준다.

(1) 남자의 성적 성숙

남자의 성적 성숙을 나타내는 최초의 외적 징표는 고환과 음낭의 성장이다. 그 때와 동시가 되거나 아니면 약간 후에 음모의 성장이 천천히 시작된다. 그리고 1년쯤이 지나면 신장의 급성장과 때를 같이 하여 음경의 급속한 성장이 이루어진다. 음모 성장이 시작되고 약 2년쯤이 지나면 겨드랑이 털과 턱수염이 나기 시작한다. 수염은 윗입술 언저리에서 먼저 나타나서 검게 되기 시작하며 구렛나루로 확장된다. 다음으로 뺨의 윗부분에서 털이 나고 아랫입술 바로 밑 부분으로 모여든다. 물론 이런 관계는 개인차가 많아서 어떤 아이들은 겨드랑이 털이 먼저 나기도 한다. 체모의 양은 남녀 모두 유전요인과 관계되는 것 같다.

변성은 대개 사춘기 후기에 나타나고 음성이 안정되기까지는 2년쯤 걸린다. 변성은 갑자기 그리고 극적으로 나타나지만 어떤 아이들의 경우 자신도 알아차리지 못할 정도로 서서히 진행된다. 이 과정에서 후두는 매우 커지고 성대는 2배 정도 늘어나며, 그 결과로 음은 1옥타브 정도 낮아지고 거칠어진다. 저음부터 갑자기 고음으로 바뀌는 현상도 나타나는데, 이러한 모든 변화는 청소년들을 당황하게 만들 수 있다.

사춘기의 남자들도 유방의 변화를 경험한다. 유두 주위의 검은 부분이 상당히 넓어지고 유두도 커진다. 이런 변화는 약 1년 이내에 사라지지만 어떤 아이의 경우 청소년기 중반까지 지속되기도 하고 통증을 경험하기도 한다. 이 시기 청소년의 가슴발달은 자신의 '남성다움'에 대한 심각한 위협이며, 신체 변화에 따른 불안을 가중시키는 원인이 되고 있다.

(2) 여자의 성적 성숙

향생식선 호르몬의 자극에 따라 성선에서 성호르몬이 분비되면서 9세에서 10세를 전후하여 무색의 솜털 같은 음모가 나타나기 시작한다. 이러한 음모의 발달이 여자에게 성적 성숙을 나타내는 최초의 외적 징표라고 볼 수 있지만(Faiman & Winter, 1974), 17% 정도의 여자들은 가슴(유방)이 먼저 크기 시작한다. 가슴의 융기는 솜털 같은 무색의 겨드랑이 털이 나오는 것과 때를 같이 하며, 여성 호르몬인 에스트로겐이 증가되는 시기와도 관계가 있다.

유방의 발달은 사춘기로 이행하는 여자들의 2차 성 특징을 대표하는 것이라고 볼 수 있다. 이것은 대개 초경보다 1년 정도 먼저 발달되기 시작하며, 유방의 발달 이후에 자궁과 질이 가속적으로 발달하고 음순과 음핵이 커진다. 그리고 음모가 상당한 수준으로 발달하고 질의 분비가 시작된다. 12세경이면 젖꼭지가 색조를 띠고 가슴이 성인의 모양과 비슷해진다. 그리고 12세 반경이면 초경이 시작되는데, 이때 대부분의 여자들은 음모, 가슴, 겨드랑이 털이 거의 마지막 단계에 이를 정도로 완숙하게 된다.

초경이 시작된 후 규칙적인 월경이 있기까지는 1년 내지 1년 반 정도의 기간이 더 걸린다. 초경에서 규칙적 월경 사이의 기간 동안에는 임신이 되지 않을 수도 있지만 반드시 그렇지는 않다.

(3) 성적 성숙의 개인차

앞에서 논의한 성적 발달의 순서는 평균적인 것에 불과하다는 점을 유의해야 한다. 아주 정상적인 사람들도 발달의 시작 연령이 아주 다를 수 있다. 그러나 발달적 변화가 일어나는 순서는 발달의 시작 연령보다 개인차가 적다. 예를 들면, 어떤 남자들은 13.5세에 페니스(penis)의 성장이 끝나지만 다른 아이들은 17세 이후까지도 계속될 수 있다. 음모발달은 훨씬 더 다양하다. 여자들의 경우 가슴발달의 단계는 빠르면 8세에 시작되며 늦으면 13세에 시작된다. 가슴발달이나 다른 성적 성숙의 모든 징후가 평균 연령에 기초하여 나타나는 것은 아니다. 평균 단계에서 벗어나기 때문에 생겨나는 많은 불필요한 걱정에 대하여 '성숙의 어느 단계에서도 50%는 평균보다 빠르며 50%는 평균보다 느리다' 는 사실을 염두에 둘 필요가 있다.

4. 신체 · 생리적 발달의 심리적 영향

1) 신체 · 생리적 변화의 심리적 영향에 관한 이론

청소년기의 생물학적 변화로 인한 적응과정을 최초로 이론화한 사람은 G. S. Hall이다. 그는 1904년에 『청소년기』라는 책을 출판하면서 '개체발달은 계통발생을 되풀이한다' 는 반복설을 주장했다. 그에 의하면, 청소년기는 인류 역사의 초기 단계를 나타내는데, 청소년기의 질풍노도와 같은 심리적 변화는 신체와 생리의 급작스러운 변화 때문에 일어나는 것으로, 이것은 자연스러운 현상이며 인류에 보편적인 현상이다. Hall의 이러한 견해는 신체 · 생리적 변화가 심리적 발달에 미치는 영향에 대한 정신분석학적 입장과 동일한 범주로 해석될 수 있다.

S. Freud는 청소년기의 심리적 변화는 성욕의 증가 때문이라고 하였다. 그의 딸인 Anna Freud 역시 청소년기의 심리적 혼란은 보편적 현상이며, 사춘기 성욕 발달의 결과라고 주장하였다. 청소년기는 강한 원욕(id)과 약한 자아(ego)가 대결하는 시기이며, 결과적으로 본능적 불안이 커지고 감정변화가 심하고 퇴행적 행동을 하기 쉽다. 따라서 청소년의 갈등과 스트레스는 높아진다(Anna Freud, 1958). 그리고 그녀는 청소년들의 부모에 대한 애착(attachment)을 중심으로 청소년의 심리적 갈등과 혼란을 설명하고 있다. 즉, 청소년기의 성적 성숙은 부모에 대한 정서적 애착에 변화를 초래하며, 부모와의 유대관계를 변화시킨다. 이성 부모와의 애정적 유대에 성적인 색채를 띠게 됨에 따라 아동기의 해결되지 않은 오이디푸스적 환상이 재현되는 것에 강한 두려움을 느낀다. 이 상황에서 이성 부모에 대한 성적 환상을 재빨리 가족 밖의 이성을 향해 전이시키게 된다. 가족 밖의 이성을 향한 그들의 끊임없는 욕망적 행동은 대체로 합리적이라기보다 비합리적이고, 덜 성숙된 방식 또는 폭력적 방식에 의존하는 경향이 높다. 이성을 찾지 못할 때나 순조로운 관계를 이루지 못할 때 열등감이나 자멸감을 느끼며 퇴행적 행동과 파괴적 행동으로 자신을 표현하기도 한다.

이와 같은 맥락에서 Kestenberg(1968)는 사춘기의 호르몬 변화와 심리적 발달은 직접적인 관계가 있다고 하였다. 청소년기의 성욕의 증가와 호르몬의 변화가 심리적 변화에 직접적으로 영향을 미친다는 이러한 주장을 직접효과 모델(direct-effect models)이라고 한다. 앞서 논의한 Hall의 견해나 정신분석학적 견해도 이 모델에 기초한 것이다.

직접효과 모델과 대립되는 또 하나의 설명은 간접효과 모델(mediated-effect models)이다. 이 모델에 따르면, 청소년기의 생물학적 변화는 내적인 심리적 요인들에 의해 중개되어 청소년의 심리적 현상에 영향을 주게 되는데, 중개변인인 심리적 요인은 또 다시 사회 문화적인 외적 요인들에 의해 조정된다. 여기서 중개변인이 되는 심리적 요인은 신체 및 생리적 변화에 대한 개인의 지각(per-ception)과 태도(attitude)이며, 이를 조정하는 외적 요인은 사회의 가치와 규범, 관습 등이다. 예컨대 신장의 급성장이 주는 심리적 영향은 자신의 키(생물학적 변화)에 대한 개인적 지각, 즉 키가 커서 좋다든지 창피하다든지 하는 개인의 지각이나 신체적 매력이나 성 개방에 대한 개인의 태도에 달려 있으며, 이러한 개인의 지각 및 태도는 그 개인이 포함된 사회의 문화적 규범이나 관습에 의해 영향을 받는다는 것이다. 따라서 사춘기의 신체적 또는 생리적 변화에 대해 청소년 개인이 이를 어떻게 지각하느냐에 따라 자신의 변화된 외모를 긍정적으로 받아들일 수도 있고, 또 부정적으로 받아들일 수도 있다. 그리고 청소년 개인의 지각과 신념 및 태도는 사회의 문화적 규범과 관습의 영향을 받는 만큼 신체적 또는 성적 성숙에 대한 사회의 건전한 문화와 가치관이 청소년 자신의 신체적 변화를 긍정적으로 지각할 수 있도록 만드는 중요한 요인이 된다고 볼 수 있다.

청소년기의 생물학적 변화와 심리적 현상 간의 인과관계를 추리할 수 있는 이론과 연구방법은 아직 체계화되어 있지 못하다. 앞으로 위의 두 가지 모델들에서 관련되는 변인들을 분류해 내는 방법이 더 발달되고, 내분비선의 측정방법이 향상된다면 이 관계가 더욱 분명하게 규명될 것으로 기대된다(이춘재, 1988).

2) 심리적 변화에 대한 구체적인 양태

사춘기의 신체 · 생리적 발달에 따른 심리적 혼란과 갈등은 여러 가지 측면에서 논의될 수 있다. 먼저, 사춘기 여자 청소년의 월경과 관련해서 그들은 성적 성숙을 자랑스러워하면서도 불편함과 당황함을 함께 경험하는 이중성을 나타낸다. Faust(1960)는 월경을 기준으로 여고생 간의 인기도를 조사한 결과, 초경을 경험한 여학생이 이를 경험하지 않은 여학생보다 인기가 더 높다는 사실을 발견하였다. 그리고 Koff 등(1978)은 초경 이전과 이후의 여학생들에게 사람의 모양을 그리게 하였을 때, 초경을 경험한 여학생이 더 성적으로 구분되는 사람을 그렸으며, 자기 성(여성)을 먼저 그리는 경향이 있었다고 하였다. 이와 같이 초경이 여학생들의 인기도나 신체 만족의 중요한 결정요인임에도 불구하고 어떤 청소년들은 월경 자체에 대하여 부정적인 생각을 가지고 있는 것 같다(Clarke & Ruble, 1978). 즉, 월경에 대하여 신체적 불쾌감, 정상적 활동의 장애, 정서적 불안정 등을 기술하고 있다.

월경에 대한 이와 같은 부정적 반응은 부모나 다른 친구들이 갖는 월경에 대한 부정적 생각이나 태도에 기인하는 경우가 많다. 즉, 다른 사람들이 월경에 대해 '저주스러운 것' 또는 '불쾌한 것'으로 이해하고 있을 경우 자기 자신도 이와 유사한 태도를 취하게 되는 것이다. 그리고 월경에 대한 부정적 반응은 신체적 불안으로부터 올 수도 있다. 월경이 시작되는 초기 몇 년 동안은 월경이 상당히 불규칙적일 뿐만 아니라 두통이나 경련, 심한 두통, 요통 등을 수반하는 경우가 있다. 이 경우 대부분의 여자 청소년들은 자신의 월경에 대하여, 그리고 자신의 신체·생리적 변화에 대하여 불안감을 갖게 된다. 이러한 불안감이 월경에 대한 부정적 반응을 증폭시키게 되는 것이다. 월경에 대한 부정적 반응의 또 다른 이유는 월경이 다른 신체적인 상처와 유사하다는 것이다. 월경은 다른 상처에서 피가 흐르는 것과 유사하기 때문에 이에 대한 준비가 불충분한 여자 청소년들은 상처를 입었다고 생각할 수 있는 것이다.

월경은 결코 부정적이거나 불쾌한 것이 아니며, 여자들에게 성적 성숙과 여자로서의 성역할을 획득하게 되는 상징적 의미를 지닌다. 따라서 부모와 교사들은 사춘기 여자 청소년의 지도에 있어서 그들이 생리적 현상에 대한 올바른 지식과 태도를 갖도록 지도해야 할 것이다.

남자들의 경우 사춘기의 신체·생리적 변화 가운데 사정이나 몽정 등의 경험이 그들의 심리적 갈등과 혼란을 초래하는 주요 요인이 되고 있다. 남자의 경우 무의식적인 발기나 첫 사정 또는 몽정에 대해 놀라기도 하고 걱정하기도 한다. 사춘기는 그 이전 시기의 아이들보다 성적 욕구가 강하며, 심리적인 자극이나 환경적인 자극 등과 자신의 성적 욕구가 결합되면서 매우 쉽게 발기하기도 하고 자신도 모르게 사정하기도 한다. 그래서 그들은 여자들과 춤을 추거나 발표하기 위해서 교실 앞으로 나가는 것을 걱정하게 된다. 그들은 다른 아이들도 자신처럼 발기나 사정을 통제하지 못하는 걸까 하고 궁금해하면서도 자신의 변화에 대해 염려하고 정상성을 의심하며 불안해하기까지 한다.

청소년의 최초의 사정은 급성장이 시작되고 1년 이내에 일어나며, 대체로 14세를 전후해서 발생한다. 이 시기는 보통 임신이 불가능하지만 1년 내지 3년 안에 사정액 속에 운동력이 있는 정자가 많아지면서 임신이 가능해진다. 사정은 자위행위나 몽정 또는 자연적인 오르가슴의 결과로 일어난다. 청소년들은 사정경험을 통해 불안과 함께 성적 쾌감을 동시에 갖기 때문에 성적 성숙에 대한 기대감과 불안감이 공존하는 현상을 나타낸다. 몽정은 반드시 선정적인 꿈에서 나타나는 것이 아니며, 성적인 행위나 상상 없이도 일어난다.

사춘기 남자들의 사정이나 몽정은 전혀 잘못된 것이 아니며, 이상행동도 부정적인 것도 아님을 주지시킬 필요가 있다. 이에 대해 고민하고 염려한 나머지 자신의 신체 · 생리적 변화를 부정적으로 지각하고, 자기 열등감이나 비관주의적 태도를 갖는다면 이는 그들 부모나 교사의 잘못된 성교육에서 비롯되었다고 밖에 볼 수 없을 것이다.

이와 더불어 청소년들의 자위행위에 대해서도 이것이 부정적이거나 죄의식을 가져야 할 것이 아니라 자연스러운 현상임을 강조할 필요가 있다. 몰래 자기 혼자만의 성적 쾌감을 갖는 것에 대해 부모를 비롯한 다른 사람에게, 그리고 나를 창조한 하느님이나 그 밖의 조물주에게 죄의식을 갖거나 심지어 병적인 행동으로 오인하는 경우가 적지 않다. 자위행위는 대부분 남자들이 많이 경험하지만 여자들도 경험 비율이 계속 증가하고 있는 추세다. 자위행위에 대한 죄의식과 부정적 감정(허탈감, 자괴감 등)은 남자보다 여자에게서 더 높게 나타나는 것으로 보고되고 있다.

자위행위가 때와 장소를 가리지 않고 자신이 통제할 수 없을 정도로 이루어지거나, 행위 자체가 지나치게 거칠고 난폭한 형태로 이루어지거나, 불결한 방법으로 이루어질 경우 이것은 페니스의 상처뿐만 아니라 자위행위로 인한 성적 이상행동을 초래할 수 있음을 명심할 필요가 있다. 그렇지 않는 한 이에 대해 부정적

인 생각이나 죄의식을 가질 필요는 없으며, 자신의 성적 정상성을 의심할 필요
도 없다.

3) 빠른 성숙(조숙)과 늦은 성숙(만숙)

동료들보다 빠르거나 늦은 성숙은 주변 사람으로부터 그리고 자기 스스로 동
료들과는 다른 반응과 기대를 갖게 한다. 즉, 빠른 성숙자와 느린 성숙자는 타인
에 의해 다르게 취급되며, 스스로도 자신을 동료와는 다르게 지각한다. 그 결과
친구들과 다르게 행동하려는 경향이 강하게 나타난다. 이러한 성숙 속도와 시기
의 개인차는 남녀 간에 차이가 있으며, 단기간과 장기간에 따라서도 다른 결과
를 유발한다.

조숙한 남자는 동년배의 여자들과 신체적으로 큰 차이가 없으므로 여자들과
더 빨리 더 쉽게 친해질 수 있다. 그리고 이들은 운동과 같은 신체활동이 필요한
분야에서 유리하며, 이것은 남자들에게 사회적 인기도나 성숙도의 중요한 지표
가 된다. 반면에 늦게 성숙하는 남자들은 더 오랫동안 아동 취급을 받고 그 기대
에 맞게 더 오랫동안 아동과 같이 행동하게 된다. 그리고 운동이나 여자들과의
관계에서 인정을 얻기 어려우며, 자신의 신체적 성숙에 대해 염려하고 걱정하는
경향이 높다.

조숙한 청소년과 늦게 성숙한 청소년 간에는 성격에 차이가 있다. 캘리포니아
대학교에서 실시된 광범위한 종단적 연구(Belle & Goldman, 1980; Perterson, 1985;
et als.)에 의하면, 조숙아는 더 말수가 적고 자신감이 있고 실제적이고 자제력이
강하고 사회적으로 적합한 행동을 하는 것으로 나타났다. 그리고 늦게 성숙한
청소년은 덜 안정적이고 더 긴장되어 있고 자의식이 더 강하고 과장된 행동이
더 많고 불안감이 더 높고 지나치게 열성적이고 더 충동적이고 인기가 적고 리
더가 되는 비율이 더 낮았다. 그러나 이러한 차이는 예외적인 사례가 매우 많다
는 사실을 명심해야 한다. 즉, 조숙한 남자 청소년들이 늦게 성숙하는 청소년보
다 대체로 우수한 특징들을 더 많이 보여 주지만 가출이나 사소한 비행, 학교 부
적응, 약물남용에 연루되는 비율도 더 높다(Duncan et al., 1985; Anderson &
Magusson, 1990). 이러한 결과는 일찍 성숙하는 것이 늦게 성숙하는 것보다 항상

더 우수한 것이 아니라는 사실을 보여 주는 것으로, 청소년 개인과 부모, 교사 등이 성숙의 개인차를 충분히 인식하고 합리적으로 대처해 나가는 것이 더 중요하다는 사실을 시사한다.

여자들의 경우는 빠른 성숙과 늦은 성숙에 대한 반응에서 남자들과 큰 차이를 보여 준다. 즉, 남자들은 조숙이 일반적으로 유리하지만 여자들에 있어서는 그 차이가 훨씬 적다. 연구들 간에도 조숙과 만숙의 차이에 대해 다른 결과를 제시하고 있기 때문에 여자들에게 그 차이를 인정하기란 어렵다. 이것은 여자들의 경우 조숙과 만숙의 의미가 남자들과는 다르기 때문이다. 즉, 남자가 조숙하는 것은 힘세고 용기 있다는 것을 의미하고 결국 성적으로 적극적인 행동을 할 수 있다는 것과도 관계가 있다. 그러나 여자에게 있어 그 기대는 그렇게 명확하지 않다. 조기에 성숙하는 여자 청소년들은 동료들에게 인기가 별로 없고 안정적이지 못하고 표현력도 떨어지며 복종적인 특징을 보인다는 보고(Livson & Peskin, 1980)가 있는가 하면, 남자 청소년들에게 인기 정도를 측정해 보았을 때 조숙한 여자 청소년들의 인기도가 오히려 더 높다는 보고(Simons et al., 1983)도 있다. 한편, 조숙한 여자 청소년들은 데이트나 성관계 등의 압력을 동료들에 비해 더 많이 받으며, 비행이나 약물, 학교 부적응 등에 연루될 가능성이 더 높은 것으로 알려져 있다(Aro & Taipale, 1987).

Levenson(1961)의 연구에서 밝혀졌듯이, 사춘기 여자들은 자기 동료들과 비슷하게 성장하고 있을 때 일반적 자아개념과 신체적 자아개념이 가장 긍정적이라고 할 수 있다. 그러나 사춘기 여자들의 적응은 그것이 빠른가 늦는가의 문제보다는 부모나 주변인들의 지지와 격려, 기대와 가치에 달려 있다고 할 수 있다. 조숙과 만숙에 대한 지도에 있어서 무엇보다 중요한 것은 여자 청소년이 자기존중감과 능력을 갖추도록 하는 것이며, 청소년으로서의 명확한 정체감(identity)을 확립하도록 지도하는 것이다.

이와 더불어 성숙의 시기와 이에 따른 효과는 모든 문화권에서 동일하게 나타나는 것이 아님을 이해할 필요가 있다. 어떤 시대와 문화권에서는 조기 성숙이 긍정적인 효과를 가져오지만(예, 독일), 다른 문화권에서는 오히려 부정적인 결과(예, 미국)를 유발하기도 한다. 독일과 같은 유럽권은 미국보다 개방적인 성교육을 실시함에 따라 신체적 또는 성적 성숙에 대한 청소년의 태도가 더욱 긍정적이었다.

　한편, Livson과 Peskin(1980)은 조기 성숙하는 청소년과 늦게 성숙하는 청소년들의 심리적 또는 대인관계적 특징이 그들의 성인기까지 지속되는지를 조사하였다. 13세 남자 청소년을 대상으로 조숙과 만숙을 조사하고, 25년 뒤에 동일 대상들이 38세가 되었을 때 이들의 특성을 재조사하였다. 그 결과 조기 성숙자들은 성인이 되었을 때 책임감이 강하고 협동적이었고 자기통제력이 뛰어났으며, 사회적인 특성을 더 많이 보였다. 그러나 동료들에 비해 동조경향이 더 강하고 인습적이며, 유머감각이 부족한 특성을 보였다. 반면 늦은 성숙자들은 다소 충동적이고 자기주장적이었지만 통찰력이 뛰어나고 창조적이었다. 이러한 결과는 조숙 또는 만숙의 어느 한쪽이 단정적으로 긍정적이라고 결론지을 수 없다는 사실을 보여 주는 것이다.

:: 04 청소년기의 인지적 발달

인지능력의 변화는 신체·생리적 변화와 더불어 모든 문화권의 청소년에게 나타나는 기본적인 변화 가운데 하나다. 이것은 청소년의 심리적 발달과 사회적 관계에 많은 영향을 준다. 청소년기에 나타나는 인지능력의 변화는 아동기와는 질적으로 다른 양상을 보여 준다. 이 시기에 나타나는 사고를 아동기의 사고보다 높은 수준에 있게 하는 중요한 요소는 '만약 ~이면'이라는 개념이다. 청소년은 구체적인 상황에서 자신이 직접 보는 것에 의존하기보다 무엇이 더 옳을지도 모른다는 생각을 할 수 있다. 그들은 무한하게 다양한 가능성을 상상할 수 있기 때문에 가설적인 추론이 가능하다. 자아 중심적 사고의 흔적이 아직도 그들의 인지적 미숙함을 드러내기도 하지만, 도덕적 문제와 자신의 미래설계에 대하여 폭넓게 사고할 수 있는 것이 특징이다.

이와 같이 청소년은 신체적 성장의 급격한 변화와 더불어 인지적 발달과 특성의 중요한 변화를 경험한다. 이 장에서는 청소년기의 인지적 발달을 Piaget를 중심으로 하는 인지발달 단계론적 접근과 청소년기의 사회인지론적 접근, 그리고 인지능력의 양적 측면에 국한하여 살펴보고자 한다.

1. 인지발달단계론적 접근

1) Piaget 이론의 개요

인지발달을 질적인 측면에서 설명하려는 연구자들은 대체로 사고의 발달이 단계적으로 진행되며, 청소년의 사고는 아동의 사고와 질적으로 다르다고 주장한다. 질적 접근의 대표적인 학자인 Piaget(1926, 1950, 1952)는 양적인 접근에서 강조하는 정신적 능력의 개인차에 별로 관심을 두지 않았다. 대신 그는 아동에서 성인으로 성장함에 따라 지능이 어떻게 발달되는가, 즉 인지발달의 보편적인 형태에 관심을 가졌다. 그는 인지능력이 연령의 증가와 더불어 단계적으로 발달하며, 또한 단계에 따라 질적으로 다른 형태를 나타낸다고 주장하였다.

그리고 Piaget는 발달을 유기체와 환경 간의 상호작용으로 설명한다. 이것은 유기체와 환경 간의 단순한 상호관계를 의미하는 것이 아니라 유기체가 다양한 환경적 요소들을 적극적이고 창의적으로 탐색해 가는 과정을 의미한다. 다시 말하면, 생물학적인 유기체가 환경적 요소들과 접촉을 가지면서 이를 적극적 능동적으로 탐색하는 과정을 발달이라고 규정하고 있다. 이 정의는 우선 인간을 능동적이고 창의적인 존재로 간주하고 있음을 알 수 있다. 그렇다면 인간이 환경을 적극적으로 탐색하는 목적은 무엇인가? 이는 곧 생존을 위해서다. 다시 말하면, 다양한 생물이 자신의 생존을 위해 환경에 적응(adaptation)하듯이, 갓 태어난 신생아조차도 자신이 처한 환경에 적응하기 위해 적극적인 탐색활동을 전개하며, 창조적으로 자신의 인지체계를 재구성한다.

유기체의 환경에 대한 적응과정을 설명하기 위하여 Piaget는 동화(assimilation)와 조절(accomodation)이라는 개념을 사용하고 있다. 동화란 개인이 자신에게 투입되는 환경적 요소 또는 정보를 그들의 기존 사고구조에 적합하도록 변환시키는 방법이며, 조절이란 그들의 사고구조를 새로운 환경적 경험에 적합시키는 방법이다(한상철 · 이형득, 1995). 빨기 도식(schema)을 가진 영아들이 입에 닿는 것은 무엇이나 빨려고 하는 것은 동화에 해당되고, 빠는 대상에 따라 입의 모양을 점차 변화시켜 가는 것은 조절에 해당된다. 덧셈에 대한 도식을 가진 아이들에게 '2×4'의 질문을 던졌을 때 '6'이라고 반응하는 것은 곱셈이라는 새로운 자극을 동화하고 있음을 보여 주는 것인 반면, '8'이라는 반응을 정확히 할 수 있게 되는 것은 새로운 자극을 조절하였음을 보여 주는 것이다. 동화와 조절은 서로 간에 상보적인 영향을 미친다. 즉, 동화는 조절작용 없이 존재할 수 없으며, 조절은 동화작용 없이 결코 존재할 수 없다.

Piaget는 유기체가 동화와 조절을 통해 사회에 적응해 나가는 것은 그들에게 선천적인 평형(equilibration) 추구기제가 있기 때문이라고 하였다. 어떠한 생물체도 자신의 안정된 평형체제가 깨지게 되면 곧바로 평형을 추구하고자 동기화된다. 마찬가지로, 인간의 인지체제에 있어서도 그들의 평형이 새로운 자극에 의해 불평형상태로 변모하게 될 때, 불평형을 극복하기 위해 곧바로 동화와 조절을 반복하게 되는 것이다. 그렇게 함으로써 평형상태를 회복하게 되면 비로소 새로운 대상에 적응하게 된다.

이와 같이 유기체가 평형기제에 의해 동화와 조절을 반복하면서 자신의 환경에 적응해 나가는 과정을 인지구조적인 면에서 볼 때, 인지구조 또는 쉐마(schema)의 재구성이라고 한다. 즉, 기존 평형상태의 쉐마에 새로운 환경적 자극이 부가됨에 따라 불평형이 이루어지게 되고 그렇게 됨으로써 동화와 조절의 과정을 통해 평형을 회복하게 된다고 할 때, 이는 곧 새로운 경험에 의해 기존의 쉐마가 재구성되거나 확장되고 있음을 나타내는 것이다. 따라서 Piaget에 의하면, 인지적 발달이란 쉐마의 재구성 또는 확장이라고 말할 수 있다.

Piaget는 자신의 세 자녀를 장기 종단적으로 추적 관찰하여 그 결과를 분석하고 종합함으로써 독특한 인지발달이론을 정립하였다. 그에 따르면, 쉐마의 재구성은 인생 전체를 통해 계속되지만 특정 연령을 기준으로 쉐마 구성의 질적인 차이가 있다. Piaget는 쉐마 구성의 이러한 질적 차이를 기초로 하여 인지발달단계를 구분하였다. 즉, 감각운동기(sensorimotor stage)의 아이들은 대부분 감각적 행동에 의해 쉐마를 재구성해 나가고, 전조작기(preoperational stage)는 완전한 지적 사고를 하기 이전 단계로서 자기 중심적 사고나 직관적인 사고에 의해 쉐마를 재구성해 나가며, 구체적 조작기(concrete operational stage)의 아이들은 구체적 대상이나 사물에 의해 쉐마를 재구성해 나간다. 그리고 마지막으로 형식적 조작기(formal operational stage)의 청소년들은 유아기적 사고나 구체적인 사물을 통한 사고에서 탈피하여 성인과 같은 완전한 사고(논리적·추상적·가설적·조합적)에 의해 쉐마를 재구성해 나가는 것으로 가설화하였다.

따라서 형식적 조작기에 접어든 많은 청소년들은 이전 단계의 아이들보다 더욱 고차적인 사고를 할 수 있을 뿐만 아니라 성인과 같은 완전한 사고를 할 수 있음으로써 그들의 학습과 문제해결, 지적 성장, 사회적 태도가 현저하게 발달된다. 무엇보다도 다른 사람의 정치적·철학적 이론을 분석할 수 있으며, 자기 자신의 이론을 구성할 수 있게 된다. 이런 지적 발달은 정서적인 면과도 관련이 있는데, 청소년기 이전에는 어머니를 사랑하거나 친구를 미워하였던 반면에, 이제는 자유를 사랑하거나 착취를 미워하게 되는 것이다. 청소년기의 인지적 발달은 그들에게 이성과 합리성을 증대시켜 주지만 때로는 감성과의 충돌을 빚기도 하고, 사회 문화적 규범과의 갈등을 유발하기도 한다. 물론 이러한 충돌과 갈등, 그리고 혼란은 청소년들이 겪어야 하는 필수적인 과제이기도 하다.

2) 청소년기의 형식적 조작사고

Piaget에 의하면, 청소년기의 형식적 조작사고는 가설을 설정하고 이를 전제로 결론을 추론하는 명제적 사고, 문제해결 과정에서 관련 변인들을 추출하고 분석할 뿐만 아니라 이를 상호 관련짓고 통합시키는 결합적 분석사고, 그리고 구체적 대상의 존재 여부와 관계없이 형식적 논리에 의해 사고를 전개하는 추상적 추론의 세 가지 특징을 갖는다. 다시 말해서, 형식적 조작기의 청소년은 눈앞에 주어진 구체적인 사태를 넘어서서, 보이지 않는 모든 가능한 것들에 대하여 고려하고 원리를 찾으며 이론을 형성함으로써 지적 기쁨을 얻는다.

청소년들은 현실적으로 가능한 모든 대안을 생각할 수 있다. 이것은 그들로 하여금 넓은 시관(視觀)을 발달시키고 그들의 계획을 매우 구체화할 수 있게 하며, 전체적인 맥락을 고려할 수 있게 한다. 반면에 구체적 조작기의 어린이는 개별적으로 사고하고 덜 철저하게 계획하며, 너무 성급하게 결론에 봉착하게 된다는 점에서 형식적 조작기의 청소년과 구별된다(한상철, 1998a).

이것은 Inhelder와 Piaget(1958)가 화학문제에 대한 어린이와 청소년의 접근을 비교실험한 데서 명백하게 드러난다. 과제는 네 개의 화학용 비이커의 내용물을

조합(combination)하여 노란색을 만들어 내는 것이었다. 구체적 조작기의 어린이
는 화학물의 가능한 짝들의 수, 즉 모두 네 번의 시행을 하였고 가능한 세 가지
결합 가운데서는 일부만을 수행하였다. 그들은 종종 이미 시행하였던 조합을 반
복하였으며, 그 밖의 가능한 조합들을 생략하였다. 반면에 형식적 조작기의 피험
자는 화학물의 모든 가능한 조합을 생성하기 위해 먼저 체계적인 계획을 수립하
고, 다음으로 그들의 계획에 따라 누수행동이나 오반응 없이 가능한 조합을 모
두 수행하였다.

　그러나 여기서 유의해야 할 점이 있다. 형식적 조작기에 이르면 이러한 사고
가 가능하다는 것이지 모든 청소년이 형식적 조작사고를 할 수 있는 것은 아니
라는 점이다. Piaget는 청소년기의 형식적 조작사고의 발달단계를 11, 12~14,
15세에 해당하는 3A단계와 그 이후의 연령기에 해당하는 3B단계의 두 하위단계
로 구분하고, 청소년기 초기에 해당하는 3A단계에서는 관련 요인들을 체계적이
고 명확하게 결합하는 능력이 부족한 반면 3B단계에 이르러서야 완전한 결합능
력이 가능하다고 하였다.

　미국 청소년의 30~40%만이 형식적 조작사고가 가능하다는 연구결과들(Capon
& Kuhn, 1979; Keating, 1980; Linn, 1983)과 비교문화 연구에서 기술적으로 미개한
사회의 청소년 및 성인에게서 형식적 조작사고를 전혀 찾아볼 수 없었다는 보고
(Dasen, 1977; Rogoff, 1981)는 청소년이 된다고 하여 모두 형식적 사고를 할 수 있
는 것이 아님을 보여 주고 있다. 우리나라에서도 중학교 2학년의 22%만이 형식
적 조작사고에 도달해 있다는 연구결과가 제시되어 있다(Han, 1982; 송명자, 1997).

　Piaget는 청소년의 생활에서 내적 변화와 외적 변화가 복합적으로 작용하여 그
들의 인지적 성숙이 이루어진다고 하였다. 즉, 청소년의 뇌구조가 성숙해지고 사
회적 환경이 폭넓어지면서 그들은 다양한 현상과 사상을 실험해 볼 수 있는 기
회를 가지게 되는데, 이것이 그들의 인지적 성숙을 촉진시키게 되는 것이다. 다
시 말하면, 신경학적 발달이 충분히 발달되었다고 하더라도 교육 및 문화 환경
이 이에 적절한 자극을 제시하지 못하면 결코 형식적 조작기에 도달하지 못하게
된다. 이것으로 미루어 볼 때, 뇌구조의 발달에 대해서는 어찌할 수 없는 부분이
라고 할지라도 청소년들에게 합리적으로 사고하고 탐색할 수 있는 기회를 보다
많이 제공하고 체계적인 교육과 우수한 환경을 보다 충분히 제공하면 형식적 조

작사고를 더 완전하게 더 일찍 발달시킬 수 있을 것으로 생각해 볼 수 있다. 따라서 청소년기의 형식적 조작사고를 촉진시키기 위하여 환경 탐색의 기회를 더욱 풍부하게 제공하고 논리적·합리적 사고를 신장시키는 등의 교육적 대책을 보다 체계적으로 연구하고 적용해야 할 것이다.

3) 청소년기 사고의 질적 특징

Piaget의 형식적 조작사고에 기초하여 청소년기 사고의 질적 특징을 요약해 보면 다음과 같다(Flavell, 1985; Inhelder & Piaget, 1958; Byrnes, 1988; Overton, 1990).

첫째, 청소년기는 현실 지향적 사고에서 **가능성 지향적 사고**로의 변화가 일어난다. Kuczaj(1981)에 의하면, 청소년기 이전 시기나 초기의 아동은 상상적인 인물의 등장이나 미래세계에 대해서 '실제 그 사람이 행할 수 있는 가상적인 상황'에 대해서만 추론을 할 수 있다. 이런 점에서 그들의 사고는 현실 지향적이다. 그러나 청소년기가 되면 가능성 지향적 사고로 발전하게 되는데, 그들은 실제 사건이나 상상의 사건을 가능한 모든 것 중의 일부로 다룰 수 있게 된다. 청소년은 여러 가능성들을 생성할 수 있고, 이러한 가능성을 증명함으로써 현실세계를 이해할 수 있다. 예컨대, '닭이 초록색의 달걀을 낳을 수 있을까?' 라는 물음에 대해 청소년기 이전의 아동은 그러한 일은 있을 수 없을 것이라고 단정하고 더 이상 생각조차 하지 않으려 한다. 그러나 가능성 지향의 형식적 조작사고를 하는 청소년들은 그러한 가상적인 일이 일어날 수 있다는 가능성에 근거하여 초록색의 사료를 먹이면 가능할 것이라는 등의 이유를 제시한다.

가능성 지향적 사고는 어떤 문제를 틀에 박힌 사고로 해결하려는 것이 아니라 다양한 측면에서 대안을 동원하여 해결하려는 원동력을 제공한다. 이로 인해 어린 청소년들이 독창적이고 창의적인 발명을 해내기도 하지만, 이들의 독특한 사고와 성인들의 고정관념 간에 마찰을 빚기도 한다. 이러한 사고가 발달된 청소년들은 자신에게 불가능이란 없으며, 자신 앞에 무한한 미래와 가능성만이 존재하는 것으로 생각한다. 따라서 청소년들은 지나치게 이상적이고 모험적인 특성을 갖게 되며, Elkind가 말하는 청소년기의 자아중심성을 낳게 된다.

둘째, 경험 귀납적 문제해결에서 가설 연역적 문제해결로의 발달이 이루어진다.

아동기에서 벗어나면서 가설을 생성하는 것이 가능해지지만 청소년기 초기에는 귀납적인 추론과정에만 제한된다. 예를 들면, 사과가 나무에서 떨어지는 문제에 대해서 청소년기 이전의 아동들은 잎이 빨간색으로 바뀌어지고 나면, 얼마 후에 사과가 익어 떨어지는 것을 관찰하게 된다. 그런 후에야 '사과나무의 잎이 빨갛게 되면 사과가 나무에서 떨어진다'는 가설을 생성하는데, 이 가설은 관찰을 한 후의 귀납적 추론에 의해 일반화된 것이다. 그러나 형식적 조작기가 되면 경험적인 세계에 제한되어 있는 것이 아니라 직접 관찰하지 않은 간접적인 대상과 추상적인 사건에 대해서도 가설을 생성할 수 있으며, 그것을 검증하는 데 있어서도 연역적인 추론을 사용할 수 있게 된다.

셋째, 2차적 추상화 수준에서 3차적 추상화 수준으로의 발달이 이루어진다. Hofstader(1980)는 경험을 순서화하는 규칙을 개념(concepts)이라고 규정함과 동시에, 아동이 발달함에 따라 순환 반복적인 개념규칙 체계가 출현한다고 제안하였다. 이 규칙은 네 개의 수준을 거치는데, 감각운동기에 해당하는 0차 수준은 행동 그 자체에 의해 경험을 순서화하고, 전조작기의 1차 수준에서는 상징에 의한 행동규칙 체제가 출현한다. 그러나 그들의 행동규칙은 여전히 행동대상에만 제한되어 있을 뿐 논리의 징표가 되는 응집성과 일관성이 결여되어 있는 등의 문제를 내포하고 있다. 구체적 조작기의 2차 수준에서는 1차 수준의 상징체계에 근거하여 응집성과 일관성의 특성을 지닌 규칙체계가 나타난다. 그러므로 논리적 사고가 가능하다. 그러나 논리적 사고가 사고의 직접적 대상에 국한될 뿐 일반적이지 못한 특징이 있다. 형식적 조작기의 3차적 추상화 수준에 이르러서야 응집성과 일관성의 일반화된 규칙체계가 출현한다. 따라서 논리적 문제에 대해 논리적으로 사고할 수 있고, 사고체계에 대해 체계적으로 사고할 수 있다. 이러한 특징으로 인해 사고과정에 대한 사고(초인지; metacognition)가 가능해진다. "나는 나의 미래를 생각하였다. 그리고는 내가 왜 나의 미래에 대해 생각하고 있는지에 대해 생각하고 있는 이유를 생각하기 시작하였다"(한상철·이형득, 1995: 122).

넷째, 형식적 조작기의 청소년들은 자신의 믿음, 즉 종교, 정치, 도덕, 교육 등에 대하여 논리의 일관성을 검토하게 된다. 그러므로 이들에게 하나의 믿음이 도전받게 되면 다른 모든 믿음에 대해서도 일관적으로 의심하게 되는 경향이 있으며, 그 밖의 믿음들을 더 심하게 공격하거나 비난하게 된다. 이로 인해 청소년들은 이전에 받아들였던 여러 가지 관념(idea) 가운데서 비일관적인 관념을 발견하게 되면 심하게 격분할 뿐만 아니라 주위의 어른들에게도 자신을 기만한 행위에 대해 도전하고 공격하게 된다. 논쟁적이고 반항하기 쉬운 젊은이의 특성이 바로 이러한 논리적인 일관성을 고집하는 사고에서 비롯된다고 할 수 있다. 이것은 청소년기의 이상주의적 사고를 나타내는 것으로 그들은 자신의 이상주의에 집착하여 사회를 변화시키고자 하며, 필요하다면 보다 나은 사회를 만들기 위해 기존의 사회를 파괴하고 개혁하고자 하는 성향을 갖는다. Elkind(1978)는 이러한 사고를 법관적 사고 또는 판단자적 사고라고 하였다.

2. 청소년기 사회인지능력의 발달

1) 청소년기의 자아중심성

우리는 자신과 타인과의 관계에서 사회적 역할과 관계, 사고, 감정과 의도, 신념, 도덕적 판단 등을 어떻게 지각하고 추론하며 개념화하는가? 사회인지 분야의 많은 연구들은 타인과의 관계에서 작용하는 지각과 추론, 개념화 등을 다룬다. 인간의 사회인지능력은 연령에 따라 점진적인 발달 양상을 보이며, 청소년기에 들어 어느 정도 안정된 인지능력 체제를 형성한다. 그러나 청소년들은 자신과 타인을 더욱 정교하게 묘사할 수는 있지만 타인의 생각, 감정, 의도, 상호작용의 질을 정확하게 지각하는 데 종종 실패한다. 실패의 원인은 대부분 청소년기의 자아중심성(egocentrism) 때문이다.

형식적 조작사고의 특징으로 다양한 가능성의 사고가 발달하는데, 이는 청소년들을 자신의 생각과 관념 속에 사로잡히게 만든다. 즉, 불가능이란 없으며 무한한 가능성만이 존재할 뿐이라고 믿고 있는 청소년들은 자신의 관념을 최고의 가치로 생각하며, 자신의 관념세계와 타인의 관념세계를 구분하지 못한다. 따라서 청소년들은 자신은 특별한 존재라고 하는 독특성에 대한 착각에 빠져들게 되며, 자신이 우주의 중심이 된다고 믿을 만큼 강한 자의식을 보이게 된다. Elkind(1978)는 이러한 청소년기 특유의 사회인지적 특성을 청소년기 자아중심성이라고 하였다. 청소년기의 자아중심성은 Piaget가 전조작기의 특성으로 제시한 중심화를 확장한 것으로, Lerner 등(1991)은 이를 청소년기의 인지발달을 이해할 수 있는 가장 좋은 가설적 개념이라고 하였다.

청소년기 자아중심성은 형식적 조작사고가 발달하는 11, 12세경에 시작되며, 15, 16세경에 정점을 이루다가 청소년들이 다양한 대인관계의 경험을 통해 자신과 타인에 대한 객관적인 이해를 증가시켜 나가면서 점차 사라지게 된다(Lapsley, 1991). Elkind(1984)는 청소년기의 자아중심적 사고를 다음과 같이 설명하고 있다.

첫째, 자아중심성은 개인적 우화(personal fable)의 형태로 나타난다. 청소년들은 자신이 특별하고 독특한 존재라고 생각하며, 자신의 감정이나 경험세계는 다른 사람의 그것과 근본적으로 다르다고 믿는다. 청소년들은 자신의 우정, 사랑 등은 다른 사람이 결코 경험하지 못하는 것이라고 믿을 뿐만 아니라 다른 사람이 경험하는 죽음, 위험, 위기가 자신에게는 일어나지 않으며, 혹시 일어나더라도 피해를 입지 않을 것으로 확신한다. 개인적 우화는 이처럼 청소년 자신의 독특성에 대한 비합리적이고 허구적인 관념을 지칭한 것이다. "엄마는 내가 어떤 기분인지 조금이라도 아나요? 이 기분은 아무도 모를 거예요."라는 청소년들의 전형적인 상투어에서 그 예를 찾아볼 수 있으며, 연애에 실패하고 주위의 많은 사람들이 해 주는 충고의 말을 전혀 귀담아 듣지 않는 청소년들에게서도 그 사례를 찾아볼 수 있다. 그들은 자신의 사랑은 남들이 이해하지 못하는 자신만의 순수하고 아름다운 감정이라고 생각하고 있는 것이다.

청소년기의 개인적 우화는 그들에게 자신감과 위안을 부여하는 측면도 있지만 심해지면 자기 존재의 영속성과 불멸성을 믿게 함으로써 과격한 행동에 빠져들게 만든다. 개인적 우화의 긍정적인 측면으로서 청소년들은 자신들이 기성세대가 하지 못한 많은 가능성을 가지고 있다고 믿으며, 이를 행동으로 옮길 수 있다. 청소년들이 빈곤퇴치, 환경운동, 시민운동 등에 적극적으로 참여하는 것은 이러한 이유에서다. 그러나 개인적 우화의 부정적인 측면이 더 심각하고 더 광범위하다고 할 수 있다. 청소년들이 흔히 음주운전이나 폭주, 마약, 성문란 등의 파괴적인 행동을 범하는 것은 개인적 우화의 대표적인 예가 되며, 그러한 행동이 가져다줄 부정적 결과는 타인에게 해당되는 것일 뿐 자신의 몫이 아니라는 허구적 관념을 내포하고 있다.

Elkind(1974)에 의하면 개인적 우화는 청소년들의 자기 과신에서 비롯된다. 개인적 우화 정도가 높은 청소년들은 자의식과 자신에 대한 관심이 지나치게 높다(O' Conner & Nikolic, 1990). 그리고 개인적 우화는 감각추구 경향 및 위험행동에의 몰입 정도와 정적 상관이 있으며, 이러한 경향은 남자에게서 더욱 현저하다. 심한 개인적 우화는 자살상념이나 우울증과 관련이 있는 것으로도 보고되고 있다(Arnett, 1990; Cole & Cole, 1989). 개인적 우화현상은 청소년에게 현실검증 능력이 생기면서 자신과 타인의 실체를 객관적으로 인식하고 타인과의 친밀한 관계를 정립하게 되면서 사라진다.

둘째, 청소년의 자아중심성은 **상상의 청중**(imaginary audience) 형태로 나타난다. 이는 과장된 자의식으로 인해 자신이 타인의 집중적인 관심과 주의의 대상이 되고 있다고 믿는 형태다. 여기서 늘 자신을 지켜본다고 생각하는 타인이 바로 상상 속의 청중인 것이다. 청소년들은 상상의 청중을 즐겁게 하기 위해 많은 힘을 들이며, 타인은 전혀 의식하지 않는데도 불구하고 자신의 작은 실수로 번민하게 된다. 상상의 청중에 대한 자신의 위신을 손상시킨다고 생각되면 작은 비난에도 심한 분노를 보인다. 그들은 청중들에 대한 자신의 위신과 자존심을 위해 자기만의 비밀을 간직하며, 다른 사람에게 자신을 드러내기를 꺼린다.

청소년기의 상상의 청중의식을 진단하기 위하여 상상의 청중척도(Imaginary Audience Scale)가 개발되어 사용되고 있다(Elkind & Bower, 1979). 이 척도를 이용한 연구결과에 의하면, 중학교 2학년에서 가장 높은 상상의 청중의식이 나타나며, 이후부터 점차 감소하는 경향이 있다. 그러나 상상의 청중 현상의 원인인 과도한 자의식은 많은 사람들에게 성인기까지도 지속되고 있다. 상상의 청중의식이 높은 청소년들은 부정적 자아개념을 갖는 경향이 높으며, 자아존중감의 발달단계가 낮으며, 자아정체감의 확립 수준이 낮다. 이성과의 교제경험이 있는 청소년들이 상상의 청중의식이 낮다는 보고는 흥미로운 것이다. 이는 상상의 청중의식이 대인 간 신경과민 등 사회적 기술의 부족과 관계가 있다는 연구보고(Cohen et al., 1988; Hauck et al., 1986)에 의해 설명이 가능하다.

서구의 청소년들이 15, 16세경에 자아중심성에서 벗어나는 것과 비교할 때 우리나라 청소년들은 대학교 1학년 시기까지 자아중심성이 지속되는 경향을 보이고 있다(김인경 · 윤진, 1987; 김인경, 1994). 이러한 결과는 우리나라 청소년들이 중·고등학교 시기 동안 적절한 대인관계 경험을 갖지 못하고, 자아정체감 탐색의 기회가 부족한 데서 기인한 것으로 보인다.

청소년의 자기 중심적 사고는 이 밖에도 다양한 특징으로 나타난다. 예컨대, 청소년은 권위적인 인물에게서 결점을 찾는 경향이 있다. 이는 이상적인 세계를 상상할 수 있는 새로운 능력이 발달함과 동시에 일찍이 숭배에 가깝도록 존경하던 사람(부모, 교사 등)이 자신의 이상과는 너무 거리가 멀다는 것을 인식하고, 자신이 알게 된 모든 결점을 지적함으로써 현실과 자기 환상의 격차를 좁히고자 하는 것에서 나타난다. 다시 말하면, 자신이 지금까지 존경해 왔던 권위적 인물이 자신의 이상형이 아님을 인식함과 동시에 자신의 이상주의적 사고가 허구적이 아님을 증명하고자 하는 것이다. 이 과정에서 권위적 인물의 모든 결점을 들추어내고 지적함으로써 이상과 현실의 간격을 줄이고 자신의 현실에 대한 비판의식을 합리화하게 된다.

그리고 청소년들은 논쟁을 즐기고 우유부단함의 특징을 보이며, 명백한 위선을 일삼는 등의 특징을 나타낸다. 한 가지 쟁점에 대해 여러 가지 미묘한 차이를 볼 수 있는 자신의 능력을 시험해 보고자 격렬한 논쟁을 하며, 이러한 논쟁에서 자신의 주장을 고집하는 경향이 많다. 그리고 갑자기 인생의 모든 측면에서 다양한 선택의 기회를 부여받게 됨에 따라 가장 단순한 일에서조차 우유부단한 모습을 보인다. 또한 청소년은 명백한 위선을 보이기도 하는데, 함부로 쓰레기를 버리면서 동시에 공해에 반대하는 시위를 하기도 하는 것이다. 이것은 그들이 이상을 표현하는 것과 이상을 향해 노력하는 것과의 차이를 구별하지 못하는 데서 비롯된다.

청소년들의 기성세대 또는 부모에 대한 비판, 생떼를 쓰는 듯한 고집, 우유부단함과 이중적인 사고 등은 대부분 이러한 자기 중심적 사고에서 비롯되는 것이다. 성인사회가 특히, 초기 청소년들의 이와 같은 특징을 잘 이해하면 그들과의 마찰이나 갈등을 최소화할 수 있음은 물론이고, 청소년들이 미숙한 사고를 보다 쉽게 극복하도록 도와줄 수 있을 것이다.

2) 청소년의 정치 · 사회적 사고

형식적 조작기에 접어들면서 많은 청소년들은 그 어떤 시기보다 정치 · 사회적 이상주의에 빠져들게 된다. 그들은 정치 · 사회적 현실과 기성세대의 판단에 대하여 무조건적인 비판과 과격한 반대행동을 하며, 자신들의 힘으로 이상주의적 사회를 만들 수 있다고 생각하게 된다. 즉, 청소년들의 자아중심성은 무한한 가능성과 독특성을 내포함으로써 그들의 이러한 특성이 사회를 개혁할 수 있다고 믿게 하는 것이다.

Inhelder와 Piaget(1958)는 청소년기의 이러한 특성을 '이상주의적 개혁자'의 출현이라고 하였다. 이것은 청소년이 성인의 역할을 받아들이기 위한 과정에서 자신의 욕구를 충족시키기 위해 세상을 개혁하려는 데서 비롯된다. 청소년은 자신의 관점으로 세상을 굴복시키기 위해 종종 이상주의적이고 무모한 개혁자의 역할을 하게 되는데, 그 주된 이유는 자신의 생각을 검증해 보기 위해서다. 청소년들의 정치 사회에 대한 이상주의적 태도는 유용할 수도 있으나, 가끔은 과격하고 비현실적인 형태로 나타나기도 한다.. 그들의 이상주의는 사회적 환경에서 계속적인 현실검증을 거침으로써 수정되며, 직업세계로 들어서면서 이상주의적 개혁자로부터 현실주의자 또는 성취자로 변화해 간다.

Adelson(1972)은 미국, 독일, 영국의 10대 청소년들 수백 명을 면접조사하여 정치 영역에 대한 청소년들의 사회인지적 사고를 분석하고자 하였다. 그는 청소년들에게 세계 각국의 여러 사람들이 모여 남태평양의 무인도에 나라를 세운다는 가상적인 상황을 제시하고 그들이 기대하는 사회적 구조, 정부형태, 법률의 역할, 개인의 자유, 소수민족의 권익, 종교적 선택과 자유 등에 관해 질문하고 그 응답을 분석하였다. 이 연구를 통해 밝혀진 청소년의 정치적 사고에 관한 내용 중 다음의 세 가지는 특히 주목할 만하다(Cole & Cole, 1989).

첫째, 청소년의 정치적 사고는 14세를 전후하여 발달적 변화를 보인다. 14세 이전의 청소년기 초기는 구체적인 사람이나 사태에 의존하는 데 반해, 14세경의 청소년들의 정치적 사고는 추상적인 원리에 근거하고 있다. 예를 들어, "법이 왜 필요한가?"라고 물었을 때 14세 이전의 반응은 '사람들이 서로를 다치게 하거나 죽게 하는 것을 막기 위해서'와 같이 구체적인 사태를 언급하는 경향이 지배적인 반면, 그 이후의 청소년들은 '법이란 인간의 권리와 평등성을 보장하고 사회질서를 유지하기 위한 것'이라고 반응한다. 따라서 14세 이전의 청소년들은 한두 가지 측면에 국한된 사고만을 하는 반면에, 그 이후의 청소년들은 국적, 성, 사회·경제적 계층 등의 모든 측면을 고려하는 능력을 보여 준다.

둘째, 청소년들의 정치적 사고는 연령이 증가함에 따라 보다 이상주의적으로 변모해 가는 경향이 있다. 14세 이후부터 대부분의 청소년들은 정치·사회적 이상향을 머릿속에 그리고 있으며, 자신이 지각하는 현실의 정치·사회적 상황이 그들의 이상향과 일치하지 않는 데 대해 좌절과 분노를 느낀다. "우리 사회에서 범죄, 빈곤, 인종적 편견 등을 제거하는 것이 가능하다고 생각하는가?"라는 질문에 부정적이거나 비관적으로 답변한 청소년들의 비율을 12세와 14세만을 비교해 볼 때, 범죄의 경우 48%에서 66%로, 빈곤의 경우 9%에서 40%로, 인종편견의 경우 45%에서 80%로 각각 급격한 증가를 보여 주었다. 이러한 결과를 통해 사회문제에 대한 비판적 태도가 14세를 기점으로 급격한 증가현상이 나타남을 알 수 있으며, 이것은 그들의 이상주의적 사고와 현실적 상황에 대한 지각의 마찰에서 비롯된다고 할 수 있다.

셋째, 사회적 통제에 대한 관점은 14세 이전의 청소년들의 경우 처벌 지향적이지만 연령이 증가함에 따라 개선과 재활의 중요성을 깨닫게 된다. 예를 들어, "사람들이 죄를 짓지 않게 하기 위해 어떻게 하는 것이 가장 좋은 방안인가?"를 물었을 때 12~13세 청소년들은 감옥에 보내거나 사람들로부터 격리시키는 등의 처벌을 시사하는 반응이 많았지만, 14세 이후의 청소년들은 개인의 권익과 자율성 및 변화의 가능성을 고려하는 비율이 증가하였다.

Adelson과 O'neil(1986)이 제안한 청소년기 정치적 사고의 발달과정은 전체적으로 Piaget가 제안한 형식적 조작사고의 발달과정과 일치하고 있다. 이것은 매우 흥미로운 것으로서, 특정 영역의 사회인지적 발달이 전반적인 인지발달에 기초하고 있음을 의미하는 것이라고 볼 수 있다.

3. 인지능력의 심리 측정적 접근

일반적으로 청소년기 인지능력의 심리 측정적 접근이란 지능이나 적성, 창의성과 같이 개인의 지적 능력을 측정하여 점수의 수량화를 통해 인지능력의 개인차를 이해하고자 하는 접근을 말한다. 이러한 접근은 인지능력의 양적 측면에 해당되는 것으로, 청소년의 학교학습과 밀접한 관련을 맺고 있다.

1) 지능과 적성

일반적으로 지능(intelligence)은 일반적인 지적 능력이라고 하고, 적성(aptitudes)은 특수한 지적 능력이라고 한다. 이 가운데 지능은 지적 행동 중에서 모든 교과목에 가장 보편적으로 영향을 미치는 변인으로서 대개 표준화된 검사를 통해서 측정된다. 표준화 검사는 집단규준을 가진 검사로서 표준적인 절차와 방법으로 실시되는 검사다. 이때 규준(norm)이란 동일 집단의 실제 점수들을 대표하는 값이라고 할 수 있다. 표준화 지능검사는 한 번에 한 사람씩 개인검사로 실시되기도 하고, 한 번에 여러 사람씩 집단검사로 실시되기도 한다.

어떤 형태의 지능검사이든 간에 검사의 결과는 지능지수(IQ; Intelligence Quotient)라는 단일한 수치로 환산되어 나온다. IQ란 용어는 원래 Terman(1919)의 Stanford-Binet 지능검사에서 사용되기 시작하였으며, 이때 IQ의 산출방식은 'IQ=[정신연령(MA)/생활연령(CA)]×100' 이었다. 그러나 이러한 비율 지능지수의 개념은 해석상의 문제점과 수치에 대한 맹신이 빚어낸 여러 가지 부작용으로 인하여 가치를 상실하게 되었다. 따라서 오늘날에는 편차 지능지수(deviation IQ)의 개념을 사용하고 있으며, 이는 각 연령집단(1년 혹은 6개월 단위)을 대표하는 피험자를 전국적으로 표집하여 지능검사를 실시한 뒤, 거기에서 얻은 점수분포를 기초로 각 연령집단의 평균을 100으로 하고, 표준편차를 16(지능검사에 따라 15 또는 17을 사용하기도 함)으로 하여 개인의 점수를 표준점수(standard score)로 환산한 것이다[IQ=(X−M)/SD]. 표준점수로 환산된 편차 지능지수는 절대 0점을 갖는 비율척도의 성질을 갖기 때문에 점수의 크기로서 개인의 지능 수준을 직접 해석할 수 있고 상대적 비교를 할 수 있으며, 지능의 정상과 비정상을 구별할 수 있는 등의 이점을 지니고 있다.

적성 또한 지능의 개념과 요인설에 기초할 때 지능의 한 특수 영역이라고 할 수 있다. Binet가 지능을 '잘 판단하고 잘 이해하고 잘 추리하는 복합적 개념'으로 사용한 이후 Thurstone(1938)의 군집요인설과 Guilford(1959)의 3차원적 모형설 등에 이르기까지 지능에 관한 많은 이론들은 지능을 '한 개의 지능'이라는 단일 개념으로 보지 않고 '여러 가지 지능들'의 복합체로 파악하고 있다. 이와 같이 지능을 각 요인별로 측정할 때 지능의 각 요인을 우리는 적성이라고 한다(황정규, 1984). 지능을 적성이라는 개념으로 치환하면 각 개인의 일반 지능이 어떤 요인에서 우세하며, 어떤 요인에서 열등한지를 알 수 있는 변별적 판단이 가능하다. 예컨대 IQ가 110으로 동일한 청소년일지라도 그들의 적성 프로파일을 작성해 보면, A는 언어요인과 추리요인에서 우세하고 B는 수요인, 공간요인, 추리요인에서 우세한 것으로 판단될 수 있다. 이 경우 적성요인에서의 변별적 차이는 A, B 두 청소년의 우수한 적성과 열등한 적성을 밝혀줄 뿐만 아니라 두 청소년의 적성과 밀접히 관련된 교과목에서의 성공과 실패를 예언하고 진단할 수 있게 할 것이다. 그럼으로써 새로운 교육방법을 모색하는 데 중요한 정보를 제공해 줄 것이다(이희도·한상철 등, 1996).

지금까지 지능과 적성의 개념적 차이와 진단 및 해석과정을 살펴보았지만 이러한 두 변인은 공통적으로 학습에 상당한 영향을 미친다. 그러나 여러 연구결과들은 두 변인 모두 우리가 생각하거나 기대했던 만큼의 영향을 미치지 못한다는 사실을 지적해 주고 있다. 예를 들어, Lavin(1965)의 보고에 의하면 지능 정도와 학업성취도 간의 상관은 평균적으로 .40~.60에 불과하다. 심지어 예체능계 교과목의 학습과 지능과의 상관은 .20 이하로 사실상 상관이 없는 것이나 마찬가지다. 지능과 학업성취 간의 상관이 .40~.60이라면 지능이 학업성적 변량의 16~36%를 설명하거나 예언해 준다고 보기 때문에 나머지 84~64%의 변량은 다른 비지능적 변인에 의해 결정된다고 볼 수 있다. 더구나 최근에는 지능과 학습의 관계를 인과관계로 보지 않고 지능은 다만 어떤 학습과제를 학습하는 데 필요한 시간의 양을 결정해 줄 뿐이라는 주장이 설득력을 갖는다. 예컨대, Carroll(1963)과 Bloom(1968)은 학교학습 모형에서 적성이 높은 사람은 낮은 사람에 비해 동일한 학습과제를 상대적으로 짧은 시간에 학습할 뿐이라고 하였다.

이러한 사실을 종합해 볼 때, 지능이 청소년의 학업성취도에 미치는 영향은 우리가 기대한 만큼 크지 않으며, 지능의 학성성취에 대한 역할은 직접적이라기보다 간접적인 것에 불과하다고 할 수 있다. 따라서 학교현장에서 단일 점수로 나타난 지능지수를 지나치게 믿거나 맹신하는 오류에서 벗어나도록 해야 하며, 개인의 지능지수에 대해 절대적 의미를 부여하기보다 대략적인 판단의 자료로만 활용해야 할 것이다.

2) 감성지능

IQ의 개념적 모호함과 학습에 대한 기대 이하의 영향력이 계속적으로 보고되고 있는 가운데, 최근 들어 감성지능지수(EQ; Emotional Intelligence Quotient)의 개념이 등장하였으며, 이와 더불어 도덕지능지수(MQ; Moral Intelligence Quotient)라는 개념까지 나타나기에 이르렀다. 특히, '인간의 성공은 IQ보다 EQ에 의존한다'라고 하는 주장과 'EQ는 학습될 수 있다'는 주장 등이 감성지수의 매력을 더 높여 주고 있으며, 아동심리 분야에서부터 폭발적인 관심을 얻게 되었다. 여기서는 감성지능이 청소년의 학습에 어떻게 영향을 미칠 수 있고 어떻게 개발 가능한 것인지에 대하여 간단히 논의해 보고자 한다.

첫째, 감성지능이란 한마디로 인간의 감성적 능력, 즉 자신의 감정을 조절하는 능력을 일컫는다. Daniel Goleman에 따르면, 인간은 언제 감정에 휩쓸리고 언제 자신의 감정을 발생시킬 것인가는 통제할 수 없지만, 자신의 감정을 얼마나 오래 지속시킬 것인가는 통제 가능하다고 한다. 자신의 감정을 적절하게 조절하는 사람은 그렇지 못한 사람보다 학습의 효율성이 높고 스트레스에 대응할 수 있으며, 자기주장이 높고 좌절상황에서 포기하지 않으며, 새로운 해결책을 제시하고 자신감과 독립심이 강하며, 인간관계의 신뢰성이 높고 과업 중심적이며, 언어능력과 수리능력의 점수가 높은 것으로 밝혀지고 있다. 그러나 감성지능이라는 것이 감정에 의해서만 좌우되는 것이 아니라 지적 능력, 즉 일반지능과의 조화에 의해 신장되는 것임을 유념할 필요가 있다. 다시 말하면, 머리와 가슴의 균형, 즉 지성적인 마음과 정서적인 마음의 균형이 핵심적인 특징이라고 할 수 있다.

감성지능은 Thorndike의 사회적 지능(social intelligence), Sternberg의 사회적 능력(social competence), Gardner의 다중지능 가운데 대인지능(interpersonal intelligence) 및 개인내 지능(intrapsychic intelligence)과 유사개념으로서 언어적 지능, 논리적 지능, 공간적 지능, 음악적 지능, 신체·운동적 지능, 대인 간 지능, 개인내 지능 등의 요소를 포함한다고 볼 수 있다.

둘째, 감성지능이 청소년들의 학습에 어떤 영향을 주는가에 대해서는 아직 연구된 바가 거의 없는 실정이다. 그러나 추론컨대 지능지수가 높은 학생이 학업에 허둥대고 보통의 지능을 가진 학생이 훌륭하게 문제를 해결하거나 성적이 높은 것은 이들의 감성지능이 더 높기 때문이라고 생각해 볼 수 있다. 감성지능이 높은 학생들은 자기통제와 학습에 대한 열의, 지속성, 자신을 동기화하는 능력 등이 더 우수하기 때문에 학습에서 성공을 이룩한 것이다. 학습에 대한 감성지능의 영향력을 추론할 때, 감성지능의 저하로 인하여 정서적으로 불안하면 제대로 사고할 수 없기 때문에 낮은 학업성취도를 나타낼 것이며, 과도한 스트레스나 우울은 사람을 바보로 만들거나 무가치감, 혼란, 불안, 소외를 가중시키는 기능을 하므로 이 또한 학습에 부정적인 영향을 미칠 것이며, 분노를 억압하거나 이에 따라 행동하게 될 경우 자기조절이 되지 않음으로써 학습에 대한 부주의가 성적 저하를 초래할 것이다.

1940년대 하버드 대학 입학생의 입학성적과 그들이 40대에 이르렀을 때의 월급, 업적, 사회진출 정도, 인생에 대한 행복감, 우정관계 등은 거의 상관이 없는 것으로 밝혀지고 있으며, 일리노이 주 고등학교 최우등 졸업생 81명의 10년 후 생활에서 25%만이 자기 관련 분야에서 능력을 나타내고 75%는 평균 또는 그 이하의 성취도를 나타내고 있는 것으로 보고되고 있다. 이러한 조사에서 IQ는 사회적 성공을 결정하는 데 20% 미만의 역할을 할 뿐이고, 나머지는 비IQ 요인의 역할 때문이라고 할 수 있다.

셋째, 청소년의 감성지능 개발과 관련하여 다음의 다섯 가지를 제안할 수 있다.

- 자신의 감정을 아는 것(knowing one's emotions): 감정이 일어날 때를 바로 아는 것, 자기를 감시(monitor)할 수 있는 능력과 자신의 결정에 대한 자신의 느낌을 아는 것, 감정이 일어나는 조건과 상황을 아는 것 등을 포함한다.

- 자신의 감정을 다루는 것(managing emotions): 부정적 감정을 스스로 조절하는 능력(진정시키는 능력, 과도한 불안이나 우울, 짜증을 떨쳐버릴 수 있는 능력), 충동을 조절하는 능력(충동을 대상, 시기, 정도에 알맞게 조절), 현재의 욕망을 장래의 어떤 목표를 위해 잠시 미루는 것 등을 포함한다.
- 스스로 동기화하는 것(motivating oneself): 자신의 감성적 에너지를 어떤 한 곳에 초점을 맞추어 정렬시키는 능력(주의집중), 자신의 과제수행력에 대한 개인적 신념(해결 중심의 접근) 등을 포함한다.
- 다른 사람의 감정을 알아차리는 것(recognizing emotions in others): 공감능력(비언어적 메시지에 초점)을 말한다. 'IQ가 높으면 일을 잘하지만 EQ가 높으면 일 잘하는 사람들을 잘 다루는 능력이 있다.'
- 대인관계 능력(handling relationships): 다른 사람의 감정을 다루는 능력, 집단을 조정해 갈 수 있는 능력(지도력), 자발성과 협동성을 북돋울 줄 아는 능력, 협상능력, 결합능력, 사회적 분석능력 등을 포함한다.

감성지능은 아직 측정방법이 없는 상태이지만 학교교육 이외에 취학 전 교육이나 직업교육, 연수교육, 청소년지도 등에서 많이 활용될 전망이다. 특히, 청소년지도와 관련하여 지도자가 우수한 IQ보다 우수한 EQ를 갖는다면 지도의 효과성을 높일 수 있을 뿐만 아니라 청소년들의 지도활동에 대한 참여동기와 경험의 유의미성을 높여 줄 것이다. 그리고 EQ가 사회적 성공에 영향을 미칠 수 있을 뿐만 아니라 비교적 쉽게 학습 가능하기 때문에 청소년들에게 이를 훈련시킬 수 있도록 체계적인 프로그램을 개발할 필요가 있다.

3) 창의성

창의성(creativity)에 대하여 교육학 사전에는 '새로운 관계를 지각하거나, 비범한 아이디어를 산출하거나, 전통적인 사고유형에서 벗어나 새로운 유형으로 사고하는 능력'이라고 정의하고 있다. 그러니까 흔히 기대되는 사고 또는 보편적인 사고가 아니라 아주 비범하고 엉뚱하면서도 교묘하고 적절하게 알맞은 반응을 나타내는 사고인 것이다. 이미 알려져 있지 않은 참신한 아이디어나 그런 아이디어의 복합체를 생산해 내는 능력이라고도 할 수 있다.

이러한 창의성은 지능과는 상관이 아주 낮은, 즉 전혀 별개의 정신능력이지만 특정 학습과제와는 지능보다 더 높은 정적 상관이 있는 것으로 밝혀지고 있다. 창의적 사고와 학교학습의 관계에 대해 집중적인 연구를 시도한 Getzels와 Jackson(1962)은 전체 피험자 가운데서 지능이 상위 20% 이내에 포함되나 창의성은 아주 낮은 고지능군과 반대로 창의성은 상위 20% 이내에 포함되나 지능은 훨씬 낮은 고창의성군을 구분하여 그들의 특성을 비교하였다. 그 결과, 고지능군과 고창의성군 간에 학업성취와 성취동기에 있어서 거의 차이가 없음을 발견하였으며, 교사평정에서 교사들은 일반적으로 지능이 높은 학생들을 창의성이 높은 학생들보다 더 좋아하는 경향이 있는 것으로 나타났다.

이러한 결과는 학생들의 학업성취는 지능에 의해서만 좌우되는 것이 아니라 창의성에 의해서도 크게 영향을 받는다는 사실을 시사해 주고 있다. 즉, 창의성은 지능과는 별도로 학습에 크게 작용하고 있는 지적 변인이라고 할 수 있다. 따라서 지적 특성에 따른 우수아의 선발이나 그들에게 적합한 교육 프로그램을 편성한다고 할 때, 단순히 고지능군만을 대상으로 할 것이 아니라 고창의성군을 반드시 포함시켜야 할 것이다.

그러나 문제는 창의성이 높은 학생의 경우 교사로부터 좋지 못한 평정을 받거나 심지어 교실에서 문제학생으로 낙인찍히게 된다는 데 있다. 이들은 특성상 성인들의 고정관념을 거부하고 유머감각이 뛰어나며, 독립적이고 개인적이며, 타인의 기대에 구애받지 않고 감정이나 정서 혹은 경험 면에서 개방적이며, 정력적이고 직관적이며, 사물의 의미와 함축성 및 타인과의 교제에 보다 많은 관심을 나타내는 것으로 밝혀지고 있다. 이러한 특성은 교사나 성인들로부터 좋은 대우를 받기보다 귀찮은 존재, 위험스러운 존재 등으로 인식되어 그들의 창의성이 신장되기는커녕 도리어 억압당하는 현상을 낳게 된다.

Bernard Shaw는 그의 저서 *Maxims of Revolution*에서 우리 인간사회에는 이성적인 사람과 비이성적인 사람이 있는데, 이성적인 사람은 세상에 자신을 적응시키고, 비이성적인 사람은 세상을 자기 자신에게 순응시키려고 노력한다고 하였다. 그리고 그는 비이성적인 사람을 창의적인 사람이라고 규정하고 창의성이야말로 사회진보와 발전에 크게 기여하는 특성이며, 지금까지 인류의 문명을 이끌어 온 원동력이라고 하였다. 이것은 창의성 개발을 위한 교육의 중요성을 강력히 시사해 주고 있다.

창의적 사고는 지적으로 우수한 자에게만 있는 것은 아니어서 어떤 학생들에게도 창의적 잠재력을 개발할 수 있다. 따라서 교육적 가능성은 매우 높으며, 부모나 교사는 학생들의 창의성 개발을 위해 더 많은 관심을 기울여야 할 것이다. Mckinnon은 창의적인 건축가들에 관한 연구를 통하여 몇 가지 공통된 요인을 발견하였다. 창의적 건축가들의 부모들은 어렸을 때부터 자녀를 존중해 주었고, 그들이 장차 적절한 일을 해낼 수 있는 능력의 소유자임을 믿고 있었고, 자유로운 탐색활동과 자기결정을 조장해 주었고, 항상 일관되고 확실한 지도력을 보여 주었다. 이러한 사실은 부모나 교사들에게 시사하는 바가 크다고 하겠다.

청소년들의 창의성 개발 교육은 그들의 잠재력을 발달시키고 삶의 가치를 실현시킬 수 있는 좋은 과제가 될 것으로 생각된다. 따라서 여기서는 Yelon과 Weinstein(1977)이 제안한 창의성 개발 기법을 소개하고자 한다.

- 청소년들에게 다양한 경험을 제공하고 이를 결합할 수 있도록 하며, 여러 가지 지적 영역에서 개방성을 조장한다.
- 어떤 원리를 새로운 장면에 적용할 수 있도록 도와준다.
- 비범한 질문이나 아이디어가 더 귀중한 것임을 인정하고 이를 수용한다.
- 솔선하여 스스로 무엇을 행할 수 있는 기회를 마련해 준다.
- 압력을 줄이도록 한다. 브레인스토밍 기법과 같이 비판을 줄이고 자유로운 사고를 권장하며, 반응을 억압하지 않도록 한다.
- 반추하여 생각할 시간을 마련해 준다.
- 개인차를 존중한다. 동료들로부터의 집단 동조 압력은 초등학교 4학년 이후 뚜렷하게 증가되는데, 그러한 압력으로부터 스스로를 지탱해 나가면서 자신의 독창성을 발전시켜 나가도록 도와줄 필요가 있다. 독창성은 집단 소외와는 다른 의미이며, 개인의 소질을 발전시키면서 집단사고를 할 수 있게 하는 능력이다.
- 창의적 사고를 진행하는 동안의 무질서를 인정한다.
- 자신이 원하는 것을 명확히 시사해 주는 것은 창의적 사고에 중요한 자극

요인이 된다. 즉, 아이디어를 암시하거나 강조해 주는 것은 창의성을 증가
시켜 줄 것이다.

• 창의적 행동모형을 제시한다. 교사의 시범이나 영상매체를 통한 시범 등은
창의적 사고를 자극한다.

:: 05 청소년기의 정서발달

청소년기를 흔히 질풍과 노도의 시기 또는 감정의 격변기라고 한다. 이 말은 청소년기에 접어들면서 정서와 감정의 큰 변화가 일어나며, 이로 인하여 그들의 행동과 정서가 큰 혼란에 빠질 수 있음을 의미한다. 따라서 청소년기를 이해하기 위해서는 그들의 신체적 성장과 인지적 특성의 변화뿐만 아니라 정서적 변화에 대하여 구체적으로 이해하고 올바른 대처방안을 모색해야 할 것이다.

이 장에서는 청소년의 정서를 이해하고 합리적인 대처방안을 모색하기 위하여 정서의 기본적인 의미와 정서발달의 영향요인, 청소년기 정서의 특징 등에 대하여 살펴보고자 한다.

1. 청소년기 정서의 의미와 변화과정

1) 정서의 의미와 발달

오늘날 컴퓨터와 인공지능의 발달이 아무리 가속화되고 있다고 하더라도 인간을 대신할 수 없는 부분은 여전히 남아 있다. 그것은 다름 아닌 희로애락(喜怒哀樂)으로 대표되는 인간의 정서(emotion)다. 기쁨과 슬픔, 애정과 질투, 쾌와 불쾌, 희열과 분노 등은 미래의 어떠한 컴퓨터라도 완벽하게 흉내내지 못할 인간만의 고유한 특징으로서 인간을 컴퓨터와 차별화시켜 주는 유일한 것이라고 할 수 있다.

정서는 자아체험을 통해 각종 생활감정이 발달하는 청소년기에 그 중요성이 더욱 크다고 할 수 있다. 정서란 일반적으로 어떤 자극에 의하여 개인의 내부에서 일어나는 강한 감정을 뜻한다. 즉, 개인이 어떤 사태에 대하여 강한 동요상태에 빠졌을 때 생리적 변화와 표출운동을 수반한 강한 감정이 의식되는데, 이러한 감정을 정서라고 한다. 또 다른 입장에서 볼 때 정서란 희로애락에 대한 감정의 흥분상태를 의미하는 것으로, 외적 자극이나 내적 조건에 의해서 일어난 변화를 계기로 동요되고 흥분될 때에 경험하는 심리적 상태를 말한다. 이 밖에도 Johnson(1957)은 정서를 유기체의 상태를 변화시키는 조건으로 보고, 그 반응의 각도에 따라 긍정적 정서와 부정적 정서로 구분하였다. 그리고 Woodworth(1929)는 정서를 생활체의 자극된 의식상태라고 하였다.

이와 같이 생리 심리학적인 견지에서 본다면, 정서는 어떤 일정한 생활상태에 있어 전 생활체에 발생한 혼란한 동요상태이며, 의식적으로는 강한 감정이 중심이 되고, 신체적으로는 내장기관 및 생활기능의 변화와 운동적 표현이 수반되며, 그것은 비교적 단기간의 경과를 거치게 된다고 할 수 있다(이달호 등, 1987).

일반적으로 정서와 유사한 개념으로 감정(feeling), 기분(mood), 정조(sentiment) 등이 사용되고 있다. 이들 개념들을 구분하자면, 정서란 적응하려는 태세가 강렬하고 심한 교란을 일으키는 것으로 일반적으로 생리·신체적 변화를 수반하게 되는 것을 말하고, 감정이란 온화하고 온정적인 형태를 띠는 것으로 정서보다 덜 강렬한 특징이 있으며, 기분은 온정적인 감정상태가 장기간 지속되는 현상을 말한다. 그러나 정조는 지적 작용이 수반되는 조용한 가치감정을 뜻한다. 정서와 감정, 그리고 기분은 그 정도의 차이와 지속 시간의 차이에 의해 구분되기는 하지만 상대적인 의미를 갖기 때문에 일상장면에서뿐만 아니라 학문적으로도 혼용되어 사용되는 경향이 많다. 정조는 지적 작용의 수반과 함께 조용한 가치감정을 뜻하기 때문에 정서와 구분되어 사용된다. 그렇지만 청소년기의 정서발달이 그들의 정조를 결정하게 되고, 이러한 정조가 그들의 가치관과 삶의 태도를 형성하는 데 기초가 되고 있으므로 기능 면에서 정서와 정조는 상호 밀접한 관련성을 지니고 있다고 할 수 있다(Stearns, 1993).

정서의 발달과정을 살펴보면, 신생아의 경우 흥분과 긴장만이 나타나지만 성장함에 따라 여러 가지 정서가 분화되어 나타난다. 생후 3개월경이 되면 흥분에서 쾌와 불쾌가 분화되고, 6개월경이 되면 불쾌에서 분노, 혐오, 공포가 분화되며, 10~12개월경이 되면 쾌에서 애정과 기쁨이 분화되어 발달한다. 그리고 출생 후 5년이 되면 이 밖에 수치심, 걱정, 실망, 불만, 적의 등이 분화되어 성인이 갖고 있는 거의 모든 정서가 나타나며, 이들에게 정서를 통제할 수 있는 능력도 어느 정도 발달하게 된다. 정서가 이와 같이 분화되어 가는 것과 정서에 대한 통제력이 증대되어 가는 것을 정서의 발달이라고 한다. 아동기 이후의 정서발달은 정서에 대한 통제력의 증대가 중심이 되지만, 정서를 일으키는 사태나 대상의 변화에 대해서도 관심을 갖는다(한상철 · 임영식, 2000).

청소년기는 다른 어떤 시기보다 그들의 감정적 기복이 강하고 불안정한 정서적 변화를 경험한다. 즉, 청소년기의 정서는 불안정하고 충동적이고 수줍어하고 민감하고 열중하는 특징이 있다. 이는 청소년들의 생리 · 신체적 변화와 심리적 혼동, 그리고 사회적 역할의 변화와 가치체제의 변화 등이 그들의 정서에 큰 영향을 미치기 때문이라고 할 수 있다. 다시 말하면, 청소년들은 다양한 요인들로 인해 심리적 갈등과 욕구불만을 크게 경험하며, 이것은 곧 그들의 정서적 안정을 위협하는 요인이 되고 있다. 정서의 불안정은 청소년의 학교학습과 사회적응, 인간관계 등에 직접적인 영향을 미치며, 더 나아가 그들의 삶의 질을 좌우하는 요인이 되기도 한다. 따라서 청소년기의 정서발달과 그 가치를 올바로 이해하고 건강한 정서발달을 지원할 수 있는 교육적 대책을 마련해야 할 것이다.

2) 청소년기의 정서변화

청소년기에 있어서 정서가 급변하는 것은 내분비선이나 신체적 구조의 변화, 그리고 사회적 요인의 변화 등에 기인한다고 할 수 있다. 즉, 내분비선의 발달과 함께 호르몬의 급격한 증가는 청소년들에게 아주 민감하고 감상적이면서도 통제 불능 상태의 성적 감정을 불러일으키고, 2차 성징의 출현과 신체적 급성장은 그들의 신체적 자아에 대하여 불안감과 긴장감 나아가 정서적 불안정을 심화시키며, 사회적 가치의 변화와 자아의식의 발달은 기성세대와 기존사회에 대한 반발심과 욕구불만을 증가시키는 등 정서적 변화를 불러일으킨다. 청소년기의 이와 같은 정서적 변화를 단계별로 살펴보면 다음과 같다(한상철 · 임영식, 2000).

먼저, 청소년기 초기 또는 사춘기의 정서적 특징으로서 이 시기는 지적인 바탕 위에 성적 충동을 강하게 경험하게 되므로 그들의 정서는 성적인 색채를 띠게 된다. 급격한 신체적 · 성적 성숙과 더불어 성에 대한 의식과 이성에 대한 관심이 높아지지만, 수치심을 강하게 보이고 이성에 반발하며 주위 사람들에게 허세적인 반항을 하는 등의 이중적 정서를 표출한다. 그리고 그들의 정서는 일관성이 없고 불안정하며, 정서의 기복이 아동기에 비해 비교적 넓고 격렬하다.

이러한 정서적 특징은 청소년기 초기의 지적 발달과 자아의식의 변화에 큰 영향을 미친다. 즉, 청소년들은 지식을 구하려는 정열은 높으나 아동기적인 것이 남아 있어 아직도 논리적으로 문제를 해결하지 못하는 미숙함에 빠져 있는 것이다. 공상은 끝이 없으며, 공상적 이상과 동경에 몰입한다. 주위 사람에 대해서는 일반적으로 부정적인 태도를 나타내며, 자신의 공상 속에서만 만족을 추구하려고 한다. 그리고 자아의식이 높아지면서 고독을 원하고 또한 고독에 빠지기를 즐긴다. 민감한 정서로 인하여 외계를 지각함에 있어서도 매우 세부적인 것까지 의식하게 되며, 결국 스스로 어떻게 할 수 없는 불안과 초조에 사로잡히기도 한다. 대부분의 청소년들은 이러한 정서적 문제를 자발적으로 해결하지만, 일부는 부적응행동을 불러일으킨다.

둘째, 청소년기 중기(중학교 후반부터 고등학교까지)의 정서는 초기보다 더욱 강렬해지지만 직접적인 표출을 억제하는 경향이 높다. 즉, 성적인 것이나 기타의 정서에 있어서 의식적인 억압작용이 활발하게 나타난다. 그러나 이러한 억압으로 인하여 자기혐오와 열등감을 가지게 되며, 이것은 내면적인 침울이나 정서의 불안정성을 고조시키는 요인이 되기도 한다.

한편, 자아의식이 더욱 높아지면서 독선적이고 우월을 과시하고 현실을 부정하고 혐오하는 경향이 짙게 나타난다. 이들의 이상주의적 사고는 기성세대와 기존의 사회구조를 부정적이고 회의적으로 인식함과 동시에 자신의 인생을 낭만적이고 화려하게 계획함으로써 이상과 현실의 부조화를 강화시켜 주고 있다. 또한 높은 이상을 가지며, 이성(異性)에 대해서도 낭만적이고 감상적인 생각을 갖는다. 그리고 사회의 도덕과 법률에 대해서도 의혹을 품고 자기 나름대로의 독특한 비판과 논리를 전개하면서 급진적인 사고를 한다. 청소년들의 이러한 사고와 사회에 대한 태도는 그들의 정서발달과 밀접한 관련성을 갖는 것이다.

셋째, 청소년기 후기에 접어들면서 그들의 정서는 사회적으로 안정을 나타낸다. 이상을 추구하지만 현실에 대한 적응을 위해 노력하며, 자신을 합리적으로 통제한다. 다시 말하면, 이 시기의 청소년들은 주관과 객관의 결합, 자기와 사회와의 타협, 현실과 이상의 조화를 발전시키면서 완성된 자아의식을 갖게 된다.

이와 더불어 이들에게 있어서 이성을 사모하는 마음과 연애의 경험은 정서를 더욱 풍부하고 윤택하게 만드는 계기를 마련해 준다. 또한 정서적 안정과 발달은 그들 나름대로의 인생관과 세계관을 수립하는 데 크게 기여한다.

청소년기의 정서발달에 대한 이상의 내용을 요약하면, 청소년기의 정서는 강렬하고 일관성이 결여되어 있으며, 불안정한 상태에 있다고 말할 수 있다. 기쁨, 슬픔, 노여움 등에 민감하고 무서움은 아동기와 질적으로 다르며, 죽음, 운명, 시험, 실언, 위약 등 추상적인 위기를 더 많이 생각한다. 또한 아동기까지는 직접적인 정서표출을 하지만 청소년기에는 정서표출을 억제하여 내면화하거나 다른 방식으로 표출하려는 경향이 높다.

자신의 욕구불만의 산물이라고 할 수 있는 정서를 직접적으로든 간접적으로든 합리적으로 표출하지 못하였을 때, 개인은 스트레스를 비롯한 갖가지 심리적 부적응을 경험하게 된다. 욕구불만에 대한 인내성은 발달의 바람직한 현상이라고 볼 수도 있으나, 강한 자기억제가 지속될 경우에 자기 방어를 위한 여러 가지 기제가 작용하여 이상행동을 유발할 수도 있다. 따라서 청소년의 정서발달과 개인적 성장을 지원하기 위해서는 정서표출을 무조건 억압하기보다 정서의 건설적인 기능을 확대 발전시킬 수 있도록 함과 동시에 그것을 합리적으로 표현할 수 있는 방법을 지도해야 할 것이다.

3) 정서발달의 영향 요인

(1) 성숙

정서의 발달은 선천적인 성숙 요인에 의해 설명될 수 있다. 성숙설에 따르면, 유기체 내에 잠재되어 있는 정서적 요인이 시간의 경과와 더불어 구체적인 형태로 나타나게 된다. Goodenough(1967)는 생래적인 맹 농아의 정서적 반응을 비디오로 촬영하여 연구한 결과, 정서는 학습의 결과가 아니라 성숙에 의해 발달한다는 사실을 증명하였다.

성숙의 영향이 크다는 것은 갓난아이가 후천적인 아무런 자극이 없었는데도 불구하고 울음을 터뜨리거나 눈물을 흘린다든가 웃음을 짓는 것과 같은 상황에서 확인해 볼 수 있다. 성숙 요인의 또 다른 증거로서 선천적인 농아나 맹아들은 다른 사람의 정서행동을 거의 모방할 수 없었는데도 불구하고 기뻐서 웃음 짓고 분노하기도 하고 울음을 터뜨리기도 한다. 정상적인 사람과 다를 바 없는 정서행동을 보여 주는 것이다.

(2) 학습

문화적 배경의 차이에 따라 얼굴표정이나 몸짓으로 나타나는 정서행동의 차이를 관찰할 때, 우리는 정서발달에 있어서 학습의 영향이 크다는 사실을 인정할 수밖에 없다. 유럽인들은 기쁨과 환희를 포옹으로 나타내지만, 동양인들에게는 이러한 표현이 아직도 어색한 동작이다. 동양인들에게는 그들의 희로애락을 쉽게 나타내지 않는 것이 미덕으로 여겨지고 있을 정도다. 따라서 정서발달은 성숙에 의한 것으로만 볼 수 없으며 경험, 즉 학습에 의해서도 영향을 받는다고 할 수 있다. 정서에 대한 학습설은 조건형성이론과 모방이론에 의해 설명된다.

① 조건형성이론

Watson(1960)의 연구는 정서의 조건형성에 관한 실험으로 유명하다. 후천적인 경험의 영향을 거의 받지 않았다고 볼 수 있는 생후 9개월 된 알버트(Albert)라는 아이에게 흰쥐, 개, 토끼, 원숭이 등을 주었을 때 그는 아무런 공포도 나타내지 않았다. 이 자체만으로 공포가 성숙에 의한 것이 아니라는 사실을 관찰할 수 있었다. 그 후 연구자는 알버트로 하여금 흰쥐에 대하여 공포를 습득하도록 하기 위하여 다음과 같은 조건형성의 조작을 하였다. 알버트가 자신에게 주어진 흰쥐에게 접근하려고 할 때, 그의 머리 뒤에서 강철봉 망치로 두들기는 '쾅' 소리를 내었다. 알버트는 놀란 반응을 표시하면서 엎드렸다. 또 다시 '쾅' 하는 큰 소리와 함께 흰쥐가 주어졌을 때 그는 울기 시작했다. 이 실험을 다섯 번 반복한 후 흰쥐만을 주었더니 알버트는 흰쥐를 피하는 전형적인 공포반응을 나타냈다.

이리하여 알버트는 이전에 공포반응을 표시하지 않았던 대상에 대하여 공포반응을 습득한 것이다. 다시 말하면, 흰쥐에 대한 공포반응이 조건형성된 것이다. 이 과정에서 알버트는 '쾅' 하는 소리의 무조건자극과 흰쥐의 조건자극을 결합하였으며, 그 결과 조건자극(흰쥐)에 대한 반응(공포)이 학습되었다.

Watson은 알버트가 흰쥐와 같은 사물, 즉 토끼나 개에 대해서도 흰쥐에 대한 공포가 전이됨을 관찰하였다. 이러한 결과를 통해 공포를 비롯한 정서반응이 후천적으로 학습된 결과임을 주장하였다. 즉, 일상생활에서 위험한 대상이나 동물 등에 대하여 공포와 같은 정서적 반응이 나타나는 것은 이전에 어떤 조작에 의해서 조건화되었기 때문이라는 것이다.

② 모방이론

특정 사물이나 장면에 대한 정서적 반응은 그것에 대한 타인의 반응을 관찰하여 모방한 결과일 수 있다. 이 또한 정서를 후천적인 경험에 의해 설명하고 있지만 조건화가 아닌 사회적 장면 속에서의 관찰과 모방이 중요한 결정요인이라는 점에서 차이가 있다.

Hagman은 취학 전 어린이의 공포에 대해 연구하였는데, 어린이의 공포와 어머니의 공포 사이에는 비슷한 경향이 있음을 발견하였다. 즉, 양자의 공포반응 간에 .667의 상관이 있었다(Bridges, 1979). 이러한 연구는 정서가 사회적 관찰과 모방의 결과임을 시사해 준다. 우리의 행동에는 어떤 종류의 정서가 따르기 마련이어서 보다 만족스러운 정서가 뒤따랐던 행동은 다음에 일어날 가능성이 높

고, 반대로 불만족스러운 정서가 뒤따랐던 행동은 다시 일어날 가능성이 희박해
진다. 이러한 사실은 정서가 만족이라는 보상에 의해 강화되었기 때문이며, 이
또한 학습의 결과로 해석할 수 있는 것이다.

2. 청소년기 정서의 특징과 형태

1) 청소년기 정서의 특징

Young은 정서를 행동과 의식, 그리고 내장기능의 변화를 수반하는 개인의 급
작스러운 동요상태라고 정의하고, 정서의 특징을 일곱 가지로 설명하였다. 즉,
급성동요, 심리적 지각에 따른 차이, 감정적 경험, 신체 반응의 수반, 내적 반응
(자율신경계의 반응), 산만적 행동, 개인생활에의 영향이 그것이다. 청소년기는 발
달과정에서 신체적 · 성적 발달이 현저하게 나타나고 그들의 사회적 역할과 대인
관계가 크게 확산되는 등 아동기나 성인기에 비해 현저하게 다른 발달적 특징을
보여 주고 있다. 이와 같은 청소년기의 특징과 병행해서 나타나는 그들의 정서
적 특징을 살펴보면 다음과 같다.

첫째, 청소년의 정서는 격렬하고 쉽게 동요하는 속성이 있다. 청소년은 부모,
교사, 동료 등의 저열한 언동에 쉽게 분노하고 얼굴을 붉히며 쉽게 슬픔에 잠긴
다. 소녀들에게서 낙엽 구르는 것만 보아도 웃고, 달빛에 쉽게 눈물짓는 것을 볼
수 있는 것도 그들의 쉽게 감동하는 속성 때문이다.

그리고 청소년의 자기 영웅시에서 비롯되는 부푼 감정과 억눌리고 자신감을
잃은 어두운 열등감이 그들의 마음을 동시에 지배함으로써 두 감정이 갈등을 일
으키기도 하고 감정의 기복을 나타내기도 한다. 즉, 동일한 사태에 있을지라도
어떤 때에는 격심한 분노를 나타내는가 하면 어떤 때에는 기쁨에 넘쳐서 부푼
감동을 표현하는 등 변동이 심한 것이다. 이러한 격심한 정서를 그들 스스로의
의지와 사고에 의해 통제할 수 없을 때 어른들이 이해하기 어려운 충동적인 행
동이 나타난다. 부모나 교사의 부주의한 말 한마디가 자살을 시도하게 한 사실
이 이따금 보고되고 있듯이, 청소년들의 정서가 격심하다는 것은 한편 그들과의

인간관계가 얼마나 어려운가를 시사하기도 한다.

둘째, 청소년은 그들의 정서를 자극하는 대상이 다른 연령기와 다른 특징이 있다. 즉, 아동기에 있어서 불쾌경험은 주로 부상, 질병, 체벌, 징계, 병원에 가는 것 등이지만 12~18세경의 청소년들은 친구의 죽음, 학교에서의 실패, 자기가 원하는 것이 거부되었을 때, 부모와의 갈등, 죄에 대한 감정, 친구를 잃는 것 등이 그들의 불쾌감정을 자극한다(Crow & Crow, 1956). 이와 같이 감정이나 정서를 자극하는 대상은 청소년기에 들어 현저하게 변화되며, 대체로 대인관계의 문제가 그들의 정서를 자극하고 있음을 알 수 있다.

셋째, 청소년의 정서표현은 아동기와는 달리 내면적이고 영속적이어서 정서가 기분(mmod)과 정조(sentiment)로 발전하는 경우가 많다. 청소년의 정서와 아동의 정서를 구별할 수 있는 특징 중 하나는 정서의 내면화다. 아동의 정서표현은 직접적이고도 일시적이어서 오래 지속되지 않는다. 청소년이 되면 그들의 정서가 외부에 표출되기보다는 내부에 숨겨진다든가 방어기제에 의하여 변화된다든가 하여 외부에서는 쉽게 알 수 없게 된다.

그리고 청소년의 정서는 아동의 그것보다 영속성을 지니고 있어서 기분이나 생활감정이라고 할 수 있는 것이 생긴다. 즉, 정서가 의식적으로 억제되어서 기분이 되는데, 분노가 초조감이나 혐오감으로, 공포심이 불안이나 우울로, 그리고 기쁨이나 환희가 행복감으로 변모해 가게 된다. 그리고 또 우정관계에서 보존되는 애정, 고독 속에서 괴로워하는 슬픔, 조용한 자연에 둘러싸여 있을 때의 아늑한 감정 등은 단순히 일시적 장면에서의 정서적 체험으로 끝나는 것이 아니라 그의 생활을 폭넓게 하고 생활기반을 형성하게 함으로써 청소년의 정신생활에 풍부한 색채를 부여하기도 한다.

감정이 이상이나 이념, 그리고 풍부한 상상력 등의 지적 활동을 수반하게 될 때 이를 정조(情操)라고 한다. 청소년의 생활경험은 지적인 발달이 수반되어 확대 심화되며, 미적 · 도덕적 · 종교적 · 지적 정조가 생겨 생활내용이 풍부하게 된다. 이와 같은 정조는 현실을 미화하고 사상이나 행동을 이상적인 방향으로 통제해 가게 하는 작용을 한다.

넷째, 청소년기의 정서적 변화에 가장 크게 영향을 미치는 요인들로 신체 생리적 변화와 심리 사회적 변화를 들 수 있다. 청소년기의 생리적 변화는 내분비선의 활동과 신경계의 변화, 즉 호르몬의 급상승과 교감, 부교감 신경계의 변화로 요약될 수 있다. 청소년기의 강렬한 정서 동요를 비롯하여 그들에게 특유한 신경질적인 조급성, 흥분성, 주의산만, 갑갑증 등의 기저에는 이러한 생리적 변화가 자리잡고 있다. 그리고 급속하게 성장하는 신체적 변화와 이에 수반되는 동작의 서툶, 제2차 성징의 발달 또한 그들에게 새로운 불안과 수치심을 자극하는 요인이 된다.

이와 더불어 청소년들의 심리 사회적 조건 또한 정서적 변화에 크게 영향을 미친다. 청소년들은 부모나 교사로부터의 압박, 생활에 대한 부당한 간섭, 자유의 구속, 몰이해 등을 반항의 요인으로 호소하는 일이 많다. 그들은 욕구저해 장면에 직면하기 쉽고, 불만이나 갈등을 체험하는 기회가 많은 데 비하여 그것을 적절하게 처리하는 기술은 매우 부족하다. Hurlock은 청소년의 정서를 일으키는 심리 사회적 요인으로 ① 부모의 간섭으로 말미암은 구속, ② 하고 싶을 것을 하지 못하도록 저지하는 장해, ③ 충족감과 만족감을 저지하는 사태, ④ 사회가 자신에게 한층 더 성숙된 행동을 기대할 때, ⑤ 새로운 환경에 대한 적응, ⑥ 이성에 대한 사회적 적응, ⑦ 학업의 실패, ⑧ 가족이나 친구와의 갈등을 지적하였다.

다섯째, 청소년의 정서적 표현은 그들의 다양한 생활조건에 따라 개인차가 크게 나타난다. 분노나 초조감은 신체적인 조건에 좌우되는 일이 많은데 피로, 수면부족, 두통, 감기, 공복 등은 그 주요한 원인이며, 이들 신체조건의 차이에 따라 분노나 초조감 표현의 개인차가 나타난다. 그리고 대학생을 대상으로 분노와 지능과의 관계를 조사한 연구에 의하면, 지능이 높거나 낮은 학생은 중간 정도인 학생들보다 분노의 빈도가 더욱 높았다. 이것은 지능의 개인차에 따라 분노에 차이가 있음을 나타내는 것이다.

그리고 일반적으로 남자보다 여자의 정서적 표현이 많은 것으로 알고 있지만, 이것은 사회적 환경이 남자보다는 여자에게 정서 억제를 더 많이 요구하는 상황에서 여자의 경우 자신의 정서나 감정을 표현했을 때 이것이 다른 사람에게 쉽게 드러나기 때문이라고 생각할 수 있다. 또한 대학생을 대상으로 정서와 출생순위와의 관계를 조사한 연구에 의하면, 장자와 독자는 더 쉽게 분노하는 경향이 있다. 이것은 가정에서 부모와의 관계 및 자녀양육방법에 원인이 있다고 생각할 수 있다. 따라서 남자 또는 여자에게 특유한 정서가 있다거나 장자나 독자에게 특유한 정서가 있다는 주장은 알맞지 않으며, 문화적 차이 또는 생활양식의 차이에서 비롯된 정서표현의 차이로 해석해야 할 것이다. 즉, 문화적 차이에 따라 동성일지라도 정서의 다양한 개인차를 확인할 수 있는 것이다.

이 밖에 요일에 따라 불쾌해지거나 분노의 표현형태가 다르다는 주장에 대해 이를 개인의 피로와 기타 요인의 차이에 따른 것으로 보는 것이 타당하다. 즉, 특정 요일과 관련된 정서가 있는 것으로 해석할 수 없다.

2) 청소년의 욕구불만과 정서

청소년은 그들의 일상생활 자체가 욕구불만(frustration)의 연속이다. 그들의 이상은 높고 숭고한 데 비해 현실은 이를 뒷받침해 주지 못하며, 자신의 주관적 가능성과 잠재력은 풍부하고 가치 있는 것인데도 다른 사람들은 이를 인정해 주지 않거나 무시하고 있으며, 자신은 학교공부 이외에 다른 할 일들이 많은 듯한데, 부모나 선생님은 오직 공부만을 강요하고 있는 현실에 대해 지속적이고 강도 높은 욕구불만을 표출한다. 이러한 욕구불만은 그들의 정서적 불만족과 불안을 가중시키고, 부정적이고 무미건조하며 반사회적인 정서를 확산시키는 계기를 만들어 준다.

인간의 욕구는 유기적 욕구와 사회적 욕구로 대별되는데, 청소년기가 되면서 사회적 욕구가 현저하게 증가한다. 유기적 욕구(organic needs)란 자기의 신체를 유지하기 위한 욕구로서 식욕과 수면욕 등이 포함된다. 그리고 사회적 욕구(social needs)는 자기의 사회적 신분을 유지하려고 하는 욕구로서 안정감과 승인에 대한 욕구를 포함한다. 이러한 욕구의 만족과 불만족, 성공과 실패 등은 객관적으로 결정되기보다 주관적인 평가에 의해 결정된다. 즉, 어떤 사람에게 있어서 만족 또는 성공이라고 느껴지는 것이 다른 사람에게는 불만족이나 실패의 전형이 될 수 있는 것이다. 이와 같이 자신에게 주어지는 다양한 사상(events) 또는 경험을 개인적으로 어떻게 지각하는가 하는 것이 욕구의 만족과 불만족을 결정한다고 할 때, 이는 욕구의 만족과 불만족이 외적 요인에 의해 결정되는 것이 아니라 개인 내적 신념체제에 기초하고 있음을 나타낸다. '세상 만사 마음먹기에 달렸다'는 표현이 말해 주듯이, 자신의 현실에 대한 지각 또는 신념이 정서를 결정한다고 할 수 있다.

개인은 성공의 계속적인 경험을 통해 점차 자신감의 정도를 높이게 되며 적극적인 활동을 할 수 있게 되는 반면, 실패의 계속적인 경험은 원칙적으로 욕구불만을 가중시키는 원인이 된다. 실패 그 자체가 반드시 유해한 것은 아니지만 이것을 부정적으로 지각하게 될 때 자아 축소나 열등감, 무력감 등을 확산시키게 되어 결국 자신에게 유해한 요소가 되고 말 것이다. 따라서 개인이 고정된 지각체제를 사용하고 있는 한 '성공은 성공을 낳고 실패는 실패를 낳는다'고 말할 수 있다. 그러므로 청소년지도에 있어서 그들의 건전한 정서를 발달시키기 위한 일차적인 과제는 청소년들의 고정된 지각체제를 융통성 있고 합리적으로 전환시키는 것이 될 것이다.

청소년의 욕구불만은 대부분 그들의 생활 근거지라고 할 수 있는 가정과 학교에서 발생한다. 가정에서 부모와의 원만하지 못한 관계는 그들의 욕구불만의 주요소다. 청소년기의 자녀와 부모의 관계에서 가장 문제시되고 있는 것은 가정의 불화와 갈등으로 인한 부모의 무관심이며, 이혼이나 별거, 재혼 등의 결손가정에서 주로 나타나는 부모의 이기적 또는 부정적 관심이라고 할 수 있다. 이러한 문제가정의 청소년들에게서 가출이나 약물남용, 폭력 등의 청소년 비행이 가장 높다. 부모로부터의 무관심이나 부정적인 관심을 경험하고 있는 청소년들은 애정에 대한 욕구와 기본 신뢰 및 안정에 대한 욕구가 침해당함으로써 욕구불만을 해소할 수 있는 탈출구로 반사회적이고 비도덕적인 또는 자기 파괴적이고 자기 은폐적인 행동을 하게 된다.

그러나 우리 사회 대부분의 부모들은 자신의 자녀에 대해 지나칠 정도로 헌신적인 애정과 관심을 쏟고 있다. 이것은 특히, 청소년기 자녀의 성장에 매우 긍정적으로 작용하지만 한편으로 역효과를 가져오기도 한다. 이러한 점에서 올바른 부모교육의 필요성이 강력히 제기되고 있다. 즉, 부모의 헌신적인 애정이 잘못된 방법으로 전달되거나, 자녀의 발달적 특성이나 개인차를 무시한 채 무조건적으로 제시되거나, 부모-자녀 간의 진정한 만남(encounter)이 결여된 애정의 형태로 제시될 때 애정의 부정적인 영향이 나타날 수 있다. 특히, 청소년 초기는 감정이 민감하고 충동적이며, 가치관의 혼동을 크게 경험하는 시기로서 부모의 애정과 관심표현이 부모 자신의 의도와는 관계없이 청소년 자녀에게 부적절하게 받아들여질 때 부모-자녀 간의 갈등과 이로 인한 욕구불만은 높아질 수밖에 없다. 부모의 자녀에 대한 관심은 말로만 훈계하기(정태적)보다 활동을 통해 경험을 공유하는 형태(동태적)로 이루어져야 하고, 권력적이거나 독선적인 방법이 아닌 허용적이고 민주적인 방법으로 전개되어야 하며, 자녀를 가능성의 존재로 신뢰하고 인정해 주는 태도를 가짐으로써 긍정적인 효과를 나타낼 수 있을 것이다.

그리고 청소년들의 학교생활에서의 욕구불만은 가정에서보다 더 심각한 것이 사실이다. 오늘날 청소년들은 가정에서보다 학교에서 더 많은 시간을 보내고 있으며, 학교에서의 학업적 압박감과 대인관계의 혼동은 그들에게 커다란 스트레스 요인일 뿐만 아니라 욕구불만의 강력한 요소가 되고 있다. 그들이 하루 일과 중 가장 많은 시간을 보내고 있는 학교라는 장면에서 가장 많은 스트레스와 욕구불만을 경험하고 있는 것이다. 이것은 정말 서글픈 현상이 아닐 수 없다.

학교생활에서 그들이 경험하는 욕구불만의 요인은 교사, 친구, 직원, 공부, 수업시간, 교육환경 등 수없이 많을 수 있다. 그러나 이들 각각의 요인들에 대해 어떤 학생은 매우 불만족을 표시하지만, 다른 어떤 학생은 비교적 만족스러운 것으로 지각할 수 있다. 이것은 학생 개인의 학습능력이나 동기의 차이 때문일 수도 있고 지각 및 신념의 차이 때문일 수도 있다.

가정과 학교의 외적 요인들이 청소년들의 욕구불만에 강력한 자원이라면 그것의 영향력이 일시적이고 상대적이라 하더라도 이를 제거하거나 개선시키고자 하는 노력이 있어야 한다. 그러나 이와 더불어 청소년들의 개인 내적인 신념 및 지각체제를 변화시키고 개인적 능력을 개선시킴으로써 욕구불만으로 인한 정서적 갈등에 지속적으로 대처해 나갈 수 있도록 해야 할 것이다.

3) 청소년기 정서의 여러 형태

정서의 종류는 아동기와 청소년기 간에 큰 차이가 없지만 이들 각각의 정서가 갖는 성질은 발달단계에 따라 큰 차이를 보여 주고 있다. 여기서는 이들 각 정서가 청소년기에 어떤 형태로 나타나는지를 구체적으로 살펴보고자 한다.

(1) 분노

분노는 개인의 요구가 어떠한 형태로든 방해를 받고 있을 때 나타나며, 불쾌감과 함께 나타나는 정서적 반응이라고 할 수 있다. 아동기에는 완구나 책 등의 자기 소유물을 침해당했을 때라든가, 불편한 옷을 입어 자유로운 활동이 저해되었을 때 나타나기 쉽다. 또 잠자고 있는 것을 갑자기 깨우는 경우와 같이 그때까지의 안정된 상태나 개인의 습관적인 활동이 방해받게 되었을 때에도 분노가 일어난다. 청소년기에 있어서는 특히, 그들 스스로 자아 발상을 할 수 있는 기회를 저해당했을 때 분노가 뚜렷하게 나타난다. 즉, 자기주장의 방해, 간섭, 압박, 이유 없이 꾸중을 듣는 일, 불공평한 취급, 흥미 없는 충고, 무시당한다든가 개인의 자유를 구속당하였을 경우에 분노가 나타난다. S. Meltzer는 청소년기에 있어서의 분노의 원인을 자기주장의 방해와 기타 활동의 방해로 구분하였다. 그에 의하면, 자기주장의 방해에서 오는 분노가 전체의 86.3%를 차지하였다.

분노의 표출방법 또한 청소년기에 들면서 유아기나 아동기와는 다른 특징을 보여 주고 있다. 유아기 때의 분노표출 방법은 울부짖음, 몸부림치며 발 구르기, 악 쓰기 등의 형태로 나타나고, 아동기에는 때리고 차고 끌어 잡아당기는 등의 직접적 공격적인 형태로 나타난다. 그리고 아동기 후반부터는 침묵, 무반응, 반항 등의 거부적이고 부정적 태도가 많아지는 동시에 상대방을 험담하고 빈정대고 헐뜯고 야유하고 뒷소리를 하는 등의 언어적 공격 또는 반항적 태도가 많아진다. 그러나 청소년기가 되면 자신의 욕구실현의 실패 원인이 자기 자신에게 있다고 반성하고 자신에 대하여 분노를 느끼는 경향이 많아진다. 이는 귀인이론(attribution theory)에서 실패의 원인을 자기 내적으로 귀속시키려는 특성과도 관계가 있다. 이러한 상태에서 자기 고독에 휩싸이고 이를 즐길 뿐 아니라 스스로 울고 자신을 비웃고 자신에게 화풀이하는 등의 자기 파괴적이고 퇴행적인 행동을 많이 보이게 된다.

그리고 청소년기의 분노는 불쾌한 기분으로 발전되어 비교적 오랫동안 지속되는 특징이 있다. A. Gates에 의하면, 유아기의 분노 지속시간은 대체로 5분 이내이지만 대학생에게는 5분에서 24시간 동안 다양하게 지속되며, 평균 지속시간이 10~20분 정도라고 하였다.

(2) 기쁨과 애정

기쁨은 요구한 것이 충족되었을 때 경험할 수 있는 정서다. 유아에게 있어서는 신체적인 조건이 주가 되지만 점차적으로 질적인 분화가 이루어져 사회적인 요인에 의해서도 기쁨이 생기게 된다. 청소년들은 대체로 다음과 같은 사태에서 기쁨을 얻는다.

- 개인의 능력에 알맞은 환경에 놓여 있을 때
- 익살맞은 사태에 당면하였을 때
- 긴장, 억압된 사태에서 갑자기 해방되었을 때
- 자신의 우월감에 잠겨 있을 때

애정은 사물, 동식물, 인물에 대한 기쁨의 경험을 지속하려는 감정이다. 애정행위는 그 동기나 결과 면에서 다른 종류의 도구적 행동과는 구별된다. 애정행위는 애정 그 자체를 목적으로 하여야 하며, 건전한 성격을 해치는 것이어서는 안 된다. 다시 말하면, 애정행위란 사랑하는 상대방의 성장과 행복을 증진시키는 일체의 활동을 뜻한다. 상대방에게 좋은 인상을 주어 그를 이용하려고 할 때는 애정이 아니다. 따라서 애정 또는 사랑이란 말에는 '준다' 라는 의미가 포함되어 있다.

유아기나 아동기에는 가족, 완구, 개, 꽃 등의 주변 대상에 주로 애정을 느끼지만, 청소년기 이후에는 신체적 · 지적 발달에 따라 애정의 대상이 광범위할 뿐만 아니라 선택적이 되며, 강렬해지는 경향이 있다. 특히, 청소년기에는 성적 발달과 함께 이성에 대한 애정이 크게 증가하며, 이는 그들의 생애에 커다란 영향을 미친다. 이성과의 신체적 접촉은 사회적인 거부로 말미암아 한정되는 일이 많으므로 상대방을 모방하고 말로써 애정을 표현하는 경향이 많다. 그리고 이들은 사랑하는 이성에게서 자신의 정서적 안정을 발견하려고 끊임없이 노력하며, 이 가운데 고민과 기쁨을 얻기도 한다. 청소년들의 능동적이고 건설적인 사랑을 결정하는 요인으로 다음의 열 가지를 들 수 있다.

- 기본 욕구의 충족: 일반적으로 자신의 욕구가 충족될 경우 상대방을 능동적으로 사랑할 수 있다.

- 사랑의 가치에 대한 긍정적인 견해: 사랑의 가치에 대해 긍정적일수록 사랑할 기회를 더 많이 갖게 된다.
- 좌절에 대한 강한 인내심: 타인을 사랑함으로써 자신의 욕구를 박탈하는 경우가 종종 있다. 건강한 성격의 사람일수록 상실감 또는 좌절감을 잘 참아낸다.
- 자기애(自己愛): Fromm에 따르면 자기를 사랑하는 것과 남을 사랑하는 것은 상호 배타적인 것이 아니다. 자기를 사랑할 수 있는 사람만이 타인을 사랑할 수 있는 것이다. 건강한 자기애는 어려서부터 부모나 의미 있는 타인(significant others)에게서 사랑을 받아 왔다는 것을 말하며, 사랑받은 경험은 능동적인 사랑을 할 수 있는 능력을 키워 준다.
- 숙련: 사랑하는 사람이 많은 기술(타인을 즐겁게 할 수 있는 기술, 능력을 인정받을 수 있는 기술, 대인관계 기술 등)을 가질수록 상대방의 욕구를 더 많이 그리고 더 완벽하게 충족시켜 줄 수 있다.
- 건강한 자아구조: 사랑하는 사람은 긍정적인 자아개념과 자아이상을 가지고 있으며, 현실적인 자아수준을 통해 행동한다. 건강한 성격구조와 자아구조를 지닌 사람은 그러한 애인을 구하여 자기의 욕구를 충족시키겠지만, 그렇지 못한 사람은 덜 분화된 성격과 욕구의 소유자를 택할 수밖에 없다. 아마도 건강한 애인은 개인적으로나 사회적으로 용인되는 행동을 통해서 사랑하는 사람의 욕구를 만족시킬 수 있는 사람이라고 정의할 수 있을 것이다.
- 현실접촉: 효과적인 사랑을 위해서는 상대방에 대한 정확한 지식이 요구된다. 자폐적으로 상대방을 의식하는 사람은 상대방의 욕구를 충족시킬 수 없을 것이다. Fromm이 말했듯이 사랑하려는 사람은 상대방을 알아야 한다.
- 안전감의 요구: 어떤 사람은 사랑하기 때문에 주는 것이 아니라 거부당하거나 무시당하는 것이 두려워서 사랑을 주는 경우가 있다. 안전감을 느끼는 사람은 사랑에 자기의 모든 것을 투자할 수 있다.
- 합리적인 이상: 어떤 사람은 인간이 갖기에는 불가능한 이상이나 기대를 사랑의 조건으로 내세우는 수가 있다. 그는 결과적으로 그 이상을 찾지 못해 환멸을 경험할 수밖에 없다. 상대방의 능력 내에 자기의 요구와 이상이

있을 때 사랑은 성립된다.

- 부모로부터의 해방감: 단지 부모에게 기쁨을 주려고 자신의 감정과는 반대되는 행동을 한다면, 그의 사랑하는 능력은 현저하게 감소할 것이다. 오히려 부모로부터 독립을 추구하는 개인에게서 더 큰 사랑의 능력을 찾을 수 있을 것이다.

사랑을 줄 수 없는 것과 더불어 사랑을 받을 수 없는 것 또한 청소년들의 건강한 정서발달에 커다란 장애요인이 되고 있다. 사랑을 받을 수 없는 사람들은 상대방의 진실된 자아의 표현을 두려워하고 싫어하며 당황스러워한다. 어떤 사람이 자기를 사랑하게 되면 그것이 자신에게 해가 되거나 상처를 주지 않을까 의심하는 것이다. 이러한 사람은 상대방의 사랑을 용납한다는 것이 자신이 사랑을 요구한다는 것이 되고, 사랑을 구한다는 것은 그가 약하다는 것을 뜻한다는 잘못된 관념을 가지고 있다. 이는 이들이 부정확한 타아개념(others-concept)을 가지고 있거나 사랑받고자 하는 강한 욕구를 억압하고 있기 때문이다.

(3) 질투

질투는 분노, 공포, 애정, 자존심, 경쟁의식 등이 결합된 하나의 정서적 상태 또는 반응이다. 구하고 있었던 애정, 간절히 바라고 있었던 명예나 지위, 몹시 바라고 있었던 목표 등을 타인에게 빼앗겼다든가 또는 빼앗기지나 않을까 하는 우려가 있을 경우에 생긴다. 청소년에게 있어서 질투는 특히, 남녀관계에서 많이 발생한다. 자기가 관심을 갖고 있는 이성이 자신의 존재를 무시하는 듯하는 행동을 한다든가 다른 사람에게 주의를 집중한다고 느꼈을 때 혹은 자기가 사랑하고 있는 이성이 다른 사람과 다정하게 말을 주고받는 것을 볼 때에 자존심이 손상되어 질투가 유발되는 것이다.

질투에 수반되는 행동은 청소년의 정서적 성숙 정도에 따라 달라진다. 예를 들면, 질투의 배출구를 극히 직접적인 신체적 행동으로 돌리는 사람이 있는가 하면, 좀 더 가치가 높은 활동으로 승화시키는 사람도 있다. 질투심은 대체로 내향적인 사람보다 외향적인 사람에게서 많고, 지능이 높은 사람에게서 많으며, 여학생이 남학생보다 많은 경향이 있다.

(4) 호기심

호기심이란 새로운 것, 진귀한 것, 미지의 것을 탐색하려고 하는 욕구를 말하며, 아동기에서부터 청소년기에 걸쳐 매우 강하게 나타난다. 아동기의 어린이는 사물이 어떻게 움직이고 작용하는지를 발견하려고 그것을 부수어 본다든가 하지만 아직 지식이나 경험이 부족하기 때문에 물건을 손상시킬 뿐 이것을 다시 재구성하지 못하는 한계를 지니고 있다. 이들은 이것 때문에 자주 꾸중을 듣지만 어떠한 방법으로든지 자신의 호기심을 만족시키고자 노력하면서 이를 지속시킨다.

반면에 청소년기의 탐색적인 호기심은 그들이 이미 많은 사물을 경험하고 학습하고 있기 때문에 어느 정도 통제된 형태를 취할 수 있으며, 사물의 감각적인 신기성보다도 지적인 인과율(因果律)에 대한 탐색이 주가 된다. 그리고 청소년기에는 이성의 신체적·생리적 성숙과 변화에 대하여 깊은 호기심을 가진다. 이성의 신체 및 생리에 대한 호기심은 자신의 성적 흥분과 쉽게 결합되면서 이성에 대한 탐색보다는 이성을 자기 성적 욕망의 대상으로 인식하고 성적 만족을 통해 이성에 대한 호기심을 충족시킬 수 있다는 그릇된 관념을 확산시키기에 이른다. 이것은 청소년들에게 성에 대한 죄악감을 심어 주기도 하고 성범죄를 유발시키기도 하며, 성적으로 좋지 못한 습관을 고착시키기도 한다. 따라서 청소년들에게 올바른 성교육을 실시함으로써 그들의 성에 대한 호기심이 다른 방향으로 비약되지 않도록 지도할 필요가 있다.

3. 청소년기 정조의 발달

청소년기 정서의 특징은 앞에서 언급한 바와 같이 정서적 격정(passion)과 정조(sentiment)의 심화라고 할 수 있다. 이 가운데 청소년기의 정조는 다양한 형태로 나타나는데, 인생의 의미를 추구하고 종교적 신앙에 몰입하거나 회의를 느끼며, 자신의 능력과 장래의 문제에 대해 심사숙고하는 등 관념과 사색의 세계를 추구하게 된다.

정조는 정서 가운데 가장 분화되고 고등한 감정으로서 지적 활동에 수반되는 조용하고도 고상한 지적 감정이며 가치감정이다. 또한 현실생활에 있어서 직접적인 이해관계로부터 벗어난 높은 차원의 감정활동이며, 정적(靜的)인 감정상태다. 정조는 자아를 혼란하게 하는 격정적(passionate)인 성격의 정서와 다른 것이다. 정서가 개인의 자연적인 의식체험임과 동시에 반성(反省)을 가하지 않은 있는 그대로의 주관 상태라면, 정조는 이성, 의지 등에 의해 통제되는 냉정한 감정활동이다. 또한 정조는 정서와는 달라서 본능 및 욕구와의 직접적인 관계가 없고 현저한 신체적 변화도 따르지 않으며, 격정이나 기분(mood)과 같은 유기적 감각과도 관계가 없다. 따라서 정조는 깊이 있는 자아임과 동시에 높여진 태도이며, 순화된 감정이라고 할 수 있다.

청소년기가 되면서 개인의 지적 기능이 분화 발달하고 자아의 내면적 생활, 특히 이념이 발달함에 따라서 정조는 여러 가지 형태로 나타난다. 이러한 지적 가치감정은 유아기와 아동기를 거치면서 점차 세련되지만, 청소년기의 정서적 성숙과 함께 보다 세련되고 다양해진다. 즉, 정조는 정서와 같이 조급하게 형성·발달되는 것이 아니라 개인의 생활경험과 교양 및 교육 정도에 의해서 서서히 형성되기 때문에 개인의 경험 정도에 따라 정조의 다양한 개인차가 나타나게 된다. 이와 같은 문화가치에 수반되는 감정, 즉 정조는 개인의 가치관 형성의 기초가 되고 바람직한 성격을 형성하는 중요한 요인이 되며, 인간생활의 기저를 이루게 된다.

정조는 사람마다 그 정도의 차이는 있으나 누구나 다 가지고 있다. 특히, 청소년기가 되면 정서의 성숙과 함께 다양한 정조가 나타나는데, 이들 가운데 어떠한 정조를 더 많이 가지고 있느냐에 따라 그들의 가치관과 삶의 질이 결정된다고 말할 수 있다. 청소년들이 갖는 정조는 대체로 다음의 네 가지로 분류될 수 있다.

- 지적 정조(intellectual sentiment): 논리적 정조라고도 하며, 인지작용에 따른 감정의 총칭이다. 지적 인식은 가능한 한 감정을 배제하며 객관적인 이성과 냉정성을 내포하고 있다. 이러한 지적 인식은 진리탐구에 충실하기 때문에 허위, 모순, 부정 등에 강한 반작용을 일으킨다. 즉, 진리탐구의 정열이며, 모순과 의문에 대한 불만과 투쟁이며, 과학적이고 논리적인 관계를

탐구하려는 자아의 태도인 것이다.

- 윤리적 정조(ethical sentiment): 도덕적 정조라고도 하며, 도덕적 · 사회적 행동과 규범에 기초하여 타인 또는 자기의 행동을 평가할 때의 감정을 말한다. 뿐만 아니라 그와 같은 규범에 자기 스스로 따르려고 하는 감정이며, 의지나 행동의 선악에 대해서 선을 좋아하고 악을 미워하는 감정이다. 그리고 행동이나 사상(思想)이 규범에 합치할 때는 시인(是認)의 감정이 생기고, 합치하지 않을 때는 부인(否認)의 감정이 생기는 것도 윤리적 정조 때문이다. 윤리적 정조는 Freud가 말한 초자아(superego), 즉 양심이라고 할 수 있다.

- 심미적 정조(aesthetical sentiment): 예술적 정조라고도 하며, 자연계의 미적 가치를 감상할 때나 미술, 음악 등의 예술을 감상할 때에 일어나는 감정을 말한다. 자연계의 미적 가치에 대한 감정은 인간미와 생활태도를 풍부하게 한다. 그리고 인간은 예술을 통해서 미적 정조를 기르고 또한 그것으로 인하여 영원한 예술을 창조할 수 있게 된다.

- 종교적 정조(religious sentiment): 이 감정은 현실적으로 무력하고 약소한 인간이 자기의 유한성을 자각하고 현실을 초월한 세계의 절대자를 믿고 의지하여 안정을 얻는 데서 오는 것이다. 즉, 인생의 고뇌, 염원, 감사, 귀의, 달관, 도통 등의 감정을 말한다.

4. 청소년기 정서장애와 스트레스

1) 청소년기의 정서장애

청소년기는 흔히 '심리적 격동기'라고 일컬을 정도로 신체발달이나 인지발달, 그리고 정서발달의 큰 변화를 보여 주고 있다. 또한 역할기대에 있어서도 청소년기는 일대 전환기라고 할 수 있다. 즉, 부모에게 돌봄을 받고 의존하는 어린아이의 위치에서 한몫을 하는 성인의 위치로 전환되는 시기인 것이다. 이와 같이 신체적 · 심리적 · 사회적 변화가 한꺼번에 큰 폭으로 일어남으로써 청소년들은 이에 적용하기 위해 노력해야 하며, 이 과정에서 많은 스트레스를 경험하게 된다. 따라서 청소년기에는 정서적 불안정이나 기타 적응상의 문제가 나타날 가능성이 높다고 할 수 있다(Bicksler, 2002).

청소년기의 정서적 불안정은 흔히 있을 수 있는 그들 세대의 일반적인 현상으로 해석될 수도 있으나, 이것이 일시적 부적응현상을 넘어서서 심각한 적응장애로 발전될 경우 그 장애와 피해는 치명적이 될 것이다. 즉, 대부분의 청소년들에게 있어서 정서적 불안정은 일종의 과도기적 현상으로 성숙과 함께 좀 더 효과적인 적응방식을 습득하게 되면서 사라짐과 동시에 정서적 안정감을 되찾는다. 그러나 일부 청소년들에게 있어서는 이러한 정서적 불안정이 지속되고 심화되면서 적응장애로 발전하게 된다. 이것은 그들 개인의 전 생애와 중요한 타인들에게 심각한 영향을 미치게 된다. 따라서 청소년기의 정서장애는 그 자체가 반드시 심각한 심리장애 또는 적응장애를 의미한다고 볼 필요는 없겠으나, 이를 청소년기에 으레 있을 수 있는 일시적인 현상으로 가볍게 보아 넘길 수만도 없는 것이다.

청소년기에 흔히 경험하는 정서장애로는 불안과 공포, 강박관념, 우울 등이 있으며, 심각할 경우 정신분열로 발전되기도 한다. 이것은 청소년기의 정서적 불안정이 원인이 되기도 하지만, 개인의 왜곡된 성격과 환경적 요인이 복합적으로 작용하여 발생한다고 보는 것이 더 타당할 것이다.

2) 청소년기의 스트레스와 건강

스트레스(stress)란 용어는 캐나다의 내분비학자인 Hans Selye(1907~1983)에 의해 처음 사용되었으나, 아직도 개념의 모호성을 완전히 극복하지 못한 상태에 있기 때문에 그것의 속성과 대응전략을 마련하는 데 한계를 느끼고 있다. 스트레스에 대한 개념모형은 크게 세 가지로 구분될 수 있는데, 스트레스를 일종의 자극으로 보는 관점과 반응으로 보는 관점, 그리고 환경에 대한 개인의 역동적 상호작용으로 보는 관점이 그것이다(한상철·이형득, 1995).

먼저, 스트레스를 자극으로 보는 관점이 있다. 이러한 접근에서는 스트레스 자극으로서 스트레스를 진단한다. 이것은 우리가 일상적으로 사용하는 스트레스의 의미와도 같다. Zegans(1982)는 새롭거나 강렬하거나 급작스러운 상황의 변화와 피곤이나 권태 등으로 인한 자극의 결핍을 대표적인 스트레스 유발요인이라고 하였다.

둘째, 스트레스를 반응으로 보는 관점이 있다. 어떤 반응 증후가 발생한다는 것은 동시에 스트레스가 발생한다는 것을 의미한다. 그러므로 자극 자체가 상해의 원인이 될 수도 있지만 유기체가 이러한 위험에 어떤 반응을 보이는가 하는 것이 곧 스트레스의 표현이라고 보는 관점이다. Selye(1976)는 스트레스를 '신체에 가해진 어떤 요구에 대하여 신체가 수행하는 일반적이고도 비특정적인 반응'이라고 정의하고 적응을 요구하는 모든 것에 대한 반응이라고 보았다. 그는 1930년에 자신의 실험실에서 감금, 피로, 빙점에 가까운 온도에의 노출, X선 방사, 소음공해, 장기간 격리 등의 자극을 준 다음 쥐의 신체적 · 생리적 반응을 연구하였다. 그는 스트레스 유발자극과 신체적 반응인 일반적응 증후군에 관심을 가졌으며, 그 결과 일반적응 증후군의 연속적인 3단계를 구분하였다. 즉, 경고반응기(alam reaction stage)에서 저항기(registance stage), 그리고 소진기(exhaustion stage)의 단계로 스트레스 반응이 나타난다고 하였다.

Selye의 연구결과는 심리학적 스트레스가 질병의 원인이 될 수 있거나 최소한 특정 질병을 더 악화시킬 수 있음을 시사하고 있다. 그리고 스트레스를 반응으로 보는 이러한 관점은 스트레스에 대한 적응과정, 생리화학, 해부학, 신경조직에 대한 이해를 증진시켜 주었으나, 스트레스 적응과정에 수반되는 인지적 · 정서적 요소를 배제하고 있다는 점에서 한계를 내포하고 있다.

셋째, 스트레스를 역동적 상호작용으로 보는 관점이 있다. 스트레스를 환경과 개인의 복잡하고 역동적인 상호작용으로 보고 개인의 능동적인 심리적 과정에 초점을 두는 관점이다. Lazarus와 Folkman(1984)은 어떤 개인이 자신의 대응능력이 부족하여 안녕이 위험하다고 평가하는 의식으로서, 요컨대 개인과 환경 간의 구체적인 관계를 스트레스라고 하였다. 즉, 개인의 내적 또는 외적 요구가 자신의 적응 자원보다 지나치게 높다고 판단할 경우 스트레스를 느끼게 된다는 것이다. 이러한 관점에서의 연구는 스트레스 대응에 관한 것과 스트레스 자원에 관한 것으로 구분될 수 있는데, 대부분 스트레스 반응의 특징을 통하여 대응책을 연구하고 있다.

앞의 개념모형 가운데 Selye 등의 실험결과에서 스트레스는 다양한 신체적 및 정신적 질병을 유발할 수 있음을 살펴보았다. 즉, 경고반응 단계와 저항 단계에서 올바른 대응전략을 사용하지 못하였을 때 소진 단계를 경험하게 되는데, 이때 소진기의 일반적응 증후군은 다양한 정신 신체적 장애로 귀결된다.

스트레스의 일반적응 증후군은 그 효과가 반드시 부정적인 것만은 아니다. 사람이나 여타의 동물들에게 싸움이나 재난에 필요한 에너지를 공급하기도 하고, 아드레날린 수준을 증가시켜 유기체의 행위나 수행을 촉진시키기도 하고 좋은 기분을 갖게도 한다. 그러나 현대의 복잡한 도로, 사회적 갈등, 치열한 경쟁 등의 상황은 장기적이고 복잡한 사고를 요구하며, 이에 따라 오늘날 인간의 스트레스와 관련된 자율신경계 및 호르몬의 반응은 정상적 활동의 한계를 넘어서고 있다. 이것은 결국 다양한 부작용을 초래하고 있다. 예컨대, 간(肝)에서 유출되는 당(糖)이 유기체에 에너지를 공급하기 위한 것으로 작용해야 하지만 과다한 스트레스로 인하여 지방으로 변환되는 경우가 많으며, 또한 이것이 적절히 사용되지 않음으로써 질병을 일으키는 조건을 만들고 있다. 스트레스로 인한 과도한 아드레날린과 노어아드레날린 분비는 유기체에 해가 되고 두통을 일으킬 수 있다. 이러한 모든 장애를 정신신체장애(psychosomatic)라고 한다.

과거 질병에 대한 단일병원균 모형에 의하면, 특정한 질병은 특정한 병원균이 원인이기 때문에 이 병원균만을 확인하게 되면 모든 질병은 치료될 수 있다고 믿었다. 따라서 질병은 이 병원균을 진단하고 치료할 수 있는 의사 또는 간호사의 전유물이었던 것이다. 그러나 오늘날 질병의 원인을 더 이상 단일병원균에서만 찾지 않고 개인의 다양한 심리적 요인과 사회 문화적 요인을 포함한 중다요인에서 찾고자 하는 노력이 전개되고 있다. 이를 중다요인 모형이라고 한다. 이 모형에 의하면 질병은 병원균뿐만 아니라 개인의 장기간의 생활습관이나 심리적 정서상태, 그리고 주변 환경 등이 직·간접적으로 작용하여 유발되는 것으로 판단된다. 이러한 다양한 요인들 가운데서도 특히, 개인의 심리적 스트레스는 병원균만큼이나 직접적인 질병 유발요인으로 인식되고 있다. 따라서 이러한 가설에 대한 몇 가지 증거를 살펴보고자 한다.

심각한 스트레스와 긴장은 정서장애와 같이, 생활에서의 중요한 변화를 초래할 뿐만 아니라 건강에도 적지 않은 변화를 초래한다. 전 세계적으로 가난한 사람은 좀 더 부유한 사람보다 건강과 관련된 문제를 더 심각하게 생각한다. 가난과 관련된 긴장은 건강을 해치는 중요한 원인이라고 할 수 있다. 미국의 대도시와 시 외곽에 거주하고 있는 흑인에 대한 연구는 이러한 생각을 지지해 주고 있다. 또한 일상적인 긴장에 노출된 많은 사람들은 안정된 생활을 유지하고 있는 사람들보다 유의미하게 더 높은 혈압과 이와 관련된 질병(심장발작, 고혈압성 심장 조건 등)을 경험한다. 이러한 상관 연구는 스트레스가 다양한 유형의 질병의 원인이 된다는 것을 직접적으로 증명해 주지는 못한다 하더라도 이 두 현상 간에 일관성 있는 관련성이 있음을 시사해 주는 것이다.

스트레스와 소화성 궤양과의 관계는 특히 주목할 만하다. 소화성 궤양은 위와 십이지장에서 발생한다. 일반적으로 소화 중에는 음식물을 보다 가용한 요소로 분해하기 위해서 염산과 효소가 분비된다. 그러나 위궤양 환자의 경우 과도한 양의 염산이 분비되어 위와 십이지장을 보호하는 점막을 부식시킨다. 스트레스는 과도한 염산분비에 중요한 작용을 한다. 많은 실험연구의 결과 심각한 스트레스는 동물들에게 궤양성 질병을 일으키게 한다는 사실이 발견되었다. 인간의 경우도 강하고 장기적인 긴장상태, 예컨대 이주, 홍수, 지진, 전쟁 등이 궤양이나 여타의 위장장애를 일으킨다. 항공기관사들은 다른 직종에 비해 상대적으로 스트레스와 관련된 궤양환자들이 많다는 사실이 보고되고 있다.

그러나 모든 실험실 동물이나 인간이 스트레스성 궤양을 일으키지는 않는다. 분명 궤양 환자는 스트레스에 직면하여 위액 분비를 증가시키는 경향을 갖고 있다. 이러한 경향성은 유전의 영향을 받는 것으로 보이는 높은 펩시노겐(pepsinogen) 수준을 특징적으로 나타낸다(펩시노겐은 위의 위액분비선에서 분비되어 나중에 위액의 주성분인 펩신으로 전환되는데, 그 수준은 위의 활동지표로 간주된다). 연구들에 의하면 유전에 의해 결정되는 높은 펩신노겐 수준은 궤양의 선행요건이다. 잠정적으로 스트레스 및 장기적인 긴장과 위산을 분비하는 유전적 소질이 궤양발생에 복합적으로 작용하는 듯하다.

그리고 스트레스는 심장마비와 높은 관련성을 지니고 있다. 1년 동안 심장마비로 사망하는 미국인의 수가 약 70만 명에 이른다. 이와 같은 관상질환의 원인은 복합적인 것으로 알려져 있으며, 아직까지 분명하게 이해되지 않고 있다. 많은 연구들에 의하면 스트레스와 삶의 긴장이 중요한 요인임을 시사해 주고 있다. 심장 전문의인 M. Friedman과 R. Rosenman은 심장마비를 A형의 성격유형과 관련지어 설명하고 있다. A형 성격의 사람들은 적은 시간에 너무 많은 업적을 달성하려고 노력하며 너무 많은 장애에 부딪힌다. 이들은 공격적이며(때로는 적대적이기도 함), 높은 성취와 권력을 열망하며, 경쟁적이고 충동적이다. A형의 인물은 습관적으로 시간과 경쟁하며 쉬는 시간이 거의 없고, 학생의 경우 피로를 무시하고 거의 도서관에서 시간을 보낸다. 이런 성격 유형의 사람은 실험실 긴장상황에서 교감 신경계가 과도하게 작용한다.

몇몇의 잘 통제된 장기적인 연구는 A형의 성격을 갖고 있는 사람이 다른 사람보다 심장질환을 발전시킬 소지가 많다는 것을 시사해 준다. 한 전형적인 연구에서 과학자들은 심장질환이 전혀 없는 중년남성을 성격에 따라 분류하고 정기적인 검사를 실시하였다. A형의 사람은 다른 사람보다 심장질환 발병비율이 더 높았다. 예컨대, 심장질환 환자의 약 70%가 처음에 A형으로 분류된 사람들이었다. 흡연과 같이 잘 알려진 다른 요소들로는 이 결과를 설명할 수 없었다. A형 성격의 어떤 측면이 심장질환과 관계가 있는지, 그리고 어떻게 영향을 주는지에 대해서는 아직 정확하게 알려져 있지 않지만 A형 인물은 일상적인 압력을 극대화시키며, 이러한 결과로 인하여 그들의 정서불안이 관상질환을 유도하는 생화학적 변화를 일으키는 것으로 추측되고 있다.

이러한 사실들에 비추어 볼 때, 오늘날 청소년들의 역할갈등과 발달상의 긴장, 그리고 학업성적과 입시로 대표되는 경쟁적 생활구조는 그들의 스트레스 반응을 결정짓는 강력한 자극제가 되고 있으며, 이러한 스트레스가 그들의 건강과 심리적 부적응을 위협하는 요인이 되고 있다고 말할 수 있다. 따라서 청소년들이 자신의 스트레스에 효과적으로 대처할 수 있도록 체계적인 지도와 훈련이 이루어져야 할 것이다.

:: 06 청소년기의 자아발달과 자아정체감 발달

'**나**는 누구인가?' 라는 물음은 동서고금을 막론하고 모든 인간의 기본적인 관심이다. 이러한 의문을 제기하거나 정체감을 위한 탐색은 비단 청소년기에 국한되어 나타나는 현상은 아니다. 그러나 청소년기는 인생의 어느 시기보다 자아(ego)에 대해 더 많은 관심을 나타내며, 자신의 정체감(identity)을 탐색하기 위해 강하게 몸부림친다. 청소년기는 추상적 사고 능력의 발달로 인하여 자신의 존재와 미래에 대해 상상할 수 있는 능력을 갖게 됨은 물론이고 사회 문화적으로 다양한 역할들을 동시에 부여받음으로써 개인 내적인 혼란과 방황을 겪게 된다. 이러한 변화는 청소년들로 하여금 자신의 위상과 역할을 재정립할 것을 요구하며, 결국 보다 성숙된 인격체로서의 자기 모습을 정립해야 될 과제에 직면하게 한다.

이 장에서는 청소년기의 자아발달과 관련하여 Loevinger의 이론을 소개하고 Erikson의 자아정체감이론에 대해 살펴보고자 한다.

1. Loevinger의 자아발달단계 이론

1) 이론의 개요

Jane Loevinger(1918~현재)는 정신측정 심리학자에서 발달이론가로 변모한 학자로서 문장완성검사(SCT; Sentence Completion Test)를 통해 응답자의 대답을 점수화하여 이를 통해 각기 다른 자아단계를 결정할 수 있도록 하였다. 문장완성검사는 36개 문항으로 구성되어 있으며, 초기에는 여성 피험자만을 이용하여 표준화하였지만 이후에 남성용, 아동용, 남녀혼합형으로 확장하였다.

그에 의하면, 자아발달은 인간발달을 특징짓는 주요한 구성개념으로서 개인이 자신의 변화하는 생애경험에 주관적으로 부여하는 근원적인 '의미의 개념틀'이다. 자아발달이란 여러 다른 이론가들이 제안하고 있는 도덕적 판단의 복잡성(Kohlberg), 대인관계의 변화하는 본질(Sullivan), 자신과 타인을 인간으로서 인식하는 조직적 유형(Selman), 신념발달(Fauler) 그리고 인성발달(Peck) 등의 개념을 포함하고 있다. 자아발달단계는 점차 보다 정교화된 수준의 의미 형성으로 발전되며, 단계가 진행될수록 더 많은 내면화, 객관성, 추상화, 모호성에 대한 인내, 통합적 과정, 타인 의존으로부터의 자유를 내포한다.

Loevinger는 자아발달단계들이 적응이나 부적응의 척도가 되지는 않는다고 주장하였다. 즉, 신체적·정신적 건강과 자아발달을 동일시하지 않고 있다. 그러나 보다 최근의 연구에서는 자아발달과 정신병리 간의 관련성을 확인해 주고 있다(Hauser et al., 1991). 예컨대, 낮은 수준의 자아발달은 충동성, 10대 임신, 권위주의, 비행과 관련이 있는 것으로 보고되고 있다.

Loevinger는 자아발달단계들이 순서적 유형으로 나타나고 불변의 위계적 순서로 이루어져 있으며, 보다 낮은 연령에서의 자아수준과 보다 높은 연령에서의 자아수준 간에 상관관계가 존재한다고 하였다. 자아발달단계와 관련된 몇몇 특성과 행동들은 개인이 특정한 단계에 접근하면서 절정에 이르고, 그 단계에 있는 동안 지배적인 특성을 보이는 경향이 있으며, 그 개인이 보다 성숙해지고 다음 단계의 자아수준에 접근함에 따라 쇠퇴하기 시작한다. Loevinger는 이처럼 상승한 다음 하강하는 발달적 진보 유형을 '이정표적 순서(milestone sequence)'라고 주장한다. 그의 자아단계들은 양극적 변수들이라기보다는 주어진 자아성숙 수준에서 절정에 이른 이정표 사건으로 보아야 한다. 곡선의 정점은 그 특성에 대한 이정표를 나타내며, 다음의 더 높은 자아단계가 출현함에 따라 감소하기 시작한다. 종 모양의 곡선처럼 상승 전의 낮은 단계, 절정시의 극대점 그리고 곡선 끝에서 감소할 때의 또 다른 낮은 점으로 연결되는 계속적인 과정이 자아발달 과정인 것이다.

Loevinger에 따르면, 자아(ego)는 정신기능을 조직하고 종합하며 통합하는 특성이 있다. 그녀가 제시하고 있는 조작적 정의는 다음과 같다. "내가 의미하는 것은 개인이 충동적인 것에서 자기 보호적으로, 순응주의자로, 양심적 단계 등으로 나아가면서 어떤 일이 발생하는가 하는 것이다"(Loevinger, 1979b: 3). 따라서 자아발달은 한편으로 각 연속적인 단계들에서 이루어지는 자아 정의의 변화가 되지만, 다른 한편으로는 일련의 점점 더 복잡한 세계관이 된다. Frued나 Jung의 정신분석학에서는 자아가 다양한 하위 구조들로 이루어졌다고 주장하지만 Loevinger는 단일 유기체로 해석한다. 즉, "하나의 과정이고 구조이며, 원래 사회적이며, 전체로서 기능하고 의도와 의미에 의해 인도된다"(Loevinger, 1976: 67). 이를 다른 말로 표현하면, 의미를 가지고 인성의 전체 조직을 형성하는 전체적인 '참조적 틀'이라고 할 수 있다.

그리고 그녀는 발달적 자아단계들이 연대기적 연령과 결합되어 있지 않다고 주장한다. 단계가 순서적인 발달적 연속체로 구성되어 있기 때문에 당연히 연령과 약간의 관련성은 있지만, 반드시 어떤 단계가 어떤 연령 시기와 관계가 있다고는 생각하지 않는다. 또한 그녀는 Piaget와 마찬가지로 자아발달의 내적 논리, 즉 불변의 순서를 받아들여 각 단계는 이전 단계 위에 세워지며, 이전의 단계를 통합하고 변화시킨다고 하였다.

교사나 청소년지도사들이 청소년의 자아발달 수준을 향상시키고자 하는 것은 결코 쉬운 일이 아니다. 다만 현재 자아발달 수준을 정확하게 측정하여 자아기능의 개인차를 진단해야 하며, 이를 바탕으로 대부분의 청소년이 속한 자아수준에서 교육을 실시하되 느린 속도로 조금씩 다음의 자아발달 수준으로 나아가야 한다(Loevinger, 1990)고 하였다.

Loevinger의 자아발달단계 이론은 청소년지도에 시사하는 바가 크다. 청소년들은 다른 어떤 단계의 개체보다 자아를 탐색하고 재구조화하는 데 많은 열정을 쏟아부으며, 이것이 또한 그들의 발달과업이라고 할 수 있는데, 정작 그들의 자아발달을 지도하고 조력하기 위한 구체적인 방안은 매우 부족한 것이 사실이다. 자아를 분석적으로 보지 않고 통합적으로 해석함으로써 자아를 개인의 인성(personality)으로 규정하고 있다는 것 또한 중요한 의미가 있으며, 청소년지도사나 교사의 경우 청소년 개인의 현행 자아수준에 대한 정확한 진단과 더불어 점진적으로 다음 단계의 자아수준을 제시하고 이를 토론 또는 체험하게 함으로써 그들의 자아발달 수준을 향상시키도록 노력해야 한다.

2) 자아발달단계

Loevinger가 제안하고 있는 자아발달단계는 여섯 단계와 세 가지 전환기로 구성되어 있다. 〈표 6-1〉은 자아발달의 특징을 요약한 것이다(정옥분·윤종희·도현심, 1999).

(1) 전사회적 공생단계(I-1)

자아발달의 초기 단계는 두 개의 하위단계로 나누어진다. 첫 번째, 전사회적 단계(0)는 주변의 생물과 무생물이 아직 분화되지 않은 자폐적 단계다. 이 단계의 영아는 주변의 욕구와 기대를 인식하지 못하며, 자신의 욕구충족에만 관심을 갖는다. 두 번째 공생적 단계(I-1)는 어머니(또는 대리인)에 대해 강한 공생적 의존관계가 형성되기 시작하는 시기다. 이 수준의 아동은 어머니와 환경을 구분할수는 있으나 자아와 어머니 사이는 아직 구별하지 못한다.

영아는 Loevinger의 SCT(문장완성검사)에 의한 자아발달 측정에 필요한 언어기술이 아직 발달되어 있지 못하기 때문에 이러한 초기 단계들은 자아단계라는 용어로서의 가치를 지니지는 못한다. 전사회적 단계에 있는 청소년이나 성인들은 일상적인 사회에서 제대로 기능하지 못하고, 기관이나 시설에 수용되거나 사회의 주변 지역(예, 부랑자나 노숙자 생활)에서 생활하게 될 가능성이 많다.

〈표 6-1〉 자아발달의 이정표

단계	충동조절, 인성발달	대인관계 유형	의식적으로 중시하는 문제	인지유형
전사회적 공생적 단계		자폐증 공생적	자아 대 비자아	
충동적 단계	충동적, 보복에 대한 두려움	요구적·의존적·착취적	신체적 느낌(특히 성적, 공격적)	고정관념적, 개념적 혼란
자기 보호적 단계: 제1전환기	붙잡히는 것에 대한 두려움, 비난표현, 기회주의적	주의 깊은, 교묘한, 착취적	자기보호, 문제거리, 소원, 사물들, 이익, 통제	
순응주의자 단계	외적 규칙에의 순응, 수치심, 규칙위반에 대한 죄책감	소속감, 피상적 고상함	외모, 사회적 수용성, 진부한 감정, 행동	개념적 단순성, 고정관념, 진부한 생각
자아인식 단계: 제2전환기	규범의 분화, 목표	집단과 관련된 자아인식, 도움	적응, 문제, 이유, 기회(애매한)	다양성
양심적 단계	자아평가적 기준, 자아비판, 결과에 대한 죄책감, 장기적인 목표 및 이상	집중적, 책임 있는, 상호적, 의사소통에 대한 관심	분화된 감정, 행동에 대한 동기, 자아존중, 성취, 특성, 표현	개념적 복합성, 모범에 대한 생각
개인주의적 단계: 제3전환기	추가: 개별성에 대한 존중	추가: 정서적 문제로서의 의존	추가: 발달, 사회적 문제, 내부생활과 외부생활의 분화	추가: 과정과 결과의 구분
자율적 단계	추가: 갈등하는 내적 욕구에 대한 대처, 관용	추가: 자율성에 대한 존중, 상호의존성	생생하게 전달된 감정, 생리적·심리적 통합, 행동의 심리적 인과관계, 역할 개념, 자아충족, 사회적 맥락에서의 자아	개념적 복합성의 증가, 복잡한 유형, 모호성에 대한 관용, 넓은 범위, 객관성
통합적 단계	추가: 내적 갈등의 조정, 달성할 수 없는 것에 대한 재통일	추가: 개별성에 대한 신봉	추가: 정체성	

출처: Loevinger(1976). *Ego Development*, pp. 22-24, Jossey-Bass Inc., Publishers.

(2) 충동적 단계(I-2)

충동적 자아라고 불리는 이 수준은 아동 초기에 전형적으로 나타나며, 때때로 중학교 시기에서도 보이지만 청소년 후기나 성인기에서는 외상적 경험이나 특정한 문제가 있는 경우를 제외하고는 거의 나타나지 않는다. 충동적 개인은 진정한 자아기능이 보다 낮은 수준에 있다고 할 수 있다. 충동적 지향성이 높은 아동은 다른 사람을 자신의 개인적 이익을 위한 잠재적 원천으로 인식한다는 면에서 착취적이며 매우 자기 탐닉적이다. 또한 이 수준은 개인적 욕구, 신체적 욕구, 그리고 자기 마음대로 하는 것 등의 욕구만족에 초점을 둔다. 내적 통제는 믿을 만하지 못하거나 비효과적이다. 따라서 아동은 즉각적인 보상이나 처벌에 대한 두려움만을 고려한 후 노골적인 자기충족을 추구하며, 개인적 죄책감을 갖지 않는다.

비행청소년들의 경우 일반적으로 충동적 단계에 많이 속해 있다. 충동적 개인은 '깨끗한'과 '더러운'과 같은 개념을 '좋은'과 '나쁜' 개념과 혼돈할 수 있으며, 전자의 의미를 후자의 의미로 해석한다. 대인관계의 세계는 '나에게 도움이 되는'을 의미하는 '좋은' 사람들과 '나에게 혐오스러운'을 의미하는 '비열한' 사람들로 양분된다. 충동적 자아욕구의 어떤 측면은 불끈하는 기질에서 보이듯이 성인기까지도 여전히 안정적인 성격특성으로 잔재해 있을 수 있다. 특정적인 형용사로는 '요구적', '원초적', '무분별한' 등을 들 수 있다.

(3) 자기 보호적 단계(Delta; 기회주의적 단계)

기회주의적-쾌락주의적 전환단계에서 주요 관심사는 여전히 자아 및 즉각적인 충족과 관련이 있으나, 자아통제가 출현하기 시작한다는 점에서 다소 차이가 있다. 또한 타인에 대한 통제와 지배에 대한 욕구가 나타난다. 쾌락-고통의 원리가 여전히 행동을 지배하는 것처럼 보이지만, 아동은 이제 규칙이 있음을 이해하고 개인적 이익을 위해 규칙을 조종한다. 자기 보호적인 개인이 '나쁜' 것으로 보는 것은 규칙을 깨는 것이 아니라 붙잡히는 것이다. 잘못에 대해서도 개인은 책임을 떠맡기보다는 적대적인 유머감각을 사용하여 자신을 보호하고 타인을 비난한다.

이러한 방어적인 자기보호 유형은 고등학교 시기가 끝나기 전에 감소하는 경향이 있다. 대표적인 형용사로는 '주의 깊은', '불평하는', '냉소적인', '교묘한', '착취적', 권력 지향적' 등을 들 수 있다. 그리고 전환기인 Delta/3단계는 상대적으로 특정한 규정적 특성이 거의 나타나지 않는다. 연구대상의 응답이 바로 다음 수준의 '순응주의자'로 평가되기에는 불충분한 경우, 이 단계에 포함시키는 것이 적합하다.

(4) 순응주의자 단계(I-3)

보편적으로 청소년 초기(중학생 수준)에 나타나는 특성이다. 순응주의자는 자신의 복지를 타인의 복지와 동일시하는데, 이는 그들 자신이 사회적 인정과 수용에 대해 크게 관심을 갖기 때문이다. 그들은 타인이 자신들을 어떻게 생각하는지에 대해 몰두한다. 따라서 외모와 피상적인 고상함을 중요시한다. 순응주의자의 자아의식은 거의 전적으로 타인으로부터 받는 평가적인 피드백에 근거한다. 신체적 외모, 물질적 소유 그리고 명성은 순응주의자가 타인을 평가하는 기준이 된다. 그리고 이들은 물질적인 것에 많은 관심을 갖는다.

이들은 적당한 집단에 속하는 것을 매우 중요하게 생각하며, 한 집단의 구성원으로서 수용되기 위해 극단적인 방법을 취하기도 한다. 이들은 자신의 집단에 속하지 않는 사람들을 거부하기도 한다. 순응주의자는 대인관계를 감정이나 동기가 아닌 행동과 구체적인 사건의 측면에서 인식한다. 이들은 자기 집단 내의 타인을 모방하고자 하며, 그들의 인정을 추구한다.

(5) 자아인식 단계(I-3/4)

이 단계는 양심적-순응주의자 수준으로도 불리는 전환적 단계다. 의식적인 자아인식이 가능해지면서 순응주의자 단계의 특성인 타인 인식을 대체하기 시작한다. 이제 그들은 자신의 개성과 개인차를 인식하기 때문에 대인 간 상호작용에 보다 민감해진다. 그들은 남성성과 여성성에 관심을 나타내기도 한다. 청소년들은 개인과 규범 사이를 신중하게 구별하게 되면서, 이전에는 집단 가치와 승인을 강조했지만 점차 개인적 가치에 관심을 두기 시작한다. 이 단계의 개인은 정의(justice)를 시간과 공간이라는 상황적 변수에 의해 영향을 받는 것으로 지각한다. 자아반성적, 자아비판적이 되기도 하고 사회적 규칙이나 가족의 기대에 따르지 않게 되는 것에 대해 죄책감과 외로움을 느끼기도 한다.

Loevinger에 따르면, 대부분 연령대의 사람들이 다른 단계에 비해 이 자아인식 단계에 더 많이 포함된다. 16~26세 사이의 청소년 및 성인 1,000명을 대상으로 한 조사에서도 자아인식 단계가 가장 많았다. 이 단계의 대표적인 특성으로는 '자아비판 능력', '대인 간 차이 및 상호작용에 대한 인식' 그리고 '다양한 가능성' 등을 들 수 있다.

(6) 양심적 단계(I-4)

이 단계에서는 대인관계 면에서 보다 복잡한 세계관이 출현한다. 양심적인 사람은 이전 단계의 특성인 기회주의적 특성이 없다. 보다 명확한 내적 자아의식이 형성되며, 내면화된 도덕적 책임은 집단이 인정한 규칙들보다 더 중요해진다. 개인은 이제 사람들이 각기 다른 욕구, 다양한 행동유형 그리고 독특한 특성을 가지는 것으로 지각한다. 대인관계 면에서 행동보다 감정과 동기가 더 중요해지며, 다른 사람들에 대해 관용적이다. 자아비판 능력은 확대되고 어떤 일에 대해 장기적 목표를 가지고 몰두하게 된다. 개인은 내면화된 규칙을 갖지만 규칙과 역할 모두가 다면적이며 변화 가능하다고 지각한다. 책임감은 가족과 친구의 범위를 넘어서 보다 큰 사회로 확장된다.

이러한 자아발달 수준은 청소년 후기의 사람들에게서 일반적으로 나타난다. 이 단계의 특성을 나타내는 대표적인 형용사로는 '책임감 있는', '감정이입적', '심리적 사고 또는 정신을 가진', 자아존중적', '개념적으로 복잡한' 등이 있다.

(7) 개인주의적 단계(I-4/5)

이 전환적 단계 동안 개별성에 대한 존중과 각기 다른 유형의 사람에 대한 관용이 더욱 증가하게 된다. 각기 다른 사람들은 서로 다른 역할을 충족시킨다는 실제적 인식을 하게 된다. 이 수준의 자아발달은 보다 성숙한 청소년 후기의 사람들에게만 나타난다. 대표적인 성격특성은 '진실로 관용적인', '역설과 풍자에 대한 인식', '과정에 대한 관심', '갈등적인 정서에 대한 인식' 등을 들 수 있다.

(8) 자율적 단계(I-5)

자율적인 개인은 다른 사람에 대해 보다 더 관용적이다. 이들의 경우 개인 내적 충동을 조절하는 것은 너무나 쉽다. 그들은 내부 지향적인 행동을 보이며, 모호성을 참아내고 내적 갈등을 다룰 수 있는 능력을 가지며, 갈등을 인간사회에서 발생될 수밖에 없는 불가피한 것으로 인식하기 시작한다. 자율적인 개인은 갈등을 무시하거나 타인에게 투사하지 않고 이를 받아들이고 다루려는 용기를 가지고 있다.

양심적 단계의 어머니는 자녀들로 하여금 실수를 하지 못하게 해야 한다고 느끼는 반면, 자율적 단계의 전형적인 어머니는 그들 자신의 실수로부터 학습하고자 하는 자녀들의 욕구를 인정한다. 이 단계의 특성은 '복잡한', '객관적', '차별적', '자기 실현적', '타인에 대한 존중' 등으로 나타난다.

(9) 통합적 단계(I-6)

이 수준의 자아발달은 무선적으로 표집된 성인들에게 거의 발견되지 않는다. 대부분의 사회집단에서 1% 이하의 사람들이 통합적 수준에 속한다. Maslow가 언급한 '진실로 자아실현을 한 사람'에 해당된다. 이들은 강력한 개인적 정체감을 가지고 있으며, 자신의 개인적 욕구를 사회적 현실과 통합할 수 있게 된다. 개인이 자신의 동기와 행동 모두에 대해 책임을 진다. 대표적인 성격특성으로는 '현명한', '널리 감정이입적인', '내적 갈등을 조정할 수 있는', '개별성에 대한 신봉', '정체성 확립을 위한 역할 조정' 등이다.

이 마지막 단계는 매우 드물어서 대부분의 발달단계는 자율적 단계에서 끝난다. 이 단계는 보다 진보된 발달의 가능성을 제안하기 위한 것이라고 Loevinger는 말한다.

3) 청소년기의 자아발달

Loevinger의 자아발달은 연속적인 유형을 따르지만 그녀가 구분한 발달단계가 다른 많은 이론가들처럼 특정한 연령 수준과 밀접하게 일치하는 것은 아니다. 그래서 동일한 연령의 개인이라도 다양한 자아수준에 속할 수 있다. 청소년은 자기 보호적 단계(1차 전환단계)부터 개인주의적 단계(I-4/5)에 이르기까지 다양한 범위의 단계에 있다. 청소년이 전 순응주의적 단계에 속하는 경우는 비교적 드물지만, 마찬가지로 이들은 자율적 단계나 통합적 단계에도 거의 속하지 않는다.

연령이 증가하면서 타인을 모방하는 단계(순응주의자)를 지나 가치를 내면화하는 단계(양심적)로 옮겨간다는 사실과 더불어, 대부분의 청소년들은 일관되게 순응주의자 단계와 양심적 단계 사이에 있는 것으로 분류하는 경향이 있다. 점차 그들은 독립적인 결정을 하게 되고 자신을 행동의 주도자로 생각하며, 자신의 행동에 대한 책임을 받아들인다. 〈표 6-2〉의 자료는 연령증가에 따라 청소년의 자아수준이 향상되는 것을 보여 준다. 그러나 자아수준과 연령이 동일한 속도로 진행되지 않는다는 것을 알 수 있으며, 자아발달의 진행속도는 하나의 개인적 문제라는 것을 발견할 수 있다.

 〈표 6-2〉 청소년기의 자아발달단계

연령집단	주요 단계
청소년 초기, 12~13세	Δ; I-3; I-3/4
청소년 중기, 15~18세	I-3; I-3/4; I-4
청소년 후기, 18~21세	I-3/4; I-4; I-4/5

2. Erikson의 자아정체감 발달이론

1) 자아정체감의 의미와 속성

(1) 자아정체감의 의미

청소년을 지도하는 데 필수적인 교육내용이 있다면 그것은 바로 정체감이다. 그러나 자아정체감의 의미는 다양하게 사용되고 있으며, 복잡한 형태를 지니고 있다. 자아정체감(ego identity) 이론을 체계화시킨 Erik Erikson에 의하면, 자아정체감은 인간의 전생애에 걸쳐 반드시 획득해야만 할 발달과업(developmental task)임과 동시에 청소년기의 중심적인 발달과업이다. 다시 말하면, 자아정체감은 인간이 반드시 획득해야만 할 과업으로서 생애교육의 내용이라고 할 수 있지만, 이러한 발달과업을 습득하는 데 결정적인 시기(critical period)가 청소년기인 것이다. Erikson의 이론을 청소년 심리학의 핵심적인 이론으로 간주하고 있는 것도 이러한 이유에서다.

먼저, Erikson의 이론에 근거하여 자아정체감의 의미를 분명하게 할 필요가 있다. 일반적으로 자아정체감은 '나는 무엇 무엇과 동일하다'고 하는 것을 의미하는 것으로, '나는 한국인이다', '나는 남성이다', '나는 어머니다'와 같은 실감(實感)을 말한다. '나는 이러이러한 존재라고 생각한다'라든가 '때로 그러한 느낌을 갖는다'와 같은 것을 의미하는 것이 아니라 자기 내면의 깊숙한 밑바탕에서 언제든지 무엇을 하든지 그 점에서만 인생의 모든 것을 볼 수 있을 정도로 개인에게 강한 영향력을 갖고 있는 것을 자아정체감이라고 한다(Erikson, 1968). 그러나 Erikson은 그의 다양한 문헌에서 자아정체감을 한마디로 무엇이라고 정의하지 않고 있다. 이것은 개념상의 혼란을 초래하기 위한 것이라기보다 정체감이 갖는 의미의 다양성과 포괄성을 더욱 확대하기 위한 것이라고 볼 수 있다. 따라서 여기서는 Erikson의 다양한 문헌들에 나타난 정체감의 의미를 몇 가지로 정리해 보고자 한다(한상철·이형득, 1995; 한상철, 1998).

첫째, 자아정체감은 '~로서의 나' 간의 **통합감**을 의미한다. 한 개인은 다양한 지위와 역할을 부여받고 있다. '남자로서의 나', '아들로서의 나', '누구의 친구로서의 나', '학급의 한 구성원으로서의 나' 등 수많은 역할을 지니고 있다. 정체감은 바로 이러한 다양한 지위에 따른 역할들 간의 통합감을 의미한다. 부모나 선생님 앞에서는 얌전하고 착한 학생이면서 친구들 사이에서는 폭력자 또는 무법자가 되고 처음 만난 여자(남자) 앞에서는 또 다른 얼굴을 나타내는 그러한 '나'가 아니라 어떠한 지위의 어떠한 역할에 있어서도 동일한 '나'를 유지할 수 있는 상태를 말한다. 이것은 곧 지위와 역할에 따라 부초처럼 흔들리는 인간이 아니라 '나'에 대한 실감에 기초하여 자신의 지위와 역할을 수행해 나가는 인간의 진실된 모습이라고 할 수 있다. 따라서 정체감은 다양한 역할에 따른 자아의 공간적 일관성이라고 할 수 있으며, 참만남의 인간관계를 가능케 하는 진정한 자아라고 할 수 있다.

둘째, 자아정체감은 과거의 나와 현재의 나, 그리고 미래의 나 간의 **연속감** 또는 일관성을 의미한다. 즉, 인간이 과거와 현재, 그리고 미래를 살아가면서 일관된 '나'를 유지해 가는 것을 말한다. 어제까지는 그런 사람이었고 오늘은 이런 행동을 하는 사람으로서 또 내일은 어떤 행동을 할지 짐작할 수 없는 '나'의 모습이 아니라 자신의 행동에서 항상 신뢰감을 느낄 수 있는 자아의 시간적 연속감을 말한다. 이것은 자신과 타인에게 믿음을 주고 정신적 안정감을 주며, 삶의 가치를 명료하게 해 주는 요인이라고 할 수 있다.

셋째, 자아정체감은 주체적 자아(I)와 객체적 자아(Me) 간의 **조화감**을 의미한다. 자아는 내가 내 자신을 볼 때의 나(주체적 자아)와 내가 다른 사람의 눈에 비쳐지고 있는 것을 내가 지각할 때의 나(객체적 자아)로 구분된다. 주체적 자아가 지나치게 발달된 사람은 다른 사람을 의식하지 못한 채 자신에게만 몰입되어 있는 소위 자아도취적인 사람이라고 할 수 있다. 반면에 객체적 자아가 발달된 사람은 결국 다른 사람의 눈치만을 지나치게 의식한 나머지 자아를 상실하게 될 것이다. 다른 사람들의 생각, 행동, 생활 등을 모방하거나 추종할 뿐이며, 타인들의 눈과 의식에 맞추어서 자기를 만들어 나갈 뿐이다. 어떠한 경우든 이것은 자아도취 또는 존재감 상실로 발전하여 결국에는 부적응행동을 낳게 될 것이다. 정체감은 주체적 자아와 객체적 자아의 완전한 조화로서, 자신의 존재감을 인식함과 동시에 타인과의 원만한 관계를 발전시킬 수 있는 상태를 말한다. 다시 말해서 '나와 너의 관계'를 확립하는 것이다.

넷째, 자아정체감은 '나는 나다'라는 실존의식을 의미한다. '나'라는 존재는 생물학적으로는 부모님의 자식이지만, 실존적 의미로는 '누구로부터의 존재가 아닌 오직 나'인 것이다. 실존 철학자들이 인간을 '피투 되어진 존재'라고 말하는 것은 누구와의 인연으로 연결된 존재가 아니라 옥상에서 돌맹이 하나가 던져져 있듯이 이 세상에 '나'라는 존재가 던져져 있음을 의미한다. 이러한 존재는 누구로부터의 간섭도 배제할 수 있는 절대적 자유를 지님과 동시에 오직 나 혼자라는 근원적인 소외감과 불안감을 수반하고 있다. 이때 근원적인 소외감과 불안감으로부터 벗어나지 못하면 영원한 자기 방종에 빠지게 될 것이다. 소외와 불안으로부터 극복하려는 의지에는 자기 선택과 자기책임을 수반한다. 선택에 따라 소외와 불안을 극복하는 것은 험난한 과정이기에 자유인으로서의 자아와 또 다른 자유인으로서의 타아 간의 진정한 만남을 필요로 한다. 이러한 만남관계에서 자신의 행동에 대한 완전한 책임이 없다면 자유인으로서의 가치는 자기 자신이나 타인에 의해 무시당할 것이다. 그러므로 절대적 자유와 자기 선택, 참 만남 그리고 완전한 책임을 수반하는 실존적 자아의 상태를 자아정체감이라고 할 수 있다.

자아정체감에 대한 위의 네 가지 정의 방식은 상호 밀접한 관련성이 있다. 위의 관점은 다양한 연구 영역에 따라 자아정체감을 폭넓게 해석할 수 있음을 보여 주는 것일 뿐 상호 배타적인 정의가 아니다.

(2) 정체감의 구체적 양태

여기서는 자아정체감이 일상생활 속에서 어떠한 모습으로 나타나는지를 탐색해 보고자 한다. Erikson은 인간문제에 관한 사항뿐만 아니라 역사적 사건 (events)과 지역 및 인종에 관련된 문제에까지도 정체감이란 용어를 광범위하게 적용하고 있다. 중세적 정체감, 신(神)의 정체감, 농민의 정체감, 지역적 정체감, 민족적 정체감 등이 그 대표적인 예다. 이처럼 일상생활 장면에까지 정체감이란 용어를 폭넓게 사용함으로써 종래에 표현할 수 없었던 현상과 문제를 명백하게 표현하고자 했던 것이다. 여기서는 청소년들의 생활 주변에서 많이 접할 수 있는 몇 가지 양태를 구체적으로 살펴보고자 한다.

① 이름으로 나타나는 정체감

보통 "당신은 누구인가?"라고 물으면 "예, 나는 김 아무개라는 사람입니다."라고 이름을 대답한다. 인간에 있어서 자기가 자기인 것을 나타내는 가장 대표적인 수단이 바로 이름인 것이다. 우리들은 김씨 집단의 누구이며, 한씨 가문의 아들이라는 소속감을 갖고 기본적인 신뢰감을 형성해 나간다. 이것이 곧 그 인간의 정체감의 기초가 된다.

그러므로 이름을 바꾼다거나 다른 이름을 가진다는 것은 그 인간이 이전과 다른 존재가 된다는 것이며, 지금과는 다른 존재의 의미를 갖는 것을 뜻한다. 종교에서 회심할 때 얻는 법명이나 영세명의 의미는 말할 것도 없고, 예술가들의 예명 같은 것도 결국은 그 인간의 새로운 존재의미를 되새기는 것에 그 가치가 있다. 새로운 이름은 자신의 존재 가치를 새롭게 할 수도 있지만 자신의 존재 의미를 말살시킬 수도 있다. 일제시대 우리 민족이 목숨까지 버리면서 그토록 창씨개명에 거부반응을 보인 것은 그것이 우리 민족의 지상에서의 의미를 말살시키기 위한 수단이었기 때문이다.

사실 정체감을 인간 심리연구의 핵심 용어로 부각시킨 Erik Erikson도 자신의 이름에 대해 불안정감을 맛본 사람 가운데 한 사람이다. 아버지와 이혼하고 재혼을 한 어머니를 따라 Erikson은 그의 의부 Homburger의 이름을 받아 Erik Homburger로서 자아의식을 갖기 시작하였으며, 그의 최초의 논문도 이 이름으로 발표되었다. 그 후 그는 다시 친아버지의 이름인 Erikson을 사용하기 시작하였다. 그의 의붓아버지인 Homburger는 그를 귀여워해 주었지만, 반면에 사랑하는 어머니와 이혼한 아버지의 성에 대해서는 결코 좋은 감정을 갖고 있었다고 볼 수 없었다. 그러나 그는 Erikson이란 성을 바꾸지 않았던 것이다. 그만큼 친아버지에 대한 정체감을 강하게 지니고 있었던 것이다.

흔히 청소년들 가운데 부모로부터 받은 이름을 바꾸고 싶어하는 이들이 있음을 볼 수 있는데, 이것은 많은 청소년들이 일시적으로 갖는 감정으로서 부모로부터의 심리적 이유(離乳)를 갈망하고 있는 것이라고 할 수 있다. 즉, 부모의 간섭으로부터 해방되고 싶은 욕망의 표현이며, 일종의 자기변신의 욕구 표현인 것이다. 따라서 '나는 아무개이다' 라는 자기 표현은 정체감의 근본이며, 이름에 대한 사랑과 미움은 현재 나에 대한 사랑과 미움의 반영이라고 할 수 있다.

② 발달적 정체감

인간은 성장 발달하면서 각 단계 또는 시기마다 그 나름대로 자부심이나 사명감을 갖게 된다. 이때의 자부심 또는 사명감을 정체감이란 말로 표현할 수 있다. 예컨대, 어리광만 부리고 말도 제대로 하지 못하던 아이에게 새로운 동생이 태어났을 때 "이젠 너도 오빠(누나)가 되었구나."라는 어른들의 말 한마디에 그 아이는 새로운 사회적 지위에 걸맞는 역할을 자각하고 자기상을 바꾸어 가게 된다. 그럼으로써 말투는 물론 모든 행동이 현저하게 어른스러워져 가는 것을 볼 수 있다. 말하자면, 이러한 자기상은 부모의 역할기대가 반영되어 '나도 이젠 아이가 아니라 형(누나)이다' 라는 자부심과 사명감을 갖게 됨으로써 형(누나)으로서의 정체감을 확립한 것이다. 자기의 생일에 나이를 손가락으로 나타내 보인다거나 세 살, 다섯 살 등과 같이 자신의 나이를 말하는 것 또한 어떤 의미에서 발달적 정체감의 표현이라고 볼 수 있다.

학교의 입학식이나 수료식, 입사식, 약혼식 및 결혼식 등도 새로운 역할에 알맞은 사명감을 확인하는 것으로, 새로운 정체감을 몸에 익히는 하나의 마디(구획)가 되는 것이다. 신년회나 망년회 역시 '앞으로는 이렇게 해 보자', '이제부터 더 잘해 보자'는 식의 마음가짐을 가다듬는 것으로 정체감을 확인하는 것이라고 할 수 있다.

　이러한 의미에서 정체감을 '자각'(自覺)이라고도 한다. 재능을 자각한다든가 삶의 스타일을 자각하는 것을 포함할 수 있다. 예컨대 '나는 시인이다', '내 성격이 청소년지도사로 딱 들어맞는다는 것을 마음속 깊이 깨달았다', '지금까지 결점이라고 생각했던 특성이 실은 뛰어난 장점임을 처음으로 알게 되었다' 등의 자각이 곧 정체감이다.

③ 부정적 정체감

　가끔 문화적 기대나 요구는 젊은이들에게 사회의 규범과는 전혀 다른 모순 투성이의 자기상을 갖도록 한다. 실패자, 무능력자, 비행청소년, 불량아 등의 명칭은 성인사회가 그들에게 이름 붙인 딱지다. 사회에 대한 공헌이나 성공의 가능성이 전혀 없다고 판단하는 청소년들은 '자기 정의'(self-definition)로서 이러한 부정적인 말을 받아들여 그것을 더욱 굳히는 행동을 계속함으로써 부정적 정체감(negative identity)을 강화시킨다.

　비행청소년의 경우를 예로 들어 보자. 이들은 '이미 나는 나쁜 놈이니까' 또는 '나 같은 놈은 부모로부터도 선생님으로부터도 동료들로부터도 버림받은 존재가 아닌가' 등과 같은 의식을 가지면서 악(惡)을 향해 충동질을 받고 있는 것이다. 이들의 경우에 어쩌다 한번 각인(imprinting)되어 버린 자신의 이미지에 부정적 정체감이 형성된 것이다. 어떤 비행청소년의 경우는 초등학교 5학년 때 어머니가 자신을 꾸중하는 소리를 들었다. "너는 절대로 잘되지 못할 거야. 못난 녀석 같으니." 그 순간부터 '나는 못난 녀석이다.'라는 부정적 정체감이 항상 귀에서 떠나지 않게 되었다. 때로는 어머니와 솔직한 마음으로 이야기하고 있을 때도 있으나, 그럴 때마다 그에게는 '너는 이렇게 하면 안 돼, 너는 못난 녀석이 아니든가, 어머니와 함께 솔직히 이야기하는 것은 너답지 못 해.'라고 하는 식의 생각을 갖게 되었다.

　Erikson(1968)에 의하면, 부정적 정체감은 병적으로 야심적인 부모에 의해 유발되거나 혹은 유능한 사람들이 실현한 높은 이상들에 비추어 자신의 초라함과 열등감을 발견하고 자신을 방어할 필요가 있을 때 나타난다. 부정적 정체감 가운데는 대항적 정체감(counter identity)이란 개념도 있다. 이것은 자기가 미워하거나 싫어하거나 반발하고 있는 사람이 희망하는 자아상과 반대의 방향으로 행동하는 것을 말한다. 교사가 바라는 대답과는 정반대의 대답만을 하는 학생, 부모가 원하는 복장과 행동의 반대만을 고집하는 여학생 등에서 이러한 사례를 찾아볼 수 있다. 이솝우화의 '청개구리 심보'가 바로 그것이다. 대항적 정체감은 청소년 행동의 구석구석에 침투되어 있으며, 이러한 정체감을 가진 청소년들은 성인들을 골탕먹이는 데서 기쁨과 희열을 맛보며, 그것을 통해 자신의 존재가치를 자각한다는 데 심각한 문제가 있다.

④ 성역할 정체감

성 정체감은 이른바 제2차 성징의 발현과 호르몬의 분비가 있기 훨씬 이전부터 명확하게 나타난다. 즉, 세 살 된 어린아이의 소꿉놀이를 관찰해 보면 비록 언어로 표현되고 있지는 않는다고 하더라도 '나는 남자다', '너는 여자다'라고 하는 성적 정체감이 매우 명확하게 형성되어 있음을 볼 수 있다. 그들의 행동에는 '남자니까 이렇게 해야 한다', '여자니까 이렇게 하면 안 된다'는 성역할이 자리잡고 있는 것이다. Erikson은 유아의 놀이를 관찰한 결과, 남자아이는 나무토막 쌓기라든가 그림 그리기에서 공간을 넓히려고 행동하는 데 비해 여자아이는 공간의 내면을 충실히 하여 모양을 장식하려고 함으로써 성차(性差)가 있음을 발견하였다. 아동기의 이러한 성 정체감은 사춘기 이후 청소년기가 되면서 '남자로서의 나', '여자로서의 나'라고 하는 새로운 성 정체감을 형성하는 데 기초를 제공하며, 이것은 그들의 성격형성에도 크게 작용한다.

성 정체감의 발달은 일반적으로 세 가지 형태가 있다. 첫 번째는 자신을 남자 또는 여자로 인지하는 것이고, 둘째는 남녀의 구별에 기초하여 남자다움(남성성; masculinity) 또는 여자다움(여성성; feminity)을 몸에 익혀서 남성적 역할 또는 여성적 역할을 하는 것이며, 셋째는 성애(性愛)의 대상으로서 이성을 선택하는 것이다. 여기서 알 수 있듯이, 성 정체감은 경우에 따라 성역할 정체감(gender or sex-role identity)과 성별 정체감(sex or sexual identity)으로 구별될 수 있다. 예컨대, 성별 정체감은 생물학적·해부학적 성 차이로서 남자와 여자를 구별하는 것이고, 성역할 정체감은 그가 살고 있는 사회와 문화권이 받아들이고 있는 남성으로서의 남자다움 또는 여성으로서의 여자다움을 의미한다. 요즈음에 문제시되고 있는 유니섹스(unisex)니 모노섹스(monosex)니 하는 것은 사실 성역할 정체감에 대한 혼란, 즉 양성혼란(bisexual diffusion)에서 비롯된 것이다. 이러한 구분에 의하면, 우리가 일반적으로 성 정체감이라고 말하는 것은 성별 정체감에 기초한 성역할 정체감(gender identity)이라고 말할 수 있다.

성역할 정체감의 발달과정을 살펴볼 때, 특히 청소년기는 성인기에 앞서 성인들 사이에 통용되는 성역할 정체감을 반드시 확립해야 하는 시기다. 그렇지 않으면 성인사회에 적응하는 데 실패할 뿐만 아니라 건전한 성격발달에 지장을 초래하게 될 것이다.

⑤ 집단정체감

지금까지 우리는 정체감이란 말을 오로지 개별적 정체감(individual identity)의 의미에서만 고찰해 왔다. 그러나 Freud가 최초로 이 말을 사용했을 때는 유대인으로서의 내적 정체감(inner identity)을 의미하는 것이었다. 이때의 정체감은 하나의 집단에 공통된 동료의식이며, 개인이 속하고 있는 집단에 대한 귀속감 또는 일체감을 뜻한다. 즉, 개인이 자기 민족의 역사가 이룩한 독특한 가치 및 이상들과 내적 결속성을 갖는 것을 말한다. 따라서 집단정체감(group identity)을 민족적 또는 국가적 정체감(national identity)이라고도 한다.

집단정체감이 개념화된 것은 Freud와 Erikson 모두가 유대인으로서 미국사회의 소수민족에 대한 압박을 체험하면서부터다. 타민족 또는 타인종으로서의 피해의식이나 열등감을 갖게 될 때 단결하여 집단의 주체의식을 형성하고 이로 인하여 개인적 주체의식을 발전시켜 나갈 때, 이는 집단정체감과 개인정체감 모두를 발달시키게 될 것이다. 집단정체감과 개인의 자아정체감은 상호보완의 기능을 가지고 있다(Erikson, 1968). 즉, 집단정체감의 발달은 자아정체감을 촉진시켜 주지만 부정적 집단정체감은 자아정체감의 혼동과 부정적 정체감 형성에 기여한다.

소수민족 또는 피압박집단에서 도리어 그 집단의 성원인 것을 숨기거나, 집단으로부터 탈출을 시도하거나, 동료종족 또는 집단성원을 경멸하고 해치거나 하는 부정적 집단정체감을 형성하는 경우가 종종 있다. 흑인운동의 지도자 Newton이 지적하고 있는 흑인의 부정적인 자기상이 바로 부정적 집단정체감의 대표적인 경우다. 그는 입으로는 흑인의 평등과 해방을 주장하고 있으면서도 가능한 한 백인 여성과 결혼하기를 바라는 심정이 흑인들 마음속 깊이 도사리고 있음을 지적하였다. 흑인 자신들이 이러한 인종적 편견을 가지고 있는 한 흑인운동은 실패로 돌아갈 수밖에 없었던 것이다. 이것은 그 당시 흑인들에게 곧바로 부정적 개인정체감으로 이어졌다. 따라서 백인의 미적 기준과는 다른 'Black is beauty'라는 긍정적인 집단정체감을 갖는 것이야말로 어떠한 혁명보다도 우선되어야 할 과제라고 Newton은 주장하였다.

이것은 오늘날 우리 사회에도 그대로 적용될 수 있는 말이다. 무조건 외국 상품만을 선호하고, 한국민임을 스스로 포기하거나 부끄럽게 생각하고, 동포를 매도하거나 사기를 쳐서 자신만의 이익을 챙기는 행위 등은 부정적 집단정체감의 실상이라고 보아도 좋을 것이다. 제도와 행정의 개혁만으로는 부정적 집단정체감과 국민들에게 확산된 부정적 개인정체감을 바로잡을 수 없을 것이다. 정체감 확립의 결정적 시기가 청소년기인 만큼 청소년 교육에서부터 긍정적인 가치관, 자부심, 자신의 가능성에 대한 자각, 존재의미 등을 확립하도록 조력하는 일이 우선되어야 할 것이다.

2) 자아정체감이론의 특징

자아정체감이론은 Erik Erikson에 의해 발전되었는데, 그의 출신과 성장배경은 자신의 정체감 형성 이론에 크게 영향을 미쳤다. 그는 덴마크계 아버지와 유태계 어머니 사이에서 태어났으나, 세 살 때 부모가 이혼한 까닭에 유태계 의붓아버지인 Homburger 밑에서 자랐다. 비유태계 외모를 지닌 그는 유태계 아이들 틈에서 '이방인' 취급을 받았으며, 성장 후에는 구라파의 여러 곳을 전전하다가 1933년에는 나치의 유태인 박해(이때 또 다시 유태인이라는 것 때문에 박해를 받음)에 쫓겨 미국으로 이주하게 되었다. 그는 결국 평생 동안 이방인으로서의 생을 이어가면서도 내적으로는 자기 동질성을 고수하려고 애썼던, 말하자면 몸소 정체감 확립의 어려움을 겪었던 하나의 특수한 사례이기도 하다. 어쩌면 이러한 성장배경 때문에 그의 이론에서 정체감의 문제를 남달리 예리한 통찰력과 깊이를 가지고 서술하고 있는 것이 아닌가 생각된다(서봉연, 1988).

(1) 심리·사회적 발달이론

Erikson의 이론은 기본적으로 Freud의 정신분석 이론에 근거하고 있으나, Freud가 인간발달의 심리 성적(psychosexual)인 면을 강조한 데 비해 Erikson은 사회적인 측면에 역점을 둠으로써 그의 이론을 심리 사회적(psychosocial) 발달이론이라고 한다. 이 점은 Freud 이론과의 비교를 통해 보다 쉽게 이해될 수 있을 것이다.

첫째, Erikson은 Freud와 달리 인간행동과 기능의 기초로서 원욕(id)보다 자아 (ego)를 더 강조하였다. 그는 자아를 성격의 자율적 구조로 간주하고 있을 뿐 아니라 원욕 및 본능의 발달과 평행하게 이루어지며, 사회적응 과정을 따른다고 하였다. 이러한 생각은 인간이 의사결정과 문제해결에 있어서 보다 합리적이고 논리적임을 의미하는 것으로 고전적 정신분석학의 사고로부터 급격한 변화를 보인 것이다. Erikson을 자아심리학(ego psychology)의 아버지라고 부르는 이유도 여기에 있다.

둘째, Erikson은 한 개인과 그 부모와의 관계, 그리고 그 가족이 위치한 역사적 상황에 관해 새로운 해석을 제공하였다. Freud는 부모가 아동의 성격발달에 주는 영향에 관심을 가진 반면, Erikson은 아동의 자아가 형성되는 심리 사회적 환경을 강조하였다. 그는 자아가 사회제도 및 변화하는 가치체계와 어떻게 밀접한 관계를 가지는지를 보여 주기 위해 여러 문화권의 사람들을 사례연구하였다.

셋째, Erikson의 자아발달에 관한 이론은 인간의 전생애를 총망라하고 있다. 이에 비해 Freud는 초기 아동기 경험을 강조하였고, 남근기 이후의 발달에는 큰 관심을 보이지 않았다. 그러나 세심히 고찰해 보면 첫 다섯 단계에서는 두 이론가 사이에 어느 정도 유사점이 있음을 알 수 있다.

넷째, Freud는 무의식의 작용과 존재를 해명하고 초기 외상(trauma)이 성인기의 정신병리에 어떤 작용을 하는지를 설명하려고 하였지만, Erikson은 생활에서 오는 정신 사회적 위험(hazards)을 이겨낼 수 있는 인간능력에 관심을 가졌다. 이와 함께 Erikson의 이론은 다양한 발달단계에서 나타나는 자아 자질(ego qualities), 즉 덕성(virtures)에 역점을 두고 있다. 모든 개인적 위기는 오히려 그것을 극복하고 성장으로 유도하는 도전감을 갖게 하는 것으로 보고, Freud와 달리 인간에 대하여 낙관적인 견해를 갖고 있다.

(2) 점성론

Erikson에 따르면, 사람의 행동과 사고는 생의 특정한 시기에 이르러 질적인 변화를 보인다. 이러한 질적인 변화를 보이는 생의 특정한 시기를 발달단계로 구분하여 전생애를 8단계로 구분하였으며, 각 단계마다 획득해야만 할 행동유형을 발달과업(developmental task)이라고 하였다. 발달과업이란 각 단계에서 반드시 획득해야만 하며, 그렇지 못할 경우 그 단계의 발달장애는 물론 다음 단계의 발달에 커다란 지장을 초래할 수 있다. 그리고 각 단계에 나타나는 질적인 차이는 기본적으로 생물학적 성숙(biological maturation)에 기인한다고 보았으며, 각 단계는 불변적인 순서로 나타난다고 하였다.

Erikson은 자아의 발달이 단계적으로 진행되며, 또한 이러한 단계가 모든 인간에게 공통적일 뿐만 아니라 단계가 진행되는 과정은 성숙의 점성원리(epigenetic principle)에 의해 지배된다고 하였다(epi는 '위에', genetic은 '출현 또는 발생'을 의미). 성숙의 점성원리란 인생주기의 각 단계는 이 단계의 과업이 우세하게 출현하는 최적의 시간(즉, 결정적 시기)이 있고, 모든 단계가 계획대로 전개될 때 완전한 기능을 하는 성격이 형성됨을 암시한다. 다시 말하면, 각각의 행동유형(발달과업)마다 이것이 획득될 수 있는 최적의 시기가 있으며, 최적의 시기(발달단계)에서 그 과업을 획득하기 위해서는 이전 단계까지의 과업들이 누적적으로 영향을 미친다고 보았다.

그리고 각 단계의 발달과업은 '긍정 대 부정'(예, 신뢰감 대 불신감)의 양극(biporality)으로 구성되어 있으며, 이때 '대'는 발달적 위기(crisis)를 의미한다. 각 단계에서 발달적 위기를 순조롭게 잘 극복했을 때는 긍정적인 국면으로 발달할 것이지만 위기를 극복하지 못하였거나 위기 자체를 회피하였을 때는 부정적인 국면의 발달이 이루어지게 된다. 그러므로 각 단계에서의 갈등 또는 위기에 어떻게 대처하는가에 따라 건전한 발달과 부정적인 발달이 결정된다고 할 수 있다.

위기란 '재앙의 위협이 아니고 전환점이므로 세대적 힘과 부적응의 개체 발생적 근원'이라고 할 수 있다(Erikson, 1968).

Erikson의 점성원리에 의한 발달은 [그림 6-1]에 잘 나타나 있다. 여덟 개의

VIII 노년기								통합성 대 절망감
VII 중년기							생산성 대 침체감	
VI 성년기						친밀성 대 고립감		
V 청소년기	시제인식 대 시제혼미	자아확신 대 자아혼미	역할실험 대 역할고착	견습성 대 무력감	자아 정체감 대 역할혼미	성적 분극화 대 양성 혼미감	지도성과 주도성 대 권위혼란	사상의 수행 대 가치의 혼란
IV 잠복기				근면성 대 열등감	업무 동일시 대 무용감			
III 활동 – 남근기			자주성 대 죄책감		역할예견 대 역할억제			
II 근육 항문기		자율성 대 수치 및 의혹			자아상의 확립 대 자기회의			
I 구순기	신뢰감 대 불신감				상호인정 대 자폐적 고립감			

■ □ ■ [그림 6-1] 점성론적 발달

각 발달단계에서 위기를 어떻게 극복하느냐에 따라 두 가지의 상반되는 결과가 야기된다. 만일 갈등이 성공적이고 건설적으로 해결되었을 때는 적극적인 형질이 인격 속에 구성된다. 그러나 위기가 계속되거나 불만족스럽게 종료될 때에는 부정적인 형질이 생겨서 다음의 발달단계에 장애요인이 될 뿐만 아니라 정신병리적 현상을 초래할 수도 있다.

[그림 6-1]은 청소년기 이전의 4단계의 과업이 청소년기의 '자아정체감 대 역할혼미'에 어떻게 영향을 미치는지를 나타내고 있다. '신뢰감 대 불신감'은 '상호인정 대 자폐적 고립감'으로, '자율성 대 수치 및 의혹'은 '자아상의 확립 대 자기회의'로, '자주성 대 죄책감'은 '역할예견 대 역할억제'로, 그리고 '근면성 대 열등감'은 '업무동일시 대 무용감'으로 각각 발전하여 청소년기의 발달과업인 자아정체감 대 역할혼미에 누가적으로 작용하게 되는 것이다. 그리고 청소년기 단계에 가로로 제시된 여덟 개의 속성은 자아정체감 대 역할혼미의 각 발달단계별 특징을 나타낸 것이다. 이것은 청소년기의 발달과업을 구체화한 것일 뿐만 아니라 정체감을 인생 전체의 발달과업으로 묘사한 것이다. 즉, Erikson은 정체감 위기가 청소년기에 가장 현저하고 특징적인 것이기는 하지만 이것이 인생 전반을 통해서 나타난다고 주장하였다.

3) 청소년기의 정체감 위기와 형성과정

(1) 청소년기의 정체감 위기

정체감 위기(identity crisis)는 전 생애 가운데 어떤 단계에서도 나타날 수 있지만, 특히 청소년기에 가장 많이 그리고 가장 심각한 수준으로 나타난다. 청소년기가 시작되면서 대부분의 청소년들이 가장 먼저 겪게 되는 정신적 과제는 '나는 누구인가?', '나는 어디서 와서 어디로 가는 존재인가?', '내가 나라고 말할 수 있는 것은 무엇인가?' 등과 같은 심각한 정체감 혼란이다. Erikson(1959)에 따르면, 자아정체감의 형성은 청소년기에 비로소 시작되는 것도 청소년기에 끝나는 것도 아니다. 그럼에도 불구하고 청소년기에 와서 정체감 위기가 왜 가장 크게 문제시되며, 정체감 확립이 중요시되는가? 이것은 청소년기에 들면서 다음과 같은 여러 가지 요인들이 그들의 정체감 위기를 유발하기 때문이다.

첫째, 청소년기에 들면서 내적 **충동의 질적·양적 변화**가 일어나기 때문이다. 청소년은 사춘기의 시작과 더불어 급격한 신체발달과 성적 성숙의 발달이 이루어진다. 이러한 양적인 변화와 함께 신체 내부에서는 여러 가지 질적인 변화가 일어난다. 양적인 변화는 쉽게 관찰할 수 있는 부분이지만 질적인 변화는 다소 복잡한 양상을 띠게 된다.

이전까지 비교적 온화하게 유지되어 온 원욕(id), 자아(ego), 초자아(superego) 간의 심리적 역동의 균형이 성적 성숙으로 말미암아 깨어지게 되면서, 이들의 자아는 원욕에서 발생하는 새로운 심리적 역동을 조절하고 통합하지 않으면 안 된다. 왜냐하면 전 단계에서는 아직 발동하지 않았거나 혹은 일시적으로 승화시킬 수 있었던 성적 충동들이 이 시기에 와서 새로운 양상을 띠게 되고, 남근기적 갈등(oedipus conflict)을 야기하기 때문이다(Maier, 1965). 이성(異性) 부모에 대한 애정이 동년배 이성 친구에게로 지향된다는 점에서 남근기와 차이가 있지만, 이성에 대한 충동이 너무나 강하고 급격하기 때문에 자아가 위협과 불안을 느끼게 된다. 따라서 이러한 위협으로부터 자아를 방어하고 불안으로부터 벗어나기 위해서는 자아의 힘을 강화시키고 자아의 역동적 구조를 통합시키지 않으면 안 된다.

이와 같은 심리 역동적인 국면에서 개인의 자아는 자아통합(ego-synthesis)을 이루어야 할 필요성에 직면하게 된다. 그러나 이 시기의 청소년들은 자아의 힘이 부족하고 자아구조를 통합할 능력이 부족하기 때문에 근본적으로 자기 존재감에 대해 회의적이고 부정적임과 동시에 '나는 누구인가?', '나는 어디서 와서 어디로 가는 존재인가?'를 반문하게 된다. 이것이 곧 그들의 정체감 위기이며, 피할 수 없이 자신의 정체감 확립을 위해 노력해야 할 운명에 처하게 된다.

둘째, 청소년이 경험하는 **상충적인 사회적 요구** 때문이다. 청소년은 아이도 성인도 아닌 이른바 주변인으로서의 존재적 특징 때문에 많은 양가적인 상황(ambivalent situation)에 처하게 된다. 가정에서 그들은 아직 미혼이며 경제적 독립이 성취되기 전인 만큼 어쩔 수 없이 부모에게 의존적일 수밖에 없다. 그러나 다른 한편으로 어른들은 나이와 체구에 걸맞게 독립적이기를 기대하고 책임 있는 행동을 요구한다. 그리고 사회에서도 역시 Erikson이 지적한 바와 같이 성인으로서의 책임이 유보되고 있는 이른바 유예기(moratorium)인 만큼 사회문제에 대해 어떠한 관심이나 참여도 하지 않도록 보호되고 경계되는가 하면, 다른 한편으로는 사회문제에 대해 관심과 책임을 갖도록 자극된다. 이와 같은 양가적인 상황적 자극과 요구에 빈번히 부딪히게 되므로 이 시기의 청소년들은 '나는 누구인가?'와 같은 정체감 위기를 겪게 되며, 이를 극복하기 위해 노력하게 된다.

셋째, 청소년기가 되면서 선택을 강요받게 된다는 점이다. 즉, 진학을 할 것인가 포기할 것인가, 진학한다면 어떤 전공을 택할 것인가, 만일 취업을 한다면 어떤 직종을 택할 것인가 등의 선택적 상황을 수없이 경험한다. 이와 같은 상황에서 청소년들은 잠정적인 결정이든 최종적인 결정이든 간에 자기 스스로 결정을 내려야 한다. 그들은 아직 완전한 성인은 아니지만 이전 시기처럼 전적으로 부모나 혹은 다른 성인에 의지할 수만도 없다. 스스로의 선택에는 책임이 수반될 뿐만 아니라 미래의 삶의 방향이 좌우될 수 있다는 점에서 불안감과 초조감은 커질 수밖에 없다. 이와 더불어 자신의 인생을 스스로 명쾌하고 신속하게 결정할 수 없는 자신의 무능력과 미숙함을 자각하고, 이를 보상하고자 일시적인 강한 성취동기를 갖기도 한다.

이러한 상황이야말로 그들에게 '나는 아무것도 할 수 없어', '나는 어디서 와서 어디로 갈 것인가'와 같은 정체감 위기를 초래한다. 이를 극복하기 위한 노력으로서 그들은 이전까지 느슨하게 생각해 온 자기 자신에 대해 고뇌스러울 만큼 진지하게 새로운 탐색작업을 펴 나가는 동시에 자기가 놓인 상황의 여러 가지 가능성을 점검하게 된다.

넷째, 청소년기에 증대되는 인지능력이 그 원인이 될 수 있다. 제4장에서 살펴보았듯이, 청소년기는 인지능력에 있어서 이전 시기와는 질적으로 다른 발달 양상을 보인다. 시간적 제한은 현재에 제한되지 않고 과거와 미래로 확장되는데, 이것은 그들의 사고가 현실적 구속을 벗어나 가능성의 세계로 확대됨을 의미한다. 이와 같은 인지적 능력의 발달은 자기 자신에 대한 탐색과정, 예컨대 자신의 위치, 역할, 가능성, 가치 및 이념 등에 대한 검토와 확인, 재규정 등에 영향을 미치게 된다. 그러므로 이 시기의 청소년들은 자신의 문제를 검토하는 데 있어서 예리하고 심도 깊고 다면적이다. 이러한 특성으로 인해 청소년들은 다른 어떤 시기보다 자아정체감 확립과정에서 더 많은 고민과 갈등을 경험한다고 할 수 있다.

다섯째, 동일시 대상의 변화를 들 수 있다. 청소년은 지금까지 자신의 심적 참조체계로서 간직해 왔던 이전의 동일시 대상들이 그 유용성을 상실하게 됨으로써 새로운 대상을 동일시하거나 이전 동일시 대상들을 새로운 참조체제로 통합하게 된다. 사람들은 성장하는 과정에서 자기가 좋아하거나 중요한 의미를 부여하는 사람을 동일시하여 그들의 행동양식, 기호, 가치 등을 내면화해 가기 마련이지만, 청소년기가 되면서 좋아하는 인물이나 의미 있는 대상이 크게 바뀜으로써 정체감의 위기를 경험하게 되는 것이다.

아동기까지는 비교적 보호된 세계 속에서 생활하며 그들의 인지능력과 시간적 조망이 한정되어 있고 결정적으로 단안을 내려야 할 중요한 선택들이 별로 없기 때문에 마음대로 어떤 때는 개구쟁이가 될 수도 있고, 어떤 때는 한 반의 책임감 있고 성실한 반장이 될 수도 있었다. 그러나 청소년에게는 그러한 자유로운 방종이 더 이상 허용되지 않는다. 왜냐하면 청소년에게는 그들 속에서 일어나고 있는 변화가 너무 많고 반드시 내려야 할 결정들 또한 많으므로 이 많은 충동과 요구들을 조화로운 전체 속으로 수렴하지 않으면 안 되기 때문이다. 그래서 이 시기의 청소년들은 어떻게 해서든지 이전의 동일시 대상들과 현재의 동일시 대상들을 일관된 참조체계 속에 통합시키기 위해 노력한다.

(2) 청소년기의 자아정체감 형성과정

Erikson은 생애발달 과정을 8단계로 구분하고, 각 단계의 발달과업을 제시하였다. 이들 각 발달단계별 발달과업을 모두 설명하기에는 지면의 한계가 있으므로 여기서는 청소년기의 발달과업인 자아정체감의 형성과정에 대해 살펴보고자 한다. 청소년기의 정체감 형성과정에 대해 Marcia(1966)는 정체감 지위(identity status) 이론을 제안하였는데, 이것은 Erikson이 주장하는 정체감 확립과정을 보다 구체화한 것이다. Marcia는 각 발달단계에서 긍정적 발달과업의 획득을 위해 공통적으로 필요한 두 가지 요소, 즉 위기(crisis)와 관여(commitment)를 근거로 정체감 형성과정을 네 가지 지위로 구조화하였다. 네 가지 지위는 정체감 혼미, 조기완료, 지불유예 그리고 정체감 성취다(한상철, 1995; 1998; 한상철·임영식, 2000).

첫 번째는 사춘기를 전후하여 나타나는 정체감 혼미(identity diffusion)다. 이 상태에서는 발달과업의 성취를 위한 위기의식이나 대안이 없으며, 또한 개인의 관여도 이루어지지 않고 있다. 사춘기의 청소년들은 신체 생리적인 변화와 사회적 요구의 변화, 그리고 동일시 대상의 변화 등을 겪으면서 소위 '나는 누구인가', '나는 어디서 와서 어디로 가는 존재인가' 등과 같이 삶에 대해 궁극적인 질문을 던지고 그 해답을 찾기 위해 방황하게 되는데, 이것이 정체감 혼미의 대표적인 특징이다.

이러한 현상은 청소년 초기의 보편적 현상이지만 대부분의 청소년들은 자신이나 부모, 형제, 교사 또는 친구들의 도움에 의해 이를 슬기롭게 극복하거나 해결하게 된다. 그러나 일부 청소년들은 이러한 현상이 지속되면서 갖가지 방황과 일탈행동을 경험한다. 정체감 혼미를 겪고 있는 청소년들은 자신이 소유할 수 있는 것은 무엇이든 소유하려고 한다. 돈이든 물건이든 지위이든 여자이든 그들이 탐욕해 하는 모든 것을 소유할 수 있다고 보는 것이며, 그것이 제대로 소유되지 않을 때 그들의 욕망이 행동화되거나 심지어 폭력으로 나타나기도 한다. 이러한 특성은 '신뢰 대 불신'의 위기가 미해결된 상태에서 비롯되는 경향이 높으며, 방탕아적 혼미 상태를 거듭하게 된다. 또한 이들은 존재하는 위기를 부정하고 약물이나 알코올, 섹스 등의 방법으로 위기를 회피하기도 한다. 그럼으로써 일시적으로 정신적 안정을 찾기도 하지만 이것이 지속되거나 심각할 경우 정신분열이나 자살행동으로 이어지기도 한다.

'나는 누구인가?'라는 질문을 하였을 때 이들은 대체로 '나는 아무도 아니다', '나는 내가 누구인지를 모른다', '나는 내가 아니다' 등의 혼란스러운 반응을 보인다(Kuhn, 1954). 그리고 이들은 심리적인 유동상태에 있기 때문에 어떠한 유혹이나 영향력에도 쉽게 노출되고 자신의 성격을 확신하지 못하고 대인관계에 일관성이 없는 등의 심리적 특성을 나타내고 있다.

두 번째는 조기완료(foreclosure) 수준으로서 가치와 직업, 개인적 이념 등에 관여는 하고 있지만 위기의식은 없는 상태다. 이들은 사춘기의 심리적·사회적·육체적 혼미로 인한 정신적 고통을 일시적으로 회피하기 위하여 부모나 기성세대 또는 동료에 의해 만들어진 기존의 가치체제를 그대로 수용하려고 한다. 따라서 외형상으로는 안정된 상태인 것처럼 보인다. 가치체제가 고착화되어 있고 권위주의적인 태도를 보이며, 자신의 정신적 지주라고 할 수 있는 성인(부모)에게 절대적으로 의존하는 경향이 높다. 조기완료 상태가 지속되면 자신의 진정한 자아와 삶의 주체성을 상실하게 되며, 융통성이 결여되게 된다.

'나는 누구인가?'라는 질문에 대해 '나는 아빠의 귀여운 딸이다', '나는 형님의 동생이다' 등의 의존적 반응을 나타낸다. 자신을 타인과의 관계에 의해서만 정의하고자 하는 것이다. 대체로 남자들보다 여자들에게 많이 나타나는데, 이는 남녀 간의 문화적 차이에서 비롯되었다고 볼 수 있다.

세 번째는 지불유예(moratorium) 시기로서 관여는 거의 이루어지지 않지만 위기 상황을 경험하고 있는 상태다. 자기 삶의 주체성과 독립성을 주장하기에는 무언가 불안하고 또 자신감도 없는 까닭에 아동도 아니고 성인도 아닌 어중간한 청소년으로서의 특권을 계속 유지시켜 나가고자 하는 일종의 정체(停滯)시기라고 할 수 있다. 이들은 좀처럼 자신의 현재의 위치를 바꾸려고 하지 않지만, 새로운 차원의 가치체계에 도전의식을 갖는다(Mead, 1961). 따라서 자신의 태도를 고정시켜 놓고는 기존의 가치체계나 권위주의에 대해 도전하고 비판하고 모험을 감행함으로써 나름대로 위기를 경험하고 있는 것이다. 이들의 행동이나 생각은 불예측적이다. 그러므로 외형적인 행동에서는 정체감 혼미와 유사하게 방황하고 과격하지만 열망을 나타내고, 자신의 사회적·직업적 역할을 탐색하며, 가치관 정립을 위해 노력하고 있다는 점에서 차이가 있다.

Erikson은 청소년의 마음은 본질적으로 유예상태라고 주장하지만 Marcia는 정체감 성취의 전제조건이라고 하였다. 청소년기가 지불유예의 특징을 가지고 있든 정체감 형성의 전제조건이든, 아직도 정체감이 형성되지 않은 역할혼미의 연장임에 틀림없다.

마지막으로 정체감 성취(identity achievement)가 이루어지는데, 이것은 위기와 관여를 모두 경험한 상태를 말한다. Erikson의 이론을 자아정체감이론이라고 말하는 것은 이 시기의 정체감이 인생 전체 발달과업의 수직적·수평적 통합일 뿐만 아니라 생애 동안 반드시 획득해야만 하는 과업으로서 그 중요성이 매우 크기 때문이다. 정체감 성취가 이루어진 청소년은 자신감과 성취의욕이 높으며, 일반적으로 인지능력과 과업수행능력도 높다. 그리고 대인관계가 원만하고 융통성이 뛰어나며, 유머감각도 우수한 것으로 보고되고 있다. 이들은 심리적으로 안정되어 있으며, 독자적인 삶을 개척해 나갈 수 있는 용기와 책임의식을 가지고 있다. 집단 리더로서의 충분한 자질을 발휘하며, 또래들의 부정적 영향에 쉽게 유혹되지 않는다. 부모와의 안정적 애착과 사회적 지지를 높게 지각하는 청소년일수록 정체감 성취가 높은 것으로 보고되고 있다.

정체감이 확립된 청소년의 경우 성인사회에 진입할 충분한 자질을 가졌다고 볼 수 있다. 성인기 이후 친밀성과 생산성, 그리고 통정성을 확립할 수 있는 준비태세를 갖춘 것이다. 이들로부터 청소년기의 비행이나 일탈행동은 거의 찾아보기 어렵다.

청소년기에 자아정체감 성취를 촉진시킬 수 있는 방법으로 체험과 경험교육이 가장 효과적이다. 다양한 체험활동과 모험활동, 여가활동, 대인관계의 양적·질적 확대, 여행, 독서 등이 권장할 만한 요소다. 그러므로 학교교육과정이 교과 중심의 지적 교육에 치중되어 있는 한 청소년기의 자아정체감 확립은 요원한 과제가 되고 말 것이다. 청소년 후기에 해당하는 우리나라 대학생들의 정체감 성취 지위가 30~35% 수준에 불과하다는 연구결과들은 청소년 교육에서 시사하는 바가 매우 크다고 하겠다.

::07 청소년기의 사회적 맥락

청소년기가 되면 생물학적·인지적·정서적 변화와 더불어 사회적 역할과 지위에 있어서 커다란 변화를 겪는다. 이와 같은 변화는 청소년 개인의 발달에 직접적인 영향을 미치며, 성인됨으로의 질적인 발달을 촉진시키는 중요한 요인이 된다. 청소년의 발달과 관련이 있는 사회적 맥락 가운데 대표적인 것은 가정과 사회, 학교지만 이 밖에 청소년의 실생활과 밀접하게 관련되어 있는 생태학적 요인으로 성역할의 습득, 교우관계와 이성관계의 형성, 부모-자녀관계의 변화 등을 들 수 있다.

생태학적 접근(ecological approach)은 인간의 발달을 개인이 몸담고 있는 실제 삶의 맥락에서 이해하고 연구하고자 하는 접근을 말한다. 즉, 개인과 환경적 맥락 간의 관계를 통해 각 문화권 특유의 발달적 양상을 식별해 내려는 접근이다. 이 접근은 청소년기 심리발달의 뿌리를 신체 및 성적 성숙에서 찾고 있는 정신분석학적 접근과 반대의 입장을 취하고 있다. Margaret Mead(1950)의 사모아 섬 연구를 통해 알 수 있듯이 문화적 환경은 가장 일찍부터 청소년학자들에게 관심의 대상이 되어 온 생태학적 맥락의 하나다. 이 밖에도 Bronfenbrener(1977)를 중심으로 하는 인간발달의 생태학적 모형과 Lerner(1986)의 맥락주의적 모형 또한 최근에 각광받고 있는 이론으로서 특정 문화와 환경이 청소년기의 발달에 미치는 영향을 강조하고 있다. 이 장에서는 먼저 이들 이론 가운데 Mead의 문화인류학적 모형과 Bronfenbrener의 생태학적 모형을 간단히 소개하고자 한다. 그리고 생태학적 접근에 기초한 사회적 맥락 요인 가운데 청소년들에게 가장 영향력을 행사하는 것으로 판단되는 가정과 학교, 또래집단, 이성관계, 성역할 등에 대해 살펴보고자 한다.

1. 생태학적 이론

1) Mead의 문화인류학적 모형

청소년학에 있어서 문화인류학적 접근은 Boas(1950)의 문화적 상대론에 근거한다. Boas는 인간의 발달적 특성을 형성하는 것은 생물학적 기제가 아니라 사회적 요인이라는 문화적 결정론을 주장하였다. 그는 Hall이 청소년기를 질풍노도의 시기라고 비유한 것에 반대하면서, 질풍노도와 같은 청소년기의 혼돈과 위기는 성호르몬 분비에 기인하는 것이 아니라 고도로 경쟁적인 사회구조가 만들어낸 문화적 부산물이라고 하였다.

Boas의 제자인 Mead(1901~1978)는 사모아 섬의 청소년들에 대한 연구를 통해 문화적 상대론을 경험적으로 입증하였다. 그는 서구의 청소년들과 달리 사모아 섬의 젊은이들은 평화롭고 즐거우며 행복한 청소년기를 보낸다는 사실을 관찰하였다. Mead는 청소년기가 긴장과 갈등과 성적 혼돈을 겪는 시기가 될 것인지 또는 조화롭고 행복한 시기가 될 것인지의 여부는 전적으로 문화적 맥락에 의존하는 것으로 판단하였다. 동일한 뉴기니아 종족이면서도 척박한 산속에서 살면서 서로 협력하여 먹을 것을 거두어들여야 하는 아라페쉬족의 청소년들은 협조적이고 따뜻하며 평화롭고 유순한 데 반하여 정글의 물살이 센 강에서 혼자 고기를 잡아 생계를 유지해야 하는 문드구모아족의 젊은이들은 잔인하고 공격적이며 자기주장적이고 경쟁적인 성격을 갖게 된다는 관찰결과(Mead, 1935, 1950)는 문화적 상대론을 입증하는 것이다(송명자, 1995).

그러나 Mead의 연구는 사모아 섬의 청소년들과 6년간 함께 생활하면서 그들의 특성을 관찰한 오스트레일리아의 문화인류학자인 Freeman(1983)에 의해 전적으로 오류라는 비판을 받았다. Freeman은 사모아의 젊은이들도 서구의 청소년들과 마찬가지로 경쟁, 폭력, 죄의식, 억압된 성적 욕구 등을 지니고 있다고 주장하면서, 청소년기 심리적 특성은 생물학적 요인과 문화적 요인의 상호작용에 의해 결정되는 것이라는 통합적 입장을 제시하였다.

2) Bronfenbrener의 생태학적 모형

Bronfenbrener(1977)가 주도한 발달의 생태학적 모형은 청소년의 발달에 영향을 미치는 맥락적 요인들을 거시적이며 종합적으로 이해할 수 있는 틀을 제공해 주고 있다. 그가 제시한 다섯 가지의 사회 문화적 주도체계(미시체계, 중간체계, 외체계, 거시체계, 시간체계)와 이들 체계 내에서의 상호작용을 이해하는 것은 청소년기 발달을 연구하는 중요한 배경이 된다. Bronfenbrener가 제시한 생태학적 발달모형은 [그림 7-1]과 같다.

[그림 7-1]에서 미시체계(micro-system)는 청소년들이 직접 접촉하는 친밀한 물리적 환경으로서 청소년의 발달에 강력한 영향력을 행사한다. 생애 초기에는 집과 가족이 미시체계를 대표하지만 나이가 들면서 놀이터, 학교, 또래친구, 여름 캠프, 교회 등이 중요 미시체계가 된다. 이들 요인들은 청소년과 지속적이고 의미 있는 상호작용을 갖는다. 일반적으로 청소년기의 또래 미시체계는 다양하고 강력한 영향력을 행사하는데, 지위와 특권, 우정, 인기, 수용의 측면에서 사회적 보상을 제공하기도 한다. 한편 이 시기의 또래체계는 부정행위, 도둑질, 흡연, 총기사용, 음주, 약물남용, 무책임한 성행위 등과 같은 해로운 행동을 조장하거나 보상함으로써 강력한 부정적 영향력을 발휘하기도 한다. 건강한 미시체계는 부모의 풍부한 정보 제공과 안정적인 애착 제공, 또래집단의 가치 있는 규범 수용, 성역할 정체성 확립 등을 포함하는 것으로, 이것은 청소년의 발달을 촉진하며 미래 성공의 기회를 제공하게 된다.

중간체계(mesosystem)는 미시체계 사이의 관계나 상황들 사이의 연관성을 나타낸다. 예를 들면, 가족경험과 학교경험의 관계, 학교생활과 직장생활의 관계, 가족환경과 또래 우정 형성의 관계 등을 들 수 있다. 즉, 가정에서 부모에 의해 거부된 청소년들은 학교에서 교사들과 긍정적인 관계를 형성하는 데 어려움을 겪게 된다. 이와 같은 관련성에 대한 정보가 청소년들의 중간체계를 형성한다. 중간체계는 미시체계처럼 실제적인 대인관계에 초점을 두지만, 서로 다른 미시체계 간 연결고리 또는 상호호혜적 상승관계를 일관성 있게 강화하거나 갈등적인 형태로 작용할 수 있다. 예를 들면, 부모와 또래친구의 가치관이 조화로울 수도 있고 갈등적일 수도 있다. 또래들이 학업을 방해하고 부모가 자녀의 학업을 지

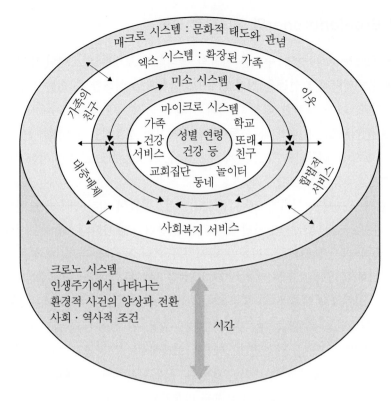

■□■ [그림 7-1] Bronfenbrener의 생태학적 발달이론

원해 주지 않는다면, 이것은 청소년 개인의 학업적 성취를 일관되게 그리고 조화로운 형태로 저해하게 된다. 중간체계 내 요인들의 일관성 있는 가치체계가 갈등적인 가치체계보다 긍정적이든 부정적이든 더 강력한 영향력을 발휘하는 것이 사실이지만, 스트레스를 덜 유발시킨다는 것 또한 분명하다.

외체계(exosystem)는 청소년이 살고 있는 좀 더 큰 지역사회 장면이다. 청소년이 외체계 의사결정에 직접 참여하지 않을지라도 이러한 의사결정은 청소년의 삶에 직접적 또는 간접적(부모나 학교를 통해)으로 영향을 미친다. 외체계는 청소년의 미시체계 및 중간체계의 질을 박탈하거나 강화할 수 있다. 외체계의 의사결정은 청소년이 무엇을 하고 무엇을 할 수 없을지에 영향을 준다. 예컨대, 부모의 직장세계와 직장상황은 청소년이 살아가는 조건에 강력한 영향을 준다. 부모의 직장 상사는 부모가 어디에서 일할지, 무슨 일을 할지, 얼마만큼 벌지, 여가를 얼마나 갖게 될지 등을 결정한다. 더욱이 중요한 것은 고용주는 아버지를 동해안에서 서해안으로 전근시킬 수도 있고, 완전히 해고시킬 수도 있다. 이러한 결정들은 청소년 자녀의 미시 및 중간체계에 심각한 영향을 미친다. 전통적인 많은 연구자들은 어머니의 취업이 아동이나 청소년에게 미치는 영향에 대해 조사하였지만, 일관성 있는 연구결과를 제시해 주지 못하고 있다. 생태학적 접근은 외체계 변수들뿐만 아니라 관련 있는 중간체계와 미시체계 변수들을 투입변인으로 삼고 있으며, 이들 요인들 간의 상호작용을 분석하는 데 초점을 둔다.

거시체계(macro-system)는 개인이 살고 있는 문화와 환경에서 일어나는 사건, 그리고 사회 및 역사적 환경양식을 포함한다. 전체적으로 아치처럼 펼쳐 있는 일반 사회계획을 포괄함으로써 비록 간접적이기는 하지만 청소년 개인의 삶에 중요한 영향을 미친다. 아치처럼 펼쳐져 있는 체계 내부에는 발달 촉진적인 신념체계, 자원, 위험요소, 생활양식, 기회구조, 인생과정의 선택권과 사회적 상호작용 유형들이 함께 존재하며, 이들은 서로 연관되어 있다. 구체적으로 일반적인 문화, 정치, 사회, 법, 종교, 경제, 교육에 대한 가치관, 공공정책 등이 포함되어 있다. 유대교와 기독교 공통의 문화권, 사회주의 국가, 천주교, 자본주의, 산업국가 등에 대해 언급할 때, 우리는 거시체계 속성을 언급하는 것이다. 거시체계는 사회관습과 유행을 언급하고, 외모의 매력에 대한 기준을 제시하고, 성별에 따라 적절한 행동과 부적절한 행동을 정의한다. 예컨대, 메마른 체형을 미와 성적 매력과 동일시함으로써 청소년들로 하여금 신경성 식욕부진증(거식증)이나 신경성 폭식증과 같은 섭식장애를 초래하도록 할 수 있는데, 이와 같은 문제행동은 거시체계, 즉 외모에 대한 문화적 기준의 왜곡 때문이라고 볼 수 있다.

마지막으로 시간체계(chronosystem)를 들 수 있는데, 환경에서 일어나는 사건과 사회 역사적 환경의 양식을 포함한다. 예를 들면, 이혼이 자녀에게 미치는 영향을 연구할 때, 연구자는 이혼 후 첫 일 년이 부정적인 영향이 최고조에 달하고 그 영향은 딸보다는 아들에게 더 부정적이라는 것을 발견하게 된다(Hetherington, 1996). 이혼 후 2년쯤 지나면 가족 간의 상호작용은 덜 혼란스럽게 되고 안정을 되찾게 된다. 또한 사회 문화적 맥락에서 볼 때, 오늘날의 소녀들은 20~30년 전보다 직업을 갖도록 장려된다. 이와 같은 방식으로 시간체계는 청소년의 삶에 강력한 영향을 미치게 된다.

2. 가정환경과 청소년

1) 청소년기 가정환경의 변화

자녀가 아동에서 청소년으로 성숙됨에 따라 청소년 자녀와 가족구성원과의 관계도 커다란 변화를 겪는다. 이러한 변화는 청소년기에 나타나는 생물학적 · 인지적 · 정서적 변화에 기인한다. 예를 들어, 청소년은 그들이 아동기의 어린 자녀였을 때보다 부모에게 덜 의존적이고, 부모의 가치나 의견에 대해 덜 복종적이된다. 따라서 아동과 부모의 관계가 주로 부모의 일방적 지시적 관계라면, 청소년 자녀와 부모의 관계는 대화와 협상의 관계로 변화된다(Maccoby, 1983; Kaplan, 2004).

청소년 자녀의 변화와 더불어 부모 역시 중년으로서의 새로운 변화를 겪는다. 대체로 첫 아이가 청소년 초기에 접어들 때쯤이 되면 부모들은 40, 50대의 중년에 해당된다. 많은 연구들이 중년을 인생에서 매우 힘든 시기로 규정하고 있는데, 이를 중년의 위기라고 부르기도 한다(Levinson, 1978). 중년기의 변화는 대체로 다음의 두 가지 측면에서 생각해 볼 수 있다. 상황을 몇 가지로 정리해 보면 다음과 같다. 첫째, 청소년 자녀가 신체적 · 성적으로 성숙하고 상승적인 변화를 경험할 때, 중년의 부모는 자신이 과거에 비해 약해지고 덜 매력적으로 변했다고 생각한다. 둘째, 청소년 자녀는 자신의 미래에 대해 긍정적인 사고를 하고 장래에 선택할 수 있는 대안이 많이 있는 데 반해 중년의 부모들은 자신이 선택할 수 있는 대안이 제한되어 있다는 것을 실감하게 된다. 따라서 이들은 자신이 지금까지 해 왔던 것을 바꾸거나 새로운 일을 시작하는 것이 매우 어려우며, 젊은 시절의 이상과 현실의 간격을 좁힐 수밖에 없다는 허무감에 젖어든다. 주로 성인기의 성격발달을 연구한 Neugarten과 Datan(1975)은 중년기 이전의 사람들은 자신이 얼마나 살아왔으며 어떻게 살아왔는지를 생각하지만, 중년기 이후의 사람들은 앞으로 인생이 얼마나 남아 있는지에 대해 생각한다고 하였다.

이러한 중년의 변화는 가족관계에도 중요한 영향을 미친다. 예를 들어, 청소년 아들과 팔씨름을 한 아버지는 자신이 얼마 전까지 아들에게 일부러 져 주기도

했지만, 이제는 아들에게 지거나 힘겹게 이길 수밖에 없다는 것을 느끼게 된다. 또한 청소년이 된 딸 역시 부모, 특히 아버지가 너무 조심스럽고 속이 좁으며 대화하기 어렵다고 불평을 하며, 의사결정을 할 때 부모의 의견을 고려하지 않고 스스로 결정하기도 한다. 가족관계에서 역할의 변화는 신체적, 사회적으로 위축되어 있는 중년의 부모에게 스트레스로 작용하며, 중년기 우울을 가중시키는 요인이 되기도 한다.

사실 많은 연구들은 청소년들의 자율성 추구가 부모에게 스트레스로 작용한다고 보고하고 있다(Small et al., 1988). Silverberg와 Steinberg(1990)에 따르면, 동성 자녀의 성숙이 부모의 스트레스를 가중시키는 주요 요인이라고 지적하였다. 그러나 자신이 몰두할 수 있는 일을 가지고 있는 부모들은 이러한 스트레스를 잘 극복하였으며, 자존심이 높은 부모들은 그렇지 않은 부모에 비해 자녀들과 긍정적인 관계를 유지하는 경향이 높다. 특히, 자존심이 높은 어머니는 자녀들의 자율적인 행동을 많이 허용하였으며, 자녀들과 효과적인 대화를 나누었다. 한편, 자녀들이 부모가 그들에게 자율성을 많이 보장한다고 느낄수록 청소년 자녀는 부모에게 덜 도전적이 되고, 부모 역시 자녀와의 관계에서 스트레스를 더 적게 느끼는 것으로 알려지고 있다(한상철·임영식, 2000).

가정환경의 변화와 관련하여 최근 들어 주목할 만한 사항은 이혼이나 별거 등으로 인한 가족구조의 변화다. 특히, 부모의 이혼은 청소년 자녀에게 많은 영향을 미친다. 그러나 그 영향은 모든 아이들에게 동일하게 나타나지 않으며, 자녀의 발달단계에 따라서도 다른 효과를 나타낸다는 점에서 복잡한 양상을 띠고 있다(Sim & Vuchinich, 1996). 자녀 가운데도 어떤 아이는 다른 아이보다 이혼으로 인해 더 많은 스트레스를 받을 수 있고, 또한 발달단계의 후기까지도 이혼의 효과가 명확하게 나타나지 않는 경우도 있다.

청소년 자녀는 아동기 자녀에 비해 인지능력이 발달하여 부모와의 갈등과 이혼의 복잡성을 잘 이해할 수 있다. 청소년은 어린 아동보다 부모에게 덜 의존적이며, 가족 외의 다른 사람들에게 정서적 지지를 찾을 수 있기 때문이다. 그러나 불안정한 가정의 청소년들은 안정적인 가정의 자녀보다 이혼이나 부부간의 갈등에 대해 더 많은 스트레스를 경험할 뿐만 아니라 생활의 붕괴를 겪기도 한다(Barber, 1995). 이들 청소년들은 정상적인 청소년기 발달을 방해받을 뿐만 아니라 학업적·정서적·반사회적 문제행동을 자주 나타낸다(Frost & Pakiz, 1990). 부모의 이혼을 경험한 어떤 청소년들(특히, 여자 청소년)은 자기 역시 부모와 동일한 운명을 가질 것이라고 믿으며, 이로 인하여 새로운 관계형성을 두려워하는 특징을 보인다(Wallerstein & Corbin, 1989). 그리고 일반적으로 부부간의 갈등과 아버지의 부재에 대해 아들이 딸보다 더 부정적인 영향을 받는다.

한편 Long과 Forehand(1987)에 따르면, 부모의 이혼이 자녀에게 반드시 부정적인 결과만을 초래하는 것은 아니다. 청소년에게 가장 많은 스트레스 요인은 이혼 그 자체가 아니라 부모들 간의 잦은 불화와 적대감의 표현이라는 것이다. 청소년들의 학교 부적응과 문제행동은 부모의 이혼이나 가족구조의 문제에서 비롯되기보다 부모의 갈등에 대한 청소년의 지각 때문이라고 할 수 있다.

2) 청소년기의 부모-자녀관계

청소년기 부모-자녀관계에 대한 종래의 견해는 크게 두 가지로 특징지을 수 있다. 첫째, 청소년기는 아동기까지 지속되던 부모에 대한 의존과 동일시로부터 벗어나 자율성과 책임감을 획득해야 하는 심리적 이유(psychological weaning)의 시기다. 둘째, 청소년기의 부모-자녀관계는 갈등을 수반하며, 이러한 갈등은 청소년기 발달에 바람직하지 못한 영향을 미친다(Collins & Luebker, 1993; Santrock, 1993).

생태학적 접근에서는 이와 같은 종래의 관점에 의문을 제기하고 있다. 이 접근에 따르면 첫째, 청소년기는 모든 영역에서 반드시 부모로부터 독립과 자율성을 획득해야 하는 시기가 아니라 부모와 안정된 애착관계를 유지하며, 의사결정 능력이 부족한 분야에서는 부모로부터의 계속적인 조언을 받아야 하는 시기다. 특히, 청소년기의 부모에 대한 애착은 사회적 유능성, 정서적 적응, 자아존중감, 신체적 건강 등 여러 측면에서 청소년들의 행복한 삶을 촉진하는 요인으로 밝혀지고 있다(Allen et al., 1994; Kobak et al., 1993).

둘째, 청소년기 부모-자녀 간에 나타나는 가벼운 갈등은 그들의 심리적 발달에 긍정적인 영향을 미친다(Blos, 1989; Hill, 1983; Kupersmidt et al., 1992). 청소년기 부모-자녀 간의 갈등은 귀가시간, 옷차림, 방청소 등 사소한 문제를 둘러싸고 나타나는 것이 대부분이다. 이러한 갈등을 해결하기 위해 노력하는 것은 부모로부터 독립하여 성인으로 이행하는 과정을 촉진시켜 주는 힘이 된다(송명자, 1995). 실제로 부모와 다소 갈등이 있다고 보고하는 청소년들이 갈등이 없다고 보고하는 집단에 비해 보다 적극적으로 자아정체감을 탐색하고 있음을 밝힌 연구를 찾아볼 수 있다(Cooper et al., 1982). 그러나 청소년기 부모-자녀 간의 갈등이 심각하고 지속적일 경우 부정적인 영향을 미칠 수 있으며, 이는 가출, 비행, 퇴학, 혼전임신, 마약 등 청소년 문제를 유발할 확률을 높여 준다(Brook et al., 1990). 따라서 생태학적 접근에서는 모든 갈등을 나쁜 것으로만 해석하려는 기존의 관점에서 벗어나 갈등의 정도와 지속성에 관심을 갖는다.

생태학적 접근에서는 가족구조나 부모의 양육방식에 대해서도 특별한 관심을 나타내고 있다. Bronfenbrener(1986)는 기존의 발달모형에서 자녀에게 최대한의 자율성을 허용하며 부모와 자녀가 동등한 힘을 갖는 평등주의 가족구조가 가장 바람직한 영향을 미칠 것으로 가정하고 있으나, 자신의 연구결과 아버지나 어머니가 보다 강력한 힘과 권위를 행사하는 부 중심(patricentric) 또는 모 중심(matricentric) 가족구조의 청소년이 책임감과 자신감이 가장 높았다고 보고하였다. 한편 권위주의적(authoritarian) 부모는 자신들이 설정한 원칙과 기준을 자녀들이 내면화하고 따르기를 바라기 때문에 청소년기에 필요한 자율성의 발달을 억제하며 정체감 형성에 장애가 된다. 심지어 이러한 태도의 청소년들에게서 비행이나 문제행동을 자주 볼 수 있다. 또한 허용적 양육태도가 청소년기의 자율성을 촉진할 것으로 생각되기 쉬우나, 이들은 지나친 통제의 결여로 인해 자신이 버림받고 있다고 느끼거나 혼란스러워하므로 문제행동을 일으킬 가능성이 높다(Kaplan, 2004).

따라서 강력한 힘과 권위를 행사하는 부 중심 또는 모 중심의 가족구조가 청소년 자녀에게 명확한 행동기준과 함께 적절한 자율성을 부여할 수 있으며, 이러한 가정의 청소년들이 적극적이고 책임감이 강하고 독립심이 높고 자아존중감이 높으며, 학업성취도가 높다고 할 수 있다(Irwin & Simons, 1994).

3. 학교환경과 청소년

1) 학교교육의 문제점

오늘날 학교교육의 대중화와 고등교육의 기회 확대, 그리고 입시와 취업을 위한 경쟁적 교육풍토 등은 청소년기의 학생들을 학교라는 울타리 속에 가두어 두고, 그들에게 오직 한 가지 목표, 즉 학업성취의 향상만을 강요하고 있는 실정이다. 아무리 교육의 인간화와 민주화를 강조하여도 현실적인 학교교육은 학생들의 학업성취에 의해 그 성패가 판가름나게 되어 있다. 즉, 높은 학업성취도와 대학진학률을 기록한 학교들은 상위 학교로 인정받고 그렇지 못한 학교들은 낙오되거나 교육을 게을리한 것으로 오인받게 된다. 이것은 비단 학교만의 성패가 아니라 학생들의 인생의 성패를 결정하는 요인이 되고 있다. 학교성적이 우수한 학생은 성공자이고 모범생이며 성실자로 인정되지만, 성적이 부진한 학생들은 실패자이고 불량자이며 불성실자로 낙인찍히게 된다(한상철, 1998).

학교교육의 제도적 모순점과 교육에 대한 잘못된 인식은 오늘날 청소년 문제와 일탈행동의 원인이 되고 있다. 중ㆍ고등학교 청소년들의 하루 일과는 학교에서 시작되어서 학교에서 끝난다고 해도 과언이 아닐 정도로 24시간 가운데 최소 10시간 이상을 학교라는 울타리 속에서, 그것도 자신이 소속한 학급의 교실에서 딱딱한 책걸상과 칠판, 무미건조한 수업방법, 짜증나는 입시 스트레스와 싸우고 있다. 이들에게 교육은 자아실현을 위한 것도 진리탐구의 희열을 맛보기 위한 것도 사회적응력을 높이기 위한 것도 즐거운 경험도 그 아무 것도 아니다. 단지 높은 학업성취도를 달성함으로써 다른 많은 경쟁자들을 물리치고 우수한 대학에 진학하기 위한 수단일 뿐이며, 그럼으로써 부모의 기대에 부응하고 자신의 한순간 성취감 또는 인정감을 맛보기 위한 것에 지나지 않는다.

이 과정에서 그나마 자신의 학습능력이 다른 동료들과의 경쟁에서 뒤지지 않을 정도로 우수하거나 평균 이상인 학생들은 학업성취를 향상시키거나 유지시켜 나감과 동시에 적절한 만족감과 실패감을 반복 경험해 나갈 수 있다. 그러나 학습의 경쟁체제에서 계속적인 실패를 경험하고 학습결손의 누적이 심화됨으로써 교과학습을 하나 둘 포기하기에 이르는 학생들의 경우를 생각해 보자. 그들에게 학교란 더 이상 교육의 장이 되지 못할 뿐만 아니라 자신의 젊음을 희생시키는 곳에 불과할 것이다. 학습결손이 누적됨에 따라 그들의 자아개념은 부정적으로 변모되게 되고 의미 있는 타자(부모나 형제, 교사, 동료)에 대한 배신감과 불안감을 증폭시키게 되며, 심리적 스트레스와 신체적 이상증상(두통, 식욕부진, 불면증, 환상 등)이 결합되는 등의 갖가지 부적응현상을 야기시키게 된다. 이러한 청소년들에게 있어서 그들의 삶의 전략, 즉 생존을 위한 방법은 학교나 가정 또는 사회가 자신에 대해 갖고 있는 통제력과 규제를 깨뜨리는 것이다. 이들 청소년의 행동은 가정이나 학교를 이탈하고, 방탕과 파괴적 행동을 하고, 폭력과 탈취를 일삼는 등의 직접적인 일탈행동으로 나타나기도 하고, 학교에서 다른 친구들의 학습을 방해하고, 동료들을 괴롭히고, 교사나 부모에게 대항하고, 언어적 폭력이나 시비거리를 만드는 등의 간접적 일탈행동으로 나타나기도 한다.

　현대사회에서 학교는 청소년의 발달과 학습, 그리고 진로에 결정적인 영향을 미친다. 그러므로 학교교육에서 학생들의 인지적 학업성취가 갖는 중요성보다 잠재력과 창의성을 신장시키고 사회적응력과 인간관계, 협동성을 발달시킬 수 있는 제도적인 개선이 더 중요시되어야 할 것이다. 그러나 이러한 제도적 변화는 국가적 차원의 의식전환과 혁신적 변화를 전제로 하는 만큼 쉽게 이루어지기를 기대할 수 없는 상황이다.

　그렇다면 현실적으로 더욱 유용한 방법은 모든 학생들에게 최대의 학습효과를 가져다줄 수 있고, 학습에 대한 흥미와 동기를 높여 줄 수 있도록 교육방법을 개발하는 것이다. 다시 말하면, 모든 청소년들에게 학교는 즐거운 곳이고 공부란 해 볼 만한 것이라는 인식을 갖게 해 주고, 나름대로 지적 성취감과 진리에 대한 희열감을 발견할 수 있으며, 자신의 지적 능력의 우열과 관계없이 한 인간으로서의 존엄성과 권리를 인정받을 수 있는 교육환경을 마련하는 것이다. 이것은 결코 쉬운 일이 아니지만 결코 불가능한 일도 아니다. 청소년들의 학습에 대한 영향요인을 정확하게 이해하고 이들을 개선 발전시킴과 동시에 학업성취도를 향상시킬 수 있는 방법적 원리를 연구하고 개발함으로써 가능할 것이다.

　이것은 청소년들의 학습과 관련된 인지적·정의적 특성을 올바로 이해하여 그들의 개인차를 분석하고, 이에 적합한 교수방법과 전략을 개발하여 처치함으로써 모든 학습자에게 학습결손을 최소화함은 물론 학습효과를 최대화하는 것이다. 학습결손의 예방과 학습방법의 개선이 청소년의 문제행동을 예방하고 그들의 교육에 대한 태도와 삶에 대한 방식을 긍정적으로 변화시킬 수 있음을 재삼 상기할 필요가 있다.

2) 학교 요인과 청소년의 발달

학교 크기와 관련된 연구에 따르면, 학생 수가 1,000명이 넘는 과대학교는 학생들을 효율적으로 통제하는 데 한계가 있으며, 학생들은 학교에 대한 소속감을 덜 느끼고, 자신의 행동에 대한 책임감이 적어 무단결석이나 반사회적 행동을 더 많이 하는 것으로 보고되고 있다. 그리고 학교 크기와 학업성취도 간에는 직접적인 관계가 없지만 학급 크기와 성취도 간에는 부적인 관계가 있다. 즉, 학급의 크기가 클수록 학생들의 성취도가 감소되었으며(Glass & Smith, 1978), 학급당 학생수가 15명일 때 학업성취도가 가장 높은 것으로 나타났다.

교사는 청소년기의 학생들에게 지식 전달자로서뿐만 아니라 가끔은 부모 대행자로서, 정서적 지지자로서 중요한 역할을 한다. Erikson(1968)에 따르면, 홀륭한 교사는 청소년으로 하여금 열등감 대신 근면성을 조장한다. 그리고 Jussin과 Eccles(1993)는 홀륭한 교사의 특성으로 위엄이 있고 열의가 있으며, 공정하고 적응력이 있으며, 따뜻하고 융통성이 있으며, 학생들의 개인차를 존중하는 사람이라고 하였다. 교사의 학생들에 대한 태도와 기대는 학생들의 학업성취에 중요한 영향을 미친다. 학생들의 능력에 대해 높은 기대수준을 설정해서 긍정적인 피드백을 주고 학생들과 자주 대화를 갖는 교사가 가장 효율적인 교사다(Solomoon, Scott, & Duveem, 1996).

학습장애는 청소년기의 학생들에게 학습에서의 문제뿐만 아니라 사회적 기술의 부족으로 인하여 심각한 문제행동을 갖는다. 일반적으로 듣기, 생각하기, 말하기, 쓰기, 철자법, 셈하기 등에 문제가 있으며, 기능검사로 측정되는 지적능력과 성취검사로 측정되는 실제 수행 간에 큰 차이가 있을 때 학습장애로 진단된다. 즉, 학습장애는 평균 이상의 지능을 갖고 있으면서도 그들의 실제 수행은 또래와 비교했을 때 약 2년 정도 뒤떨어진다. 시각이나 청각장애와 같은 감각장애와 정서장애, 정신지체나 신경장애 등은 여기에 포함되지 않는다.

이들은 학교에서 주의집중력이 부족하고 토론학습에 잘 참여하지 못하며, 과제를 해내지 못한다. 그리고 공부습관이 좋지 못하고 시험 치르는 기술도 부족하다. 사회적 기술의 부족으로 인하여 다른 사람의 기분을 제대로 파악하지 못하고, 부적절하게 반응하고, 놀이에서 규칙을 제대로 이해하지 못하고, 자기보다 어린 아이들과 어울려 논다(Lovitt, 1989). 학교장면에서 이들 학습장애아들에 대한 특별한 관심과 전문적인 지도가 이루어져야 한다. 따라서 이들이 더 이상 집단 따돌림이나 폭력의 피해자가 되지 않도록 해야 하며, 정상적인 친구들과 동일하게 존중받으면서 학교생활을 할 수 있는 환경을 만들어 주어야 할 것이다.

4. 청소년기의 교우관계

1) 교우관계의 중요성과 발달

대부분의 청소년들은 그들의 가족과 함께 지내는 것보다 또래친구들과 함께 지내는 것을 더 선호한다. 청소년은 아동보다 부모의 통제를 더 많이 느끼고, 이에 저항하기 시작하며, 평등한 부모-자녀관계를 원한다. 이에 비해 또래관계는 부모-자녀관계보다 훨씬 더 평등하다(Laursen, Hartup, & Koplas, 1996). 친구들은 부모보다 덜 위압적이고 덜 비판적이고 잔소리를 하지 않으며, 자신이 원하는 것을 기꺼이 준다.

청소년기가 되면서 가족과의 접촉빈도가 줄어들지만 그렇다고 해서 가족에 대한 친밀감이 감소되거나 가족관계의 질이 저하되는 것은 아니다(O' Koon, 1997). 비록 또래가 현재의 활동이나 여가생활에 큰 영향을 주기는 하지만, 교육이나 진로 등과 같은 미래 지향적인 영역에서는 여전히 부모의 영향이 크게 나타난다.

비행 친구와의 접촉은 청소년 비행의 가장 강력한 단일 예측요인이다. 비행 친구와 어울리다 보면 문제해결 상황에서 긍정적인 방법보다는 부정적인 방법을 학습할 기회가 더 많아지기 때문이라고 해석할 수 있다. 그러나 청소년기의 반사회적 행동의 원인을 일탈 또래의 영향으로만 간주하는 것은 잘못된 일이다. 대부분의 연구자들은 가족요인이 청소년들의 대인관계 스타일이나 가치를 결정하는 데 더 많은 영향을 미칠 것이라고 추정하며, 부모들이 반사회적 행동 특징을 공유하고 있다는 주장도 제기되고 있다(Fergusson & Horwood, 1996; Patterson, 1986). Dishin 등(1995)의 연구에 의하면, 반사회적 청소년들은 친구들과의 상호작용에 대해 질이 낮고 지속시간이 짧으며, 불만이 많으며, 종종 적대적으로 끝나기도 한다. Marcus(1996)는 일탈 청소년들은 친구관계가 더욱 갈등적이고 공격적이며, 낮은 애착관계를 형성하고 있고, 갈등 회복능력이 부족하며, 인지적으로 왜곡되어 있다고 하였다.

Selman(1980)에 따르면, 초기 청소년의 인지능력 발달을 나타내는 조망수용능력(perspective taking)이 청소년기의 대인관계를 결정한다. 청소년들이 타인의 관점을 고려하게 됨에 따라 감정이입적인 이해를 할 수 있게 되고, 친구들과 좀 더 가까워지고, 친구들에게 친절하게 대하며, 자기노출을 통해 타인과 친밀감을 형성한다. 이들의 또래관계에는 아동기에는 생각하지 못했던 친구 간의 신뢰와 충성심 등이 포함된다. Parker와 Gottman(1989)은 친구관계가 정체감 형성과 밀접한 관계가 있다고 하였다. 상호적인 자기노출을 포함한 친구들과의 진솔한 대화는 폭넓은 정서를 유도하고 청소년들이 자신을 대인관계적 맥락에서 평가하도록 도와준다. 이는 가족구성원과 친구, 교사 그리고 그 밖의 많은 사람들과의 관계에 의해 '나는 누구인가'라는 의문에 대한 답을 추구하게 한다.

2) 교우집단의 형성과 특징

거의 모든 청소년들은 친구들과 함께 어떤 활동에 참여하기를 원하고, 친구들과 자신의 행각이나 견해를 교환하기를 원한다. 이러한 성향은 안정된 또래집단을 형성하고 유지하게 만들며, 집단 구성원 간의 상호 유사성을 증진시킨다. 초기와 중기 청소년기 동안 대부분의 청소년들은 최소한 하나 이상의 또래집단에 소속되어 있다. 만약 집단에 소속되지 못하면 외로움과 고립감을 느낄 수밖에 없다.

청소년들의 친구 선택은 친밀감이나 안정성보다는 유사한 활동에 대한 선호도와 가용성(내가 원할 때 옆에 존재하는가)이 중요하게 고려된다. 물리적 근접성 역시 친구집단 형성에 중요한 요소다. 빈번하고 즐거운 교제는 친밀한 관계를 촉진시키고 친밀한 관계는 빈번하고 즐거운 교제를 촉진시킨다.

청소년들은 주로 자기 집에서 가까운 곳에 살고 있거나 같은 학교에 다니는 친구들과 함께 여가시간을 보낸다. 비록 대부분의 경우 친구관계는 학교에서 시작되지만, 학교 밖에서 함께 시간을 보냄에 따라 이들의 관계는 더욱 강화된다. 어떤 청소년들은 관계를 시작하거나 지속시키는 데 필요한 사회적 기술이나 자신감이 부족하기 때문에 학교 밖의 친구관계를 형성하지 못할 수도 있다. 또한 불편한 교통수단, 인종, 성별 차이 등은 학교 밖의 친구관계 형성을 방해하는 요소가 될 수 있다(DuBois & Hirsh, 1993).

친구관계를 고려할 때 가족의 이사는 어린 청소년들에게 많은 스트레스를 주며, 이들은 가까운 친구를 두고 다른 곳으로 떠나는 것을 매우 싫어한다(Seppa, 1996). 친구들 간의 관계 망은 연령이 증가하면서 점차 배타적으로 변하는데, 아동과 비교할 때 청소년들은 새로운 사회적 상황이나 집단에 참여하는 것에 대해 매우 서툴다. 따라서 이사나 전학 등의 경험은 친구관계에서 친밀감을 형성하는 데 방해요인이 되며, 집단 따돌림과 같이 또래로부터 거절될 수도 있다. 많은 청소년들은 또래와의 친밀한 관계를 다시 형성하는 데 최소한 1년이 걸린다고 말한다.

청소년기의 교우관계를 이해하는 데 가장 핵심적인 개념은 집단 동조압력 (pressure for comformity)이다. 집단 동조압력은 청소년으로 하여금 집단의 바람직한 가치규범에 동조하게 함으로써 그들이 성인기의 사회생활을 준비하는 데 도움이 되는 긍정적인 면이 있는가 하면, 집단의 바람직하지 못한 규준에 동조하게 함으로써 문제행동을 유발시키는 요인이 되기도 한다. 예를 들어, 학교학습에서 열등감과 스트레스를 많이 경험하고 불만이 높은 청소년들이 서로의 아픔에 공감하여 교우집단을 이룰 때, 감정의 공유와 집단 소속감의 향상으로 집단 동조압력이 상승하게 된다. 이 경우 집단의 가치규범이 잘못 설정된다면, 높은 동조압력은 그들 집단을 비행집단으로 변모시키는 가장 효과적인 수단이 될 것이다. 집단의 바람직하지 않은 규준에의 동조 경향은 중학교 2~3학년경에 가장 높은 것으로 보고되고 있다(Levental, 1994).

그리고 청소년기의 또래집단은 획일적인 집단이 아니라 목표, 가치, 흥미, 관심, 도덕률 등 여러 측면에서 서로 다른 양상을 보이고 있다. Brown과 Trujillo (1988)는 청소년기의 또래집단 유형을 성적이 높은 집단, 약물복용집단, 소외집단, 동일 취미집단 등 11개로 구분하고 청소년들이 이들 각 또래집단 가운데 어느 집단에 소속되느냐에 따라 행동에 큰 차이가 있음을 발견하였다. 예컨대, 약물복용집단은 다른 집단에 비해 부모와의 유대관계가 약하고 또래집단에의 동조 경향이 높으며, 교육적 열망이 낮았다.

Kandel(1986)은 청소년의 우정이 형성, 지속, 해체되어 가는 과정을 선택과정과 사회화 과정으로 나누어 설명하고 있다. 우정의 선택과정에는 흥미, 성격, 신체적 특성, 태도, 가치, 행동 등의 유사성이 가장 큰 요인이 작용한다. 그리고 사회화 과정이란 친구 간의 빈번한 상호작용의 결과로 이러한 유사성이 더욱 강화되는 현상을 뜻한다. Kandel(1978)은 미국 청소년들을 대상으로 우정관계의 발달 과정을 종단적으로 분석한 결과, 우정 선택과정의 유사성 요인을 그 중요성에 따라 약물복용, 교육적 포부 수준, 가벼운 비행 참여, 정치적 태도의 순으로 열거하였다. 이들 특성이 유사할 때 교우관계가 형성되고 지속되며, 또한 사회화 과정을 통해 강화되게 된다. 친구 간의 유사성은 선택과 사회화 과정뿐만 아니라 우정관계가 끝나는 해체단계에서도 중요한 역할을 한다. 즉, 교우관계 형성 시에 유사했던 행동 양상의 유사성 수준이 낮아지면 관계가 불안정해짐과 동시에 마침내 우정이 해체된다.

또래관계는 청소년들의 자아개념과 자아정체감의 발달, 사회적 성취와 사회적 기술의 획득, 갈등해결 능력, 장래 직업적 성취, 가족생활, 성역할 확립 등에 긍정적인 영향을 미친다. 그러나 대부분의 성인들은 청소년들의 또래관계를 긍정적인 시각으로 보지 않는다. 친구들과 어울려 다니면서 나쁜 행동을 습득하고 비행이나 일탈행동을 일삼는다는 것이다. 청소년들이 부모와의 관계보다 또래관계를 통해 비관습적이고 비윤리적인 행동을 더 많이 습득하는 것은 사실이다. 그러나 친구관계를 통해 세상을 살아가는 방법과 사회를 이해할 수 있는 능력을 배우며, 보다 큰 안목을 키워 나가고 있음을 인정해야 할 것이다.

5. 청소년기의 이성관계

1) 청소년기 이성관계의 의미와 특징

청소년들에게 있어서 주요 발달적 과제는 그들만의 독특한 정체성(identity)을 확립하는 것과 이성과의 만남 관계를 통해서 친밀감을 발달시키는 것, 그리고 새로운 성적 욕망 및 충동을 조절하는 것이다. 이러한 세 가지 발달과제는 청소년들의 사회적 관계, 즉 부모-자녀관계, 동성 또래관계 및 이성관계를 통해 해결 가능하며, 특히 이성관계(other-sex relationship)는 청소년들의 세계에서 사회적 유능성과 사회인지능력의 발달을 촉진해 주는 가장 중심적인 요인이라고 할 수 있다(Feldman & Grwen, 1998). 그러나 청소년의 이성관계에는 이성 간의 성적 체계가 개입됨으로써 청소년의 일탈행동과 부적응을 야기할 수 있다는 주장도 계속 제기되고 있어(Bingham & Crokett, 1996), 이 분야의 연구를 보다 신중하게 만들고 있다.

청소년기 이전까지의 소년과 소녀들은 남녀 간의 사회적 상호작용이 비교적 적게 일어나며, 남녀에 따라 각기 다른 또래경험을 가진다. 그러므로 남성과 여성으로서의 성역할을 획득하고 강화하는 데 더 많은 관심을 나타내며, 적극적인 상호작용을 통한 우정과 연애의 감정은 그들에게 매우 특이한 경험일 수밖에 없다. 그러나 청소년기가 되면서 그들의 성적 욕망 및 충동이 증가되고 그들의 사회적 관계망 속에 이성을 포함시키게 되면서 이성과의 접촉이 급격히 증가되어 간다(Feiring, 1999). 물론 이성과의 접촉과 만남은 청소년 남자와 여자 간에 차이가 있다. 예컨대, 남자 청소년은 자신의 성적 욕망을 충족시키려는 의도를 더 많이 가지며, 여자 청소년은 친밀성과 애정을 충족시키려는 의도를 더 많이 가지고 있다(한상철, 2001). 그러나 남녀 간 의도의 차이에도 불구하고 이성 간의 만남은 일반적으로 그들의 사회적 관계를 확대시켜 주며, 청소년기의 자기중심성을 극복할 수 있는 기회를 제공하며, 자신의 유능성과 사회적응력을 신장시키는 계기를 마련해 줄 것이다(Kaplan, 2004).

이성관계는 넓은 의미의 사회관계 및 또래관계의 한 유형으로서 청소년기의 사회적 조직망의 확대와 함께 복잡하고 다양한 변화를 겪게 된다(Sippola, 1999). 청소년 중기경 동성 또래와의 우정관계망이 확대되면서, 이성의 구성원들을 포함하기 시작한다. Dunphy(1963)는 이성 간의 상호작용이 혼성집단 활동에의 참여로부터 혼성집단 내 이성의 구성원과 데이트하는 것으로, 그리고 마침내 집단에서 이탈하여 커플관계를 형성하는 것으로 진행된다고 하였다. 청소년들의 이성관계 발전과정에는 관계의 다양한 형태, 즉 면식관계, 우정관계, 연애관계가 있다. 이들 각각은 청소년이 점차 복합 사회적 조직망으로 흡수되어 가는 시점에서 독특한 역할과 기능을 수행한다. 예컨대, Furman과 Wehner(1997)는 연애파트너가 개인에게 정서적 지원과 안정, 보호의 자원을 제공할 수 있다고 제안하였으며, 이는 특히 남자 청소년에게 동성 또래와의 나쁜 관계를 완충해 주는 효과를 지니고 있다고 하였다.

청소년들의 이성관계에 포함된 우정은 개인이 복합 사회적 조직망에 적응하는 데 매우 중요한 요소이며, 남녀 청소년 상호 간의 이해와 친화를 확대시켜 주는 것으로 주목받고 있다(Connolly, Furman et al., 1999; Furman & Shaffer, 1999). 이성관계에 대한 기존의 연구들(Newcomer & Udry, 1987)이 주로 청소년기의 이성애적(heterosexual) 행동을 이해하려는 목적을 띠고 있기 때문에 남녀 간의 성적 행동이나 쌍의 결합만을 고려한 것은 청소년의 이성관계 연구를 지나치게 단순화시켰다고 볼 수 있다. 이에 따라 Furman과 Shaffer(1999)는 청소년 초기 이성관계의 많은 부분들이 본질적으로 성적이거나 연애적이지 않다는 것을 주목할 필요가 있다고 역설하였다. 그러므로 청소년의 이성관계를 이해하는 데 있어서 연애관계뿐만 아니라 비연애적 관계, 즉 우정이나 면식관계를 함께 검토할 필요가 있다.

Connolly와 Goldberg 등(1998)은 이성 간의 우정에는 지각된 친밀성, 정서적 지지, 감정적 결속이 존재하며, 연애관계에는 열정, 신체적 매력, 질투가 존재한다고 하였다. 또한 Connolly와 Furman 등(1999)은 우정을 우호성(affiliation)으로 기술하고 애정을 우호성, 친밀성, 열정으로 기술하였다. 우정과 애정 간의 이와 같은 구분이 가능하다는 것은 이들 각각이 청소년의 발달에 다른 기능을 행사할 수 있음을 시사하는 것이다. 그러나 불행히도 청소년들의 이성 간의 우정과 애정을 명백하게 구분한 연구는 아직까지 거의 없는 실정이다(Sippola, 1999).

2) 청소년기 이성관계의 영향

청소년기의 이성관계는 청소년의 정신건강과 적응에 중요한 영향을 미친다. 성인 초기의 이성관계에서 우정은 그들에게 이성 성원들이 어떻게 생각하고 느끼고 행동하는지에 대한 내적 조망을 제공해 주며, 남녀 상호 간의 의사소통을 증진시킨다. 청소년들 역시 이성 간의 우정관계에서 이와 유사한 효과를 나타내며, 이와 더불어 이성에 대한 그들의 태도는 성인 초기보다 덜 고착화되어 있고 이성관계에서 그들의 욕구 및 의견을 표현하는 데도 더 유능하다는 점에서 다른 어떤 단계보다 이성관계의 잠재적 가소성이 풍부하다고 할 수 있다(Sippola, 1999). 청소년기의 이성관계가 그들의 발달 및 적응에 미치는 영향을 몇 가지로 정리해 보면 다음과 같다.

먼저, 청소년기 이성친구와의 관계는 자신의 애착인물집단을 확장시킴으로써 정서적 욕구를 충족시키는 데 유용한 가치가 있다. 즉, Furman과 Wehner(1997)는 연애 파트너가 개인에게 정서적 지지, 안정, 보호의 자원을 제공할 수 있다고 제안하였다. 또한 Sippola(1999)는 이성 간의 우정관계가 남자 청소년들에게 있어서 동성 또래친구와의 나쁜 관계에서 파생되는 부정적인 효과를 완충시켜 준다고 하였다. 이와 같은 연구들은 이성관계가 청소년의 정서적 욕구를 충족시키고 정서장애를 비롯한 각종 문제행동을 완화시키는 기능을 할 수 있음을 시사한다.

둘째, 청소년기의 이성관계는 청소년들에게 성적 정체감과 성역할 형성에 중요한 영향을 준다(Sippola, 1999). 성적 정체감과 성역할은 상호 관련되어 있지만, 이들 양 변인은 청소년기의 이성관계에 의해 직접적인 영향을 받는다. 일반적으로, 청소년 초기의 개인들은 이성관계나 연애관계에 대해 별로 관심을 갖지 않으며, 오히려 또래집단에 동조하는 것과 그들의 외모나 인기를 얻는 것에 더 많은 관심을 보인다. 성 집중화(gender intensification) 가설에서는 청소년 초기 동안 또래로부터의 사회화 압력이 더욱 현저해짐으로써 자기 성에 적합한 행동을 내면화하도록 만든다고 주장한다(한상철 · 임영식, 2000). 그러므로 청소년 초기의 개인들은 전통적인 성역할 고정관념을 확증하려는 욕구를 증가시킬 수 있다. 그러나 청소년 중기와 후기에 이르게 되면서 또래의 압력에 대한 감수성은 줄어들기 시작하며, 이성과의 상호작용에 필요한 기능과 자신감을 획득하게 된다. 그럼으로써 이성과의 의미 있는 관계를 발달시키고 새로운 성 정체성과 성역할을 획득해 나간다. 즉, 이성 간의 우정 또는 연예관계를 확립한 청소년들은 성역할에 대해 전통적인 성 고정관념에서 탈피한 비교적 융통성 있는 성 태도와 양성성의 개념을 형성하고, 자기 성의 가치와 의미에 대한 확신감과 더불어 이성을 이해하고 수용할 수 있는 능력을 발달시키게 된다.

셋째, 이성관계로의 개입과 함께 혼합 사회적 관계망의 확대는 청소년의 정신건강 및 적응에 의미 있는 영향을 미친다. Darling 등(1999)은 혼성 맥락 및 데이트와 청소년의 자기존중감의 관계를 검증하였다. 일반적으로 사춘기적 변화는 자기존중감의 감소와 관련된 것으로 보고되고 있다(Leaper, 1994). 그러나 여자 청소년의 경우 편안함을 주는 이성관계는 자기존중감의 모든 측정치에서 높은 점수를 나타내었다. 반면에 남자 청소년의 경우 여자친구의 수가 그들의 연애적 및 사회적 유능성을 예측하는 것으로 나타났다. 이러한 결과는 여자 청소년의 경우 이성관계의 질적 측면이, 남자 청소년의 경우 이성관계의 양적 측면이 각각 그들의 유능성과 관련되어 있음을 나타내 주고, 또한 사춘기의 변화와 함께 수반되는 자기존중감의 감소를 이성관계 경험이 보상해 주고 있음을 시사하는 것이다.

넷째, 이성관계 가운데 특히 연애관계의 시작은 여자 청소년들의 동성 또래관계에 부정적인 결과를 초래한다는 연구들이 있다. 예를 들면, Berndt와 Hoyle(1985)는 여자 청소년의 경우 연애관계가 동성 간의 우정을 와해시키는 효과를 지닌다고 하였다. Zimmer-Gembeck(1999)은 이성관계가 연애관계로 전개됨에 따라 여자 청소년들의 경우 절친한 동성친구의 유용성이 점차 사라지는데, 그들의 여가시간을 동성친구보다 연애 파트너에게 더 많이 투자하고 연애 파트너에게 우선권을 주게 되는 것에서 유용성 상실의 증거를 찾을 수 있다. 이에 대해 Feiring(1999)은 여자 청소년의 연애관계에는 동성친구의 질투가 개입되어 있고, 남자 청소년의 경우에는 그렇지 않다는 점에서 질투를 그 원인으로 지적하고 있다. 그러나 연애관계의 시작이 동성 또래관계에 미치는 부정적인 영향이 얼마나 오랫동안 지속되는지, 연애관계를 형성하는 청소년 남녀의 개인차에 따른 영향력의 차이는 어느 정도인지, 연애관계 이외의 다른 요인의 작용은 없는지 등에 대한 보다 구체적인 증거가 수집되어야 할 것이다. 그럼으로써 연애관계의 시작이 동성 또래관계에 미치는 영향에 대해서는 보다 신중한 판단이 있어야 할 것이다.

이 밖에도 Bukowski, Sippola 및 Hoza(1999)는 비록 복잡한 예외들이 있기는 하지만, 이성친구를 사귀는 것이 일반적으로 긍정적인 자기 지각과 관련되어 있다고 하였다. Darling, Dowdy 등(1999)도 역시 이성관계가 유능감에 대한 자기 지각과 관련되어 있다고 하였다. 그리고 흥미 있는 사실은 보다 유능한 초기 남자 청소년들의 경우 여자친구를 사귀는 것에 대해 연령 규범적(age-normative)인 관심의 표현이라고 볼 수 있지만, 그들의 실제 데이트 경험은 자신감과 자기존중감의 감소를 야기시킨다고 한다. 이것은 그들의 이성에 대한 관심과 행동 간의 차이를 반영하는 것으로, 청소년 초기 이성관계에서의 인지적 부조화 현상을 예시하는 것이다. 그리고 초기의 성적 관여가 일탈행동이나 부적응과 관련이 있다고 주장하는 연구자도 있지만, 초기의 성행위가 추가적인 비행을 촉진하지는 않는다는 연구결과도 제시되고 있다(Bingham & Crokett, 1996).

3) 청소년기의 연애관계

청소년기의 이성관계는 면식관계와 우정관계, 그리고 연애관계로 구분되지만, 이성관계의 긍정적인 기능을 강조하는 사람이나 부정적인 기능을 주장하는 사람이나 결국 이성 간의 연애관계(romantic relationship)에 초점을 두고 있다. Hartup(1993)에 의하면 청소년기 동안 연애관계의 시작은 청소년들의 정상적인 발달과업이며, 성인기의 연애관계 및 부부관계에 영향을 준다. 대부분의 사람들에게 있어서 연애 파트너와의 긴밀하고 이원적인(dyadic) 관계는 청소년기 동안 시작되며, 그 이후 여가시간의 대부분을 연애 파트너와 함께 보내게 된다. Aneshensel과 Gore(1992)는 청소년들이 연애관계를 시작하면서 동성 친구와 함께 보내는 여가시간을 줄이는 경향이 있다고 하였다. 더구나 Johnson과 Leslie(1982)는 연애관계에서의 커플관계가 발달할수록 개인들의 사회적 조직망이 위축된다고 하였으며, 이러한 현상은 청소년 후기와 성인 전기에 보다 분명하게 확인된다고 하였다. 일반적으로 연애관계가 전개될수록 친구나 가족과의 여가시간을 파트너와의 시간으로 대체하고 있기 때문으로 해석된다.

　이러한 현상은 대부분 청소년 후기와 성인 전기에 많이 발생하는데, 이 시기에 보다 실질적인 커플관계가 이루어지고 있기 때문이다. 청소년 초기나 중기의 연애관계는 대부분 성적 욕망이나 호기심 충족이 주요 목적이므로 청소년 후기나 성인 전기의 애착과 보호, 친화, 성욕을 포함하는 연애관계와 질적인 차이가 있다(Zimmer-Gembeck, 1999). 청소년 후기나 성인 전기의 연애관계에서 동성친구 및 가족과의 여가시간 감소는 남자보다 여자에게 더 많은 장애를 초래할 수 있다. 특히, 여자 청소년의 경우 연애관계의 시작이 그들의 동성 친구들에 의해 버림받는다는 감정을 갖도록 만들며, 이것은 경쟁심과 질투, 불신의 감정과 함께 심각한 갈등을 창출한다. 이와 같은 갈등의 증가로 인하여 여자 청소년들은 연애관계를 발전시켜 나가면서 절친한 친구와의 시간을 점차 줄여 나가게 된다(Miller, 1990).

　그리고 연애관계는 관계성의 방향을 변화시키기도 하는데, 의사결정 과정이나 여가활동, 주제결정 등에 있어서 절친한 친구 대신 파트너를 최우선적으로 고려하게 되는 것이다. 즉, 모든 생활사건에서 파트너가 우선권을 갖게 된다. 이러한 변화는 또래와의 지위 변화와 또래 조직망의 변화를 초래하며, 청소년들의 삶에서 새롭고 중요한 사건이 될 것이다(Feiring, 1999; Furman & Wehner, 1997). 청소년들이 다른 동료들로부터 지지적인 관계와 친밀한 우정을 계속 유지시켜 나가는 것은 청소년 개인의 건강한 발달에 매우 중요한 요소라는 사실에 근거할 때, 연애관계로 인한 청소년의 사회적 고립은 매우 심각한 문제가 아닐 수 없다. 그러나 청소년기의 연애관계 시작이 동성 또래관계의 위축을 가져오는 것이 아니라 연애관계에서의 갈등을 합리적으로 관리하거나 대처하지 못하는 것이 동성 또래관계 및 가족과의 관계 형성을 어렵게 만든다는 주장이 제기되고 있다(Feldman & Grwen, 1998; Sippola, 1999; 한상철, 2001). 이것은 연애관계에서의 갈등처리능력 및 기술을 어떻게 개발하느냐에 따라 연애 파트너 이외의 다른 사람들과의 대인관계를 지속시키고 발전시킬 수 있음을 시사한다.

6. 청소년기의 성역할 변화

1) 성역할의 개념 및 변화

청소년의 발달에 있어서 성과 관련된 영역보다 더 급작스런 변화가 일어나는 분야는 없다. 성(gender)이란 무엇인가? 성별(sex)이란 용어가 남성이나 여성의 생물학적 영역을 나타내는 말이라면, 성(gender)은 남성 또는 여성의 사회 문화적 영역으로 간주된다. 청소년의 정체감 발달과 사회적 관계 형성에 있어서 가장 중심적인 위치에 있는 것이 성역할(gender role)이다. 성역할은 여성과 남성이 어떻게 생각해야 하고 행동해야 하며 느껴야 하는지를 묘사하는 일련의 기대다 (Kaplan, 2004; Rice, 1999).

청소년 초기의 남자와 여자는 많은 신체적ㆍ사회적 변화를 경험함으로써 자신들의 성역할에 대해 새로운 정의를 내린다(Belansky & Clements, 1992). 청소년 초기 동안 그들은 성별의 신체적인 성장에 있어서 성인 수준에 이른다. 신체적 성장과 더불어 남녀 청소년들은 사회로부터 강도 높은 성 관련 기대를 부여받는다. Lynch(1991)는 이를 '성 집중화 가설(gender intensification hypothesis)'이라고 하였다. 이 가설은 청소년 초기가 되면 사회가 청소년들에게 전통적인 남성과 여성의 성역할에 동조하도록 사회화 압력을 증가시킨다는 것으로, 이를 통해 남자와 여자의 심리적ㆍ행동적 차이가 크게 나타난다.

이것은 청소년기의 성역할 고정관념의 증가를 의미하는 것으로, 청소년 초기의 남녀 모두에게 나타나지만 여자들에게 더욱 보편적이다. 청소년기에 성역할 집중화가 일어나는 이유는 생물학적ㆍ사회적ㆍ인지적 요인의 변화 때문이다. 사춘기에는 외모에서 남녀 차이가 증대되고, 10대들은 성차와 관련해서 자신에 대해 많은 생각을 하게 된다. 사춘기의 변화는 또한 성역할과 관련된 사회적 압력을 많이 받게 된다. 예컨대, 부모가 아들에게는 경쟁심을 부추기고 딸에게는 여러 면에서 행동을 제한한다(Block, 1984; Hill, 1988). 그리고 청소년들이 이성교제를 시작할 무렵이면 이성에게 더 매력적으로 보이기 위해 성 정형화된 행동을 더 많이 하게 된다(Crockett, 1991). 청소년기의 인지적 발달은 다른 사람들이 자신을 어떻게 생각하는지에 신경을 쓰게 만들므로, 다른 사람의 성역할 기대에 어울리는 행동을 선택하고자 한다.

청소년 초기에 작용하는 성 집중화 현상은 다른 사람들, 예컨대 부모, 동료, 선생님에게 동조하려는 사회화의 징표라고 볼 수 있는데, 그것은 청소년이 성인기로 접근하고 있음을 나타낸다. 그럼으로써 고착화된(stereotyped) 성인 남성 또는 여성을 모방하는 행동을 더 많이 하기 시작한다. 한 연구에서, 성역할 태도에서 성별의 차이는 청소년 초기 동안 크게 증가하였다(Galambos & others, 1985). 다른 연구자들 또한 청소년 초기의 성 집중화의 증거를 보고하였다(Hill & Lynch, 1983).

청소년 후기가 되면 성역할 집중화 현상이 감소되지만 모든 청소년들이 다 그런 것은 아니다. 성역할 집중화 현상이 융통성 있는 양성성의 성역할로 발달되는 데에는 사회환경이 주요한 역할을 한다. 비전통적인 성역할을 시험해 보고, 전통적인 성역할이 자신이나 사회에 어떤 의미를 지니는지를 생각해 보도록 자극을 받은 청소년들이 융통성 있는 성역할, 즉 양성성(androgeny)을 가장 쉽게 형성하는 것으로 밝혀지고 있다(Eccles, 1987). 양성적 성역할에 대해서는 후술하겠지만, 이는 상황에 따라 남성적인 역할과 여성적인 역할을 선택할 수 있는 것으로, 일반적으로 이들의 심리적 건강이 가장 양호한 것으로 알려지고 있다. 즉, 그들은 자신감이 있고 또래에게 인기가 있으며, 정체감 수준이 높은 것으로 알려지고 있다.

2) 성역할 고정관념

성역할 고정관념은 남성과 여성에 대한 우리의 인상과 신념을 반영하는 광범위한 개념이다. 모든 고정관념은 그것이 성에 기초한 것이든, 인종에 기초한 것이든 또는 그 밖의 유목화에 기초한 것이든 특정한 사회적 범주의 전형적인 성원들이 좋아하는 것에 대한 심상(image)이라고 할 수 있다. 세상은 매우 복잡하다. 매일 매일 우리는 수천 개의 다른 자극들에 직면한다. 고정관념의 사용은 우리가 이런 복잡성을 단순화시키는 한 가지 방법이다. 우리가 어떤 사람에게 어떤 꼬리표를 붙인다면, 우리는 그 사람에 대해 다르게 생각해야 할 때도 그렇게 생각할 수 없게 된다. 일단 꼬리표가 붙여지면 그들은 반대의 증거에 직면했을 때조차 그것을 포기하기가 쉽지 않게 되는 것이다(Santrock, 1998; 한상철·조아미·박성희, 1997).

남성과 여성이 겪게 되는 성역할 사회화의 과정은 그들을 사회의 일원으로 무리 없이 살아가도록 이끌어 준다. 그러나 지나친 성 고정관념과 정형화된 성역할의 강요는 남녀 모두에게 긍정적이지 않다. 이러한 폐해는 남성과 여성이 선천적으로 특정의 성향을 타고났다는 입장을 근거로 인위적으로 구분하려는 데서 나타난 결과일 수도 있고, 또한 다변화되고 복잡해지는 현대사회에서 고정적인 성 유형화는 더 이상 융통성 있는 역할수행에 바람직하지 않다는 이유 때문이기도 하다(최윤미 등, 1998).

많은 고정관념은 애매모호할 정도로 매우 일반적이다. '남성성(masculine)'과 '여성성(feminine)'에 대한 고정관념을 생각해 보자. 각 고정관념에는 다양한 행동들이 예상된다. 즉, 남성성에 대해 터치다운(풋볼게임)을 하는 것이나 긴 얼굴, 수염 등이 생각나고, 여성성에 대해 인형을 갖고 노는 것이나 립스틱을 바르는 것과 같은 행동이 예상된다. 고정관념은 문화적 변화에 따라 변경될 수 있다. 역사의 어느 시점에서는 남성성의 발달이 남성다움으로 생각될 수 있지만, 다른 시점에서는 보다 유연하고 허약한 체격으로 생각될 수도 있다. 고정관념을 반영하는 보편적인 행동들은 사회 경제적 여건에 따라서도 변동된다. 예를 들면, 보다 낮은 사회 경제적 집단은 보다 높은 사회 경제적 집단보다 남성성의 고정관념의 일부로서 '거칠고 무뚝뚝함'을 내포할 가능성이 더 많다.

남성성과 여성성의 고정관념은 얼마나 광범위하게 확산되어 있는가? 30개국의 대학생들을 대상으로 한 광범위한 연구에 따르면, 남성과 여성에 대한 고정관념은 매우 넓게 확산되어 있다(Williams et al., 1986). 남성은 대체로 지배적이고 독립적이고 공격적이고 성취 지향적이고 지속적인 반면 여성은 양육적이고 관계적이고 덜 존중적이고 고통 시에 더욱 조력적인 것으로 알려지고 있다.

고정화된 성역할과 사회적 기대에 따라 여성들이 경험하게 되는 구체적인 심리적 문제는 착한 여자 콤플렉스, 외모 콤플렉스, 슈퍼우먼 콤플렉스 등으로 나타나고 있다(여성을 위한 모임, 1992). 한편 여성들이 성 고정관념의 틀 속에서 겪게 되는 어려움은 그들의 높은 우울 경향에서도 엿볼 수 있다. 거의 모든 문화권에서 여성들은 남성들에 비해 높은 우울증을 보이고 있다. 여성의 보다 높은 우울증은 생물학적 원인이 불분명한 현 시점에서 볼 때(Kleitman, 1991) 부분적이나마 성역할 고정관념의 영향으로 풀이되고 있다. 즉, 어린 시절부터 받아 온 강화의 부족, 타인과의 관계성에 대한 지나친 강조, 가정 지향적인 역할 강조 등이 그 원인으로 지적된다(최윤미 등, 1998).

성 고정관념은 여성들에게만 불리한 결과를 가져오는 것은 아닌 듯하다. 남성들도 정형화된 성역할 속에서 어려움을 겪는다는 사실에 주의를 기울여야 한다. 남성은 여성보다 주도적이고 강해야 한다는 성역할 기대를 갖게 되며, 이것은 그들에게 강한 부담감으로 작용한다. '남성다움의 덫'에 빠져 있는 남성들이 경험하는 일곱 가지 심리적 콤플렉스가 있다. 사내대장부 콤플렉스, 온달 콤플렉스, 지적 콤플렉스, 성(性) 콤플렉스, 외모 콤플렉스, 장남 콤플렉스, 만능인 콤플렉스가 그것이다(현암사 편집부, 1994).

최근 연구에서 선진국에서 생활한 여성과 남성은 덜 선진화된 국가에서 생활한 여성과 남성보다 서로를 더욱 유사하게 인식하였다(Williams & Best, 1989). 선진국의 여성들은 대학에 입학하고 직장에 유리하게 고용될 가능성이 더 많았다. 따라서 성적 평등이 증가되는 만큼 남성과 여성에 대한 고정관념 뿐만 아니라 실제적인 행동의 차이가 줄어들 수 있다. 이 연구에서 여성들은 남성보다 성별 간의 유사성을 더 많이 인식하는 것 같았다. 그리고 성별 간의 유사성은 회교도 사회에서보다 기독교 사회에서 더 많이 인식되었다.

성역할 고정관념은 또한 발달에 따라 변화된다. 성에 대한 고정관념적 신념은 취학전 시기 동안 증가되고 초등학교 초기에 절정에 달하며, 그 이후 초등학교 중기와 후기에 감소된다. 최근의 한 연구에서 성 고정관념이 연령에 따라 감소되는 것은 인지능력의 습득과 관련이 있다는 주장도 제기되고 있다.

3) 성 유사성과 차이성

성별 간의 차이가 종종 과장되어 왔다는 주장이 점차 증가되고 있으며(Hyde, 1981), 심리학 연구에서는 성차별주의자에 대한 연구가 감소되고 있음도 알 수 있다. 다음과 같은 진술을 생각해 보자. '여성의 32%만이 ~한 것으로 발견된 반면, 전체 남성의 37%가 ~한 것으로 밝혀졌다.' 약 5%의 이러한 차이는 매우 작은 차이고, 통계적으로 유의미할 수도 유의미하지 않을 수도 있으며, 또한 개별 연구로 반복 가능할 수도 반복 가능하지 않을 수도 있다(Santrock, 1996).

그리고 '남성은 여성보다 수학에서 더욱 우수하다'와 같이 여성-남성비교에 대한 진술이 있을 때, 이것은 모든 여성 대 모든 남성을 의미하지 않는다. 그것은 대부분 어떤 연령에 있는 남성의 평균 수학성취도 점수가 동일 연령 대에 있는 여성의 평균 수학성취도 점수보다 더 높다는 것을 의미한다. 여성과 남성의 수학성취도 점수는 상당 부분 겹쳐져 있음으로써 '평균' 차이는 남성이 더 우수할 수 있지만, 많은 여성들이 남성들보다 더 높은 수학성취도를 보여 줄 수 있다. 더구나 생물학적으로 여성과 남성 간의 차이에 대해 생각하려는 경향이 있으나, 이 또한 차이가 있다면 사회 문화적 요인에 기초한 것임을 상기할 필요가 있다. 따라서 ① 차이는 평균적일 뿐 모든 여성 대 남성이 아니며, ② 차이가 보고된다고 하더라도 성별 간에 중복이 상당 부분 있으며, ③ 차이는 근원적으로 생물학적 요인, 사회·문화적 요인 또는 양자 모든 요인 때문일 수 있음을 명심해야 한다.

성별 간의 몇 가지 차이에 대해 생물학적 측면과 인지적 측면에서 이를 구체적으로 검토해 보기로 하자(Caplan & Caplan, 1994). 먼저, 생물학적 측면에서 볼 때 임신에서부터 죽음에 이르기까지 전반적으로 여성은 남성보다 가능성이 더 적지만, 신체적 또는 정신적 질병에 대해서도 여성이 남성보다 가능성이 더 적다. 예컨대, 에스트로겐(estrogen)이 면역체계를 강화시키기 때문에 여성은 남성보다 질병감염에 대한 저항력이 더 강하다. 여성 호르몬은 또한 간에 더 '양질 (good)'의 콜레스테롤을 생산해 주도록 신호를 보내며, 그것은 남성들보다 여성들의 혈액을 더욱 탄력적이 되도록 해 준다. 남성들의 테스토스테론(testosterone)은 저밀도의 지방단백질을 산출하도록 해 주는데, 지방단백질은 혈액의 흐름을 방해하는 것이다. 따라서 남성의 관상성(coronary; 동맥이나 정맥) 질병의 위험이 여성의 약 두 배에 이른다. 보다 높은 수준의 스트레스 호르몬은 남성들에게 보다 빠른 응고를 야기할 뿐만 아니라 여성들보다 더 높은 혈압을 갖도록 만든다. 그리고 성인 여성들의 비만형 신체는 그들 배우자 남성의 약 두 배에 이르며, 비만의 대부분은 가슴과 엉덩이를 중심으로 집중된다. 그러나 남성들의 경우 비만은 복부를 중심으로 이루어질 가능성이 더 많다. 또한 남성은 신장에서 여성보다 평균적으로 약 10% 더 크게 성장한다. 남성 호르몬은 긴 뼈의 성장을 촉진시키며, 여성 호르몬은 사춘기에 뼈 성장을 멈추게 한다. 요약하자면, 여성과 남성 간에는 신체적인 면에서 많은 차이가 있다.

그러면 인지적인 면에서는 어떤 차이가 있는가? 성 차이에 대한 1974년의 고전적인 리뷰에서 Eleanor Maccoby와 Carol Jacklin(1974)은 남성은 수학기능과 시공간적 능력(건축가가 빌딩의 각도와 차원을 설계하는 데 필요한 기능)에서 더 우수한 반면, 여성은 언어능력에서 더 우수하다고 하였다. 그 후 Maccoby (1987)는 여러 가지 성 관련 영역에 대한 결론을 수정하였다. 그녀는 오늘날 연구물이 축적되면서 남성과 여성 간의 언어적 차이는 실제로 사라졌지만, 수학과 시공간적 능력의 차이는 여전히 존재하고 있다고 하였다.

그러나 성 분야의 많은 연구자들은 인지적인 면에서 여성과 남성 간에 차이보다 유사성이 더 많다는 사실을 지적하고 있다. 그들은 또한 수학과 시공간적 차이와 같이, 현재 존재하고 있는 차이는 과장되었다고 생각한다. 남성이 여성보다 수학에서 더욱 우수하지만, 천재아 집단에서와 같이 특정 집단에서만 그러하다. 더구나 남성은 모든 시공간 과제에서 항상 여성들보다 우수하지 않다. 대상(물체)을 정신적으로 회전시키는 능력에서만 일관된 차이가 발생한다(Linn & Petersen, 1986). 그리고 우리가 앞서 논의했던 것과 같이 차이가 있다고 하더라도 여성과 남성 간에 중복되는 부분이 상당 부분 존재하고 있음을 명심할 필요가 있다. 남성과 여성의 언어적 능력에 대한 최근의 정보를 검토할 때(여성은 SAT의 언어영역에서 보다 높은 점수를 보이는 것으로 알려졌지만, 이제 그 차이는 찾아보기 어렵다), 여성과 남성 간의 인지적 차이가 어떤 분야에서는 더 이상 존재하지 않거나 사라지고 있으며, 차이가 존재한다고 하더라도 적은 차이에 불과하다고 할 수 있다.

대부분의 남성들은 대부분의 여성들보다 더욱 적극적이고 공격적이다(Maccoby, 1987; Maccoby & Jacklin, 1974). 공격성에 있어서 일관된 차이는 2세 정도의 초기 어린이의 발달에서 종종 나타난다. 조력행동에 관해서 Alice Eagly와 Maureen Crowley(1986)는 여성의 성역할은 양육이나 보호의 조력행동을 촉진하는 반면, 남성의 성역할은 기사도와 같은 분야에서 조력을 촉진한다고 주장한다. 그들은 남성의 경우 위험이 인식되는 상황에서 조력의 가능성이 더 많으며, 조력을 하는 것에서 유능감을 가장 많이 느낀다는 점을 발견하였다. 예를 들면, 남성들은 어떤 사람이 자동차 타이어가 펑크난 채 노변에 서 있을 때 그를 도와줄 가능성이 더 많다. 남성들은 위험을 내포하는 상황에서의 조력행동을 통해 자기 유능감을 크게 느낀다. 반면에 장애아동을 돕기 위한 자원봉사와 같은 상황에서는 여성들의 조력행동이 더 많이 나타나는 것으로 알려지고 있다. 왜냐하면 거기에는 조력자에 대한 위험이 거의 존재하지 않기 때문이며, 또한 여성들의 경우 양육에서 더 많은 유능감을 느끼기 때문이다(Hyde, 1990). 그러나 소년과 소녀 모두가 어린 동생을 돌보는 문화에서는 소년과 소녀의 양육행동이 유사하다(Whiting, 1989). 최근의 한 연구에서 Judith Blakemore(1989)는 취학전 소녀가 취학전 소년보다 아기와 더 많은 시간을 보내며, 아기 양육을 더 많이 한다는 사실을 발견하였다.

4) 양성성의 발달

대부분의 사회와 문화권에서 전통적으로 남성은 남성적이고 여성은 여성적인 것이 건강한 것으로 인식되어 왔다. 그러나 최근에 와서 이러한 전통적인 성역할 구분은 현대사회에 더 이상 적합하지 않을 뿐만 아니라 인간의 잠재력을 충분히 발휘하는 데에 장애가 될 수 있다는 주장이 제기되고 있다(정옥분, 1998). 대부분의 남성과 여성들은 전적으로 남성적이지도 않고 전적으로 여성적이지도 않으며, 상대 성의 성역할을 포함하고 있다. 개인의 성역할 정체성 속에 남성적 역할과 여성적 역할을 조합해서 지니고 있는 사람들을 양성성(androgyny) 소유자라고 한다(장휘숙, 1999).

양성성이란 그리스어로 남성을 일컫는 'andro'와 여성을 일컫는 'gyn'으로 구성된 용어이며, 하나의 유기체 내에 여성적 특성과 남성적 특성이 공존하는 것을 의미한다. 심리적 양성성의 개념은 한 사람이 남성성과 여성성을 동시에 가질 수 있기 때문에 상황에 따라서 도구적 역할과 표현적 역할을 수행할 수 있는 보다 효율적인 성역할 개념으로, Bem(1974)에 의해 최초로 제안되었다.

양성성에 대한 아이디어는 Bem 이전의 Jung(1945)으로까지 거슬러 올라간다.

일찍이 Jung은 성역할의 이원적 개념을 주장하면서 남자든 여자든 모든 인간에게는 남성성과 여성성의 두 가지 특성이 어느 정도 공존한다고 하였다. 즉, 그는 정신분석이론에서 남성적 'animus'와 여성적 'anima'를 구별하고, 이 둘은 모두 정신의 중요한 측면이라고 강조하였다. Bakan(1966) 역시 모든 인간에게는 기능성과 친화성이 어느 정도 공존한다고 하면서, 개인이나 사회가 생존하기 위해서는 이 두 가지 특성이 균형을 이루어야 한다고 하였다.

성역할에 관한 연구가 본격화되면서 개인의 성역할을 측정하고자 하는 많은 노력들이 있어 왔다. 그 가운데 Constantinople(1973)은 전통적인 남성성–여성성을 측정하고자 한 최초의 연구자로서, 그에 의하면 남성성과 여성성은 단일 차원의 양극을 대표하는 것이다. 따라서 남성성(여성성)이 높은 사람은 자동적으로 여성성(남성성)이 낮은 것으로 나타나고, 이 단일 차원선상에서 중간쯤에 위치한 사람은 불행히도 성역할 정체감이 불분명한 것으로 판정을 받은 것이다.

그 이후 양성성의 개념이 도입되면서 Bem(1974)과 Spence(1974)는 성역할이 양극 개념으로 이해되어져서는 안 된다고 주장하고, 각기 새로운 척도를 개발하기 시작하였다. Bem(1974)은 'Bem Sex Role Inventory(BSRI)'를 개발하였고, Spence(1974)는 'Personal Attributes Questionnaire(PAQ)'를 개발하였다. 이 두 척도는 종래의 남성성–여성성 척도의 문제점을 해결한 것으로 남성성과 여성성을 각기 독립된 변수로 보고, 남성성과 여성성을 따로 측정할 수 있도록 고안되었다. 남성성 척도와 여성성 척도의 두 가지에서 동시에 높은 점수를 얻는 사람이 곧 양성성의 소유자다. 구체적으로, 남성성 척도와 여성성 척도의 중앙치를 계산하여 남성성과 여성성 점수가 모두 중앙치 이상이면 양성성으로 분류되고, 남성성 점수는 중앙치 이상인데 여성성 점수는 중앙치 이하이면 남성성으로, 그리고 그 반대이면 여성성으로 각기 분류된다. 그리고 남성성과 여성성 점수 모두가 중앙치 이하이면 미분화, 즉 성역할이 분화되지 못한 것으로 분류되었다(정옥분, 1998).

Block 등(1973)은 여성적인 여성은 불안감이 높고, 자존감과 사회적 승인이 낮다고 한다. Mussen(1961)은 남성적인 남성은 청소년기 동안은 심리적 적응이 좋지만, 성인이 되었을 때 불안감이 높고 신경과민을 보이며, 자기 수용성이 낮다고 하였다. 또한 Maccoby(1966)의 연구결과 남성적인 남성과 여성적인 여성은 모두 지능, 창의성, 공간지각 능력이 낮은 것으로 나타났다. 한편, Bem (1975)은 남성성과 여성성에 대한 전통적인 개념의 대안으로 양성성을 제안하고, 양성성의 사회가 전통적인 성역할에 의해 지배되는 사회보다 훨씬 더 기능적이라고 주장하였다.

:: 08 청소년문화

청소년의 행동과 사고를 올바로 이해하기 위해서는 그들의 심리적 특성과 더불어 생활양식과 사회적응 과정을 합리적으로 이해할 필요가 있다. 국내에서 청소년문화에 대한 관심은 1970년대에 들어서면서 청소년을 독자적인 집단으로 인식하려는 경향이 높아지면서 비롯되었다. 당시 성인들의 눈에 이상하게 비친 청바지에 통기타를 든 젊은이들에 대하여 수많은 청소년들이 열광하였고, 이와 동시에 그들만의 노래와 춤이 기성사회의 문화체제와 가치관에 도전하게 되었다. 이러한 상황은 점차 발전하여 1980년대와 1990년대에는 청소년문화가 성인문화를 선도하거나 지배하는 양상을 보이기까지 하였다. 이들은 노래와 춤뿐만 아니라 의상과 헤어스타일, 언어와 여가생활에서 독자적인 면모를 보이기 시작하였으며, 이제더 이상 청소년문화를 성인문화의 하위문화쯤으로 인식할 수 없는 상황을 창출하였다.

그러나 청소년문화를 올바로 이해한다는 것은 쉬운 일이 아니다. 청소년의 독자적인 문화가 무엇인가에 대해 합의된 주장이 없으며, 그들의 문화형성 과정에 대한 주도적인 이론도 찾아보기 어렵기 때문이다. 이 장에서는 청소년문화에 대한 다양한 시각을 소개하고, 그들의 독특성을 반영해 주고 있는 청소년 여가문화와 성문화, 대중매체 문화 등에 대하여 구체적인 논의를 전개하고자 한다.

1. 청소년문화의 의미와 성격

1) 문화의 개념과 특징

한 사회의 문화는 사회 구성원들의 행동양식과 사고방식, 심미적 취향뿐만 아니라 독특한 식성과 몸짓까지도 결정하는 힘을 지니고 있다. 청소년문화가 중요한 이유도 청소년이 행동하고 사고하는 방식은 물론이고 그들의 총체적인 삶을 결정해 주는 힘을 지니고 있기 때문이다. 누구나 자신이 속해 있는 문화의 지배로부터 벗어날 수 없는 것이고 보면 오늘의 한국 청소년들 또한 그들이 살고 있는 문화의 질에 의해 그들의 삶의 질이 결정된다고 말할 수 있다.

김영찬(1980)은 문화에 대한 다양한 정의들을 종합하여 그 특징을 다음과 같이 요약하였다. ① 문화란 사회성원이 공유하고 있는 것이며, ② 역사적으로 전승된 것이며, ③ 학습된 것이며, ④ 사회성원의 행동 지침이며, ⑤ 통합된 체제 또는 형태이며, ⑥ 사회성원의 경험 조직의 표준이다. 청소년문화 또한 이러한 특성들을 모두 포함하는 것으로, 청소년들에게 행동 지침이 될 뿐만 아니라 그들의 경험을 조직하는 표준으로서의 기능을 갖는다고 말할 수 있다.

문화는 정지해 있지 않고 움직이며, 또한 변화된다. 물이 위에서 아래로 흐르듯이 문화는 앞 세대에서 다음 세대로 전수된다. 새로운 세대는 항상 앞선 세대가 가지고 있는 문화를 학습을 통하여 획득하게 되는데, 이와 같은 문화의 내면화 과정을 사회학자들은 '사회화(socialization)'라 부르고, 인류학자들은 이 과정을 통하여 문화가 세대에서 세대로 전승되어 가는 점에 착안하여 '문화전계(enculturation)'라 부른다. 문화전승은 한 사회의 문화적 특성을 존속시키는 데 있어서 필수적인 역할을 한다. 한국인의 민족 정체성(national identity)을 유지하고 발전시킬 수 있는 것은 문화전승 때문이다. 청소년들에게 한국인으로서의 가치와 민족 공동체감을 강조하는 것은 국제 교류가 빈번한 현대사회일수록 더욱 중요하다. 그것은 한국인의 정체성을 상실하지 않기 위해서이며, 한국인으로서 한국사회에 보다 잘 적응하도록 하기 위한 것이다.

문화는 단순히 다음 세대로 전승될 뿐만 아니라 변화된다. 전통사회와 비교할 때 현대사회의 문화변화는 매우 급속하며, 커다란 도전을 제공하고 있다. 한 인간의 생애주기 동안 문화변화가 크지 않았던 전통사회에서는 어릴 때 배우고 익혔던 지식과 생활양식으로 평생을 살아갈 수 있었지만, 10년 또는 5년을 주기로 커다란 변화를 겪고 있는 현대사회에서는 어릴 때 습득하였던 문화유산으로 평생을 살아가기란 무척 힘들게 되었다. 급속한 문화변동에 따라 계속적인 경험을 통해 새로운 지식과 문화를 습득해 나가지 않으면 안 되게 된 것이다. 이것은 사회성원들에게 끊임없는 도전을 제공하며, 커다란 압박과 스트레스로 작용하고 있다. 과거 어떤 시대의 청소년들보다 현대 청소년들의 문제행동이 더욱 심각한 중요한 이유도 급속한 문화변화에 따라 자신들에게 요구되는 적응양식이 매우 모험적이고 도전적이며, 이로 인하여 심리적 스트레스를 과중하게 경험하고 있기 때문이라고 할 수 있다.

문화변화는 크게 두 가지 요인, 즉 내부요인과 외부요인에 의해 이루어진다. 문화변화에 대한 내부요인설은 사회성원이 새로운 문화를 발명하거나 개발 또는 발견함으로써 이루어지는 변화를 의미하며, 이것은 대체로 건전하고 가치로운 것이다. 그러나 외부요인설은 다른 문화와의 접촉을 통하여 이루어지는 변화를 의미하는데, 이를 '문화접변(cultural acculturation)'이라고 한다. 한국문화가 해방 이후 서구문화와의 접촉을 통하여 변화를 거듭하였는가 하면, 최근 청소년들은 일본문화와의 접촉을 통하여 그 변화를 경험하고 있다(김신일, 1993).

문화접변은 선진문화가 후진문화를 흡수하여 소위 문화적 종속주의를 초래할 위험도 내포하고 있지만, 이를 통해 새롭고 발전적인 문화를 창조하고 개발할 수 있는 긍정적인 부분도 내포하고 있다. 최근 일부 청소년들이 일본문화를 동경하고 열망하는 현상은 단순한 문화접변의 과정으로 이해되기보다 문화흡수의 과정으로 이해될 수 있기 때문에 심각한 것이다. 따라서 양쪽의 문화가 상호 교류를 통하여 건설적이고 창조적인 형태로 발전될 수 있도록 청소년문화정책을 입안하고 그들의 건전한 문화활동을 지원하도록 해야 할 것이다.

한편, Ogburn은 문화를 물질문화와 비물질문화로 구분하고, 물질문화의 변화속도에 비추어 비물질문화의 전파와 변동 속도가 느림으로써 그 간격이 점차 커지는 현상을 '문화지체(cultural lag)'라고 하였다. 이와 같은 문화지체 현상은 현대사회의 가장 큰 특징 가운데 하나이며, 청소년들의 가치관 형성에도 많은 영향을 줄 것으로 생각된다.

그리고 문화변동과 관련한 용어로 '문화실조(cultural deprivation)'가 있다. 이것은 개인의 발달에 필요한 문화적 요소의 결핍 현상을 의미하는 것으로, 정확하게 말하면 발달심리에서 사용되는 용어다. 문화실조는 대개 사회 경제적 지위가 낮은 계층의 아동들에게 많이 발생하며, 언어장애와 학업부진, 중도탈락, 비행 등의 주요 원인으로 지적되고 있다. 최근 우리나라에서도 결식 아동과 소년소녀 가장, 소외된 아동이 점차 증가하고 있으므로 문화실조로 인한 발달장애 문제를 심각하게 고려해 보아야 할 것이다.

오늘날과 같은 국제화 시대에는 어느 나라도 고립하여 존재할 수 없으므로 문화적 교류는 중요하고 가치 있는 활동이다. 그러나 국제문화교류의 현실은 가치 있는 방향으로 전개되기보다 독점적이고 상업적인 방향으로 점철되고 있다. 세계의 이념적 장벽이 무너지고 자본주의 체제가 확산되면서 상업주의적 감각문화와 소비문화가 엄청난 힘으로 압력을 가하고 있는 것이다. 이러한 상황에서 오직 청소년들에게만 문화적 저항력을 강조하고 건전문화 정착을 주장하는 것은 한계가 있다. 성인들이 외국의 갖가지 상업 소비문화에 발맞추어 가세하면서 청소년들의 자구적 노력을 오히려 방해하고 있는 것이다. 성인들은 청소년들을 이용하여 돈을 벌고, 유해한 환경을 조장함으로써 유흥산업과 상업문화를 확장시키고 있다. 따라서 건전한 청소년문화를 정착시키고 발전시키기 위해서는 일차적으로 성인문화의 개선이 전제되어야 한다. 성인들의 상업적 이기주의와 감각적 쾌락주의가 사라지지 않는 한 청소년 건전문화란 요원할 따름이다.

2) 청소년문화의 성격과 문제점

(1) 청소년문화의 성격

청소년들이 가지고 있는 행동양식, 사고방식, 심미적 취향, 말투, 의상 등을 통틀어 청소년문화라고 한다. 청소년문화는 나름대로 독특성을 지니고 있지만 이에 대한 관점과 해석은 매우 다르다. 여기서는 김신일(1993)이 제시한 내용에 기초하여 청소년문화의 성격을 정리해 보고자 한다.

첫째, 청소년문화를 미숙한 문화로 보는 입장이 있다. 이것은 어른의 시각으로 청소년문화를 보고자 하는 입장으로, 고대로부터 한결같이 내려오는 관점이다. "요즈음 아이들은 예절도 모른단 말이야, 어른들에게 인사도 할 줄 모르고……." 라고 개탄하는 어른들의 눈에 비추어 볼 때, 청소년들의 모든 행동은 서툴고 미숙할 수밖에 없다. 부모의 입장에 서 있는 어른들의 눈에 청소년들은 언제나 모자라고 미숙하게만 보이는 것이다. 그들에게 문화라고 이름 붙일 만한 것도 없지만, 있다고 하더라도 아직 미숙하고 모자라는 것에 불과하다는 생각이다.

이러한 관점은 청소년들의 노래와 춤, 언어, 의상 등이 성인문화를 지배하는 양상으로까지 발전하고 있는 오늘날에는 더 이상 설득력이 없다고 해도 과언이 아니다. 청소년문화를 미숙한 문화로 인식하는 성인들의 시각은 청소년들과의 갈등과 세대차를 증폭시키는 원인이 되며, 성인들의 권위주의와 기득권 유지에 강한 도전감과 반발심을 자극하는 요인이 되고 있다. 성인들 역시 과거에 청소년시절을 겪어 왔으며, 그 당시 성숙된 자신의 사고와 행동에 대한 성인들의 지나친 간섭과 잔소리가 자신들을 얼마나 괴롭혔던가를 망각하고 있는 것이다.

둘째, 청소년문화를 비행문화로 보는 입장이 있다. 청소년들이란 공부나 일보다는 놀기를 좋아하고, 어른의 눈을 속여 나쁜 짓 하는 것을 대범한 행동으로 인식하고 있다는 것이다. 이러한 시각을 갖는 성인들은 청소년들이 사회적 규범과 질서를 파괴하는 것에서 쾌감을 느낀다고 본다. 뿐만 아니라 청소년들이 성인만화나 음란비디오, 퇴폐적 노래, 술, 담배, 심지어 성적 문란행위와 환각제에 이르기까지 비행문화에 젖어 있다고 생각한다. 따라서 청소년들은 항상 부모나 교사의 감독하에 있어야 하며, 그들끼리 어울리게 해서는 안 된다는 사고방식을 갖는다.

학교교육에서 창의성을 강조하면서 오히려 학생들의 창의성을 말살하고 있는 경우가 허다하듯이, 청소년들의 독창적이고 모험적이며 비판적인 행동, 즉 다소 엉뚱한 행동에 대하여 성인들은 창조적인 문화로 허용하기보다 자신들에게 도전하는 버릇없는 행동 또는 비행행동으로 오인하는 것이다. 따라서 청소년들의 독창적인 문화활동을 말살시키고, 성인사회의 관습화된 문화를 주입시킴으로써 성인의 눈에 '착한 아이'를 만들어 가고자 한다. 이러한 과정에서 현대의 일부 청소년들은 성인들의 문화주입에 강하게 반발한다. 즉, 자기존재성과 삶의 가치를 부각시키기 위한 방법으로 과격한 행동이나 반사회적 행동을 선택하고 있다. 청소년문화를 비행문화로 보는 성인들의 시각은 청소년에 대한 성인들의 편견일 수밖에 없다.

셋째, 청소년문화를 하위문화로 보는 입장이 있다. 문화는 분류형태상 지역에 따라 도시문화와 농촌문화 등으로 구분할 수도 있고, 연령에 따라 아동문화, 청소년문화, 성인문화, 노인문화 등으로 구분할 수도 있다. 문화를 분류할 때 청소년문화는 다른 여러 문화와 마찬가지로 사회 전체문화의 하위문화에 불과하다고 할 수 있다. 그러나 하위문화라고 하여 전체문화의 종속적 문화라든지, 미숙한 문화라는 뜻으로 해석할 수는 없다. 각 연령집단마다 그 연령집단에 적합한 문화요소를 내포하고 있듯이, 청소년들에게도 그들만의 문화가 존재하는 것은 당연한 것이다.

어떤 형태의 문화이든 그것은 다른 문화 또는 상위문화에 종속될 수 없으며, 상위문화에 비하여 미숙하다고 해석될 수도 없다. 예컨대, 경상도 문화가 우리나라 전체문화의 종속적 문화라든지 미숙한 문화라고 한다면 그것은 잘못된 발상일 수밖에 없듯이, 청소년문화 역시 마찬가지다. 따라서 청소년문화를 하위문화로 보는 입장은 문화의 분류상 그러할 뿐 문화의 독립성이나 가치성 또는 서열 면에서 그렇게 해석될 수 없으며, 독자적인 문화로 인정해야 한다.

넷째, 청소년문화를 대항문화(counter-culture) 또는 반(反)문화로 보는 입장이 있다. 이 입장에 따르면, 청소년들은 기성세대의 문화를 거부하고 자신들의 새로운 문화를 대안으로 내세우면서 개혁과 변화를 요구한다고 보는 것이다. 성인들이 도저히 이해하거나 받아들이기 어려운 옷차림과 행동, 그리고 예절도 모르고 규범도 무시하는 그들의 행위는 기성문화에 대항하고 반대하는 문화인 것이다. 청소년문화에 대한 이러한 관점은 청소년 세대와 성인 세대 간의 갈등을 증폭시키며, 대립과 반목을 가중시키고 있다. 성인들의 관점에서 청소년들은 버릇없고 부모 세대의 모든 것을 송두리째 무너뜨리려 하는 위험한 세대일 수밖에 없는 것이다.

그러나 새로운 세대가 기성세대에게 비판을 가하고 반항하는 것은 그들이 미숙하거나 비뚤어졌기 때문이 아니라 기성세대와는 다른 인생관과 역사관을 가지고 있기 때문이다. 그리고 이것은 청소년기의 보편적인 인지적 발달현상으로 이해될 수도 있다. 즉, 인지적 성장과 함께 나타나는 그들 자신의 논리적 비판력을 성인을 대상으로 시험하고 있는 것이라고 볼 수 있다. 자기 논리의 완벽성을 추구하는 과정에서 성인세대의 비논리적이고 비합리적인 정책과 제도에 반항하고 도전하는 것이다. 이것은 청소년 초기의 성장과정에서 비롯되는 현상으로 후기의 안정된 인지적 사고능력의 발달과 함께 사라지는 것이 보편적이다. 이에 대한 성인들의 곱지 않은 시선과 왜곡된 판단은 세대 간의 깊은 반목과 갈등을 증가시킬 뿐이다. 청소년들이 성인문화에 대항하는 것은 틀림없지만, 이를 보다 허용적인 측면에서 해석해 줄 필요가 있다.

다섯째, 청소년문화를 새로운 문화로 보는 시각이 있다. '새 술은 새 부대에'라는 식으로 새로운 세대는 그들 나름의 새로운 문화를 창조하고 형성하여 살아간다는 것이다. 오늘날의 청소년들이 보여 주는 이상한 몸짓과 말투, 이상스러운 옷차림, 도저히 이해할 수 없는 남녀 간의 행동, 한심스러운 인생관 등은 어른들의 눈에나 이상스럽고 한심스럽게 보이는 것이지, 그들에게는 자연스럽고 정상적인 행동인 것이다. 따라서 이것은 그들의 삶의 일부분이며, 그들 세대의 문화임을 인정해야 한다.

세대 간에 핵심적인 문화요소는 크게 변하지 않고 항상 유지 보존되지만, 세대가 바뀌어 감에 따라 새로운 문화요소가 생성되어 문화에 변화를 가져온다. 이러한 변화가 없으면 과거의 오랜 전통시대가 그랬듯이 사회는 발전을 모르고 침체 상태에 머물러 있을 수밖에 없다. 이런 시각에서 보면 청소년문화는 한 사회의 생동적인 발전을 위하여 없어서는 안 될 귀중한 자극이며 활력소다.

지금까지 청소년문화의 성격을 다섯 가지로 정리해 보았지만, 결론적으로 청소년문화를 무시하거나 부정적으로 보는 관점은 피하는 것이 좋다. 청소년문화가 내포하고 있는 긍정적이고 적극적인 요소를 존중하고 육성하고자 하는 자세가 필요한 것이다. 청소년의 건강하고 주체적인 성장과 삶의 질적 발전을 위하여 그들의 문화를 존중해 주어야 할 뿐만 아니라 생동적인 문화를 창조하고 형성할 수 있도록 문화공간을 넓혀 주고 문화활동을 지원해 주는 일이 필요하다. 그리고 청소년의 인권적 권리가 논의되고는 있지만(이봉철, 1991), 이와 함께 청소년의 문화적 권리가 더 강하게 천명되어야 한다. 청소년의 문화적 권리는 자신들의 문화를 형성 발전시킬 권리와 아울러 각종 문화활동에 참여하고 혜택을 누릴 수 있는 기회의 확대를 의미한다(김문환, 1988; 김신일, 1993).

(2) 청소년문화의 문제점

청소년문화의 성격을 올바로 정립해 나가기 위해서는 현재 우리나라 청소년문화의 문제점들을 분석해 보아야 할 것이다. 누가 보더라도 우리나라 청소년문화는 정상적이지 않다. 대다수의 청소년들이 자기 시간을 갖지 못하고 자신의 생활이라고 할 만한 것을 누리지 못하며, 자신의 문화적 권리에 대하여 목소리 내기가 어려운 것이다. 그렇기 때문에 청소년문화라고 부를 만한 것이 사실은 변변치 못하며, 그들의 언어, 놀이, 몸짓, 옷차림, 대인관계 등이 거칠고 난잡할 뿐이다. 그리고 문화형성에 기초가 되는 윤리나 가치관이 부족한 상태이며, 외래문화에 대한 의존도가 지나치게 높다. 이와 같은 비정상적인 청소년문화는 성인들의 무관심과 이해 부족, 청소년을 돈벌이의 대상으로만 생각하는 상업주의와 금욕주의, 청소년관련 제도와 정책의 혼선 등이 빚어낸 합작품이라고 할 수 있다. 청소년문화와 관련된 문제점들을 몇 가지로 정리해 보면 다음과 같다.

첫째, 청소년문화 공간이 없다. 저질 음란비디오, 선정적인 폭력 위주의 왜색만화, 노래방이나 전화방 등이 문제로 자주 거론되지만, 실제로 그것들 말고 청소년들이 여가를 활용하여 자신의 감정을 표출시킬 수 있는 문화시설이나 공간은 거의 없는 상태다. 최근 청소년보호법의 실효와 함께 청소년 유해환경에 대한 법적인 규제가 시작되었다(1997. 9. 1부터). 정말 안타까운 것은 청소년들에게 그들이 개인적으로나 집단적으로 여가를 보내고, 그들의 잠재능력을 신장시키며, 집단적 문화활동을 전개할 수 있는 공간이나 시설, 여건을 마련해 주지 않은 상태에서 법적인 규제장치만을 강화하고 있다는 것이다. 청소년들은 다른 어떤 발달단계의 개체보다 성적 욕망과 공격적 욕망이 강하게 억압되어 있다고 말할 수 있다. 그런데 이들의 욕망을 건설적이고 합리적인 방법으로 해소해 주고, 그 해소방법을 통해 그들 자체의 독자적인 문화를 형성할 수 있도록 도와주고자 하는 노력은 어디서도 찾아보기 어렵다. 따라서 청소년 유해환경에 대한 법적 규제에 앞서 청소년문화 공간과 시설, 그리고 여건의 개선이 이루어져야 할 것이다.

둘째, 성인세대의 상업주의가 청소년의 불건전한 퇴폐문화를 조장하고 있다. 노래, 비디오, 만화, 전자오락, 방송 등 청소년들이 자주 접촉하는 모든 것들에 경쟁적 상업주의가 침투하여 이것이 청소년 퇴폐문화의 온상이 되고 있다. 만화

가게와 비디오가게는 유흥산업과 향락산업의 말단적 부분에 지나지 않으며, 그 뒤에는 실제로 거대한 자본이 이윤 확대를 위하여 수단과 방법을 가리지 않고 청소년들에게 유해한 상품을 대량으로 공급하고 있다. 현대사회의 갖가지 영상매체나 유흥산업이 사회악의 절대적인 요소라고 말할 수는 없다. 이들이 청소년들의 건전한 문화환경을 저해하고, 오히려 청소년을 대상으로 장사를 하고 있다는 점에서 큰 문제가 되고 있는 것이다. 청소년들은 발달특성상 유해환경에 대한 호기심이 매우 높을 수밖에 없으며, 그들의 여가공간과 시설이 절대 부족한 상황에서는 더욱 그렇다. 따라서 청소년문화공간의 확대와 더불어 청소년 유해환경의 정화와 업자들의 의식전환 및 자정노력이 크게 요구된다고 하겠다.

셋째, 교육제도와 노동조건에 문제가 있다. 학교교육에 대해서는 그 문제점을 지적하지 않더라도 누구나 그 심각성을 인식하고 있다. 우리 청소년의 거의 전부가 학생인 상황에서 학교의 비인간적인 교육 형태는 청소년들에게 더 이상 교육기관으로서의 사명을 포기한 것 같은 느낌을 준다. 전인교육을 강조하면서도 학생들의 잠재적 성장 가능성과 개성을 무시하고 있는 교육과정, 학생들을 존중하고 수용하기는커녕 무시하고 거절하는 교사의 태도, 누구에게나 공평한 교육기회와 교육적 혜택을 제공해야 함에도 성적 우수자에 대한 특혜만을 계속 강조하고 있는 학교정책 등은 청소년들의 열등감과 부정적 정서를 증가시키며, 사회와 성인, 그리고 동료들에 대한 반항감을 증폭시키고 있다. 학교교육의 이 모든 문제점을 입시교육과 관련지어 생각하는 사람도 있지만, 교육기관 종사자들(정책입안자, 교육행정가, 교장, 교사 등)의 교육에 대한 잘못된 신념이나 태도가 더 큰 문제라고 생각된다. 학교교육의 이러한 제반 여건이 청소년문화를 형성하고 발전시키는 데 커다란 장애요인이 되고 있으므로 학교교육의 개선과 교육 종사자들의 태도변화가 시급한 실정이라고 할 수 있다.

그리고 최근 미취학 청소년들뿐만 아니라 학교 중퇴자와 가출자들에게 크게 문제시되고 있는 것은 근로조건과 고용제도에 대한 것이다. 무엇보다 각종 유흥업소에서 청소년을 고용하여 퇴폐영업을 하고, 금전만능과 향락적 사고를 조장하고 있는 것은 청소년문화육성 차원에서뿐만 아니라 청소년의 인권보호 차원에서 강력한 조치를 취해 나가야 할 것이다. 이와 더불어 청소년 고용업체들에서는 청소년의 개인적 성장을 지원하고 인격을 존중하는 태도를 갖는 등의 의식전환이 있어야 한다. 그렇게 해야만 상호 존중과 대화의 분위기를 조성하고, 청소년의 건전 문화를 육성할 수 있을 것이다.

넷째, 청소년 간의 문화불평등이 문제가 되고 있다. 청소년들도 성인과 마찬가지로 많은 불평등구조 속에서 생활하고 있다. 남녀, 직업, 계층 간의 불평등은 청소년들에게도 그대로 전파되며, 학업성취도 수준에 따른 불평등과 신체적 외모나 운동능력에 따른 불평등을 추가로 경험한다. 청소년들의 이와 같은 불평등문화에 대한 경험은 상위문화에 대한 도전의식과 심지어 공멸의식을 갖게 만들며, 많은 문제행동의 원인으로 작용한다. 따라서 청소년문화의 육성에 있어서 집단 간 불평등을 해소할 수 있는 방안을 수립하고, 지도대책을 마련할 필요가 있다.

2. 청소년 여가문화

1) 여가의 개념과 특징

여가(leisure)의 개념은 막연히 레크리에이션이나 놀이와 유사한 개념으로 생각되어 온 것이 사실이다. 그러나 1970년대 이후부터 특히, 교육 분야에서 여가에 대한 새로운 견해가 제기되면서, 이에 대한 개념 또한 더욱 구체화되고 있다.

먼저, 어원론적인 관점에서 여가의 개념을 정의할 때 영어의 'leisure'는 그리스어인 'schole'와 라틴어인 'licere'에서 유래하였다고 한다. 'schole'는 학교(school) 또는 학자(scholar)를 의미하는 말로 발전하였는데, 이는 '조용함' 또는 '평화'를 뜻하였고 경우에 따라 '남는 시간' 또는 '자유시간'이란 의미를 내포기도 한다. 그러나 '남는' 혹은 '자유'라는 말은 시간에 대한 개념이라기보다 어떤 의무로부터 해방되어 아무런 구속도 없게 되는 상태를 의미한다. 고대사회에서 학교란 상류층 자녀들이 노동으로부터 벗어나 여가를 선용하기 위한 장소이며, 학자 또한 상류층의 소수 엘리트만의 직종이었음을 어원적인 면에서 추론할 수 있다.

라틴어의 'licere'는 '자유롭게 되다' 혹은 '허락되다'는 의미를 내포하며, 이 또한 당시 사회의 계급의식에서 비롯된 말이다. 즉, 상류계급만이 노동으로부터 자유롭게 되고 지적·문화적·사회적 활동에 참여할 수 있도록 허용되었던 것이다. 따라서 'leisure'에 해당하는 모든 어원들은 '무료한 시간'을 말하는 것이 아니라 '평화', '조용함', '의무가 없는', '자유로운', 허용적인' 등의 심리적 상태를 의미하고 있다.

반면에 레크리에이션(recreation)은 라틴어의 'recreatio'에서 유래한 것으로 '새롭게 하다', '저장하다'라는 의미를 내포하고 있는데, 인간이 노동으로부터 휴식하게 되는 활동이고, 노동을 대비한 기분전환이며, 힘의 축적이기도 하다. 어원론적 정의에 기초하더라도 여가와 레크리에이션은 구분된다는 것을 알 수 있다. 즉, 레크리에이션이 노동을 위한 일종의 준비활동이라고 한다면, 여가는 아무런 조건이나 구속이 없는 상태에서의 자유로움과 평화로움을 의미한다. 그리고 레크리에이션을 좁은 의미의 여가로 보기도 하는데, 그것은 여가활동의 한 유형으로 레크리에이션이나 놀이를 다루고 있기 때문이다.

둘째, 시간을 고려한 관점에서 여가를 정의하려는 입장이 있다. 인간의 생활시간을 크게 생활 필수시간과 노동시간, 그리고 자유시간으로 구분할 때, 여가는 보통 생활 필수시간과 노동시간을 제외한 자유시간이라고 할 수 있다(Parker, 1970). Brightbill(1981)과 Murphy(1983)는 자유시간 또는 잉여시간의 개념에 자유 및 자기 재량의 의미를 추가시키고 있다. 이러한 시간적 정의는 여가 자체를 수량화하기가 용이함으로써 시간계산 연구를 촉진시켰으나, 여가의 복잡 다양한 측면을 포괄하지 못한다는 점에서 한계를 지니고 있다.

셋째, 여가를 시간적 개념의 기초 위에 인간의 활동으로 인식하려는 정의방법이 있다. Dumazedier(1960)는 여가를 개인이 노동, 가족 그리고 사회의 의무로부터 벗어나 휴식, 기분전환, 지식의 확대, 자발적 사회참여 그리고 창의성의 자유로운 발휘를 위하여 이용되는 임의적인 활동의 총체로 파악하고 있다. 이러한 정의는 제도적·기능적 속성까지도 포함하는 것으로서 개인이 생활의 질적 만족을 추구하고자 자유로이 선택하는 활동을 말한다. 활동적 정의는 관찰상의 용이성이 장점인 반면, 수량화를 시도하는 데 다소 어려움이 있다.

넷째, 여가에 대한 상태적 정의가 있다. Aristoteles로부터 비롯된 이 정의는 여가를 인간존재의 상태로 보고, 삶의 목적으로서 여가 그 자체를 영위해야 한다고 주장하고 있다. Barnard(1979)는 일정한 단위의 시간이나 특정한 활동과 반대되는 것으로서 '정신의 상태'(p. 14)라고 하였으며, Martin(1975)은 '당신이 행동하는 어떤 것이 아니라 어떠한 사람이 되는 것'(p. 2)이라고 하였다. 이러한 정의는 여가가 구체적인 사건이나 활동이 아니라 주관적인 경험이며, 이때 경험의 본질은 진실과 아름다움을 즐기는 것이라고 할 수 있다. 즉, 여가는 정신적 영적인 태도이며, 자유정신 또는 자유의지를 내포하고 있다. 여가의 개념을 정신의 상태라고 정의할 때, 이것은 양적인 개념이 아니라 질적인 개념이기 때문에 개인이 무엇을 행하는가와 특정한 일을 하는 데 얼마나 오랫동안 관여하고 있는가 또는 그것을 하는 데 얼마나 많은 비용이 소요되는가에 의해 측정될 수 없으며, 개인의 태도나 감정의 질에 의해 평가되어야 한다.

지금까지 여가의 개념을 몇 가지 기준에 의해 요약해 보았다. 이러한 정의들 가운데 오늘날 특히, 청소년 지도에서 받아들일 수 있는 정의는 여가를 정신의 상태로 보고자 하는 정의다. 시간이나 활동에 기초한 정의는 개인이 그것을 어떻게 지각하는가에 따라 여가가 아니라 노동이 될 수 있으며, 오히려 심각한 스트레스를 유발시킬 수도 있다. 따라서 측정과 수량화에 어려움이 있지만 본서에서는 여가의 개념을 '진실과 아름다움을 즐기기 위한 정신적 상태, 즉 자유로움과 평화로움에 대한 개인의 지각'이라고 정의하고자 한다.

여가의 구성요소와 특징은 여가의 실천방법을 구체화하는 과정에서 더욱 다양한 형태를 보여 주고 있다. Neulinger(1975)와 Parker(1969)는 여가의 특징에 대해 선택의 자유와 내적 동기를 포함한다고 하였으며, Brighbill(1960)과 Martin(1969)은 가치를 내포하는 개념이라고 하였다. 또한 Heckscher(1966)는 "일과 여가는 이분될 수 없다. 일로부터 탈피하고자 하는 사람은 여가를 회피하고자 하는 사람과 같다."(p. 260)라고 말함으로써 정신과 육체의 공존이 진정한 여가라고 주장하였다. Neulinger와 Brok(1974)은 여가의 이러한 특징들을 갖지 못하는 사람의 경우 증가되는 자유시간에 대해 오히려 위협과 좌절감을 느끼고, 기독교적 윤리의 신념과 가치체계에 기초하여 지옥에 대한 두려움을 느끼며, 여가를 통한 자기충족감이 없어서 자아정체감의 상실을 경험한다고 하였다.

그리고 Dumazedier(1974)는 여가의 일상생활에 대한 기능을 다섯 가지로 제시하고 있다. 첫째, 단조롭고 지루하며 틀에 박힌 생활에서 탈피하고 싶어하는 해방감을 충족시켜 준다. 둘째, 자기존중감, 자유, 도전, 성취 등과 같은 측면에서 자기실현을 하기 위한 가치 추구 또는 가치 지향적인 행동을 촉진시켜 준다. 셋째, 순수한 즐거움과 유쾌함을 위한 창조적인 바탕을 제공한다. 넷째, 노동 또는 작업과 관련해서 보상적, 조정적, 회복적인 준비태세를 갖도록 해 준다. 다섯째, 개인의 욕구와 능력에 적합한 자기 표현의 수단적인 역할을 제공한다.

그러나 여가의 부정적인 기능 또한 간과할 수 없다. 여가는 획일성(대중성, 동질성, 무개성성, 상업화), 모방화(맹목성, 감정적, 타인 지향적), 위장화(소비성, 오락성, 나태성), 무감각화(자기 상실), 향락화(순간적, 쾌락적) 등과 같은 부정적 기능이 있다. 따라서 여가지도 또는 교육에서는 여가의 부정적 측면을 예방하고 극복하려는 노력을 병행하여야 할 것이다.

2) 청소년 여가문화의 의미

청소년 문제행동의 발생배경을 자세히 살펴보면, 특히 청소년 비행의 경우 그것이 주로 청소년들의 여가시간에 일어나며, 또한 여가시간이 많을수록 비행행동이 증가한다는 사실을 발견할 수 있다. 이 말을 잘못 해석하면, 청소년들에게 여가시간을 많이 제공할수록 문제행동이 증가된다고 해석할 수 있다. 그러나 이때의 여가시간은 청소년들에게 무의미한 시간, 할 일 없이 방황하는 시간, 무료감을 주는 시간, 남아도는 시간 등과 같은 의미라고 할 수 있다.

청소년 여가문화는 여가의 개념에서 밝혔듯이, 청소년들이 여가의 의미를 올바르게 이해하는 것에서부터 시작되어야 한다. 남아도는 시간이나 놀이나 유흥 위주의 무절제한 활동을 여가로 인식할 경우, 청소년들에게 여가는 그들의 성장에 부정적인 영향을 줄 뿐이다. 여가는 자유로움과 평화로움, 그리고 한가함의 상태이며, 청소년들이 이러한 의미를 올바르게 인식하고 생활화해야 여가의 순기능이 최대화될 것이다. 청소년들에게 여가는 특별한 활동이나 노는 시간이 아니라 그들의 마음속에 있는 안정적이고 평화로움의 상태이며 일상생활 그 자체다. 학업을 하든지, 친구와 대화를 하든지, 음악을 듣든지, 여행을 하든지, 집안 일을 돕든지 이 모든 행위들에서 그들 스스로 인식하는 자유로움과 즐거움이 곧 여가인 것이다.

청소년 분야에 관심이 있는 많은 사람들은 한결같이 오늘날의 청소년들에게 여가란 없다고 말한다. 새벽부터 저녁 늦게까지 무거운 가방을 메고 학교와 학원을 쳇바퀴 돌듯이 오고 가는 그들의 모습에서, 그리고 입시경쟁의 환경에서 그들에게 여가를 찾아보기 어렵다고 한다. 그러나 여가란 단순히 남는 시간이나 유흥의 활동이 아닌 만큼 그들의 일상, 즉 학교생활과 통학시간, 친구관계 등에서도 여가란 존재하며, 즐거움과 아름다움, 평화로움을 경험할 수 있다. 그러나 그들이 여가를 더 많이 인식하고 체험할 수 있도록 주변 환경을 정비해 주고 문화적 요소를 제공해 준다면 청소년들은 여가를 통해 보다 큰 성장과 발전을 가져올 것이며, 창의적이고 개척적인 삶을 설계할 수 있을 것이다.

청소년들에게 진정한 의미의 여가시간과 여가공간, 여가활동 등을 보다 많이 제공할 때 청소년들의 학교성적을 향상시키고, 적극적인 활동을 조장하고, 집단 내 협동심과 공동체감을 증대시키며, 심리적 안정감과 인간관계를 개선시키는 효과를 가져온다. 뿐만 아니라 청소년들이 인식하는 여가활동은 그들만의 고유하고 가치 있는 문화를 창조하고 개발하는 데 중요한 역할을 한다. 이와 같이 여가는 청소년들의 생활에 필수 불가결한 것임에도 불구하고 이에 대한 성인사회의 잘못된 인식과 편견으로 인하여 청소년의 건전한 여가문화는 변색되거나 소멸될 수밖에 없었던 것이다.

최근 한국사회는 급속한 경제성장과 산업화, 국제화, 정보화, 민주화로 발전하고 있으며, 이러한 사회는 다양한 경험과 자기표현력을 가진 개성 있는 청소년을 요구하고 있다. 이와 같은 개성 있는 청소년, 전인적 성장을 이룬 청소년, 창조적인 청소년은 그들의 여가문화를 통해서 가능한 것이다. 건전한 여가와 레크리에이션은 청소년들에게 신체적·심리적·지적 발달뿐만 아니라 능동적인 인간이 되게 하며, 규칙을 지키고 공정성을 존중하는 습관을 기르게 한다. 더욱이 타인과의 관계에 있어서 협동적이고 지도력을 발휘할 수 있는 자질을 함양시켜 주며, 소질을 계발하고 자신을 표현할 기회를 가질 수 있게 한다. 따라서 청소년 여가문화는 청소년 비행의 예방과 선도의 측면에서뿐만 아니라 청소년들의 자유롭고 풍요로운 삶을 지원하는 적극적인 의미를 내포하고 있다.

3) 청소년 여가의 형태

일반적으로 여가 형태란 여가활동의 유형을 의미하며, 개인의 여가 이용방법을 말하는 것이기도 하다. 여가는 시간 특성에 따라 일과 종료 후의 여가, 주말여가, 연말여가, 퇴임 후 여가 등으로 구분되기도 하고 평일형, 주말형, 휴가형, 가정 내형, 가정 외형으로 구분되기도 한다.

고영복(1980)은 여가를 활동 중심의 개념으로 해석하고 청소년 여가의 형태를 활동형, 소극형, 중간형, 부정형의 네 가지로 분류하였다. 활동형에는 운동, 낚시, 등산, 여행, 견학, 답사, 봉사활동, 종교활동, 동아리활동, 단체활동, 예능활동 등이 포함되고, 소극형에는 독서, 음악감상, 사색, 공상, 라디오 청취, 텔레비전 시청, 바둑, 장기, 영화나 연극관람, 스포츠관람, 잡담 등이 포함된다. 중간형에는 집단일 돕기, 산책, 쇼핑, 데이트, 취미활동, 공작활동, 수예, 뜨개질 등이 있고, 부정형에는 전자오락, 낮잠, 당구장, 음주, 화투, 카드놀이 등이 있다. 그리고 청소년 여가활동을 정신적 활동(공부, 토론회, 독서 등), 신체적 활동(스포츠, 하이킹, 등산 등), 사회적 활동(봉사활동, 문화활동, 방문 등), 오락적 활동(경기관람, 게임, TV시청 등)으로 구분하기도 한다. 이러한 분류는 여가를 활동 중심으로 분류함으로써 개인에 따라 그것이 여가가 아닌 노동이 될 수도 있고, 소극형이 적극형이나 중간형으로 또는 부정형이 소극형이나 중간형으로 각각 이해될 수 있는 문제점을 안고 있다. 그러나 이 또한 청소년 여가지도를 위한 기준이 될 수 있다는 점에서 중요한 의미를 부여할 수 있을 것이다.

한편, Jensen(1977)은 여가에 가치를 두고 우선순위를 부여하여 타인에 대한 봉사, 창조적 활동, 능동적 참여, 타인의 행위에 대한 감정적 참여, 오락 등 시간때우기 활동, 사회나 개인에 대한 파괴적 활동 등으로 여가를 구분하였다. 그리고 타인에 대한 봉사를 가장 가치로운 것으로, 사회나 개인에 대한 파괴적 활동을 가장 바람직하지 않은 여가활동으로 규정하였다. 이러한 분류는 여가의 정신적 상태를 강조한 것이며, 여가를 삶의 한 과정으로 해석하고 있는 것이다. 따라서 Jensen의 분류는 가치 있고 창조적인 여가문화를 형성할 수 있는 기초를 제공한다.

4) 청소년 여가지도의 방향

여가와 관련된 연구결과, 여가가 개인의 정신건강과 삶의 만족, 그리고 성격과 발달에 중요한 영향을 미친다는 사실이 밝혀짐에 따라 청소년지도사들은 청소년들의 여가문화를 재구성하기 위한 가치 있는 활동들을 계획하게 되었다. 여가이론을 여가문화로 전환시키고자 하는 지도노력은 여가활동이 개인의 여가에 대한 각성의 증가와 태도 및 행동의 변화를 통해 개선될 수 있다는 것을 전제로 한다(Neulinger, 1981). 이와 관련하여 McDowell(1981)은 여가지도가 여가의식을 촉진시키는 데 초점을 두어야 한다고 하였으며, Barnard(1979)는 여가지도가 분리된 실체로서가 아니라 한 인간의 전체적 존재의 통합된 요소로서 이루어져야 한다고 하였다. 한편 Sessoms(1976)는 "여가를 위한 교육은 삶을 위한 교육이다."라고 역설하였다.

이와 같이 여가지도의 필요성과 방향이 제시됨에 따라 일부 연구자들은 여가문화를 창조하기 위한 지도모형과 프로그램을 개발하였다. Tinsley와 Tinsley(1982)는 1970년대의 여가지도 모형을 개관한 결과 대부분의 모형들이 청소년들의 욕구에 따라 적합한 여가활동들을 소개하는 데 초점을 둠으로써 정보제공과 안내활동을 중심으로 구성되어 있다고 하였다. 그리고 Osipow 등(1984)은 여가지도에 있어서 지도자와 청소년의 온정적이고 진실한 관계설정이 무엇보다 중요하다고 하였으며, 다음 단계로서 Tinsley 및 Tinsley(1982)는 개인이 소속감 및 애정, 자기존중감, 자아실현에 대한 욕구를 더 잘 만족시키기 위하여 자신의 감정과 사고, 그리고 행동에 대한 자기 각성과 자기 이해를 촉진시키는 것이 중요하다고 하였다.

그리고 여가문화를 창조하기 위한 여가지도 프로그램으로는 가장 초기에 개발된 Pellet(1974)의 여가지도 개입 프로그램, 여가복지에 초점을 둔 McDowell(1983)의 프로그램, Smith(1989)의 여가각성과 여가가치, 여가기술, 여가자원에 대한 지식을 증가시키는 데 초점을 둔 프로그램, Aguilar(1987)의 여가에 대한 태도, 지식, 기술, 행동의 발달을 조력하는 데 목적을 둔 여가교육 프로그램(LEP) 등이 있다.

3. 청소년 대중매체 문화

1) 대중매체의 특징과 문제점

오늘날 대중매체(mass media)의 영향력은 일종의 거대한 지배권을 형성하며, 사회의 변화와 발전을 주도하고 있다. 현대인의 어느 누구도 대중매체의 지배권에서 완전히 벗어날 수 없으며, 급기야 인간이 대중매체의 노예로 전락되는 날을 조만간에 보게 될 것으로 예상된다. 오늘날 대중매체는 순기능보다 역기능이 더 많으며, 특히 청소년에게 있어서 역기능의 현상은 매우 심각한 수준이라고 할 수 있다.

대중매체란 다양한 많은 사람들에게 신속하고 효과적으로 메시지를 전달하는 조직화된 수단이다(권이종, 1996). 대중매체의 신속성과 동시성, 대중성, 효과성 등의 특징은 매체환경의 급격한 변화와 발전을 초래하였으며, 이것은 많은 사람들에게 문화전파의 기능과 앎의 권리를 신장시켜 주었다. 그러나 한편 이것은 매체환경의 상업성과 선정성을 촉진시키는 구실을 해 왔다. 전파매체의 발전은 통신위성 방송과 민영 TV 및 CATV 방송의 실시, 광고시장의 본격 개방, 시청률 조사제도의 실시, TV 종일방송과 라디오방송의 활성화 등의 파급효과를 가져왔으며, 인쇄매체의 발전은 신문지면의 증가, 신문기업의 다각 경영화, 새로운 인쇄매체의 등장(레저와 스프츠 등), 업계의 전문지 등장, 지방 중소도시의 지역신문 발간 등으로 이어지고 있다. 대중매체의 이와 같은 확산은 그것이 정보 전달과 문화전파의 본래적인 기능보다는 상업성 또는 권력성과 결부되어 있다는 점에서 부작용과 역기능의 측면이 매우 강하다고 할 수 있다. 대중매체의 확산에 따른 몇 가지 문제점을 살펴보면 다음과 같다(최창섭, 1993).

첫째, 정보의 홍수 문제다. 현대사회를 정보의 시대라고 말할 정도로 현대인들이 접해야 될 정보는 매우 많다. 그러나 다양하고 복잡한 정보를 자기 것으로 수용하여 이를 소화하고 이용할 수 있는 개인의 능력에는 한계가 있다. 절대시간의 부족과 정보수용과 처리능력의 부족 등은 현대인들의 가장 큰 고민거리이며, 이것은 현대인들에게 두려움과 스트레스를 가중시키는 원인이 되고 있다. Alvin

Toffler는 『미래의 충격』에서 현대인들은 누구나 미래에 대한 충격과 두려움을 지니며 살고 있는데, 이것은 매스미디어를 비롯한 각종 공학(technology)의 급격한 발달에 의해서 발생한다고 하였다. 그러므로 대중매체를 통한 정보의 홍수시대에서 많은 양의 정보를 무비판적으로 받아들이는 '설사형' 수용자세에서 탈피하여 정보를 취사 선택하여 소화할 수 있는 '소화형'의 수용자가 되어야 한다. 그러나 이것은 분명 간단하지 않으며, 특히 청소년들에게 커다란 부담과 억압을 줄 것이다.

둘째, 언어의 편향적 섭취 문제다. 각종 대중매체는 현대인들에게 이미 구두적인 언어보다는 청각적인 언어에 더 잘 적응하도록 만들고 있다. 이러한 현상은 대중매체를 통한 의사전달의 일반화 속에서 개인 간의 내적 감정이나 사상을 주고받는 인간적인 대화나 만남의 장이 거의 사라져 가고 있다는 데서 심각한 문제가 아닐 수 없다. 현대사회의 특징이라고까지 말해지고 있는 인간성 상실, 대화 단절 등의 원인이 바로 대중매체의 편향적 언어 때문이라고 해도 과언이 아닐 것이다.

셋째, 공간개념의 확장에 따른 문제다. 정보화 시대는 과거의 농경사회나 공업사회와는 다른 동시간 동공간의 시대를 창조하고 있다. 다시 말하면, 정보화 시대란 많은 정보가 쏟아져 나오는 시대를 의미하는 것뿐만이 아니라 시간과 공간을 초월한 동시간 동공간을 형성하는 시대를 말한다. 이러한 시대에 적응하기 위해서는 통신위성이나 컴퓨터, TV스크린 등 고도로 발달된 매스미디어(뉴 미디어)의 처리능력이 요구된다. 이것은 서로 떨어진 곳에 있으면서도 의사를 전달하고 정보를 주고받을 수 있는 편리함이 있으나, 과거에 비해 반드시 좋은 점만이 있는 것은 아니다. 즉, 인간의 정신적 성장에 필요한 일정 기간의 시간을 갑자기 생략해 버림으로써 빚는 내적 갈등과 충격이 정신적 공허함과 심리적 우울을 야기할 수 있으며, 자연에 대한 직접적 체험이 아닌 간접적 경험만으로 세상을 인식하고 이해하는 세대에 있어서 그들의 불균형적 성장을 걱정하지 않을 수 없는 것이다.

넷째, 수용자의 자세를 획일화하고 있는 문제다. 대중매체의 근본적인 존재 이유는 공통성을 창조하기 위한 것이다. 공통성이란 문화와 행동의 통일성을 내포하고 있으며, 이것은 획일성과 문화적 구속(cultural bound)을 의미한다. 어떤 면에서 한 국가의 국민들은 동일하게 생각하고 똑같은 언어를 사용해야 하며, 똑같은 습관과 제도를 가져야 하는지도 모른다. 문화적 구속이란 그 사회의 문화가 구성원들에게 갖는 구속력을 의미하는 것으로, 모든 사람이 그 문화가 규정한 행동을 동일하게 할 것을 요구하는 것이다. 여기에서 벗어나면 일탈자 또는 비정상인이 되는 것이며, 적응할 때 평균인(average man)이 되는 것이다. 결국 대중매체는 문화적 구속력을 강화시켜 주는 역할을 하며, 모든 사람들의 사고와 행동을 획일화시켜 평균인으로 만드는 강력한 수단이 되고 있다. TV의 경우를 보더라도 그것이 안방손님의 차원을 넘어 안방주인이 되고 있으며, 심지어 가장의 역할을 하고 있다. 대중매체의 이러한 역할은 인간의 개성과 창의성을 말살하는 경지에 이르고 있으며, 성인들의 평균적인 삶의 구조에서 벗어난 청소년들의 엉뚱하고 모험적인 행위를 반항적이거나 비행적인 행위로 받아들일 수밖에 없도록 만들고 있다.

다섯째, 대중매체의 허구성 문제다. 대중매체 가운데 TV를 '미지의 세계를 향한 창문'이라고 말하곤 하는데, 그 창문은 대중들에게 크게 세 가지 측면의 허구성을 부여한다. 첫 번째는 TV가 제시하는 창문의 크기에 따라 우리가 볼 수 있는 넓은 외부세계가 제한된다는 것이다. 즉, TV라는 창문은 그 제한된 크기 때문에 시청자로 하여금 제한된 만큼의 세계만을 볼 수 있도록 시야를 한정시키고 있다. 두 번째는 창문의 단절효과와 관련된 것이다. 창문은 그 성격상 창문 밖의 소음과 열기, 냄새, 흥분, 즐거움 등을 모두 차단함으로써 결국 시청자들에게 죽은 세계를 산 세계로 착각하도록 만들고 있다. 세 번째는 창문의 색깔과 관련된 것으로, 우리는 창문에 칠해진 색깔로 인해 세상의 색깔을 보고 있는 것이다. 바깥 세계는 TV의 창문이 빨갛다고 하면 빨간 것으로 인식되고, 푸르게 표현하면 푸른 것으로 알려지는 것이다.

실제의 세계와 매스미디어를 통한 세계는 이와 같이 큰 차이가 있음에도 불구하고 많은 사람들은 이를 현명하게 판별하지 못하고 있다. 여기에 대중매체의 경쟁적 상업성이 더해지면 모든 사람의 오감각은 마비되고, 허구와 퇴폐성은 극도에 이르게 된다. 이러한 상황에서 청소년들의 판별력 부족은 대중매체의 허구성과 상업성으로 인해 결국 퇴폐와 타락으로 이어질 수밖에 없게 될 것이다.

여섯째, 대중매체의 중독성 문제다. 각종 대중매체는 인간의 이성을 마비시킬 수 있는 환상의 세계를 창출하고 있다. 메시지는 환상의 차원에서 가장 효과적으로 전달되는데, 대표적인 환상의 세계는 드라마, 공상만화, 스포츠 등을 들 수 있다. 말장난으로 일관하는 드라마는 마치 탁구게임을 보는 것과 같은 환상을 창조하며, 이것은 시청자들의 정신을 빼앗기에 충분하다. 일반적으로 어떤 특정한 대상물을 10분 이상 계속해서 보기는 힘들다고 한다. 그러나 TV는 시청자의 시선을 끌기 위해 계속해서 화면전환을 하고, 이러한 기법에 의해 1시간 이상 수시간을 TV에 몰입하도록 만든다. 2~3초에 한 번씩 바뀌는 빠른 화면전환은 연속적인 긴장을 조장하기 때문에 피로와 스트레스를 해소하기보다 고조시키는 역효과를 낳게 된다. 이와 같은 TV의 중독성은 우리의 육체적 긴장뿐만 아니라 올바른 사고방식과 가치판단을 해치게 된다.

일곱째, 가치관 전도와 물질만능 현상을 조장하는 문제다. 그 좋은 예로 대부분 드라마의 해피엔딩은 출세를 한다든가 돈을 벌어 부자가 된다거나 하는 배금주의 사상을 부추기고 있다. 신문의 경우에도 성금을 많이 낸 사람의 이름과 적게 낸 사람의 이름이 활자 크기에 있어 차이가 있는 사실이나, 그 많은 직업 중에서 고등고시 합격자 명단을 크게 활자화하고 있는 현상 등은 분명 배금주의와 출세 지향의 가치관 전도를 나타내는 본보기가 될 것이다. 광고의 경우에도 한편으로 소비절약을 호소하는가 하면 다른 한편으로 광고를 통해 소비행위를 자극하고 조장하는 이중적 역할을 하고 있다. 더욱이 대중매체의 자극에도 불구하고 새로운 상품을 구입하지 않는 사람에 대해 그들이 사회적으로 도태되는 듯한 느낌을 받도록 만드는 데 문제의 심각성은 한층 높다. 이 밖에도 성에 대한 건전한 인식이나 태도보다 성을 상품화하여 선정성을 조장하고 있는 현상이나, 인간의 생에 대한 근본 의지를 권력과 불의에 대한 탐욕으로 바꾸어 놓고 있는 현상 등에서 대중매체가 갖는 가치관 전도 또는 물질만능 기능을 분명하게 볼 수 있다. 대중매체로 인한 가치관의 전도는 비인간화 현상을 더욱 확대시킬 수 있으며, 그 결과 흉악해진 청소년 범죄와 비윤리적 패륜 범죄, 그리고 한탕주의와 찰나주의를 만연시킬 수 있다.

2) 청소년 문제에 대한 대중매체의 영향

오늘날 청소년 문제의 심각성은 더 이상의 논의를 요구하지 않을 만큼 보편화되어 있으며, 이에 대한 사회의 인식도 비교적 높은 수준이라고 할 수 있다. 그러나 문제는 이를 해결하거나 이에 효과적으로 대처할 수 있는 방법이나 전략이 마련되어 있지 않다는 것이며, 사회의 총체적인 변화와 개선이 없이는 영원히 미해결 상태로 남을 수밖에 없다는 점이다. 오늘날 사회 총체를 개선하고 변화시키는 데 가장 중요하고 광범위한 역할을 행사할 수 있는 주체가 다름 아닌 대중매체라는 사실에 대해 누구나 공감할 것이다. 따라서 대중매체의 역할과 기능은 매우 중요할 뿐만 아니라 과히 선도적이라고 할 수 있다.

그러나 현실적으로 대중매체는 앞서 밝혔듯이 순기능보다 역기능과 문제점을 더 많이 내포하고 있으며, 그 자체의 구조적인 조정과 프로그램의 개선 없이는 아무런 역할도 기대할 수 없는 지경에 처해 있다. 경쟁적인 상업주의와 향락주의, 가치관 전도를 조장하는 프로그램, 인기에 편승한 운영 등은 건전한 청소년 문화를 창조하여 청소년 비행을 비롯한 갖가지 문제행동을 예방하고 해결하기보다는 청소년의 성적·공격적 호기심을 자극하고, 그들의 모방심리를 강화하며, 환상적 세계에 대한 동경심을 촉진하는 등의 역할을 더 충실하게 하고 있는 것이다. 다시 말해, 청소년 문제행동의 경우 청소년의 발달적 장애와 부정적인 사회 문화적 요인에서 비롯되지만, 대중매체 환경 또한 강력한 영향 요인이라고 할 수 있다. 이것은 대중매체의 순기능을 강화함으로써 청소년 문제에 대한 합리적인 대안을 모색하고 해결방안을 찾으려는 발상이 더 이상 가치 없음을 나타내는 것이며, 오히려 대중매체의 갖가지 부작용과 문제점을 개선하는 것에서부터 청소년 문제에 대한 대안을 찾는 것이 더욱 현명하다는 사실을 말해 준다.

범람하는 성인용 비디오, 영화, 만화, 전자오락뿐만 아니라 이제는 일간신문과 안방의 TV에서까지도 청소년들은 무차별적으로 폭력과 범죄에 포위되고 있다. 이러한 현실에서 청소년 비행과 대중매체는 매우 밀접한 관계가 있을 것으로 가정해 볼 수 있다. 따라서 청소년 문제는 이제 청소년을 둘러싸고 있는 대중매체 환경의 문제로 확장되어야 한다. 대중매체가 청소년 문제의 강력한 원인일 것으로 가정하는 데는 다음과 같은 몇 가지 이유가 있다(최창섭, 1993).

첫째, 현대사회 청소년 비행의 특성, 원인, 정도에 관한 대부분의 정보가 대중매체를 통하여 유포될 뿐만 아니라 비행의 많은 부분이 뉴스시간에 확대 보도됨으로써 비행에 대한 수용자의 주의력, 공포감, 참여감 혹은 기대감을 조장하고 있다는 것이다. 이것은 비행문제를 더 이상 사회적 가치규범이나 윤리적인 문제로 보기보다 일종의 게임거리나 흥미거리로 보게 만들며, 비행에 관한 무감각 현상을 야기시킬 수 있다.

둘째, 대중매체의 청소년 비행에 대한 잘못된 보도와 정보 제시는 비행에 대한 가치기준을 저하시키고, 비행행위 현실을 왜곡시킬 뿐만 아니라 비행행위의 합법성을 제시하고 폭력이나 악에 대한 자의적 수용태도를 증대시킬 수 있다. 그리고 비행행위가 발생한 상황과 비행의 과정을 묘사함으로써 수용자들에게 동일 상황에서 동일한 과정의 비행을 유발하도록 조장할 수 있다. 이것은 비행행위를 합리화하거나 정당화하는 수단을 제공한다.

셋째, 대중매체 중에서도 TV 매체는 교육 수준에 무관하게 모든 연령층에 쉽게 수용될 수 있다는 사실과 프로그램 내용의 많은 부분이 비행과 관련된 폭력이나 그와 유사한 내용을 포함하고 있다는 사실에서 그 이유를 찾을 수 있다. 예컨대, Gabner와 그의 동료들은 미국 TV 프로그램을 분석한 결과 골든 타이밍대의 오락 프로그램 내용 중 82%가 폭력성을 내포하고 있다고 하였다.

이와 같은 근거하에 청소년 비행과 대중매체의 관계에 관한 많은 연구들이 이루어졌다. 초기의 대부분 연구들은 인과관계를 밝히는 데 주력한 반면, 후기에는 기능론이나 상황론 혹은 이용충족론으로 발전하고 있는 추세다. 이러한 많은 연구들의 결론은 대중매체가 청소년 비행의 직접적인 원인으로 해석할 수는 없지만, 간접적 혹은 잠재적 영향요인이라는 것이다. 이러한 연구결과들을 종합하면 다음과 같다.

첫째, 대중매체의 동일한 내용이라도 일반 청소년들은 오락적 수단이나 시간 소비적 수단으로 이용하는 데 반해, 비행집단은 자신의 범죄행위를 합리화하거나 보강하는 방향으로 이를 이용할 가능성이 높다. 이것은 대중매체가 청소년들에게 미치는 영향에 관한 이론 가운데 선택적 지각이론이나 선택적 파지이론 또는 이용충족 이론을 지지하는 것이다.

둘째, 비행청소년이나 비행행위를 호의적으로 보는 청소년들은 호화로운 가정환경이나 아름다운 사랑 장면 등과 같이 현실과 지나치게 괴리되거나 이상적인 내용이 그들의 비행행동을 유발하거나 동기화시킬 수 있음을 보고하고 있다. 이들은 나쁜 내용뿐만 아니라 좋은 내용에 대해서도 자신의 행위를 합리화하거나 정당화하기 위한 방향으로 이용하고 있는 것이다.

셋째, 편부나 편모 또는 고아 등과 같이 결손가정의 청소년들이 폭력적 장면이나 호화로운 가정환경 장면에 대해 이를 비행과 관련지어 생각하려는 경향이 높다. 이것은 대중매체와 더불어 가정환경이 비행의 동기 변인으로 작용하고 있음을 시사한다.

넷째, 청소년 비행의 유발요인 가운데는 TV를 비롯한 전자매체뿐만 아니라 혼자서 은밀히 보고 생각할 수 있는 도색잡지나 저속한 종류의 잡지, 성인만화 등도 포함된다. 이것은 각종 저속한 잡지나 성인만화의 구독률이 비행청소년집단에게서 높다는 사실을 통해 추론해 볼 수 있는 내용이다.

3) 대중가요와 청소년

대중매체를 통한 대중문화 가운데 대중가요는 청소년의 삶에 중요한 영향을 미치고 있다. 청소년들의 대중가요 열풍을 기성세대의 관점에서 '광란' 이니 '맹목적 동경' 이니 하여 부정적인 시각으로 해석하는 것은 매우 위험한 발상이다. 그렇다고 그들의 자연스러운 일시적 과정에 불과하기 때문에 이들을 이해해 주어야 한다는 무조건적 동정적인 입장도 바람직하지 않다. 청소년들은 대중가요를 통해 자신들의 문화를 수용하고 있는 것이며, 외적으로 강요되는 지배적인 가치에 대응하는 나름대로의 대응전략이라고 해석하는 것이 더욱 적합할 것이다 (박진규, 2003). 청소년들이 대중가요 시장을 독점하다시피 하고 있는 이유를 정리해 보면 다음과 같다.

첫째, 청소년들은 육체적 참여를 통해 그들만의 욕구를 해소하고 있다고 볼 수 있다. 청소년들은 대개 랩 음악과 댄스 음악 또는 하드록 음악을 선호한다. 소란스럽고 열광적인 음악에 심취하는 이유는 이러한 음악을 통해 그들의 욕구와 스트레스를 해소할 수 있기 때문이다. 반복적인 리듬에 따른 육체적인 움직임이나 그와 유사한 느낌을 동반하는 음악을 통해 그들은 나름대로의 방법으로 스트레스를 해소하고 있다.

둘째, '나만의 상상적 공간'으로 도피하고 있다고 볼 수 있다. 청소년들은 남에게 침해받지 않는 자신만의 세계를 갖고 싶어 한다. 대중음악 속에서 그들만의 상상의 공간을 구축하며, 정신적 도피를 통해 혼자만의 즐거움과 삶의 만족감을 만끽하고 있다.

셋째, 특정 가수의 스타일을 동일시하면서 대리만족을 추구한다. 청소년들은 노래 때문이 아니라 특정한 가수가 좋아서 그의 음악 모두를 좋아하는 경우가 많다. 이러한 청소년들의 취향은 그 가수가 부른 노래에 국한되는 것이 아니라 가수의 용모, 머리 모양, 의상, 몸짓과 율동, 심지어 그 가수의 취미활동이나 사생활까지도 모방하며, 이를 통해 대리만족을 얻고 있다.

넷째, 또래집단에의 소속감을 강화시키며 이를 통해 집단정체성을 발달시킨다. 청소년들에게 또래집단의 의미는 절대적이다. 대중음악은 청소년들에게 또래집단에 대한 소속감을 강화하며, 이를 통해 또래집단 내 정체성을 발전시키는 역할을 한다. 또래집단 모두가 선호하는 가수의 음악을 내가 좋아함으로써 나 또한 또래집단의 성원으로 확고한 정체성을 갖게 되며, 이를 통해 또래집단 내 동질성과 응집성을 강화시켜 나가게 된다.

다섯째, '새로움'과 '남다름'을 추구하도록 한다. 청소년들은 대부분 새롭고 독특한 것에 대한 기호를 가지고 있다. 대중음악은 그런 새로움을 추구하는 청소년들의 성향과 욕구를 충족시켜 준다. 한편, 청소년들은 나만의 독특성, 즉 다른 친구들과 차별화되는 나만의 취향을 발전시켜 나가고자 한다. 다른 동료들이 선호하지 않는 나만의 노래, 나만의 몸짓을 개발하려는 욕구를 지니고 있다.

여섯째, 가수를 성적 대상으로서 선호하는 경향이 있다. 청소년들은 흔히 특정 가수에 대해 그를 이성관계의 파트너로 상상하고, 심지어 성적 대상으로 생각하는 경향이 있다. 최근 대부분의 가수들에게 음악성이나 가창력 못지 않게 외모나 신체적 매력이 중요한 인기 요인으로 작용하고 있는 것은 그들이 많은 사람들의 상상의 세계에서 성적 대상이 되고 있음을 간접적으로 보여 주는 것이다.

4) 대중매체 환경의 개선방안

대중매체의 내용이 비행행위 유발의 직접적 원인이라든가 방아쇠적 역할 (trigger effect)을 한다고 단정할 수는 없지만, 가정환경과 사회적 환경 등과 복합적으로 상호작용하면서 비행행위를 합리화시키고 정당화시키는 데 크게 작용할 수 있음을 살펴보았다. 특히, 비행청소년들에게는 대중매체의 내용이 그들의 비행행위 수행에 이용되거나 잠재적 가능성을 증대시킬 수 있음을 알 수 있다. 이러한 연구결과는 청소년 문제와 관련된 사회적 문제를 대중매체 환경 문제로 구체화하도록 하였으며, 대중매체 환경 및 문화의 개선이 청소년 문제 해결의 대안이 될 수 있음을 시사하고 있다. 대중매체 환경을 개선하고 가치 있는 매체문화를 창조하기 위한 방안을 제시하면 다음과 같다(최창섭, 1993).

첫째, 대중매체는 청소년들이 자신의 가치관을 명료화하고 확립할 수 있도록 도와주어야 한다. 금전만능주의와 향락주의, 상업주의, 권력만능주의 등의 부정적 가치에 젖어 있는 현대사회에서 청소년들에게 건전하고 생산적인 가치관을 정립하도록 바라는 것이 무리일 수도 있다. 그러나 최소한 대중매체가 청소년들에게 성인사회의 부정적 가치를 그대로 모방하도록 조장하거나 오히려 미화시키는 행위는 하지 말아야 할 것이다. 청소년들은 그들의 삶에서 다양한 가치를 선택할 권리가 있으며, 자기 주관의 독창적인 가치를 생성할 권리도 있다. 따라서 대중매체는 청소년들의 자율적 가치선택과 가치의 내면화 과정을 도와주어야 하며, 이를 위해 어떠한 가치일지라도 그것을 일방적으로 주입하려는 의도는 철저히 배제되어야 한다. 이를 위해서는 청소년들에게 환상과 착각을 줄 수 있는 드라마, 가요, 쇼 프로그램, 코미디 프로그램 등에서 가치를 배제하거나 다양한 가치를 균등하게 내포하도록 편성되어야 할 것이다. 대중매체는 가치를 전달하기 위한 것이 아니라 정보와 메시지를 전달하기 위한 것이라는 사실을 다시 한 번 명심할 필요가 있다.

둘째, 대중매체는 청소년들의 독특한 정서와 사고, 생활양식과 태도 등을 인정하고 그들의 세상을 존중하는 태도를 취해야 한다. 이것은 청소년문화를 창조하고 발전시킬 수 있는 원동력이 되며, 청소년들에게 건전한 문화공간과 문화활동의 기회를 제공해 줄 것이다. 사실 청소년들은 문화적 기근 상태에 처해 있다고 해도 과언이 아니다. 노래방이나 전화방 출입을 제한하고 있지만, 실제로 그들이 방과 후나 여가시간에 이용할 수 있는 문화적 공간은 얼마나 되는가? 청소년에게 술과 담배를 팔지 못하도록 하고 청소년의 흡연과 음주를 금지하고 있지만, 그들이 여가를 즐길 수 있는 건전한 활동은 어떤 것들이 있는가? 공부 이외에 청소년들이 개인적으로나 집단적으로 할 수 있는 아무런 활동도 없으며, 학교나 집 이외에 그들이 마음 놓고 출입할 수 있는 공간도 마땅치 않은 것이 현실이다. 대중매체는 이러한 청소년들에게 더 이상 그들의 문화활동을 억제하거나 도외시하는 데 앞장 설 것이 아니라 그들 나름의 독창적이고 활발한 문화활동을 격려하고 문화공간을 확대해 주는 데 선도적인 역할을 해야 할 것이다. 비행이나 탈선이라 하더라도 그것을 무조건 비판하거나 문제화하기보다 그 원인을 정확하게 진단하고 문제의 대안을 제시하는 건전한 태도를 보여 주어야 한다. 셋째, 대중매체의 성격과 역할, 기능 등에 대한 지속적인 교육을 실시할 필요가 있으며, 이와 더불어 올바른 시청방법이나 매체의 사용방법에 대해서도 체계적인 교육이 이루어져야 한다. 현대인들은 어쩔 수 없이 대중매체의 영향권 속에서 생활할 수밖에 없다. 다시 말하면, 대중매체가 설혹 세상을 망하게 하고, 정보화와 기술문명이 현대사회를 위기로 몰아넣는다고 하더라도 그것에서 탈피할 수 있는 방법은 없다. 그렇다면 대중매체의 문제점뿐만 아니라 기능과 가치, 그리고 사용방법을 지속적이고 체계적으로 교육함으로써 대중매체의 영향권 속에서도 올바른 가치관과 생활태도를 확립하고, 다양한 매체를 자신의 삶에 적절히 이용할 수 있는 능력과 기술을 익히도록 해 주어야 한다. 매체교육(media education)은 전파매체를 중심으로 한 시청각이라는 새로운 언어에 적응하지 못하는 사람들에게 이에 적응하거나 이용하는 방법을 지도하고, 무비판적이고 수동적인 수용자의 의식을 능동적이고 자기 선택적인 태도로 전환하도록 지도하는 것을 말한다. 이러한 교육은 수용자의 의식 계발은 물론 대중매체의 질적 발전을 가속화시킬 것이다.

4. 청소년 인터넷 문화

1) 인터넷 환경과 청소년 문제행동

컴퓨터와 인터넷으로 대변되는 정보사회로의 변화는 청소년들에게 다양한 형태의 인터넷 관련 문제행동을 파생시키고 있다. 예컨대 불법 소프트웨어 사용, 온라인 욕설과 폭언, 웹사이트 해킹, 스팸메일 유포, 허위정보 유포, 인터넷 중독 등은 정보사회가 제공하는 역기능적 현상일 뿐만 아니라 새로운 형태의 청소년 문제행동으로 규정되고 있다. 한편, 기존의 다양한 문제행동들 역시 인터넷 관련 문제행동과 결합되면서 새로운 양상으로 변모되고 있다. 예를 들어, 청소년 성매매의 경우 과거와는 달리 인터넷 채팅을 통해 이루어지는 경우가 대부분이고, 자살의 경우도 자살 사이트에서 방법을 배우고 동반자를 찾으며, 게임 아이템을 갖기 위해 돈을 훔치거나 상대방에 대한 폭행을 일삼는다(조아미, 2002). 학교붕괴, 우울증, 가출, 약물 등의 다양한 문제행동들 역시 사이버공간에서 확대되고 심화되는 양상을 보이고 있다.

인터넷 관련 문제행동 가운데 청소년들에게 광범위하고 지속적인 영향을 주는 것은 인터넷 중독(internet addiction)이다. 이것은 병리적이고 강박적인 인터넷 사용을 의미하는 것으로, 하위 유형으로 사이버 섹스 중독, 사이버 교제 중독, 인터넷 강박증, 정보 중독, 컴퓨터 중독을 포함하는 복합적인 개념이다(Young, 1999). 인터넷 중독의 증상은 가상과 현실의 혼동, 게임 관련 문제행동(절도, 폭력), 폭력물에의 둔감, 잘못된 성의식이나 가치관, 폭력모방, 신체적 및 심리적 부작용, 성매매의 증가 등으로 나타나고 있으며, 이것은 청소년들의 일상생활과 정신건강을 저해하는 결정적인 요인이 되고 있다(한상철 등, 2003).

청소년의 삶과 행동에 대한 인터넷의 긍정적인 영향으로는 의사소통의 증진과 학습속도의 증진, 가치 있는 정보의 공유, 경험의 확대 등으로 집약될 수 있다. 그러나 이것은 모든 청소년들에게 작용하는 것이 아니라 인터넷 환경의 긍정적 요소를 능동적으로 선택하고 응용하며 평가할 수 있는 능력을 갖춘 청소년들에게만 적용된다. 인터넷 환경은 발달적 이행기에 있는 대부분의 청소년들에게 부정적인 영향을 준다. 예컨대 타인의 상실, 소외감의 증가, 음란물과 폭력물에의 접촉과 유통, 전자상거래를 통한 소비욕구 및 허위욕구의 증가, 놀이성의 상실과 문화의 폐기, 크래커 행위를 통한 사회규범의 위반과 규범 경시사상의 증대, 인간적인 유대관계의 약화, 인터넷 몰입으로 인한 중독현상 등을 초래한다(김옥순, 2000; 윤영민, 1997). 인터넷의 청소년에 대한 부정적인 영향은 청소년기에 국한되지 않고 성인기까지 지속되고 있다는 점에서 심각성이 더 높다(한상철·임영식, 2000). 예를 들면, 인터넷 중독의 경우 그것은 청소년기의 학업과 대인관계, 사회적응을 어렵게 만들 뿐만 아니라 성인기의 우울을 비롯한 정신적 장애와 반사회적 행동의 원천이 되고 있다.

정보사회와 청소년과의 관계를 분석한 지금까지의 많은 연구들은 청소년의 인터넷 접촉 빈도와 이용 시간이 폭발적으로 증가되고 있으며, 인터넷 이용이 그들의 성장과 적응, 학업에 부정적인 영향을 미치고 있음을 밝히고 있다(김옥순, 2000; 윤영민, 2000; 조아미, 2002; 황상민, 2001). 그러나 인터넷이 의사소통과 정보교류의 가장 중심적인 도구로 확산되고 있는 현실에서 이를 차단함으로써 청소년들의 눈과 귀를 막을 수도 없고, 그렇다고 무분별한 음란물과 폭력물, 상업적인 게임에 몰입되도록 방치할 수도 없다(한상철, 2000, 2003). 가장 합리적인 대책은 청소년들이 자기조절 능력을 갖도록 하는 것이며, 이를 통해 스스로의 행동과 감정을 통제하도록 지도하는 것이다. 그러나 인터넷 환경의 강한 매력성과 유혹성에 비추어 볼 때 청소년들에게 자신의 충동을 스스로 조절하도록 요구하는 것은 비현실적일 수밖에 없다. 현실적인 대책은 인터넷에 대한 청소년들의 요구와 인식, 중독성향 등을 지속적으로 정확하게 조사하여 이를 근거로 건설적이고 생산적인 인터넷 환경을 제공해 주는 것이다.

2) 청소년의 인터넷 이용현황

(1) 인터넷 채팅

청소년들이 인터넷을 이용하는 이유 중 하나는 채팅을 위해서라고 볼 수 있다. 청소년들은 채팅을 통해 이성을 쉽게 만날 수 있고 심리적 위안을 받을 수 있으며 성적 욕망을 충족시킬 수 있다. 청소년들의 채팅은 그들만의 독특한 언어를 통해 이루어지며, 이것은 또 다른 문화와 의사소통 구조를 만들어 주고 있다. 따라서 채팅을 통해 그들만의 언어(은어, 속어, 비어)를 만들어 가고 거기에 익숙해지는 것 또한 채팅의 부수적인 목적이라고 할 수 있다.

이민희(2001)의 조사에 따르면, 중·고등학생의 채팅 상대는 같은 또래의 이성 친구가 76.2%로 가장 많았으며, 채팅 상대를 실제 만난 적이 있는 사람은 40.29%로 나타났다. 채팅 상대와 만나서 한 일은 '먹고 마시며 대화했다'가 68.3%, '성관계를 가졌다'가 2.9%로 보고되었다. 채팅이 청소년 성매매의 주요 매개경로가 되고 있다는 사실은 많은 연구자들에 의해 지적되고 있다(고성혜, 2000; 이은경, 2001). 신미식(2000)은 청소년 성매매 참여자 대부분이 성인과의 인터넷 채팅과 휴대폰 이용을 통해 성매매에 개입하게 된다고 하였다.

윤영민(2000)의 조사에 의하면, 음란채팅 경험은 중학생이 17.8%, 고등학생이 19.1% 그리고 남학생이 19.8%, 여학생이 16.4%인 것으로 나타났다. 한편 음성 정보나 폰팅 경험 역시 음란채팅의 비율과 전체적으로 비슷하였지만, 남녀 간 차이에 있어서 여학생이 22.9%이고 남학생이 14.9%로서 여학생의 비율이 더 높았다. 따라서 음란채팅 경험은 청소년기 동안 연령에 따라 증가되지만, 남녀 간에는 채팅 매체에 따라 차이가 있음을 알 수 있다. 한편, 청소년보호위원회(2002)의 비행청소년에 대한 조사에서는 여자 청소년의 음란채팅 비율(56.7%)이 남자 청소년의 비율(36.1%)보다 현저하게 높게 나타났다. 이러한 결과는 음란채팅이 청소년 성매매의 주요 경로가 되고 있음을 시사해 준다.

(2) 유해사이트 접속

청소년들이 자주 접속하는 유해사이트는 음란사이트, 폭력사이트, 자살사이트, 엽기사이트 등이다. 음란물이 인간의 행동에 미치는 영향에 관한 심리학적 연구, 특히 성범죄와 대인관계에 대한 연구결과에서 시사하는 바는 6~10세 아동기에 음란물에 노출될 때 강간과 같은 성범죄에 영향을 미칠 수 있다는 것이다. 또한 음란물에 노출된 시기가 빠른 경우 대인관계에서 정상적인 인간관계보다는 이성을 성적 대상으로 보게 되며, 여성을 비인격적으로 비하시키는 태도를 형성시킨다는 것도 명백하게 밝혀지고 있다(한상철 등, 2003).

청소년보호위원회(1999)의 조사에 의하면, 초·중·고등학생 집단의 27.3%와 비행청소년집단의 30.7%가 인터넷 음란사이트 접속경험을 가지고 있다. 그러나 2002년 조사에서는 중·고등학생의 52.4%(중학생 44.6%, 일반계 고등학생 59.4%, 실업계 고등학생 60.5%)가 접속경험이 있는 것으로 나타나 음란사이트 접속이 청소년들 사이에 급속도로 확산되고 있음을 알 수 있다. 음란사이트 접속경험은 중학교 때가 70.1%이고, 고등학교 이후에 신규 접속자는 뚜렷한 감소 추세를 보여 주고 있다. 또한 접속장소로는 집이 91.8%로 대부분을 차지해 가정 내에서 청소년의 컴퓨터 사용에 대한 적절한 지도가 중요함을 시사해 주고 있다. 이와 같은 연구결과는 고성혜(2000), 윤영민(2000), 황진구(2001) 등의 연구에서도 유사하게 보고되고 있다.

전체적으로 청소년들의 음란사이트 접속경험률은 매년 급속도의 증가 추세를 보이는데, 중학생보다는 고등학생의 경험이 더 높고 학년별 편차가 크고 여학생보다는 남학생의 경험이 더 높다. 그러나 폭력사이트의 경우는 교급별, 성별 차이를 보이지 않고 있다. 폭력이나 음란사이트는 청소년의 폭력성과 왜곡된 성의식, 성비행을 조장할 수 있다는 점에서 보다 정확하고 지속적인 실태 조사와 대책이 마련되어야 할 것이다.

3) 인터넷 중독의 의미와 실태

중독중(addiction)이란 단순한 대상 탐닉에 그치는 것이 아니라 대상에 몰두해서 그 대상으로부터 만족감과 편안함을 찾는 대상 의존성, 시간이 지남에 따라 점점 의존의 강도가 높아지는 내성현상, 그 대상에 몰두하지 않으면 나타나는 금단현상을 수반하는 것을 말한다(권준모, 2001). 게임이나 인터넷 중독이 되면 게임이나 인터넷을 하지 않을 때 불안과 짜증, 불면증 등의 증세가 나타나고 게임을 중단한 후에도 오히려 불안증세가 극에 달하게 된다. 긴장과 스트레스 해소를 위해 게임이나 인터넷을 이용했지만, 이에 중독되면서 게임이나 인터넷은 스트레스를 유발하는 주된 요인이 되는 것이다.

윤영민(2000)은 초·중·고등학생을 대상으로 인터넷 사용 현황을 조사한 결과 인터넷 중독이 의심되는 학생이 전체의 11.0%라고 추정했다. 인터넷 사용의 폐해로 '인터넷을 하느라 숙제나 학과공부를 못했다' 는 학생이 29.1%, '인터넷에 무슨 일이 벌어지고 있을지 궁금해서 다른 일에 집중할 수 없다' 는 학생이 24.8%, '인터넷하는 시간을 줄이려고 했지만 실패했다' 는 학생이 32.7%, '인터넷을 하지 않으면 우울해지거나 불안해진다' 는 학생이 17.4%로 조사되었다.

이와 더불어 조수헌(2000)은 15~29세 남학생들의 경우 PC방 출입이 잦은 학생들이 출입을 거의 하지 않는 학생들보다 결석비율이 더 높고, 눈이 아프거나 침침하다는 반응이 더 많다고 하였다. 특히, 한 달에 5회 이상 결석한 학생을 조사한 결과 인터넷을 하루에 1시간 미만 사용하는 학생은 9.4%, 1~2시간 사용하는 학생들은 11.5%, 2시간 이상 사용하는 학생은 24.3%로 나타나 인터넷 사용시간이 증가할수록 결석비율이 증가되고 있음을 확인하였다.

가정법원 소년보호자협회(2001)는 초·중·고등학생 1,902명을 대상으로 설문조사를 실시한 결과, 응답자의 7.7%인 124명이 PC통신이나 인터넷을 이용하고 나면 '현실과 가상 사이에 혼돈이 생긴다' 고 응답하였다. 그리고 30.2%는 '인터넷 생각으로 공부에 집중이 안 된다' 고 했고, 8.2%는 '시력이나 언어장애, 피곤함 등의 신체적 이상을 느낀다' 고 했으며, 2.5%는 '화가 나거나 폭력을 사용하고 싶다' 고 응답하였다. 자녀안심운동 서울협의회(2001)의 조사에서는 중·고등학생 중 음란물을 접속한 이후에 '계속 보고 싶다' 는 학생이 32.5%, '성 충동을 느낀다' 는 학생이 26.4%, '사이버 성폭력을 하고 싶다' 는 학생이 5.1%인 것으로 나타났다. 그리고 흥미로운 사실은 하루에 5시간 이상 인터넷을 접속하는 학생들의 30.8%가 친구가 전혀 없다고 하였고, 학교에서 심리적인 따돌림을 6번 이상 당한 학생 중에 42.9%가 주말에 5시간 이상 인터넷을 이용한다고 하였으며, 구타 경험이 6번 이상인 학생들 가운데 46.7%가 5시간 이상 인터넷을 이용한다고 하였다. 이러한 결과는 학교폭력 피해 학생의 경우 외부와 고립되어 자신만의 세계에 빠지거나 현실의 스트레스를 가상공간에서 해소하려는 경향이 높다는 사실을 시사해 준다.

이와 같은 연구결과를 통해 중·고등학교 청소년들의 경우 게임 및 인터넷 중독이 어느 정도인지를 정확하게 명시할 수는 없지만, 가상과 현실의 혼란을 겪고 있는 학생들과 사이버 성폭력을 하고 싶은 학생, 그리고 신체 이상을 느끼는 학생들의 비율을 감안할 경우 약 10%의 학생들을 인터넷 중독 위험군으로 추정해 볼 수 있을 것이다.

5. 청소년의 춤과 패션

1) 춤의 시대적 의미

춤은 시대적 상황에 따라 다양한 의미를 지니고 발전되어 왔다. 박진규(2003)가 정리한 춤의 시대적 의미를 소개하면 다음과 같다.

첫째, 최초에 춤은 신명판의 상징이었다. 원래 인간은 유희적 동물(homo ludens)이다. 이 말에 함축된 의미는 인간은 본래적으로 일하기보다는 놀기를 더 좋아하고, 슬퍼하기보다는 즐거움을 더 많이 추구하는 동물이라는 것이다. 한가할 때 즐거움을 표출하려는 심리를 신명이라 하였고, 그 신명이 우러나와 연속되는 몸동작으로 표현된 것이 바로 춤이었다.

둘째, 춤은 바람판의 도구였다. 1950~1960년대에 있어서 춤은 한때 바람, 즉 성적 자유분방함의 상징으로 인식되었다. 우리의 역사에서 성적 자유분방은 근대화와 서구화를 상징하기도 하였는데, 그 과정에 춤바람은 성적 자유분방의 대표적인 행위였다(1950년대 정비석의 소설 '자유부인'에서 볼 수 있는 것처럼). 그리고 6.25라는 이데올로기 전쟁을 치르면서 평화와 구원의 전사로 부상한 미국인들을 카바레 혹은 나이트클럽에서 요령 있게 유혹하는 방법 중의 하나가 바로 춤바람이기도 하였다.

셋째, 춤은 해방판의 거친 외침이었다. 사회변혁의 움직임이 거셌던 1970년대와 1980년대를 지나면서 춤은 억압에 대한 저항과 자유에 대한 향수를 나타내는 거친 몸짓이었다. 그래서 당시 대학의 운동권 학생이라면 탈춤 동아리에 스스로 참여하거나 이들 활동패와 손잡아야 했었다. 이때 젊은이들 사이에서의 춤은 해방에 대한 열정과 외침을 의미하는 것이었다.

넷째, 춤은 일상의 언어가 되고 있다. 1990년대를 지나면서 춤은 더 이상 신명판의 상징도, 바람 피우기 위한 도구도, 사회변혁을 위한 해방의 외침도 아니었다. 그 어떤 목적성에 의해 저해받지 않는, 그저 욕망을 분출하는 행위 그 자체가 되었다. 욕망이란 우리의 일상의 삶을 지탱하는 에너지다. 그러므로 춤은 젊은이들에게 일상의 삶을 지탱하는 에너지가 되고 있고 일상의 언어가 되고 있다. 콜라텍과 테크노바에서 그리고 DDR에서 많은 젊은이들은 춤으로 말하고 있다. 일상의 언어가 되어 버린 춤에서 누가 춤을 잘 추고 누가 못 추고는 그다지 중요하지 않다. 자기의 개성과 혼이 담겨 있느냐 그렇지 않느냐가 진정한 춤이냐 아니냐를 구분하는 기준이 될 뿐이다.

2) 청소년의 춤

(1) 힙합

> 약간은 낡은 듯한 아디다스 운동화, 엉덩이에 걸쳐진 펑퍼짐한 힙합 청바지, 하얀색 라운드 티셔츠 차림의 L은 한쪽 귀에 조그만 링 귀걸이를 걸고 있는 점 외에는 17세 평범한 고교생의 모습과 별로 달라 보이지 않는다. L은 힙합이라면 자다가도 벌떡 일어날 만큼 힙합에 푹 빠져 있는 자칭 힙합 매니아다. 잠은 친구 자취방에서 주로 자고, 낮에는 파트타임으로 주유소에서 아르바이트를 하며, 학교를 관둔 것은 아니고 내년에 다시 다닐 것이다. L이 학교를 다니지 않는다고 불량 청소년으로 판단해서는 안 된다. L의 꿈은 위대한 힙합 댄서가 되는 것이다. L에게 있어서 힙합은 무엇일까? "그냥 모든 게 좋아요. 힙합에 대해서 거창하게 말하는 사람들도 많은데, 전 그런 멋있는 말은 잘 못하고 그냥 다 좋아요. 음악이랑 춤도 좋고, 힙합하는 사람들도 좋고, 그냥 이 세상에서 나랑 제일 잘 맞는 게 힙합인 것 같아요."(사이 間, 10대가 보인다, 2000: 15-18).

L과 같은 청소년이 소수에 지나지 않는다고 생각할 수도 있으나, 힙합에 대한 청소년들의 생각은 L과 비슷하다. 1990년대 중반으로 접어들면서 힙합의 열풍은 가히 폭풍이라는 표현 외에는 적당하게 표현할 수 없을 정도로 순식간에 그리고 강력하게 10대를 휘어잡았다.

힙합은 'Hip(엉덩이)' + 'Hop(몸을 흔들어 주는 춤)'의 복합어다. 그러나 힙합(Hip-hop)은 단순히 춤의 장르만을 지칭하는 것이 아니라 1970년대에 미국의 빈민가 흑인지역으로부터 시작되어 지금은 전 세계로 퍼져 있는 독특한 문화로 이해해야 한다. 따라서 힙합에는 음악을 비롯하여 춤, 미술, 철학, 생활양식 등이 모두 포함되어 있다. 힙합을 자유로운 비상을 위한 날개짓으로 표현하는 것도 이러한 이유에서다.

힙합의 구성요소는 디제잉(DJing; 음반을 켜 놓고 손으로 '치키치키' 하며 스크래치를 만들어 내는 것), 랩핑(Rapping; 음악에 맞춰 랩을 하는 것), 그래피티(graffiti; 일명 낙서예술이라 하며 거리의 벽이나 지하철 등에 스프레이를 이용해 그림을 그리는 것), 비보잉(B-boying; 브레이크댄스를 추는 것) 등을 포함하고 있다.

우리나라에서 힙합이 대중적으로 보급되기 시작한 것은 1992년 서태지의 노래 '난 알아요'를 통해서였다. 비슷한 시기에 출현한 듀스도 힙합을 전파하는 데 한몫을 담당했다.

(2) 테크노

인간적인 기계음으로 알려진 테크노는 1990년대 후반에 이르러 유행되었다. 힙합이 주로 10대 청소년들 사이에 유행했다면 테크노는 20대의 감성에 호소하고 있다는 점이 다르다 하겠다. 테크노란 전자음악과 그에 부합되는 춤을 지칭한다. 이때 전자음악이란 컴퓨터, 신디사이저, 샘플러 등 다양한 전자기기를 이용하여 만들어 낸 음악을 말한다.

테크노 음악의 가장 큰 특징은 전자기기를 이용한다는 점 이외에도 특정한 비트나 사운드가 약간의 변형을 거치면서 끊임없이 반복된다는 것이다. 흔히 테크노 음악을 중독성 음악이라고 하는 이유가 여기에 있다. 그리고 다른 대중음악은 가수를 중심으로 전개되는 반면에 테크노는 DJ를 중심으로 전개되는 특징이 있다. 스튜디오에서 컴퓨터를 이용해 새로운 소리를 만들어 내면 그 소리들을 다시 재배열하여 하나의 음반으로 만들어 내기도 하고, 클럽 같은 곳에서 공연을 갖기도 한다.

테크노는 사람들의 생각을 디지털과 마찬가지로 '0'과 '1'로 단순화시킬 우려가 있다. 모든 스트레스와 고민, 슬픔 등을 '0'과 '1'로 표현함으로써 인간을 가장 단순하고 가볍게 만드는 매력을 지니고 있다. 지난 세대에 비하면 상대적으로 물질적·문화적 풍요를 누리고 있지만 내면에서는 공허함을 채우지 못하고 있는 오늘날의 젊은 세대의 심리를 테크노가 대변해 주고 있다고 볼 수 있다.

3) 패션의 의미와 유형

원래 인간은 살아왔던 여건이나 의식의 수준으로 볼 때 아마도 나체에 가까운 모습으로 생활을 영위했을 것이다. 그렇다면 무엇이 인간으로 하여금 옷을 입게 하였을까? 그 첫 번째 해석은 몸을 보호하기 위해서라는 것이다. 추위와 더위, 햇빛과 각종 곤충으로부터 스스로를 보호하기 위해 가장 손쉽게 구할 수 있고 간편한 재료(나뭇잎이나 동물 가죽 등)를 몸에 걸쳤다고 주장한다. 이런 입장은 현대의 과학적 지식에 근거한 것으로, 원시인의 입장을 지나치게 비약시켰다는 비판을 받고 있다.

두 번째는 인간의 정숙성을 실현하기 위한 수단으로 옷을 입었다는 것이다. 성서적 해석에 기초한 것으로, 인간의 가치와 존엄성을 유지하기 위해 옷을 입었다는 입장이다. 하지만 혹자는 신체의 어느 부분(머리, 발, 목, 가슴, 손가락, 성기 등)이 가려져야 정숙성의 기준을 충족시키는지는 민족마다 국가마다 다르기 때문에 이러한 입장을 지지할 수 없다고 한다.

세 번째는 성적인 부분에 주목을 끌기 위한 수단이었다는 해석이다. 만약 인간의 신체가 옷을 입지 않았을 때 매력을 끌지 않는다면, 개인이 시선을 끌고 싶어하는 신체 부분(생식기 부분)에 어느 암시적인 장식을 함으로써 강하게 매력을 증가시킬 수 있다. 이 주장은 의복의 비정숙성을 강조한다. 가장 원시적인 형태의 의복이 단지 생식기만을 가리는 아주 작은 에이프런이나 스커트 형식임을 들어서 이 입장을 지지하고 있다.

네 번째는 사회적 신분을 나타내기 위한 수단으로 옷을 입었다는 것이다. 의복이 개인적으로는 자기 과시를 위해 필요했고, 집단적 동일성과 결속력을 과시하기 위해 더 정교하게 발전하게 되었다고 주장한다. 이러한 입장은 '인간은 진화되면서 무기와 의복이 함께 진화되었다'라는 말로 대변될 수 있다.

사람들은 이런 여러 가지 이유로만 옷을 입는 것은 아니다. 14세기 이후 패션이라는 것이 출현하면서 사람들은 '옷은 그냥 입기 위해 입는다'라는 말을 하게 되었다. 패션에 대한 정의는 매우 다양한데, '일정한 시간에 유행하고 있는 스타일', '자신을 위해 색다름을 추구하는 것', '상업이 발달함에 따라 소비자에 의해 채택되었던 새로운 스타일이나 제품' 등으로 정의된다.

청소년들은 자신들만의 독특한 패션문화를 지니고 있으며, 의상을 통해 기성세대에 반발하려는 경향이 있다. 또한 동료들과 비슷한 옷을 입음으로써 동질감과 유대감을 느끼려고 하며, 이를 통해 그들만의 문화를 만들어 가고 있다. 오늘날 대부분의 청소년들이 선호하는 의상패션은 힙합패션을 변형시킨 아류들로, 다음과 같은 것들이 있다(박진규, 2003).

- 힙합패션: 뉴욕 할렘의 가난한 흑인들 사이에서 시작되었다는 힙합은 30인치가 넘는 커다란 사이즈의 헐렁한 바지를 아무렇게나 겹쳐 입은 레이어드 룩(layered look; 껴입는 옷 스타일)과 낡은 운동화로 구성된다. 1990년대 10대의 문화로 대표되는 힙합은 음악과 춤뿐만 아니라 자유로움을 공유할 수 있는 옷, 즉 힙합패션을 창조하였다.
- 배기(baggy): 특정 상표의 이름이 아닌 모델명으로, 힙합바지는 본인의 사이즈보다 크게 입기 때문에 밑단이 끌리기 마련이지만 끌리지 않도록 모아지는 형태의 바지를 배기라 한다. 밑위는 보통 통바지보다는 길고 바지 통은 밑으로 갈수록 점점 좁아지는 스타일로 통바지보다 다소 다리가 짧아 보인다. 허리 사이즈 34~38이 가장 이쁘게 입을 수 있다.
- 드럼(drum): 드럼바지는 허리 부분은 딱 맞고 통은 큰 바지를 말한다.
- 루스 삭스(loose socks): 무릎까지 오는 통이 큰 힙합 반바지에 어울리는 양말을 말한다. 루스 삭스를 신을 때는 양말과 바지의 간격을 15cm로 하는 것이 보통이다.
- 실버탭 삭스: 리바이스 실버탭에서 나온 루스란 모델명의 바지로 밑단이 모아지긴 하나 통이 좀 크고 일자의 형태를 지닌다. 루스는 말 그대로 자유스럽고 편안함을 추구하는 바지로 배기보다는 통이 큰 일자 형태로 나아가다가 밑이 조금 모아지는 스타일이다.

3부 ■ 청소년지도 영역 □

　청소년학을 크게 청소년 이해를 위한 영역과 청소년지도를 위한 영역으로 구분할 때, 후자는 청소년학의 방법적 측면이라고 할 수 있다. 청소년지도란 청소년들의 개인적 성장과 사회적응 및 공동체의식을 함양하기 위해 전문지도사 및 상담사에 의해 체계적인 안내와 조력을 제공하는 활동 일체를 말한다. 구체적으로, 청소년들의 다양한 활동, 즉 수련활동, 여가활동, 진로활동, 국제교류활동, 놀이활동 등을 지도함은 물론이고 청소년 개인의 성장과 잠재력 실현을 위해 상담 서비스를 제공하는 활동을 의미한다. 이를 위해 먼저, 청소년지도의 의미와 원리를 이해하고 청소년 전문지도사의 특성과 역할을 분석하고 양성과정을 이해하며, 프로그램 개발과정을 이해하고, 이에 기초하여 단계별 청소년지도의 구체적인 절차를 탐색해 볼 필요가 있다. 그리고 청소년상담의 대표적인 이론을 학습하고 상담의 원리와 방법을 익힘으로써 전문 청소년상담사로서의 자질과 능력을 길러야 할 것이다.

　지도 및 상담의 구체적인 방법은 근본적으로 실습과 경험을 중심으로 이루어져야 하지만, 이에 앞서 청소년지도사 및 상담사는 지도방법의 의미와 기본 원리, 절차, 방법의 구체적인 형태, 지도매체 등에 대하여 충분한 지식과 경험을 갖추고 있어야 한다. 그리고 청소년 전문지도사는 프로그램에 따라 다양한 지도방법을 개발하고 활용할 수 있어야 하며, 이와 더불어 청소년들의 특성과 자신의 지도양식에 적합한 지도방법을 개발할 수 있어야 한다. 이상적인 오직 한 가지의 지도방법이란 존재하지 않으며, '어떤 내용의 지도에는 어떤 방법만을 사용해야 한다'라는 공식도 존재하지 않는다. 청소년지도는 지도 프로그램의 종류와 성격, 대상 청소년들의 특성, 지도환경 및 상황, 청소년지도사 자신의 개인적 특성 등 다양한 요인에 의해 결정되기 때문이다. 그러므로 청소년지도사와 상담사는 청소년지도의 구체적인 방법에 대한 이론과 지도원리, 구체적인 지도절차 등에 대하여 풍부한 지식을 갖춤으로써 다양한 지도방법을 개발할 수 있어야 하며, 이와 더불어 다양한 지도장면에서 자신이 개발한 지도방법을 실제 연습하고 응용할 수 있어야 한다. ■

::09 청소년지도의 의미와 원리

청소년학은 청소년을 교육하고 지도하기 위한 학문임에 틀림없다. 청소년을 교육하되,
학교라는 형식적 교육시설에서 교과를 매개체로 실시되는 교육을 뜻하는 것이 아니라 학교
밖의 다양한 시설 및 기관에서 전문적으로 개발된 프로그램을 매개체로 체험과 실습을 위주
로 한 교육과 학교 내 교육을 통합한 것이 곧 청소년지도다. 청소년지도는 일반 청소년은 물
론이고 비행, 장애, 부적응, 기타 소외 청소년을 보다 전문적으로 지도하기 위한 것이다. 그
러므로 청소년학의 정체성은 청소년지도의 전문성에서 찾아야 하며, 이를 위해 청소년의 심
리적 특성과 문화, 환경, 정책, 법과 제도 등을 이해하고 그들만의 독창적인 문화를 분석하여
이에 적합한 지도 프로그램과 지도방법 및 매체를 개발하고 처치해야 한다.

이러한 작업을 보다 전문적으로 그리고 효율적으로 수행하기 위해서는 청소년을 보다 과
학적으로 이해하고 분석할 수 있는 능력과 이들의 심리 및 문화적 특성에 기초하여 그들을
체계적으로 지도할 수 있는 능력이 필요하며, 이런 능력을 갖춘 자가 청소년 전문지도사다.
청소년정책과 제도, 행정은 청소년지도의 전문성 및 효율성을 신장시키는 데 필요한 각종
여건과 환경을 조성하고 지원하기 위한 것이다. 다시 말하면, 청소년정책 및 행정은 청소년
지도의 수단일 뿐 목적이 되어서는 안 된다. 이 장에서는 청소년지도의 의미를 새롭게 해석
하고, 이에 기초하여 청소년지도의 원리와 구체적인 방법을 소개하고자 한다.

1. 청소년지도의 의미와 원리

1) 청소년지도의 개념과 특징

(1) 청소년지도의 개념

청소년지도의 개념 정의는 매우 혼란스러우며, 학자들의 편의에 따라 그리고 사용하는 단체나 기관의 이익에 따라 달리 사용되고 있는 것이 사실이다. 물론 청소년지도에 대한 관심이 생겨난 것도 1987년의 청소년육성법과 1991년의 청소년기본법을 준거로 삼을 때 불과 몇 년 되지 않았지만, 그 개념적 혼란은 청소년지도에 대한 정책을 수립하는 단계에서부터 지도방법적 프로그램을 구성하는 데 이르기까지 광범위한 영역에서 그 발전을 저해하고 있다.

이 책에서는 먼저 청소년지도를 단순 명료하게 '전문지도사(guide or mentor)가 청소년을 지도(guidance)하는 행위 또는 과정'으로 정의하고자 한다. 일반적으로 생활지도의 영역에 상담활동이 포함되고 있음을 고려할 때, 청소년지도란 개념에도 상담(counseling)의 의미를 내포하고 있다고 할 수 있다. 그리고 학교 교육에서 교사가 학생들에게 교과를 교수(instruction)할 때 교수를 교육의 방법론으로 규정하듯이, 청소년활동지도 장면에서 청소년지도사가 청소년들에게 활동 프로그램을 지도하는 것 또한 청소년학의 방법론에 해당된다. 따라서 청소년지도방법은 청소년지도를 하는 방법이 아니라 청소년지도 자체인 것이며, 구별될 수 없다.

이와 더불어 청소년지도는 학교 내외에서 청소년을 대상으로 실시되는 일종의 생활지도로서, 청소년들로 하여금 자기 주도적(self-directed) 능력을 갖도록 환경을 조성하고 안내하고 지원하는 일련의 조력활동(helping)이다. 이것은 청소년지도를 'leadership'이나 'training', 'orientation', 'direction' 등의 의미로 해석하는 여타의 관점과 다른 것이다. 특히, 'leadership'은 청소년의 보편적인 잠재력으로서의 지도성으로 해석되기도 하고(being), 지도자의 역할이나 행동을 통해 나타나는 지도력(doing)을 뜻하기도 한다(de Linden & Fertman, 1998). 청소년지도는 청소년들의 다양한 잠재력 가운데 지도능력만을 기르고자 하는 것도 아닐 뿐더러 지도자의 지도력을 함양하는 데 초점을 두고 있는 것도 아니다. 청소년들의 다양한 잠재력 가운데 지도성을 발굴하는 것, 청소년지도자의 조직운영 능력을 비롯한 지도력을 기르는 것 또한 청소년지도의 한 분야임에는 틀림없다. 그러나 그것이 청소년지도의 모든 것이 될 수 없으며, 본질적인 의미와도 거리가 멀다. 즉, 청소년지도는 청소년들의 모든 잠재력과 지도자의 모든 지도능력을 함양하기 위해 청소년들의 삶과 행동을 지원하고 조력하는 일체의 활동을 의미한다.

여기서는 청소년지도의 개념을 더욱 명료하게 정의하기 위해 이를 크게 세 가지 관점, 즉 규범적(normative) · 기능적(functional) · 조작적(operational) 정의로 구분하여 살펴보고 유사 개념들과의 관계를 분석해 보고자 한다.

먼저, 규범적 정의란 청소년지도란 어떠해야 한다는 당위성에 입각한 정의라고 볼 수 있으며, 청소년지도가 지향하는 궁극적인 목적이라고 할 수 있다. 이와 같은 관점에서 보면, 청소년지도는 청소년이 주체적이고 자율적인 인격체로서 그들의 전인적인 성장과 본성 실현 및 잠재력 개발을 조력하는 일련의 과정을 뜻한다. 이 정의가 지향하는 철학은 인간중심주의다. 청소년을 하나의 독립된 인격체로 파악함과 동시에 무한한 잠재성을 지닌 가능성의 존재로 보고 있으며, 성선과 신뢰성의 본성을 지닌 존재로 파악하고 있다. 이것은 청소년들이 정상적이든 비정상적이든 그리고 일반 청소년이든 일탈 청소년이든 관계없이 모두에게 적용 가능한 것이며, 청소년들을 과거의 존재로서가 아닌 지금 여기(here and now)의 존재로 보고 있으며, 그들의 발달 가능성을 존중하고 있는 것이다.

둘째, 기능적 정의란 청소년지도의 결과 청소년들이 무엇을 할 수 있으며, 사회적으로 어떤 유용성을 획득할 수 있는가를 나타내는 정의다. 이와 같은 관점에 의하면, 청소년지도는 청소년들이 사회에 보다 잘 적응하고 대인관계를 개선하며 사회 공동체의식을 갖도록 하는 것이다. 사회적 적응능력은 대인관계의 질적 · 양적 확대와 더불어 사회생활에 필요한 신체적 건강과 기능적 숙련에 의해 영향을 받는다.

셋째, 조작적 정의란 청소년지도의 실천적이고 방법적인 정의로서, 청소년을 어떤 절차와 방법으로 지도하는가와 관련된 정의다. 이 정의는 청소년지도의 목적과 내용을 실천하기 위한 과정(process) 또는 행위(action)를 구체화한 것이다. 이와 같은 관점에 의하면, 청소년지도는 청소년의 요구를 분석하고, 지도목표를 설정한 다음, 목표달성을 위한 체계적인 프로그램을 설계·개발한 후, 이에 기초하여 프로그램에 자발적으로 참여한 청소년을 대상으로 전문지도사에 의해 수행되는 지속적이고 전문적인 조력의 과정이라고 할 수 있다. 그리고 청소년 수련활동을 체계적인 프로그램에 의한 청소년들의 자율적인 체험활동이라고 보았을 때, 청소년지도는 청소년 전문지도사에 의한 수련활동의 지도과정이라고도 볼 수 있다.

(2) 청소년지도의 특징

청소년지도란 청소년의 전인적 성장과 잠재력 신장, 사회적응 및 사회 공동체 의식을 함양하기 위하여 체계적으로 설계된 프로그램에 근거하여 전문지도사에 의해 수행되는 지원 및 조력의 과정이라고 할 수 있다. 이 정의에 기초하여 청소년지도의 개념적 특징을 보다 구체적으로 분석해 보면 다음과 같다.

첫째, 청소년지도는 청소년 개개인의 다양한 욕구와 사회적 요구를 반영한다. 이는 개인의 욕구충족과 사회 및 기관의 목적 달성을 동시에 고려하는 것으로, 이를 기초로 지도목표를 설정하게 된다.

둘째, 청소년지도는 지도목표를 갖는 의도적인 활동이다. 따라서 무의도적이거나 반의도적인 교육과는 구별된다.

셋째, 청소년지도는 지도목표, 내용선정 및 조직, 실행계획, 평가의 전 과정을 체계적으로 설계한 결과물인 프로그램에 근거하여 이루어지므로 계획적인 활동이다. 청소년지도는 프로그램 중심의 경험학습이다. 즉, 학교교육이 교과 중심의 지적 학습에 중점을 둔다면, 청소년지도는 전문적인 교수설계에 의해 개발된 프로그램에 기초한 경험학습이라고 할 수 있다. 청소년지도는 개발되는 프로그램의 성격과 종류에 따라 다양한 유형으로 구분되는데, 청소년 활동 영역에 포함되는 청소년 자아계발지도, 문화활동지도, 놀이 및 여가지도, 자연체험활동지도, 문제행동지도, 봉사활동지도 등으로 나누어질 수 있다.

넷째, 청소년지도는 청소년들의 자발적인 참여를 전제로 한다. 학교나 가정 또는 사회기관 등에 의해 강제적 또는 반강제적으로 동원된 학생들을 대상으로 하는 훈육 및 행사활동은 엄격한 의미에서 청소년지도라고 보기 어렵다. 자발적인 참여에 의한 지도야말로 지도의 효과성과 효율성을 극대화할 수 있으며, 진정한 의미의 청소년지도가 가능하다고 할 수 있다. 이를 위해서는 청소년기관의 보다 적극적인 홍보전략과 다양한 프로그램을 개발하려는 노력이 있어야 하겠지만, 이와 더불어 청소년정책의 개선과 행정적·제도적 대책이 보완되어야 할 것이다.

다섯째, 청소년지도는 청소년 전문지도사에 의한 활동이다. 청소년들은 그들의 욕구가 매우 다양할 뿐만 아니라 다변적이고 역동적이며, 그들의 사회 문화적 역할과 지위 또한 고정되어 있지 않다. 이와 같은 속성과 더불어 청소년들은 그들 나름의 세상을 창조하고 무한한 잠재력을 실현하기 위해 투쟁 중에 있는 존재다. 그들은 이러한 경험을 통해 보다 성숙하고 가치 있는 한 사람의 성인으로 성장해 나갈 것이다. 따라서 청소년지도 과정에는 청소년들의 특성을 보다 과학적으로 이해하고 그들의 잠재력과 욕구충족, 그리고 사회적응을 보다 합리적으로 조력하기 위한 전문지도사를 필요로 한다.

여섯째, 청소년지도는 지속적인 활동이다. 지금까지 대부분의 청소년지도는 일회성의 행사 중심으로 이루어져 왔다고 해도 과언이 아니다. 사회기관 또는 학교 차원에서 동원된 학생들을 대상으로 예산에 따라 한시적으로 운영되어 왔던 것이다. 여기에는 전문적으로 설계되거나 구조화된 프로그램보다는 행사의 일정과 내용만이 포함된 팸플릿이 있을 뿐이다. 이러한 방식의 청소년지도는 더 이상 청소년들에게 효과성과 매력성을 제공해 주지 못한다. 청소년지도는 행사 중심의 일회성 활동이 아니라 지속적인 활동이며, 피드백을 통해 계속적인 개선과 발전을 지향해 나가는 활동이다.

일곱째, 청소년지도는 청소년들의 다양한 활동을 조력하는 과정이다. 여기서 과정(process)이 의미하는 것은 청소년지도가 의도한 목표의 성취 정도(outcomes)에 초점을 두는 것이 아니라 지도행위 자체에 초점을 두며, 평가를 통한 피드백과 계속적인 수정 및 개선을 전제로 하고 있음을 뜻한다. 그리고 평가는 효과성(effectiveness)과 효율성(efficiency), 그리고 매력성(appeal)을 준거로 한다. 또한 조력(help)이란 올바른 방향으로 나아가도록 그리고 합리적인 선택을 하도록 '돕는다', '봉사한다', '지원한다', '촉진한다' 등의 의미를 지닌 말로서 지시, 통제, 감시, 훈련 등의 개념과 대치된다.

2) 청소년지도와 유사 개념들과의 관계

(1) 청소년지도와 청소년 수련활동

청소년지도는 청소년 수련활동으로부터 비롯되었으며, 수련활동을 지원하고 조력하고 촉진하기 위한 일련의 사상들(events)의 집합이라고 할 수 있다. 청소년 지도와 수련활동은 개념적인 면에서 수련활동이 먼저이고 다음으로 지도가 뒤따 른다는 것일 뿐, 실천적인 면에서는 양자가 상호작용할 뿐만 아니라 상호 보완 적인 관계에 있다.

청소년 수련활동이 먼저 출현했다는 것은 미국의 경우 1930년대부터 1960년대 까지 경제공황이나 제2차세계대전의 여파로 인하여 청소년 캠프활동과 야영활동 이 학교교육의 대안으로 출발하였기 때문이며, 우리나라의 경우에도 고구려의 경당이나 신라의 화랑도를 비롯하여 근대에 이르러 각종 청소년단체를 중심으로 전개된 스카우트 활동과 농촌 4-H활동 등이 수련활동의 성격을 띠고 발전해 왔 기 때문이다(김성수 · 권일남, 1998). 그러나 우리나라의 경우 비체계적인 이념형의 청소년 수련활동이 계속되어 오던 중 공식적인 학교교육의 붕괴가 가속화되면서 반(anti) 학교교육의 성격을 띤 수련활동들이 시작되면서 활성화되었다고 보는 것이 타당할 것 같다. 어떠한 이유에서든 수련활동이 먼저 이루어졌지만, 그것이 보다 체계성과 전문성을 더한 것은 청소년지도가 전문적인 분야로 발전하게 되 면서부터라고 볼 수 있다.

청소년지도(adolescent guidance)와 수련활동(discipline activities)의 관계는 의미에 있어서 다소 차이가 있으나, 공식적인 학교교육에서의 교수와 학습의 관계로 유 추해 볼 수 있을 것 같다. 즉, 학습은 '연습이나 경험의 결과로 일어나는 비교적 지속적인 행동의 변화'(Morgan & King, 1968; 이희도 외, 1996)라고 한다면, 교수는 이와 같은 학습이 일어날 수 있도록 '학습자에게 필요한 인적 · 물적 자원과 심 리적 환경을 제공하는 일련의 과정'(이희도 외, 1996)이라고 할 수 있다. 즉, 교수 는 교수자 또는 교수매체가 학습자의 행동변화를 촉진시키기 위해 다양한 서비 스를 제공하는 활동이라면, 학습은 학습자의 행동변화를 의미한다.

청소년지도와 수련활동은 교수 및 학습과 다소 차이가 있지만, 관련성의 방향 이나 성격에 있어서는 유사한 형태를 갖는다. 즉, 청소년지도는 청소년 전문지도사에 의한 활동이며, 청소년의 행동변화를 비롯하여 잠재력 개발, 사회적응 및 공동체의식의 함양을 목적으로 하며, 조력이나 협력, 지원, 촉진 등의 방법을 동원한다. 한편, 수련활동은 청소년의 자율적인 체험활동이며, 스스로의 경험과 체험을 통해 행동변화와 잠재력 개발, 공동체의식 함양 등이 일어나도록 노력하며, 모험적이고 극기적이며 자연 친화적인 방법을 더 많이 포함하고 있다. 가장 두드러진 차이점은 청소년지도가 지도자의 전문 과업이라면, 수련활동은 청소년 개인 또는 집단의 자율적인 참여에 의한 체험활동이라는 사실이다.

그러나 이것은 개념적인 차이일 뿐, 앞서 말했듯이 실천적인 면에서는 상호 밀접한 관련성을 지니고 있다. 즉, 청소년에 의한 자율적 체험활동이라고 하더라도 체험이 이루어질 수 있는 환경과 여건을 조성해 주어야 하고, 그들의 체험활동이 의미 있고 가치 있는 방향으로 전개될 수 있도록 프로그램화되어야 하며, 또한 그들의 흥미와 동기가 지속되고 강화될 수 있도록 관리되어야 한다. 이 모든 것이 청소년지도다. 청소년지도 역시 전문지도자에 의한 체계적이고 전문적인 활동이라고 하더라도 그것이 청소년의 자기 수련 또는 자기 지도력을 고려하지 않는 것이라면 아무런 소용이 없을 것이다. 즉, 교수와 학습이 분리될 수 없는 것과 마찬가지로, 지도와 수련활동 역시 동일한 맥락에서 해석되어야 한다. 다만 청소년지도는 청소년의 행동변화를 촉진시켜 주기 위한 처방적 또는 방법적 학문이라면, 수련활동은 청소년의 자율적인 참여와 체험을 강조하며 또한 이러한 체험을 조직화한 수련거리 중심의 기술적 활동이라고 할 수 있다.

이와 같은 관련성으로 볼 때 청소년지도는 청소년수련활동, 예컨대 자아계발, 성행동, 문화놀이, 진로, 봉사활동, 여가, 국제교류 등을 청소년 전문지도사가 의도적이고 체계적인 방법으로 지도하는 과정이라고도 할 수 있다.

(2) 청소년지도와 생활지도

청소년지도는 학생청소년을 비롯해 근로, 비행, 복무, 농어촌, 무직, 미진학 청소년들을 포함한 모든 청소년을 대상으로 그들의 개인적 성장과 사회적응 및 사회 공동체감을 형성하도록 조력하고 지원하는 일종의 생활지도(guidance)다. 생활지도는 교육학에서 교과지도와 함께 학생들의 전인적 성장과 진로개발, 문제행동의 예방 및 치료 등을 위해 도입된 개념이라고 볼 수 있다. 그러나 그것은 반드시 학교 안에만 머물러 있지 않고, 학교 밖에서의 생활지도, 즉 교외 생활에서의 자기 주도적(self-directed) 학습을 안내하고 조력하는 과정이기도 하다.

특히, 우리나라에서는 1차 교육과정 개정이 이루어진 1963년부터 1998년 7차 교육과정이 개정되기까지 학교 교육과정의 중요한 한 축을 담당해 왔던 것이 생활지도다. 생활지도의 영역은 특별활동이나 학급회의, 특기적성교육, 학교행사뿐만 아니라 학생들의 교외 집단활동과 캠핑활동, 야영활동, 단체 수련활동의 지도까지도 포함하고 있다. 그러나 우리나라 학교 현장의 생활지도는 입시 위주 교육의 위세에 밀려 그 정체성을 상실한 지 오래며, 껍데기뿐인 시간표와 형식적인 감시만이 이를 대신하고 있는 실정이다. 그 결과 청소년의 생활은 성인사회의 무질서와 가치혼란, 유해환경에 무방비하게 노출될 수밖에 없었으며, 이는 곧 청소년의 심리적 부적응과 비행을 촉진시키는 요인이 되었다. 따라서 사회 각계의 뜻 있는 인사들과 전문가들은 학교 내 생활지도와 별개의 학교 밖 생활지도를 담당할 독자적인 형태의 교육 시스템을 요구하게 되었으며, 이것이 곧 '청소년지도'다.

청소년지도는 청소년 생활지도, 즉 청소년의 전인적 성장과 사회 적응을 조력하기 위한 소집단활동과 야영, 캠프, 여행, 자연체험 등을 포함한 수련활동, 상담과 자원봉사활동 등에 초점을 두고 있지만, 학교 내 생활지도와 필수적인 협조체제 관계를 유지하고 있다. 교사에 의한 학교 생활지도 역시 교내뿐만 아니라 교외 지도를 병행하고 있으며, 진단과 검사, 조사, 상담, 추후지도 등을 통해 학생청소년의 잠재력 개발과 문제행동 예방 및 처치를 담당하고 있다. 청소년지도는 학교 생활지도와 추구하는 이념이나 구체적인 방법은 대동 소이하지만, 학교 생활지도가 학교라는 공식적인 조직 내에서 비교적 획일적인 절차에 의해 이루어지고 있다는 점에서 청소년지도와 다를 뿐이다. 그러나 양자의 적극적인 상호작용과 보완적인 역할수행이 이루어질 때 청소년지도의 효과를 극대화할 수 있을 것이다.

청소년지도를 학교 밖에 초점을 두는 일종의 생활지도로 보았을 때, 여기에는 청소년 수련활동지도와 더불어 청소년의 일상적인 생활, 즉 여가활동, 문화활동, 또래관계와 이성관계, 부모-자녀관계, 봉사활동, 취미활동, 각종 매니아 또는 팬클럽 활동, 정보탐색 및 검색활동, 소비활동 등의 지도를 모두 포괄할 수 있을 것으로 예상되며, 또한 보다 체계적이고 조직적인 지도활동이 가능할 것으로 생각된다. 오늘날 교실붕괴 현상이 가속화되고 있는 현실에서 청소년의 학교 밖 생활지도를 강화하고 활성화시킴으로써 청소년 개인의 전인적 성장과 사회 공동체의식의 함양은 물론이고 학교 내에서의 학업성취도 향상과 학교생활의 개선도 기대할 수 있을 것이다.

(3) 청소년지도와 평생교육(사회교육)

사회교육(social education)은 '정규 학교교육을 마친 청소년 및 성인을 대상으로 하는 비교적 조직적인 교육'을 말한다. 사회교육을 실시하는 기관은 학교, 사회단체 및 기관, 관공서, 언론기관, 학원 등이다. 청소년지도를 사회교육으로 정의하는 데는 무엇보다 먼저, 청소년지도의 대상이 대부분 정규 학교에 재학하고 있는 중·고등학교 학생이라는 점에서 커다란 모순을 내포하고 있다. 이에 대해 일부 학자들(문용린, 1993; 한준상, 1996; 조용하, 1990)은 청소년지도를 학교 외 사회교육이라고 규정하고 있다. 학교 밖에서 이루어지는 사회교육이란 학교교육의 형식성이나 획일성, 대중성을 지양하고, 사회교육이 갖는 다양성과 개별성, 자율성, 창의성을 주요 원리로 내세울 수 있다는 장점을 강조하기 위한 것이지만, 이 또한 학교교육을 부정하는 것일 뿐만 아니라 근본적으로 사회교육의 방법과 청소년지도가 동일할 수 없다는 데 문제가 있다.

이에 대해 최윤진(1991)은 청소년지도를 그 지도의 원리와 내용, 방법 등에 있어서 사회교육적 특성을 갖는 것이라고 주장하였다. 그러나 사회교육이 성인교육(adult education)에서 비롯되었다고 보았을 때, 청소년지도가 성인교육의 내용 및 방법과 동일한 구조로 이루어져 있다고 보는 사람은 아마 거의 없을 것이다. 청소년지도와 성인교육은 각자가 추구하는 이상과 목표, 내용과 방법 등이 다르다. 따라서 청소년지도는 사회교육이나 성인교육과 구별되며, 독자적인 교육목적과 내용 및 프로그램, 그리고 지도방법을 갖고 있다고 보아야 할 것이다.

특히, 오늘날 사회교육이 평생교육(lifelong education)의 관점으로 재편성되고 있음을 고려할 때 평생교육은 요람에서 무덤까지의 슬로건이 말해 주듯이 유아와 아동, 청소년, 성인, 노인을 수직적으로 통합하고 가정과 학교, 사회를 수평적으로 통합한 교육의 형태라고 할 수 있다. 청소년지도를 평생교육의 관점으로 재구조화할 때 청소년을 대상으로 하는 사회교육적 특성을 갖는 것이 청소년지도라고 주장하는 것은 평생교육의 이념이나 개념과도 동떨어질 수밖에 없다.

이에 대해 일부는 청소년지도를 '학교 밖 교육'(out-door education; 독일어권에서는 bildung)이라고 주장한다. 이 말은 사회교육과는 다르게, 학교 밖에서 청소년을 대상으로 실시되는 모든 형태의 교육이라고 해석된다. 이것은 지나치게 광범위할 뿐만 아니라 모호하다. 예컨대, 학교 밖에서 실시되는 사설 학원교육이나 신체운동과 기능연마를 위한 각종 강습도 청소년지도에 포함되며, 심지어 비형식 교육뿐만 아니라 무형식 교육까지도 포함될 수 있다. 그러므로 청소년지도와 사회교육(또는 평생교육)은 형식적으로 유사한 것처럼 보이지만, 개념적 모형과 내용 및 방법에 있어서 별개의 독립된 교육 형태로 보아야 할 것이다.

(4) 청소년지도와 청소년육성

청소년지도는 그 출발점에서부터 정책적인 요소가 많이 포함되어 있다. 즉, 청소년지도는 그 개념과 내용 및 활동영역 등이 학자들의 체계적이고 풍부한 연구결과에 근거하여 탄생되었다기보다 시대·사회적 요구와 정책적 결정에 힘입은 바 크다. 1980년대 이후 정부기구 가운데 하나인 체육부가 체육청소년부로 개칭되었고, 10년간의 장기적이고 종합적인 청소년정책 계획인 '한국청소년기본계획'이 수립·발표되었으며, 마침내 1991년 12월 17일에는 청소년기본법이 제정되는 일련의 과정을 거치면서 기존의 청소년 수련활동을 보다 적극적으로 추진하기 위한 다각적인 방안이 마련되었던 것이다. 청소년의 연령범위를 9세에서 24세로 정한 것도 초등학생부터 청소년 수련활동에 참여시키고자 하는 정책적인 결정에서 비롯된 것이다. 그리고 청소년 수련활동을 지도하고 관리하는 업무를 '청소년육성'으로, 청소년을 보호하기 위해 사회의 각종 유해환경을 감시·감독하고 각종 매체를 규제하는 등의 업무를 '청소년 보호'로 이원화하기 시작한 것도 이때부터라고 볼 수 있다.

청소년의 권리신장과 삶의 질 개선, 여가공간의 확충과 청소년관련 제도의 개선, 생활환경의 개선 등은 정책적으로 결정되어야 할 중요한 요소들이다. 그러나 청소년지도는 정책적인 도움과 협조가 요구될 뿐, 정책에 의존하는 형식이어서는 안 된다. 정책이 우선이고 이것의 정당성을 보장하기 위한 학문적 노력이 그

뒤를 따른다는 것은 체계적이고 전문적인 지도활동과 프로그램의 개발, 장기적인 청소년정책의 수립 등에 아무런 도움을 주지 못할 뿐만 아니라 오히려 커다란 손실과 위기를 자초할 것이다.

우리나라의 청소년지도사업에서 정책과 관련된 가장 대표적인 용어가 청소년육성이다. 1991년 한국청소년기본계획의 수립과 청소년기본법의 제정에서부터 청소년육성이란 용어가 등장하였는데, 육성과 정책은 사실상 개념적으로 융합될 수 없는 말이면서도 최근 청소년정책을 대변하는 용어로 자리잡아 가고 있다. 청소년육성(rearing or fostering)은 영어 표기에서 볼 수 있듯이 양육이나 수양 등의 의미를 더 많이 내포하고 있으며, 정책(policy)은 청소년 사업과 관련한 계획수립과 의사결정의 의미를 내포하고 있다. 이 두 가지 단어를 합쳐서 청소년육성정책이라고 표현하고 있는데, 이 말을 그대로 해석하면 청소년을 양육하고 기르는 정책이란 뜻이 된다. 이것은 청소년의 건전한 성장과 잠재력 신장, 사회적응 및 사회 공동체의식 함양 등을 지향하는 청소년지도와는 너무나 거리가 먼 이야기가 된다.

육성이란 표현은 인간 개체의 생물학적인 성장을 뜻하는 표현이며, '길러냄', '길러서 키움'이란 사전적 의미를 내포하고 있다. 이 말은 다분히 성인 지도자 중심일 뿐만 아니라 생물의 성장을 이끌어 낸다는 의미를 함축하고 있다. 과거 어린이 교육과 관련하여 '꿈나무 육성'이란 표현이 자주 사용되었던 것에 비추어 보면, 어린이를 꿈나무로 상징화하여 육성이란 표현을 사용하였음을 짐작할 수 있다. 오늘날 청소년을 꿈나무로 상징화하는 사람은 거의 없을 것이다. 그러므로 청소년육성이란 표현보다는 청소년지도가 더 적합할 것으로 생각된다.

청소년지도와 청소년정책은 상호작용 관계에 있다. 청소년정책의 궁극적인 목적은 청소년지도의 효과와 효율성을 높이는 것이며, 청소년지도는 청소년정책의 수립에 필요한 정확하고 신선한 정보를 제공하기 때문이다. 그러나 청소년지도는 청소년정책을 실행하는 수단에 불과하다는 식의 정책 우선주의적 생각은 학문의 예속화는 물론이고 장기적으로 청소년 지원정책을 파국으로 몰고 갈 것이다. 청소년지도 및 수련활동 현장에서 지도자와 참여 청소년의 요구를 분석하고, 청소년관련 학자들의 경험적 연구를 참조로 청소년지도활동이 가장 합리적으로 진행될 수 있도록 지원하며 또한 각종 자원을 관리하는 방향으로 청소년정책을 수립하고 이를 시행해 나갈 때 청소년지도와 청소년정책은 상호 조력적인 관계가 될 것이다.

2. 청소년지도 의미의 변천과정

일찍부터 청소년지도에 대해 높은 관심을 지녔던 서구유럽에서는 청소년지도에 대한 이론적 · 실제적 경험이 많이 누적되어 있는 상태다. 청소년지도의 이론가이자 실험가인 Sir Alex Smith는 청소년지도의 변천과정을 다음과 같이 네 가지 유형으로 설명하고 있다(문용린, 1993; 한상철 · 권두승 · 방희정 · 설인자 · 김혜원, 2001).

1) 보충적 사회교육의 성격

주로 제2차세계대전 이전에 영국에서부터 활용되기 시작한 청소년지도방법으로서, 학교로부터 정규적인 교육을 받지 못하는 불우한 청소년들을 대상으로 이들을 정상 청소년집단에 가입시켜 건전한 성장과 사회적 책임의식을 길러주고자 하였던 접근방법이다. 불우한 청소년의 경우 가정적 · 사회적 제약이 그들의 건전한 청소년기적 삶을 방해하므로 부족한 환경적 요인을 사회적인 차원에서 보충해 주고자 하였던 것이다.

불우 청소년들은 성장 후 개인적 발달이 지체되고 적응상의 어려움으로 인하여 갖가지 문제행동을 일삼는 확률이 높다. 그러므로 이들을 조기에 정상 청소년집단의 회원으로 가입시켜 소속감과 책임감을 길러주고, 건전한 자아발달과 사회성 발달 및 시민적 자질을 길러주고자 하였던 것이다. 이것은 청소년의 개인적 성장은 물론이고 장기적인 측면의 사회복지 실현의 수단이 되었다. 즉, 이들의 미래 문제행동 가능성을 조기에 차단하고자 하는 의도를 포함한 것이다.

2) 자기통제력 및 사회성 강조

이 접근은 제2차세계대전 이후 영국, 미국, 독일, 프랑스, 일본 등에서 청소년 문제의 급증에 대한 해결책으로 활용되었다. 이 시기에 청소년들은 그들의 사회에서 갖가지 비행과 범죄, 부적응에 개입하고 있었다. 교육기관에서는 이러한 문제행동을 청소년 개인의 정신 심리적 특성의 결핍이나 왜곡으로 파악하고, 이를 청소년 스스로 해결할 수 있도록 그들의 역량을 키우고자 하였다. 즉, 청소년들로 하여금 자기통제력과 사회성을 발달시킴으로써 그들 자신의 개인적 문제를 스스로 해결하도록 의도한 것이다.

다시 말하면, 이 접근에서는 청소년지도를 비행과 범죄, 그리고 문제행동의 지도로 보았던 것이다. 이러한 관점은 생활지도 및 상담의 발전과정과도 밀접한 관계가 있다. 초기의 상담운동이 청소년들의 개인적 문제행동을 치료하고 예방하는 데 초점을 둔 것이라면, 현대의 상담운동은 촉진적·발달적 상담과 지역사회 상담으로 발전해 왔다. 이 유형의 청소년지도는 개인의 부적응과 문제행동을 치료하거나 예방하는 데 역점을 둔 초기의 상담운동과 밀접한 관련성이 있다.

3) 사회적 예민성 강조

이 입장에서는 청소년지도를 단순히 문제 청소년에 대한 구제나 예방이라는 차원에서 벗어나 정상적인 대다수 청소년의 건전한 성장과 시민으로서의 자질을 발전시키는 데 역점을 두고 있다. 그리고 청소년 문제는 청소년 개인의 심리적 특성의 결핍이나 왜곡에서만 비롯되는 것이 아니라 사회구조의 모순과 비리, 불합리성이 커다란 원인이라고 생각한 것이다. 따라서 청소년들이 보다 건전하게 성장하고 시민적 자질을 발전시켜 나가기 위해서는 사회가 갖고 있는 구조적인 문제에 주목해야 하고, 그런 문제를 해결하는 능력을 키워야 하며, 능동적 사회개선의 전위자(pioneer)가 되어야 한다고 주장한다.

이 접근에 의하면, 청소년들은 사회구조적인 문제에 예민해야 하고 이를 개선하려는 의지와 기술을 습득해야 한다. 이와 같은 접근은 미국의 재건주의 철학에 토대를 두고 있으며, 사회의 각종 시민단체에서 전재하고 있는 사회개선운동이나 부정부패 추방운동, 시민고발운동, 시민감시 체제운영 등이 대표적인 경우라고 할 수 있다. 이러한 시민단체들은 청소년들에게 자원봉사와 적극적인 참여를 유도함으로써 사회의 구조적 문제에 보다 민감한 자세를 갖고 대처 능력을 키워 나갈 것을 기대한다.

4) 지역사회 참여경험 확대

이 접근은 1970년대 이후 서구유럽, 특히 영국을 중심으로 발전하기 시작하여 오늘날 세계 각국 청소년지도의 표준적인 유형으로 인정받고 있다. 이 접근에서는 청소년지도의 의미를 '청소년들로 하여금 그들이 살고 있는 사회적 상황에 건설적이고 비판적인 안목을 가지고 참여하여 실제로 살아보도록 경험을 제공하는 것'으로 규정하고 있다.

청소년들은 자기 스스로의 삶을 사회 일반을 혁신하기 위한 대행자(agent)로 파악하기보다 자기와 직접적으로 연관되어 있는 지역사회의 한 존재로 파악한다. 그러므로 청소년지도는 청소년들이 지역사회에의 적극적인 참여경험을 통해 공동체의 의미를 파악하고 건전한 시민정신을 갖도록 육성하는 것이다. 여기에는 청소년들의 자발성과 책임성이 특히 강조되며, '공동체 속의 가치 있는 개인'을 주된 목표로 삼는다.

이상과 같은 청소년지도의 의미 변화는 우리나라의 경우에도 큰 변동 없이 적용될 수 있을 듯하다. 즉, 학교교육의 보충수단으로서 청소년지도의 개념이 1950~1960년대에 유행했고, 1970년대 이후에는 부적응 청소년(가출, 비행, 범죄 청소년) 선도에 관심이 높았다. 이러한 관심의 결과로 청소년 보호 및 선도시설이 많이 생겼다. 1980년대에는 사회 일부에서 '청소년선도'의 개념이 불순시되고 오히려 '사회적 비판의식'을 고양시키려는 시도가 있기도 했다.

그러나 최근에 이르러서는 다양한 모습의 청소년지도활동이 전개되고 있다. 새로운 형태는 청소년들의 긍정적 문화에 주목하고 있으며, 이들에 대해 선도, 계도, 인도의 차원이 아니라 보다 조화롭고 바람직하게 살 수 있는 권리와 삶을 체험하도록 하는 데 역점을 두고 있다. 정상적인 대다수 청소년들을 대상으로 성장과 성숙을 촉진하기 위한 프로그램이 많이 개발되고 있으며, 수련활동 프로그램 또한 크게 증가하고 있다. 이런 프로그램은 예외 없이 공동체적 삶을 강조하며, 이러한 삶에 적극적으로 기여하는 데 필요한 지식과 기술뿐만 아니라 올바른 태도와 가치관을 형성하는 데 초점을 두고 있다. 청소년헌장(1998. 10.)에서도 청소년을 자기 삶의 주인이고 독립된 인격체이며 사회 공동체의 성원으로 묘사하고 있는데, 이 또한 청소년지도의 현대적인 의미를 충분히 반영하고 있다.

청소년지도의 의미 변천과정을 살펴볼 때, 최근의 청소년지도는 '건설적인 비판 안목을 토대로 지역사회의 공동체적 삶을 체험하도록 청소년들에게 가치 있는 경험을 제공하는 것'이라고 할 수 있다. 그러나 이것은 강조점의 변화일 뿐, 모든 청소년지도는 소년(소녀)가장을 비롯한 불우한 환경의 청소년들에게 보충적 교육의 기능을 수행하는 것과 비행 또는 부적응 청소년들의 개인적 문제행동을 치료하고 예방하는 것, 사회의 구조적 문제에 대처할 수 있는 건설적인 비판안목을 길러주는 것, 그리고 사회 공동체적 경험을 확대하는 것 등을 모두 포함하고 있음을 명심해야 할 것이다.

3. 청소년지도의 원리

1) 청소년지도의 기본전제

청소년지도의 기본전제는 청소년지도사가 청소년을 지도하기에 앞서 반드시 고려해야 할 요소이며, 청소년지도의 효율성과 매력성을 높이는 데 필수적인 내용이라고 할 수 있다. 한상철(1997)은 청소년지도의 기본전제로 다음의 네 가지를 제안한 바 있다.

첫째, 청소년에 대한 정확한 이해가 전제되어야 한다. 청소년지도의 효과성과 매력성은 지도 대상인 청소년집단의 특성과 삶의 세계, 그리고 그들의 교육적 요구를 객관적으로 이해함으로써 성취될 수 있다. 이를 위해 청소년의 일반적인 특성과 지도 대상집단의 특성, 그리고 개인차에 대하여 정확한 지식과 이해가 필요하며, 이것은 청소년들의 특성에 적합한 지도방법의 처치를 가능하게 할 것이다. 청소년들의 일반적 특성과 개인차에 대한 이해는 청소년집단의 독특성에 따른 지도방법의 효과적인 처치를 가능케 할 뿐만 아니라 청소년 개개인의 특성을 존중하고 그들의 잠재력을 인정한다는 점에서 지도의 개별화, 인간화 등의 구체적인 실현과정이라고 할 수 있다.

둘째, 청소년문화에 대한 깊은 이해와 통찰이 전제되어야 한다. 청소년들에게는 나름대로의 고유한 문화가 존재한다. 이는 결코 성인문화에 대한 모방적 아류문화가 아니며, 그들 나름대로의 독창적인 문화인 것이다. 그들의 문화는 과거와 현재가 다르고 도시와 농촌이 다르며, 남자와 여자가 다르다. 그리고 학생청소년, 근로청소년, 무직청소년, 요보호 청소년집단의 문화 또한 커다란 차이를 보인다. 청소년들의 문화는 그들의 언어, 춤과 노래, 의상, 일과 여가, 학업, 아르바이트, 은어, 이성교제 등에서 각기 다른 모습으로 투영되어 있다. 청소년지도사는 청소년집단의 다양한 문화적 차이에 대하여 객관적인 안목과 정확한 분석능력을 갖추어야 하며, 이를 기초로 청소년지도의 효율성과 매력성을 높일 수있어야 한다.

셋째, 청소년의 교육적 요구를 정확하게 분석할 수 있어야 한다. 각기 다른 집단의 청소년들은 제각기 다른 교육적 요구를 가지고 있다. 근로청소년의 경우는 그들의 근로 작업환경과 문화, 상사 및 동료들과의 관계개선, 근로조건 개선 등에 대하여 교육적 요구를 가질 수 있고, 학생청소년들은 학교생활의 개선과 교우관계 및 교사−학생관계, 부모−자녀관계의 개선을 요구하고 있다. 이와 같은 다양한 요구들을 정확하게 분석함으로써 이를 기초로 청소년지도의 목표를 설정하고 프로그램을 설계할 뿐만 아니라 지도방법을 고안하고 이를 적용해 나가야 한다. 요구분석 방법은 크게 형식적 방법과 비형식적 방법으로 구분이 가능하다. 형식적 방법에는 설문지법이나 면접법 등을 이용한 조사연구와 집단 성원들의 아이디어나 욕구를 무작위로 기록하여 욕구를 분석하는 명목집단(nominal group) 기법이 있으며, 비형식적 방법에는 무형식적 대화와 비활동적 측정법(관찰에 기초) 등이 있다(차갑부, 1999).

넷째, 청소년지도사와 청소년 간의 충분한 공감대 형성이 전제되어야 한다. 청소년지도에 있어서 공감대 또는 친밀감 형성은 지도의 사전단계에서부터 지도가 종결되는 단계에 이르기까지 계속 지속되어야 한다. 이것은 청소년들에게 지도의 목표를 효과적으로 달성하도록 도와줄 뿐만 아니라 활동 참여에 대한 동기를 높여 주고 지도에 대한 흥미와 관심을 증대시켜 줄 것이다. 앞에서 청소년지도란 청소년들의 자발적 참여의지가 나타나게 되면 성공적이라고 하였다. 따라서 공감대 또는 친밀감 형성은 성공적인 지도활동을 보장해 줄 수 있는 요소다. 이를 위해 본격적인 지도활동 이전에 청소년에 대한 정보획득과 충분한 대화를 통해 그들의 욕구를 정확하게 이해하고 수용해 줄 필요가 있으며, 이와 더불어 각종 레크리에이션이나 게임 등을 통하여 친밀감과 지도활동에 대한 동기를 유발시킬 필요가 있다.

2) 청소년지도의 원리

청소년지도의 기본원리는 청소년지도의 철학적인 준거를 제공해 주고, 지도활동을 효과적으로 수행할 수 있게 하는 기초를 제공해 준다는 점에서 중요한 의미가 있다. 다음은 Konopka가 제시한 기본원칙을 중심으로 한 것이다(김종옥·권중돈, 1993: 73-76; 한상철 등, 2001).

첫째, 개별성의 원리로 각 개인의 고유한 상이성을 인정해 주어야 한다는 것이다. 청소년들은 그들의 특성, 발달, 성장환경 등에 있어서 다양한 개인차가 있으며, 이에 따라 그들의 욕구 또한 매우 다양하다. 따라서 각 개인의 고유한 특성과 욕구를 인정하고 수용할 수 있도록 다양한 프로그램과 지도방법이 마련되어야 할 것이다.

지금까지의 학교교육에서 가장 큰 문제점으로 지적되고 있는 것이 학생들의 개인차를 인정하지 않은 획일적인 교육방법이다. 특히, 청소년들은 다변적이고 급속한 발달이 진행되고 있어 개인차가 매우 심하다. 청소년들의 개인차는 특히, 신체적 발달과 인지적 발달에서 크게 나타나며, 이를 제대로 이해하고 수용하지 못하였을 때 커다란 장애를 경험하기도 한다. 따라서 청소년지도에 있어서 그들의 개인차를 인정하고 이에 적합한 지도방법과 프로그램을 처치해 나가는 것이야말로 인간 중심의 교육을 실천하는 가장 구체적인 방법이 될 것이다.

둘째, 자율성과 창의성의 원리다. 청소년들은 누구로부터의 간섭이나 통제를 거부하고 기성세대나 고정된 사회관습에 반항하고자 하는 발달적 특성을 지니고 있다. 거부와 반항적 태도야말로 그들 세대의 정체성이라고 믿고 있는 것이다. 물론, 성인 또는 지도사의 관점에서 볼 때 그들의 행동이 부당하다고 생각될 수도 있다. 그러나 그들의 잘못된 생각과 행동을 지시적이고 훈시적인 방법으로 변화시키려고 접근한다면 지도사의 행동은 청소년들보다 더 부적합한 것이 되고 말 것이다. 그러므로 청소년 스스로 또는 청소년과 지도사가 함께 지도활동을 계획하고 운영해 나감으로써 청소년들이 자신의 행동에 대해 책임감을 느끼고 더 큰 만족감을 가질 수 있도록 해야 할 것이다.

이러한 자율성은 창의성과도 직접적인 관련성을 갖는 것으로, 그들에게 자율성을 최대한 허용해 준다면 청소년이야말로 세상을 창조하고 개척해 나갈 수 있는 선도자가 될 것이다. 전통적으로 청소년을 희망과 용기, 그리고 미래의 주인공으로 지칭하고 있는 것도 청소년들의 창의성을 크게 인정하고 있기 때문이다. 변화와 발달의 과정에 있는 청소년들은 다양하고 풍부한 아이디어의 집합체이며, 이들에게 자유로운 사고와 활동을 보장한다면 이들의 아이디어와 용기, 모험심 등은 건설적인 창의성으로 집약되어 나타날 것이다.

셋째, 전인성의 원리다. 청소년지도는 청소년들의 전인적 성장을 지원하고 조력하는 방향으로 이루어져야 한다. 전인성이란 인지적 · 정의적 · 신체 기능적 특성의 조화로운 발달을 의미한다. 즉, 형태주의(Gestalt)에서 말하는 전체성(the wholeness)을 뜻하는 개념으로 부분의 단순한 산술적 합이 아니라 그 이상을 의미한다. 구체적으로, 인지적 · 정의적 · 기능적 교육을 개별적으로 모두 실시하는 것을 말하는 것이 아니라 인지적 교육과 동시에 정의적 · 기능적 교육을, 그리고 정의적 교육과 함께 인지와 운동기능적 교육을 병행하여 실시함으로써 청소년들의 경험 속에서 이들 각 영역이 통합되는 것을 말한다.

청소년지도에 있어서 전인성의 원리는 청소년을 한 사람의 완전한 인격체로 그리고 전체론적인 존재로 인정함으로써 실현 가능하다. 즉, 전인적 지도가 이루어질 때 청소년 개개인이 갖는 욕구결함이나 지도의 불평형성을 보완해 줄 것이다. 또한 전인성의 원리는 어떠한 성격의 청소년일지라도 그리고 어떠한 문제와 부적응을 내포하고 있는 청소년일지라도 그들 모두에게 적용되어야 한다. 아무리 문제행동을 하는 청소년이라고 하더라도 과거의 존재가 아니라 '지금 여기'의 존재로 볼 때 그들 또한 무한한 가능성과 잠재력을 지니고 있으며, 어느 한 영역에서만 보지 않고 모든 측면을 전체론적으로 볼 때 개선과 성장의 방법을 발견할 수 있는 것이다. 따라서 전인성의 원리는 청소년지도의 목적과 내용, 그리고 방법 모두에 포함되어야 한다.

넷째, 체험성의 원리다. 청소년은 근본적으로 활동적이다. 즉, 정적인 존재가 아니라 동적인 존재다. 따라서 청소년지도 또한 설교적이거나 이론적인 방법이 아니라 활동적이고 체험적인 방법으로 이루어져야 한다. 그들은 인지적 사고능력의 발달과 함께 그들 나름의 논리체계를 확립하는데, 이것은 다소 비합리적이고 이상적이며, 주관적이고 독선적이다. 따라서 그들과 논리적 대결을 하거나 그들에게 교훈적인 설교를 하는 것은 무의미하며, 오히려 역작용을 초래할 가능성이 높다. 청소년지도는 청소년 스스로 공동체의 삶과 문화적 양식 및 규범, 생활기능 등을 직접 체험할 수 있도록 계획해 나가야 한다. 이러한 체험 중심의 지도는 청소년들에게 그들의 존재가치를 인식시켜 주고, 현실적인 감각과 실생활에 대한 적응능력을 발달시킬 뿐만 아니라 그들의 참여동기를 유발하고 지속시켜 나가는 데 크게 기여할 것이다.

청소년지도가 청소년의 체험을 중심적으로 전개되어야 한다는 것은 수련활동의 의미와 동일한 맥락에서 이해될 수 있다. 그러므로 청소년지도를 청소년들의 자발적인 체험을 강조하는 수련활동에 대한 지도로 해석할 수 있음도 이러한 원리에 근거한 것이다.

다섯째, 동기유발의 원리다. 청소년지도는 청소년들의 자발적인 참여가 이루어지지 않으면 아무런 의미가 없다. 자발적인 참여는 일차적으로 청소년지도 기관과 관련 단체의 적극적인 홍보와 유인정책, 그리고 제도적 지원이 이루어져야 하겠지만, 청소년지도 프로그램에 참여한 청소년들이 지도활동 경험을 통해 만족감과 유의미감을 가질 때 가장 효과적으로 이루어질 것이다. 이것은 청소년지도에 대한 내적 동기와 관련된 것으로 지속적이고 강력한 효과를 갖게 될 것이다.

동기유발을 위해서는 청소년지도활동 또는 프로그램의 내용이 청소년들에게 주의를 끌 수 있고 흥미를 유발할 수 있으며, 가치와 유의미감을 주고 만족감을 줄 수 있어야 한다. 이것은 결코 쉬운 일이 아니며, 전문적이고 체계적인 계획과 연구에 의해서만 가능할 것이다. 그리고 지도자의 적극적인 지도 자세와 사명감 및 헌신적인 봉사정신이 요구되기도 한다.

4. 청소년지도사의 역할과 과제

1) 청소년지도사의 개념과 유형

학교에서 교사의 역할이 중요하듯이, 청소년지도현장에서 청소년지도사의 자질과 능력은 매우 중요하다. 청소년지도의 3요소는 청소년과 청소년지도사, 그리고 프로그램이라고 할 수 있다. 이 가운데 청소년지도사는 프로그램이라는 매개체를 통해 청소년 분야의 주체자인 청소년들의 성장과 적응 및 공동체의식을 지원하고 조력하는 객체로서의 의미를 갖는다. 이와 같이 중요한 의미를 갖는 청소년지도사에 대해 아직 이들의 역할이나 신분, 처우 등이 명시적으로 규정되어 있지 못한 상태다. 따라서 앞으로 이 부분의 실질적인 개선이 이루어져야 할 것이다. 청소년지도는 시설이나 예산으로 이루어지는 것이 아니라 청소년지도사의 역량에 의해 좌우된다는 점을 명심할 필요가 있다.

우리나라에서는 아직 청소년지도사에 관한 명확한 개념이 정립되어 있지 않을 뿐만 아니라 어떤 사람을 청소년지도사로 지칭할 수 있는지에 관해서도 견해가 일치되어 있지 못한 상태다. 일반적으로 청소년지도사란 청소년들 속에서 청소년들과 더불어 청소년들을 위해 청소년 활동을 전개하는 지도사를 말한다(한준상, 1992).

청소년지도사를 광의의 입장에서 정의하면 학부모, 교사, 이웃 어른 등 청소년의 교육에 관심을 갖고 지도하는 대부분의 성인들이 이에 포함된다(최윤진, 1993). 협의의 개념으로는 '청소년을 주된 대상으로 삼아 그들을 만나고 청소년관계의 전문지식을 습득한 전문 직업인 또는 자원봉사자로서 청소년 활동분야에 종사하는 사람'(유네스코청년원, 1985)이라고 할 수 있다. 이러한 광의와 협의의 개념을 각각 청소년 일반지도사와 청소년 전문지도사로 전환해서 생각할 수 있다. 그러나 협의의 개념을 청소년 전문지도사로 생각할 때, 전문지도사의 업무와 역할, 그리고 활동범위가 명확하지 않다. 즉, 청소년들과 어떤 수준으로 만남을 갖는지, 전문지식이란 무엇을 말하는지, 청소년 활동분야에는 어떤 것들이 있는지 등이 여전히 모호한 상태라고 할 수 있다. 현재 청소년관계법(2003. 12. 31. 개

정 청소년활동진흥법)에서는 광의의 일반지도사를 청소년지도자로, 그리고 전문지
도사를 청소년지도사로 구분한다. 이러한 구분에 의하면 청소년지도사는 광의의
청소년지도자 집단에 포함되지만, 청소년지도 분야에서 말하는 사람은 청소년
분야의 전문지식과 지도능력을 갖춘 전문지도사, 즉 청소년지도사를 의미한다.

최윤진(1993)은 청소년지도자를 지도대상, 담당업무, 수준과 기능, 참여 정도
의 네 가지 영역에 따라 〈표 9-1〉과 같이 분류하고 있다. 이에 근거해서 청소
년 전문지도사를 범주화시켜 보면 다음과 같다. 즉, 청소년 전문지도사란 그 지
도대상에 있어서 어떤 청소년을 담당하고 있든 관계없이 모두를 포함하고, 담당
업무에 있어서 청소년행정담당 공무원 등 간접 지도업무 담당자를 제외하며, 수
준과 기능에 있어서 보조지도 수준 이외의 관리조정자와 활동지도자를 포함하
며, 마지막으로 참여 정도에 있어서 상근지도자만을 포함한다.

따라서 '청소년 전문지도사'란 대학의 청소년관련 학과를 졸업(예정)한 자와
법에 명시된 바대로 일정 기간 이상 청소년 분야에 종사한 경험을 인정받아 시
험 응시자격을 부여받은 자가 청소년지도사 자격검증에 합격하고 연수과정을 마
친 후 자격을 취득한 유자격자로서, 다양한 부류의 청소년들을 대상으로 관리조
정 및 활동지도를 직접 담당하며 다양한 종류의 청소년 기관 및 단체에 상근하
고 있는 자를 의미한다. 이 책에서 청소년지도사는 이와 같은 청소년 전문지도
사를 의미하며, 이들에 의한 과학적이고 체계적인 지도활동을 청소년지도라고
말한다.

광의의 개념으로 소개된 청소년지도자는 우리 사회에서 청소년에 관심을 가지

 〈표 9-1〉 청소년지도자의 유형별 분류

대상청소년	담당업무	수준과 기능	참여 정도
학생청소년	수련활동지도자	관리조정자	상근지도자
근로청소년	각 고유영역별 고유 업무	활동지도자	비상근지도자
농어촌청소년	업무담당지도자	보조지도자	
장애청소년	상담지도자		
비행청소년	교정담당지도자		
복무청소년	청소년행정담당 공무원		
무직ㆍ미진학청소년			

고 있는 모든 사람으로서 교사와 성인을 비롯한 성인들 대부분이 이에 속할 것이다. 그러나 이들의 청소년지도활동은 다분히 비의도적이고 임의적이며, 주관적이고 비합리적이라고 말할 수 있다. 이 가운데는 나름대로 청소년에 대하여 매우 높은 관심과 애정을 가지고 있고, 전문적인 식견을 가지고 있는 사람도 있다. 이들의 관심과 애정이 청소년들에게 매우 고무적이고 긍정적인 발달을 지원하는 것임에는 틀림없지만, 이것만으로 청소년지도의 전문성을 신장시킬 수 없으며 지속적이고 체계적인 지도활동을 보장해 주지 못한다. 뿐만 아니라 일부 식자(識者)의 관심과 노력 또한 청소년지도를 설계하고 실행하는 데 있어서 전문적 지식과 기술을 제공해 줌으로써 매우 긍정적으로 작용할 수 있지만, 이들의 관심이 청소년지도 전체 과정에 통합되지 않는 한 전문성과 과학성을 저해하는 요인이 될 수도 있다. 따라서 청소년지도는 청소년 전문지도사에 의한 전문적이고 과학적인 활동으로 인식되어야 하며, 그러한 방향으로 발전되어야 할 것이다.

2) 청소년지도사의 전문성

청소년학이 전문적이고 과학적인 학문으로 발전하기 위해서는 청소년지도사의 전문성이 전제되어야 한다. 지금까지 탁상행정식의 청소년지도나 행사 중심의 일회성 지도활동, 각종 매스컴이나 단체의 계몽과 선도 차원의 지도활동 등이 청소년지도사의 전문성을 약화시켜 왔을 뿐만 아니라 이는 곧 청소년에 대한 올바른 이해를 왜곡시키고 지속적인 교육 및 지도활동을 방해해 왔다고 할 수 있다. 여기서는 현재의 청소년지도사가 어떤 측면에서 전문성을 지니고 있는가를 논의하려는 것이 아니라 청소년지도사가 전문성을 가져야 할 당위성과 관련한 고찰을 해 보고자 한다.

과거와 같이 변화가 적고 미래가 비교적 확실한 전근대적 사회에서는 청소년지도사의 전문성이 그렇게 크게 요구되지 않았을 것이다. 그러나 현대와 같이 사회변화가 급격하고 청소년들의 욕구가 다양하며 청소년들의 성장환경이 복잡한 시대에서는 그들의 교육과 지도를 설계하고 실행하는 데 있어서 전문화와 과학화가 필수적이라고 할 수 있다. 뿐만 아니라 청소년학이 갖는 독자적인 과업과 관련해서도 지도사의 전문적인 지식과 기술이 요구된다. 이것은 청소년지도사가 다른 분야의 지도사와 다른 특수성이라고 할 수 있다. 청소년지도사만이 갖는 특수성은 대체로 청소년지도의 과업과 지도의 효과, 그리고 관련 집단 면에서 살펴볼 수 있다(한상철 등, 2001).

첫째, 청소년지도사는 일반 성인들과는 다른 독특한 전문 분야의 과업을 가지고 있다. 청소년지도사는 다양한 부류와 특성의 청소년들을 대상으로 생활지도 및 상담, 수련활동 및 삶의 체험활동, 봉사활동 등을 수행하는 실행자이고, 청소년들의 요구와 발달과정, 성격 등을 진단하고 분석하는 연구자다. 또한 청소년기관이나 단체를 관리하고 운영하는 관리자이고 프로그램을 계획하고 구성하는 설계자다. 청소년지도사는 이와 같이 다양하고 복합적인 과제를 수행해야 하며, 이는 그들만이 갖는 특수한 과업이기도 하다.

둘째, 청소년지도의 교육효과는 쉽게 눈에 보이지 않으며, 장기적인 안목에서 평가해야 하는 특징이 있다. 청소년지도의 대부분은 지적 영역보다 정의적인 영역이나 기능적인 영역이 더 많다. 이러한 영역에 대한 지도효과는 쉽게 가시화(可視化)되지 않으며, 장기적인 지도와 투자를 필요로 한다. 청소년지도의 효과가 단시간 내에 쉽게 가시화된다면 지도성과를 통해 지도의 성패를 쉽게 확인할 수 있고, 이를 통해 다음의 지도과정을 수정 개선해 나갈 수 있으며, 시행착오를 거듭하더라도 그렇게 큰 부작용을 초래하지 않을 수 있다. 그렇기 때문에 청소년지도사에게 매우 큰 전문성이 요구되는 것이다.

셋째, 청소년지도집단의 독특성을 들 수 있다. 청소년지도는 신체적 · 정서적 · 사회적인 면에서 발달이 급격하게 진행되고 있는 청소년을 대상으로 하고 있다. 이들은 변화의 폭과 속도가 급격하고 이 과정에서 혼동과 갈등을 크게 경험하며, 민감하고 감수성이 풍부하며, 지도사를 비롯한 기성세대에 도전적이거나 반항적이며, 성인의 신체와 아동의 정신을 동시에 지니고 있다. 이러한 다양한 특성을 지닌 청소년을 대상으로 지도활동을 전개한다는 것은 매우 큰 전문성을 요구한다. 구체적으로 그들을 보다 과학적으로 이해해야 하고 그들의 욕구를 충족시켜 주어야 하며, 그들과의 갈등을 최소화하는 데 필요한 전문성이 요구된다.

이에 덧붙여 사회의 일반인들 또한 청소년지도에 대해 나름대로의 일가견을 갖고 있다. 이들의 일가견이 전문적이고 가치 있는 것일 수도 있고, 이기주의와 그릇된 편견에서 비롯된 것일 수도 있다. 청소년지도사는 독특한 특성을 갖는 청소년들과 일반인들의 요구 및 의견을 동시에 고려하고 조정해야 한다. 따라서 청소년지도사는 다양한 요구를 객관적으로 분석하고 조정하는 전문적인 능력도 갖추어야 한다.

사실 하나의 직업이 전문직으로 인정되기 위해서는 그 일의 독자성과 특수성이 있어야 할 뿐만 아니라 그 나름의 기준이 있어야 한다. 전문직의 기준에는 ① 고도의 전문적 지식과 기능, ② 엄격한 자격기준, ③ 장기간의 전문적 교육과 훈련, ④ 지성적 활동과 애타적(愛他的) 동기에서 비롯된 봉사활동, ⑤ 고도의 자율성과 사회적 책임성, ⑥ 윤리강령의 제정과 실천, ⑦ 자율적 전문 조직체의 구성 등이 포함된다.

이러한 기준에 비추어 볼 때 청소년지도사의 전문성은 아직도 요원하다고 하겠다. 예컨대, 청소년지도사의 자격기준, 지도사 양성과정, 청소년지도사 단체 등에서 아직도 미흡한 점이 많다. 그러나 정부 차원의 지원노력과 대학의 연구노력이 활성화되고 전문지도사의 양성이 질적·양적으로 더욱 가속화된다면 빠른 시일 내에 청소년지도사의 전문성이 실현될 것으로 예상된다.

3) 청소년지도사의 역할

청소년지도사는 청소년지도의 전문화와 과학화를 신장시키기 위하여 어떠한 역할을 수행해야 하는가? 권이종(1992)은 청소년지도사에게 요구되는 자질을 중심으로 지도사의 역할을 조직자(organizer), 향도(orientator), 정보제공자(information giver), 전문가(specialist), 격려자(encourager)로 제안하고 있다. 강대근(1993)은 바람직한 청소년지도사상을 전문가, 격려자, 상담자, 촉진자, 전달자의 역할을 충실하게 수행하는 사람이라고 하였다.

그리고 T. Jeff(1987)는 청소년지도사의 역할을 지도업무 내용과 관련하여 사회사업가로서의 역할, 교육자로서의 역할, 지역사회 지도사로서의 역할 그리고 사업가로서의 역할로 규정하였다. Wison과 Ryland(1949) 역시 청소년지도 업무영역과 관련하여 청소년 봉사업무를 담당하는 역할, 지도감독과 관련된 역할, 행정업무와 관련된 역할, 기관 간의 조정업무와 관련된 역할을 제안하였다.

최윤진(1993)은 청소년지도의 기본원리, 즉 개별성, 자율성, 창의성, 다양성에 기초하여 지도사의 역할을 다음의 네 가지로 제안하였다. 즉, 전문가(profes-sional)로서의 역할, 촉진자(facilitator)로서의 역할, 비판적 분석가(critical analyst)로서의 역할, 예술가(artist)로서의 역할을 제안하였다. 한상철(1998a)은 위의 다양한 견해들을 참조로 지도의 전문성에 초점을 둔 청소년지도사의 역할을 다음과 같이 설명하고 있다.

첫 번째는 **전문가**(professional)로서의 역할이다. 청소년지도사는 자신이 맡은 지도활동에 대한 전문적인 지식과 기술을 습득한 전문가여야 한다. 이를 위해서 전문적이고 체계적인 교육과 훈련을 받아야 하며, 필요한 자격도 습득해야 한다. 또한 전문가로서의 지도사는 능력과 자질 면에서뿐만 아니라 청소년지도에 자신의 모든 노력을 투자하여 종사하는 상근지도사로서 청소년지도를 직접 담당하는 사람이어야 한다. 그 밖의 모든 역할들은 전문가로서의 역할을 수행하기 위한 하위 역할이라고 할 수 있을 것이다.

두 번째는 **프로그램 설계자 또는 개발자**(designer)로서의 역할이다. 청소년지도사는 청소년들의 특성과 요구를 분석하고 이에 기초하여 지도목표를 설정하고 학습경험을 선정 및 조직하며, 평가하는 등의 전체 지도과정을 보다 체계적으로 설계하고 실제 프로그램을 개발할 수 있는 전문가여야 한다. 청소년지도는 형식적인 학교교육과는 달리 문서화된 교육과정이나 프로그램이 양적으로 매우 부족한 상태이며, 기존의 프로그램 또한 질적인 면에서 전문성과 구체성이 매우 취약한 실정이다. 이것은 프로그램 개발에 대한 전문능력이 부족한 데서 연유하기도 하지만 지금까지의 모든 청소년지도가 체계적이고 구체적인 프로그램에 기초하기보다는 기관 중심의 행사나 특정한 활동을 중심으로 진행되어 왔기 때문이다. 따라서 청소년지도사는 그들의 전문성과 창의성을 발휘하여 보다 체계적인 프로그램을 보다 많이 그리고 보다 우수하게 설계하고 개발할 수 있어야 할 것이다.

세 번째는 **촉진자**(facilitator)로서의 역할이다. 여기서 촉진자라 함은 청소년의 개인적 성장을 지원하고 그들의 문제해결과 의사결정 과정을 조력하며, 합리적인 사회적응 과정을 촉진시켜 주는 것을 의미한다. 다시 말하면, 청소년들의 개별성과 자율성, 그리고 다양성을 존중함으로써 그들의 잠재 가능성을 최대한 활성화시키는 것이라고 할 수 있다. 이것은 기존의 훈시적이고 지시적이며 일방적인 지도방법과 대별되는 것으로, 청소년들이 자기학습을 통해 개인적 성장과 문제해결, 그리고 사회적응을 보다 합리적으로 수행해 나갈 수 있도록 지원해 주고 조력해 주는 것을 말한다. 청소년지도사가 촉진자로서의 역할을 다하기 위해서는 모든 청소년들을 가능성의 존재로 인정해야 하며, 그들과 친밀감 또는 신뢰감을 형성하고 그들을 적극적으로 지원하고 조력할 수 있는 방법을 익혀야 한다.

네 번째는 지역사회 지도자(community leader)로서의 역할이다. 청소년의 문제행동이나 심리적 부적응에 대해 과거에는 청소년의 개인적인 성격결함이나 개인의 생활사적 문제와 관련하여 원인을 찾고자 하였지만, 최근의 많은 연구자들은 사회의 구조적 문제와 관련하여 그 원인을 탐색하는 경향이 높아지고 있다. 사회의 비합리적인 제도나 경쟁적으로 타락해 가고 있는 주변환경, 혼탁하고 부정적인 가치관 등은 청소년을 강력하게 위협하고 있다. 지역사회 내 이러한 요인들을 개선하고 수정 발전시키는 데 청소년지도사는 선도적인 위치에 있어야 한다. 이를 위하여 청소년지도사는 사회의 갖가지 문제에 대해 비판적 안목을 가져야 하며, 지역사회를 선도하고 교육하는 데 앞장서야 한다. 즉, 사회환경과 문화를 주도하는 성인들을 대상으로 한 교육과 계몽활동, 가족상담을 비롯한 부모교육, 사회기관 간의 협력과 조정활동 등을 지속적이고 전문적으로 수행해 나가야 할 것이다.

이 밖에도 청소년지도사는 청소년 기관을 중심으로 한 소극적인 자세, 즉 청소년들을 맞이한다는 입장에서 탈피하여 지역사회로 직접 뛰어들어 청소년들을 직접 찾아 나선다는 적극적인 자세를 가져야 한다. 청소년들은 지역사회 곳곳에서 생활하고 있으며, 다양한 욕구를 가지고 있다. 청소년지도사는 이들을 맞이한다는 입장이 아니라 이들을 찾아 나선다는 적극적인 자세로 청소년지도를 수행해 나가야 할 것이다. 이를 통해 지역사회 내에서 보다 적극적인 존재로서, 그리고 사명감과 봉사정신의 실천자로서 모델링이 될 수 있을 것이다.

다섯 번째는 과학자(scientist) 및 예술가(artist)로서의 역할이다. 청소년지도사는 과학자와 예술가의 특성을 통합하고 조화할 수 있는 사람이어야 한다. 과학자에게는 객관적이고 분석적인 안목과 합리적인 태도, 그리고 경험적이고 귀납적인 연구방법 등을 크게 요구하고 있는 반면, 예술가에게는 창의성과 즉흥성, 조화성, 다양성 등을 크게 요구하고 있다. 청소년지도사는 청소년들의 욕구와 특성뿐만 아니라 사회의 요구와 기관의 목적, 상황, 교육실태 등을 정확하고 객관적으로 파악하고 분석할 수 있어야 하고, 프로그램 설계와 개발과정에서 구체적이고 명세적인 지도목표를 설정하고 학습경험을 선정 조직하여야 하며, 프로그램의 운영과 실행 및 평가전략을 체계적으로 수행해 나가야 한다.

그러나 청소년지도를 설계하고 실행하는 과정에는 과학성뿐만 아니라 예술성 또한 크게 요구되고 있다. 특히, 활동계획을 수립하는 과정에서 직관력과 창의력이 요구되고 실제 지도과정에서 즉흥성과 융통성이 요구되며, 기관 간의 협력체제를 구축하고 청소년집단 간의 욕구를 조정하는 데는 조화성이 요구된다. 이와 같이 청소년지도사는 과학적인 태도와 예술성을 통합하고 조화시키는 역할을 전문적으로 수행해 나가야 한다.

4) 청소년지도사의 자질과 과제

청소년지도사의 이상적인 자질(quality)은 청소년지도사로서의 역할을 충실하게 수행할 수 있는 것을 말하며, 이러한 자질을 갖추기 위해 요구되고 있는 것이 바로 청소년지도사의 과제(task)다. 청소년지도의 전문성은 지도사의 자질 여부에 달려 있다고 말해도 과언이 아니다. 따라서 지도사의 과제는 이러한 자질을 개발하고 발전시키는 것이다. 그렇다면 청소년지도사에게 요구되는 자질과 과제에는 어떤 것들이 있는가?

청소년지도사가 그들의 역할을 보다 전문적으로 수행하기 위해서는 그들의 개인적 성장을 기초로 전문능력을 발전시켜 나가야 한다. 여기서 지도사의 개인적 성장은 지도사로서의 자기 성장(self-growth)을 의미하며, 전문능력(professional ability)이란 청소년지도에 대한 지식(knowledge)과 기술(skill)을 말한다. 따라서 청소년지도사의 자질과 이를 발전시키기 위한 과제는 개인적 성장과 전문능력으로 크게 대별되며, 전문능력은 또 다시 전문지식과 전문기술로 세분화된다. 이들 각 요인들에 대해 보다 구체적으로 살펴보면 다음과 같다.

첫번째, 청소년지도사의 자질 및 과제는 개인적 성장이다. 청소년지도사의 역할 수행은 지도사로서의 개인적인 성장을 전제로 하지 않고서는 불가능하다고 말할 수 있다. 어떤 분야의 지도사도 일차적으로 자신의 인격개발이 선행되어야 하겠지만, 특히 청소년지도사는 대상의 특수성과 지도내용 및 방법의 특수성으로 인하여 지도사의 인격적 성숙이 무엇보다 중요시된다. 자기 성장이 이루어진 사람은 일차적으로 참만남(encounter)의 관계를 형성할 수 있고, 생산적이고 합리적으로 행동할 수 있으며, 자신의 모든 잠재성을 완전히 기능하게 할 수 있다. 청소년지도사의 자기 성장은 일차적으로 청소년들의 모델링이 되고, 그들과의 인간적인 관계를 촉진시키며, 삶의 의미성을 크게 신장시킬 수 있다. 뿐만 아니라 청소년지도사 스스로에게 그들의 삶을 더욱 만족스럽게 하고, 청소년지도에 더 깊은 사명감과 봉사정신을 가질 수 있게 하며, 사회에 대한 건전한 안목과 합리적인 태도를 형성할 수 있게 도와 줄 것이다.

두 번째는 전문능력 가운데 지식과 관련된 것이다. 청소년지도사들이 습득해야 할 전문지식은 크게 청소년과 그들의 환경을 이해하는 데 필요한 지식과 청소년지도를 설계하고 실행하는 데 필요한 지식으로 구분해 볼 수 있다. 청소년심리학, 발달심리, 성격심리, 청소년평가론, 청소년사회문화론, 청소년행정학 등은 청소년의 심리적 특성과 발달, 욕구, 환경, 사회적 요구 등을 분석하고 이해하기 위해 필요한 교과 및 이론들이며, 청소년지도론, 프로그램 설계 및 개발론, 지도방법 및 평가론, 지도사례 연구 등은 청소년지도를 설계하고 실행하는 데 필요한 교과 및 이론들이다.

세 번째는 전문능력 가운데 기술과 관련된 것이다. 청소년지도사들이 습득해야 할 기술은 크게 조정 및 통합의 기술(coordination and integration skill), 인간관계 기술(human relation skill), 실무적 기술(technical skill)의 세 가지로 구분된다. 조정 및 통합의 기술은 청소년지도업무를 관리하고 조정하는 지위에 있는 상급 지도사나 관리자(기관장, 단체장) 수준에서 특히 크게 요구되는 기술로서 청소년 집단 간의 요구를 조정하고 통합하는 기술, 지역 내 청소년 기관 간의 업무를 조정하고 통합하는 기술, 지도사와 청소년 간의 관계를 조정하는 기술, 성인과 청소년의 요구를 조정하고 통합하는 기술 등을 포함한다. 그리고 인간관계 기술은 모든 수준의 청소년지도사들에게 동등하게 중요시되는 기술이지만, 특히 중간관리자 수준의 핵심적 기술이다. 실무 지도사와 상위 지도사 사이를 중재하는데 무엇보다 중요시되는 것이 인간관계 기술이기 때문이다. 그러나 상위 지도사나 관리자, 실무 지도사들에게 있어서도 인간관계 기술은 매우 중요한 기술이다.

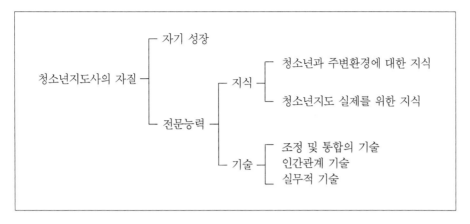

■ ⊔ ■ [그림 9-1] 청소년지도사의 자질

그리고 실무적 기술은 청소년지도를 직접 담당하는 활동 지도사에게 특별히 크게 요구되는 기술이다. 예를 들면, 레크리에이션 지도기술, 야외활동 지도기술, 전통문화활동 지도기술 등을 들 수 있다. 이상에서 제시한 청소년지도사의 자질을 도식화해 보면 [그림 9-1]과 같다(한상철 등, 2001).

청소년지도사들의 자질과 전문성을 향상시키기 위해서는 청소년지도사 자신의 노력과 청소년관련 기관 및 일반인들의 노력이 병행되어야 한다. 청소년지도사의 개인적 노력과 관련하여 먼저, 개인의 자질을 향상시키는 데 힘써야 한다. 둘째, 청소년지도사는 올바른 인간관, 지도관, 가치관을 가지고 있어야 한다. 셋째, 청소년지도사는 청소년과 청소년지도 방법에 대해 항상 연구하는 자세를 지녀야 한다. 넷째, 청소년 분야의 발전을 위해 적극적으로 관여하는 자세를 지녀야 한다.

이와 더불어 먼저, 청소년관련 기관은 청소년지도사에게 연수 등 자기개발 기회를 제공하고, 청소년지도사의 자질 향상을 도모해야 한다. 둘째, 국가는 청소년지도사라는 직업이 매력적으로 인식될 수 있도록 임용, 보수, 신분보장 등의 제도적인 개선을 뒷받침해 주어야 한다. 셋째, 일반인들은 청소년지도사가 전문 직업인이라는 인식을 가져야 한다.

:: 10 청소년지도의 단계

청소년지도는 청소년전문지도사가 청소년을 처음 만나는 것에서부터 시작하여 청소년지도의 목적을 달성하고 종결하기까지의 일련의 과정을 거친다. 청소년지도의 과정은 대체로 사전단계와 초기단계, 중간단계, 종결단계의 네 단계를 거치면서 지그재그로 굽이치는 개울물의 흐름과 같다고 할 수 있다. 이것은 곧 청소년지도가 직선적으로 흘러가는 강물과 같은 것이라기보다 몇 가지 중심적인 경로에 따라 진행됨으로써 하나의 단계가 바로 후속하는 다음 단계의 내용과 방법을 결정하고, 그 다음의 단계 또한 그 이후의 단계를 결정하는 방식으로 이루어짐을 뜻한다. 따라서 청소년지도는 일종의 계속적인 결정과 수정의 과정이라고 할 수 있다.

청소년지도의 과정에서 청소년지도사가 수행해야 할 중심적인 과업은 각 단계마다 다르다. 사전단계에서는 청소년집단을 구성함과 동시에 지도활동 전반에 대한 계획을 수립해야 하고, 초기단계에서는 지도목적의 설정과 청소년 간의 상호 지지적 관계 형성을 지도해야 하며, 중간단계에서는 청소년집단의 목적성취 또는 문제해결을 위하여 지도사가 적극적으로 개입해야 한다. 마지막으로 종결단계에서는 청소년들이 경험한 내용을 일반화하고 활동 종결에 대한 감정을 효과적으로 처리할 수 있도록 지도해야 한다. 이 장에서는 청소년 활동을 지도하는 과정에서 각 단계마다 나타나는 활동의 특성, 지도사가 수행해야 할 활동, 개입전략과 기법 등에 대하여 논의하고 청소년지도사의 역할과 과제에 대해 고찰해 보고자 한다.

1. 사전단계

사전단계는 지도사와 청소년이 대면하기 이전의 단계로서 계획단계라고도 한다. 실제 지도활동 이전의 계획단계는 청소년지도의 성패를 좌우할 만큼 중요하다. 그러므로 사전에 무엇을 어떻게 지도할 것인가를 체계적으로 계획하는 것이야말로 청소년지도사의 가장 핵심적인 과제라고 할 수 있으며, 이를 통해 지도활동에 대한 사전점검이 가능할 것이다. 청소년지도의 사전단계에서 지도활동을 계획함에 있어서 지도사의 과업은 지도활동의 목표설정, 청소년 특성의 진단, 청소년집단의 구성, 지도환경의 준비 등을 포함한다.

1) 지도목표의 설정

청소년지도의 가장 우선적인 과제는 지도목표를 설정하는 일이다. 지도목표는 청소년지도의 일반적인 목적, 프로그램 목표, 단시지도 목표 등의 위계로 구분될 수 있다. 다시 말하면, 프로그램을 설계하고 개발하는 데 있어서 프로그램 목표를 설정해야 하고, 프로그램 내의 각 단위활동을 계획하는 데 있어서도 구체적인 목표를 진술해야 한다. 이러한 다양한 위계적 수준의 목표들은 다음과 같은 두 가지 공통적인 기능을 갖는다(이희도 등, 1996).

첫째, 지도목표는 청소년지도의 지침이 되고 평가의 준거가 될 수 있도록 구체적이고 명세적이어야 한다. 목표는 지도의 방향을 안내하는 기능과 학습경험 선정의 기준으로서의 기능, 그리고 평가준거로서의 기능을 갖는다. 따라서 구체적이고 명세적인 형태로 진술될 때 목표의 기능을 충실하게 수행할 수 있다.

둘째, 지도목표는 청소년에게 의미 있는 것이어야 한다. 목표의 의미성(meaningfulness)이란 청소년의 직접적·장기적 생활설계에 도움이 되어야 한다는 것과 그것이 청소년의 현재 준비도에 비추어 성취 가능한 것이어야 한다는 것을 포함한다. 만일 청소년이 지도목표의 중요성과 필요성을 의심하거나 인정하지 않을 경우 지도의 효과를 최대화하기란 불가능할 것이다. 또한 청소년이 지도목표를 성취하기에 너무 어렵다거나 이미 알고 있는 것일 때에도 역시 지도의 효

과를 기대할 수 없다. 이러한 측면에서 지도목표의 의미성은 청소년의 학습동기
와 직접적으로 관련된다.

지도목표가 이와 같은 기능을 제대로 발휘하려면 지도사는 다양한 수준의 지
도목표들을 분석하고 이해해야 한다. 청소년지도의 일반적인 목적은 청소년의
전인적 성장과 사회적응력을 신장시키는 데 있다. 이것은 매우 추상적이고 포괄
적인 목적이다. 그러나 프로그램 목표나 단위활동 목표에 이르면 이는 구체적이
고 명세적인 수준의 목표가 되어야 한다. 각 수준의 목표는 제각기 독특한 기능
을 가지고 있으나, 궁극적으로는 상호 일관성과 통합성을 유지해야 한다.

가령, 청소년 야외수련활동 프로그램의 목표가 '청소년들에게 심신의 조화로
운 발달을 지원하기 위한 것'이라면 프로그램의 각 하위 단위목표는 최소한 3개
내지 5개 정도의 명세적인 목표로 세분화되어야 한다. 다시 말하면, 프로그램 목
표가 더욱 세분화되어 그것이 바로 지도의 지침이나 평가의 준거로 사용될 수
있는 정도의 직접적 목표, 즉 지도목표로 진술되어야 한다. 지도목표란 '지도활
동에 참여한 청소년들의 생각과 행동을 어떻게 변화시켜야 하는지를 명백히 표
현한 것'(김호권, 1974: 41)이라고 할 수 있다. 예컨대, '500m 높이의 산정상을 40
분 만에 오를 수 있다'라는 지도목표를 가지고 청소년들을 지도한다면, 지도목
표만 읽어 보고서도 지도활동의 방향은 물론 평가의 지침을 파악할 수 있을 것
이다.

청소년지도 목표는 그것이 진술되는 세분화(specification)와 명세성(explicitness)
의 정도에 따라 일반적 지도목표와 구체적 지도목표로 구분된다. 지도목표의 진
술내용과 표현이 추상적이고 포괄적이어서 일반성의 수준이 높으면 일반적 지
도목표이고, 반면에 진술내용과 표현이 구체적이고 명시적이어서 일반성의 수준
이 낮으면 구체적 지도목표다. 구체적 목표는 지도활동이 끝났을 때 학습자에게
서 기대되는 행동의 변화를 사전에 예측하여 명세적으로 진술한 것이라고 할 수
있다.

Mager(1962), Gagne(1985), Popham(1970), Gronlund(1973) 등이 진술하고 있는
명세적 지도목표를 보면, ① 관찰될 수 있는 행동으로 표현되어 있고, ② 그 행
동은 지도사의 행동이 아니라 학습자의 행동으로 묘사되어 있으며, ③ 지도과정
에서 일어나는 행동이 아니라 지도의 최종 성과인 도착점 행동으로 진술되어 있

음을 알 수 있다. 명세적 지도목표의 세 가지 특징을 보다 구체적으로 설명하면 다음과 같다.

첫째, 행동목표(behavioral objectives)로서 학습을 통해 변화시키고자 하는 행동을 관찰 가능한 외현적 행동(overt behavior)으로 진술한 목표를 말한다. 예컨대, '식별한다', '계산한다', '발음한다', '분해한다' 등과 같은 행위동사는 직접 관찰될 수 있는 동작을 묘사하고 있으므로 그러한 동사를 사용해서 진술된 목표를 행동목표 또는 명세적 목표라고 한다.

반면에 '안다', '이해한다', '파악한다', '감상한다' 등과 같이 직접 관찰될 수 없는 내현적 행동(covert behavior)으로 진술된 목표를 비행동적 목표라고 한다. 가령 '금연의 필요성을 안다'라는 목표는 금연의 윤리적 가치와 피해를 암기해서 아는지, 분석해서 아는지 또는 추론해서 아는지가 분명하지 않기 때문에 지도의 방향을 명백하게 제시하지 못하며, 또한 '안다'라는 동사가 직접 관찰될 수 없기 때문에 평가의 준거가 될 수 없는 문제점을 지니고 있다. 이와 같은 비행동적 목표를 일반적 목표라고 한다. 위의 목표를 행동적 목표로 전환시켜 보면, '흡연의 폐해를 다섯 가지 이상 말할 수 있다'와 같이 진술하면 될 것이다.

둘째, 학습자의 행동으로서 지도목표는 지도사의 행동이 아니라 청소년의 행동으로 진술되어야 한다. 즉, 지도목표는 지도활동이 끝났을 때 청소년에게서 기대되는 행동의 변화를 포함해야 한다. '할 수 있게 한다'와 같이 지도사가 청소년으로 하여금 무엇을 어떻게 할 수 있도록 한다는 것도 매우 중요하지만 그것은 어디까지나 청소년지도의 수단에 지나지 않는다. 지도활동의 목적은 청소년이 무엇을 어떻게 '한다' 또는 '할 수 있다'와 같이 학습자의 행동변화를 지향해야 한다. 예컨대, '청소년은 적어도 한 명 이상의 새로운 친구를 그의 중요한 특징을 중심으로 집단 앞에 소개할 수 있다.'와 같이 진술해야 한다.

셋째, 도착점 행동이다. 지도활동을 통해서 변화 또는 획득되기를 바라는 청소년의 행동을 지도활동에서 계획하고 있는 도착점 행동(terminal behavior)이라고 하며, 이로써 진술된 목표를 도착점 목표라고 한다. 반면에 출발점 행동(entry behavior)에서 도착점 행동으로 옮겨가는 과정에서 부수적으로 변화시켜야 하는 행동을 중도점 행동(en route behavior)이라고 하고, 이로써 진술된 목표를 중도점 목표 또는 중간목표라고 한다. 이때 도달점 목표를 주목표(main objectives)라고

하고, 중도점 목표를 하위목표(subobjectives)라고도 하는데, 하위목표의 진술형식
과 내용은 주목표의 그것과 별로 다를 바가 없다. 즉, 하위목표는 주목표에 도달
하기 위한 하위 단계에 해당되는 목표로서, 각 하위 단계를 도달점으로 할 경우
내용이나 진술형식에 있어서 사실상 도착점 목표와 같은 것이 된다.

그러나 문제는 지도목표를 학습활동의 과정으로 진술하는 오류다. '현미경을
관찰한다'와 같이 지도과정 중에 일어날 청소년들의 학습활동을 목표로 진술하
였을 때 이는 근본적으로 목표라기보다는 학습활동에 지나지 않는다. 이것은 지
도의 방향제시와 평가의 준거로서의 기능을 충실하게 수행할 수 없다. 따라서
'청소년은 현미경을 통해 다양한 수질의 오염도를 측정할 수 있다'로 진술되어
야 할 것이다.

2) 청소년 특성의 진단

훌륭한 지도활동은 청소년들이 어디에 있는가를 아는 것에서 시작된다. 우리
가 청소년지도의 효과를 향상시키기 위해서는 그들이 '이미' 무엇을 알고 있으
며, 무엇을 경험하였는지를 고려해야 한다. 다시 말하면, 지도활동이 시작되기
전에 지도의 대상이 되는 표적집단(target population) 청소년들의 제반 특성, 즉
과거 경험의 종류, 그들의 적성, 준비도, 욕구, 흥미, 동기상태 등을 정확하게 진
단해야 한다. 이것은 지도의 효율성과 매력성을 향상시킬 수 있는 중요한 정보
가 될 것이다.

한 집단 속에는 현행학습에 필요한 선행학습을 제대로 성취하지 못한 청소년
과 지적 능력이나 정의적 특성 등에서 장애를 지닌 청소년들이 섞여 있다고 보
아야 한다. 정상적인 성숙을 나타내는 청소년들에게 적합하도록 짜여진 프로그
램이나 지도방법을 결손이나 장애를 지닌 청소년들에게 투입하고서 성공적인 성
취를 기대한다는 것은 커다란 모순이다. 이러한 청소년들에게는 지도활동을 투
입하기 전에 기본적인 시발행동(entry behavior)을 영점(零點) 상태로까지 끌어 올
리거나 지도전략을 영점 이하의 시발상태에 맞추는 일이 필요하다. 이같은 지도
전략의 가정은 '만약 시발행동이 적절하게 준비되어 있고 시발행동에 적응되어
있으면, 누구나 기대하는 성취 수준에 도달할 수 있다'는 것이다. 청소년들의 특

성 및 요구를 진단하는 근본적인 목적은 시발행동을 보충하거나 지도방법을 적응시키는 데 필요한 정보를 얻기 위한 것이다.

청소년의 특성은 크게 지적 특성과 정의적 특성으로 구분될 수 있다. 지적 특성은 청소년 개인이 지도장면에 끌고 들어오는 지적 성질을 띤 과거 학습의 누적적 총체를 지칭한다. 이 속에는 지능, 적성, 인지양식(cognitive style), 선행학습 등이 포함된다. 이것을 개념상 일반 지적 행동, 특수 지적 행동, 준일반 지적 행동으로 나누어 볼 수 있다(이희도·한상철 등, 1996).

일반 지적 행동은 청소년지도의 거의 모든 영역에 영향을 줄 수 있다고 상정되는 고도로 일반화된 지적 능력이며, 이것은 대부분 생애 초기에 일찍이 형성된 능력이라고 할 수 있다. 대표적인 예가 '지능'과 '언어능력'이다. 예컨대, 8세 이전에 개인이 개발 가능한 지능의 거의 80%가 결정되며, 언어능력 또한 비슷한 발달 경향을 보인다. 특수 지적 행동은 청소년지도의 특정 수련과제와 밀접히 관련된 선수학습 능력이라고 할 수 있다. 컴퓨터 지도활동에 앞서 청소년들이 갖고 있는 컴퓨터에 대한 사전정보나 처리능력이 특수 지적 행동이다. 준일반 지적 행동은 일반 지적 행동과 특수 지적 행동의 중간쯤에 속하는 능력으로 지능처럼 그렇게 일반적이지는 않지만 대부분의 영역에 영향을 미치고, 그렇다고 구체적으로 어떤 분야에 관련된 특수한 능력이 아닌 것을 지칭한다. 대표적으로 '독해력'과 '수학능력'을 들 수 있다.

지적 특성을 이렇게 개념화해 보았을 때, 일반 수준은 생의 초기부터 장기간에 걸쳐 형성되어 온 것으로 변화 가능성이 적으며, 특수 수준으로 갈수록 보다 후기에 그리고 단기간에 형성된 것으로 변화 가능성이 크다고 할 수 있다. 청소년지도 장면에서 일반 지적 특성의 차이는 대체로 고정적인 개인차로 나타나며, 이와 같은 개인차에 따라 청소년지도의 과제나 지도방법을 달리 처치해 줄 필요가 있다. 예를 들면, 지능의 차이에 따라 대인관계나 사회적응에 차이가 있다는 많은 연구결과들이 제시되어 있으므로 인간관계 훈련이나 사회적응 훈련, 진로지도 등에 있어서 청소년의 일반적인 개인차를 고려하여 집단을 구성할 필요가 있다. 또한 컴퓨터 지도나 댄스지도 등과 같은 특수 과제의 경우 그들의 과제 선수능력을 진단하여 집단별로 차별적인 처치를 제공하거나 열등집단에 대한 보충지도를 통해 시발점 행동을 교정하는 등의 방법을 사용해야 할 것이다.

정의적 특성은 지적 특성보다 정의하기 훨씬 어려운 복합개념이다. 흔히 이것을 총칭하여 동기(motivation)라는 용어로 표현하기도 하지만, 이보다 더 구체적이고 조작적이라고 말할 수 있다. Bloom(1976)은 이를 '흥미, 태도, 자아관의 복합체'라고 정의하고 있는데, 이 정의 또한 구체적이기는 하지만 정확한 개념이라고는 보기 어렵다.

이 같은 정의적 행동은 그것이 학습과제와 얼마나 직접적으로 관련되어 있느냐에 따라 일반 정의적 특성과 준일반 정의적 특성, 그리고 특수 정의적 특성으로 구분될 수 있다. 흥미, 태도, 자아개념 등은 모두 이 같은 차원에서 개념화될 수 있다. 예컨대, 흥미의 경우 일반 흥미와 준일반 흥미(지도활동에 대한 흥미), 특수 흥미(특정 프로그램에 대한 흥미)로 구분 가능하다.

일반 정의적 행동은 초기의 가정환경, 과거 장기간의 개인 생활사 속에서 형성된 것이기 때문에 그 변화 가능성이 적은 반면, 특정 프로그램 또는 활동영역에 관련된 흥미, 태도, 자아개념 등은 몇 시간, 몇 주 혹은 한두 달의 비교적 짧은 기간에 의해 형성된 것이기 때문에 쉽게 변화 가능한 것이다. 이것은 청소년지도활동에 보다 많은 영향을 미치는 특수 변인들이 집단 속의 지도사와 청소년의 상호작용에 의해 비교적 쉽게 변화될 수 있음을 시사하는 것으로, 지도사들에게 낙관적 관점을 제공해 주고 있다고 말할 수 있다.

정의적 특성의 발달은 특수한 것에서 점차 일반적인 것으로 형성된다. 따라서 청소년지도활동에서 청소년들이 특정 프로그램에 대해 보다 긍정적인 흥미와 태도를 갖도록 지도하는 것은 그들의 일반 정의적 특성을 변화시키는 중요한 요소가 된다. 자신들의 생활을 그들 스스로 재미없고 무미건조한 것으로 지각하고 있는 청소년들에게 청소년지도활동이 매우 유익하고 가치 있는 것이 될 수 있다는 것은 그들의 흥미와 태도, 자아개념 등을 보다 긍정적으로 변화시킬 수 있다는 신념 때문이기도 하다.

3) 집단 구성

청소년지도는 대부분 집단을 통해 이루어진다. 청소년지도에 앞서 지도사는 청소년 개인이 지닌 의도나 개인적 속성 등에 기초하여 집단을 구조화하고 집단의 크기와 형태를 결정해야 한다.

(1) 집단의 동질성과 이질성

청소년들의 개인적 특성이나 지도활동에 참여하는 개인적 목적 및 관심사, 연령과 발달수준, 성, 사회 문화적 배경 등에 따라 집단의 성질을 결정해야 한다. 즉, 개인적 특성이나 목적의 유사성이 높은 집단을 동질적 집단이라고 하고, 이와 반대의 집단을 이질적 집단이라고 하는데, 지도목표에 따라 적합한 집단의 성질을 결정해야 한다. 동질적 집단의 경우에는 청소년들의 목적과 관심사, 연령을 비롯한 제반 특성 등이 유사하기 때문에 집단활동에서 문제를 공유하기가 용이하고 구성원 간의 의사소통이 촉진되며, 관계형성이 용이한 장점이 있다. 반면에 이질적 집단은 구성원 상호 간의 활동이 활발하게 이루어질 수 있다는 장점이 있다.

대체로 연령과 관련해서는 비슷한 연령의 청소년들로 집단을 구성하는 것이 일반적이다. 그리고 청소년의 성장 발달단계상의 특성을 고려할 때 남녀 양성으로 집단을 구성하는 것이 바람직하다. 이 밖의 모든 요인들에 대해서는 청소년지도의 목표나 프로그램의 종류, 지도자의 지도능력 등에 따라 청소년들을 동질적 집단으로 구성할 것인지 아니면 이질적 집단으로 구성할 것인지가 결정되어야 한다.

(2) 집단의 구조화

청소년지도사는 청소년의 욕구충족과 지도목표 성취를 위하여 청소년의 행동특성에 기초하여 특정한 청소년을 적절히 혼합하여 집단을 구성할 필요가 있다. 즉, 지도사는 집단 내에서 청소년들 간의 상호작용을 촉진시키고 결속력을 증진시킬 수 있는 능력을 지닌 청소년들을 선별하여 각 집단에 의도적으로 포함시킬 필요가 있다. 특히, 타인과 원만한 의사소통을 할 수 있는 능력이 있고 상대방의 행동과 피드백을 수용할 수 있는 능력이 있으며, 다른 청소년들과 쉽게 협동할 수 있는 능력을 지닌 청소년을 각 집단에 골고루 분포시켜야 한다.

(3) 집단의 규모

집단의 크기는 지도목표를 효과적으로 달성할 수 있을 만큼 작아야 하면서 동시에 청소년들이 만족스러운 경험을 할 수 있을 만큼 커야 한다. 이러한 원칙에 따라서 집단의 크기를 결정한다는 것은 매우 어렵다. 따라서 지도사는 청소년지도의 목표, 청소년의 욕구, 과업성취에 필요한 조건 등을 고려하고 소집단과 대집단의 장단점을 면밀히 검토하여 집단의 규모를 결정해야 한다. 일반적으로 지도목표의 범위가 좁아서 성원의 문제영역이 구체화되어 있는 경우에는 소집단이 적절하고 그 반대의 경우에는 대집단이 적절하다.

(4) 개방집단과 폐쇄집단

집단구성에 있어서 지도사의 또 한 가지 고민은 지도활동 중에 새로운 구성원을 받아들이는 개방집단의 형태를 취할 것인지, 아니면 기존의 청소년만으로 집단활동을 계속해 나가는 폐쇄집단의 형태를 취할 것인지를 결정하는 것이다. 개방집단은 새로운 구성원으로부터 새로운 아이디어나 자원을 얻을 수 있고 집단의 영속성을 유지할 수 있는 장점이 있으나, 집단 정체감의 상실과 지도력의 결여 등으로 인하여 집단의 안정성을 유지하기 어려운 단점도 지니고 있다. 이에 반하여 폐쇄집단은 집단 결속력이 높고 구성원의 역할이나 규범이 안정적이며, 구성원 간의 협력이 잘 이루어지는 장점이 있으나, 새로운 사고나 가치의 유입이 어려우므로 집단적 사고에 빠질 위험이 있고, 구성원에 대한 순응의 요구가 많아질 수 있는 단점이 있다.

4) 지도환경의 준비

사전단계에서는 앞으로 이루어질 청소년지도활동에 대비하여 물리적 환경을 준비하고 소요 재원을 조달하는 등의 지도환경을 준비해야 한다. 물리적 환경의 준비과정에는 회합실의 크기, 밝기, 소리, 냉난방, 의자 및 가구의 배열, 분위기 창출 등을 포함한다. 회합실의 크기는 청소년의 참여와 행동에 영향을 미치므로 집단의 규모를 고려하여 적절한 크기의 회합실을 마련해야 한다. 그리고 토론을 위주로 하는 집단에서는 편안한 소파나 의자 등을 준비하여 비공식적 분위기를 조성해 줄 필요가 있으며, 공식적 과업을 수행하는 집단인 경우에는 원탁 테이블이나 작업대 등을 준비해 둘 필요가 있다.

지도사는 청소년지도에 소요되는 비용을 계산해야 하며, 어떤 방법으로 이 비용을 조달할 것인지에 대해 관심을 가져야 한다. 청소년지도의 소요예산을 추정하는 과정에서 전화비, 복사비, 다과비 등의 잡비는 충분하게 잡는 것이 좋다. 그리고 재정조달 방법을 강구하기 위해서는 후원기관의 재정적 후원 정도, 기관의 전체적인 재정상태 등을 평가해야 하며, 후원기관의 지원이 부족할 경우 모금이나 다른 후원기관의 확보 등 다양한 재원조달 방안을 검토해 보아야 한다.

2. 초기단계

청소년지도가 본격적으로 시작되는 초기단계에서 대부분의 청소년들은 새로운 사람이나 장면과 첫 대면을 경험하게 된다. 이들 청소년들은 집단에서의 적절한 의사소통 또는 반응양식에 대해 확신이 없기 때문에 스스로 불안해하거나 어색한 기분을 갖게 된다. 이러한 불안감이나 어색함을 깨뜨려 주고 그들이 보다 적극적으로 집단활동에 참여하도록 조력하는 것이 청소년지도사의 가장 중요한 과업이다. 따라서 다른 어떤 단계에서보다 지도사의 전문적인 지도기술이 더 많이 요구되는 단계라고 할 수 있다.

1) 친밀감 조성

청소년지도가 시작되었을 때 지도사는 무엇보다 청소년 상호 간의 소개와 기타 활동(예, 간단한 레크리에이션, 신뢰감 확립 활동 등)을 통하여 친밀감과 안락한 분위기를 조성해야 한다. 친밀감 조성활동(rapport)은 첫 대면에서의 긴장감이나 어색함을 깨뜨리고 상호 신뢰감을 발달시키는 데 크게 기여할 것이다. 일반적으로 청소년집단활동에 있어서 집단 성원 간의 친밀감 또는 신뢰감이 확립되게 되면 지도활동의 절반 이상을 마무리하였다고 할 수 있을 정도로 친밀감 조성활동은 중요한 위치를 차지한다. 친밀한 관계 속에서 생산적이고 건설적인 인간관계가 이루어지고 합리적인 문제해결을 할 수 있으며, 의미있는 삶을 계획하고 실천할 수 있게 된다. 이것이 곧 자기 성장(self-growth)이며, 청소년지도의 궁극적인 목적이라고도 할 수 있다.

친밀감 조성을 위해 지도사는 상호 소개과정에서 청소년 상호 간의 공통적 특성과 관심사를 연결시켜 주고 이에 대해 토론할 수 있도록 격려해 주는 것이 좋다. 집단에서 활용할 수 있는 소개방법으로는 순번제, 변형 순번제, 문제교환 방식, 1급비밀 방식, 보물찾기 방식, 가족유산 방식 등이 있다. 이러한 소개방법 중에서 가장 일반적으로 사용되는 것이 차례대로 돌아가면서 자신을 소개하는 순번제다. 첫 대면에서의 소개는 자칫 피상적인 수준으로 그칠 우려가 있다. 따라서 지도사는 먼저 자신에 대한 소개를 함으로써 청소년들에게 모델링이 될 필요가 있다.

그리고 친밀감 형성을 위해 초기단계에서 간단한 레크리에이션과 친교 프로그램을 도입하는 것도 의미 있는 지도활동이 될 것이다. 게임 중심의 지도활동으로 집단놀이, 시설놀이, 도구놀이, 동네놀이, 민속놀이, 전자놀이, 말놀이 등을 추천할 수 있고, 춤 중심의 지도활동에는 각 나라의 민속춤, 게임율동, 리듬댄스, 패밀리댄스 등이 있으며, 노래 중심의 활동에는 sing-along, 노래게임, 악기게임 등을 추천할 수 있다. 이 밖에도 연극을 통한 친교활동과 파티나 축제 등의 모임을 통한 친교활동도 소개할 만하다.

청소년지도에 있어서 친밀감을 조성하는 활동은 그것 자체로서 청소년들에게 긴장감을 해소시키고 인간관계를 개선시킬 수 있다는 점에서 중요한 의미가 있으며, 앞으로의 지도활동에 대하여 동기를 유발하고 상호 협조적 태도를 고양시킬 수 있는 요소다.

2) 동기유발

청소년지도의 성패는 청소년들의 자발적이고 적극적인 참여에 의해 결정된다고 해도 과언이 아니다. 실제로 지도활동 장면에 청소년들을 동원할 수는 있지만, 그들에게 억지로 의미 있는 경험이나 학습을 시킬 수는 없다. 그들의 지도활동에 대한 동기(motive)가 형성되어 있지 않는 한 아무리 우수한 프로그램이나 열성적인 지도사도 속수무책일 수밖에 없으며, 이런 상황에서 지도활동의 효과를 기대하기란 무리다.

그렇다면 지도사는 청소년들이 스스로 동기를 형성할 때까지 기다려야 하는가? 오늘날 교육학이나 심리학에서는 피교육자의 학습동기를 유발하고 유지시키기 위한 갖가지 연구 노력이 활발히 전개되고 있다. 이것은 동기가 교육자나 지도자의 노력에 의해 어느 정도까지는 충분히 유발되고 유지될 수 있다는 가정에 따른 것이다. 피교육자의 학습동기를 유발하는 기술이야말로 오늘날 가장 중요하고 가치 있는 교육기술이 되고 있다고 해도 과언이 아니다.

청소년지도사는 지도활동이 시작됨과 동시에 다양한 자극을 사용하여 참여 청소년들의 지도활동에 대한 동기를 유발해야 한다. 이것은 청소년지도의 매력성과 참여에 대한 의지를 높여 줄 뿐만 아니라 지도활동에 대한 주의집중을 촉진시켜 줄 것이다. 주의집중은 학생들에게 단순히 주목을 요구함으로써 이루어지는 것이 아니라 지도사와 청소년 간의 인간관계, 즉 친밀성을 전제로 활동에 대한 동기를 부여함으로써 가능하다. 그러므로 도입단계에서 동기유발과 주의집중은 같은 맥락에서 이해되어야 하며, 이는 청소년지도의 가장 핵심적인 과제라고 할 수 있다.

동기유발 및 주의집중 방법은 언어를 통한 방법, 몸짓을 통한 방법, 교구나 교편물을 이용하는 방법, 활동을 통한 방법 등이 있다. 그리고 동기유발의 원리로는 흥미의 원리, 변화의 원리, 다양성의 원리를 들 수 있다. 즉, 주어진 과제 또는 프로그램이 청소년들에게 흥미 있어야 하고 계속적인 변화를 추구해 나가야 하며, 다양한 자극들로 구성되어야 한다는 것이다. 아무리 가치 있는 과제라고 하더라도 그것이 청소년들에게 따분하고 흥미 없는 것이라면 그 프로그램을 다시 설계해야 할 것이다. 청소년의 흥미와 변화, 그리고 다양성을 유도할 수 있을 때 주의를 집중시키고 동기를 유발할 수 있다는 점을 깊이 명심할 필요가 있다. 과제의 가치 여부와 관계없이, 청소년들이 왜 현란한 네온사인 거리를 헤매고 싶어 하고, 변화성이 적은 노래방보다 변화성과 다양성이 풍부한 성인용 노래방을 즐겨 찾는가를 되새겨 볼 필요가 있다.

이를 위해 청소년지도사는 부드럽고 친밀한 분위기를 창출하도록 노력해야 하고, 지도가 구성원들에게 유의미한 경험이 될 수 있다는 확신감을 지니고 있어야 하며, 지도가 종료될 때까지 초기의 동기유발 및 주의집중이 계속 지속될 수 있도록 노력해야 한다.

Keller(1983)는 다양한 교수자료의 동기적 측면을 향상시키기 위한 체계적 교수설계 모형을 제시하고 있다. 이는 청소년지도에 있어서 대상 청소년들의 참여동기 및 학습동기를 유발하고 유지시키는 데 직접적으로 적용 가능한 구체적인 전략이라고 할 수 있다. 그는 학습자의 동기를 유발하고 유지시키는 각종 전략들을 주의(Attention), 관련성(Relevance), 자신감(Confidence) 그리고 만족감(Satisfaction)의 4요인을 통해 설명하고 있다. ARCS는 이들 4요인의 영문자 첫자를 따서 명명된 것이다(한상철, 1996/1997b).

3) 지도목표의 통지와 한계 설명

청소년지도의 초기단계에서 지도사가 해야 할 과업 가운데 또 한 가지는 청소년들이 도달해야 할 지도목표를 구체적이고 명료한 형태로 제시하는 것이다. 구체적인 목표는 지도의 방향을 제시하고 지도방법을 결정하게 하며, 학습자들에게 동기를 유발하게 하는 등의 효과가 있다. 따라서 청소년지도사는 사전에 설정된 구체적 목표를 구두로 통보하거나 칠판에 써서 제시하거나 차트에 적어서 제시하거나 함으로써 청소년들이 이를 분명히 이해하고 내면화할 수 있도록 해야 한다.

그리고 한계 설명에서는 지도활동 기간 동안 관련 기관이 제공하는 서비스나 지원의 내용 및 제약사항 등을 알려줌으로써 구성원들에게 기관에서 제공해 줄 수 있는 요인과 제공해 줄 수 없는 요인들에 대하여 명확하게 인식하도록 해 주어야 한다. 그리고 지도사 자신이 청소년들을 위해서 그리고 기관의 입장에서 어떤 기능과 역할을 할 것인지에 대해서도 설명해 주어야 한다. 또한 지도활동의 운영과 관련해서 활동기간, 빈도, 장소, 준비사항, 유의점 등에 대해 설명하고 안내해 주는 것도 이 단계에서 이루어져야 한다.

이와 더불어 청소년지도사는 지도활동의 목표와 과정목표 간의 적절한 균형을 유지하도록 노력해야 한다. 이것은 지도사의 전문 지도기술에 해당하는 것으로,

과업목표에만 지나치게 초점을 둔 나머지 과정목표를 상실하는 것에 대한 경고의 조치다. 과업목표는 청소년지도활동의 목표로서 사전에 설정되고 진술되어 있지만, 과정목표는 청소년지도과정에서 청소년 간의 사회적이고 정서적인 상호작용을 촉진시키고 전체 청소년들의 결속력을 증진시키기 위한 것으로 일반적으로 문서화되어 있지 않다. 사회 정서적 측면에 초점을 두게 되면 청소년들의 만족도는 증진될 수 있지만, 활동의 결과 아무런 성취가 없을 수 있음을 명심해야 한다. 따라서 지도사는 과업목표와 과정목표 간의 적절한 균형을 유지하도록 그가 가진 모든 역량을 발휘해야 한다.

4) 선수학습 또는 경험의 재생

청소년지도의 과제가 특히 위계적이고 지도가 지난 시간의 지도내용과 연속성이 있을 때 선수학습 또는 경험을 재생하도록 하는 것은 지도활동의 효과를 높이는 데 매우 중요하다. 선수학습은 특히, 위계적 학습과제에서 매우 중요한 역할을 하며, 관련정착(anchoring)의 의미를 갖는다. 이것은 또한 본 지도활동에서 출발점 행동의 기능을 한다고 볼 수 있다. 선수학습이나 경험의 재생은 청소년들을 대상으로 한 질문을 통해 이루어질 수도 있고 지도자의 간단한 설명이나 요약으로서 이루어질 수도 있으며, 차트나 유인물, 그 밖의 교수매체를 통해서도 가능할 것이다.

지도목표와 관련된 선수학습이 없다면 선행조직자(Advanced Organizer)를 활용하도록 한다. 그리고 선행조직자 제시 또한 지도사의 설명이나 교수매체를 통해 이루어질 수 있다. 지도자는 선수학습의 내용을 상기시켜 활동참여 청소년이 본 활동의 내용과 관련을 짓도록 유도해야 한다.

5) 자극의 제시

본 지도활동에 대한 전반적인 설명이나 개요를 제공하거나, 실제 사례나 구체적인 모형을 제시하거나, 활동내용과 관련된 에피소드나 인물사, 배경 이야기(behind story) 등을 소개하는 것을 말한다. 이러한 내용들은 청소년들에게 본

활동에 대한 추론을 가능하게 하고 동기를 촉진시키는 등의 효과를 갖는다. 따라서 청소년지도사는 활동내용을 분석하고 연구하는 것만으로 충분하지 않으며, 사전에 이러한 자극들을 충분히 수집하고 정리해 두어야 한다. 무엇보다 지도사의 창의적인 아이디어와 교양적 소질이 크게 요구되는 부분이라고 할 수 있다.

도입단계에서 위의 다섯 가지 지도활동은 상황에 따라 어느 것을 생략할 수도 있고 순서를 바꾸어 시행할 수도 있으나, 가급적이면 모든 것을 순서에 따라 사용하도록 하는 것이 좋다.

3. 중간단계

청소년지도활동의 중간단계는 복잡하면서도 역동적인 성격을 띠고 있으므로 청소년지도사의 입장에서 볼 때 이론과 경험의 조화가 필요하고, 인내와 관용이 요구되며, 때로는 청소년과의 맞닥뜨림도 필요하다.

1) 중간단계의 성격

청소년지도활동의 중간단계는 갈등 및 통합단계와 목적 성취를 위해 노력을 경주하는 문제해결 단계로 구분할 수 있다(권중돈, 1994). 청소년지도의 초기단계를 거쳐 중간단계에서 청소년지도활동이 어느 정도 안정화되면 청소년들은 자신들의 요구사항을 충족시키기 위하여 활동을 재구성하려고 시도한다. 이 과정에서 청소년들은 이전보다 더 많은 권력을 행사하고 보다 높은 지위를 확보하기 위하여 경쟁하며, 지도사에게 도전하기도 한다. 따라서 청소년들 간에 그리고 청소년과 지도사 간에 갈등이 일어난다.

청소년지도사는 이 과정에서 파생되는 갈등에 대해 그것이 심각하거나 다른 문제행동으로 비약하지 않는 한, 이를 부정하거나 차단하려고 노력하기보다 갈등을 있는 그대로 인정해 줄 필요가 있으며, 청소년들로 하여금 스스로 갈등을 해결해 나갈 수 있는 방법 및 전략을 터득할 수 있도록 조력해 주어야 한다. 갈등에 직면했을 때 대부분의 청소년과 지도사는 이를 억제하거나 회피해 버리는 경향이 있으나 그것은 이후 사회생활에서 계속될 수 있는 갈등에 효과적으로 적응할 수 있는 합리적인 방법이 되지 못한다. 그러므로 청소년들이 대인 간 갈등에 직면했을 때 이를 적극적으로 해결할 수 있는 자세, 즉 타협과 양보 등의 전략을 사용할 수 있도록 안내해 주어야 한다.

갈등을 겪으면서 집단 내 활동의 목적이 분명해지고, 목적 성취를 위한 노력도 점차 증가된다. 그리고 점진적으로 청소년들 간의 역할분담이 이루어지며, 이 과정에서 집단 내 지도자가 생겨나게 된다. 청소년은 누구나 지도자로서의 자질과 잠재력을 가지고 있지만, 그 가운데서도 지도자로서의 몇 가지 두드러진 행동특징들로 인하여 소수의 청소년이 일차적인 지도자가 되는 것이다. 이때 지도자의 지도력은 과업 지도자와 사회 정서적 지도자로 구분되는데, 과업 지도자는 주어진 집단 과업을 수행하는 데 있어서 다른 성원들을 이끌어 갈 수 있는 능력을 지닌 사람이다. 이들은 일반적으로 성취동기가 높고, 목표달성을 위해 집단 성원들을 독려하고, 다른 집단과 경쟁적인 행동특징들을 많이 보인다. 반면에 사회 정서적 지도자는 과업수행 능력보다는 대인관계나 집단 분위기 창출 면에서 다른 성원들을 주도해 나갈 수 있는 능력을 소유한 사람이다. 다른 성원들을 수용하고 의견을 존중하며 집단을 위한 봉사정신이 높은 것이 특징이다.

이와 같은 재조정기를 거치고 나면 본격적으로 지도활동의 목적을 성취하고자 하며 과업 중심적 활동에 몰두하게 된다. 이것이 곧 문제해결 단계다. 이 단계에서는 청소년들 간의 신뢰와 결속력이 높아지고 개방적 의사소통과 피드백 및 자기 노출이 보다 쉽게 이루어진다. 그럼으로써 활동구조와 운영절차가 상당히 안정되고 공통의 가치와 규범을 공유하게 되며, 청소년 특유의 문화가 형성된다. 이 단계에서 집단 내 자체 지도자의 역할이 매우 중요한데, 과업 지도성과 사회 정서적 지도성의 조화로운 관계가 무엇보다 중요한 시점이라고 할 수 있다.

2) 활동안내

이 단계는 지도목표의 달성을 위한 가장 직접적이고 구체적인 단계이며, 지도시간의 대부분이 이 단계의 활동에 소요된다. 지도내용에 따라 지도사의 다양한 지도방법이 동원될 수 있다. 그러나 대체로 청소년들 스스로 활동을 해 나가도록 하고, 지도사는 청소년의 주체적인 활동을 지원하고 조력하는 역할을 담당하는 것이 바람직하다. 사전에 마련된 프로그램에 따라 진행하되, 프로그램에 고착되지 않고 상황에 따라 융통성과 창의성을 발휘해 나가야 되는 것도 이 단계에서 요구하는 중요한 지도기술이다. 그리고 초기단계에서 이루어진 동기유발이 계속 지속될 수 있도록 노력해야 하며, 적재 적소에서 청소년들을 자극하고 그들의 활동을 목표활동으로 통합시킬 수 있도록 해야 한다.

이 단계에서 먼저 청소년지도사는 언어적 설명을 통해 적절한 단서나 도움을 제공하지만, 다양한 매체와 교수법을 적용하여 활동과제를 체계적으로 제공해 나가기도 한다. 지도사는 청소년들이 활동영역의 내용을 의미 있게 조직하고 해석할 수 있도록 안내해 주어야 하며, 그들의 체험이 최대화될 수 있도록 주의를 기울여야 한다. 전개과정에서 청소년지도사가 일반적으로 사용할 수 있는 지도법의 예와 유의점에 대해 설명하면 다음과 같다(한상철, 1997b/1998a).

(1) 강의법

① 논리적인 맥락을 따라야 한다. 이를 위해서는 강사 또는 지도자는 강의할 내용을 사전에 충분하게 숙지해야 하며, 내용의 논리적인 구조를 파악하고 있어야 한다.

② 참여교육의 원리에 기초하여 강의를 전개해야 한다. 강의를 전개하는 가운데 청소년들에게 질문을 하거나 의견을 발표하도록 함으로써 청소년의 참여를 유도하는 것이 바람직하다.

③ 청소년의 신체적 성숙과 인지적 발달 정도를 고려하여 강의 속도나 음성을 조절해야 한다. 강사는 청소년들이 잘 볼 수 있는 곳에서 누구나 잘 들릴 수 있는 육성으로 강의를 해야 한다.

④ 대비를 시키는 것이 효과적이다. 찬성과 반대, 긍정과 부정, 과거와 현대, 외국과 한국, 남과 여 등과 같이 대비를 해서 설명하는 것이 이해도를 높여 줄 것이다.

⑤ 긍정적 또는 부정적 예를 많이 들도록 한다. 그리고 예를 들 경우에는 추상적인 것보다는 실생활에서 쉽게 관찰될 수 있는 소재를 선택해야 한다.

⑥ 수량화 또는 시각화하면 효과적이다. 즉, 교수매체를 병행할 필요가 있다.

⑦ 강의법은 강사의 강의에 대한 동기유발과 준비, 강의능력 등의 조건이 적합할 경우 다른 어떤 것보다 효과적인 지도법이 될 수 있다. 강의법은 지식주입식이나 일방적 교수법이라고 하는 잘못된 고정관념에서 벗어나 지도사의 강의에 대한 준비와 강의기술을 향상시키려는 노력이 더 중요하다고 하겠다.

(2) 질문법

① 청소년의 고차적 수준의 사고를 자극하려면 고차적 질문이 필요하지만, 저차적 수준의 질문(단순재생질문, 수렴적 질문 등) 또한 그들의 성취도를 향상시키는 데 큰 효과가 있음을 인식하고 양 유형의 질문법을 적절히 병행하여 사용할 필요가 있다.

② 집단 전체를 대상으로 명료하고 정확하게 질문하도록 한다. 지명하여 질문할 경우에는 질문을 먼저하고 지명을 다음에 한다.

③ 청소년의 개인차를 고려하여 질문하도록 한다. 선수능력이 뛰어난 청소년과 그렇지 않은 청소년에 따라 질문내용을 달리 구성해야 하며, 불안이 높은 청소년과 그렇지 않은 청소년에 따라 질문의 빈도를 다르게 해야 할 것이다.

④ 질문에 반응할 수 있는 충분한 시간적 여유를 주어야 한다. 질문 후 곧바로 반응을 요구하는 것은 청소년의 심리적 혼란을 야기할 우려가 있다.

⑤ 청소년의 반응에 대해 적절한 피드백을 제공해 주어야 한다. 질문에 대하여 정확한 반응이든 그렇지 않은 반응이든 피드백을 제공해야 하는데, 특히 잘못된 반응인 경우 무엇 때문에 그런 반응을 하게 되었는지를 지적해 주고 올바른 반응을 유도해야 한다.

⑥ 청소년들이 자신에게 질문이 주어지더라도 이를 즐거운 마음으로 받아들일 수 있는 융통성 있는 분위기를 조성해 줄 필요가 있다. 엄격하고 딱딱한 분위기에서 청소년의 창의적인 사고를 기대할 수 없기 때문이다.

⑦ 청소년의 질문을 자유롭게 허용해 줄 필요가 있다. 청소년들의 질문에 대해 지도사의 응답이 필요한 부분은 적절히 대답을 하되, 그렇지 않은 부분

에 대해서는 청소년 상호 간의 토론을 유도한다.

(3) 토의법

① 청소년지도장면에서 집단토의를 하기 이전에 먼저 특정 문제나 주제를 선정하고, 집단의 크기를 3~7명으로 나누고, 토의 목표를 구체화할 필요가 있다. 그리고 집단의 역동을 고려하여 집단의 구조 및 공간배치를 적절히 해야 한다. 집단을 구성할 때 청소년의 다양한 의견을 수렴하고 협력적인 태도를 높이기 위해 집단의 성격을 이질적으로 만드는 것이 더 좋다.

② 토의 진행과정에서 지도사는 가능한 한 개입하지 않음으로써 청소년들의 자주적 토의가 이루어질 수 있도록 적극 권장한다. 지도사는 토의활동에 대하여 언어적 또는 비언어적 피드백을 제공하는 것만으로 충분하다.

③ 정리단계에서 지도사와 청소년 모두 토의과정을 평가하고, 토의과정에서 예기치 못했던 새로운 사실의 발견이나 오류, 토의의 결론 등을 정리하고 기록해야 한다.

④ 토의는 문제해결의 수단으로도 사용되지만 토의 그 자체가 중요한 지도 내용이 되기도 한다. 토의법을 통해 청소년 상호 간의 생각을 교환하고 상호 간의 이해도를 높이며, 협력적인 태도와 민주적인 태도를 고양시킬 수 있다. 이것은 Elkind가 말하는 청소년들의 '자기 중심적 사고'로부터 벗어날 수 있도록 하는 중요한 요소이며, 대인관계의 확대와 세상에 대한 안목의 변화를 가져다 줄 것이다.

(4) 브레인스토밍

① 브레인스토밍(brainstorming)이란 집단의 구성원들이 어떤 문제나 요청에 대하여 창의적인 집단사고를 통하여 적당한 해결방안을 모색하는 방법이다.

② 제기된 문제에 관계되는 아이디어라면 무엇이든 생각나는 대로 자유분방하게 표현하도록 한다. 가능한 한 많은 아이디어가 표출되도록 격려한다.

③ 완전히 비형식적(informal)이다. 행정, 재정, 조직, 능력 등에 구애받지 않고 문제를 토의하게 한다.

④ 청소년들로 하여금 그들의 능력범위 안에 있는 것뿐만 아니라 그 밖의 대

안들에 관하여 생각할 수 있는 기회를 제공한다.

⑤ 집단을 구성하고 있는 청소년들 사이의 상호 자극과 창조성 신장을 최대한 격려한다.

⑥ 안정되고 해방된 분위기 속에서 마음놓고 아이디어와 의견을 교환함으로써 집단의 사기와 단결심을 높이도록 한다.

⑦ 구성원의 어떠한 아이디어에 대해서도 이를 절대 비판하지 않도록 지도한다.

⑧ 자신의 것이든 다른 사람의 것이든 제시된 아이디어들을 조합하도록 하고 기존 아이디어를 확대하도록 요구한다.

(5) 역할연기

① 역할연기(role playing) 란 타인의 역할을 경험해 봄으로써 자신과 타인을 이해하는 데 도움을 주고자 하는 극화된 놀이다. 소집단에게 개인별로 서로 다른 역할을 주고 어떤 가상적인 상황에서 서로 협의하여 어떤 결정을 하게 함으로써 다른 역할을 맡은 사람들과 원만한 타협을 보도록 하는 기법이다.

② 역할연기에 앞서 주제를 설정하고 장면을 결정한다. 역할연기가 대부분 대인관계 기술을 학습하기 위한 것이기 때문에 주제 역시 대인관계와 관련된 것이어야 한다.

③ 장면연출에 필요한 연기자의 수를 정한다.

④ 연기의 진행 형식을 엄격하게 할 것인지 아니면 융통성 있게 할 것인지를 결정한다.

⑤ 배역을 누가 맡을 것인지를 정한다.

⑥ 연기자와 청중은 역할연기의 진행을 위한 준비를 한다.

⑦ 역할연기를 진행한다.

⑧ 역할연기가 끝난 후 이에 대해 토의하고 평가한다.

⑨ 지도사는 역할연기의 의미와 실시방법에 대해 알려 주고 청소년들 스스로 연출과 배역 결정, 연기 진행, 평가를 수행하도록 할 필요가 있다.

(6) 감수성 훈련

① T-집단(T-Group)은 '행함으로써 배운다(learning by doing)'는 이념하에 대인관계 기술과 감수성 함양을 목표로 삼는다. 인간 주체성 회복과 적응력 향상 또한 중요한 목표다.

② 10~15명 정도의 소집단을 형성하고, 모든 구성원이 충분하게 대화할 수 있는 조건과 상황을 만든다.

③ 집단성원은 가능한 한 이질적인 성향을 지니도록 구성한다.

④ 지도사는 권위적이기보다 허용적이어야 하며, 친밀감 형성 및 유지에 특별히 주의를 기울여야 한다.

⑤ 화제나 계획이 고정되게 정해져 있을 필요는 없으며, 상황에 따라 융통성 있게 그리고 '지금 여기(here and now)'의 관점에서 진행하도록 한다.

⑥ 준비단계에서부터 발전단계에 이르기까지 참여자들의 자유롭고 기탄 없는 감정표현이 보장되도록 해야 한다.

⑦ 이 훈련은 대개 1주일 내지 2주일 동안 집중적이고 지속적으로 이루어지는 것이 효과적이다.

⑧ 감수성 훈련은 전문적인 기술을 가진 지도사를 필요로 한다.

⑨ 감수성 훈련에 포함되는 요소는 지금 여기의 관점, 피드백, 해빙, 심리적 안정감, 참가적 관찰, 인지적 구조화를 포함한다.

(7) 현장견학

① 현장견학은 사전계획이 중요하다. 계획단계에서는 먼저, 견학의 목적을 구체적으로 진술해야 하고, 청소년들이 참여할 수 있도록 해야 하고, 거리와 교통편, 날씨 등을 고려하여 견학할 장소, 지역 등을 선정해야 한다. 그리고 결정된 견학지의 실무 책임자와 사전 협의를 통해 협조를 구하고 출발 및 도착시간, 견학 소요시간 등의 구체적인 견학 시간 계획을 마련한 후, 마지막으로 앞서 결정된 모든 내용들을 계획서 형태로 작성하여 청소년들에게 나누어 주어야 한다.

② 시행단계에서는 견학에 앞서 청소년들에게 현장견학에 관련된 모든 내용들

을 상세히 소개한다.

③ 견학이 재미에만 그치지 않도록 소집단을 만들어 주는 등의 분위기 조성에 노력한다.

④ 질문이나 토의과제를 미리 생각하여 제시해 주고, 이를 실천하도록 함으로써 청소년들이 능동적으로 참여할 수 있도록 한다.

⑤ 현장의 특성, 청소년의 특성, 자연조건 및 날씨 등을 고려하여 청소년들이 쾌적한 분위기 속에서 견학할 수 있도록 한다.

⑥ 현장견학 종료 후 현장 설명자 또는 안내자에게 고마움을 표시하도록 한다.

⑦ 추수지도로서 견학학습을 마친 후 모든 단계를 스스로 요약해 보게 하고 잘된 점과 잘못된 점을 지적하여 피드백하도록 한다. 이를 통해 차후 현장 견학 지도의 개선을 가져오도록 노력해야 한다.

3) 지도사의 개입전략

청소년지도사는 지도활동 과정에 적절한 수준으로 개입해야 한다. 즉, 지도사는 청소년의 주체적인 지도활동이 보장될 수 있도록 하기 위하여 후원자적이고 격려자적인 자세로 개입해야 한다. 그러므로 항상 깊은 관심과 적절한 자극을 제공해야 하지만, 지도사가 모든 것을 주도해 나가야 한다는 강박관념으로부터 과감히 탈피할 수 있어야 한다. 이를 위하여 청소년지도사에게 요구되는 기법은 다음과 같은 것이다.

(1) 주의집중 기법

지도활동에 대한 청소년들의 주의집중은 도입단계에서부터 전개와 정리단계에 이르기까지 계속 지속되어야 한다. 이 기법은 언어 및 비언어적 행동을 통하여 청소년의 말이나 행동에 관심을 기울이고, 이에 대하여 이해의 감정을 전달하는 방법이다. 이것은 청소년의 지도활동에 대한 참여를 증진시키고 청소년과 지도사 간의 관계를 촉진시키며, 청소년 간의 수용과 결속을 증진시켜 주게 될 것이다. 지도사의 주의집중 기법으로는 청소년의 말을 반복하거나 다른 말로 표현하는 것, 청소년의 감정 기저에 감정이입적으로 반응하는 것, 청소년이 이야기할 때 눈을 맞추는 행동 등이 포함된다.

(2) 초점유지 기법

청소년지도의 특정 부분에 초점을 두게 함으로써 관련성이 없는 부분에 대한 의사소통을 감소시키고 문제를 계속적으로 탐색하게 하는 기법이다. 이를 위해 지도사가 사용할 수 있는 기법으로는 명확화, 특정 의사소통의 반복, 토론범위의 제한, 의사소통 내용의 요약과 세분화 등이 있다.

(3) 상호작용지도 기법

청소년지도사는 청소년지도에 영향을 미치는 특정한 행동을 이끌어 낼 수 있어야 한다. 그리고 상호작용을 특정 방향으로 인도하기 위하여 활동에 방해가 되는 의사소통을 제한 또는 차단해야 하고, 참여도가 낮고 소외된 청소년의 의사소통을 격려해야 하며, 한 청소년의 의사소통을 다른 성원들과 연결시켜 주어야 한다. 이것은 역기능적 하위집단의 발달을 억제하고, 특정 문제에 대한 탐색 및 해결을 위한 상호작용을 증진시키며, 개방적 의사소통을 촉진시킬 수 있다.

(4) 지도활동 참여촉진 기법

청소년지도사는 침묵하거나 소외되어 있는 청소년들을 활동에 적극적으로 참여시켜야 한다. 이를 위해 그들에게 직접적인 방법으로 활동에 참여할 것을 요구할 수도 있고 특정한 내용에 대한 의견을 물어볼 수도 있으며, 활동에 대한 개인적 느낌이나 활동에 대한 앞으로의 기대를 질문을 통해 물어볼 수도 있다.

(5) 개인 내적 수준에의 개입

청소년지도사가 청소년의 내적 변화를 일으키기 위해서는 먼저 사고, 감정, 행동의 특성과 그 연관성을 파악하여 사고와 신념의 합리성을 분석하고, 왜곡되거나 비합리적인 신념을 변화시킬 수 있도록 지도해야 한다. 개인 내적 수준의 변화를 일으키기 위한 개입 기법으로는 인지 재구조화법, 인지적 자기 지시법, 사고 중단법, 재정의법, 인지적 심상법, 점진적 이완법, 체계적 둔감법 등이 있다.

(6) 대인관계 수준에의 개입

대인관계 수준의 변화를 일으키기 위해서는 관찰학습이나 역할연기를 활용할 필요가 있다. 관찰학습은 지도사나 보조 지도사가 여러 가지 대인관계 상황을 설정해 두고, 각 상황에 따라 적합한 인간관계 행동을 보여 줌으로써 청소년들이 그 행동을 관찰하고 모방하도록 하여 종국에는 이를 내면화하도록 하는 방법이다.

역할연기는 어떤 특정한 사회적 상황을 가정하여 실제로 사회적 역할을 수행하게 함으로써 청소년의 대인관계에 대한 인식과 이해를 증진시키는 방법이다. 이 방법은 안전한 집단 환경 속에서 닥쳐올 행동을 미리 연습할 수 있는 기회를 제공함으로써 행동의 변화를 유도하기 위한 것이다. 역할극에서 활용할 수 있는 기법으로는 자기역할, 역할전환, 1인극, 빈의자 기법, 조각기법 등의 주 역할극 기법과 즉석면접, 독백, 보조자아, 거울기법, 공유 등의 보완적 역할극 기법이 있다.

(7) 청소년 환경 수준에의 개입

청소년이 자신을 둘러싼 사회 심리적 환경이나 물리적 환경을 수정할 수 있도록 지도하기 위한 것이다. 청소년을 특별한 자원과 연결시키거나, 청소년의 사회적 관계망(social network)을 수정하고 확대하거나, 청소년의 행동에 대해 환경에서 제공해 오던 보상이나 처벌 등의 강화물을 수정하거나, 청소년의 목적 성취를 촉진시킬 수 있는 물리적 환경을 계획하는 기법 등이 이에 포함될 것이다.

4. 종결단계

종결단계에 이르면 청소년들은 친숙하게 지내던 동료들과 분리되고 활동장소를 떠나 현실장면으로 되돌아가게 된다. 종결이 가까워지면 지도활동에 대한 참여도가 낮아지고 집단의 결속력이 저하되며, 집단의 사회적 통제기제가 약화된다. 이러한 상황에서 청소년지도사는 마지막까지 참여도와 결속력을 유지시키면서 지도활동 전반에 대하여 점검하고 평가해야 하며, 지도과정에서 청소년들이 경험했던 모든 것들을 그들의 일상생활에 적용하고 일반화해 나가도록 지도해야 한다. 그리고 청소년들 또한 개인적 평가와 더불어 자신의 일상생활을 새롭게 설계하는 일에 몰두해야 한다.

1) 지도사의 과업

(1) 수행유도

전개과정에서 습득한 개념이나 원리, 새로운 경험 등을 실제 사태에 적용해 보도록 하거나 실행해 보도록 하는 것이다. 이는 청소년들이 학습한 내용을 완전히 자신의 것으로 이해하고 내면화하도록 하며, 실생활에 적용하고 일반화하도록 하는 데 목적이 있다.

(2) 피드백 제공

청소년들의 수행에 대해 지도사는 적절한 피드백을 제공한다. 즉, 청소년들이 새롭게 획득한 행동의 정확성을 판단하고, 특히 부정확한 행동에 대해 그 원인을 분석하고 올바른 해결책을 유도한다.

(3) 수행평가

지도사는 청소년들에게 그들의 수행을 재요구하면서 수행의 정확성 여부를 평가한다. 청소년들의 수행이 지도목표에 어느 정도 일치하는지의 여부를 확인함으로써 청소년들에게는 교정적 피드백을 제공하고, 지도사에게는 다음 지도의 질적 개선을 가져오기 위한 것이다.

청소년지도활동 전반을 평가할 수 있는 가장 직접적인 방법은 지도사의 관찰이다. 이외에도 청소년의 자기관찰과 모의검증, 집단 외부인의 보고, 표준화된 평가도구를 이용하는 방법 등을 고려할 수 있다. 청소년집단에 대한 평가기법으로는 의미미분기법, 상호작용과정분석기법, 사회측정법(sociogram), 체계적 중다수준 집단관찰기법 등을 들 수 있다.

(4) 파지 및 전이

청소년들이 지도를 통해 학습하고 수행한 내용을 오랫동안 기억하도록 하기 위하여 반복 연습이나 심상을 해 보도록 하고, 획득한 학습내용의 일반화 가능성을 증진시키기 위하여 이를 새로운 장면이나 상황 또는 유사 영역에 적용해 보도록 한다.

(5) 종결감정의 처리

청소년지도를 종결할 때 청소년들은 성취감, 유능감, 자부심, 만족감, 지배감 등의 긍정적 감정을 경험할 수도 있고 부정, 분노, 슬픔, 거부, 정의감 등의 부정적 감정을 경험할 수도 있다. 뿐만 아니라 활동 종결 시에 청소년들은 긍정적인 감정과 부정적인 감정 사이를 왔다 갔다 하는 양가감정(ambivalance)을 경험하기도 한다. 그러므로 지도사는 청소년들의 긍정적인 감정을 보다 강화하고 부정적인 감정을 적절히 해결할 수 있도록 지도해야 한다.

(6) 추후지도의 안내

청소년지도활동은 일회 또는 한 과정을 통해 완결되는 것이 아니라 자신의 일상생활에서도 계속되어야 함을 강조한다. 뿐만 아니라 이번 지도활동 기간 중에 경험한 내용의 지속적인 효과를 보고하도록 하고, 지도활동의 문제점이나 상쇄효과에 대해서도 피드백을 제공해 주도록 요구한다. 그리고 언제나 청소년지도활동이나 새로운 프로그램에 다시 참여할 수 있음도 설명한다.

2) 평가의 의미

청소년지도과정에서 평가는 지도활동과 독립적으로 수행되는 것이 아니라 대부분 종결단계에서 간단한 체크리스트나 설문지를 통해 또는 면접법을 통해 실시된다. 평가결과 역시 청소년지도 프로그램 및 지도활동의 질적 개선을 위한 목적으로 사용되기보다 기관의 업적 과시용으로 또는 전문성 부족을 은폐하기 위한 목적으로만 사용된다.

청소년지도사는 청소년의 성취 정도와 행동발달을 측정하고 평가해야 한다. 그러나 지도의 목표가 복잡해지고 청소년의 수가 점차 증가되어 감에 따라 지도 활동을 평가하는 문제는 더욱 어렵게 되었으며, 더 많은 전문성을 요구하게 되었다. 따라서 평가를 정의하는 문제만 하더라도 많은 변화와 발전과정을 거쳐 왔다고 말할 수 있다. 여기서는 대표적인 몇 가지 정의를 통해 평가의 개념을 보다 명확하게 제시하고자 한다.

먼저, Tyler(1942)는 자신의 '8년 연구'에서 '평가란 본질적으로 교육과정 및 교수 프로그램에 의하여 교육목표가 실제로 어느 정도 달성되었는지를 밝히는 과정'이라고 정의하였다. 이 정의에 함축된 가정은 첫째, 교육이 없는 곳에 평가란 있을 수 없다는 것으로, 즉 평가는 교육과정 또는 교수 프로그램(전건)에 의해 발생한 학습성과(후건)를 밝히는 작용임을 강조한다. 둘째, 판단작용의 표적은 일차적으로 교육과정 또는 수업 프로그램이다. 셋째, 가치판단의 근거자료는 학습자의 학습과 관련된 자료다.

그리고 Cronbach(1963) 등에 의하면, '평가란 어떤 교육 프로그램에 관한 의사결정을 위한 정보를 수집하고 활용하는 과정'이라고 할 수 있다. 이 정의 속에는 첫째, 평가란 교육 프로그램 개발 및 개선의 기능을 지니고 있으며 둘째, 정보자료는 학습자의 목표성취, 목표 자체의 타당성, 교육 프로그램의 타당성과 비용, 그것이 이해 당사자에게 주는 영향 등으로 확대된다는 점을 강조하고 있다.

이와 같은 정의에 따라 최근에는 평가를 교육목표달성도의 확인과 교육적 의사결정 과정으로 파악하려는 관점이 지배적이다. 특히, 의사결정과 관련하여 지도자의 중요 책임은 의사결정에 필요한 정보를 판단하고 결정하는 일, 필요하고도 정확한 정보를 모집하는 일, 의사결정자(학습자, 지도자, 학부모, 행정가 등)에게 수집된 정보를 제공하는 일 등이라고 할 수 있다.

평가(evaluation)의 개념적 · 실제적 발전은 측정(measurement)운동에서부터 비롯되었다. 측정이란 어떤 대상이나 사상(events)에 수치를 매기는 과정으로서 Thorndike의 유명한 명제, 즉 '존재하는 모든 것은 양으로 존재한다. 양으로 존재하는 것이라면 측정할 수 있다.'가 그 출발점이라고 할 수 있다. Thorndike 이전에는 특히, 인간의 정신능력과 같은 불가시적인 특성에 대해 그것을 질적인 변인으로만 생각하였을 뿐 수량화할 수 있다고는 전혀 생각하지 못하였다. 그러나 20세기 이후 인간의 정신능력에 대한 측정운동이 본격화됨에 따라(예, 지능검사와 성격검사 등의 개발) 인간의 정신능력을 보다 과학적으로 분석하고 해석하게 되었다.

측정운동은 인간 정신능력에 대한 과학적이고 객관적인 연구를 활성화시킴으로써 교육과 심리학의 과학화를 촉진시켜 주었다. 그러나 측정은 교육적 가치판단을 배제하고 있으며, 교육의 진정한 효과를 도외시하고 있으며, 집단 내 개인차에 대처할 수 있는 구체적인 처치방법에 대해 관심을 갖지 않는 등의 문제점을 내포하고 있다. 이러한 한계점은 어떤 사상(events)에 대한 정확한 측정과 더불어 합리적인 평가관을 수립함으로써 극복할 수 있을 것이다.

평가란 한마디로 행동변화의 증거를 수집하는 과정이며, 증거는 양적인 것 뿐만 아니라 질적인 것까지를 포함한다. 그리고 질적·양적 증거는 행동의 변화, 즉 교육목표의 달성도와 목표달성 과정에 관한 것이며, 이러한 증거는 곧 다음 교육을 위한 의사결정의 기초자료로 활용된다. 다시 말하면, 교육목표달성도에 대한 양적 분석과 질적 분석을 통하여 교육의 계속적인 개선을 이루어 나가는 과정이라고 할 수 있다. 이러한 관점에서 볼 때 평가는 청소년을 분류하고 우열을 결정하고 상벌을 결정하는 수단이 아니며, 청소년들에게 시련과 중압감 및 불안을 조성하는 것도 아니다. 평가는 청소년의 학습과 발달을 지원하기 위한 것이고, 더욱 적절하고 효과적인 교육의 방법을 탐색하고 처치하기 위한 것이며, 청소년과 지도자 모두에게 적절한 피드백을 제공하기 위한 것이다.

none

::**11** 청소년지도 프로그램

학교교육이 일정한 교육과정에 따라 진행되듯이, 청소년지도활동은 프로그램에 기초하여 이루어진다. 청소년지도에서 왜(why) 청소년을 지도하는가의 문제가 지도의 목적과 관련된 것이라면, 무엇(what)을 지도할 것인가의 문제는 지도의 내용 또는 경험이며, 이것이 곧 프로그램의 핵심적인 부분이다. 이와 더불어 목적을 달성하기 위해 특정한 경험 및 내용을 어떻게(how) 제공하고 지도할 것인가의 문제가 지도방법과 관련된 것인데, 사실상 프로그램은 청소년지도의 내용뿐만 아니라 방법과 절차를 구체화하고 있다. 즉, 특정한 교육목적을 달성하기 위하여 가장 적합한 경험 및 내용을 선정하고 이를 조직화한 다음, 이들 경험을 어떤 매체를 이용하여 어떤 방법과 절차로서 제공할 것인가를 체계적으로 계획한 것이 프로그램이다.

프로그램이란 사용하는 기관이나 사람에 따라 여러 가지 의미를 가지며, 다양한 특징을 내포하고 있다. 청소년지도 프로그램은 다른 일반 프로그램과는 달리 청소년의 성장과 삶의 과정을 체계적으로 조력하기 위한 것이며, 무엇을 통해 어떻게 조력하고 지원할 것인가를 구체화한 것이다. 이러한 생각에 기초하여 청소년지도 프로그램의 개념과 특징, 유형, 설계 방법 등에 대해 살펴보고자 한다.

1. 청소년지도 프로그램의 의미와 성격

1) 프로그램의 개념

청소년지도를 비롯한 다양한 교육장면에는 갖가지 형태의 프로그램이 활용되고 있다. 청소년지도의 영역이 다양한 것처럼 프로그램 또한 다양하다고 할 수 있다. 그러나 프로그램이란 용어는 일상생활에서 많이 사용되는 것만큼 그 정의가 명확하지는 않다. 프로그램이라고 하면 흔히 어떤 행사 시 앞으로 진행될 내용을 순서대로 나열한 일정계획표나 컴퓨터를 작동시키는 데 필요한 소프트웨어(software)를 연상하는 경우가 많다. 연극이나 영화, 음악회 등 각종 공연장에서 공연내용을 소개하거나 설명하기 위해 배포되는 작은 책자를 떠올리기도 한다(박성희, 1994). 이러한 의미로 볼 때, 프로그램이란 어떤 활동의 진행과정을 시간적 순서에 따라 구체적으로 나열한 진행순서표나 사전계획이라고 할 수 있다.

그러나 프로그램의 실제 개념에는 그 이상의 포괄적인 의미가 있다. 즉, 프로그램은 활동내용이나 순서만을 의미하는 것이 아니라 일정한 활동들을 구체적으로 실행하기 위해 필요한 경험의 총체를 뜻한다. 다시 말하면, 특정의 활동이 이루어지는 총체적인 환경으로서 활동내용 그 자체와 함께 활동목적과 목표, 활동대상, 과정, 방법, 장소, 시기, 조직, 매체 등의 모든 요소들을 포함하고 있다. 이러한 맥락에서 볼 때 청소년지도 프로그램은 청소년의 건전한 발달과 사회적응을 조력하기 위한 목적으로 실시되는 다양한 청소년지도활동을 보다 효과적 · 효율적 · 매력적으로 실현하기 위해 필요한 경험의 집합이라고 볼 수 있다(한상철, 1998a).

한편, 프로그램은 프로그램 설계자와 실행자의 측면에서 각기 달리 해석될 수 있다. 청소년지도현장에서 프로그램 설계자와 실행자는 동일 인물일 수도 있지만, 청소년지도사가 프로그램을 기획하고 설계할 때의 상황과 실행할 때의 상황은 다르며, 이들 각 상황에 따라 프로그램의 의미 또한 달라질 것이다.

먼저, 프로그램 설계자의 입장에서 볼 때 프로그램이란 전문 설계자 및 개발자에 의해 청소년들에게 무엇을 어떻게 지도할 것인가를 체계적으로 설계하고, 이를 기초로 지도사와 청소년들의 활동경험을 문서화한 것이라고 말할 수 있다. 여기서 무엇을 지도할 것인가의 문제는 청소년지도에 있어서 활동영역과 내용이 되며, 어떻게 지도할 것인가의 문제는 청소년지도의 방법을 의미한다. 내용의 선정과 조직은 일차적으로 왜 그 내용을 지도해야 하는가를 검토하는 단계, 즉 목표설정 단계에서 시작하여 의미 있는 내용과 경험을 선정하고 이를 계열화하는 단계까지를 포함한다. 그리고 지도방법의 설계에 있어서는 주어진 내용으로 목적을 달성하는 데 가장 적합한 방법 또는 전략을 구체적으로 확인하고 실제 각 단계별 지도과정을 명세화하고 지도의 효과성을 평가하며, 평가결과를 피드백하여 지도과정의 질적인 개선을 보장하는 단계까지를 포함한다.

둘째, 프로그램의 실행자, 즉 청소년지도사의 측면에서 프로그램을 정의하면 프로그램이란 청소년들이 특정 영역의 지도활동에 있어서 그 활동의 내용을 어떻게 체험할 것인가에 대한 매우 구체적인 계획과 지침을 말한다. 이에는 개발된 실천안에 따라 인적ㆍ물적 자원을 확인하고 활용하며, 교수-학습과정을 조정하고 강화하며, 홍보전략을 수립하고 평가전략을 마련하는 등의 일련의 활동들이 포함된다.

위의 두 가지 관점을 종합해 볼 때 청소년활동이나 행사의 단순한 일정표를 프로그램이라고 말할 수는 없다. 최소한 청소년지도의 목표와 내용, 방법, 평가의 각 요소가 체계적으로 설계되어 있고, 이에 따라 청소년들의 학습경험을 조력할 수 있는 다양한 환경적 자원과 지도 및 평가전략이 구체적으로 안내되어 있는 일련의 계획표를 프로그램이라고 할 수 있을 것이다.

2) 청소년지도 프로그램의 성격

청소년지도란 청소년들의 전인적인 성장을 돕는 조직적인 활동들로서 청소년들의 자발적인 참여에 기초하여 실생활에 대한 직접적인 체험을 제공하는 과정이다. 그리고 청소년지도 프로그램은 청소년지도사가 청소년들에게 지도해야 할 내용과 방법을 체계적으로 구조화한 것으로, 청소년의 입장에서 해석하면 청소년들이 지도사의 지도하에 갖게 되는 모든 경험과 활동들의 집합이라고 할 수 있다. 따라서 청소년지도와 프로그램은 불가분의 관계에 있는 것으로, 청소년지도란 청소년지도 프로그램을 실행하고 운영하는 과정에 불과하다고도 할 수 있다.

청소년지도 프로그램의 성격은 청소년지도의 성격과 프로그램의 성격을 동시에 포함하는 것으로 다음의 여섯 가지로 요약될 수 있다(한상철, 1997/1998).

첫째, 청소년지도 프로그램은 미래지향적인 성격과 현실지향적인 성격을 동시에 포함하고 있다. 다시 말하면, 청소년지도활동에서 앞으로 전개될 행동을 미리 예측하여 이를 바탕으로 미래의 행동방향을 사전에 수립하는 미래지향적인 성격과 더불어 참여 청소년들의 현재의 욕구와 특성에 따라 내용과 방법의 일부를 융통성 있게 수정 변경시킬 수 있는 현실지향적인 특성을 함께 지니고 있다. 학교의 교과과정이 규정이나 원칙에 의해 제도화되어 획일성과 경직성을 지니고 있는 데 반해 프로그램은 규제와 형식이 비교적 자유롭기 때문에 개방적이고 탄력적이다. 개방적·탄력적인 성격은 프로그램이 완전히 미래지향적인 성격만을 갖는다면 해결될 수 없는 것이다. 미래의 계획성에 고착되어 현재 청소년들의 욕구와 현실적 상황을 고려하지 못할 수 있기 때문이다. 따라서 청소년지도 프로그램은 미래의 지도방향을 사전에 수립한 것이지만, 이는 획일적이고 경직된 것이 아니라 현실적 상황에 따라 융통성 있게 수정 가능한 것이다.

둘째, 청소년지도 프로그램은 청소년지도의 목적 및 목표를 달성하기 위한 수단적인 성격을 가지고 있다. 프로그램은 그 자체가 목적이 아니라 청소년지도의 목적을 달성하기 위한 수단이다. 청소년지도의 목적을 달성하기 위한 방법은 다양할 수 있는데도 불구하고 프로그램 자체에만 집착하다 보면 다른 어떠한 방법이나 전략도 수용하지 못하는 우(愚)를 범할 수 있다. 따라서 청소년지도사는 프로그램이 지도목적을 효과적으로 달성하기 위한 수단임을 염두에 둘 필요가 있다.

셋째, 청소년지도 프로그램은 활동 지향적인 성격과 동태적인 성격을 지니고 있다. '활동지향'과 '동태적'이란 '이론지향'과 '정태적'에 대립되는 개념으로서, 프로그램은 청소년들에게 지식이나 이론을 가르치려고 의도된 것이 아니라 그들의 실제 활동을 계획한 것이다. 고정된 장소와 시간 속에서 이론과 지식을 중심으로 한 설명이나 설교, 설득, 훈시 등은 청소년들의 발달 및 심리적 특성에 비추어 볼 때 거부되거나 부정적이다. 그들은 오직 신체적 움직임과 실제 생활의 체험을 통해서만 주변의 여러 사태와 현상을 정확하게 인식할 수 있으며, 그들의 사고와 태도를 더욱 확장시켜 나갈 수 있다. 따라서 청소년지도 프로그램은 청소년들의 이러한 특성을 고려한 것이어야 한다.

넷째, 청소년지도 프로그램은 지도의 결과(products)보다 과정(process)에 초점을 두고 있다. 이것은 청소년들이 프로그램을 경험한 이후 어떤 행동의 변화를 가져왔는가에 초점을 두기보다 프로그램에 참여하고 있는 동안 얼마나 의미 있고 만족스러운 경험을 하고 있는가에 초점을 두어야 한다는 것을 의미한다. 청소년지도 프로그램은 청소년을 어떤 존재로 육성하고, 그들의 행동을 어떤 상태로 변화시킬 것인가보다 청소년들이 프로그램에 적극적으로 참여하여 의미 있는 경험을 가짐으로써 자신의 삶과 행동을 스스로 선택하고 자각하도록 하는 데 중점을 둔다. 즉, 청소년지도 프로그램은 지도의 결과가 아니라 지도과정 그 자체를 강조한다.

다섯째, 청소년지도 프로그램은 청소년의 관점에서 설계되고 실행되어야 하며, 평가되어야 한다. 최근 학교교육과정 역시 학생 중심의 전인교육과 개방교육이 크게 강화되고 있는 추세지만, 교사 중심의 전통적인 교육의 영향에서 완전히 벗어나지 못하고 있다. 교육과정을 설계하고 개발하는 사람들이 대부분 성인들이며, 교육과정을 실행하는 교사들 역시 성인들인 만큼 학생 중심이란 말은 교육의 이념 속에서만 강조될 뿐이다. 그러나 청소년지도 분야의 프로그램은 청소년들이 직접 또는 간접으로 참여하여 그들의 흥미와 욕구가 반영될 수 있도록 설계되어야 하며, 실행과정에서도 청소년들의 체험과 활동이 보장되도록 해야 한다. 그럼으로써 청소년지도사나 기관, 시설 중심이 아니라 명실상부한 청소년 중심이 되어야 한다. 이것은 청소년들의 인권과 욕구를 존중하기 위한 것이다.

이상의 성격을 종합해 볼 때 청소년지도 프로그램은 미래지향성과 현실지향성을 동시에 가지고 있고, 목표달성을 위한 수단적인 가치를 지니고 있으며, 활동지향적일 뿐만 아니라 동태적인 성격을 가지고 있고 지도의 성과보다 지도과정에 중점을 두며, 청소년 중심이라고 할 수 있다.

2. 청소년지도 프로그램의 유형

청소년지도 프로그램은 청소년들의 다양한 욕구와 필요, 기관의 필요, 사회적 요구 등에 따라 개발되므로 이를 어떤 일정한 기준에 의해 명확하게 분류하기란 쉽지 않다. 그리고 어떠한 준거일지라도 그것이 상대적이기 때문에 경우에 따라서는 하나의 유형이 여러 가지 기준에 동시에 포함되기도 하고 하나의 현상이나 사실이 여러 유형으로 분류되기도 하며, 심지어 어떤 내용은 특정한 유형으로 분류되지 못하고 애매한 상태로 남겨지기도 한다(박성희, 1994). 여기서는 편의상 몇 가지 기준을 선정한 뒤, 이에 따라 기존의 프로그램들을 분류하고 각 유형의 특징을 간략히 살펴보고자 한다(한상철, 1998a).

1) 프로그램의 개발 주체에 따른 분류

(1) 국가 및 사회적 수준의 프로그램

국가 및 사회적 수준의 프로그램이란 국가가 청소년지도의 활성화를 위하여 정책적으로 개발 보급하는 프로그램을 말한다. 이것은 청소년 교육과정이라고 할 수 있는 것으로서, 대체로 중앙집권적이고 획일적이며 보편적인 성격을 지닌다. 우리나라에서는 청소년지도 분야가 아직도 매우 초보적인 단계에 있기 때문에 이 수준의 프로그램이 많이 개발되어 있지 않다.

국가 수준 프로그램의 가장 대표적인 것은 1992년에 한국청소년개발원이 개발해서 보급하고 있는 '청소년활동 프로그램'을 들 수 있다. 이 프로그램에는 역사연극활동, 도시 농촌 교환봉사, 호연훈련활동, 명절쇠기활동, 국토탐사활동 등이 포함되어 있다. 이 밖에도 2001년도에 문화관광부와 한국청소년개발원에서 개발 보급한 '각종 체험활동(자연생태지도, 자동차 이해 및 체험, 만화영화 제작활동, 인터넷신문 제작활동 등) 프로그램'과 2002년도에 국립중앙청소년수련원에서 개발 보급한 프로그램(챌린지 어드밴처, 댄스 스포츠 등)도 역시 개발 주체자의 측면에서 볼 때 국가 및 사회적 수준의 프로그램이라고 할 수 있다.

국가 및 사회적 수준의 프로그램은 포함된 각각의 활동들을 독립적인 프로그램으로 볼 수도 있으며, 이 경우 전체는 청소년 교육과정으로 명명될 수 있다. 이들 프로그램은 각 지역의 청소년수련기관에서 활용될 경우 현장성이 떨어지는 문제점을 안고 있다. 예컨대, 프로그램이 지역성과 현시성 등을 충분하게 반영하지 못함으로써 문서로만 남아 있게 되는 문제가 있다.

(2) 기관 수준의 프로그램

기관 수준의 프로그램은 청소년단체나 시설 등에서 독자적으로 개발하는 사업적인 성격을 가진 프로그램을 의미한다. 이 프로그램들은 기관의 목적 및 목표를 달성하기 위한 기본 수단으로 활용된다. 따라서 각 기관의 기본 이념을 보다 잘 반영하기 위하여 독창적으로 개발되고 운영된다. 예를 들면, 청소년적십자의 각종 공중위생활동 프로그램, 해양청소년단의 해양스포츠활동 프로그램, 걸스카우트의 가정생활교육 프로그램, 라보의 다언어 가족활동 프로그램, 한국우주소년단의 실물모형제작활동 프로그램, 한국 청소년마을의 청소년가족 수련활동 프로그램 등이 이에 속한다.

기관 프로그램은 성격이 뚜렷하며 활동의 내용을 비롯하여 방법, 시기, 장소, 효과, 평가 등이 보다 명확하게 제시되어 있다. 그러므로 이들 프로그램들은 특징성과 구체성을 띠며, 평가는 프로그램의 의도가 청소년들에게 얼마나 효과적·효율적으로 전달되었는가에 기초한다. 최근 청소년지도 현장에서 프로그램의 중요성이 크게 강조되면서 각 기관과 시설별로 독자적인 프로그램을 개발·운영하려는 노력이 확산되고 있다. 그러나 아직도 일부 수련시설의 경우 문서화된 프로그램이 없는 상태에서 다만 수련관 내 시설만을 이용하는 수준이거나 청소년지도사의 개인적 경험과 역량에 의존하여 수련활동을 전개하고 있다.

(3) 교사 및 지도사 수준의 프로그램

교사 및 지도사 수준의 프로그램은 학교학습에서 말하면 단시(차시) 학습지도안과 같은 성질을 띤다. 청소년지도 현장에서는 청소년지도사가 기관의 독자적인 프로그램에 기초하여 한 단위의 활동을 전개하는 데 필요한 구체적인 활동계획을 수립하는 것을 말한다. 여기에는 내용뿐만 아니라 시간, 장소, 대상, 매체, 인적 자원 등 구체적인 모든 요소가 포함되며, 연극에서 각본(script)을 만들듯이 지도자의 지도실제를 명시해야 한다.

예를 들면, 레크리에이션 프로그램, 친밀감형성 프로그램, 무인도탐사 프로그램, 전통생활용품조사 프로그램, 위문활동 프로그램, 자동차 모형제작활동 프로그램 등을 들 수 있다. 이러한 프로그램은 대부분 일정한 단위시간 동안 청소년지도사의 지도과업과 청소년들의 구체적인 경험이 단계별로 제시되며, 청소년지도사의 입장에서 반드시 필요한 활동계획안이라고 할 수 있다. 그러나 현실적으로 기관 수준의 프로그램이 있는 경우에도 단위활동 프로그램은 마련해 두지 않는 경우가 많으며, 설령 있다고 하더라도 구체적인 지도지침을 제공해 주지 못하는 다분히 일반적인 지도안만이 존재하고 있는 실정이다.

2) 프로그램의 구조화 정도에 따른 분류

(1) 구조화된 프로그램

구조화된 프로그램이란 프로그램의 목적 및 목표가 분명하고 이를 달성하기 위한 내용 및 경험이 적절하게 선정 조직되어 있으며, 지도방법과 절차 및 매체 등이 합리적으로 계획되어 있고, 평가전략과 피드백 과정까지도 명확하게 제시되어 있는 것을 말한다. 간단히 말해서 전문적이고 체계적인 프로그램이라고 할 수 있다.

최근에 기관 수준의 프로그램이나 상담 분야의 프로그램들에서 구조화된 프로그램의 형태를 찾아볼 수 있다. 목적 및 목표가 있고 지도내용과 방법이 구체적으로 제시되어 있으며, 진행순서와 단계별 지도활동이 구체화되어 있는 것을 말한다. 예를 들면, 각종 체험활동 프로그램, 놀이활동 프로그램, 여가활동 프로그램, 레크리에이션 프로그램, 자기 성장 프로그램, 인간관계훈련 프로그램, 가치명료화 프로그램, 취업면접 프로그램, 불안감소 프로그램, 우울감소 프로그램, 부모교육 프로그램 등을 들 수 있다.

이들 프로그램은 대부분 그 분야의 내용 전문가에 의해 개발되고 있으며, 연속적인 활동으로 구성되어 있다. 즉, 내용 전문가에 의해 그 분야의 이론적 내용에 기초하여 구성한 것이며, 대부분 10회 정도의 분산적 또는 집중적 활동으로 이루어져 있다. 따라서 매 회기의 활동 또한 앞서 말한 단시 프로그램으로 생각할 수 있다. 청소년지도 프로그램은 목적과 내용, 방법, 평가의 전 과정을 보다 체계적으로 구성함으로써 지도활동의 지속성과 전문성을 가져올 수 있도록 해야 할 것이다.

(2) 비구조화된 프로그램

반면에 비구조화된 프로그램이란 단순한 행사 진행표나 일정표 등과 같은 것을 말하는데, 이들 대부분은 프로그램이 갖추어야 할 기본적인 요소가 부분적으로 또는 전체적으로 생략되어 있고, 기관 또는 실행자의 주관적 경험에 크게 의존하고 있다. 비구조화된 프로그램 또한 나름대로 가치가 있지만, 청소년지도의 전문성과 지속성을 확보하고 신장시키는 데는 적합하지 못하다고 할 수 있다. 예컨대, 어떤 청소년기관에서 문화탐방 프로그램을 만들었다고 하자. 여기에는 지도목적도 내용도 구체적이지 않을 뿐만 아니라 지도과정에 어떤 요인들이 필요한지 그리고 어떻게 지도할 것인지가 생략되어 있음을 볼 수 있다. 단지 이 기관에서는 매년 지원되는 예산에 의해 지난해에 이어 올해에도 동일한 행사를 동일한 지도자가 하겠다는 것이며, 그럼으로써 프로그램이라고 하는 안내장(또는 포스트)에는 언제, 어디서, 몇 명의 중고등학생을 동원하여 어디로 이동하며, 몇 시까지 문화재를 관람시키고, 점심을 제공하고, 다시 돌아오겠다는 식의 행사 일정만 소개되어 있음을 볼 수 있다.

이러한 프로그램은 청소년의 요구를 분석하고 지도활동의 문제점과 개선점을 파악하려는 의도가 내포되어 있지 않다. 다만 언제, 어디서, 무엇을 하겠다는 총체적인 일정만 소개되어 있을 뿐 누가 무엇을 어떻게 지도하고 또한 청소년들은 이를 어떻게 경험할 것인지가 구체적으로 포함되어 있지 않다. 따라서 청소년지도사가 바뀌게 되면 행사의 성격도 크게 달라질 수밖에 없게 되어 청소년지도의 지속성을 보장할 수 없다.

3) 프로그램의 구성범위에 따른 분류

(1) 단위 프로그램

단위 프로그램(lesson program)이란 어떤 하나의 내용을 한번에 지도하기 위한 일회성의 프로그램으로서 학교학습과 관련해서 말하면 교사의 차시(단시) 학습지도안과 같은 성격을 갖는다. 이 프로그램은 비교적 짧은 시간에 달성해야 할 특정한 활동을 중심으로 구성되어 있다.

예를 들면, 실물모형 제작 프로그램(자동차, 비행기, 배 등), 단편적인 지역사회봉사 프로그램(청소하기, 위문활동, 한글간판 바로잡기 등), 견학 및 탐사활동 프로그램(고적답사, 박물관 견학, 무인도 탐사), 각종 레크리에이션 프로그램 등이 여기에 포함된다.

(2) 연속(단계적) 프로그램

연속 프로그램(serial program)이란 한 주제를 여러 개의 내용으로 나누어서 이를 일정한 순서에 따라서 연결한 프로그램이다. 다시 말하면, 동일한 계열에 속하는 여러 개의 활동 프로그램들이 단일 목표를 달성하기 위하여 한데 모여서 이루어진 복합 프로그램을 말한다. 어느 한 프로그램의 활동결과는 반드시 다음 프로그램의 시작이 되도록 설계되며, 선후 활동내용 간에 종적인 체계를 이루면서 활동의 깊이와 넓이를 더 하고 있다.

이 유형의 프로그램을 구성할 때의 기본 원리는 초보적인 활동에서 복잡하고 어려운 활동으로, 구체적이고 세부적인 활동에서 추상적이고 일반적인 활동으로, 부분 활동에서 전체 활동으로 단계적으로 연결하는 것이다. 이러한 프로그램은 기능연마나 기술습득을 목적으로 하는 청소년지도영역에서 많이 개발된다. 예컨대, 수영이나 태권도지도, 컴퓨터지도, 그림지도, 악기연주지도, 바둑지도, 탈춤이나 연극지도, 도예지도 등의 프로그램을 들 수 있다. 비교적 장기간의 지속적인 훈련을 필요로 하는 활동 프로그램들이 이 유형에 속한다.

(3) 통합 프로그램

통합 프로그램(integrated program)이란 한 주제에서 세분화된 여러 활동이나 비슷한 성격의 활동들을 모아 한 체계 속에 적절하게 연결하여 하나의 활동으로 묶어서 구성한 것이다. 통합 프로그램 역시 연속 프로그램과 같이 복합 프로그램의 한 방식이다. 그러나 연속 프로그램을 구성하는 각각의 내용은 그 자체로서는 미완성의 결과물이지만, 통합 프로그램의 구성요소들은 서로 독립되는 개별 내용으로서 서로 모순되지 않고 하나의 목표를 향해 효과적으로 결합되어 있는 것이 특징적이다. 그러므로 통합 프로그램의 구성요소들은 종적인 체계를 이루는 연속 프로그램과는 달리, 수평적인 관계에서 서로가 서로를 보강하고 강화할 수 있도록 조직되어 있다.

이러한 프로그램은 청소년들의 가치관 또는 태도 형성이나 각종 사회문제 해결을 목적으로 하는 청소년지도 영역에서 많이 나타난다. 환경보호 프로그램을 예로 든다면, 이것은 환경문제를 인식하여 환경을 보호하는 태도를 형성하기 위한 것으로 강물오염, 공해, 쓰레기난 등 심각한 환경오염 실태를 알려 문제의 심각성을 깨닫도록 하는 인식 프로그램, 환경오염을 스스로 파악하게 하는 환경답사 또는 조사활동 프로그램, 자연환경과 인간생활 관계를 연구하여 자연보호의 중요성을 인식시키는 자연탐구활동 프로그램, 환경보호의 방법을 연구하는 환경보호사례 프로그램, 환경보호를 실천하고 생활화하기 위한 환경보호실천 프로그램 등이 통합적으로 구성되어 있다. 기관이나 시설 수준에서 프로그램을 개발할 때 이러한 유형을 많이 적용한다.

(4) 종합 프로그램

종합 프로그램(synthesised program)이란 부분별 프로그램이 각각 고유한 목표와 성격을 유지하면서 어떤 연결 원칙이나 공통적인 문제 또는 상호 관심 영역 하에서 그 연계성을 합리적으로 조합한 총괄성을 가진 프로그램이다. 이는 마치 오케스트라처럼 여러 유형의 단위가 한 구조 속에서 각 활동을 다양하게 전개하면서 하나의 종합적인 기능을 하는 구조적 통합의 형태를 취한다. 이것은 국가 수준의 프로그램을 개발할 때 많이 적용되며, 관공서에서 대단위 규모의 행사나 이벤트를 기획할 때도 이러한 유형을 적용하는 경우가 많다.

이 유형의 프로그램은 비교적 편성규모가 큰 광역 프로그램으로서 주로 특정한 기간 동안 이루어지는 일정한 제목 중심의 행사형 프로그램들이 대부분이다.

가장 대표적인 프로그램으로는 한국청소년개발원에서 개발한 '청소년수련광장'을 들 수 있다. 이 프로그램은 '함께하는 삶'이라는 제목하에 시민활동 프로그램, 정신건강활동 프로그램, 전통문화활동 프로그램, 도예실습 프로그램, 지역환경 실태조사 프로그램, 지역사회 봉사활동 프로그램, 가치탐색활동 프로그램, 패러글라이딩 실습 프로그램 등 다양한 영역의 프로그램을 일주일 동안 실시하였다. 이 밖에도 다양한 기관에서 실시되고 있는 한국의 밤, 청소년 우정캠프, 청소년문화광장, 청소년연합 체육대회, 청소년 해양제전, 여름캠프활동, 춤과 놀이마당, 청소년 한강축제 등의 각종 행사 프로그램이 이에 해당된다.

4) 청소년지도 내용에 따른 분류

일반적으로 청소년지도는 청소년들이 실생활에서 자발적으로 참여하여 이루어지는 모든 체험활동을 의미한다. 청소년지도의 영역은 청소년들의 생활 전체를 포함하는 전체적이고 포괄적인 것이어서 어떠한 기준도 이를 다 설명할 수 없다. 여기서는 우리나라에서 현재 실시되고 있는 청소년활동 프로그램을 크게 여덟 가지로 구분하여 제시하고자 한다(한상철, 1997b/1998a).

(1) 자연체험활동 프로그램

이 유형의 프로그램은 청소년들로 하여금 자연을 이해하고 사랑하는 마음을 갖도록 하는 데 주 목적이 있다. 자연탐사활동 프로그램(무인도탐험, 국토탐사, 강탐사활동 등), 자연을 가꾸고 보존하는 활동 프로그램(식목행사, 자연농장, 환경보전 등), 레크리에이션을 겸한 자연탐구 프로그램(자연관찰 하이킹, 청소년이동캠프, 고정야영활동) 등이 여기에 속한다.

(2) 체육활동 프로그램

체육활동 프로그램은 청소년들의 신체적·정신적 건강을 증진하는 데 목적이 있다. 각종 스포츠활동 프로그램(수영, 축구, 태권도, 등산, 피구, 발야구 등), 안정훈련 프로그램(응급처치, 안전사고 대비훈련 등), 영양 및 보건 프로그램(식단짜기, 건강교양 등), 스포츠행사 프로그램(체육대회, 전국해양제전 등) 등이 이에 속한다.

(3) 예능활동 프로그램

이 유형의 프로그램은 청소년들로 하여금 예술활동에 대한 기본적인 소양과 안목을 갖추도록 할 뿐만 아니라 정서발달과 창조능력을 증진시키는 데 목적이 있다. 종합예술 프로그램(청소년 예능교실, 종합예술제, 문화광장 등), 음악활동 프로그램(즉석가요제, 음악감상회, 영상음악과의 만남 등), 미술활동 프로그램(유명 미술전시회 관람, 서예교실, 미술대회, 공예강습 등), 문학활동 프로그램(동거교실, 미완성문장 완성하기, 저자와의 만남, 창작발표 등), 기타 활동(춤강연, 영화감상, 청소년디스코장, 앨범제작 교환 등)이 있다.

(4) 과학활동 프로그램

과학활동 프로그램은 청소년들에게 직접적인 관찰과 실험을 통하여 과학의 기초적인 지식과 원리를 습득하도록 하고, 여러 가지 과학적 현상에 대한 탐구능력을 키우도록 하는 데 목적이 있다. 실험 및 실습활동 프로그램(컴퓨터 교실, 재미있는 곤충기르기, 유료작물 조사활동 등), 관찰 및 탐사활동 프로그램(천체 관찰, 해양탐구활동, 내고장 수질검사 등), 견학 프로그램(기상대, 자연학습장, 발명품전시회 견학 등), 과학공작 프로그램(모형자동차 만들기, 곤충표본 만들기, 대나무 헬리콥터 제작 등) 등이 있다.

(5) 봉사활동 프로그램

이 유형의 프로그램은 청소년들에게 이웃, 지역사회와의 만남을 통하여 향토애와 시민정신을 함양할 뿐만 아니라 나아가 일상생활에서 삶의 의미를 깨닫고 실천하도록 하는 데 목적이 있다. 시설봉사 프로그램(불우이웃돕기 바자회, 고아원이나 양로원 위문, 장애청소년 위안행사, 각종 시설방문, 육체적 봉사활동 등), 지역사회 봉사활동 프로그램(꽃길 가꾸기, 지역사회 청소활동, 교통지도 등) 등이 있다.

(6) 예절수양활동 프로그램

이 유형의 프로그램은 청소년들이 사회성원으로서 갖추어야 할 공동생활규범을 습득하도록 하는 데 주목적이 있다. 전통예절 프로그램(혼례·제례·상례 배우기, 전통다도 배우기, 명절쇠기활동 등), 가정생활예절 프로그램(존칭 및 호칭 익히기, 가정생활윤리, 청소년 가정상호방문 활동 등) 등이 있다.

(7) 전통문화활동 프로그램

이 유형의 프로그램은 청소년들에게 올바른 문화적 정체성을 형성시켜 주고 문화의 전달과 유지, 창조의 과정을 익히도록 하는 데 목적이 있다. 민속놀이 프로그램(풍물놀이, 차전놀이, 백중놀이, 강강술래 등), 향토민속 프로그램(고장의 인간문화재 조사, 역사의 증인과 좌담회, 전통 민속생활용품 조사 등), 문화유적탐사 프로그램(내고장 사적지탐사, 유명사찰순례, 성곽탐사 등), 민속예술 프로그램(전통음악강습, 민요강습, 탈만들기 등), 전통문화행사 프로그램(청소년 단오제, 청소년 민속예술 캠프, 한국의 밤 등)이 있다.

(8) 자아계발활동 프로그램

자아계발활동 프로그램은 청소년기의 발달과업인 자아정체감(ego-identity) 형성을 돕고, 자아에 대한 이해와 수용을 바탕으로 타인과의 참만남 관계를 형성하도록 도우며, 자기의 건전한 성격개발과 인간관계 및 사회적응을 조력하는 데 목적이 있다. 자기 성장 프로그램(친밀감 형성, 자기 이해, 자기 수용, 자기 개방 등), 심성계발 프로그램(나의 소개, 효과적인 사고훈련, 위기훈련 등), 인간관계 개선 프로그램(자기주장 훈련, 경청하기, 장님탐험, 어깨동무 학습, 거울이 되어 움직이기 등), 가치관 명료화 프로그램(가치관 투표, 가치관 경매활동, 두 개의 나, 청소년 법정 등), 진로탐색 프로그램(우리의 진로, 전문직업인 초청 간담회, 직업의 세계, 진로개발, 면접훈련 등)이 있다.

청소년지도 프로그램의 유형은 이 밖에도 다양한 기준에 의해 분류될 수 있다. 예컨대, 지도 대상인 청소년집단의 유형에 따른 분류(예, 학생청소년, 근로청소년, 비행청소년, 무직·무진학청소년 프로그램), 청소년지도의 목적에 따른 분류(예, 지식과 정보 습득, 가치관 및 태도의 변화, 기술이나 기능 습득, 여가활동 프로그램), 청소년 활동주체에 따른 분류(예, 지도자 중심, 청소년 중심, 지도자와 청소년 상호작용 중심 프로그램), 청소년 활동형태에 따른 분류(예, 단체활동, 교내 특별활동, 임의 여가활동, 동아리활동 프로그램), 청소년 활동방법에 따른 분류(개인활동, 소집단활동,

대집단활동 프로그램) 등이 있을 수 있다.

3. 청소년지도 프로그램의 개발

청소년지도 프로그램의 설계 및 개발과정에는 어떤 일정한 기준이나 공통된 모형이 없다. 이것은 청소년지도의 목적과 유형, 그리고 청소년들의 욕구와 현실적 상황 등이 매우 유동적이고 다변적이기 때문이기도 하지만, 지금까지 이에 대한 체계적인 연구가 부족하였기 때문이기도 하다. 이 때문에 청소년지도사가 지도상황과 대상 청소년의 특성에 적합한 프로그램을 실제로 개발하려고 하여도 막연할 뿐이며, 또 개인의 주관적 경험에 비추어 어떤 형태의 프로그램을 개발하였다고 하더라도 이것의 타당성 또는 적합성에 대해 의문을 갖지 않을 수 없다. 그러므로 여기서는 청소년지도 프로그램을 설계하고 개발하는 데 기초가 되는 일반적인 모형을 제시하고자 한다.

1) 프로그램의 하위영역

Reigeluth(1986, 1991)에 따르면, 청소년지도뿐만 아니라 그 밖의 모든 교육활동에 있어서 프로그램 개발은 분석(analysis), 설계(design), 개발(development), 실행(implementation), 평가(evaluation)의 다섯 가지 영역을 포함한다. 청소년지도 프로그램에 있어서 다섯 가지 영역 각각은 상호작용하지만 독립적인 영역을 가지고 있는 전문적인 활동이라고도 할 수 있다. 여기서는 먼저 프로그램의 다섯 가지 영역 각각에 대하여 살펴보고자 한다.

첫째, 분석은 청소년들의 요구와 특성을 분석하는 것에서 시작하여 기관 및 시설의 요구, 사회의 요구, 부모의 요구 등을 종합적으로 분석하고 이를 반영하는 것을 말한다. 청소년지도 프로그램이 청소년 중심이어야 한다는 것은 청소년들의 요구를 적극적으로 반영한다는 것을 의미하며, 이를 통해 이들의 인권과 삶의 질을 존중하고 발전시켜야 한다. 한편, 분석단계에서는 청소년의 요구뿐만 아니라 기관의 요구와 성인사회의 요구도 반영해야 하며, 이를 위해 다양하고 지속적인 조사연구를 수행해야 한다.

그리고 요구분석과 더불어 과제분석과 내용분석 등의 과업이 뒤따라야 한다. 프로그램은 개발자의 주관적인 생각이나 경험에서 비롯되지만, 이론적 배경과 선행자료 분석을 통해 프로그램의 목적과 선정된 경험 및 방법들이 논리적으로 타당하다는 것을 보장해 주어야 한다. 이것은 프로그램 개발작업이 많은 연구와 분석을 바탕으로 이루어진다는 것을 보여 주는 것이며, 끊임없는 탐구와 연구를 필요로 하는 부분이다.

둘째, 프로그램 설계는 청소년지도의 방법 및 전략을 이해하고 개선하며 적용하기 위한 것이다. 즉, 지도효과를 최대화하기 위하여 청소년의 특성과 학습내용에 적합한 지도방법을 고안하는 일련의 활동을 말하며, 이와 관련된 원리, 이론, 모형 등을 의미하기도 한다. 따라서 프로그램 설계자들의 역할은 특정 청소년집단에게 특정한 경험을 제공하기 위해 가장 적절한 지도방법, 즉 처방전을 산출해 내는 것이며, 이와 더불어 처방적인 지도전략을 산출해 내는 과정을 원리나 이론 또는 모형으로 체계화하는 것이다.

셋째, 프로그램 개발은 지도과정을 창조하는 방법을 이해하고 개선하며 적용하기 위한 것이다. 전문적 활동으로서의 프로그램 설계가 건축설계자의 설계도(blueprint)에 비유될 수 있다면 프로그램 개발은 이 설계도에 바탕을 두고 실제로 건물을 짓는 것에 비유될 수 있다. 프로그램 개발은 새로운 지도상황을 창안하기 위한 적절한 절차들을 처방하고 활용하여 실제 지도에 사용될 자료, 강의안, 지도계획서 등을 산출해 내는 것을 말한다.

넷째, 프로그램 전개는 설계도에 바탕을 두고 실제 건물(실천안, 운영안 등)이 지어졌을 때 그 건물의 사용자가 건물의 특성을 자신에게 맞도록 수정하고 적용하는 것과 관련이 있다. 이때의 목적은 특정한 지도상황에서 특정한 자료 또는 프로그램을 사용함으로써 최적의 결과를 얻으려는 것이다. 프로그램의 전개과정은 지도내용 및 활동의 특성과 지도사의 특성에 따라 프로그램의 각 부분을 활용해 나가는 과정이라고 할 수 있다. 이때 지도상황은 최적의 결과를 얻기 위한 형태로 수정될 수 있다.

다섯째, 프로그램 평가는 위에서 언급한 모든 요소들의 효과성(effectiveness)과 효율성(efficiency), 그리고 매력성(appeal)을 평가하기 위한 방법들을 포함한다.

즉, 프로그램이 어느 정도 잘 설계되고 개발되었는지 그리고 그것이 실제로 얼마나 잘 전개되었으며 또한 적절히 관리되었는지를 전체적으로 평가하는 것이다. 평가의 목적은 프로그램의 질적인 개선을 위한 것이다.

위의 다섯 가지 프로그램 영역에서 설계는 개발, 전개, 관리, 평가의 기초가 되는 각종 지식, 절차, 기술 등을 제공해 주므로 투입(input) 변인으로 규정될 수 있다. 한편, 설계는 개발과 전개, 관리, 평가의 각 요소로부터 중요한 정보를 제공받으므로 나머지 변인들과 상호 의존적인 관계를 갖는다고 할 수 있다.

2) 교수체제설계(ISD) 모형의 의미와 가치

교육의 실제에 있어서 교육과정 및 프로그램의 개발은 최근 들어 교육공학 분야의 체제이론(system theory)과 이에 기초한 교수설계(instructional design) 모형의 발전에 힘입은 바 크다. 교수설계는 단일의 처방 또는 전략으로 특징지어지는 교수이론의 한계를 극복하기 위한 것으로, 다양한 처방적 전략들의 체계적인 계획이라고 할 수 있다. 이와 같은 교수설계는 학교교육의 질적 개선(Alessi & Trollip, 1985; Johnson & Foa, 1989; 조영남, 1992)은 물론이고, 기업교육과 각종 사회교육(IBM, 1989; Motorola, 1990; 금성사, 1991) 등에 폭넓게 적용되면서 청소년지도 분야에서도 그 효용성이 인정될 수 있을 것으로 기대된다(한상철, 1998).

교수설계의 기초이론으로서의 교수체제란 교수의 과정에서 발생하는 문제들을 해결하기 위한 체계적이고 합리적인 문제해결 과정 또는 절차라고 할 수 있다 (Knirk & Gustafson, 1986). 그리고 이러한 체제적 접근을 통해 설계되거나 개발된 교수모형을 교수체제설계/개발(Instructional System Design/Development; ISD) 모형이라고 한다. Andrews와 Goodson(1980)은 ISD 모형에 대해 교수의 과정을 하나의 체제로 보고, 체제적 접근에 따라 교수와 관련된 요소들을 기술, 명료화, 중점화하고 진단·처방·계획하는 것이라고 하였다. 그리고 Romiszowski(1981)는 ISD를 요구사정과 문제분석을 통해 기대되는 교수목표를 설정한 다음, 이 목표가 구체적인 학습성과로 도출될 수 있도록 일련의 교수전략 및 절차를 체계적이고 합리적으로 설계하고 실행하며, 평가하고 운영하는 전체적이고 통합적인 과정이라고 하였다. 또한 Reigeluth(1983, 1993)는 교수의 과정을 이해하고 개선하기 위하여 교수목표달성에 필요한 적절한 수단과 조건, 방법 등을 설계하여 실제 교수사태에 적용하는 일련의 개발-실행-평가-관리의 과정 또는 절차를 ISD라고 하였다.

이러한 ISD 모형은 학교교육과 관련하여 교육과정 개발과 단원개발, 그리고 단시수업(lesson) 개발에 기초를 제공하고 있으며, 기업교육과 관련하여 과정개발 (course development) 및 프로그램 개발의 형태로 발전하고 있다. 구체적으로, 조영남(1992)은 ISD 모형에 기초하여 CAI 코스웨어를 개발하여 중·고등학교 영어과 수업에 적용한 결과 학생들의 학업성취도와 태도, 그리고 학습시간에 긍정적인 효과가 있음을 보고하였다. 그리고 Hannum과 Hansen(1989), IBM(1989), 금성사(1991)는 기업의 사원교육을 위해 경험적으로 입증된 다양한 ISD 모형을 과정 개발의 각 단계에 적용함으로써 교수의 효과성과 효율성을 높일 수 있었다고 하였다.

ISD 모형이 학교교육과 기업교육에서 그 효과성과 효율성을 크게 인정받고 있음에도 불구하고 청소년 수련기관에서는 지금까지 이에 기초한 교육과정이나 프로그램이 거의 개발되지 못하고 있는 실정이다. 이것은 이들 각 단체 또는 기관 내에 ISD 모형개발에 필요한 전문인력이나 개발비가 절대 부족하고, 과정개발 또는 프로그램 개발의 합리적인 실행을 보조할 수 있는 각종 매체와 자료가 확보되어 있지 못하며, 전문 교수요원이 부족하기 때문이라고 할 수 있다. 그러므로 청소년 연구단체나 개별 연구자들의 보다 적극적이고 창의적인 노력이 요구된다고 하겠다.

여기서는 이러한 노력의 한 가지로 ISD 모형에 기초한 청소년지도 프로그램 개발모형을 제시하고자 한다. 청소년지도의 특수성에 적합한 ISD 모형의 개발은 절실하며, 이는 청소년지도의 질적 개선을 촉진시켜 줄 것으로 기대한다(한상철, 1998a/1995a).

3) 청소년지도 프로그램 설계/개발모형

여기서는 ISD 모형에 기초한 청소년지도 프로그램 개발모형을 소개하고자 한다. 이것은 한상철(1995a)이 '기업교육을 위한 체제접근적 교수모형: ISD-P 모형’을 청소년지도의 특수성에 알맞게 수정하고 발전시킨 것이다. ISD-P (Instructional Systems Design/Development-Project) 모형은 프로젝트 수행으로서의 교수체제설계 모형을 뜻한다. 한상철(1995a)은 이를 청소년지도의 과정개발 (course development) 또는 프로그램 개발을 위해 수정하였다. 과정개발이란 집합 교육을 실시할 수 있는 한 단위의 교육 프로그램을 의미하지만, 실제 개발장면 에서 과정개발과 프로그램 개발은 혼용하여 사용된다. 여기서는 과정개발이란 용어 대신 프로그램 개발이란 말을 사용하기로 한다.

프로그램 개발의 결과로 나오게 되는 산출물에는 대체로 지도 매뉴얼, 학습자

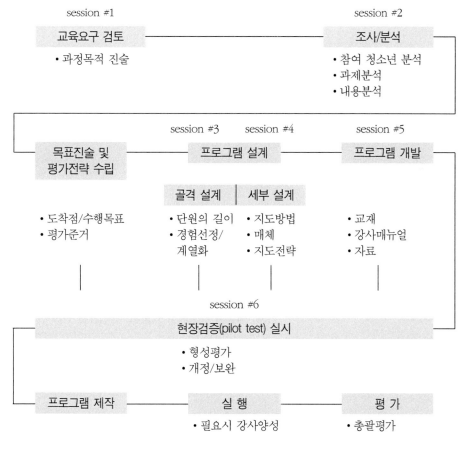

■□■ [그림 11-1] 청소년지도 프로그램 개발모형

〈표 11-1〉 프로그램 개발모형의 하위과제

단계 1. 교육요구 검토	1-1. 지도활동이 적절한 해결방안인가를 결정한다. 1-2. 지도환경을 확인한다. 1-3. 지도목적을 진술한다.
단계 2. 조사/분석	2-1. 지도의 필요점을 조사한다. 2-2. 필요점 조사 보고서를 작성한다. 2-3. 청소년의 특성을 분석한다. 2-4. 과제/내용을 분석한다.
단계 3. 목표진술 및 평가전략 수립	3-1. 목표를 진술한다. 3-2. 평가계획과 준거를 설정한다.
단계 4. 프로그램 설계 [골격] [세부]	4-1. 내용을 선정하고 계열화한다. 4-2. 지도방법을 결정한다. 4-3. 보조자료 및 매체를 결정한다. 4-4. 지도전략을 구체화한다. 4-5. 프로그램 설계 명세서를 작성한다. 4-6. 요구분석과의 적합성을 검토한다. 4-7. 개발/구입 여부를 결정한다.
단계 5. 프로그램 개발	5-1. 프로그램/지도자 매뉴얼/교수자료를 작성한다.
단계 6. 현장검증 (pilot test)	6-1. 현장 검증을 실시한다. 6-2. 실시결과 보고서를 작성한다. 6-3. 과정을 수정/보완한다.
단계 7. 프로그램 제작	7-1. 교재/도구를 제작한다. 7-2. 제작물을 검토한다.
단계 8. 실행	8-1. 필요시 강사를 양성한다. 8-2. 본 과정을 운영한다.
단계 9. 평가	9-1. 평가(총괄평가)문항을 개발한다. 9-2. 평가를 실시·수집·분석한다. 9-3. 필요시 과정개발을 수정 보완한다. 9-4. 과정평가 보고서를 작성한다.

교재, 교보재(매체포함), 평가도구 등이 포함되며, 이 속에는 또 다시 구체적인 교육의 목표와 조직된 교육의 내용, 교수전략, 평가전략 등이 포함될 것이다. 이러한 산출물들을 내기 위해서는 ISD의 각 단계들을 따라가면서 각 단계에서 요구하는 정보들을 채워 나가야 할 것이다. ISD 모형의 수행절차를 체계적으로 도시

하면, [그림 11-1]과 같다.

본 모형은 6회의 프로젝트 회기(sessions)와 5개의 개발과정을 가지며, 전체 9개의 단계를 포함하고 있다. 개발과정은 분석, 설계, 개발, 실행, 평가이며, 단계는 교육요구검토, 조사/분석, 목표진술 및 평가전략 수립, 프로그램 설계, 프로그램 개발, 현장검증, 프로그램 제작, 실행, 평가를 포함한다. 각 단계별 하위과제는 〈표 11-1〉과 같다.

::12 청소년상담

청소년지도란 청소년들의 학업과 인성 및 진로를 조력하고 지원하기 위한 것이며, 학교교육에서 학생의 생활 및 행동지도를 총칭하는 의미로 사용된다. 한편, 청소년상담은 넓은의미의 청소년지도, 즉 청소년 생활지도에 포함되지만, 협의의 관점에서는 청소년을 대상으로 개인의 자아계발을 조력하고 부적응행동을 예방 또는 치료하기 위한 이론과 전문적인 방법을 다룬다. 현실적으로, 청소년지도는 청소년집단의 수련활동이나 단체활동, 캠프활동 등을 체계적으로 지도하는 데 초점을 두지만, 청소년상담은 청소년 개인으로 하여금 보다 생산적인 '나' 그리고 '우리'가 되는 경험을 할 수 있도록 조력한다. 이와 같은 구분은 다분히의도적인 것일 뿐 학문적으로 생활지도와 상담은 구분하기 어렵다.

청소년들은 스스로 다양한 경험과 삶의 체험을 통하여 자신의 성장을 촉진시키고, 비뚤어지고 왜곡된 자신의 생각을 생산적인 사고로 전환함으로써 다양한 문제들을 합리적으로 해결하며, 잘못된 행동이나 사고를 교정 또는 개선할 필요가 있다. 이 장에서는 청소년 개인의자기 성장을 조력하고 합리적 사고와 행동수정을 촉진시키며, 부적응 및 신경증적 이상행동을 치료하기 위한 일련의 이론과 상담기법을 소개하고자 한다. 상담은 청소년학의 실천적인분야지만, 상담이론에 따라 상담과정과 절차 및 방법 등에 있어서 커다란 차이를 보이는 만큼 일반적인 방법과 절차를 제시하기가 쉽지 않다. 따라서 여기서는 청소년상담에서 많이활용되는 네 가지 기초이론(인본주의이론, 인지주의이론, 행동주의이론, 정신분석이론)을 중심으로 이론에 대한 간단한 소개와 더불어 상담과정과 기법 등을 살펴보고자 한다.

1. 인간중심주의 상담

이 접근은 1940년대 초에 미국의 심리학자인 Carl Rogers에 의해 창안된 것으로, 비지시적 또는 내담자 중심의 상담이라고도 한다. 1974년 이후 로저스는 정상이든 비정상이든 모든 인간은 각자의 계속적인 성장에 궁극적 관심을 가지며, 누구나 이와 같은 계속적 성장을 위한 잠재능력을 갖고 있다는 인간관에 기초하여 '인간 중심'이란 용어를 사용하였다.

1) Rogers의 인간관

Rogers(1980)는 자신의 많은 임상적 경험들을 토대로 인간에 대한 몇 가지 중요한 가정을 제안하였다. 첫 번째 가정은 인간 개체가 자신 속에 자기를 이해할 수 있고 또한 자아개념과 기본적 태도를 변경시킬 수 있는 방대한 자원들을 갖고 있다는 것이다. 이러한 자원들은 촉진적인 심리적 분위기만 제공되면 개발될 수 있는 것이다. 한편, 그는 이러한 인간 또한 때때로 비정한 살인의 감정, 이상한 충동과 반사회적 행동을 나타낸다는 사실을 인정하고 있다. 그러나 이러한 것들은 인간 본성으로부터 우러나오는 것이라기보다 그 개인의 유기체적 경험과 자아 간의 부조화에 의한 것이라고 보았다(Rogers, 1951; Hjelle & Ziegler, 1981). 이는 곧 인간은 본래적으로 자기 이해와 자기 태도변화를 위한 무한한 자원들을 가지고 있음을 의미하는 것이다.

두 번째 가정으로서 모든 유기체 속에는 그 자체의 고유한 가능성들을 건설적으로 성취하기 위한 끊임없는 움직임이 있으며, 인간 존재 속에도 복잡하고 완전한 발달을 향한 자연적 경향성, 즉 자아실현(self-actualization) 경향성이 있다고 주장한다. Rogers는 인간에게 있어서 이러한 경향성은 다른 모든 동기의 근원적인 동기라고 하였다. 이것은 자아를 실현하고자 하는 개인의 충동으로서, 복잡한 신체구조의 발달과 자기충족 및 성숙을 목표로 하는 인간의 진보적인 추진력이다. 따라서 Rogers는 인간을 끊임없이 성장해 가는 존재로 보고 있으며, 인간의 삶을 수동적이 아니라 능동적인 과정으로 파악하고 있다.

위 두 가지 가정을 종합해 볼 때, Rogers는 인간을 합목적적이고 전진적이며, 건설적이고 현실적인 존재인 동시에 아주 신뢰할 만하고 선(善)한 존재로 보고 있다고 말할 수 있다. 이러한 인간관은 인간중심주의적 상담의 기본 가정으로 간주된다. 즉, 인간은 자신을 이해할 수 있고 자신의 행동을 지도하고 규제하고 통제할 수 있는 선천적인 능력을 가지고 있으며, 내적 불안으로부터 비교적 자유로울 수 있고 부적응으로부터 건전한 상태로 회복될 수 있으며, 나아가서 자신의 능력을 최대한 발달시킬 수 있다.

인간중심주의적 상담의 주요 관심은 정상인들의 건전한 발달과 성장을 조력하고 그들의 문제행동을 예방하는 것이지만, 문제아나 비정상아 또한 정상인과 마찬가지로 신뢰할 수 있고 가치 있으며 스스로의 문제를 해결할 수 있는 가능성의 존재임을 인정하고 있다. 이것은 모든 청소년을 동등하게 대우하고 있음을 의미한다. 그리고 상담과정에 대한 일차적인 책임을 내담자(clients)에게 두고 있으며, 내담자의 능동적인 역할을 강조하고 있다는 점도 중요한 특징이라고 할 수 있다.

2) 상담의 목적

인간중심주의적 상담의 궁극적인 목적은 '충분히 기능하는 인간(the fully functioning person)'이 되도록 돕는 것이다(Rogers, 1961; Patterson, 1980). Rogers(1961)에 따르면 충분히 기능하는 인간이란 좋은 삶 혹은 이상적인 삶을 사는 사람을 말한다. 이것은 유기체의 자아실현 경향성과 자신의 경험을 정확하게 의미화하고자 하는 경향성이 가장 충실하게 실현될 때 가능한 것이다. Patterson(1980)에 의하면, 한 인간이 충분히 기능한다고 하는 것은 최적의 심리적 적응, 최적의 심리적 성숙, 완전한 일치도 그리고 경험에의 완전한 개방성 등과 동의어로 볼 수 있다. Rogers는 또한 충분히 기능하는 인간이란 하나의 존재상태가 아니라 하나의 과정으로 이해해야 한다고 주장하고 좋은 삶 혹은 이상적인 삶이 되어 가는 과정의 특징들을 다음과 같이 열거하고 있다(Rogers, 1961: 187-192).

첫째, 경험에의 개방성이 증가되어 간다. 이것은 자기 방어를 감소시키는 것을 의미한다. 우리가 자신의 경험을 충분히 개방할 수 있으면, 모든 자극들을 방어기제(defence mechanism)에 의해 왜곡하지 않은 채 그러한 경험들을 신경계를 통해 자유롭게 전달할 수 있다. 따라서 자신의 감정들을 있는 그대로 자유롭게 각성할 수 있음과 동시에 그들에 대하여 자유롭게 대처할 수 있게 된다. 이처럼 충분히 기능하는 사람은 심리적으로 자유로운 상태를 유지한다고 할 수 있다.

둘째, 삶의 순간순간에서 보다 충실하게 살고자 하는 경향, 즉 실존적 삶(existential living)의 태도가 증가되어 간다. 자신의 새로운 경험에 대해 방어적이지 않고 충분히 개방적인 사람이라면 삶의 순간순간을 새로움으로 각성할 수 있다. 이러한 개인은 순간순간마다 내가 어떤 존재인가 또는 내가 무엇을 하고 있는가를 발견할 수 있고 그 삶에 충실할 수 있게 되는 것이다.

셋째, 자기 유기체에 대한 신뢰감이 증가되어 간다. 건강한 사람은 경험에 대하여 충분히 개방적이기 때문에 의사결정에 필요한 모든 정보들에 쉽게 접근할 수 있다. 자신의 욕구, 적절한 사회적 요구, 유사한 과거 장면들에 대한 기억, 현사태에 대한 지각 등을 의사결정에 필요한 정보로 활용함으로써 이들은 다양한 측면들을 고려한 의사결정을 통하여 모든 문제들을 가장 만족스럽게 해결할 수 있다. 따라서 그는 자기 자신의 존재를 신뢰할 수 있게 된다.

개방성과 실존성, 그리고 신뢰감의 증가를 통해 충분히 기능하는 인간이 되면 구체적으로 개인의 자기 성장이 촉진되고 참만남의 관계, 즉 인간관계가 개선되고 자력에 의해 합리적으로 문제를 해결할 수 있고 건강하고 창의적인 성격이 형성되며, 삶의 질이 개선된다고 할 수 있다.

3) 상담의 과정과 상담자의 태도

(1) 상담의 과정과 특징

여기서 상담의 과정이란 Rogers가 상담자와 내담자 사이의 개인 상담장면에서 상담이 진행되는 과정을 단계별로 기술하고 있는 것을 개칭한 것이다. 인간중심주의적 상담을 내담자의 성장 및 발달과 문제해결을 조력하고 촉진시키고자 하는 활동이라고 할 때, 상담자가 내담자에게 일방적으로 무엇을 가르치고 지도하기 위한 것이 아니라 상호 친밀한 관계를 형성하고 서로를 이해하고 수용하며, 원만한 의사소통을 위해 상호 협력하는 것을 말한다. 여기서는 청소년 내담자의

자기 성장과 행동변화 과정을 Rogers의 제안에 따라 7단계로 나누어 살펴보고자
한다.

- 1단계: 청소년 내담자는 경직된 경험의 상태에 있기 때문에 상담장면에 자
  발적으로 참여하기가 쉽지 않으며, 커뮤니케이션 또한 피상적인 수준에 지
  나지 않는다. 즉, 자신에 대한 이야기를 기꺼이 하지 않으며, Kelly의 말대
  로 개인적 개념 구성체(personal construct)가 매우 경직되어 있다고 할 수
  있다.

- 2단계: 1단계에서 내담자가 자신이 충분히 수용되고 있음을 경험하게 되면
  2단계로 발전하게 된다. 이제 그들의 감정들이 가끔 표현되기도 하지만 아
  직은 과거의 객관적인 경험의 하나로 묘사된다. 즉, 자신이 어떤 문제나 갈
  등을 갖고 있다는 인식을 나타내 보이기는 하지만, 그 문제나 갈등이 하나
  의 객관적인 다른 사람의 문제인 것처럼 지각되고 있는 것이다.

- 3단계: 2단계에서 약간 느슨해지고 유동적으로 된 태도가 방해받지 않고
  계속 수용되고 있다고 느끼게 되면, 보다 많은 감정과 사적인 표현을 하게
  된다. 그러나 '지금 여기'의 감정이나 경험이 아니라 하나의 객체로서 자
  기와 관련된 경험들을 표현하게 된다.

- 4단계: 청소년 내담자가 여전히 있는 그대로의 자신이 수용되고 이해되고
  있다고 느낄 때, 보다 자유로운 감정의 흐름이 가능해진다. 그래서 전에는
  의식하기를 부인하던 감정들이 그대로 표현되기도 한다. 그러나 아직은 이
  러한 표현에 두려움을 느끼고 있다. 또한 문제에 대한 자기책임의식이 약
  간씩 나타나기도 하지만 아직까지 자신의 감정이 극렬하게 표현되지는 않
  는다.

- 5단계: 이제 청소년 내담자의 유기체적 유동성이 보다 자유롭게 된다. 따
  라서 감정이 '지금 여기'의 느낌 상태로 표현되며, 그들 자신의 감정을 있
  는 그대로 수용할 수 있다. 그리고 부인되었던 감정들이 비로소 의식 밖으
  로 흘러나오면서 '진실된 나'가 되려는 바람이 나타난다. 또한 자신의 문
  제에 대한 분명한 책임을 인정하게 된다. 그러나 아직도 약간의 두려움을
  가진다.

- 6단계: 이제까지와는 다른 극적인 발전이 이루어지게 되는데, 이전에 부인했던 감정들을 현재의 경험들로 즉각 수용한다. 이제 객체로서의 자아는 사라지고 경험의 과정은 현실적인 것이 된다. 청소년은 자신의 문제를 주체적으로 인식할 수 있게 된다.
- 7단계: 이제는 상담자의 도움을 필요로 하지 않는다. 청소년은 새로운 감정들을 즉시 그리고 충분히 느긋하게 경험할 수 있다. 이러한 경험의 과정에서 자아는 신뢰감을 높여 가며, 청소년은 이를 자유롭게 경험하면서 충분히 기능하는 인간으로서 성장한다.

이상의 상담과정에서 인간중심주의적 상담의 몇 가지 특징을 다음과 같이 요약해 볼 수 있다.

첫째, 상담의 과정에서 문제해결에 대한 내담자의 책임과 주체성을 강조하고 있다.

둘째, 수용적인 관계의 중요성을 강조하고 있으며, 상담자가 내담자를 있는 그대로 수용할 때 내담자도 자신을 수용할 수 있고 개방적일 수 있음을 강조한다.

셋째, 수용적인 상담관계의 분위기에서 내담자가 자신을 자유롭게 표현할 수 있게 되고, 그러한 과정에서 내담자는 자기 문제의 해결책을 스스로 찾을 수 있게 된다. Rogers는 이러한 과정을 바로 충분히 기능하는 인간으로서의 성장과정이라고 하였다.

(2) 상담자의 태도

Rogers(1951)는 정교화된 상담의 기술을 중요시한 초기의 관점을 변화시켜 상담자의 태도와 철학에 관심을 가지게 되었다. 이와 함께 그는 인간중심주의적 상담자의 태도에서 나타나야 할 적절한 조건들로서 진실성 혹은 일치성, 무조건적 긍정적 관심 그리고 정확한 공감적 이해를 들었다.

이러한 조건들은 각각 독립된 별개의 조건들이 아니고 실제로는 서로 얽혀 있고 또 논리적으로 서로 관련되어 있다고 보아야 할 것이다. 즉, 다른 사람의 내적 경험에 대한 공감적 이해는 적어도 어느 정도 그 사람에 대한 애정 없이는 성취되기 어렵다. 공감적 이해나 무조건적 긍정적 관심 또한 상담자 자신의 경험

속에 진실성이 없다면 아무런 의미가 없을 것이다. 상담자의 태도와 관련한 조건들을 살펴보면 다음과 같다.

① 진실성

Rogers(1980)는 상담자가 상담장면에서 자신의 권위나 체면에 얽매이지 않고 자신을 있는 그대로 인정하고 표현할수록 내담자는 건설적인 방향으로 변화되고 성장할 수 있는 가능성이 커진다고 하였다. 이것은 곧 상담자의 진실성(genuineness)을 의미하는 것으로, 실재성(realness) 혹은 일치성(congruence)이라고도 한다. 진실성 혹은 일치성이란 상담자가 내담자와의 만남 관계에서 순간순간 경험하는 자신의 감정이나 태도를 있는 그대로 솔직하게 인정하고, 경우에 따라서는 솔직하게 표현하는 태도를 말한다. 이와 같은 상담자의 진실한 태도는 청소년 내담자와의 순수한 만남(encounter)을 가능하게 하고, 청소년의 개방적인 자기 탐색을 촉진 격려하게 될 것이다.

② 무조건적인 긍정적 관심

Rogers(1980)는 청소년 내담자가 어떤 상태에 놓여 있는 존재이든 간에 상담자가 그를 향한 무조건적이고 긍정적이며 수용적인 태도를 가질 때, 치료적 변화가 일어날 가능성이 높다고 주장한다. 무조건적인 긍정적 관심(unconditional positive regard)은 상담관계에서 상담자가 청소년 내담자를 구별하거나 비교하거나 선택하는 방식으로 평가 판단하지 않고 내담자가 나타내는 어떤 감정이나 그 밖의 행동특성들도 그대로 수용하여 그를 소중히 여기고 존중하는 태도를 말한다. 물론 상담자도 인간인 만큼 모든 내담자를 무조건적으로 수용한다는 것이 어려울 수 있지만, 적어도 상담과정에서만큼은 무조건적인 긍정적 관심을 가져야 한다는 것이 인간중심주의적 접근의 상담기술이라고 할 수 있다. 상담자의 이러한 태도는, 특히 청소년상담과정에서 매우 중요한 의미가 있다.

③ 정확한 공감적 이해

정확한 공감적 이해(accurate empathic understanding)는 상담자와 내담자가 상호작용하는 동안에 발생하는 내담자의 경험과 감정, 그리고 그러한 경험 및 감정의 의미를 민감하고도 정확하게 이해하려는 상담자의 노력을 말한다. 즉, 이것은 상담자가 청소년 내담자의 지각적 세계에 철저하게 익숙해지는 것을 의미하며, 단순한 지적 통찰 이상을 나타낸다. 정확한 공감적 이해는 내담자로 하여금 있는 그대로의 자신에게 보다 더 가깝게 접근해 갈 수 있도록 격려하고, 자신을 보다 깊이 있게 그리고 보다 강하게 경험할 수 있게 하는 기술로서 내담자 자신 내에 존재하는 자아와 유기체적 경험 간의 불일치성을 스스로 인지하고 해결할 수 있도록 한다(Corey, 1977).

물론 완전한 공감적 이해는 불가능할지도 모르며, 또 경우에 따라 반드시 필요하지 않을 수도 있다. 그러나 공감적 이해가 완전성에 가까울수록 보다 효과적인 상담관계를 형성할 수 있다고 할 수 있다. 청소년상담 과정에서 상담자가 청소년을 공감적으로 이해하려는 진실한 태도가 청소년들에 의해 이해되고 수용될 때 곧바로 개인적 성장을 촉진시키게 될 것이다.

이상에서 상담자의 세 가지 태도의 조건을 간단히 설명하였다. 그런데 문제는 청소년 내담자가 이와 같은 상담자의 진실성이나 긍정적 관심, 그리고 공감적 태도를 지각할 수 있어야 한다는 것이다. 그러므로 상담자가 내담자에게 성공적으로 자신의 이와 같은 태도를 전달할 수 있어야 한다. 그러기 위해서는 상담자의 기본적인 태도가 그가 말하고 행동하는 모든 것에 잠재되어 있어서 상호작용 과정에서 청소년 내담자에게 자연스럽게 관찰될 수 있도록 해야 할 것이다.

4) 자기 성장을 위한 상담

(1) 자기 성장의 요소

청소년상담의 주요 목적 중의 하나는 청소년 내담자로 하여금 보다 성숙한 인간이 되도록 돕는 것이다. 성숙한 인간이 된다는 것은 있는 그대로의 인간이 되는 것이다. 어떤 훌륭한 정원사에게 나무를 잘 키우는 방법을 물었다. 그는 '나무의 속성대로 키우는 것'이라고 대답하였다. 그렇다면 '나무의 속성은 무엇이냐'고 물었더니, '나무는 뿌리를 튼튼하게 내리고 줄기를 곧게 하고자 하는 속성이 있다'는 것이다. 나무를 잘 가꾸려고 뿌리를 파서 이리저리 옮기고, 갖가지 영양분을 더 많이 주려 하고, 줄기를 예쁘게 기르려고 가위질을 하는 것은 나무를 잘 가꾸는 것이 아니라 나무를 망치는 것과 같은 것이다.

　인간중심주의에 기초한 청소년상담과 지도는 청소년의 속성에 따라 그의 선하고 풍부한 잠재력이 무한히 뻗어 나갈 수 있도록 조력하는 것이며, 스스로의 능력과 노력에 의해서 자신의 개성과 창의력을 발휘할 수 있도록 하는 것이다. 다시 말하면, 자기 스스로를 이해하고 수용하며 개방함으로써 자기 성장을 이루어 나갈 수 있도록 조력하는 것이다. 자기 성장은 청소년상담뿐만 아니라 청소년지도의 궁극적인 목적으로서 다음과 같은 세 가지 요소를 포함한다고 할 수 있다.

　① 자기 이해

　성숙한 인간이 되기 위한 첫 번째 조건은 있는 그대로의 자기를 정확하게 이해하는 것이다. 자기 이해(self-understanding)는 자신의 심신에 관한 여러 가지 상태, 대인관계의 질과 양, 가치관 및 이와 관련된 자기의 행동 등에 관하여 현실적으로 이해하는 것을 말한다.

　우리는 유아교육에서부터 최종 학교에 이르기까지 지나치게 객관적인 지식 위주의 교육만을 받아 왔기 때문에 한글을 창조한 임금은 누구라든가, 만유인력의 법칙은 어떤 것이라든가 등과 같이 자기 아닌 다른 것에 대해서는 상당히 많은 지식을 가지고 있다. 그러나 자기 자신에 대해서는 학습할 기회를 거의 갖지 못했기 때문에 막상 '나는 어떤 사람?', '나의 가치관', '나의 삶의 목적', '나의 장단점' 등에 관한 질문을 받게 되면 몹시 망설일 수밖에 없게 된다.

　우리의 행동은 우리들이 갖고 있는 자아개념(self-concept)에 의하여 좌우된다고 할 수 있다. 자아개념이란 지금 여기(here and now)의 자신에 의하여 지각된 자기, 즉 자신에 대한 평가를 의미한다. 한 개인이 자신을 실력 있고 가치 있으며, 존경받을 수 있는 존재로 지각하게 된다는 것은 긍정적 자아개념을 가지고 있음을 의미하는 것으로, 그의 행동은 적극적이고 보다 건설적이 될 것이다. 반면에 자신을 무가치하고 매력 없는 존재로 지각하게 될 때 부정적 자아개념을 갖게 되는 것으로, 그의 행동은 움츠려 들고 의욕과 자신감이 상실되고 모든 사실을 부정적인 시각으로 조망하게 될 것이다. 따라서 자신이 어떠한 자아개념을 가지고 있으며, 그것이 자신의 행동에 어떻게 영향을 미치고 있는지를 현실적으로 각성하는 것은 매우 중요한 일이다.

이와 더불어 우리는 자아의 이중구조에 대해서도 보다 정확하게 이해할 필요가 있다. 자아(self or ego)는 자기가 자기 자신을 지각하고 평가할 때의 자아인 주체적 자아(I)와 다른 사람에 의해 지각되고 있는 자기에 대한 자신의 지각 또는 평가를 일컫는 객체적 자아(Me)로 구분될 수 있다. 뿐만 아니라 현실적 자아와 이상적 자아로 구분되기도 하고 진실된 자아인 진아(眞我)와 거짓된 자아인 가아(假我)로 구분되기도 한다.

우리들의 일상생활은 대부분 여러 가지 '게임'으로 이루어지고 있다. '게임'이란 있는 그대로의 자기가 행동하는 것이 아니라 성장하면서 사회문화의 영향을 받아 정형화된 행동형식 또는 이미 짜여진 각본(script)에 의해서 반응하는 것을 의미한다. 즉, 가아(假我)에 의해 행동하고 있음을 말하는 것이다. 또한 우리는 있는 그대로의 자기를 은폐하기 위하여 여러 가지 '방어기제(defence mechanism)'를 사용하고 있다. 합리화, 투사, 퇴행, 동일시, 반동형성 등 수많은 방어기제를 사용함으로써 자신을 기만하거나 은폐하고 책임전가를 일삼는 등의 행동을 하고 있다. 물론 이러한 행동은 무의식적으로 행해지는 것이지만 자신을 보다 정확하게 이해하기 위해서는 자신이 사용하고 있는 게임이나 방어기제를 분석하고 각성할 필요가 있으며, 그럼으로써 건강한 성격과 합리적인 적응을 이루어 나가도록 노력해야 할 것이다.

이러한 자기 이해의 과정을 좀 더 구체적으로 이야기하자면 내가 지금 화를 내고 있는지, 불안이나 긴장을 경험하고 있는지, 나는 지금 무엇을 존중하고 가치 있게 보고 있는지, 무엇을 바라고 무엇에 심신을 투입하여 행동하고 있는지, 내가 지금 하고 있는 행동은 있는 그대로의 나의 것인지 아니면 다른 사람들의 기대에 부응하기 위하여 꾸며낸 것인지, 나의 행동이 나 자신의 직업 성취와 일반적인 삶 그리고 나아가서는 타인과의 관계발전에 어떤 결과를 초래할 수 있는지 등에 대하여 이해하는 것을 말한다.

② 자기 수용

자기 자신에 대한 정확한 이해와 더불어 자기 자신을 있는 그대로 인정하고 받아들일 수 있는 태도를 갖는 것 또한 자기 성장에 필수적인 과정이다. 자기 수용(self-acceptance)은 자아실현인의 중요한 특징 가운데 하나일 뿐만 아니라 건강한 성격과 합리적인 적응에도 필수적인 요소라고 할 수 있다.

자기 이해의 과정을 통해 우리는 자신의 좋은 점이나 밝은 면도 발견할 수 있겠지만 어둡고 초라하고 부끄러운 면도 발견할 수 있을 것이다. 이러한 과정에서 자신의 모습이 어떠한 것이든 그것은 곧 자기의 것이지 다른 누구의 것도 아님을 우선적으로 자각할 필요가 있다. 잘생겼든 못생겼든 그것은 자기의 것이며, 어떤 일에 대한 유능함도 무능함도 역시 자신의 것이다. 그러나 일부 사람들은 자신의 긍정적이고 우수한 측면만을 인정할 뿐 부정적이고 열등한 측면은 부정하거나 배척하는 경향이 있다. 그리고 다른 어떤 사람은 자신의 단점을 크게 확대하거나 자기 비판적이 되는 데만 익숙해 있을 뿐 자신의 자원이나 가능성을 발견하는 데는 매우 서툰 경우도 있다. 양자 모두의 경우 자신을 진실되게 수용하려는 태도가 결여된 상태이며, 자신을 왜곡되게 지각하고 있는 경우라고 할 수 있다.

자기 수용의 태도는 자신의 긍정적인 면이든 부정적인 면이든 있는 그대로의 자기를 받아들이는 것으로 세 가지 측면에서 이를 고찰할 수 있다. 첫 번째는 자기 자신의 신체적 조건이나 생리적 현상을 있는 그대로 경험하고 받아들이는 것이다. 예를 들면, 얼굴이 희다든지 검다든지, 키가 크다든지 작다든지, 시력이 좋든지 나쁘든지 이를 있는 그대로 인정하고 수용하는 것이다. 뿐만 아니라 생리적 조건으로서 성이나 임신, 늙는 것과 같은 여러 가지 현상들을 경험할 때 비현실적이거나 신경증적인 반응을 보이지 않을 뿐만 아니라 후회나 수치감으로 방어적이 되지 않고 이를 하나의 사실로 인정하고 받아들이는 것이다.

두 번째는 자기 자신의 느낌, 생각, 행동 등 심리적인 현상을 자기의 것으로 인정하고 책임지는 것이다. 두려워하거나 불안해하거나 분노를 느끼거나 할 때 자기 자신이 그러한 감정을 가지고 있다는 사실을 솔직히 인정하고 받아들이는 태도를 의미한다. 뿐만 아니라 어떤 특정한 방식으로 생각하고 행동하는 자기만을 자기인 것처럼 받아들이고 다른 방식으로 생각하고 행동하는 자기는 미워하고 부인하는 것이 아니라 순간순간의 생각과 행동을 있는 그대로 자기의 것으로 시인하고 책임을 지는 것을 말한다.

세 번째는 자신의 처지를 현실로 인정하고 이에 직면하는 태도다. 이것은 현실 직면의 용기를 필요로 한다. 성숙한 인간은 그가 처해 있는 현실을 직시할 뿐만 아니라 그 현실을 자기의 것으로 받아들여 거기서부터 삶을 개척해 나간다고 할 수 있다. 우리는 때때로 불안하고 위협적인 사태에 봉착할 때 그 현실에 직면할 용기가 없어서 이를 무시하거나 거부하기도 하고, 그 현실에서 도피하기도 하고, 때로는 남에게 책임을 전가하기도 한다. 현실왜곡은 '지금 여기'의 자신을 거부하는 것이며, 자신의 긍정적인 발달을 저해하는 요인이 되는 것이다.

자아실현을 성취한 사람들은 선과 악, 사랑과 미움, 행복과 불행, 건강과 질병, 쾌와 고통 등과 같은 양극적인 현상을 한층 높은 차원에서 통합하는 원리를 터득함으로써 소위 흑백이론의 속박에서 자유롭게 된 사람이라고 할 수 있다. 따라서 그들은 자신이 경험하는 충동, 정서, 사고 등에 대해 두려움이 없으며, 일반인들보다 있는 그대로의 자기를 더 잘 수용한다고 할 수 있다. 이와 같은 깊은 차원의 자기 수용은 그들로 하여금 사물의 진정한 본질을 보다 정확하게 인식할 수 있게 하며, 그들의 행동을 보다 자발적이고 자유롭게 하며, 자기 자신의 심적 에너지를 보다 즐겁고 창조적인 목적에 사용할 수 있게 해 줄 것이다.

③ 자기 개방

우리가 자기 자신을 이해하고 수용할 수 있다는 것은 타인에 대해서도 그를 진정하게 이해하고 있는 그대로 수용할 수 있음을 의미한다. 자기 개방(self-disclosure)은 타인을 진정하게 이해하고 수용할 수 있을 때 가능한 것이다. 자기 개방이란 다른 사람에게 있는 그대로의 자기를 솔직하게 나타내 보이는 것을 말하는 것으로, '이것이 바로 나다. 이것이 바로 나의 현재의 느낌이고 생각이다. 이것이 바로 내가 좋아하는 것이고 내가 싫어하는 것이다. 이것이 바로 나의 신념이다.'라고 자신 있게 말하는 것이다.

자기 개방은 건강한 성격을 발달시키고 의미 있는 인간관계를 발전시키는 데 필수적인 과정이라고 할 수 있다. 즉, 자기 개방은 나를 '나' 되게 하는 것이며, 타인과의 참만남을 성취하게 하는 것이다. 그러나 현실적으로 우리는 있는 그대로의 자기를 솔직하게 개방하지 못하고 가면을 쓴 채 역할놀이를 하고 있는 경우가 많다. 그 결과 불안과 긴장, 고독, 우울 등의 비생산적이고 소비지향적인 삶을 살고 있으며, 또한 소중한 심적 에너지를 낭비하고 있는 것이다.

Johari의 마음의 창문(windows of mind)은 자기 개방의 영역과 특징을 잘 묘사하고 있다(Luft, 1970). [그림 12-1]에 도식화된 이 모형에 의하면, 우리들에게는 느낌, 생각, 행동 등이 자신과 타인에게 함께 알려져 있는 개방된 부분(I 영역)이 있는가 하면, 타인의 눈에는 알려져 있어도 자기 자신은 자각하지 못하고 있는 영역(II 영역)도 있고, 자신은 알고 있지만 타인에게는 은폐된 영역(III 영역)도 있으며, 자신과 타인 모두에게 전혀 알려져 있지 않고 있는 영역(IV 영역)도 있는 것이다.

이 모형에 따르면, 자기 개방적인 청소년이 된다는 것은 II, III, IV의 영역을 줄이고 I의 영역을 넓히는 것을 의미한다. II의 영역이 넓다는 것은 통칭 눈치 없는 사람으로서 타인들이 보기에는 개선해야 할 점이 많으나 자기 자신은 그와 같은 사실을 깨닫지 못하고 스스로 잘난 체하고 문제가 없는 체하고 자기 도취적이 되어 있는 경우가 이에 해당된다. 이런 청소년들은 자기 이해가 부족하기 때문에 다른 사람들과 생산적인 관계를 발전시키지 못하는 특징이 있다. 반면에 III의 영역이 넓은 사람은 자기 표현을 잘 하지 않기 때문에 그 속에 어떠한 느낌이나 생각을 하고 있는지 알 수가 없어서 누구든지 쉽사리 접근하기가 힘들다. 그는 민감하여 자기 자신을 비교적 정확히 이해하는 것 같지만, 스스로 이해하는 자신을 수용하지 못하므로 남에게 있는 그대로의 자신을 개방하지 못하고 생산적인 관계를 맺지 못하는 특징이 있다. 그리고 일반적으로 불안해하고 긴장하고

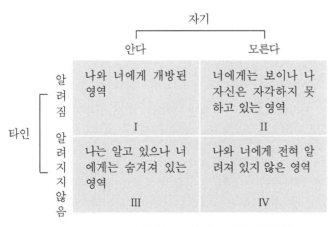

■□■ [그림 12-1] Johari의 자각모형

있으며, 자기 은폐에 지나친 신경을 쓰기 때문에 자신의 기능을 충분히 발휘하지 못한다. 이와 같은 청소년들은 특별히 자기 개방의 용기와 훈련이 필요하다. 그리고 IV의 영역이 넓다는 것은 정상적인 생활이나 사회적응이 거의 이루어지지 않는 경우로서 다소 심각한 신경증 환자나 정신병 환자들의 특징이라고 할 수 있다. 즉, 자기 자신도 다른 사람도 자기를 모르고 있을 뿐만 아니라 자신에게도 다른 사람에게도 자신을 은폐하고 있으므로 어떠한 관계도 형성하지 못하는 경우다.

우리는 의미 있는 대인관계나 경험, 그리고 독서 등을 통하여 I의 영역을 넓히고 II, III, IV의 영역을 축소시킴으로써 자기 성장은 물론 효과적인 인간관계와 건강한 성격을 형성해 나가야 할 것이다.

(2) 자기 성장을 위한 집단상담의 특징

자기 성장을 위한 상담은 소수의 문제아뿐만 아니라 다수의 정상아들을 대상으로 하기 때문에 대부분 개인상담으로서보다 집단상담을 통해 실시되고 있다. 집단상담은 Rogers가 인간 중심적 상담을 실현하기 위한 구체적인 기법으로 창안한 것이지만, 최근에는 Ellis의 합리적-정서적 훈련(RET)과 행동주의자들의 자기주장 훈련 등 다양한 접근들에서도 폭넓게 활용되고 있다. 이러한 집단상담은 소수의 전문상담자 또는 지도자가 다수의 정상적인 청소년들을 대상으로 개개인의 성장을 조력하기 위한 전문상담기법이라고 할 수 있다. 그리고 집단상담을 통한 개인의 성장은 인간관계의 개선과 문제해결 능력의 신장, 건강하고 창의적인 성격의 형성 등을 촉진시킨다고 할 수 있다.

따라서 자기 성장을 위한 집단상담은 집단 구성원 개개인의 자기 성장을 조력하고 의사소통과 인간관계를 개선함으로써 보다 생산적인 삶을 영위할 수 있도록 조력하기 위한 것이다. 이것은 오늘날 상담의 주된 임무가 문제행동의 치료라는 소극적 기능보다는 자신의 잠재력 개발을 통한 문제행동의 예방과 발달을 촉진시키는 적극적 기능을 강조하고 있는 것과도 일치한다. 그러므로 다른 학습 집단에서처럼 어떤 객관적인 지식에 초점을 두기보다 참여하는 인간 개체와 그의 세계에 초점을 두게 된다.

그리고 자기 성장 집단상담 방법은 종래의 강의나 토의방식과는 전혀 그 성격을 달리한다. 집단과정의 의사소통과 개개인의 감정 및 정서, 창의성과 상상력, 인간이해와 인간관계 등과 같은 정의적 영역에 강조점을 두게 되며, 형식적인 결론도 문제해결도 없는 것이 특징이다. 그러나 프로그램의 계속적인 진행에 참여함으로써 참여자 개개인은 자기를 보다 현실적으로 이해하고 수용할 뿐만 아니라 자기 개방적인 인간이 됨으로써 생산적인 삶의 주체자가 될 것이다. 자기성장 집단상담의 특징을 간단히 요약하면 다음과 같다.

첫째, 집단 구성원들은 집단활동에 적극적으로 참여하고자 하는 의지가 있어야 한다. 구성원들은 스스로 참여자가 될 뿐만 아니라 다른 구성원들의 안내자 또는 지도자로서의 역할을 하게 되므로 적극적인 의지를 가지고 상호 협력하여야 한다.

둘째, 자기 성장 상담방법은 경험 중심적 학습방법을 채택하고 있기 때문에 '지금 여기'의 상태에서 나와 너 사이에서 일어나고 있는 감정, 느낌, 생각, 행동 등을 상호 간에 관찰하고 분석하고 지적해 주도록 해야 한다. 지금 여기의 감정과 행동이 아닌 과거의 행동, 미래의 생각 등은 자기 성장에 도움을 주지 않을 뿐만 아니라 단순히 시간을 보내기 위한 활동에 지나지 않는다는 점을 명심할 필요가 있다.

셋째, 자기 성장을 위한 학습과정에서 상호 간에 직접적이고 솔직하며, 우호적인 피드백이 있어야 한다. 인간은 타인이란 거울을 통해서만 자신을 볼 수 있다. 피드백은 개인으로 하여금 자기 자신을 이해하도록 돕는 유일한 방법이요 수단이다. 피드백은 시기적으로 그 행동이 일어난 직후에, 구체적인 행동에 대해서, 비판적인 아닌 우호적인 태도로 그리고 정서적으로 집단 내의 여러 사람에 의해 주어질 때 효과적이다.

넷째, 참여자들이 집단 내에서 있는 그대로의 자기를 탐색하고 수용하고 개방할 수 있으며 상호 간에 솔직한 피드백을 주고받을 수 있으려면 지도자를 포함한 모든 참여자들 상호 간에 신뢰감이 조성되어야 하고 친밀하고 우호적인 분위기가 조성되어야 한다.

자기 성장 상담에서 모든 활동의 주체자는 집단 참여자들이지만, 지도자는 집단활동의 제반 여건을 조성하고 적절한 진행을 보조해야 할 뿐만 아니라 경우에 따라서는 특정한 개인의 개별상담을 수행하는 등의 역할을 해야 한다. 따라서 집단 지도자의 역할은 소극적인 참여자이면서 적극적인 안내자라고 할 수 있다.

2. 합리적-정서적 상담

이 상담접근은 Albert Ellis에 의해 창안된 것으로, 인간의 비합리적인 사고와 신념이 부적응과 문제행동의 원인임을 주장한다. 청소년상담과 관련하여, 청소년으로 하여금 그들의 정서적 혼란과 관계되는 비합리적 신념체계를 논박하여 이를 최소화해 줌으로써 그들이 보다 합리적인 신념체계를 형성하도록 도와주고자 한다. 합리적인 신념체계는 청소년들의 삶을 보다 생산적이고 융통성 있게 만들 것이다.

Ellis는 정신분석과 행동주의적 학습이론을 통해 자신의 정신과 환자와 신경증 환자를 치료하다가 여러 가지 면에서 한계를 인식하고, 1955년부터 합리적 접근을 시도하였으며 1962년에는 합리적-정서적 치료(RET; rational-emotive therapy)라는 명칭을 사용하기에 이르렀다.

1) Ellis의 철학 및 인간관

Ellis의 합리적-정서적 접근은 다른 접근들에 비해 철학적인 면이 비교적 강하다. 그는 이성주의와 현실주의, 과학주의적 철학에 바탕을 두고 있다. Ellis의 철학을 간단히 요약 정리하면 다음과 같다.

첫째, 인간은 인간 그 자체이지 그 이상도 그 이하도 아니다. 인간은 스스로 자신의 세계를 창조하고 현상학적이고 주관적으로 세상을 보려고 하며, 자신의 자유를 규정하고 개성을 개발하며, 타인과 대화를 나누며, 자신의 경험을 극히 중요한 것으로 받아들인다. 이것은 인간은 분명 인간 그 자체일 뿐 초월적인 존재도 아니고 그 이하의 하등동물도 아님을 의미한다.

둘째, 현실적으로 모든 인간은 죽는다. 그러므로 인간은 현실과 인생의 한계를 받아들여야 될 뿐만 아니라 궁극적으로 자기가 죽는다는 사실을 수용해야 한다. 이와 더불어 살아 있는 동안에 인생을 의미 있게 보내는 데 최선을 다할 필요가

2. 합리적-정서적 상담   **337**

있다.

셋째, 실제로 모든 인간의 주된 생의 목표는 생존하는 것이고 그것도 행복한 상태, 즉 불필요한 고통과 불안에서 비교적 해방된 상태에서 생존하는 것이다. 인간은 생물학적으로 볼 때 생존과 행복을 지향하려는 경향성을 가지고 있다. 그러므로 이러한 목적에 흥미를 느끼며 사는 것이 현명하고 타당할 것이다.

넷째, 행복 또는 쾌락을 선택하는 것은 정당하지만 대부분의 사람들이 60세 이상 살기 때문에 단기간의 쾌락보다는 장기간에 걸친 쾌락을 목적으로 하는 것이 현명하고 합리적일 것이다.

다섯째, 인간의 가치는 절대적이거나 완전할 수 없으며, 자기 이외의 그 무엇에 의해 주어진 것도 아니다. 즉, 인간의 가치는 상대적이며, 부분적으로나마 자기 가치를 스스로 선택할 수 있다. 따라서 청소년들은 자기 선택과 자유의지에 의해 자신의 가치를 선택하고 통제할 필요가 있으며, 다른 사람의 어떠한 가치에 대해서도 융통성 있게 해석하고 인정할 필요가 있다. 절대적 결정론이 아닌 융통성 있는 결정론을 지지하는 입장이다.

이러한 철학적 견해에 기초한 상담은 상담자나 지도자가 생각하는 합리적 행동목표를 내담자에게 강요하는 것이 아니라 내담자로 하여금 자신이 얼마나 비효과적이고 비합리적인 방법으로 그러한 가치를 추구하고 있는지와 그들이 어떻게 하면 그 가치를 합리적 방법으로 달성할 수 있을지에 대해 알려 주려고 노력하는 것이다. 그리고 Ellis는 인간은 합리적이고 올바른 사고를 할 수도 있고 비합리적이고 왜곡된 사고를 할 수도 있다고 가정한다. 즉, 인간은 자기를 보호하고 행복을 누리고 사고하고 말하고 사랑하며, 다른 사람과 친분을 맺고 스스로를 성장시키고 자아를 실현하는 경향성을 가지고 있음과 동시에 스스로를 파괴하고 일을 뒤로 미루고 실수를 계속 반복하고 허황된 미신에 빠져들고 참을성이 없고 완벽하려 하며, 자기를 비난하고 자신의 성장 가능성을 회피하려는 경향성도 가졌다고 보는 것이다. Ellis의 핵심적인 인간관을 요약하면 다음과 같다.

첫째, 인간은 외부적인 어떤 조건에 의해서보다 자기 스스로가 자신의 정서적 혼란을 일으키는 여건을 더 많이 만든다. 특히, 정서적 혼란을 가져오는 신념을 스스로 만들어서 그 신념에 따라 정서적 혼란을 반복하는 경향이 있다.

둘째, 인간은 사실을 왜곡하고 불필요한 정서적 혼란을 일으키는 생득적·문화적 경향성을 가지고 있다.

셋째, 인간은 동시에 사고하고 느끼고 행동하는데, 이들은 서로 중대한 영향을 주고받는다.

넷째, 인간은 자신의 인지, 정서 그리고 행동을 바꿀 수 있는 능력이 있고 자신이 늘 사용하던 형태와는 다른 형태의 반응을 선택할 수 있으며, 자신의 여생을 편안한 마음으로 살아가기 위해 스스로를 훈련할 수 있다.

2) 비합리적 신념과 합리적 신념

Ellis(1977)는 인간의 사고과정 및 신념이 인간행동을 움직이는 가장 큰 원동력이라고 하였으며, 인간의 정서적 문제는 비합리적 사고와 신념체제에 의해 야기된다고 주장한다. 옛말에 '세상만사는 마음먹기에 달려 있다'는 말이 있다. 이 말은 같은 일이라도 개인이 그것을 어떻게 받아들이고 생각하느냐에 따라 편하게 살아갈 수도 있고 그렇지 않을 수도 있다는 뜻이다. 합리적인 사고와 비합리적인 사고를 구분하는 기준은 다음과 같다.

첫째, 그 신념이 모든 사람이 동의하는 객관적인 사실에 바탕을 둔 것인가?

둘째, 그 신념이 과연 당신에게 유용한가?

셋째, 그 신념이 타인과의 갈등을 해소시키는 데 도움을 줄 수 있는가?

넷째, 그 신념이 당신의 목표달성에 도움이 되는가?

다섯째, 그 신념이 정서적 갈등을 감소시켜 줄 수 있는가?

위의 각 질문에 대한 긍정적인 반응은 합리적 사고라고 할 수 있는 반면, 부정적인 반응은 비합리적인 사고라고 할 수 있다. Ellis(1962)는 다음의 열한 가지 비합리적 신념을 열거하고 그것이 왜 비합리적인지 그리고 합리적 신념은 무엇인지를 설명하고 있다. 만약 당신이 비합리적 신념체계를 가지고 있다면, 앞으로 이를 합리적 신념으로 바꿈으로써 자신의 정신건강을 증진시킬 필요가 있다.

① 나는 주위의 모든 사람들로부터 반드시 사랑과 인정을 받아야만 한다. 이 것은 우리가 아무리 노력해도 이룰 수 없는 것이다. 노력을 하면 할수록 그렇게 하지 못하는 자신이 더욱 미워져서 더 불안하고 더욱 자기 파괴적

이 될 수밖에 없다. 뿐만 아니라 이를 위해 노력하는 과정에서 이 이외의 다른 많은 것을 포기하거나 무시해야 하기 때문에 이 또한 불안을 일으킬 수 있다. 합리적인 사람은 자신의 욕구나 흥미 등 자신이 하고 싶은 것을 희생해 가면서까지 다른 사람의 사랑이나 인정을 받으려고 하지 않으며, 오히려 남에게 먼저 사랑을 베풀고 창조적이고 생산적인 사람이 되고자 노력하는 과정에서 다른 사람으로부터 사랑과 인정을 받으려고 한다.

② 내가 가치 있다고 여겨지기 위해서는 완벽할 만큼 유능하고 적절하며 성취적이어야만 한다. 이것 역시 불가능하다. 이를 위해 강박적으로 노력하면 정신 신체적(psychosomatic) 질병, 열등감, 삶에 대한 무력감, 실패에 대한 두려움 등을 가지게 된다. 합리적인 사람은 남을 위해 최선을 다하기보다는 자기 자신에게 충실하려고 하며, 결과에만 집착하기보다는 활동 그 자체를 즐기고 완전성을 지향하기보다는 배우려고 노력한다.

③ 나쁘고 사악하고 악랄한 행동을 한 사람은 반드시 비난과 처벌을 받아야 한다. 이러한 것은 선악의 판단에 대한 절대적인 기준이 없다는 점과 그것이 인간의 잘못된 편견에 의한 경우가 많다는 점에서 비합리적이다. 누구든지 잘못과 실수를 할 수 있다. 일반적으로 비난과 처벌이 행동을 향상시키지 못하며, 오히려 더 나쁜 행동이나 더 큰 정서적 혼란을 초래하는 경우도 종종 있다. 합리적인 사람은 자기의 잘못을 고치고 향상시키려고 노력하며, 타인의 실수를 이해하려고 노력한다. 이들은 자기 자신뿐만 아니라 다른 사람들도 비난하지 않는다.

④ 자신이 매우 심한 좌절을 맛보거나 부당한 취급을 받는 것은 두렵고 파멸적인 일이다. 사람이 간혹 좌절하는 것은 정상적인 일이다. 그러나 그 때문에 심할 정도로 장기간에 걸쳐 좌절감에 빠져 있는 것은 비합리적이다. 일이 반드시 생각한 대로 되어야 할 이유는 없으며, 장기간에 걸쳐 좌절감에 빠져 있는 것은 상황을 개선하기보다는 대체로 더 나쁘게 만든다. 만약 다른 대처방법이 없다면 사실을 있는 그대로 받아들여야 할 것이다. 합리적인 사람은 불쾌한 상황을 과장하지 않으며, 가능한 한 상황을 향상시키려고 하며, 그것이 불가능할 경우에는 상황을 그대로 받아들인다.

⑤ 사람의 불행은 외부환경 때문에 생긴 것이며, 사람으로서는 그 불행을 막

을 수 없다. 실제로 외부적인 힘이나 사태가 물리적 공격을 하기도 하지만, 일반적으로 보면 그것은 심리적인 경우가 많다. 누군가가 자신에게 불친절하고 거부적이며 화를 낼 경우 그것이 얼마나 무시무시한 일이냐고 자기 자신에게 이야기함으로써 우리는 스스로를 혼란시킨다. 정서적 혼란이 어떤 사태에 대한 자신의 평가와 내면적인 언어화로 구성된 것임을 알게 된다면, 자신의 노력에 의하여 이것을 통제하거나 바꿀 수도 있다. 합리적이고 지혜로운 사람은 불행이 주로 내부에서 온다는 사실을 알고 있으며, 외부의 사태 때문에 초조하거나 괴롭더라도 이 사태에 대한 합리적 판단과 자기 언어화를 통해 자신의 반응을 변화시킬 수 있다.

⑥ 항상 위험하거나 두려운 일이 일어날 가능성이 있으며, 그것은 늘 두려움의 원천이 된다. 이러한 걱정이나 불안은 위험한 사태가 일어날 가능성에 대한 객관적인 평가를 방해할 뿐만 아니라 위험한 일이 정말로 일어날 경우 그에 대해 효과적으로 대처하는 데 방해가 된다. 때로는 이러한 걱정이나 불안이 어떤 사태를 악화시켜서 위험한 사태를 일으키는 촉매역할을 할 수도 있다. 합리적인 사람은 잠재적인 위험이 그가 두려워하는 것만큼 그렇게 파국적인 것이 아니라는 사실과 두려움이나 불안 자체가 그 사태보다 더 해로울 수 있다는 사실을 알고 있다. 이들은 또한 그것이 실재로 위협적인 것이 아니라는 것을 증명해 보이기 위해 그 사태를 경험해 보려고 한다.

⑦ 어떤 어려운 일을 하거나 책임을 맡는 것보다는 이를 피하는 것이 더 쉬운 일이다. 이는 해야 할 일을 피하는 것이 실제로 하는 것보다 더 어렵고도 고통스러울 수 있으며, 자신감의 상실을 포함한 불만과 기타 문제를 일으키기 때문에 비합리적이다. 합리적인 사람은 불필요한 고통스러운 일을 지적으로 피하지만 해야 할 일은 불평 없이 해치운다. 그가 져야 할 책임을 회피하고 있다는 것을 알면 그는 그 이유를 분석하고 자기 훈육을 한다. 그는 도전적이고 책임을 지며, 문제를 해결하는 생활이 즐거운 삶이라는 것을 알고 있다.

⑧ 사람은 다른 사람에게 의존해야만 하며, 자신이 의존할 만한 누군가가 반드시 있어야 한다. 우리 모두는 타인에게 어느 정도 의존하고 있지만 의존

을 최대화할 이유는 없다. 그것은 독립성, 개체성 그리고 자아의 상실을 가져올 수 있다. 대체로 의존적인 사람은 더욱더 의존적이 될 뿐만 아니라 의존심이 학습의 실패나 정서적 불안정을 가져오기도 한다. 합리적인 사람은 독립하려고 하고 책임지려고 노력하지만 그가 도움을 필요로 할 때는 다른 사람에게 도움을 구하기도 하는 것이다.

⑨ 과거의 경험이나 사건이 현재의 행동을 결정하며, 사람은 과거의 영향에서 벗어날 수 없다. 과거에 학습한 것을 극복하는 것이 어렵기는 하지만 불가능한 것은 아니다. 합리적인 사람은 과거의 중요성을 인정하지만 과거의 영향을 분석하고 이미 획득한 비합리적 신념들에 대해 의문을 제기하고 자기 자신에게 과거와는 다르게 행동하도록 함으로써 현재의 자신을 변화시킨다.

⑩ 다른 사람이 곤란하거나 어려운 문제에 처했을 경우, 나 자신도 당황할 수밖에 없다. 이는 다른 사람의 문제가 우리와 아무런 관계가 없는 경우도 있으므로 다른 사람의 문제에 대해 지나치게 심각하게 생각한다는 것은 비합리적일 수 있다는 것이다. 합리적인 사람은 어떤 사람의 행동이 자신에게 혼란을 일으킬만한 것인지에 대해 결정을 하고, 만일 그렇다면 그 사람이 변화할 수 있도록 도와주려고 한다. 그러나 아무런 대책이 없다면 그것을 그대로 받아들이고 그에 대해 최선의 노력을 한다.

⑪ 이 세상의 모든 문제에는 반드시 가장 적절하고 완벽한 해결책이 있으며, 이를 찾아내지 못하는 것은 두렵고 끔찍한 일이다. 이는 분명 비합리적이다. 그 이유는 그런 완벽한 해결책이란 있을 수 없기 때문이며, 그런 해결책을 찾아내지 못한 데 대한 가상적인 결과는 비현실적이어서 그러한 해결책을 찾으려고 고집하면 할수록 더욱 심한 불안이나 공포를 일으킬 수 있기 때문이다. 완벽주의는 실제로 할 수 있는 것보다 더 나쁜 해결을 하게 된다. 합리적인 사람은 문제에 대한 가능한 해결책을 찾으려고 하며, 완벽한 해결책이란 없다는 것을 알고 있기 때문에 최선의 혹은 가장 적절한 해결책을 추구한다.

Ellis는 이상의 열한 가지 신념들의 대부분은 부모와 문화에 의해서 개인에게 특별히 가르쳐진 것이며, 우리 사회에 있는 대부분의 성인들이 이러한 신념들을 믿고 있다고 한다. 결과적으로 이는 통계적으로 정상이라고 하는 대부분의 사람들이 비합리적 사고로 특징지어지는 신경증적인 경향을 지니고 있다는 말로 대치될 수 있다.

3) 상담의 목적

합리적–정서적 접근의 중요 상담목적은 청소년 내담자의 자기 파괴적인 신념들을 줄이고 그들이 보다 합리적이고 현실적이며 관대한 신념과 인생관을 갖게 함으로써 더욱 융통성 있고 생산적인 삶을 살아가도록 돕는 것이다. 이것은 겉으로 드러난 어떤 증상을 제거하는 데 목적이 있는 것이 아니라 내담자가 지닌 근본적인 신념 또는 가치체계를 다시 검토해 보도록 함으로써 성격의 변화 및 인생관의 변화를 가져오게 하는 것이다.

이 접근에서 합리적이란 말만을 강조한다면, 이것은 이성적 또는 인지적이라는 말과 동일시되어 내담자를 보다 냉정해지도록 한다는 인상을 주게 될 것이다. 그러나 이 접근은 합리성과 더불어 정서성을 매우 중요시함으로써 부적절하고 자기 파괴적인 정서를 버리고 강력하고 적절한 정서를 갖도록 하는 데 합리적인 방법을 동원하고자 노력하고 있다는 점에서 이성과 정서의 조화를 강조하고 있다.

부적절한 정서라고 하는 것은 사람들이 싫어하는 어떤 조건들을 바꾸도록 도와준다기보다 흔히 그 조건들을 더욱 악화시킨다. 즉, 길을 가다가 돌멩이에 걸려 넘어졌을 때 화를 내고 욕을 하다가 보면 다른 돌멩이에 걸려서 또 넘어지는 경우가 있다. 이때 분노나 적개심이 부적절한 정서다. 합리적–정서적 접근에서 부적절한 정서는 너무 강한 욕망·원망·선호 때문이 아니고 절대적인 명령과 요구, 즉 '반드시 ~를(을) 해야만 한다', '반드시 ~이어야 한다', 또는 '절대로 ~이어야 한다'의 자기 언어화에서 비롯된다고 보고 있다. 이때 자기 언어화로 내재화된 절대적 명령이나 요구를 비합리적 신념이라고 할 수 있다. 따라서 이 접근에서는 내담자의 문제행동과 그들에게 내면화된 절대적 신념과의 관계를 지각하도록 하는 데 초점을 두고 있다. Ellis(1979)가 제안한 상담의 구체적 목표는 다음과 같다.

① 다른 사람에 대해서보다 내담자 자신에 더 많은 관심을 가지도록 하며, 또한 진실하도록 한다. 다른 사람에 대해 전혀 관심을 가지지 않도록 한다는 것이 아니라 일차적으로 자기 자신에게 관심을 가지면서 다른 사람에게도 친절을 베푸는 것이 합리적이라는 것이다.

② 내담자가 자신의 삶에 대해 책임을 지고 대부분의 자기 문제를 독자적으로 처리할 수 있는 자기 지도력을 갖도록 한다. 정서적으로 건강한 사람이라도 가끔은 다른 사람과 협력을 하거나 다른 사람의 도움을 받고 싶을 때가 있지만, 이 접근에서는 내담자가 가급적 독자적으로 자신의 문제를 처리할 수 있는 능력, 즉 자기 지도력을 신장시키는 데 목표를 두고 있다.

③ 내담자가 보다 실용적으로 생각하고 행동할 수 있도록 한다. 상대방도 실수할 수 있는 권리가 있으며, 내담자 자신의 마음에 들지 않는 행동을 할 수 있는 권리가 있음을 인정하게 한다.

④ 내담자가 보다 융통성 있게 생각하도록 한다. 내담자가 어느 하나에 집착하지 않고 자기 주위의 모든 것에 대해 허용적이고 수용적이 되도록 한다.

⑤ 우리 자신이 불확실성의 세계에 살고 있다는 사실을 내담자가 수용하도록 한다. 우리가 확실한 것이라고는 거의 없는 불확실한 우연성의 세계에 살고 있다는 사실은 결코 끔찍한 일이 아니며, 어쩌면 이러한 사실이 여러 면에서 우리를 황홀하게 하고 흥분시키는 것이 될 수 있음을 알도록 한다.

⑥ 내담자가 보다 과학적으로 생각할 수 있도록 한다. 그들 자신이나 자기 이외의 사람, 사물, 대인관계 그리고 자신의 내적 세계에 대해서조차 논리적이고 과학적인 법칙을 적용하도록 한다.

⑦ 내담자가 자기 이외의 사람이나 사물에 대해 자신의 심신을 최대한 투입할 수 있도록 한다.

⑧ 내담자가 자기 자신을 수용할 수 있도록 한다. 내담자가 자신의 외적인 업적이나 다른 사람들이 그를 어떻게 생각할 것인가에 가치를 두기보다는 자신이 주체적으로 여기 지금 살고 있다는 사실과 자신의 생각, 감정, 행동 그리고 능력에 더 가치를 두도록 하는 것이다.

⑨ 내담자로 하여금 적절한 모험을 하도록 한다. 내담자 자신이 정말로 하고 싶어 하는 것이 무엇인지를 스스로 물어보게 한 후 비록 실패하는 한이 있어도 자신이 정말로 하고 싶어 하는 것을 쟁취하기 위해 최대의 노력을 할 수 있도록 한다. '실수할 수 있는 용기를 가져라.'

⑩ 내담자가 유토피아적인 환상을 갖지 않도록 한다. 내담자가 아무리 노력해도 원하는 모든 것을 얻거나 싫어하는 모든 것을 피할 수 없다는 사실을 받아들이도록 함으로써 자기 환상에 빠지지 않도록 도와줄 필요가 있다. 우리가 할 수 있는 최선의 방법은 좌절감이나 절망감과 같은 부정적 정서가 나타나는 빈도를 줄이고 강도를 약하게 하며 그 기간을 단축시키는 것뿐이지 이 모든 것으로부터 벗어나게 할 수는 없는 것이다.

이상을 종합하면, 합리적-정서적 상담은 내담자가 가진 비합리적·비논리적 신념체계를 내면 세계의 분석을 통해 합리적·논리적 신념체계로 바꾸어서 보다 적절한 정서를 체험하게 하여 능률적이고 즐거운 생을 영위하도록 돕는 것이라고 할 수 있다.

4) 상담의 과정과 기술

(1) 상담의 과정

① ABCDE 과정

합리적-정서적 접근에 있어서 상담의 과정은 Ellis 성격이론의 핵심 개념이라고 할 수 있는 ABCDE 과정으로 설명될 수 있다.

인간에게 불안이나 공포와 같은 정서적 결과(C; Consequences)는 어떤 사태의 발생(A; Activation) 그 자체에 의해서라기보다 그 사태에 대해 개인이 가지는 신념체계(B; Belief systems), 특히 비합리적 신념(iB; irrational Belief)체계에 의해서다. 이를 똑같이 학사경고를 받은 '갑'이라는 학생과 '을'이라는 학생의 경우와 관련지어 생각해 보자. 두 사람 모두 학생경고를 받았다는 사실, 즉 사태발생(A)은 똑같다. 그러나 이 사태(A)에 대한 정서적 결과(C)는 아주 다르다. '갑'은 학사경고를 받는 순간 의식을 잃다시피 할 정도로 절망감에 빠졌다. 그러나 '을'은 기분이 좋지는 않지만 어떻게 하는 것이 좋겠는지에 대한 걱정을 시작했다. 이렇게 '갑'은 절망감에 빠지는 데 비해 '을'은 걱정을 하는 정도인 것은 바로 학사경고에 대해 가지는 신념체계(B) 때문이다. 이때 '갑'이 가진 신념체계는 '나는 반드시 좋은 성적을 받아야만 하는데, 학사경고를 받고 말았다. 나는 아무런 능력도 쓸모도 없는 사람임에 틀림없다.'와 같은 비합리적인 신념체계(iB)에 따른 것이라고 볼 수 있는 반면, '을'은 '공부를 열심히 하지 않았더니 결과가 그대로 나타나는군. 안이한 생각으로 시험에 임해서는 안 되겠다.'와 같은 합리적 신념체계(rB)에 따른 것이라고 볼 수 있다. 이와 같이 어떤 사태의 발생(A)에 대한 개인의 신념(B)에 따라 정서적 결과(C)는 아주 다르다.

비합리적 신념체계(iB)를 가운데 두고서 어떤 사태(A)와 그 정서적 결과(C)가 계속 이어지면서 더욱 심한 정서적 혼란의 악순환을 가져올 수 있다. 즉, 학사경고를 받았다(A1)는 것에 대해 창피함을 느끼는 것은 학사경고를 받았다는 사태에 대한 정서적 결과(C1)인 동시에 이것이 새로운 사태(A2)가 되고, 이에 대해 창피함을 느끼는 자신이 못마땅한 느낌이 들면, 이것은 앞의 사태(A2)에 대한 정서적 결과(C2)인 동시에 새로운 사태(A3)가 된다. 이와 같이 비합리적 신념체계가 가운데에 확고한 자리를 잡고 있으면 어떤 한 사태(A)는 계속 악순환을 거듭하여 어떠한 치료나 상담도 자신에게 도움이 되지 않게 되어 결국 자기 파괴적인 것에까지 이르게 된다.

이렇게 볼 때 인간의 불행과 정서적 혼란은 타고난 생득적 경향성과 부모 또는 문화에 의해 형성된 초기의 비합리적이고 비논리적인 사고 및 신념체계가 자기 언어화를 통해 계속 자기를 강화하고 있기 때문인 것으로 볼 수 있다. 따라서 불행과 정서적 혼란에서 벗어나려면 이러한 비합리적인 신념체계(iB)를 합리적인 신념체계(rB)로 바꾸어야 한다. 비합리적인 신념을 합리적인 신념체계로 바꾸기 위해 Ellis는 비합리적인 신념체계(iB)에 대한 논박(D; Disputing)을 강조하고 있다. 내담자가 자신의 비합리적인 신념(iB)을 적극적으로 논박하고 합리적 신념(rB)이 타당하다는 것을 실증하게 되면, 논박의 결과로 효과(E; Effect)가 나타나게 된다.

효과 가운데 가장 우선적인 것은 인지적 효과(cE; cognitive Effect)다. 이것은 어떤 사태(A)에 대한 생각을 고쳐 먹는 것을 말한다. 즉, '학사경고를 받은 것은 내가 좋아하는 일은 아니다. 그렇다고 그것이 나의 파멸을 가져오는 것도 아니다.

내가 어리석었던 것은 학점을 잘 받아 남에게 인정을 받으려고 했던 것이다. 학점을 잘 받아 인정을 받는 것이 나에게 좋은 일이긴 하나 그렇지 못하다고 파멸될 이유도 없다'라고 생각을 고쳐먹는 것이다. 이와 같은 논박의 인지적 효과와 더불어 논박의 행동적 효과(bE; behavioral Effect)가 나타나게 된다. 즉, 행동의 변화가 나타나는 것이다. 인지적 효과(cE)와 행동적 효과(bB)는 그때까지 어떤 사태(A)에 대해 경험하게 되었던 정서적 결과(C)를 크게 변화시켜 준다. 즉, 그때까지 많은 심적 혼란을 일으켰던 어떤 사태(A)에 대해 큰 불안이나 정서적 혼란 없이 합리적으로 대처할 수 있게 되는 것이다.

② 단계별 접근

ABCDE 과정은 합리적-정서적 접근의 보편적인 과정이라고 할 수 있으며, 합리적-정서적 상담의 구체적인 절차와 동일하다. 이제 상담자와 청소년 내담자의 관계를 통해 전개되는 합리적-정서적 접근의 구체적인 과정을 단계별로 살펴보도록 하자(Corey, 1982; Patterson, 1980).

첫째, 청소년 내담자와의 첫 번째 대면관계에서 상담자는 청소년이 구체적인 문제와 관련된 많은 비합리적인 신념들, 즉 '반드시 ~을 해야만 한다', '항상 ~이어야 한다'와 같은 사고를 가지고 있다는 것을 증명해 주어야 한다.

둘째, 상담자는 내담자가 어릴 때 형성한 자기 파괴적 언어로 인하여 지금까지 계속 정서적 혼란을 경험하고 있다는 사실을 스스로 자각하도록 도와준다.

셋째, 상담자는 내담자가 자신의 비합리적인 신념을 바꾸거나 버리도록 도와준다.

넷째, 상담자는 내담자가 자신의 비합리적인 신념체계의 희생물이 되지 않도록 하기 위해 그들에게 합리적인 인생관을 가지도록 촉구한다.

이러한 접근에 있어서 특히 강조되는 것은 청소년의 자기 각성 또는 통찰이라고 할 수 있다. 즉, 자신의 정서적 문제 또는 심리적 혼란은 과거부터 형성되어 온 자신의 비합리적 신념 때문이라는 것을 각성해야 하고, 옛날의 비합리적 신념을 지금도 계속 반복하기 때문에 자신의 정서적 혼란이 지속되고 있음을 각성해야 하며, 이러한 비합리적 신념을 변화시키기 위해서는 자신의 많은 노력이 있어야 함을 각성해야 한다.

(2) 상담의 기술

① 인지적 기술

인지적 기술(cognitive techniques)은 청소년 내담자로 하여금 자기 파괴적인 언어를 더 이상 계속하지 않도록 하기 위한 방법이다. 즉, 내담자로 하여금 현실적 철학을 수용하도록 가르친다. 이 기술은 청소년의 비합리적 신념체계에 대한 논박, 논쟁, 도전, 설명 그리고 교수에 크게 의존한다. 인지적 기술의 대표적인 것으로는 다음과 같은 것들이 있다.

- 내담자의 비합리적 신념에 대한 상담자의 논박: 상담자는 다음과 같은 질문을 통해 그들의 신념에 반박한다. "네가 믿고 있는 것에 대한 증거가 어디 있느냐?", "만약 네가 바라는 그대로 일이 풀려 나가지 않으면 왜 그것이 끔찍하고 무시무시한가?"
- 인지적 과제: 내담자에게 '반드시 ~을 해야만 한다', '반드시 ~이어야 한다', '절대로 ~을 해서는 안 된다'는 등의 비합리적 신념체계를 무너뜨리도록 하기 위하여 부과되는 과제다.
- 내담자의 비합리적인 신념에 대한 상담자의 논박: 내담자가 자신의 가장 대표적인 비합리적인 신념들을 택하여 적어도 하루에 10분 이상씩 체계적 방법으로 그것을 논박하는 것이다.
- 독서법: 합리적–정서적 접근에 관한 책을 읽도록 하는 것이다. 많은 참고서적이 있지만 본서의 이 장을 정독하는 것만으로도 큰 효과를 가져올 수 있다.
- 새로운 자기 진술 사용: 상담자는 내담자가 자기 파괴적인 신념을 논박하도록 한 다음, 합리적인 자기 진술과 건설적인 자기 가정을 할 수 있도록 가르친다. 즉, '반드시', '절대적인' 등의 접두어 대신 '최선을', '그럴 수도', '실수할 수도' 등의 합리적인 진술을 사용하도록 한다.

② 정서적 환기적 기술

정서적 환기적 기술(emotive-evocative tehnioques)은 주로 청소년 내담자가 자신을 정직하게 나타내도록 하고 자신의 부정적 느낌을 인정하게 하며, 정서적 모험을 경험하게 하고 여러 가지 방법으로 자신을 개방하도록 도와주는 데 사용된다. 이를 구체적으로 살펴보면 다음과 같다.

- 청소년 내담자의 어떤 행동도 무조건적으로 수용하는 것이다. 상담자는 내담자도 인간이기 때문에 다른 사람들에게 비난받을 수 있는 잘못된 행동을 할 수 있다는 점을 이야기해 주고, 실제 상담 중에 내담자의 잘못된 행동에 대해 이를 무조건 수용해 주도록 해야 한다.
- 역할연기를 통해 내담자 자신이 가지고 있는 비합리적 신념이 무엇인지와 그것이 인간관계에서 얼마나 좋지 않은 영향을 미치고 있는지를 생생하게 보여 줄 필요가 있다. 예를 들면, 상담자가 내담자 아버지의 역할을 맡아서 그를 지나치게 꾸중하는 역할연기를 할 수 있다.
- 청소년 내담자가 정서적 혼란을 겪고 있는 문제에 대해 자신과는 다르게 생각하고 느끼고 행동하는 사람이 시범을 보여 줌으로써 청소년의 문제환기에 도움을 줄 수 있다. 이러한 시범은 상담자에 의해 이루어질 수 있다.
- 이치에 맞지도 않는 생각 때문에 일어나는 내담자의 불안을 줄여 주기 위하여 유머 있는 말을 사용할 필요가 있다.
- 청소년 내담자가 비생산적이고 자기 파괴적인 생각을 버리고 보다 합리적이고 생산적인 생각을 하도록 하기 위해 강력한 권고를 하기도 한다.
- 상담자는 청소년 내담자에게 적절한 모험을 해 보도록 장려한다.
- 상담자는 청소년 내담자가 자신을 있는 그대로 드러내도록 장려한다.
- 상담자는 청소년 내담자가 자신의 창피한 감정에 접할 수 있도록 한다. 이것은 내담자가 스스로 자기 언어화를 통해 이러한 창피한 감정을 더욱 강화시키고 있음을 보여 주기 위한 것이다.
- 상담자는 청소년 내담자에게 즐거움을 주는 기술을 사용할 필요가 있다. 내담자가 집단원 중 한 사람에게 껴안겨 보도록 하는 것이 그 예가 되겠다.

③ 행동적 기술

행동적 기술(behavioral techniques)은 내담자의 역기능적인 행동을 보다 효과적으로 기능할 수 있도록 도와줄 뿐만 아니라 내담자의 사고나 신념을 포함한 인지체계를 바꾸는 데 사용된다. 따라서 행동주의적 접근의 주된 기술이 거의 그대로 사용될 수 있지만, 행동주의에서는 구체적인 행동의 변화를 강조하는 데 반하여 합리적-정서적 접근의 행동적 기술은 인지적 면의 변화를 보다 더 강조한다고 볼 수 있다. 여기서는 Ellis(1979)가 강조한 몇 가지 행동적 기술만을 살펴보기로 한다.

- 청소년 내담자가 집에 가서 어떤 구체적인 행동을 해 보고 오도록 행동과제를 내준다. 예를 들면, 사리에 맞지 않는 부모의 꾸지람을 단순히 피하지 말고 부모가 꾸지람을 할 수 있는 기회를 가급적 많이 줌으로써 청소년 자신이 부모에 대해 가지고 있는 적개심과 생생하게 대면해 보고 오게 하는 것이다. 이는 부모에 대한 자신의 적개심을 분명하게 알게 할 뿐만 아니라 부당한 꾸지람을 하는 부모를 스스로 수용하는 방법을 배우게 하는 것이다.
- 행동과제를 해 보고 오게 하는 것뿐만 아니라 비합리적인 사고에 대해 논박하는 것과 같은 인지적 과제를 내기도 한다.
- 내담자 스스로가 자신의 신념체계는 물론 정서 및 행동을 바꿀 수 있도록 도와주기 위해 상담자는 조작적 조건원리를 사용하기도 한다. 부모의 부당한 꾸지람에 화를 내는 청소년의 경우, 부모의 꾸지람이 있어도 화를 내지 않았을 때에는 자신이 가장 좋아하는 음악을 듣지만, 성을 내지 않으려고 했는데도 성을 냈을 때에는 화장실 청소를 하여 스스로에게 벌을 주는 경우와 같은 것이다.
- 신체적 이완(relaxation)을 사용할 수도 있다. 여기서 신체이완법의 사용은 치료법으로서가 아니라 불안을 일시적으로 경감시키기 위한 것이다.
- 합리적 · 감동적 구상법(REI; rational emotive imagery)을 사용할 수도 있다. 이것은 인지적 · 정서적 · 행동적 기술을 동시에 사용하는 것이다.

3. 행동주의적 상담

행동주의적 상담이란 용어는 1964년 미국 심리학회 연차대회에서 Krumboltz

가 공식적으로 사용하였지만, 이 접근은 특정한 한 학자에 의해 체계화되지 않았다. Pavlov(1849~1936)의 고전적 조건형성이론에서 출발한 행동주의는 Watson과 Rayner 부부(1920)에 의해 인간 학습자에게 적용되기에 이르렀고, 1950년대 초반에는 Hull의 학습이론이 정신분석에 도전하게 되었다. 그리고 1950년대 중반에는 Skinner(1953)의 조작적 조건형성이론이 주축이 되었으며, 드디어 Wolpe(1958)의 상호제지이론은 학습이론을 정신치료에 적용하여 성공을 거두게 되는 성과를 올렸다. Wople와 Lazarus(1958) 등의 연구를 계기로 1950년대에는 행동치료라는 말이 쓰이면서 행동주의적 접근에 많은 발전을 가져왔다.

1960년대에 들면서 Michael과 Meyerson(1962)은 상담이나 생활지도에 학습원리를 적용하고자 제의하였고, Krumboltz와 그의 제자들은 '행동주의적 상담'이란 용어를 사용하였다. 그리고 1960년대 중반부터 상담에 영향을 미치기 시작한 Bandura(1965, 1969)의 사회학습이론은 새로운 전환점을 가져다주었으며, 행동적 접근에서의 인지적인 측면, 특히 자기 주도(self-direction)가 강조되면서 자신의 문제를 스스로 조절하고 지도할 수 있는 능력을 기르는 데 초점을 두게 되었다.

1) 상담이론의 특징과 인간관

행동주의적 상담은 여러 학자들에 의해 발전되어 왔기 때문에 공통된 어떤 특징을 찾기는 어렵지만, 대체로 다음의 몇 가지 특징을 제시할 수 있다(Kazdin, 1978; LaFleur, 1979).

첫째, 과거나 미래보다 현재의 구체적인 행동을 강조한다.

둘째, 교육의 과정과 상담의 과정을 동일시하고 있다.

셋째, 개개인에게 가장 적절한 기술을 사용한다. 엄격히 말하면 모든 내담자는 제각기 다른 기술을 적용받는다.

넷째, 실험에 의해 교육 또는 상담기술을 개발한다.

다섯째, 과학적인 방법을 사용한다. 상담기술의 개발뿐만 아니라 객관적인 목표설정, 결과에 대한 객관적인 평가를 강조한다.

행동주의 상담의 이러한 특징으로 인하여 이 접근이 지향하는 인간관 또한 일관된 관점보다 시대의 변천과 이론의 발전과정에 따라 다소 다른 양상의 인간관이 있음을 알 수 있다. 예컨대, 초기의 행동주의자들은 무엇보다 인간을 환경에 반응하는 수동적인 존재로 파악한 반면, 비교적 최근의 이론가, 특히 사회학습이론가들은 인간의 능동적인 면도 부분적으로 인정하고 있다. 이와 같이 초기 이론가와 후기 이론가의 인간에 대한 관점의 차이가 두드러지는 만큼 이를 구분하여 살펴볼 필요가 있다.

먼저, 초기의 행동주의자들은 인간의 행동을 과학적 법칙성에 의해 설명할 수 있다고 보았다. 즉, 그들은 인간의 행동이 자연현상과 마찬가지로 일정한 법칙성을 가지고 있다고 가정하였다. 따라서 행동에 영향을 줄 수 있는 변인과 이 변인을 통제하는 법칙을 밝혀낼 수 있다면, 미사일의 탄도를 예측하고 수정할 수 있는 것과 같이 인간의 행동도 예언하고 수정할 수 있다고 보았던 것이다. 이와 같이 초기의 인간관은 기계론적이고 결정론적인 것이었다.

그러나 시간이 지남에 따라 행동주의자들 중에서 인간의 자유와 의지적 선택을 강조하는 경향이 늘어났다. 1970년대 초반의 사회학습이론의 대표자라고 할 수 있는 Bandura(1974)의 인간관을 요약해 보면 다음과 같다. 첫째, 인간의 행동은 부분적으로나마 환경을 창조할 수 있고, 환경도 인간의 행동에 영향을 미칠 수 있다. 둘째, 인간은 자기를 조절(regulation)할 수 있는 능력이 있다. 셋째, 인간은 환경에 영향을 줄 수도 있고 받을 수도 있으며, 자기를 주도(direction)할 수 있는 능력이 있다.

특히, 최근에는 행동주의에서 발전한 인지-행동적 접근(cognitive-behavior approach)이 강조되면서 자기 주도(self-direction), 자기 관리(self-management), 자기 통제(self-control), 자기효능감(self-efficacy) 등의 개념이 등장하고 있다. 즉, 인간은 자신의 행동을 스스로 수정하고 통제할 수 있는 능력이 있다는 점이 강조되고 있는 것이다(Bandura, 1977; Meichenbaum, 1977). 뿐만 아니라 개인은 자기 자신에 대한 긍정적인 지각 및 신념(자기효능감)을 가질 때 과제에 대한 성취도와 대인관계 등에서 보다 우수한 평가를 받게 될 것이다. 이렇게 볼 때 이 접근에서는 전통적인 행동주의적 인간관의 관점, 즉 인간을 수동적이고 기계론적이며 결정론적으로 보는 견해로부터 능동적이고 창조적이며 자기 조절적인 존재로 보는 견해로 인간관의 변화가 이루어지고 있다고 할 수 있다.

2) 행동의 변화

초기 행동주의적 접근에서는 눈으로 확인되지 않는 인간의 의식이나 정신과 같은 것을 비과학적인 미신으로 간주할 만큼 불가시적(不可視的) 행동을 신뢰하지 않고 있으며, 반면에 관찰 가능한 외현적 행동에 초점을 두고 이러한 행동의 변화를 강조하고 있다. 그리고 연습이나 경험에 의한 지속적인 행동의 변화를 학습 (learning)이라고 규정하고 다양한 학습이론과 학습원리를 창안하였다. 따라서 행동주의적 상담이란 내담자의 행동의 변화, 즉 학습을 의미한다고 할 수 있다.

이들이 말하는 행동의 의미를 좀 더 구체적으로 살펴보기로 하자. 먼저, 초기의 행동주의 학습이론에서는 관찰 가능한 외현적 행동(예, 던지다, 달리다, 말하다, 쓰다, 그리다)만을 연구대상으로 하였다. 외현적 행동은 제3자에 의해 쉽게 관찰 가능할 뿐만 아니라 객관적이고 분석적이며, 과학적으로 통제가 가능하다는 점에서 과학적 심리학의 발달을 촉진시켰으며, 학습이론의 효과를 가시화할 수 있게 하였다. 그러므로 이때의 다양한 학습이론들(예, 고전적 조건화설, 시행착오설, 조작적 조건화설)은 자극-반응(S-R)의 패러다임을 전제로, 자극을 어떻게 조작하는가에 따라 실험자가 기대하는 방향으로의 반응을 도출할 수 있다고 믿었다. 그래서 학습자의 행동은 적절한 환경적 자극에 따라 수동적으로 결정될 뿐이기 때문에 자극의 통제에 따라 앞으로의 행동 또한 쉽게 예언 가능한 것으로 보았다.

이러한 주장에 의하면, 신경증적 행동을 포함한 모든 부적응적 행동은 학습된 것이라고 할 수 있다. 즉, 부적절한 환경적 자극과 신경증적 반응 간의 연합 (associations)이 형성되었기 때문에 그 결과 다양한 형태의 부적응적 행동이 발생한 것이라고 할 수 있으며, 또한 특정한 행동 후에 주어지는 의도적·무의도적 강화인(보상)이 그 행동을 점차 강화시킨 결과 특정한 행동이 습관화되거나 자동화되어서 부적응적 행동으로 발전하게 된 것이라고 할 수 있다. 한 가지 예를 들면, 개에 대해 공포를 느끼는 행동은 고전적 조건화의 원리에 의해 학습된 것으로 볼 수 있다. 유아들의 경우 처음부터 개에 공포를 느끼는 것이 아니라 개를 보고 "아이, 무서워!"와 같이 경악스런 행동을 하는 다른 성인의 행동에 의해 두려움 또는 공포를 획득한 것이다. 한두 번의 시행 이후에 아이는 성인의 경악스런 행동(무조건 자극)과 개(조건자극) 간에 연합을 형성하게 되며, 나중에는 개만 보더라도 자연스럽게 두려움의 반응이 생성되는 것이다. 자극 일반화가 이루어 진다고 할 때 나중에는 네 발로 기어다니고 털이 나 있는 개와 유사한 다른 어떤 동물에 대해서도 그 아이는 공포감을 갖게 될 것이다.

이와 같이 우리들의 행동과 정서까지도 환경적 자극에 의해 학습된 것이라면, 마찬가지로 그 행동을 학습원리에 의해 소거(extinction)시킬 수도 있다. 예를 들면, 개에 대해 공포를 느끼는 아이의 경우 Guthrie의 식역법이나 양립불가능 반응법에 의해 이 공포가 일어나지 않도록 할 수 있다. 즉, 그 아이가 가장 기분이 좋은 어떤 생각이나 행동을 하면서 자신이 거의 알지 못할 정도로 서서히 개에게 접근한다면 기어코 개를 안을 수 있게 된다. 개를 안는 데도 실제로 어떤 무서운 결과가 일어나지 않게 되면, 그 아이는 다음부터 그 개를 덜 무서워하게 되며, 잘 학습시키면 그 공포가 전혀 일어나지 않게 되는 것이다.

앞의 예가 Pavlov의 고전적 조건화에 기초한 것이라면, Skinner의 조작적 조건화에 의해서도 인간의 행동변화 또는 행동수정을 매우 설득력 있게 설명할 수 있다. 즉, 아이들이 심부름을 하는 행동을 생각해 보자. 아이들이 심부름을 하게 되었을 때 칭찬이나 돈을 받을 수 있으면 다음에도 심부름을 하고 싶어 할 것이며, 점차 심부름하는 행동과 보상(칭찬이나 돈) 간에 연합이 이루어짐으로써 심부름하는 행동이 강화되어 결국에는 습관화된다. 그러나 심부름을 해도 칭찬이나 돈과 같은 강화인이 주어지지 않는다면, 심부름을 하지 않으려 할 것이다. 더 구체적으로, 이 강화 자극이 아이들에게 얼마나 의미가 있느냐에 따라 그리고 얼마나 자주 주어지느냐에 따라 심부름을 하는 행동의 습관화가 결정되게 된다.

이와 같이 초기 학습이론에 기초할 때 우리가 말을 좀 더 유창하게 한다든가, 더 빨리 뛴다든가, 글을 보다 예쁘게 쓴다든가, 특정한 행동을 보다 익숙하게 한다든가 하는 것과 같은 외현적 행동의 변화뿐만 아니라 우리들의 감정이나 정서 특히 불안이나 공포와 같은 것 또한 환경적 자극에 의해 학습된 것이라고 할 수 있다. 이 접근에 의하면 개인의 의지나 생각 또는 철학보다는 그가 생활하고 있는 환경이나 그에게 주어지는 다양한 강화가 개인의 지적·정의적·기능적 학습과 더불어 성격발달과 자기 성장을 좌우하게 된다고 할 수 있다.

그러나 후기의 행동주의는 인간의 행동을 단순히 외현적인 것으로만 간주하지 않으며, 직접 관찰 가능하지 않은 내현적인 것(예, 가치나 태도, 사고)에도 관심을 갖게 되었다. 이 가운데 특히, Bandura(1977)는 사회적 맥락 속에서 행동의 변화를 설명하고 있다. 그에 의하면, 인간의 행동이 변화해 가는 것은 사회적 장면 속에서 다른 사람들이 하는 행동을 관찰하고 모방함으로써 가능한 것이다. 즉, 특정한 모델의 행동을 관찰함으로써 인간의 행동이 학습되고 변화해 간다는 것이다. 예를 들면, 뱀을 보고 무서워하는 행동은 자신이 직접 뱀에게 물려 보지 않았는데도 다른 사람이 무서워하는 것을 보고 자기도 무서워하는 것이다. 따라서 뱀에 대하여 두려움을 가지지 않으려면 뱀을 무서워하지 않는 사람의 행동을 보도록 하면 되는 것이다. 이들은 청소년들의 공격적 행동이나 반사회적 행동 또한 TV나 그 밖의 매체를 통해 그러한 행동을 관찰하고 모방한 결과라고 주장한다.

Bandura는 인간이 외적인 보상이나 처벌에 의해서뿐만 아니라 내적인 규제에 의해서도 행동이 변화해 간다는 점을 지적하고 있다. 인간은 자신의 가치나 행동 기준에 따라 행동하는 경우가 많다. 이러한 내면화된 기준은 자신의 행동을 스스로 평가하게 한다. 그리고 그 결과에 따라 자기를 긍정하거나 비판함으로써 자기를 강화 또는 처벌한다.

이와 같이 초기의 행동주의적 접근이 다분히 외현적 행동에 관심을 가졌다면, 후기의 행동주의는 점차 인간의 내면적인 사고과정과 인지적인 면을 강조하는 방향으로 발전하고 있다. 물론 후기의 이러한 발전과정을 신행동주의적 접근이라고 이름 붙이기도 하지만, 최근에는 인지-행동적 접근이라는 새로운 영역으로 자리매김하고 있다.

3) 상담의 목적

행동주의적 상담에서는 내담자의 바람직하지 못한 행동도 바람직한 행동과 마찬가지로 학습된 것이라고 보기 때문에 상담의 목적은 잘못 학습되었다고 판단되는 행동을 소거하고 보다 효과적이고 바람직한 행동을 새롭게 습득하도록 도와주는 것이다. 그러므로 이 접근에서는 잘못 학습되었다고 판단되는 행동의 소거와 바람직한 행동의 학습에 도움이 되는 조건을 찾아내거나 이러한 조건을 조성하려고 노력한다(Corey, 1982).

그리고 이 접근에서는 포괄적인 상담목표보다 구체적인 행동목표를 더 강조함으로써 상담목표를 관찰 가능하고 구체적인 행동동사로 진술할 것과 내담자 각자를 위하여 개별적 목표로 진술할 것을 주장하고 있다(Krumboltz, 1966). 상담목표가 '구체적인 행동 동사로 진술되어야 한다'라는 것은 상담의 결과 제3자에 의해 객관적으로 관찰 가능한 형태로 진술되어야 한다는 것을 의미한다. 그래야만 상담목표의 달성 여부를 객관적으로 확인할 수 있으며, 과학적인 상담을 촉진시킬 수 있기 때문이다. 그리고 '상담목표가 내담자 각자를 위해 개별적으로 진술되어야 한다'는 것은 목표가 상담자 또는 지도자의 도움을 받아 내담자 자신의 문제행동이나 수준에 알맞게 결정되어야 함을 의미한다. 이것은 내담자 모두에게 알맞는 목표란 있을 수 없음을 의미하는 것으로 상담의 개별화를 강조하는 것이다.

4) 상담의 과정과 기술

(1) 상담의 과정

행동주의적 상담과정은 학습과정의 특별한 한 형태에 불과하다. 그런데 학습과정은 학습이론에 따라 매우 큰 차이를 보이고 있을 뿐만 아니라 개별적 상담목표를 강조하고 있기 때문에 통일된 하나의 상담과정을 제시하기란 어렵다. 따라서 여기에서는 LeFleur(1979)의 상담과정을 주축으로 몇 사람(Blackham & Silberman, 1971; Goldstein, 1979)의 상담과정을 종합하여 이를 일반적인 상담과정으로 제안하고자 한다.

① 관계형성

다른 접근들에서와 마찬가지로 행동주의적 접근에서도 상담자와 청소년 내담자와의 관계형성이 무엇보다 중요하다. 행동주의적 접근이 다른 접근들보다 기계적이고 비인간적이라는 표현을 종종 하지만, 실제 이 접근을 적용하고 있는 많은 상담자 또는 지도자들은 인간 중심적 접근에서 강조하는 온정과 긍정적 존중의 태도를 높게 유지하고 있으며, 공감이나 자기 일치성은 오히려 다른 접근들보다 더 높은 상태를 나타내고 있다(Sloane, et al., 1975).

관계형성을 위하여 상담자는 상담장면에서 청소년 내담자의 이야기를 가치판단 없이 이해하고 수용하려고 노력해야 한다(Wolpe, 1958). 뿐만 아니라 상담자는 온정적이고 공감적인 태도를 가져야 하며, 청소년에 대한 관심을 지속시켜 나가야 한다. 만약 청소년의 입장에서 상담자가 온정적인 관심을 나타내지 않는다면 상담자의 어떠한 상담기술도 무의미하게 될 것이다(Krumboltz, 1966).

② 문제행동의 규명

상담자와 청소년 내담자의 관계형성이 이루어지면 청소년의 문제행동을 확실하게 규명해야 한다. 청소년은 자신의 문제행동을 분명하게 알고 있는 경우도 있지만 그렇지 못한 경우도 많다. 상담자는 청소년 스스로가 자신의 문제를 확실하게 알 수 있도록, 즉 관찰 가능한 구체적인 행동으로 표현할 수 있도록 도와주어야 한다. 그러나 관계형성이 제대로 이루어지지 못했는데도 불구하고 너무 문제행동에만 집착하여 이를 규명하려고 하면 문제행동을 규명하지 못할 뿐만 아니라 심지어 상담이 중단될 수 있음을 명심해야 한다.

③ 현재상태의 파악

이것은 청소년 내담자가 지니고 있는 현재의 느낌, 행동, 가치, 생각 등의 약한 점과 강한 점을 파악하는 것을 말한다. 이를 좀 더 구체적으로 제시하면 다음의 일곱 가지 영역에 대한 분석을 포함한다(LaFleur, 1979; Kanfer & Saslow, 1969).

- 내담자의 문제행동을 구체적으로 분석한다.
- 문제행동이 일어나는 선행 후행 장면을 분석한다.
- 일상생활에서 강화를 받고 있는 사태(events), 즉 동기를 분석한다.
- 문제행동을 변화시키는 데 도움이 될 수 있는 발달과정을 분석한다.
- 자신의 문제행동을 어느 정도 스스로 통제할 수 있는지를 분석한다.
- 그의 생활에 의미 있는 영향을 주는 사회적 관계를 분석한다.
- 사회적 · 문화적 · 물리적 환경을 분석한다.

청소년 내담자의 현재상태에 대한 정보를 수집하기 위하여 주로 심리검사가 사용되지만 면접이나 질문지, 직접적 관찰 등의 다양한 방법이 동원되기도 한다.

④ 상담목표의 설정

상담목표는 상담의 방향을 제시할 수 있고 상담기술 선택에 기준을 제공할 수 있고 내담자로 하여금 행동변화에 대한 동기를 부여할 수 있으며, 목표도달도를 평가하기 위한 준거가 될 수 있도록 구체적이고 명료한 형태로 진술되어야 한다. 상담목표 설정은 다음의 6단계로 진행될 수 있다(Cormier & Cormier, 1979).

- 상담자는 내담자에게 상담목표의 성질과 목표설정의 이유를 설명한다.
- 내담자로 하여금 달성 가능한 목표를 스스로 생각해 보도록 한다.
- 내담자 자신이 바라는 구체적인 목표를 결정하도록 한다.
- 결정된 목표가 달성 가능한 것인지 그리고 측정 가능한 것인지를 함께 검토한다.
- 상담을 계속할 것인지, 목표를 수정할 것인지를 결정한다.
- 계속하기로 결정하였을 때 최종 목표를 더욱 구체화하고 위계화한다.

⑤ 상담기술의 적용

상담목표가 결정되면 목표달성에 가장 적합한 기술을 결정해야 하며, 이와 함께 그 기술을 적용해야 한다. 행동주의적 접근의 적절한 상담기술은 다음에 다루겠지만, 복잡한 행동수정 과정에서는 상담자와 내담자가 협력하여 새로운 기술을 창의적으로 개발할 필요가 있다.

상담기술은 대체로 다음과 같이 분류될 수 있다. 첫째, 바람직하지 못한 행동을 감소시키거나 제거시키기 위한 기술 둘째, 바람직한 행동을 더욱 강화시키는 기술 셋째, 자신의 행동을 스스로 통제 또는 지도할 수 있도록 하는 기술로 구분될 수 있다. 상담기술을 잘 구성하면 상담의 효과를 증가시킬 수 있지만 잘못 구성하면 그 효과를 감소시키거나 상담을 실패로 이끌 수 있다.

⑥ 상담결과의 평가

평가는 상담목표에 기초하여 내담자의 행동변화를 확인함과 동시에 상담자가 상담을 얼마나 잘 하였는가와 사용된 특별한 상담기술이 얼마나 효과적이었는가를 검증하는 활동으로서 상담과정의 필수적인 단계다. 또한 이것은 상담결과에 대한 평가일 뿐만 아니라 다음의 상담을 질적으로 개선시켜 나가기 위하여 상담자와 내담자에게 교정적 정보송환(corrective feedback)을 제공하기 위한 평가다. 이를 위하여 행동주의적 접근에서의 평가는 상담의 마지막 단계에서뿐만 아니라 상담의 중간 단계에서도 계속적으로 시행되는 형성평가(formative evaluation)의 기능을 지니고 있다.

⑦ 상담의 종결

행동주의적 접근에 따른 상담에서는 상담의 종결이 일반적으로 목표행동에 대한 최종 평가 이후에 이루어지지만 경우에 따라서는 추후지도(follow-up service)가 필요한지를 결정하기 위하여 임시로 종결하기도 한다. 상담이 종결될 때 상담자는 목표가 달성되었다는 데 만족하지 말고 상담과정에서 익힌 원리와 기법들이 내담자의 일상 행동에 전이될 수 있도록 도와주어야 한다.

(2) 상담의 기술

행동주의적 접근에서는 앞에서도 밝혔듯이 학습이론에 따라 매우 다양한 기술들이 있으며, 그 효과는 일시적으로 가시화될 수 있지만 지속적으로 보장되지는 않는다. 그러나 관찰 가능한 외현적 행동과 문제행동, 그리고 소수의 정서적 부적응행동을 개선시키는 데 있어서 행동주의적 기술의 적용은 가치 있는 것으로 받아들여지고 있다. 특히, 최근의 인지-행동적 접근의 강세와 함께 내담자의 불안이나 우울 등을 포함한 정서적 부적응현상을 개선시키고자 하는 노력이 활발히 전개되고 있다. 그러나 어떠한 기술도 영구적으로 그리고 모든 학습자들에게 도움을 줄 수는 없다. 여기서는 몇 가지 대표적인 기술들만을 소개하고자 한다.

① 주장훈련

주장훈련(assertiveness training)은 Wolpe의 상호제지이론에 근거하고 있으며, 최근까지도 계속 발전하고 있는 기술이다. 초기에는 주장훈련이 상호제지를 통하여 대인관계에서의 불안을 감소시키는 데 널리 활용되었으나, 최근에는 인간관계 장면에서 자신의 권리를 적극적으로 주장하도록 하는 데 더 많이 적용되고 있다.

'주장(assertiveness)'이란 자신의 감정뿐만 아니라 자신이 요구하는 것을 솔직하게 털어놓는 것을 말한다. 그러나 책임을 남에게 전가하지 않기 때문에 다른 사람이 들어도 감정이 손상되지 않는 것이며, 또한 상대방이 이에 대해 반응할 기회를 주는 것이다. 그러므로 주장에는 많은 조건, 즉 직접적이고 자기 존중적이고 자기 표현적이며, 솔직함을 갖춘 정직한 자세를 요구한다. 주장은 자신감을 갖게 하는 행동이고 목표 지향적인 행동이며, 자신과 타인의 권리를 존중하는 행동이라고 할 수 있다. Lazarus(1971)는 주장훈련의 네 가지 목표를 '아니오' 라고 말할 능력, 무엇을 요구할 수 있는 능력, 정적 감정이나 부적 감정을 외적으로 표현할 수 있는 능력 그리고 대화를 시작하고 진행하며 종결할 수 있는 능력이라고 하였다.

주장행동의 구체적인 방법은 여러 학자들에 의해 다양하게 개발되어 왔다. 여기서는 Rakos와 Schroeder(1980), 하영철 등(1983)의 '자기주장훈련 프로그램'을 참고로 주장행동의 절차를 요약해 보고자 한다.

- 소극적 · 주장적 · 공격적 행동의 구분: 소극적 행동이란 옹호하고 싶은 자신의 권리를 옹호하지 못하고 포기하는 것을 말하고, 주장적 행동이란 상대방의 권리를 침해하지 않는 범위에서 자신의 권리를 옹호하는 행동을 말하며, 공격적 행동이란 상대방의 권리를 침해하면서까지 자신의 권리를 내세우는 행동을 말한다.

- 비주장행동(소극적 · 공격적 행동)의 이유 확인: 일반적으로 확인될 수 있는 비주장행동의 이유는 첫째, 어떻게 행동하는 것이 주장행동인지를 모르기 때문이고 둘째, 주장행동을 하려고 하면 정서적으로 불안하기 때문이며 셋째, 생각이나 판단을 잘못하고 있기 때문이다.

- 주장적으로 사고하기: 자신의 비주장행동과 관련된 비합리적 사고를 그에 대치되는 합리적 사고로 바꾸도록 훈련하는 것이다(합리적-정서적 접근 참고).

- 불안극복훈련: 주로 두 가지 기술, 즉 근육이완과 자기 진술이 사용된다. 근육이완 훈련(muscle relaxation training)은 신체와 정신을 일원론적으로 해석하고 정신적 불안이나 긴장을 신체 근육의 이완을 통해 경감시킬 수 있다는 가정에서 구성된 것이다. 절차는 오른 손에서부터 왼손, 양쪽 손, 양쪽 팔, 머리, 어깨, 턱, 혀, 눈, 이마, 배, 양쪽 다리의 순으로 몸의 각 부분에 힘

을 주었다가 이를 천천히 이완시키는 활동으로 되어 있다. 이 훈련은 불안을 일으키는 장면을 상상하더라도 불안을 느끼지 않을 수 있을 때까지 계속된다. 그리고 자기 진술(self-statement)은 불안을 일으키는 자신의 사고나 행동을 불안을 줄일 수 있는 사고나 행동으로 대치시킬 수 있도록 자기 스스로 진술하는 것이다. 말하자면 자기 최면과 같은 것이라고 할 수 있다. 예를 들면, '천천히 긴장을 풀고 침착하자', '어떠한 지위에 있는 사람에 대해서도 나는 나 자신을 옹호할 권리가 있다'와 같이 자기 스스로에게 합리적이고 구체적인 진술을 부과함으로써 불안을 줄이는 것이다.

- 주장적으로 행동하기: 구체적인 절차는 다음과 같다. 첫째, 주장행동을 잘하지 못하는 장면에 대한 주장행동의 모델을 관찰하게 하고 둘째, 상담자나 연기력이 있는 보조자의 도움을 받아 주장행동이 어려운 장면에 대해 역할연기를 통해 행동연습을 하도록 하고 셋째, 주장행동이 어려운 실제 장면에 가서 주장행동을 해 보는 실행연습을 하도록 하고 넷째, 훈련한 장면과 유사한 장면에서도 주장행동을 할 수 있도록 일반화시키는 것이다.

② 부적 연습법

부적 연습법(negative practice)은 내담자가 자신이 없애고 싶어하는 습관적인 행동을 적극적으로 의식하면서 연습하는 방법이다. 예를 들면, 말을 더듬는 행동을 치료하고자 할 경우 더듬는 현상에 주의하면서 더듬는 부분을 정확히 반복 연습하는 것이다. 이 원리는 한 가지 반응을 계속 되풀이하면 신체적 피로감 또는 심리적 권태 등으로 인하여 그 반응이 나타날 수 있는 잠재력을 약화시킴으로써 결국 그 행동을 감소시킬 수 있다는 것이다. 즉, 말더듬이가 더듬는 부분을 정확하게 반복해서 더듬도록 함으로써(반복적 시행이 벌과 같은 효과를 갖도록) 피로와 권태가 쌓여 더듬는 반응을 하지 않게 된다는 것이다. 그러나 우리가 흔히 경험하는 것과 같이 연습이 행동을 더욱 확고하게 만드는 면도 있기 때문에 그 적용에 있어 신중을 기하여야 한다.

③ 심적 포화

심적 포화(satiation)는 정적 강화자극이라 할지라도 계속적으로 주어져 포화상태에 이르게 되면 강화자극으로서의 기능을 상실하고 오히려 반대의 효과를 나타낸다는 원리에 입각한 것이다. 그래서 아주 좋아하는 술이라도 진저리가 나도록 계속 마시게 하면 다시는 술을 보기도 싫어하게 된다는 것이다. 구체적으로 내담자가 부담할 수 없을 정도의 많은 양(예, 완전히 의식을 잃어서 실수할 만큼의 술)의 강화자극을 제공하거나 부담할 수 없을 만큼 자주(예, 하고 싶은 일도 못하도록 30분마다 술을 마시게 함) 강화자극을 제공하는 방법이 있다.

④ 혐오기술

혐오기술(aversive techniques)은 일시적으로는 만족을 주지만 장기적으로 볼 때 결코 바람직하지 못한 일련의 행동들을 혐오자극을 통해 감소시키거나 치료하는데 적용된다.

술과 관련된 예를 들어 보기로 하자. 이전에는 마시면 기분이 좋아서 술을 즐겨 마셨는데, 의사의 지시에 의해 술을 끊어야만 하게 되었다. 이 경우 술을 마시면 구토가 나는 어떤 약물(혐오자극)을 복용함으로써 술을 끊는 방법을 생각해 볼 수 있다. 이전에는 술만 보아도 기분이 좋았지만, 이제는 술만 먹으면 구토가 나기 때문에 술과 구토가 결합되어서 술이 오히려 혐오스러운 것이 되어 버린다. 그래서 술을 즐기던 사람이 술에 혐오를 느끼게 되어 술을 끊게 되는 것이다. 이 기술은 술 이외에도 담배, 과식, 사회적으로 받아들일 수 없는 성행위 등을 포함한 많은 행동의 개선 및 치료에 효과적으로 사용되어 오고 있다.

혐오자극으로 널리 사용되고 있는 것은 전기쇼크, 화학적 자극(구토제), 시각 자극(시청각매체 이용), 내재적 관민성 제거(부적절한 행동의 결과를 상상하게 함), 타임아웃(time-out; 부적절한 행동을 했을 때 긍정적 강화를 받을 수 있는 기회를 일시적으로 박탈하는 것), 벌의 추가(부적절한 행동의 결과 발생한 환경조건을 원상회복하도록 함과 동시에 추가적인 벌을 제공함), 반응대가(강화 자극의 완전 제거) 등이 있다.

⑤ 정적 강화

정적 강화(positive reinforcement)는 어떤 환경적 자극을 제공함으로써 바라는 어떤 행동을 증가시키는 것을 말한다. 예를 들면, 시키지도 않았는데 자녀가 아침에 일찍 일어나서 청소를 했을 때 그에게 칭찬을 해 주는 것이 정적 강화다. 정적 강화의 효과를 증가시키기 위해서는 다음과 같은 몇 가지 점들을 유의할 필요가 있다.

첫째, 증가시킬 행동을 구체적으로 선택해야 한다. 예를 들면, 미소짓기, 수학 공부를 하루에 한 시간 이상 하기, 약 먹기 등과 같이 증가시킬 행동(목표행동)을 구체적으로 선택해야 한다.

둘째, 적절한 강화자극을 선택해야 한다. 수면이나 음식 등과 같은 것은 대부분의 사람들에게 정적 강화요인이 될 수 있으나, 이 또한 사람에 따라 효과가 달리 나타날 수 있다. 그러므로 사전에 특별한 형태의 질문지를 통해 최적의 강화자극을 선정하거나 내담자가 여러 가지 강화자극 가운데서 선택하게 하여 내담자에게 가장 효과적인 강화자극을 선택해야 한다.

셋째, 선정된 강화자극을 제공하기 이전에 얼마 동안 이 강화자극을 박탈하여 희소가치를 높여야 한다. 일반적으로 박탈 기간이 길수록 강화효과가 크다. 그러나 상담기간 중에 한 개인에게 강화자극을 지나치게 많이 제공하면 더 이상 강화의 효과가 나타나지 않는 이른바 심적 포화상태가 될 수 있다. 이 경우 바람직한 행동을 증가시키기보다 오히려 감소시킬 수 있다.

넷째, 최대의 강화효과를 얻기 위해서는 선정된 목표행동이 일어난 후 즉시 강화자극이 주어져야 한다. 그러나 지연강화가 더 효과적인 경우도 있다. 예를 들면, 아침에 아빠의 구두를 닦으면 저녁에 아빠가 선물을 사다 주실 것이라고 이야기하는 것이 효과적일 때다. 뿐만 아니라 우리가 하루하루 열심히 공부를 하고 일을 하는 것은 먼 훗날의 강화자극(지연강화)을 기대하고 있기 때문이다. 그러나 일반적으로, 특히 어린이나 열등아들에 대해서는 즉시강화를 제공하는 것이 효과적이며, 즉시강화와 바람직한 행동의 연합이 이루어지게 되었을 때 점차 강화자극을 제공하는 시간간격을 증가시키는 것이 효과적이다.

다섯째, 내담자에게 그들이 강화를 받는 이유를 반드시 이해시킬 필요는 없지만 그 이유를 이해한다면 행동변화가 더 빨라진다.

⑥ 조형

조형(shaping)은 목표행동이 복잡할 경우 그 행동을 작은 단계로 구분하여 각 단계의 행동을 단계적으로 변화시킴으로써 전체 행동을 변화시키는 것을 말한다. 조형에서는 내담자의 여러 행동 중 상담자가 바라는 행동에 대해서만 강화를 주고 그렇지 않은 행동에 대해서는 철저하게 무관심하게 된다.

한 가지 가상적인 예로서, 한 학생은 거의 매일 저녁마다 밖에서 놀다가 11시가 넘어 들어와서는 공부도 하지 않고 곧바로 잠자리에 든다. 이 학생에게 변화시키고자 하는 목표행동은 '하루에 2시간 동안 공부를 하도록 하는 것'이다. 정적 강화기술을 사용한다면 이러한 목표행동이 나타날 때만 강화자극을 제공할 수 있으나, 이 학생의 경우 곧바로 그러한 목표행동을 기대할 수 없는 것이다. 그러나 조형에서는 먼저 목표행동을 단계별 목표로 세분화하여 각 단계별 행동변화를 통해 점진적으로 전체 행동을 변화시키는 것이다. 위의 예에서 단계별 목표행동은 다음과 같이 설정될 수 있다. ① 집에서 시간을 보내게 한다. ② 공부방에서 시간을 보내게 한다. ③ 책상 의자에 앉아서 시간을 보내게 한다. ④ 책상 의자에 앉아서 공부하게 한다. ⑤ 30분 동안 공부하게 한다. ⑥ 1시간 동안 공부하게 한다. ⑦ 2시간 동안 공부하게 한다.

이러한 단계별 목표가 설정되면, 조작적 조건형성의 원리에 의해 행동을 조형하게 된다. 저녁에 나가서 놀지만 매일 나가서 놀지는 않을 것이다. 그래서 혹 나가지 않는 날 어머니(상담자)는 자녀(내담자)가 평소에 가장 가지고 싶어 하던 것을 사주거나 칭찬을 하거나 그 밖의 특별한 보상을 해 준다. 이러한 일련의 강화가 얼마 동안 지속되면 학생은 저녁에 밖에 나가지 않고 집에 있게 된다. 그 다음에는 집에 있되 공부방에 있을 때만 강화자극을 준다. 이렇게 하여 마지막에는 저녁에 2시간 동안 공부를 하였을 때만 강화자극을 준다.

그런데 이 과정에서 어느 한 단계의 목표를 너무 강화하게 되면, 그 단계에서 행동이 고착되어 다음 단계로 나아가지 못할 수 있다. 따라서 중간 단계를 너무 강화하지 않도록 유의해야 한다. 그리고 조형된 행동을 계속 유지시키기 위해서는 계속 강화를 줄 수도 있지만 일반적으로 간헐강화(고정간격, 변동간격, 고정비율, 변동비율)가 더 효과적이므로 이를 적절히 활용하도록 해야 한다.

⑦ 행동연습

행동연습(behavior rehearsal)은 행동적 심리극(psycho-drama)의 일종으로 구체적인 어떤 장면에서 자신이 하고 싶은 행동을 그대로 하지 못하여 부적응행동을 나타내는 내담자들의 행동변화에 널리 사용되고 있다. 내담자가 그들의 실제 생활에서 구체적인 행동이 어려운 어떤 장면을 설정하고, 그 장면에 대한 역할연기를 반복 연습하는 것이다. 역할연습은 한두 번의 역할연기로 끝나는 것이 아니라 바라는 행동 수준에 이를 때까지 시범이나 교육, 피드백을 통하여 그리고 경우에 따라서는 행동과제를 혼자서 연습해 오도록 하는 방법을 통해 계속 반복해야만 효과를 가져올 수 있다. 그리고 가급적 실제 장면과 가까운 장면을 구성하여 행동을 연습하는 것이 좋다.

이 행동연습은 대체로 목표행동에 대한 이해, 목표행동의 시범, 역할연기 등을 통한 행동연습 그리고 실제장면에서의 행동연습의 순서로 진행한다.

⑧ 자기 지시

자기 지시(self-instruction)는 불안이나 기타 부적응행동에 직면하였을 때 자기 자신에게 지시하거나 자기 스스로에게 말함으로써(자기 진술; self-statement) 불안을 감소시키거나 적응행동을 증가시키는 것을 말한다. 여기에는 정서적 안정을 위하여 근육이완을 하도록 하는 지시, 비합리적 생각을 합리적 생각으로 바꾸도록 하는 지시 그리고 구체적 행동을 하도록 하는 지시 등이 있다.

이성과 만날 때의 불안을 극복하기 위한 자기 지시의 예를 보기로 하자. 이성에 대해 자신이 하고 싶은 이야기를 하려고 하니 가슴이 두근거리면서 떨리고 상대방이 멸시할 것 같기만 하다. 이 경우 자기 자신에게 이렇게 지시 또는 진술한다.

'천천히 심호흡을 하면서 긴장을 풀고 침착하자.'

'나는 나의 기분을 충분히 통제할 수 있다.'

'잘 말하려고 하지 말고 그대로 솔직하게 말해라.'

'이 세상에 별 사람 없다. 그녀(그)도 사람이고 나도 사람이다.'

한 가지 더 예를 든다면, 공부해야 할 시간인데, TV를 보고 있는 자신에게 '지금은 공부하는 시간이다', '나는 TV를 보고 싶어도 참고 공부할 수 있다'라고 자기 지시 또는 자기 진술을 하는 것이다. 장소에 따라서는 속으로 이야기해야만 할 때도 있겠지만 가급적 큰 소리로 하는 것이 더 효과적이다.

⑨ 사고중지

사고중지(thought-stopping)는 스스로 통제할 수 없는 지속적·강박적·비생산적인 생각에 빠져서 그 밖의 다른 일에는 정신을 집중하기 어려운 사람들에게 자주 사용되고 있다. 즉, 도저히 어쩔 수 없는 과거지사에서 벗어나지 못하거나,

바람직하지 못한 줄 알면서도 완전히 떨쳐 내지 못하는 상념에 빠져 있거나, 불안을 일으키는 환상에서 벗어나지 못하는 사람들에게 적합하다.

사고중지의 과정을 요약하면 다음과 같다. 먼저, 상담자는 내담자에게 강박적인 사고를 하도록 요구한다. 그리고 강박적인 사고가 떠오르면 손가락으로 신호를 하게 한다. 상담자는 내담자의 손가락을 보고 있다가 신호를 보내면 아무 예고 없이 큰 소리로 책상을 치면서 "중지!"라고 소리를 지르거나, 넓적한 막대를 이용하여 책상 위를 소리나게 내리친다. 이렇게 되면 대부분의 사람들은 놀라게 되며 조금 전까지 가지고 있던 강박적인 사고가 사라졌다고 이야기한다. 그리고 나서 사전에 정해 둔 긍정적인 생각이나 활동을 하도록 지시한다. 상담자에 의한 훈련이 어느 정도 되면 내담자 스스로가 자신에 대해 "중지!"라고 큰 소리를 치고 나서 긍정적인 생각이나 활동을 하도록 하며, 마지막으로는 큰 소리를 치지 말고 마음속으로 "중지!"라고 한 후 긍정적인 생각을 하도록 한다.

4. 정신분석학적 상담

Freud의 정신분석학은 많은 비판을 받고 있음도 사실이지만, 이 이론만큼 전 인류의 문명에 광범위하고 깊이 있는 영향을 미친 이론도 없을 만큼 20세기 서구문명에 커다란 지적 충격을 준 이론으로 평가받고 있다. 특히, 현대 심리학의 3대 세력으로 꼽히고 있는 정신분석학, 행동주의 그리고 인본주의 가운데 최초의 세력으로 등장하여 정신의학 및 심리학의 발달에 지대한 공헌을 하였다. 정신분석학적 접근은 대다수의 정상적인 사람들보다 소수의 이상성격자 또는 심리적으로 건강하지 못한 사람들을 대상으로 그들의 무의식을 각성 또는 통찰하여 의식화하고, 합리적인 적응을 조력하는 데 목적이 있다.

1) Freud의 인간관

Freud의 정신분석학에서는 인간을 비합리적이고 결정론적인 존재로 가정하고 있다. Freud는 인간의 행동이란 기본적인 생물학적 충동과 본능을 만족시키려고 하는 욕망(성욕)에 의하여 동기화되어 있는 것으로 본다. 이러한 성적 욕망으로 동기화되어 있는 인간의 원초적인 본능은 비합리적이고 파괴적이며, 비도덕적이라고 할 수 있다. 그리고 그는 개인을 자기 행위의 주체자로서가 아닌 과거의 생활 경험들에 의해, 그것도 출생에서 5세 전후 사이의 어린 시절에 경험한 심리 성적인 사건들에 의해 결정되어 있는 존재로 보고 있다. 5세 이전에 결정된 심리 성적 사건들은 개인의 무의식 속에 잠재해 있다가 사춘기 이후 개인의 성격과 행동을 결정짓는다.

그러나 다른 한편으로 Freud는 인간에게 약간의 합리성과 선택의 자유가 있음을 인정하고 있다. 그것은 정신분석을 통하여 개인의 성격변화와 심리치료를 도울 수 있다는 그의 기본가정에서 나타난다. 그러나 이러한 견해 또한 성격의 핵심구조는 그대로 인정하면서 주변구조의 변화를 의미하고 있는 것이다(Hjelle & Ziegler, 1981). 결론적으로 Freud는 인간을 결정론적이고 비관적이며, 비합리적인 존재로 파악하고 있다고 볼 수 있다.

2) 방어기제

Freud에 의하면, 방어기제란 원욕(id) 속에 포함되어 있는 사회적으로 용납될 수 없는 욕구나 충동 등의 사실적 표현과 이에 맞선 초자아(superego)의 압력 때문에 발생하는 불안으로부터 자아(ego)를 보호하기 위한 전략이라고 할 수 있다. 이러한 방어기제는 무의식적으로 작용하기 때문에 본인은 알지 못하고 있다는 점과(자기 기만적), 개인으로 하여금 현실을 거부 혹은 왜곡해서 지각하도록 만들어 불안으로부터 자아를 보호한다는 두 가지 공통적인 특징을 지니고 있다(Hall & Lindzey, 1978).

방어기제는 정신(psyche)이 내적 · 외적 긴장으로부터 그 자체를 보호하는 방법이다. 이때 정신을 보호 또는 방어하기 위해서는 심리적 에너지가 소모되며, 이것은 자아의 융통성과 힘을 약화시킨다. 더구나 방어기제가 효과적으로 작용한다는 것은 우리의 요구, 두려움, 포부를 왜곡시키고 있음을 의미한다. 그러므로 방어기제는 심리적으로 건강한 사람들에게도 발견할 수는 있지만, 이것을 지나치게 많이 사용할 경우 심리적 에너지의 소모와 함께 개인의 요구가 왜곡됨으로써 심리적 문제와 정신적 병리현상을 초래할 수 있다. 이러한 방어기제는 공식적으로 확인된 것만 백 가지가 넘지만 여기서는 대표적인 몇 가지만 설명하기로 한다.

(1) 승화

승화(sublimation)는 개인이 자신의 충동을 사회적으로 용납된 생각이나 행동으로 표현함으로써 욕구를 적절하게 전환시키는 자아기능이라고 할 수 있다. 승화는 자아로 하여금 충동의 표현을 억제하지 않고 충동의 목적이나 대상(혹은 양자 모두)을 변화시키기 때문에 문제가 있는 충동을 건전하고 건설적인 방법으로 다루는 유일한 전략이다. 본능적 힘은 사회적으로 용납될 수 있는 다른 표현방법으로 전환되는 것이다. 예를 들면, 소년이 성장해 나가는 동안에 자위가 불안을 일으키는 원인이 된다면, 그는 그의 충동을 축구, 수영 또는 그 밖의 운동에 전념하여 사회적으로 인정된 대치행동으로 승화시킬 수 있다. 사회적으로 용납되지 않는 적대감을 많이 가진 사람은 도살업자가 되어 그가 미워하는 사람을 상징적으로 자르는 행위를 함으로써 무의식적 일생을 보낼 수 있다.

Freud는 성 본능의 승화가 서구문화와 학문발전에 원동력이 되었다고 주장한다. 한 예로서, 레오나르드 다 빈치가 '마돈나'를 그리는 데 관심을 가진 것은 그가 어릴 때에 헤어진 어머니에 대한 그리움을 표현한 일종의 승화기제에 의한 것으로 보았다. "성 본능의 승화는 문화발전의 분명한 특징이 된다. 승화는 우리들의 문명생활에 중요한 역할을 하는 과학, 예술, 이념활동을 열심히 하도록 해준다"(Cohen, 1969: 34).

(2) 억압

억압(repression)은 더 정교한 방어기제의 수단이 될 뿐만 아니라 불안을 가장 직접적인 방법으로 회피하기 때문에 Freud는 이것을 일차적 자아방어로 간주하였다. 흔히 선택적 망각으로 묘사되기도 하는 억압은 무의식적인 성적, 공격적 충동의 표현을 완전히 차단하여 충동이 우리에게 불쾌한 것으로 남아 있는 한 이를 의식하지 못하도록 한다. 그렇게 함으로써 용납될 수 없는 욕구나 충동 또는 생각 때문에 갖게 되는 불안으로부터 자아를 보호하고자 하는 것이다.

Freud는 억압된 충동이 무의식에서 의식으로 나타나지 못하도록 억제하는 데는 심적 에너지가 필요하다는 이론을 세웠다. 이런 식으로 자아의 자원을 계속 소모하게 되면 더 건설적이고 자기 향상적인 그리고 창조적인 행동을 하는 데 필요한 에너지의 양이 심각하게 제한받게 될 것이다. 그러나 계속 외부 표출을 시도하는 억압된 충동은 꿈이나 농담 또는 말의 실수, 그리고 Freud가 '일상생활의 정신병리학'이라고 부르는 다양한 증거를 통해 일시적인 만족을 얻게 된다. 더구나 Freud 학파의 관점에서 억압은 모든 신경증적 행동과 정신 신체장애(예, 위궤양), 그리고 성 심리적 장애(예, 임포텐츠, 불감증)의 근본 원인이 되고 있다.

(3) 투사

투사(projection)는 방어기제로서 이론적 중요성으로 볼 때 억압 다음이다. 투사는 사람들이 스스로 받아들일 수 없는 충동이나 태도 또는 행동을 무의식적으로 타인이나 환경 탓으로 돌리는 것을 말한다. 즉, 투사는 자신의 결점을 다른 사람이나 사물에 전가시켜 비난함으로써 자신의 결함이나 약점 때문에 갖게 되는 위험이나 불안으로부터 자아를 보호하고자 하는 것이다.

'어설픈 목수 연장 나무란다'는 속담이 이 예에 속한다. 골프를 할 때 공을 실수로 치지 못하고는 골프채를 탓하는 경기자와 같은 경우다. 또 다른 예로 자기 자신이 성적 욕망이 강하다는 사실을 모르는 젊은 여성이 자기와 데이트하는 모든 사람이 자신을 유혹하려 한다고 잘못 의식하는 것이다. 일반적인 예를 하나 더 들어 보면, 시험준비를 충분히 하지 못하여 만족할 만한 성적을 얻지 못한 학생이 시험문제가 분명하지 못하다거나, 다른 학생들이 컨닝을 했다거나, 교수가 핵심을 찌르는 강의를 하지 못했다거나 하는 등의 이유를 들어 자기실패의 원인을 전가한다.

(4) 전위

전위(displacement)는 본능적 충동의 표현을 재조정해서 위협을 많이 주는 사람이나 대상에서 위협을 덜 주는 대상으로 방향을 전환하는 것을 말한다. 예를 들면, 교수에게 꾸중을 들은 학생은 대신 같은 방 동료에게 화를 낸다. 그리고 부모님께 꾸지람을 들은 어린이는 동생을 때리거나 개를 발로 차거나 장난감을 부수는 등의 행동을 한다.

전위는 사소한 불쾌감에도 민감한 반응을 보이는 성인의 과민증에서도 관찰된다. 예를 들면, 지나친 요구를 하는 고용주로부터 꾸중을 들은 직장 여성은 남편이나 아이들의 하찮은 자극에도 화를 벌컥 낸다. 그녀는 자기 적대감의 대상으로 남편과 아이들이 고용주 대신에 대치되었음을 의식하지 못한다. 이런 각각의 예를 보면 충동의 원래 대상이 덜 위협적인 대상으로 전위되는 것을 볼 수 있다. 전위의 특수한 형태로 자기로의 방향전환이 있다. 이는 타인에 대한 적대적 충동을 자신에게 돌리는 것으로, 우울증과 자기멸시의 원인이 된다.

(5) 합리화

자아가 좌절과 불안을 극복하는 시도의 또 다른 방법은 현실을 왜곡하고 자존심을 보호하는 것이다. 합리화(rationalization)는 자신의 비이성적 행동이 타인이나 자기 자신에게 합리적이고 정당한 것처럼 보이게 하기 위하여 현실을 왜곡하는 것으로, 일종의 '불합리한 추리'라고 할 수 있다. 사람의 실수, 잘못된 판단, 실패는 합리화라는 마술을 통해 핑계를 찾게 된다. 자주 이용되는 한 가지 유형은 이솝우화의 '신포도 이야기'인데, 여기서 여우는 토끼에게 자신의 키가 작아서 딸 수 없는 포도를 애써 신포도라고 하여 현실을 왜곡시킴으로써 자신의 결함 때문에 갖게 되는 불안을 회피하고 자신의 자존심을 보호한다. 여학생에게 데이트를 신청했다가 거절당한 남학생이 그 여학생을 못생겼다고 결론지음으로써 자신을 위로하는 것도 합리화의 한 예라고 할 수 있다. 그러나 이것은 의식적으로 하는 거짓말과는 다르다.

(6) 반동형성

자아는 가끔 실제의 욕구나 충동과는 오히려 반대되는 행동을 나타냄으로써 금지된 욕구나 충동의 표출로 갖게 될 불안으로부터 자신을 보호하려 한다. 이것을 반동형성(reaction formation)이라고 하는데, 이는 두 단계를 거쳐서 이루어진다. 첫째는 받아들여질 수 없는 충동이나 욕구 또는 생각을 억압하는 것이고, 둘째는 의식적 차원에서 그와 반대되는 행동을 표현하는 것이다.

반동형성은 사회적으로 허용된 것이지만 강박적이고 과장되고 엄격한 특징을 가진 행동 중에서 잘 나타난다. 예를 들면, 강한 성욕을 의식해서 불안해하는 부인은 그녀가 사는 도시에서 외설적인 영화를 상영하는 것을 반대하는 선동자가 된다. 또한 그녀는 어떤 특정한 영화관 앞에서 시위를 하거나 요즘 영화가 타락했다고 영화제작소에 편지를 쓸지도 모른다.

(7) 퇴행

퇴행(regression)은 심리 성욕 발달단계의 초기로 되돌아가거나 더욱 단순한 또는 유아기적 표현을 함으로써 현재의 불안이나 좌절로부터 일시적으로 안정을 찾고자 하는 방어기제다. 즉, 안전하고 즐거웠던 인생의 이전 단계로 후퇴함으로써 불안을 완화시키는 방법인 것이다.

성인들에게서 쉽게 볼 수 있는 퇴행의 형태는 화를 내는 것, 입을 내미는 것, 뾰로통해지는 것, 말을 안 하는 것, 어린아이처럼 말하는 것, 물건을 파괴하는 것, 권위에 도전하는 것, 무모하게 빨리 운전하는 것 등이다. 어떠한 것이든 퇴행은 일시적으로 불안을 감소시킬 수 있지만 근본적인 해결책은 되지 못한다.

3) 상담의 목적

Freud는 잘 적응하는 사람이란 진정 사랑할 수 있고 일할 수 있는 사람이라고 정의하였다(Abeles, 1979). 이때 적응을 방해하는 요소는 무의식 속에서 동기로 작용하고 있는 억압된 충동이다. 억압되어 있는 충동이란 과거에 자아가 적절하게 중재할 수 없었던 원욕(id)의 감정들이라고 할 수 있다.

그러므로 정신분석에서는 어떤 위협이나 비난받을 위험이 없는 안전한 분위기 속에서 과거에 내담자 자신이 효과적으로 대처할 수 없었던 장면들에 직면할 수 있게 하고, 그와 관련되어 있는 억압된 감정이나 충동들을 자유롭게 표현할 수 있게 도움으로써 문제되는 무의식의 내용을 의식 수준으로 각성시키고자 한다. 이와 같이 무의식의 내용을 의식화하는 과정을 통하여 내담자는 자신의 현재 행동의 적절성과 부적절성을 탐색할 수 있고, 나아가서는 문제행동의 원인을 통찰하게 되어 새로운 행동을 할 수 있게 된다.

따라서 정신분석학적 상담의 목표는 내담자로 하여금 자기 행동의 동기를 각성 통찰할 수 있게 하여 의식 수준에서 행동할 수 있도록 도와주는 데 있다. 그리고 이처럼 무의식에 근거하고 있는 내담자의 문제행동에 대한 각성과 통찰을 도와서 건설적인 성격으로 변화시킴으로써 진정 사랑할 수 있고 일할 수 있는, 다시 말하면 잘 적응하는 개인으로 성장할 수 있도록 돕는 데 궁극적인 목적이 있다.

4) 상담의 과정과 기술

(1) 상담의 과정

이 접근에서 내담자들은 일주일에 보통 1회에서 5회 정도의 정신분석을 받는다. 상담과정 동안 내담자는 안락의자에 편안하게 기댄 자세로 앉는다. 1회의 분석시간은 45분에서 한 시간 정도다. 그리고 자유연상을 시작한다. 정신분석학적 상담의 과정을 요약 기술하면 다음과 같다.

① 시작단계

정신분석 과정에서는 내담자가 이야기하고 행동하는 모든 것이 의미를 지니며, 또한 나중에 활용될 수 있다. 그러므로 정신분석은 내담자가 상담자 또는 분석가를 처음 만날 때부터 시작된다. 따라서 최초의 면담장면이 곧 정신분석의 시작단계라 할 수 있다.

이 최초의 면담에서 내담자의 문제가 파악되고 이에 근거하여 정신분석이 필요한지의 여부를 결정한다. 이를 위해 상담자는 내담자에 관해서 가능한 한 많은 정보들을 알아둘 필요가 있다. 예컨대, 현재의 생활형편, 문제행동, 그가 성취한 것들, 인간관계, 가정배경, 아동기의 발달사 등에 관한 정보들을 수집해야 한다.

그리고 안락의자로 옮겨져서 일대일의 면담관계를 통해 정신분석의 과정이 시작된다. 이때 어떤 사람은 안락의자에 앉거나 누워서 마음에 떠오르는 것은 무엇이든 말하는 소위 자유연상(free association)을 쉽게 하기도 하지만, 또 어떤 사람은 그렇지 못한 경우도 있다. 그러나 상담자는 내담자의 발달사와 문제행동 등에 관하여 가능한 한 많은 정보를 파악할 수 있도록 계속 인내를 갖고 노력해야 한다. 그렇게 함으로써 상담자는 내담자가 지니고 있는 무의식적 갈등의 성질에 관해 포괄적으로 이해해야 한다.

시작단계에서 상담자는 내담자가 제시하는 자원들이 의미 있는 관련성을 지닐 수 있도록 노력해야 하지만 내담자가 쉽게 의식화할 수 있는 것들에만 한정해야 하며, 내담자의 근본적인 갈등에 너무 가까이 접근하지 않도록 유의해야 한다. 이와 같은 시작단계는 보통 3개월에서 6개월 정도 지속된다.

② 전이의 발달단계

내담자와 상담자 사이에 친숙관계가 형성되어 분석의 과정이 발전되어 가는 어떤 시점에서 내담자는 자신의 무의식적인 갈등문제들을 표출하게 되는데, 이 때 그 갈등과 관계되는 어떤 중요한 인물에 대한 내담자의 정서적 반응이 상담 자를 향하여 나타나게 된다. 내담자에게 있어서 상담자는 내담자의 무의식 속에 잠재해 있던 갈등과 관련된 인물이 어머니일 때는 어머니로, 아버지일 때는 아 버지로, 애인이나 교사일 때는 애인이나 교사로 각각 의미를 지니게 되는 것이 다. 이러한 현상을 전이(transference)라고 한다. 전이현상의 발견은 Freud의 가장 위대한 발견 중의 하나로 꼽히고 있다.

내담자는 전이과정에서 잊어버렸던 어린 시절의 기억과 억압된 무의식적인 환상을 현대판으로, 무의식적으로 재연하게 된다. 내담자는 전이를 통해 현실과 환상을, 그리고 과거와 현재를 분별할 수 있으며, 어린 시절의 무의식적인 환상 적 소원들(wishes)의 욕구나 충동을 현실적으로 이해할 수 있게 된다. 이러한 전 이를 분석하게 되면 내담자가 현재 무엇을 어떻게 잘못 지각하고 있고, 잘못 해 석하고 있는지, 그리고 과거에 얽매여서 어떻게 잘못 반응하고 있는지를 현실적 으로 이해할 수 있다. 그 결과 내담자로 하여금 자신의 충동과 불안이 비현실적 이라는 사실을 깨닫도록 도와줄 수 있고, 보다 성숙되고 현실적인 수준에서 적 절한 결정을 할 수 있도록 해 줄 수 있다. 다시 말해서 전이의 분석은 내담자 자신이 겪고 있는 갈등의 성질에 대하여 스스로 통찰할 수 있게 해 준다.

그런데 상담자의 편에서도 전이현상이 나타날 수 있다. 이를 역전이(counter-transference)라 한다. 이것은 내담자에 대한 상담자의 싫은 감정이나 지나친 애착 또는 관여 때문에 발생하는 것으로 분석의 과정을 방해한다.

③ 지속적인 활동단계

철저한 지속적 활동(working through)단계와 전이분석은 동시에 일어나고 또 연 속된다. 내담자가 갈등의 성질에 대한 통찰을 한두 번 경험했다고 해서 완전한 행동변화를 가져올 수는 없는 것이다. 따라서 전이분석은 여러 번에 걸쳐서 그리고 여러 면에서 계속되어야 한다.

전이분석에 따른 내담자의 문제에 대한 통찰은 철저한 지속적 활동을 통해서 계속 심화되고 공고화된다. 따라서 지속적 활동은 전이의 반복과 정교화, 그리고 확장을 유도한다. 전이의 분석은 회상을 촉진시키고 회상은 전이내용과 성질을 조명해 준다. 이때 지속적 활동은 전이를 이해하는 것과 과거를 회상하는 것 사이의 교환적 상호작용을 가능하게 해 주며, 이것은 또한 내담자의 갈등에 대한 통찰을 공고하게 하고, 분석과정에서 내담자가 얻게 된 새로운 해석에 대한 확신을 강화시켜 준다. 즉, 철저한 지속적 활동을 통해서 내담자는 자신의 억압된 감정이나 충동을 이해하고, 이해하는 바를 느끼게 되고, 그 결과로서 현실을 부정하기보다는 직면할 수 있게 되며, 보다 성숙되고 효과적인 방법으로 반응하는 것을 배우게 된다. 따라서 철저한 지속적 활동을 정서적 재교육(emotional reeducation)이라 부르기도 한다(Hjelle & Ziegler, 1981).

④ 전이의 해결단계

전이의 해결이란 상담자에 대한 내담자의 무의식적이고 신경증적인 애착을 해결하는 것이라고 할 수 있다. 이것으로 정신분석의 과정이 종결되는 것이다. 즉, 내담자와 상담자가 처음에 설정한 분석의 주요 목표가 성취되고 전이가 잘 이해되어 모두가 만족스럽게 되면 이제 더 이상 분석할 필요가 없게 되는 것이다.

전이의 해결단계, 즉 종결단계에서는 매우 현저하고 전형적인 몇 가지 특징들이 나타난다. 가장 특징적인 것은 내담자가 상담을 요청하게 된 원인이었던 증상들이 놀랍게도 약화된다는 것이다. 둘째로, 지금까지 억압되어 있던 기억들이 나타나서 상담의 초기에 이루어졌던 해석이나 재구성을 확고하게 하고 정교화시켜 준다. 마지막으로 내담자나 상담자 모두가 더 이상의 분석의 필요성을 느끼지 않게 된다.

(2) 상담의 기술

① 자유연상

자유연상(free association)은 정신분석의 과정에서 사용되는 기술들 가운데 가장

기본적인 기술이다. 이 기술은 내담자로 하여금 마음속에 떠오르는 것이면 무엇이든 이야기하도록 하는 방법이다. Breuer의 정화법(catharsis)을 모체로 하고 있지만 문제행동 증상의 시초적 발달에 관한 것에만 국한하지 않고 아무런 제한 없이 고통스러운 것이든 즐거운 것이든, 논리적이고 조직적이고 의미 있는 이야기이든 그렇지 않은 것이든, 그리고 아무리 사소한 것이든 관계없이 의식에 떠오르는 것이면 무엇이든 이야기하도록 한다는 점에서 정화법과 차이가 있다.

자유연상법을 실시할 때는 외계의 방해를 최소화하기 위하여 보통 조용한 방에서 안락의자에 편안한 자세로 눕거나 기대게 하여 이야기하게 한다. 상담자는 대체로 안락의자의 옆이나 뒤편에 앉아서 무비판적이고 온정적이고 관심있는 태도로 내담자의 이야기를 경청한다. 상담자는 내담자의 이야기가 끊어질 때 질문을 하기도 하고, 내담자가 표현한 여러 가지 내용들을 관련시킬 필요가 있다고 생각될 때는 연상의 자유로운 흐름 속에 개입하기도 한다.

이와 같은 자유연상법은 내담자가 두서 없이 하는 이야기들이라 하더라도 모든 이야기는 서로 역동적으로 어느 정도 관련성이 있으며, 무수한 우회와 장벽이 있기는 하지만 마음의 미로를 통한 연상의 연쇄를 따라가면 내담자 개인의 마음의 역사와 현재의 조직을 파악할 수 있다는 생각을 전제로 하고 있다. 따라서 상담자가 연상을 통해 표출된 자원들의 관련성과 의미를 해석해 주면, 내담자는 자신의 무의식적인 동기를 이해하고 통찰할 수 있게 된다고 보는 것이다.

② 해석

해석(interpretation)은 정신분석에서 자유연상, 꿈, 저항, 전이 등을 분석할 때 사용되는 기본적 절차다. 해석의 과정에서 상담자는 자유연상이나 꿈, 저항 등의 의미를 지적하기도 하고 설명하기도 하며 가르치기도 한다. 이와 같은 해석은 자아(ego)로 하여금 무의식적인 자료들을 의식화하도록 촉진시킴으로써 내담자로 하여금 자신의 무의식적 자료들을 통찰하도록 돕는다.

해석의 기술을 사용할 때 유의해야 할 두 가지 규칙이 있다. 첫째, 상담자는 내담자가 저항 혹은 방어적인 태도를 취할 때, 그 방어적인 행동의 이면에 숨겨져 있는 원인을 해석하기 전에 내담자의 방어나 혹은 저항행동 그 자체를 지적하고 설명해 주어야 한다. 내담자가 전혀 감지하지 못하는 방어나 저항행동의 무의식적인 동기를 해석하려고 하는 것보다 우선 현재 나타나고 있는 방어행동을 지적해 줌으로써 내담자가 두려워서 움츠러드는 것을 막을 수 있고 더 깊은 원인을 해석할 수 있는 기초를 마련할 수 있다. 둘째, 상담자는 내담자가 표현한 감정의 이면을 이해할 수 있어야 한다. 예컨대, 내담자가 현재 표현하고 있는 열등감은 그의 아버지에 대한 부정적인 감정이라는 사실을 이해할 수 있어야 한다.

③ 저항의 분석과 해석

대체로 정신분석의 초기 단계에서 내담자는 억압된 감정이나 생각들을 회상할 수 없거나 혹은 그 표현을 주저하는 경향을 보인다. 이것은 내담자가 보이는 일종의 저항현상 때문이다. 저항현상은 사람들이 자신의 억압된 충동이나 감정을 각성하게 될 때 흔히 갖게 될지도 모를 불안에 대비한 것이다. 즉, 자신의 무의식적 충동이 각성되는 데 따른 불안으로부터 자아를 방어하기 위한 방법이라고 할 수 있다.

이러한 저항은 불안을 초래하는 무의식적인 내용들의 각성을 방해하기 때문에 상담자는 그것을 지적해 주어야 하며, 내담자도 역시 자신이 갖고 있는 갈등을 해결하고자 노력함과 동시에 갈등을 현실적으로 직면하고자 하는 용기를 가져야 한다. 저항분석의 목적은 내담자가 그 저항을 처리할 수 있도록 하기 위하여 저항의 이유들을 각성할 수 있도록 도우려는 것이다.

일반적으로 저항해석은 상담자가 내담자에게 주의를 집중하게 하고 저항들 가운데서도 가장 분명한 저항현상을 해석하는 것이다. 그렇게 함으로써 해석에 대한 내담자의 거부 가능성을 최소한으로 줄일 수 있으며, 내담자가 자신의 저항행동을 돌아볼 수 있는 기회를 증대시킬 수 있을 것이다.

④ 전이의 분석과 해석

전이는 내담자가 어릴 때 어떤 중요한 인물(대체로 부모)에 대하여 가졌던 사랑이나 증오의 감정을 상담자에게 전위(displacement)시킬 때 나타나는 현상이다(Hjelle & Ziegler, 1981). Freud에 의하면, 전이란 자신의 억압된 사랑의 감정을 표현할 수 있는 사랑의 대상을 찾고자 하는 내담자의 욕구가 반영된 것이다. 이러한 전이장면에서 상담자는 사랑의 대치대상이 될 뿐만 아니라 그 역할을 하게 된다. 전이는 직접 언어적인 의사소통으로 나타날 수도 있고 자유연상이나 꿈의 내용으로 나타나기도 한다.

이와 같은 전이현상은 무의식적으로 작용하기 때문에 내담자가 전혀 의식하지 못하는 경향이 있다. 상담자는 전이의 현상을 즉시 해석해 주지 않고, 내담자가 소위 '전이 신경증(transference neurosis)'을 발달시킬 때까지 전이의 발달을 장려한다. 전이 신경증이란 내담자가 유아기에서부터 특징 있게 발달시킨 중요한 인물에 대하여 반응하고 느끼고 지각하는 양식에 대한 통찰을 촉진시키는 일종의 '미세 신경증(miniature neurosis)'이라 할 수 있다. Freud에 의하면, 내담자가 상담자와의 전이 관계의 참된 의미를 점차로 각성하게 됨에 따라 내담자들은 그들의 문제와 밀접하게 관련되고 있는 과거의 경험과 갈등에 대하여 통찰을 획득하게 된다. 전통적 정신분석가들은 이와 같은 전이의 분석이야말로 치료과정의 절대적인 생명력이며, 성공적인 치료의 핵심이라고 생각하였다.

⑤ 꿈의 분석과 해석

Freud는 꿈이란 바로 무의식의 세계로 통하는 길이라고 생각하였다. 왜냐하면 그는 꿈의 내용들이 억압된 소원들로 구성되어 있다고 보기 때문이다. 그리하여 꿈은 부분적으로 유아기의 경험들을 반영하고 있으며, 1차 과정에 의한 상징적인 소원 성취라고 할 수 있다.

이와 같은 꿈은 두 가지 수준의 내용들을 가지고 있다(Corey, 1977). 즉, 잠재적 내용(latent content)과 표면적 내용(manifest content)이다. 잠재적 내용은 가장되어 있고 숨겨져 있으며 상징적이고 무의식적인 동기들로 구성되어 있다. 이러한 내용들은 너무나 고통스럽고 위협적인 것들이기 때문에 무의식적인 성적 및 공격적 충동들이 보다 용납될 수 있는 내용으로 변형되어 꿈으로 나타나는 것이다. 표면적 내용은 꿈속에 나타나는 꿈의 내용을 말한다.

상담자 또는 분석가는 표면화된 꿈의 내용이 갖는 상징들을 탐구하여 가장되어 있는 의미, 즉 잠재적 내용을 파악하는 것이다. 꿈의 분석과정에서 분석가는 꿈속에 잠재해 있는 의미를 파악하기 위하여 내담자에게 꿈에 나타난 내용과 관련된 자유연상을 하도록 요청하기도 한다.

4부 ■ 청소년학의 주변 영역

　　청소년학의 학문적 체계를 수립하기 위해 본서에서는 크게 청소년 이해 영역과 청소년지도 영역으로 구분하였다. 이들 두 가지 영역이 청소년학의 핵심적인 분야라면, 그 밖의 분야들, 예컨대 청소년행정이나 정책, 관계법 등은 청소년을 이해하고 지도하는 데 필요한 보조 영역이라고 할 수 있다. 그리고 현실적으로 청소년 분야의 정책이나 학문은 청소년들의 다양한 문제행동을 체계적으로 연구하고 처치하기 위해 출발하였다고 해도 과언이 아니다. 청소년 문제행동을 과학적으로 연구하여 그 원인을 정확하게 이해하는 것도 중요지만, 원인에 따른 처치방법을 탐색하고 실제로 이들을 지도하는 것 또한 매우 중요한 일이다. 그러므로 청소년 문제행동은 청소년에 대한 과학적인 이해와 합리적인 지도를 근거로 한 청소년학의 실천적 분야라고 할 수 있다. 본서에서는 이들 영역들을 청소년학의 주변 영역으로 규정한다. 물론 주변 영역이라고 하여 그것이 본질적인 영역보다 덜 중요하다거나 가치가 없다는 것은 아니다. 이들 각 영역은 청소년학의 구조적인 면에서 볼 때 실천적 또는 부수적인 성격을 가질 뿐이다. 제4부에는 주변적 영역으로 '청소년 문제행동'과 '청소년행정과 정책'이 포함된다. ■

:: **13** 청소년 문제행동

초근 청소년 문제에 관한 사회적 관심이 높아지면서 학문적인 연구 노력 또한 활발히 전개되고 있다. 그러나 청소년 문제의 개념은 이와 유사한 타 개념들과의 혼동과 규정방식의 차이로 인하여 전문 연구자들 간의 의사소통 체계를 불명료하게 하고, 연구의 범위와 질을 제한시키며, 개선방안에 대한 공통된 인식을 저해시키고 있다. 그러므로 청소년 문제에 대한 개념을 분석하고 이에 대한 인식방법을 논의해 볼 필요가 있다.

청소년 문제를 어떤 시각에서 바라보느냐에 따라 대처할 수 있는 방법도 크게 달라질 것이다. 여기서는 청소년 문제의 의미를 살펴보고, 오늘날 일부 연구자들에 의해 이의 개념적 대안으로 거론되고 있는 청소년 위험행동(risk behavior)에 대해 집중적으로 분석해 볼 것이다. 청소년의 일상적인 많은 행동들이 자칫 일탈이나 비행으로 잘못 해석됨으로써 우리 사회에서 청소년을 소위 '나쁜 아이들'로 오해하고 있음을 이제는 경계해야 한다. 청소년의 일상적인 행동은 그것이 그들의 발달과정에서 파생되는 일종의 위험행동으로 해석될 필요가 있다. 위험이란 말 그대로 위험한 것일 뿐 바람직하지 않다거나 나쁜 행동이라는 뜻은 아니다. 그런데도 불구하고 우리는 청소년의 다소 불안정하고 모험적인 행동들에 대해 사회 성인들의 편리에 따라 이를 잘못된 행동으로 규정하고 처벌과 규제 일변도의 정책만을 펼치고 있지는 않은지 반성해 볼 필요가 있다. 이와 더불어 청소년기의 대표적인 문제행동으로 내적 문제행동과 사회적 문제행동을 구분하여 살펴 볼 것이다.

1. 청소년 문제행동의 의미

1) 청소년 문제행동의 개념

청소년 문제라고 하면 보통 청소년 비행(juvenile delinquency)을 연상할 만큼 비행의 개념이 폭넓게 적용되고 있다. 비행이라는 말은 본래 법률적 용어지만 심리학에서는 주로 청소년들에게만 적용되는 용어이고, 성인인 경우에는 범죄(crime)라고 한다. 또한 비행과 유사한 말로 일탈(逸脫)이란 말을 많이 사용하는데, 이는 주로 사회학에서 쓰는 용어로서 사회적 규범에서 벗어난 행위, 즉 속임수, 야바위, 기만, 불공평, 범죄, 비열, 꾀병 부리기, 부도덕, 불성실, 배신, 부패, 사악, 범죄 등을 포괄하는 말이다. 그리고 청소년 문제행동과 관련하여 부적응(maladjustment)이란 말을 사용하기도 하는데, 이는 정신적 · 행동적 비정상과 관련된 개념으로서 심리학과 정신의학에서 많이 사용되고 있다. 청소년 문제와 관련된 용어들이 학문 영역에 따라 제각기 달리 사용되고 있지만, 이를 크게 구분하면 청소년 비행과 부적응행동으로 나눌 수 있다.

먼저, 청소년 비행에 대하여 살펴보면, 비행을 '잘못된 행동(misbehavior)'이라고 규정하는 데 대해서는 누구나 인정하지만 구체적으로 어떤 잘못된 행동이 비행인지는 연구자들마다 일정하지 않다. 비행에 속하는 행동은 시대적 차이와 사회적 관습 및 문화적 가치에 따라 달라질 수 있으며, 비행 행위자의 나이나 성별에 따라서도 달라질 수 있다(고성혜, 1996). 그리고 청소년 비행에 접근하는 학문분야에 따라 달리 규정하고 있으므로 연구결과를 통합하고 비교하기가 어려운 실정이다.

법관련 분야에서는 청소년 비행을 일정한 행위규범에 반하는 행위 내지 인격적 태도를 지칭하는 것으로, 청소년에 의한 모든 반사회적 행위를 포괄하는 개념으로 보고 있다. 여기서 반사회적 행동이란 법률이나 사회관습 등 사회규범에 위반되는 행동으로서 사회의 안전과 발전에 저해되는 행동을 말한다(송정부, 1993). 이와 같은 측면에서 볼 때 법관련 분야나 사회학 분야에서의 비행의 개념은 성인 또는 사회의 영향력 있는 집단이 청소년들의 행위에 대해 그것이 사회적 법이나 관습, 가치관 등을 위배한다고 판단할 때 규정한 개념으로서 다분히 성인 중심의 개념이며, 사회의 안정과 질서를 중시한 개념이라고 할 수 있다(한상철, 1998a).

청소년 비행에 관한 실제 연구과정에서 비행행위를 분류한 여러 학자들의 견해를 통해 비행의 개념을 보다 명료화할 수 있다. Sanders(1981)는 살인이나 강간, 강도, 폭행 등의 강력범죄와 주거침입, 절도 등 재산 범죄를 중한 범죄, 사소한 절도나 폭행을 형법위반 행위, 가출이나 무단결석, 음주, 흡연, 미성년자 출입금지 구역의 출입 등을 지위비행으로 구분하였다. 노성호(1992)는 비행을 문제행동과 범죄로 구분하였고, 이정현(1993)은 대인비행, 성비행, 공공질서비행, 지위비행, 약물사용비행, 재산비행으로 구분하였으며, 김선남(1994)은 폭력비행, 성비행, 반항적 비행, 학업비행, 지위비행으로 구분하였다.

여러 학자들의 청소년 비행 분류체계를 살펴보면, 대체로 성인사회가 규정한 법이나 관습, 가치 등을 청소년이 위반한 행위를 비행으로 보고 있음을 알 수 있다. 그러나 성인의 경우 비행이나 범죄로 취급되지 않지만 청소년이 행한 행위이기 때문에 비행으로 취급되는 경우도 다수 포함되어 있다. 지위비행(status delinquency)이라고 일컬어지는 이와 같은 행위는 음주나 흡연, 나이트클럽 출입 등을 포함하는데, 이러한 행위의 경우 청소년기에는 잘못된 행위이지만 성인기에는 정상적인 행위로 인정되며, 심지어 청소년기 가운데서도 초기에는 문제시되지만 후기에는 문제시되지 않는 등의 모순을 내포하고 있다. 비행이란 잘못된 행위이지만 그 대상 주체에 따라 잘못의 기준이 다르기 때문에 청소년들에게 많은 혼란을 초래한다. 나의 행동이 과연 잘못된 것인가? 나는 다소 창의적이고 모험적인 행동이라고 생각할 뿐인데, 어른들은 왜 나의 행동을 억압하고 통제하는가? 여자(또는 남자)친구와 데이트하는 것이 왜 비행행동으로 취급되어야 하는가? 청소년들은 혼란스러울 수밖에 없으며, 심지어 그들 스스로를 비행자의 범주에 포함시키는 경우도 있다.

그러므로 심리학자들은 청소년의 문제행동을 부적응행동(maladjustment behavior)이란 개념으로 설명하고 있다. 부적응은 주어진 문제상황이나 사회적 조건에 적절히 대처하지 못함으로써 나타나는 이상반응 또는 적응장애를 말한다(한상철, 1998). 부적응행동은 청소년 개인의 정서장애를 초래하며, 불안, 우울,

낮은 자기존중감, 충동성 장애, 섭식장애, 자살생각 등을 강화한다. 부적응 청소년들은 개인 내적 장애와 더불어 사회적 장애를 경험하며, 이는 곧 교우관계와 가족관계를 비롯한 대인관계의 악화와 사회적응의 실패를 초래한다. 외현적으로 나타나는 많은 문제행동들, 예컨대 폭력이나 절도, 성범죄, 가출 등은 청소년 개인의 심리적 부적응이 밖으로 표출된 것일 뿐이다. 따라서 청소년의 문제행동은 곧 개인의 심리적 부적응과 동일한 의미를 지니며, 문제행동의 처치와 해결 역시 부적응행동에 대한 정확한 이해와 지도가 선행될 때만이 가능하다는 입장이다.

이와 같은 입장에서 청소년 문제행동을 분석할 경우, 모든 청소년들이 부적응자 또는 문제아가 될 수 있을 뿐만 아니라 어떤 누구도 이 범주에 포함되지 않을 수도 있다. 심리적 부적응이란 쉽게 확인되지 않을 뿐만 아니라 객관적이지도 않으며, 개인의 발달과정에 따라 그리고 경험 정도에 따라 많은 차이가 있기 때문이다.

지금까지 청소년 문제의 개념을 청소년 비행과 부적응을 포함하는 것으로 해석하였다. 이것은 청소년 문제를 청소년들의 사회적 행위에 대해 사회의 성인 또는 영향력 있는 집단이 사회적 규범을 저해한다고 판단하는 행동, 즉 반사회적 행동임과 동시에 청소년들의 적응과정상의 장애행동, 즉 비사회적 행동으로 규정하고자 하는 것이다. 이에 대해 Hoghughi(1992)는 '바람직하지 못한 상태'와 '무엇이 부족한 상태'라고 기술하였다. 따라서 청소년 문제란 일반적으로 반사회적 행동임과 동시에 비사회적인 행동이며, 바람직하지 못한 상태임과 동시에 무엇이 부족한 상태라고 말할 수 있다.

그러나 이와 같은 정의가 앞서 설명하였듯이 모든 청소년 문제를 포괄하지 못할 뿐만 아니라 청소년들이 쉽게 수용할 수 있을 만큼 설득력과 영향력을 지니고 있지 못하다. 각각의 정의가 지니고 있는 모순과 불명료성으로 인하여 청소년 개인은 물론 청소년을 연구하는 학자들 간에도 많은 혼란을 초래하고 있는 것이 사실이다.

따라서 최근 청소년심리학자인 Arnett(1994, 1995, 1998), Selman(1996) 등은 청소년의 이와 같은 행동을 통칭하여 위험행동(risk behavior)이란 개념으로 명명하고 있다. 위험행동이란 말 그대로 청소년들에게 위험하다는 것일 뿐 잘못된 행동이나 바람직하지 않은 행동이 아니다. 위험은 이를 잘 극복했을 때 개인의 성장을 촉진시킬 수 있을 뿐만 아니라 일종의 추억거리에 불과하지만, 그렇지 못할 때 커다란 신체적 · 경제적 · 사회적 손실을 가져다주는 것을 일컫는다.

2) 청소년 문제에 대한 시각

송정부(1993)는 청소년 문제에 대하여 '청소년이 생존하기 위해 행동한 것이 사회적으로 문제시되는 것'이라고 정의하였다. 그리고 Durkheim(1893)은 문제행동을 광의의 범죄와 동일시하면서 '범죄는 우리들이 그것을 범죄이기 때문에 비난하는 것이 아니라 우리들이 그것을 비난하기 때문에 범죄가 된다.'(p. 82)고 주장하였다. 이들의 주장을 정리하면, 청소년의 범죄나 일탈로 규정된 문제행동의 경우, 청소년들에게는 그것이 단지 그들의 생존을 위한 전략이었지만 사회적인 법이나 규범이 그들의 행동에 대하여 범죄 또는 비행이란 이름으로 낙인한 것에 불과하다.

이와 같은 측면에서 볼 때 문제행동은 행동의 내재적 속성, 즉 어떤 사람이 행위한 내용이 아니고 오히려 타인에 의해 규칙과 제재가 그 위반자에게 적용된 결과다. 다시 말해서, 성인들이 만든 사회적 집합의식에 의해 가치가 없다고 규정된 행동이라고 할 수 있다. 성인이 청소년에 대하여 범죄나 일탈로 규정하는 집합의식은 청소년의 반사회적 행동과 비사회적 행동을 포함한다. 반사회적 행동은 법률이나 사회관습 등 사회규범에 위반되는 행동으로서 사회의 안전과 발전에 저해되는 행동을 말한다. 또한 비사회적 행동은 부적응행동 또는 정서장애와 같은 것으로, 타인에게 해를 입히지는 않더라도 자신의 건강과 성격, 정서 등의 발달에 장애를 초래할 수 있는 행동을 말한다. 구체적으로 각종 비행과 범죄 등의 공격적 행위는 반사회적 행동이고, 자살, 약물남용, 도피적 자해적 행동 등은 비사회적 행동이다.

성인의 집합의식에 의한 규제가 청소년의 반사회적 또는 비사회적 행동에 국한될 경우 그것은 결코 잘못된 것이 아니며, 오히려 사회의 질서유지와 청소년의 건전한 성장을 보장하기 위한 것이라고 할 수 있다. 그러나 청소년의 관점에서 성인의 집합의식을 해석할 경우 그것은 청소년의 생존전략을 방해하는 것이며, 그들만의 독특한 문화창조를 저해하는 요인으로 작용할 수도 있다. 성인과 청소년의 세대 간 갈등은 이와 같은 관점의 차이로부터 비롯된다.

청소년들은 전혀 사회적 규범을 깨뜨릴 의도도 없고, 성인들의 집합의식에 대항할 힘과 권력도 갖고 있지 않다. 그러나 그들은 성인들보다 강한 욕구와 호기심, 그리고 충동성을 지니고 있으며, 비합리적인 사고와 자기 중심적 사고에 빠져 있다. 그럼에도 그들은 성인들만큼 자신들의 욕구를 합리적으로 표현할 줄 모르며, 갈등을 현실적으로 해결할 줄도 모르며, 불만과 욕구좌절 상황을 건설적으로 극복할 방법도 모르며, 욕구와 갈등 및 불만을 표현할 기회도 제대로 갖고 있지 못한 상황에 처해 있다. 개인차가 있겠지만 합리적 표현의 기회를 갖지 못하는 것은 불우한 환경의 청소년일수록 그리고 실패경험을 많이 한 청소년일수록 더욱 심할 것이며, 표현과 해결방법을 모르는 것은 그러한 방법과 기술을 배우지 못하였기 때문일 것이다. 이러한 청소년들은 자신의 생존전략으로서 어떤 방법을 선택할 것인가? 대부분의 청소년들은 성인들의 가치기준에 어긋날 수밖에 없는 행동을 통해 자신의 욕망을 표현할 것이고, 사회적 집합의식과는 어울리지 않는 난폭한 또는 무례한 행동으로서 자신의 갈등을 해결할 것이며, 질서의식과는 무관한 괴팍하고 엉뚱한 발상으로서 그들의 제한된 기회를 확장시켜나갈 것이다. 그들의 반사회적 또는 비규범적인 행동은 어떻게 보면 그들의 생존전략에서 비롯된 것일 뿐 특별한 문젯거리가 아닐 수 있다(한상철, 1998a).

그러나 살인이나 절도, 강도, 폭력 등과 같은 행동은 결코 특정 사회의 성인들이 그들 삶의 편리를 위해 그리고 권력유지를 위해 인위적으로 만들어 놓은 것이 아니라는 데 중요한 의미가 있다. 이것은 인간의 존엄성과 본성을 실현하기 위해 그리고 공동체적 삶의 가치를 실현하기 위해 자연적으로 형성된 규범이며 의식이다. 그러므로 인간의 존엄성과 본성 실현을 위협하는 행위에 대해서는 청소년이기 때문이 아니라 인간이기 때문에 처벌받고 규제되어야 할 것이다. 그러나 청소년의 생존 전략적 행동이 성인사회의 권력유지와 질서유지를 위해 성인들이 인위적으로 만든 규범에 위배된다고 하여 무조건 규제하고 처벌한다는 것은 청소년들의 인권과 문화창조, 그리고 독창적 사고과정을 무시한 처사라고밖에 볼 수 없을 것이다.

이러한 관점에서 볼 때 성인사회의 집합의식을 두 가지로 구분할 수 있다. 한 가지는 인간 본성이나 공동체적 삶과 관련된 자연적인 규범 또는 집합의식이고,

다른 하나는 성인들의 권력과 질서유지를 위해 인위적으로 만든 규범 또는 집합의식이다. 자연적 규범을 우리는 절대적 규범이라고 할 수 있는 반면, 인위적 규범을 상황적 또는 상대적 규범이라고 할 수 있을 것이다. 절대적 규범에서 벗어난 행위에 대해서는 단호하게 규제해야 하겠지만, 상대적 규범에서 벗어난 그들의 생존전략에 대해서는 행위 뒷면에 감추어진 욕구와 갈등, 불만 등의 요인을 보다 적극적으로 이해하고 수용하려는 자세를 가져야 할 것이다. 이러한 대처방법이야말로 청소년 문제에 대한 세대 간 견해의 차이를 조정할 수 있을 것이다.

2. 청소년기의 위험행동

1) 위험행동의 개념

위험행동(risk behavior)이란 일반적으로 '신체적·심리적·법적·경제적 부담을 감수하는 행동'이라고 할 수 있다. 이와 유사한 용어로는 문제행동, 무모한 행동(reckless behavior), 위험감수행동, 비행 등이 있다. 위험행동은 문제행동, 무모한 행동, 비행과 중복되는 부분도 있지만 이들 개념보다 더 포괄적인 의미를 갖는다. 사회적 규범에 반대되는 행동이나 부정적 잠재성을 함축하고 있는 무모한 행동뿐만 아니라 모험적이고 개척적인 행동과 같이 사회 문화적으로 허용되는 행동까지를 포함한다. 그러나 위험행동의 범주에는 법에 저촉되는 심각한 수준의 범죄행동은 포함되지 않는다. 이것은 이미 위험의 범주를 넘어선 잘못된 행동(misbehavior)이기 때문이다(McWhirter et. al., 2004).

청소년기의 위험행동은 일반적으로 사회적 규범에 반대되는 행동으로 자신의 신체적 건강을 위협하는 행동(예, 난폭한 운전, 싸움, 흡연, 약물 의존, 무분별한 성접촉 등)과 사회·경제적 지위를 위협하는 행동(예, 가출, 수업 빼먹기, 학교 중퇴 등)으로 구분된다(Levitt, Selman, & Richmond, 1991).

위험행동에 대한 연구는 1980년대에 본격적으로 시작되었다. 위험행동이란 용어는 잠재적으로 건강에 손상을 입히는 어떤 행동(즉, 약물남용, 위험하고 조숙한 성관계, 위험한 자동차 운전, 살인 및 자살행동, 식사장애, 비행 등)을 개념적으로 한데

묶는 데 사용된다. 이러한 다양한 행동들을 하나의 범주로 묶게 되면 특정한 행동을 보다 정확하고 논리적으로 분석할 수 있게 해 주므로 이론적으로 높은 유용성을 갖는다. 위험(risk)이란 손실의 가능성(chance of loss)으로 정의될 수 있으므로 위험행동 역시 주관적인 면에서 손실의 가능성을 초래할 수 있는 행동이라고 할 수 있다. 그리고 위험행동에는 개인의 의지가 포함되어 있으므로 여러 대안적인 행동을 의식적으로 재어 보고 행동을 취한다는 의미를 함축하고 있다. 그래서 Irwin(1990)은 청소년기의 위험행동을 '그 행동의 결과가 초래하는 미래의 어떤 특정한 부정적인 결과에 대해 알지 못하는 상태에서 자기 의지에 따라 행하는 행동'이라고 정의하였다.

2) 위험행동의 특징

위험행동을 개념적으로 정의할 수 있다는 것은 다음의 세 가지 결과로부터 비롯된다. 첫째, 위험(감수)행동은 일반적인 발달적 경로(developmental trajectory)를 따른다. 예를 들면, 성적 활동, 약물남용, 위험한 자동차 운전은 청소년기 동안 연령의 증가와 함께 그 비율이 높아진다. 둘째, 이들 행동들은 다른 행동을 예측 가능하게 한다. 예를 들면, 성적으로 활발한 십대들은 그렇지 않은 십대들에 비해 알코올과 마약을 사용할 가능성이 더 높다. 셋째, 이들 행동은 비슷한 심리적·환경적·생물학적 선행조건을 공유한다.

(1) 위험행동의 발달

Jessor(1991)에 따르면, 청소년기의 문제행동은 청소년의 정상적인 발달의 일부분이며, 성인기로의 이행과정에 중요한 역할을 한다. 흡연, 음주, 조기 성활동과 같은 행동들은 임의적이고 그릇된 것이라기보다 목적이 있고 의미가 있고 목표지향적이고 기능적인 것으로 간주해야 한다는 것이다. 따라서 청소년의 문제행동은 또래 수용 및 존경의 기준이 되고, 부모로부터의 자립을 확보하게 하며, 전통적인 권위적 규범과 가치관을 거부하게 하는 것이라고 할 수 있다. 또한 걱정과 실망, 예상되는 실패에 대처하도록 자신과 의미 있는 타인을 위해 구체적인 정체성을 견고히 형성하도록 하며, 성숙을 확인하게 하고, 어린 시절에서 벗어나 좀 더 성숙된 성인 상태로 이행하도록 만드는 노력이라고 할 수 있다. Baumrind (1987) 역시 위험행동이 정상적인 청소년기의 한 부분이라는 견해를 나타내고 있다. 위험행동은 청소년들에게 일종의 '좋은 스트레스(eustress)'로 작용하는데, 그것은 그들이 자신감을 얻고 경쟁력을 높이고 주도적인 역할을 하는 데 강화를 제공한다고 보았다. 이와 더불어 그는 '병적인 행동(pathogenic; 이차적인 이득을 기대할 수 없는 위험행동)'과 '발달상의 적응적인 행동'을 구분하였다. 또한 Irwin(1997)은 전통적인 부정적 행동과 발달상의 적응적 행동을 구분하기 위하여 '탐색적 행동(exploratory behavior)'이라는 용어를 사용하였다. 즉, 탐색적인 행동이 부정적인 방향으로 발달하게 되면 병적인 위험행동으로, 긍정적인 방향으로 발달하게 되면 적응적인 행동으로 나아갈 것이다. 그리고 또한 성적인 활동과 알코올 사용의 경우 일반적으로 12세경의 초기 청소년들에게는 병적인 위험행동이지만, 18세경의 후기 청소년들에게는 규범적인 행동이 된다. 따라서 위험행동은 청소년기 동안 동일한 의미를 갖는 것이 아니라 변화되며, 어떤 시기에는 그것이 일탈과 문제행동으로 규정되지만, 다른 어떤 시기에는 적응적인 행동으로 규정된다고 할 수 있다.

한편, 특정한 위험행동은 10대에서 시작되어 20대까지 지속되다가 결혼이나 가족관계의 변화와 함께 감소되는 등의 발달적 경향성을 나타내기도 한다. Arnett(1998)는 10대의 초기 청소년의 위험행동은 20대 초반과 중반까지도 계속 나타나며, 심지어 증가되는 경향이 있다고 하였다. 10대 청소년들의 위험행동 가운데 자동차 사고나 사망자 수는 20대 청소년들에게도 거의 똑같은 비율로 나타나며, 알코올 관련 사건과 사망자 수는 20대가 오히려 더 높게 나타나고 있다. 그리고 성병과 불법 약물사용률도 10대에서보다 20대 초반에서 더 높다. 이러한 현상은 위험행동의 시작은 10대의 청소년 초기라고 하더라도 그것이 유지되고 강화되는 것은 20대라는 사실을 보여 준다.

그렇다면 감각추구 성향이 줄어들면서 위험행동이 급격하게 감소되는 시기는 언제부터이며, 위험행동 감소에 영향을 주는 요인은 무엇인가? 이에 대해 Arnett(1998)는 결혼이나 부모됨과 같은 가족 내 역할변화가 위험행동 감소와 직접적인 관계가 있다고 하였다. 20대 후반 청소년의 역할변화는 사람들의 생활에 많은 영향을 주며, 위험행동의 개입 정도와도 관계가 있다(Arnett, 1995). 즉, 그들은 전통적인 사회적 규범에 동조할 것을 요구받는다. 이러한 규범에는 자기 자신이나 다른 사람을 위험에 처하게 하는 행동, 즉 난폭한 운전이나 물질사용을 하지 않는 것이 포함된다. 또한 결혼과 부모됨은 다른 사람에 대한 책임감을 내포하며, 그러한 책임을 충실히 수행해야 된다는 기대감을 부여받는다. 이러한 책임감은 위험행동의 원천이라고 할 수 있는 비구조화된 사회에서의 친구관계에 영향을 미치며, 친구들과의 여가시간을 줄여 나가도록 할 것이다.

Kandel과 Raveis(1989)는 종단적 연구를 통해 20대 중반과 후반 사이에 결혼을 하거나 부모가 된 사람들이 독신으로 남아 있는 사람들보다 불법약물사용을 중지하는 사람이 더 많았음을 보고하였다. 이와 유사한 연구로 Power와 Estaugh(1990)는 20대 중반의 사람들을 대상으로 결혼과 부모됨이 알코올 사용의 감소와 관련이 있음을 발견하였다. 이러한 문제에 대한 가장 광범위한 연구를 시도한 Bachman 등(1996)은 고등학교에서부터 여러 개의 동시집단을 표집하여 20대 중반까지 그들의 물질 사용을 추적 조사하였다. 그 결과 결혼이 물질 사용의 감소를 가장 잘 설명해 주었을 뿐만 아니라 결혼 이전의 결혼 약속기간에도 물질 사용의 중단을 보여 주었다. 그러나 20대의 이혼은 그들의 물질 사용 비율을 독신 수준으로 다시 끌어올렸다. 이러한 결과는 결혼이 물질 사용에 미치는 인과적 효과를 암시하는 것이다.

Arnett(1998)는 물질 사용 이외의 다른 위험행동에 대해서도 결혼효과가 검증되었음을 보고하고, 결혼 및 부모됨이 다양한 유형의 위험행동과 부적 상관이 있다고 하였다. 즉, 20대 후반의 결혼 및 부모됨이 물질 사용과 난폭운전을 포함한 위험행동을 감소시키는 것으로 나타났다. 이것은 가족역할 변화와 위험행동 간의 관계가 감각적 흥분 추구에 의해 중재된다는 것을 전제로 하고 있다.

(2) 위험행동의 동시발생성

위험행동은 한 가지만 단독으로 행해지는 것이 아니라 예측 가능한 방향으로 다른 행동들과 동시에 행해지는 경향이 있다. 한 가지 형태의 위험행동에 개입하게 되면 시간의 경과와 함께 다른 종류의 위험행동에 보다 쉽게 그리고 보다 적극적으로 개입하게 된다는 것이다. Millstein 등(1992)은 성적으로 활발한 청소년들이 그렇지 않은 청소년들보다 약물복용 상태에서 자동차 운전을 더 많이 한다는 사실을 발견하였다. McWhirter 등(2004)은 또한 위험행동이 상호 반복적으로 일어난다는 것을 발견하였다. 즉, 성적으로 활발한 청소년이 그렇지 않은 청소년보다 그 다음 해에 알코올과 마리화나를 사용할 가능성이 더 높았으며, 반대로 알코올과 마리화나 사용자가 비사용자에 비해 성적으로 더 활발하게 될 가능성이 높았다.

'동시발생성(covariation)'이라는 용어는 위험행동들 간의 복잡한 관계를 기술하는 데 사용되어 왔다. 청소년 약물남용에 관한 연구들은 동시발생성이론을 지지해 주고 있다. 청소년의 약물남용은 음주 및 흡연 후 마리화나나 기타 불법약물 사용을 증가시켰다. 청소년이 마리화나를 사용하는 시기가 이를수록 다른 약물의 사용 가능성 또한 더 커진다. Friedman(1985)은 샌프란시스코에서 모든 종류의 사망사고를 당한 12~24세의 희생자를 분석한 결과 그들의 약 절반이 알코올 섭취 상태에 있었음을 발견하였다. 음주는 보트사고 및 기타 익사사고의 가장 주된 원인이었다. 사망사고와 음주의 관련성은 알코올이 두뇌에 미치는 화학적인 작용으로 인하여 정신작용(mentation), 즉 판단, 반응시간 등에 영향을 주었을 수도 있고 알코올의 억제 방해작용(disinhibition) 때문에 위험운전의 원인이 되었을 수도 있다. Donovan 등(1991)은 청소년의 문제행동이 상호 연관되어 있을 뿐만 아니라 교회 참석과 같은 전통적인 행동과는 부적 상관관계를 지니고 있다고 주장하면서 문제행동의 동시발생성은 '비전통성(unconventionality)'을 반영해 주고 있다고 하였다. 그러나 Osgood 등(1988)은 이들 위험행동들이 대부분 일탈을 향한 것이지만, 일탈로 설명되지 않는 상당 부분의 분산적 행동의 경우 개별적인 특이성을 갖는다고 주장하기도 하였다.

3) 위험행동의 원인

(1) 생물학이론

생물학이론(biologically based theories)은 위험행동이 호르몬, 불균형적인 사춘기 시기 또는 유전학적인 소인 등에 기인한다는 이론이다. 위험행동은 가족 내에서 집락되는 경향이 있으며, 특정한 가족은 손상과 관련된 행동을 더 많이 한다. 이러한 현상을 설명하기 위한 것이 유전학적 모델이다. 그러나 가족 내 공통적 특성은 한 가족이 공유한 사회·환경적 요인 때문일 수도 있음을 간과해서는 안 될 것이다.

쌍생아 입양연구(twin-adoption studies)는 알코올중독자 아버지의 쌍생아로 태어나 알코올중독자가 아닌 부모에 입양되어 양육되더라도 알코올중독이 될 가능성이 더 높다는 사실을 입증해 주고 있다(Cloninger, 1987). 또 특정 하위 형태의 알코올 남용은 가족 집합성을 나타낼 가능성이 더 높은 것으로 보고되었는데, 이러한 행동은 주로 남자에게 발생하고 청소년기에 시작되는 것으로 나타났다. 이들의 특징은 금주를 못 하고, 싸움에 쉽게 개입하고, 법적인 분쟁에 쉽게 휘말리며, 새롭고 감각적인 행동을 많이 추구한다.

호르몬 또한 청소년의 위험행동에 직·간접적인 영향을 주는 것으로 보고되고 있다. 예를 들면, 남자의 성교 시작(coital debut)은 청소년기의 남성 호르몬(testosterone) 증가와 관련이 있다는 것이다. 반면에 여자의 경우는 사회적인 통제 및 사춘기 발달과 더 밀접한 관련이 있다. 사춘기 시작 시기는 유전과 호르몬 변화 양자 모두와 관련이 있다. Irwin과 Millstein(1986)은 불균형적인 사춘기 시작 시기(즉, 동료들보다 빠르거나 늦은)는 위험행동의 한 요인이 된다는 가설을 설정하였다. 조숙한 여자 청소년은 어린 연령에 성생활을 개시할 가능성이 많으며, 더 어린 나이에 성 활동을 개시할 경우 피임도 더 적게 하고 성 파트너도 더 많아져서 결과적으로 임신이나 성인성 질병의 위험이 더 증가한다는 것이다.

청소년기에 생물학적인 성숙이 이루어지면, 생리학적으로도 변화가 있게 되는데, 이는 곧 청소년들로 하여금 자신과 그들 주변의 세상을 이전과는 다르게 인지하도록 만들 것이다. 인지기능의 발달은 신체적인 발달과 조화롭게 이루어질 수도 있고 그렇지 않을 수도 있는데, 신체적인 발달이 인지기능 발달보다 앞서게 될 경우 위험행동의 가능성이 더 높은 것으로 알려지고 있다.

(2) 심리학적/인지적 이론

심리학적/인지적 이론(psychological/cognitive theories)은 위험행동이 자존심 결여, 인지적인 미성숙, 정서적 불평형, 높은 감각추구 성향 등에 기인한다는 이론이다. 인지이론에 기초한 위험행동이론은 개인이 위험을 인지하고 위험감수에 대한 결정을 내리는 방법에 대해 연구한다. 즉, 청소년들이 스스로를 '불사신 (invulnerable)'과 같은 존재로 착각하는 데서 위험행동이 발생한다는 것이다. 그러나 이러한 주장을 뒷받침해 줄 만한 자료는 아직까지 풍부하지 않다.

Fischoff(1992)는 주로 성인들을 대상으로 다섯 가지의 중요한 의사결정 요소를 발견하였다. 첫째, 대안을 찾아내고 둘째, 각 대안들의 있을 수 있는 결과를 확인하고 셋째, 각 결과의 장점을 평가하고 넷째, 각 결과의 가능성을 평가하고 다섯째, 정보를 조합하여 의사결정을 한다는 것이다. Keating(1990)은 청소년 중기가 되면 대부분의 청소년들이 성인과 동일한 형태의 의사결정 과정을 경험한다고 하였다. 그러나 그 방법은 동일할 수 있어도 의사결정의 요소 및 내용은 청소년의 경험, 편견, 판단, 사회적인 압력, 상황 등에 따라 매우 다를 수 있다. 청소년은 성인과 달리 제한된 사회·환경적 세계를 경험하고 있으며, 특정한 문제에 대해 의사결정을 하는 능력이 성인들에 비해 떨어질 수밖에 없다. 청소년 중기에는 동료의 영향이 절정에 달함으로써 의사결정에 동료의 영향이 매우 큰 것도 하나의 특징이다. 청소년들은 의사결정을 할 때 성인들에 비해 장기적이고 심각한 결과보다 근접적인(proximal) 결과에 더 많이 좌우된다는 증거가 있다. 즉, 청소년들은 그들이 선택할 수 있는 대안적인 결정의 장기적인 결과보다는 단기적인 결과에 더 치중하는 것처럼 보인다. 예를 들어, Kegels 등(1988)은 14~16세 청소년들이 콘돔을 사용하는 의도는 콘돔이 성병이나 임신을 막아주는 정도에 대한 믿음과 연관되어 있지 않고, 콘돔이 사용하기 쉬운지, 동료들에 의해 인기가 있는지, 성 활동을 얼마나 촉진시켜 주는지 등과 관련되어 있다고 하였다.

감각추구(sensation seeking) 성향을 지닌 청소년은 그렇지 않은 청소년에 비해 많은 활동들에서 위험을 더 적게 인지하는 것으로 나타났다. 그리고 감각추구는 몇 가지 생물학적인 지표(심장박동수, 남성 호르몬 수준 등)와 관련이 있다(Zuckerman, 1990). 자기존중감, 우울증, 통제부위도 위험행동과 관련이 있는 것으로 보고되고 있으나, 이를 지지해 주는 명확한 자료는 부족한 상태다. 다만 우울증과 스트레스의 경우 청소년의 흡연 개시 및 강도와 관계가 있는 것으로 보고되고 있다.

(3) 사회적/환경적 이론

사회적/환경적 이론(social/environmental theories)은 위험행동이 가족 및 동료와의 상호작용, 지역사회와 사회적인 규범에서 기인한다는 이론이다. 청소년들에게 중요한 세 가지 사회·환경적 요소는 가족, 동료, 사회다. 청소년들은 청소년기 동안 부모와의 밀접한 관계를 유지하면서 부모의 위험감수 행동을 관찰하게 된다. 따라서 부모는 청소년 자녀의 행동에 강력한 영향을 미친다. 가족구조 역시 청소년의 위험행동과 관계가 있는데, 한부모 가족에서 자란 청소년은 부모가 모두 있는 가족의 청소년에 비해 위험행동에 빠질 가능성이 더 높다. 그러나 가족구조와의 관련성은 단순하지 않은데, Newcomer와 Udry(1987)는 남자 청소년의 성적 활동 개시는 한부모 가족에서 자라는 것보다 부모가 모두 있는 가정에서 부모의 이혼 또는 별거와 더 관련이 있다고 보고하였다. 청소년의 행동에 미치는 부모의 영향은 부모와 청소년 간의 관계의 질에 크게 의존하는 것 같다. 즉, 가족 간의 이해대립 수준이 높으면 청소년의 위험감수 행동이 증가한다. 그리고 권위적(authoritative; 요구하고 반응하는)인 부모를 가진 청소년은 권력적(authoritarian; 요구는 하지만 반응하지 않는)이거나 또는 허용적인(permissive; 요구는 하지 않지만 반응하는) 부모를 가진 청소년에 비해 약물남용의 가능성이 적은 것으로 나타났다(Baumrind, 1991).

청소년의 발달과제 중 하나는 가족으로부터 자신을 분리하고 동료집단과 동일시하는 것이다. 결과적으로 청소년기를 통해 동료의 영향이 커짐에 따라 부모의 영향은 감소된다. Jessor 등(1991)에 따르면, 이러한 영향력의 변화는 문제행동의 경향성을 증가시킨다고 하였다. 그러나 동료집단에 적응하기 위해 위험행동을 선택하는 것인지 아니면 위험행동을 시작하고자 하는 청소년들이 비슷하게 행동하는 또래 청소년들에 이끌려서 그렇게 행동하는 것인지는 분명하지 않다.

매스미디어나 사회적 규범과 같은 사회적인 영향과 문화적인 기대 또한 청소년의 위험행동에 영향을 준다. 예를 들어, 미국은 기타 선진국들과 비교했을 때 성적 활동 개시 연령은 비슷하지만, 다른 국가들에 비해 청소년 임신이나 낙태의 비율은 매우 높다. 이러한 현상은 미국 내에서도 인종 또는 종교에 따라 상당한 차이를 보여 준다.

(4) 통합적인 모형

Irwin과 Millstein(1986)은 위험행동의 원인을 설명하는 데 있어서 위의 세 가지 이론적 관점을 조합한 통합모형(생물·심리·사회적 모형)을 제시했다. 이 모형에 의하면, 청소년의 위험행동은 생물학적 성숙의 시기가 청소년의 인지 범위, 자기인식, 사회환경의 인식, 개인적인 가치관에 영향을 미치며, 이러한 요인들이 위험인식과 또래집단의 영향을 중재하게 된다. 이 모형은 많은 연구들에 의해 지지받고 있다.

Irwin 등은 이러한 생물·심리·사회모형의 틀 안에 어떤 한 청소년이 위험행동에 빠질 가능성을 증가시키는 조건들을 포함시켰다. 위험행동 가능성을 증가시키는 생물학적 요인은 남성, 유전적 소인, 호르몬 영향 등이고 심리적 소인은 감각추구 성향, 위험인식, 우울증, 낮은 자기존중감 등이며, 사회 환경적 요인은 부적응적 양육형태, 부모의 위험행동 모델, 또래행동, 사회·경제적 지위 등이다. 청소년의 위험행동 가능성을 증가시키는 상황요인은 가족 해체, 학교 전학, 약물남용, 또래의 위험행동 시작 등이다([그림 13-1] 참조).

그리고 Selman 등(1992)은 청소년의 위험행동 발달모형을 제안하였다. 이것은 위험요소가 위험행동에 직접적인 영향을 미치는 과정과 심리 사회적 요소의 중재작용에 의한 영향을 체계적으로 설명해 주고 있다.

[그림 13-2]에는 위험요소와 위험행동 간에 두 개의 가설적 구조가 있다. 실선은 심리 사회적 구성성분을 경유하여 위험행동에 작용하는 것이고, 점선은 이를 경유하지 않는 것이다. 심리 사회적 요소를 경유하지 않는 것은 생물학적 요소나 사회 문화적 요소가 극단적인 성격을 지님으로써 독립적으로 작용하는 것을 의미하는데, 생물학적으로 심한 충동성이나 억제된 기질, 기형적인 뇌 구조 등을 가졌거나 사회 문화적으로 심각한 가난, 약물 의존, 범죄 우범지역에 노출되어 있는 경우 개인의 심리 사회적 구성성분이 중재되지 않은 채 이러한 위험요소가 곧바로 위험행동에 영향을 주게 된다.

반면에 심리 사회적 구성성분은 개인의 생물학적 성향과 사회 문화적 요인을 통합할 뿐만 아니라 그 자체가 위험행동에 영향을 준다. 일반적으로 사춘기 청소년의 신체 생리적 변화와 교우관계나 가족관계와 같은 사회 문화적 요소가 곧

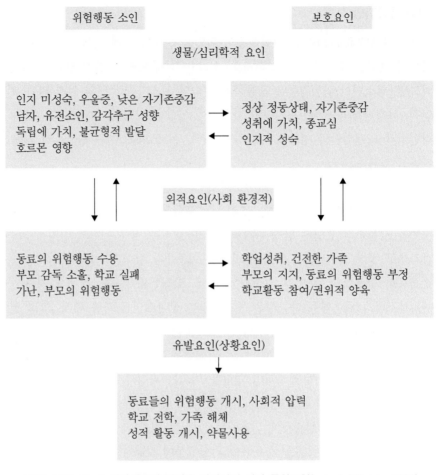

위험행동 소인   보호요인

생물/심리학적 요인

| 인지 미성숙, 우울증, 낮은 자기존중감
남자, 유전소인, 감각추구 성향
독립에 가치, 불균형적 발달
호르몬 영향 | 정상 정동상태, 자기존중감
성취에 가치, 종교심
인지적 성숙 |

외적요인(사회 환경적)

| 동료의 위험행동 수용
부모 감독 소홀, 학교 실패
가난, 부모의 위험행동 | 학업성취, 건전한 가족
부모의 지지, 동료의 위험행동 부정
학교활동 참여/권위적 양육 |

유발요인(상황요인)

| 동료들의 위험행동 개시, 사회적 압력
학교 전학, 가족 해체
성적 활동 개시, 약물사용 |

■□■ [그림 13-1] 위험행동의 원인을 설명하기 위한 통합모형(Irwin & Millstein, 1986)

바로 위험행동으로 연결되는 것이 아니라 개인의 심리 사회적 변인, 즉 위험에 대한 지식과 대인관계를 합리적으로 관리하고 갈등을 해결할 수 있는 기술, 그리고 위험행동에 대한 개인의 의지와 신념 및 동기 등이 중재작용을 함으로써 개인이 실제 위험행동에 개입할 수도 있지만, 오히려 위험행동을 예방할 수도 있다(한상철, 1998b, 2001a).

사회인지적 접근에 따르면, 심리 사회적 요소 가운데 위험요소에 대한 개인의 관리능력은 청소년기의 자아중심성에서 벗어날 수 있는 탈중심화 능력과 사회적

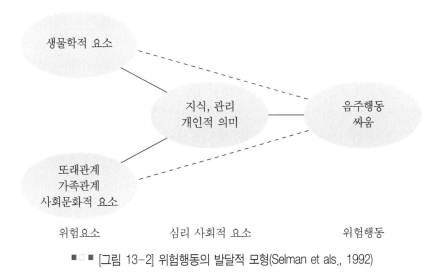

생물학적 요소

지식, 관리
개인적 의미

음주행동
싸움

또래관계
가족관계
사회문화적 요소

| 위험요소 | 심리 사회적 요소 | 위험행동 |

■ ▢ ■ [그림 13-2] 위험행동의 발달적 모형(Selman et als., 1992)

조망수용 능력, 그리고 대인문제해결 능력에 의존한다. 교우관계를 비롯한 대인 관계에서 자신과 타인의 욕구를 점차 분리하여 고려할 수 있는 능력과 자신과 타인의 관점을 조화시킬 수 있는 능력이 대인 간 문제해결의 발달을 촉진시킬 수 있다.

3. 청소년의 내적 문제행동

1) 내적 문제행동의 의미와 중요성

비행, 행동장애, 반사회적 행동은 문제를 '행동화' 하기 때문에 외향적인(externalizing) 것으로 간주되는 반면, 정신적인 장애는 문제가 내적으로 지향된다는 점에서 내향적인(internalizing) 성격을 지니고 있다(Achenbach & Edelbrock, 1981). 우울, 자살, 섭식장애와 같은 문제들은 청소년기 동안 증가되는 내재적 반응의 대표적인 예다. 이와 더불어 약물과 알코올 사용은 특히 청소년들이 이러한 물질을 불쾌한 상황이나 감정으로부터 회피하기 위해 또는 탈출하기 위해 사용할 경우 문제의 내재화를 반영한다(약물과 알코올 사용은 '행동화' 의 형태일 수도 있다.).

폭력이나 절도, 원조교제, 실업문제 등과 같은 청소년의 외향적 문제행동은 일
시적일 수 있고, 어떤 계기로 인하여 제거되거나 사라짐으로써 문제행동 이전의
생활로 회복될 수 있다. 그러나 정신적 장애는 자신의 심리적 고통은 물론 다양
한 외적 문제행동을 강화시키거나 확대시키는 결과를 초래함으로써 그 심각성과
폐해가 매우 크다고 할 수 있다. 또한 청소년기의 내적 문제행동은 외적 문제행
동과 상호 결합되어 있으며, 양방적 작용에 의해 문제행동을 상호 간에 강화시
키는 작용을 한다. 심리적 고통과 우울을 탈피하기 위하여 가출을 시도한 청소
년을 생각해 보자. 이 청소년은 가출 이후 우울에서 탈피하기보다 일반적으로
더욱 심각한 우울증을 겪게 된다. 심각한 우울증은 가출 후 비행행동이나 자기
문란행위에의 개입 가능성을 강화할 것이며, 이것은 또다시 공황이나 극단적 우
울증으로 발전하여 종국에는 자살과 같은 극단적인 행동을 선택하도록 만든다.
이러한 시나리오는 가상적인 것이 아니라 현실성이 매우 높은 것으로 많은 연구
자들에 의해 밝혀지고 있다(한상철, 2003).

그러나 현실적으로 다른 사람들의 눈에 쉽게 띄는 외향적 문제행동에 대해서
는 사회적 관심이 집중되고 있는 반면 내향적 문제행동은 문제의 심각성에도 불
구하고 사회적으로 관심을 거의 받지 못하고 있다. 예컨대, 가출 청소년을 위한
청소년쉼터나 폭력이나 집단 따돌림으로 고통받는 청소년을 위한 사회적 구제책
이 계속적으로 발표되고 있지만, 청소년들이 심리 내적으로 겪고 있는 불안과
우울 등에 대해서는 개인적인 문제일 뿐 사회적인 문제가 아니라는 인식이 확산
되어 있다. 청소년들의 정신건강을 개선시켜 줄 수 있는 사회적 장치가 시급히
마련되어야 하며, 이를 위한 전문적인 연구기관도 설치되어야 한다. 우리 사회의
청소년들이 정신적으로 건강하지 못할 경우 그것은 국가적인 자원의 낭비이며,
미래 사회가 짊어져야 할 무거운 짐이 될 것이다.

2) 우울

우울(depression)은 광범위한 영역의 감정과 정서문제를 기술하기 위해 사용되
는 용어다. 이런 폭넓은 사용 때문에 우울에 대한 몇 가지 개념들을 구분해 볼
필요가 있다. 먼저, '우울한 기분(depressed feelings)'은 청소년기 동안 슬픔의 공

통된 감정으로 간주된다. 이러한 감정은 주로 일시적이다. 반면에 '임상적 우울 (clinical depression)'은 일상생활의 다양한 측면에서 기능하는 개인의 능력에 실질적인 영향을 미치는 것으로 부정적 감정과 태도의 더욱 크고 더욱 지속적인 상태를 의미한다. 청소년의 경우 이러한 감정은 생활 그 자체가 지루하고 최악의 경우 불가능할 것 같은 상태로서 적대적인 분야의 압도적인 요구에 부적절하게 대처하는 것과 관계된 자아 감각이라고 할 수 있다. 임상적 우울은 전형적으로 전문적인 개입을 요구한다.

(1) 청소년기 동안의 발달적 형태

우울한 감정은 청소년기에 매우 공통적이다(Cantwell & Baker, 1991). 그런 감정은 사춘기 시기를 중심으로 극적으로 증가하는 것 같다. 대규모 연구들은 청소년의 절반 정도가 적어도 그 시기의 얼마 동안 슬픔과 절망(hopeless)을 느낀다는 것을 발견하였다. 시카고 교외의 교구부속학교에 재학 중인 7학년과 8학년에 대한 연구에서 Offer, Ostrov 및 Howard(1991)는 학생들에게 Beck의 우울 검사에 반응하도록 하였다. 그 척도는 종종 우울적 증후의 심각성을 추측하기 위해 사용된다. 그들은 조사대상의 약 1/3이 심각한 우울증으로 판명되었다고 보고하였다.

임상적 우울의 빈도는 청소년기 동안 증가한다. Offer 등(1991)의 연구에서 '장래에 대해 아무 것도 기대할 것이 없다'라고 보고한 청소년들과 '자살을 심각하게 고려하고 있다'고 보고한 청소년들의 1/3은 그들 증후의 지속성을 고려할 때 임상적 우울로 판명될 수 있다. 그러나 임상적 우울에 의해 실제로 영향을 받는 청소년들은 우리가 가정하는 것보다 그렇게 많지 않다는 것에 주목할 필요가 있다. 청소년의 1/3 이상에서 우울한 감정을 보였다고 주장한 동일한 연구(Gans, 1990)에서 청소년들의 약 3%만이 임상적 우울증의 엄격한 준거를 충족시켰음을 보여 주었다. 임상적 우울증은 유전성의 실재적인 형태를 보여 주는데(Lavori, Keller, Beardslee, & Dorer, 1988), 그것은 많은 청소년들이 우울한 감정을 가지지만 실제로 진단 가능한 장애로 발전하는 경우는 비교적 드물다는 것을 나타내는 것이다(한상철·임영식, 2000).

청소년기의 우울한 감정과 임상적 우울증 모두는 종종 다른 문제들과 관련된다. 이런 동시 발생성(co-occurrence)은 우울을 진단하는 데 있어서 그리고 처치의 필요성 여부와 처치 방법을 결정하는 데 있어서 많은 어려움을 준다. 청소년 기에 있어서 우울과 동시에 발생하는 가장 공통적인 문제는 신체상의 왜곡이 수 반되는 섭식과 비만문제다. 그러나 동시 발생성의 정도는 우울한 기분을 보고하 는 청소년과 임상적으로 우울한 청소년들에게 다르게 나타난다. 보스턴 교외에 있는 유럽계 미국인 9학년을 대상으로 한 연구에서 Rierdan, Koff 및 Stubbs(1989)는 자신의 신체에 대한 부정적인 감정은 여학생의 경우에만 우울한 기분과 관련이 있음을 발견하였다. 그러나 여학생과 남학생 모두에게 있어서 임 상적 우울증과 부정적인 신체상 간에는 높은 상관이 있었다. 임상적 우울증은 또한 수많은 신체적 부조화와 위험 또는 자기 파괴적인 행동과 관련될 수 있는 심리적 불안 및 편집증과도 높은 상관을 보였다.

Cantwell과 Baker(1991)는 청소년 우울증의 특징을 다음과 같이 제시하고 이와 같은 증세가 지속될 경우 특별한 관심과 치료가 요구된다고 하였다. 즉, 지속적 으로 슬픈 감정을 보이며, 이전에 좋아하던 활동을 하지 않으며, 활동 자체가 감 소되어 있으며, 화를 잘 내고, 두통이나 복통과 같은 신체적 증상을 자주 호소하 며, 학교를 자주 결석하거나 성적이 저조하고 숙제를 하지 않는 경향이 많으며, 권태감이나 낮은 활동력 및 낮은 주의집중을 보이며, 식사나 수면 패턴의 변화 를 보인다. 그리고 친구들과 같이 어울리는 시간이 줄어들어 혼자 지내거나 친 구들과의 놀이에 흥미를 잃는 경우가 많으며, 죽고 싶다는 말을 하거나 자살에 대해서 이야기한다. 심한 경우에는 기분전환을 위해서 알코올이나 약물을 사용 하는 경우도 있다.

(2) 성차

우울에 대한 연구는 일관되게 여자 청소년이 남자 청소년보다 우울한 기분을 더 많이 나타나고 있음을 나타낸다(Weissman & Klerman, 1991). 이런 성차는 히스 패닉계 미국인 청소년들에게 분명할 뿐만 아니라 유럽계 미국인 청소년들에게도 나타난다. 그것은 청소년 이행기의 한 현상인 것 같다. 아동기의 우울한 기분은 여자아이들보다 남자아이들에게 더욱 공통적이지만, 사춘기 이후의 비율은 변화 되며 여자들에게 훨씬 더 자주 나타난다.

이런 변화는 수많은 이론적인 관심을 불러일으킬 만큼 매우 명백하고 지속적이다. 왜 여자들이 우울에 더 취약한가? 그리고 이러한 변화가 왜 청소년기의 시작과 함께 나타나는가? 많은 전문가들은 청소년기가 여성들에게 있어서 더 큰 우울증적 증후군이 나타나는 생애사적 출발점이라고 믿는다. 이와 같은 발달적 형태에 대하여 여러 가지 설명이 제안되었다.

먼저, '호르몬 원인론'이 제시되었다. 더 큰 우울증과 사춘기의 동시성은 호르몬의 영향을 증명하는 것 같지만, 호르몬 변화와 우울증상 간의 어떤 직접적인 관계도 증명된 바가 없다(Susman, Dorn, & Chrousos, 1991). 호르몬 변화는 많은 사람들로부터 다른 기대와 반응을 유도하는 신체적 변화를 생성하며, 이는 심리적 기능화에 간접적인 영향을 준다. 따라서 호르몬의 변화는 아마 우울의 성차를 설명하는 데 있어서 사회적 변화와 관련되어서 작용하는 것 같다.

둘째, 청소년 초기의 '사회적 변화'와 관련된 설명이 제시되었다. 사춘기적 변화와 관련된 사회적 변화는 초기 여자 청소년들로 하여금 좁게 규정된 성 고정 관념의 방식으로 자신을 표현하고 처신하도록 압력을 가함으로써 여자들을 사회적 변화에 매우 취약하게 만들 수 있다(Hill & Lynch, 1983). 이런 측면에서, 여자들에게 특별한 심상을 생성하도록 하는 압력과 학문적 또는 신체운동적 측면에서의 자기존중감 상실 모두는 우울의 요소인 불안, 무희망, 무력감의 감정을 생성할 것이다. 여성이 되기 위한 학습 또한 성인기 우울의 한 부분을 차지하는 수동성과 의존성의 특성을 기를 수 있다.

셋째, 여자 청소년들의 '신체에 대한 불만족'이 원인이라는 설명이 있다. 신체에 대한 불만족이 우울증의 위험요소로 작용할 수 있다는 것이다. 여자들은 평균 체중 이하인 경우 우울을 방어할 수 있는 반면 남자들은 체중이 다소 초과하는 것이 우울을 예방할 수 있다고 한다(Kaplan, Busner, & Pollack, 1988). 그러나 앞에서 살펴보았듯이, 청소년이 일단 임상적 우울 수준에 도달하게 되면 신체에 대한 나쁜 감정은 자기 자신과 세상에 대한 비관주의를 결정하는 요소가 되기도 한다.

넷째, '중다 스트레스 인자'가 원인이라는 설명도 있다. Petersen과 그녀의 동료들(1991)에 의한 최근의 연구는 소녀들이 소년들보다 전형적으로 더 일찍 성숙하기 때문에 이러한 스트레스 인자들이 그들에게 겹쳐 나타날 수 있음을 제안한다. 중학교나 고등학교로 이행이 이루어지는 바로 그 시기에 사춘기에 도달하는 소녀들은 특히 위기에 처할 수 있다(Simmons & Blyth, 1987).

다섯째, 스트레스에 대한 반응의 '내재화' 역시 소녀의 경우 청소년 이행기 동안 우울증적 반응의 가능성을 증가시킬 수 있다. 이는 아동기로부터 비롯되지만, 특히 청소년기에 있어서 소녀와 소년은 그들의 감정을 다르게 다룬다. 여러 가지 독특한 예외가 존재하지만 한 가지 일반적인 설명은 소년이 그들 스스로를 분산시키거나 또는 그들의 감정을 외재화하려는 경향이 있는 반면(예, 외현적으로 행동에 옮기거나 공격적으로 행동하는 것), 소녀들은 그들의 정서적 고통을 내재화하려는 경향이 더 많다(Gjerde & Block, 1991). 그리고 우울에 대한 격렬한 감정은 소녀들에게 더욱 빈번한 반면, 격렬한 분노는 소년들에게 더욱 특징적이다. 소년과 소녀 양자 모두에게 우울한 기분은 부정적인 자아상과 자기 자신의 나쁜 감정에 대한 책무감과 관련이 있다. 불안의 감정, 자기에 초점을 둔 사고, 무기력감 등과 같이 개인의 정서적 고통을 내재화하려는 이러한 경향성은 우울을 규정짓고 유지하는 조건들과 일치한다.

Gjerde와 Block(1991)은 나이 많은 청소년 남자와 여자의 우울이 다른 발달적 형태에 따라 이루어졌음을 제안한다. 방금 기술한 내재화 형태는 사실 우울증에 걸린 여성의 전형적인 형태이며, 18세의 우울증에 빠진 남자들은 적개적이고 반사회적인 존재로서의 발달사를 지녔을 가능성이 더 많다. 정신건강 전문가들은 남자들의 우울 경험 시기를 결정하는 데 더욱 민감할 필요가 있다고 주장한다. 이것은 우울이 남자와 여자에게 다르게 유지된다는 사실을 의미한다. 따라서 양성 모두에게 공통되는 명백한 우울증상을 확인하여 이를 통해 우울증을 재정의할 필요가 있을 것이다.

(3) 치료 및 예방

아마 청소년이 우울에 의해 고통을 당하고 있는 것과 관련한 가장 심각한 진단적 문제는 우울의 문제적 증상과 청소년기 동안의 정상적 경험을 구별하는 것의 어려움이다. 자기 자신과 자신의 생활을 부정적으로 평가한다고 하여 이것이 곧 우울은 아닌 것이다. 그러므로 우울에 대한 진단은 공감적이면서 객관적인 관점에서 이루어져야 한다. 여러 분야의 기능화에서 일어나는 끊임없는 증상들이 적어도 2주 정도 지속된다는 기본적인 법칙이 청소년 우울에 관심이 있는 부모나 동료들에게 합리적인 지침이 될 것이다. 청소년의 우울과 자살시도가 여러 가지 중요한 측면에서 상호 관련되어 있기 때문에 신중을 기하여야 한다.

전문가들은 그들이 다른 연령기의 우울증을 치료하는 것과 동일한 방법으로 청소년의 우울증을 치료한다. 항우울 약물치료가 자주 사용되며, 심리치료도 사용된다. 초기 연구들은 약물치료가 청소년기 우울 치료에 큰 효과가 없는 것으로 보고하였으나, 최근에 개발된 항우울제의 효과는 널리 인정되고 있다(Strober et al., 1990). 이러한 약물치료와 병행하여 심리 역동적 치료, 인지-행동치료, 가족치료, 대인관계치료, 사회기술훈련, 지지적 집단치료 등이 효과적이다(임영식, 1997). 청소년들에게 우울 감정의 근원을 이해하도록 도와주기 위해 설계된 개인적인 '대화' 요법에서부터 생활사건에 대한 부정적인 해석을 강조함으로써 인지적 태세를 변화시키기 위해 설계된 '개입'에 이르기까지 광범위한 방법이 있다. 가족치료 또한 우울에 작용하는 문제적 가족관계를 강조하기 위해 공통적으로 사용되고 있다(Kazdin, 1993). 아동과 청소년의 심리치료 전문가인 Alan Kazdin(1993)은 청소년 우울에 기여하는 여러 가지 요소들에 역점을 두는 처치들의 결합에 더 많은 관심을 기울여야 한다고 주장하였다.

어떤 치료법을 사용하든 간에 치료자가 우울증으로 고통을 받고 있는 청소년을 다룰 때 특히 조심해야 할 점은, 긴장감이 적은 편안한 상태로 면접을 하고, 청소년과의 신뢰감을 형성해야 한다는 것이다. 또한 우울한 청소년이 적대적이고 부정적인 행동을 보이는 경우나 낮은 자기존중감을 보이거나 자신의 감정을 치료자에게 투사하는 경우도 많으므로 이를 이해하도록 노력해야 한다.

한편, 청소년의 우울증을 예방하는 방법으로는 스트레스 상황에 대처할 수 있는 능력을 증진시키고, 문제해결 능력이나 생활기술을 가르치도록 계획된 프로그램이 효과적이다. 기본적으로 모든 청소년들이 적어도 우울한 정서상태를 경험할 수도 있다는 가정에 기초하여 전체 청소년에 대하여 예방 서비스를 제공하여야 한다. 그리고 우울증으로 진단된 부모의 자녀들이 우울증을 보이는 경향이 높으므로 이들에 대한 예방 프로그램이 동시에 제공되어야 한다. 또한 부모의 우울을 이해하고 대처하는 데 필요한 정보를 가족구성원들에게 제공하는 것도 바람직하다.

3) 자살

우울과 관련된 또 다른 비극적인 상황은 청소년 자살(suicide)이다. The National Center for Health Statistics(국립건강통계센터, 1987)는 1985년에 청소년 10만 명당 자살에 관여한 숫자가 약 13명에 이른다고 보고하였다. 미국통계센터에서 제시한 자료에 따르면, 자살 시도 가운데 2%만이 성공적이었지만, 전국 단위의 표본집단에서 10학년의 15%가 자살을 시도했음을 보여 준다.

우리나라의 경우 이러한 청소년의 자살이 1990년대 이후 양적으로 꾸준히 증가 추세를 보이고 있다. 통계청의 '사망원인통계연보'에 의하면, 1997년 총 자살자 수는 5,856명으로 남자가 4,041명, 여자가 1,815명이었으며, 그 중에서 15세에서 24세까지의 청소년 자살자 수는 남자가 619명, 여자가 367명으로 총 986명인 것으로 집계되었다(문화관광부, 1998). 인구 비율로 볼 때 우리나라 총 자살자 중에서 청소년 자살자가 차지하는 비율은 매우 높다고 할 수 있다.

또한 우리나라 전체 사망자 중 자살로 인한 사망이 9위 또는 10위를 차지하는데 반해 10대 사망원인으로 자살은 3위, 20대에서는 2위를 차지하고 있어 젊은층의 자살률이 다른 연령층에 비해 상당히 높으며, 자살이 청소년들에게서 대표적인 사망원인이 되고 있음을 알 수 있다. 그렇지만 이러한 자살률에 대한 공식적인 보고는 실제로 일어나는 자살사건의 많은 부분을 포함하고 있지 못한 경우가 많다. 왜냐하면 일반 사고로 위장된 자살사건이나 사망원인이 명확하게 밝혀지지 않은 사건은 대개 자살로 분류되지 않기 때문이다. 또한 자살을 시도했지만 목적을 달성하지 못한 자살시도율은 공식적으로 자살률에 포함되지 않으므로 실제로 청소년들의 자살행동은 더욱 빈번하고 심각할 것으로 추론해 볼 수 있다(한상철, 1999a).

일반적으로 자살행동은 자살생각(suicidal idea), 자살시도(attempted suicide), 자살(completed suicide)로 구분된다. 우선 자살생각은 우리가 살아가면서 누구나 한번쯤 일시적으로 갖게 되는 것으로, '인생이 가치 없다' 또는 '죽고 싶다'는 생각과 같은 보편적인 현상에서부터 자신이 정말 죽으려고 구체적인 계획을 세우는 것까지 포함한다. 따라서 자살생각에 관한 조사자료는 어느 수준에 초점을 맞추느냐에 따라 그 비율에서 많은 차이가 나는데, 대개 자살생각을 한 경험이 있는 비율은 연구에 따라 50~80% 정도지만, 구체적으로 자살방법에 대해 생각한 경험이 있는 피험자의 비율은 약 10% 정도다. 자살생각이 자살에 대한 생각, 계획 등 사고의 측면과 관련된 것이라면, 자살시도는 구체적인 행동으로 표현된 경우다. 자살시도 역시 정말 죽으려는 의도를 가지지 않고 자살행동을 통해 다른 목적(예, 타인의 관심을 끌거나 다른 사람에 대한 위협 수단)을 달성하려는 것에서부터 죽으려고 하였으나 다른 사람의 개입으로 인해 결과적으로 그 목적을 달성하지 못한 경우까지 매우 다양한 종류가 있다. 이러한 자살시도는 완전한 자살과는 달리 정식으로 보고되지 않기 때문에 정확한 수치를 알기는 매우 어렵지만, 완전한 자살의 8배에서 심지어 50~200배에 이를 것으로 추정된다(임영식, 1999).

청소년들이 자살을 시도한 빈도에 대해 그리고 이러한 청소년들이 문제행동을 급격하게 증가시켜 나간다는 주장에 대해 과거 몇 년 동안 많은 논쟁이 있어 왔다. 자살률이 금세기 중반부터 상승해 왔다는 것은 흥미로운 지표다. 미국의 경우 1956년과 1976년 사이에 청소년 자살은 획기적으로 증가하였는데, 이는 남자 자살 300%의 증가와 여자 자살 200%의 증가를 통해 알 수 있다(Offer et al., 1991). 그러나 이 시점 이후 청소년 자살 비율은 비교적 안정추세를 보여 주었다. 1977년에서부터 1983년까지 비율은 다소 줄어들었으며, 1984년 이후 약간 증가되었지만 그 비율은 1977년보다 더 낮았다. Offer 등(1991)은 이러한 변화추세에 대하여 1960년대 후반과 1970년대의 청소년이었던 이들은 이전의 베이비붐 시대에 출생한 사람들로서, 이 시대 자살률의 '일시적 증가' 현상은 베이비붐과 관련이 있으며, 그 이후 청소년집단이 약간 감소하면서 자살률이 안정화된 것으로 해석하였다.

전형적인 베이비 붐 가설과 다른 것으로, 자살은 실제로 청소년들보다 성인들의 죽음에 대한 공통적인 원인으로 지적되고 있다. 이것은 다음의 두 가지 이유 때문에 그러하다. 자살을 시도하는 성인들은 청소년보다 그 행위를 '성공적으로' 완성시킬 가능성이 더 많기 때문이다. 그리고 성인들의 죽음은 청소년의 죽음보다 질병과 관련된 자살이 더 많기 때문이다. 완전한 자살이 자살시도와 중요한 면에서 다르다는 것을 주목할 필요가 있다. 자살시도는 성인들보다 청소년들에게, 남자들보다 여자들에게 더욱 자주 일어나지만, 실제로 자살에 관여할 가능성이 가장 많은 것은 성인 남자들이다. 그러나 이것은 청소년들의 자살시도가 심각하지 않다는 증거로 해석되어서는 안 된다. 사실, 청소년들의 자살시도는 종종 가족이나 친구로부터의 정서적 지지를 얻기 위한 시도로 보이기도 하지만 그렇지 않은 경우도 많다.

(1) 청소년기 동안의 발달적 형태

자살은 10~14세 청소년들 사이에서 사망원의 6%를 차지하며, 15~19세 청소년들 사이에서는 12%까지 올라간다. 15~19세의 백인 남자 청소년들 사이에 자살은 사망원인 가운데 두 번째를 차지한다(사고 다음으로). 청소년들이 이처럼 자살시도를 많이 하고 있지만, 실제로 자살을 시도하는 청소년들의 대부분은 정말 죽으려는 의도를 가지고 있지 않은 경우가 많다. 그 이유는 첫째, 자살을 시도하고 실패한 청소년의 10%만이 1년 내에 자살을 재시도하고 나머지 90%는 자살 재시도를 하지 않기 때문이다. 두 번째 이유는 자살시도를 한 대부분의 청소년들이 자살시도가 있은 후 1개월 정도 지나면 정상적인 기능을 회복하기 때문이다.

이는 자살을 시도하는 청소년의 대부분이 죽음에 대해 불확실한 생각을 가지고 있으며, 죽음을 단지 고통을 회피하려는 한 방법으로 생각하고 있음을 나타내는 것이다(Blau & Gullotta, 1996). 즉, 이들은 현재 자신이 처한 상황이 너무나 고통스럽기 때문에 이러한 상황에서 벗어나기 위한 한 가지 방법으로 자살을 선택하는 경우가 많음을 뜻한다. 그러나 이것은 앞서 밝혔듯이, 청소년의 자살시도가 심각하지 않다는 증거로 해석되어서는 안 된다. 실제로 빈번한 자살시도자가 자살에 이르는 비율이 가장 높다는 조사결과에 주목할 필요가 있다. 따라서 자살을 생각하거나 자살을 시도한 청소년들에 대한 주변인들의 지속적인 지원과 사회적 관심은 그들의 실제 자살을 예방하거나 자살시도의 재발을 방지하는 데 중요한 역할을 할 것이다.

(2) 성차

청소년 여자들은 남자보다 자살시도율이 3배나 더 많다. 그러나 완전한 자살은 그 반대다. 즉, 남자가 여자보다 자살 성공 가능성이 4배 더 많다. 남자들의 자살 성공률이 높은 한 가지 이유는 남자들이 여자들보다 잠정적으로 덜 반전적인 방법(원상복귀할 수 없는 방법)을 사용하기 때문이다(예, 화재사고, 목메기). 지금까지 알려진 원인과 전혀 다른 심리학적 원인은 아직까지 존재하지 않는다(Cole, 1991; Hauser & Bowlds, 1990).

(3) 위험요소

최근의 아주 많은 연구들은 자살에 대한 위험요소를 확인하는 데 도움을 주었다. 당연한 사실이지만, 자살을 시도한 많은 청소년들은 그들이 자살시도를 하기 이전 해에 더 많은 생활 스트레스 인자를 가지고 있었다(Hauser & Bowlds, 1990). 그들은 매우 자주 임상적 우울 상태에 있었다. 한 보고에서 이 집단은 다른 청소년들보다 주요 우울증으로 진단될 가능성이 18배나 더 많았다. 우울증으로 진단된 청소년들 가운데 자살시도자는 그에 앞서 심각한 우울에 빠졌으며, 더 오랜 기간 동안 우울 상태에 있었다. 특히, 여자 청소년들에게 있어서 우울은 약물사용과 직접적인 관계가 있었으며, 또한 그것은 곧바로 자살생각을 증가시키는 것으로 나타났다(Kandel, Raveis, & Davies, 1991).

사회적 위험요소로는 다른 가족 성원들의 자살에 대한 노출을 포함한다(Cole, 1991). 이와 더불어 자살시도자의 가족들은 다른 청소년들의 가족보다 종종 비조직화되어 있고, 응집성이 결여되어 있으며, 갈등이 더 높았다. 가족의 이러한 역기능적 특성들은 청소년의 문제행동과 관련이 있으며, 또한 다양한 분야에서 청소년들의 빈약한 산출과 관련이 있다. 그것은 발달적 문제와 관련된 일반적인 위험요소로 나타난다. 가족 역기능과 더불어 자살을 시도한 청소년들은 다른 청소년들보다 사회적으로 더 고립되어 있음을 느낀다. 그들은 삶에서 사회적 지원을 더 적게 받으며, 자신의 비밀을 털어놓을 성인들과의 관계를 더 불안정적으로 느낀다.

심리학적인 면에서, 자살을 시도하는 청소년들은 자기 비판이 매우 높은 반면 자기주장성은 지나칠 정도로 낮다. 어떤 보고서는 이런 청소년들이 문제해결에 대하여 제한되고 엄격한 접근을 사용하는 것으로 지적한다. 아마 문제해결의 대안적 방법을 생성할 수 없는 스스로의 무능력 때문에 이들은 자살을 가능한 해결책으로 불쑥 생각해 내는 것 같다(Cole, 1991).

(4) 치료와 예방

자살에 대해 계획하거나 환상을 갖는 것은 주로 개인이 자신의 생활에서 새로운 방법을 발견하는 데 도움을 얻지 못하는 극단적인 절망에 도달했음을 나타내는 것이며, 자살은 이러한 압도적인 생활상황에서 어떤 변화를 추구하기 위한 가능한 유일한 방법이었을 수 있다(Offer et al., 1991). 자살에 대해 말하는 청소년과 이전에 자살을 시도한 청소년들은 매우 심각하게 취급될 필요가 있으며, 그들이 재빨리 도움을 얻을 수 있도록 해 주어야 한다.

Nazario(1994)는 비록 자살의 완벽한 예측과 평가, 예방은 어렵지만 자살자들은 자살행동을 저지르기 전에 '경고적 징후'를 보인다고 하였다. 즉, 타인에게 자살할 것이라고 위협을 하거나 죽고 싶다는 말을 자주 하는 것, 죽음에 대해 지나치게 생각하거나 몰두하는 것, 충동적으로 행동하는 것, 지속적인 슬픔을 느끼거나 가족 상실로 인한 슬픔이 지속되는 것, 친구 또는 좋아하는 활동을 포기하는 것, 학교 성적이 갑작스럽게 떨어지는 것, 섭식 또는 수면습관이 급작스럽게 변하는 것, 심각한 죄의식과 수치감을 갖는 것, 자신의 가치에 대해 회의감을 갖는 것, 약물을 남용하는 것, 자살을 시도하는 것, 아끼는 물건을 다른 사람에게 주거나 버리는 행위 등이 그 징후라고 할 수 있다. 그리고 전문가들의 자살위험 평가에는 자살계획의 구체성, 계획하고 있는 자살계획의 실현 가능성과 치명성, 실제 자살행동 후 구조 가능성, 최근 자살시도의 시기, 가족구성원의 자살 경력, 자살과 죽음에 대한 긍정적 생각 등을 통해 청소년의 자살 위험성을 평가하고 있다.

청소년 자살의 '집단성(clusters)'에 대한 여러 가지 보고가 있다. 이는 한 청소년의 자살시도나 완전한 자살이 있고 나면 뒤따라서 동일한 학교나 지역사회에서 자살시도가 빈번하게 일어나는 것이다(Brent et al., 1989). 이런 사례가 있은 후 한 고등학교에서 실시한 면밀한 조사는 자살시도를 한 학생의 75%가 그들 학교에서 첫 번째 자살이 있었던 시기에 이미 심각한 우울증 상태에 있었으며, 그들은 또한 다른 학생들보다 우울과 자살에 대한 역사를 더 많이 가지고 있었음을 보여 주었다. 자살시도자집단을 분석하였을 때, 그들 친구의 죽음 이후 가까운 친구들이 자살생각으로 다소 어려움을 갖는 것으로 발견되었지만 다른 학생들은 최초 자살희생자와 가까운 친구가 아니었다(Brent et al., 1989). 이러한 결과는 자살각성 프로그램인 '다시 생각하기(rethinking)' 에 기여할 뿐만 아니라 많은 학교 구역들과 지역사회가 친구의 자살 이후에 청소년들에 대한 정서적 지원을 제공해 줄 필요성을 시사해 준다.

자살각성(suicide-awareness) 프로그램은 미국 고등학교에서 과거 10년 동안 매우 보편적인 것이 되었지만, 이 프로그램의 위험과 효과에 대해서는 다소 논쟁이 있다. 이 프로그램이 위험요소와 대처전략에 대한 학생들의 지식을 증가시켜 준다는 증거가 있기도 하지만 그 효과는 적다. 그리고 일반적으로 여자 청소년들이 남자들보다 이러한 프로그램에서 더 많은 효과를 얻는 것으로 나타나고 있다(Spirito, et al., 1988).

4) 섭식장애

우울보다는 다소 덜 보편적이지만 많은 청소년들이 섭식, 비만, 신체상과 관련된 문제들로 인하여 고민하고 있다. 우울한 감정과 관련해서 살펴보았듯이, 많은 청소년들이 음식과 비만에 대해 관심을 갖는 것이 사실이지만, 이러한 청소년들 가운데 단지 소수만이 실제로 거식증(신경성 무식욕증)이나 폭식증(게걸병)과 같은 섭식장애(eating disorder)를 갖는다(Sprinthall & Collins, 1995). 거식증과 폭식증은 과거에는 매우 드문 장애로 취급되었으나, 최근 들어 세계적으로 증가하고 있는 추세다(Nevid, Rathus, & Greene, 1997). 미국의 경우 청소년 후기와 성인 전기의 여성들에게 거식증은 0.5%에서 1%, 폭식증은 1%에서 3%까지 발생하는 것으로 보고되고 있다(APA, 1994). 폭식증의 경우 10명 중 9명이 여성에게서 발생하는 것으로 알려져 있다. 여기서는 먼저 청소년의 전형적인 감정에 대해 살펴보고, 더욱 심각하고 진단 가능한 장애들로 논의를 전개할 것이다.

가장 많은 청소년들에게 실제로 영향을 주는 섭식문제는 비만(obesity)이다. 전국적으로 대규모 청소년들을 표집한 Gans(1990)의 분석은 청소년의 약 5%가 임상적 비만에 해당되는데, 그들은 자신의 신장에 대비한 최대 허용 몸무게보다 20% 이상 더 많이 나가는 사람이었다. 그 밖의 약 15%는 과체중(overweight)에 해당하였다. 청소년들은 일반적으로 자신의 외모에 대해 매우 관심이 많으며, 자의식(self-conscious) 경향이 높다. 따라서 이상적 신체유형과의 편차는 자기존중 감의 상실이나 우울 감정과 쉽게 결합될 수 있다. 다른 섭식장애와 마찬가지로 청소년기에 획득되는 과도한 체중은 사춘기 이후 신체의 보다 낮은 칼로리 요구(기본적 신진대사)에 적응하는 데 따른 실패, 신체적 또는 성적 학대와 같은 외상(trauma)에 대한 반응, 스트레스를 경험할 때 스스로 편안해지기 위해 음식을 사용하는 것 등을 포함한 수많은 요소와 결합되어 있다. 과체중이 이와 같은 중다원인에 의한 것이라면 이에 대한 치료 또한 지금까지의 영양학적 및 운동 프로그램만으로는 한계가 있으므로 심리학적 개입을 포함한 보다 체계적인 처치를 필요로 한다고 할 수 있다.

(1) 청소년기 동안의 발달적 형태

사춘기의 신체적 변화는 청소년기의 그 밖의 모든 변화를 지배할 만큼 매우 중요한 의미를 갖는다. 그러나 이러한 급속한 신체적 변화는 종종 안정적인 것을 가정하는 데 익숙해져 왔던 그들 스스로에 대하여 어떤 측면을 통제할 수 없다는 느낌을 갖도록 만든다. 따라서 청소년기의 일상적인 부분은 신체에 대한 자아의식이며, 다른 사람과의 비교를 통하여 '정상적'임을 확신하는 것이다. 이런 일관된 자아의식과 차이에 대한 순간적인 비교는 많은 청소년들로 하여금 그들의 신체에 대한 불만을 유도하며, 특히 여학생들의 경우 그들의 신체 모양과 체중에 관심을 갖도록 만든다.

(2) 성차

Paxton 등(1991)은 실제로 의학적 및 통계적 준거에 의해 체중미달에 해당하는 일부 학생을 포함하여 정상적인 체중을 가진 여학생의 1/3 이상이 자신을 과체중이라고 생각하고 있음을 발견하였다. 반면에 평균 몸무게 남학생의 약 7%만(체중미달 소년 미포함)이 그들 자신을 과체중으로 생각하였다. 여학생의 약 3/4과 남학생의 1/3은 더욱 날씬해지고 싶다고 말했으며, 여학생의 80%는 날씬할 경우 더욱 인기가 좋고 성공적이며, 행복해질 것이라고 생각하였다.

오늘날 우리 사회는 특히 여성에게 있어 날씬한 몸매는 미의 기준일 뿐만 아니라 성공에 필요한 요소라는 것을 강조하고 있다. 날씬함을 강조하는 현대문화는 특히 감수성이 예민한 청소년들에게 영향력이 크다고 할 수 있다. 그러므로 청소년들은 날씬한 몸매를 가지기를 원하게 되고, 이에 따라 자신의 체형에 불만족하게 된다. 이러한 현상은 과거보다 점점 더 가속화되고 있다. 그러므로 다이어트에 대한 관심도 점증되고 있는 실정이다. 그런데 이러한 다이어트나 체형 불만족 등은 섭식장애(eating disorder)로 발전할 가능성이 많기 때문에 특별한 주의가 요청된다.

Hill과 Bhatti(1995)는 체형에 대한 불만족과 날씬함을 추구하는 경향은 섭식에 영향을 미치고 이것은 다시 섭식장애로 발전하는 촉매가 된다고 하였다. 물론 다이어트를 하거나 체형에 대해 불만족하는 경향을 보인다고 해서 모든 개인이 섭식장애로까지 발전하는 것은 아니지만 그렇게 될 확률은 매우 높다고 할 수 있다. 섭식장애의 주요 특징으로 폭식 및 과식이 있다. 섭식장애에 관심이 있는 여러 학자들은 그동안 폭식이나 과식을 유발하는 요인으로 대부분 청소년의 부정적 정서를 지적하고 있다. 즉, 개인은 불쾌한 정서상태로부터 도피하려고 하거나 스트레스를 해소하기 위해서 섭식을 하는데, 이는 대개 폭식이나 과식으로 이어진다는 것이다. 개인의 폭식이나 과식을 촉진하는 불쾌한 정서로는 우울이 가장 많이 논의되고 있으나, 불안, 외로움, 좌절, 분노, 무료함 등도 관심의 대상이 되고 있다(조아미, 1999).

우울증에 걸린 환자들은 기분이 좋을 때에 비해 우울할 때 단 음식에 대한 선호가 급격히 증가하며, 또한 섭식장애에 걸린 환자들 중의 45%가 주요 우울증(major depression)이나 기분부전장애(dysthymia)로 진단받은 적이 있다는 사실은 우울과 섭식장애와의 관계를 잘 보여 주고 있다. 한편, Marcus, Wing 및 Hopkins(1988)는 정서와 섭식행동의 관계를 보다 상세히 연구했는데, 그들에 의하면 폭식을 하는 사람들이 그렇지 않은 사람들보다 불안, 우울, 적대감, 강박관념 등이 더 강한 것으로 나타났다. 폭식 및 과식과 정서의 관계에 대한 선행연구들의 결과를 종합해 보면, 섭식은 적어도 일시적으로는 부정적 정서를 감소시키고 정서적 지지, 편안함, 만족감, 위로를 준다는 느낌을 가지도록 한다는 것을 알 수 있다.

어떤 청소년들은 그들의 체중을 조절하기 위해 야단스럽게 먹고는 곧바로 억지로 토하는 방식을 계속하기도 하고, 설사제와 이뇨제를 과다 복용하거나 지나치게 운동을 하기도 하며, 폭식증(bulimia)이라 불리는 행동을 하기도 한다. 다른 사람들은 거식증(anorexia)으로 알려진 상태와 같이, 그들 스스로를 말 그대로 굶기는 극단적인 방식을 취한다. 우리가 방금 소개했던 여자 청소년의 신체상의 일반적인 왜곡현상은 이러한 젊은 여성들에게 극단적인 형태로 나타난다. 거식증의 경우에, 그들은 몸이 쇠약해져서 체중의 50%를 감량하고서도 그들 스스로를 뚱뚱한 것으로 생각하는 것이다.

이러한 상태는 그들이 전해물 불균형과 다른 신체적 문제를 야기시킬 수 있다는 점과 치료하지 못할 경우 생명이 위협받게 된다는 점에서 매우 심각할 수 있다. 거식증 사례의 약 20%가 치명적인 것으로 추정된다.

(3) 섭식장애의 원인

섭식장애, 특히 거식증은 심리학적 이론가들에게 많은 흥미를 불러일으켰다. 성인기가 되기 직전의 젊은 여성들이 왜 그들 자신을 죽음의 가장자리에 이를 만큼 굶기는가? 그 행동은 광범위하고 충격적인 해석을 가능케 한다. 공통적인 생각은 사춘기의 호르몬 변화에 의해 중재되는 기저의 유전적 형태가 어떤 형태로든 다소 책임이 있다는 것이다(Holland, Sicotte, & Treasure, 1988). 그러나 호르몬 변화와 과체중은 두 변인 간의 상관이 한 변인이 반드시 다른 변인의 원인임을 판명해 주지 못한다는 점에서 상호 간의 영향력을 밝혀 주지 못하고 있다.

이 장에서 논의된 다른 정서적 문제들과 같이, 여러 가지 조건들이 섭식장애의 가능성을 증가시킨다. 가장 전형적이고 지속적인 조건은 거식증 청소년의 가족에 초점을 맞추어 왔는데, 그것은 종종 자녀의 자율적 욕구를 지나치게 통제하고 제한하는 것과 관계가 있다. 거식증과 폭식증의 청소년 딸이 있는 가족을 대상으로 한 연구는 대조적인 형태를 보여 준다. 폭식증 딸들은 주로 거부적 가족을 가지고 있는 경향이 있고, 그들은 상호 무관심, 거절, 비난과 이해, 양육, 지원의 부족에 의해 특징지어진다. 거식증 딸의 가족들은 예외적으로 부모─자녀 간의 문제에 관해 전혀 인정을 하지 않았지만, 부부간 높은 스트레스를 보고하였다.

거식증은 또한 Freud의 정신분석학적 이론에 기초할 때 성욕에 대한 심리적 성숙과 책무성의 두려움과 관련이 있다. 거식증은 그들의 신체 및 성욕에 대해서뿐만 아니라 그들의 성격 및 사회적 능력에 대해서도 특히 부정적인 태도를 갖는 것으로 밝혀졌다. 이러한 소녀들의 완벽주의자적 특성들은 그들 스스로에 대하여 광범위한 불만족을 가질 것이며, 왜곡된 신체상을 가질 것이다. 그리고 정신분석학적 접근에서는 거식증을 사춘기 소녀가 사춘기 이전의 아동기 상태로 남아 있으려고 하는 무의식적 노력이라고 본다. 아동기에 머물러 있음으로 해서 소녀는 사춘기에 당면하게 되는 부모로부터의 독립과 분리, 성적 성숙 그리고 자신에 대한 책임을 회피하고자 한다는 것이다. 이들은 살이 말라 젖가슴이나 엉덩이 부분에 살이 찌지 않게 되며, 생리도 중단되기 때문에 환상 속에서 자신이 성적으로 구분되지 않는 아동일 뿐이라고 생각한다.

　최근의 연구자들은 섭식장애와 이러한 장애에 기저하는 매우 부정적인 신체지각에 영향을 줄 것으로 가정되는 구체적인 외상적 경험을 연결시키려고 시도한다. 이러한 것 가운데 가장 중요한 것은 성적 학대인데, 그것은 다른 소녀들보다 섭식장애를 갖는 여자 청소년들에게 더욱 빈번하게 보고되었다. R. C. W. Hall과 동료들(Hall, Tice, Beresford, Wooley, & Hall, 1989)은 그들의 표본에서 거식증과 폭식증을 가진 환자의 절반이 성적으로 학대받았음을 발견하였다. 이러한 젊은 여성들은 섭식장애뿐만 아니라 우울증과 같은 수많은 증상들로부터 고통을 받고 있었다. 폭식증은 또한 알코올 남용과도 관련이 있었는데, '법석댐과 조용함'의 주기가 중독적 행동에 기저한 생각을 강화하며, 초기 외상과 연합된 고통스러운 감정을 마비시키는 것으로 나타났다. 섭식장애는 우울증의 청소년들 사이에 빈번히 일어난다. 사실 치료를 하는 데 있어서 어느 것이 더 중심적인 문제인지 또는 첫 번째 문제인지를 결정하기가 매우 어렵다. 섭식장애를 갖는 어떤 환자들은 항우울 약물에 잘 반응하기 때문이다.

(4) 치료와 예방

　오늘날까지 섭식장애의 원인을 밝혀 주는 단일한 이론은 없다. 그러나 여러 가지 접근들을 통해 일정 비율의 청소년들에게 도움이 되는 치료 전략들을 제시해 왔다. 어떤 연구는 특별한 섭식장애 문제를 다루었다. 예를 들면, 개인심리치료는 30~60%까지의 청소년들에게 도움을 주며, 가끔 심각한 적응장애와 결합된 비만 청소년들에게 필수적이다. 'Weight Watchers International'에 의해 고안된 자기조력치료는 상업적으로 성공적인 방법으로서 많은 비만 청소년들에게 효과적이다(Fisher & Brone, 1991).

거식증에 대한 특히 성공적인 처치는 가족치료다. '구성주의적 가족치료(struc-tural family theraphy)'라 불리는 가장 성공적인 형태는 거식증이 있는 청소년들이 더욱 자율적이 되기를 원한다는 생각에 기초하고 있다. 치료는 각 가족 성원들에게 그들 자신의 유능함과 개성을 주장하도록 돕는 데 초점을 둔다. 이 방법은 1년에서 7년에 걸쳐 사례의 86%에서 수용 가능한 안정적인 체중과 훌륭한 심리적 적응을 발달시키는 데 효과적인 것으로 밝혀졌다(Fisher & Brone, 1991).

청소년의 다른 정서적 문제와 마찬가지로 섭식장애는 여러 가지 심리적 문제들과 상호 관련되어 있다. 청소년기의 정상적인 변화과정과 섭식장애는 명백하게 결합되어 있으며, 이것은 섭식장애 청소년을 도와주는 데 유용한 기초를 제공해 왔다.

5) 약물과 알코올 남용

약물은 미국 문화의 도처에 산재해 있으며, 약물에 대한 성인들의 미사여구와 행동으로부터 청소년들이 받는 호기심 어린 복잡한 메시지는 모든 청소년들에게 약물과 알코올 사용에 관한 논쟁거리를 만들고 있다. MacKenzie (1991)는 불법적인 약물사용과의 관계를 조정하는 것이 사회·경제적 지위, 지형학적 위치 그리고 가족의 가치를 이행하고 있는 청소년들에게 중요한 새로운 과제가 되어야 한다고 주장한다. 더구나 약물사용과 성적 행동 간의 관계는 장기간에 걸쳐 은연중에 확립되어 온 것인데, 이것은 AIDS 전염병의 맥락에서 치명적인 것이 되었다.

모든 청소년들이 약물사용으로 인한 심각한 합병증의 위험에 처해 있는 것은 아니다. 일부 청소년들의 경우 청소년기에 약물사용은 실험적이고 순간적이며 일시적인 경험이다. 위험은 약물사용이 다른 문제행동을 발생시킬 수 있는 가능성에 있다. 어떤 청소년들의 경우 약물사용은 무모한 운전, 성적 접촉의 증가, 성병의 위험, 약물사용과 관련된 임신과 태아 합병증, 그리고 학교생활의 어려움 또는 실패와 관련되어 있다. 성인기까지 계속되는 이러한 문제들은 화학물 의존성의 예측 가능한 합병증에 의해 복합적으로 나타난다. 따라서 약물사용과 관련한 청소년들의 선택은 비록 예측에 어려움이 따르지만 매우 장기적인 결과들로 나타날 것이다.

(1) 약물과 알코올 사용의 지배적 시기

1975년부터 매년 미시간 대학교에 있는 '사회연구소(Institute for Social Research)'가 수행하고 있는 고등학교 고학년을 대상으로 한 연간 조사는 청소년의 약물사용에 대해 가장 광범위하고 유용한 정보를 제공한다. 그 연구는 경제적 · 인종적으로 다양한 1만 6천 명의 전국규모 확률표집에 기초하고 있으며, 결과적으로 청소년 약물사용 행동에 대한 연구결과들을 일반화할 수 있게 해 주었다. 그러나 가장 중요한 한계는 학교를 중퇴한 청소년들(추측컨대, 약물과 알코올에 실질적인 관여를 했을 것으로 생각되는)이 포함되지 않았다는 것이다.

이 자료에 근거하여 여러 가지 사실들이 밝혀졌다. 첫째, 약물사용은 1960년대와 1970년대 사이에는 증가를 나타내었으나, 최근 10년에 걸쳐 대부분의 약물사용은 감소를 나타내고 있다. 둘째, 상대적으로 매우 많은 수의 청소년들이 어떤 시점에서 알코올과 담배를 사용하였으나, 심각한 약물을 실험한 사람은 거의 없었으며, 그런 약물을 매일같이 사용한 고등학생의 비율은 1% 미만이었다. 그러나 일반적으로 청소년 약물사용의 비율은 다른 어떤 산업화된 국가들에서보다 미국에서 더 높게 나타났다.

(2) 청소년기 동안의 발달적 형태

우리는 청소년기에 공통적인 중다 스트레스 요인을 검토함으로써 이 장을 시작하였다. 이러한 스트레스 인자들은 그에 동반되는 심리적 고통을 경감시키기 위한 노력들을 수반한다. 덧붙여 말하면, 정체감 발달은 전형적으로 어떤 형태의 실험을 내포한다. 새로운 행동을 시도하려는 욕구와 스트레스를 명백히 감소 또는 관리하려는 욕구의 결합은 약물사용을 매우 유혹적인 대안으로 고려할 수 있게 한다. 한 전문가(MacKenzie, 1991)는 청소년들이 약물사용을 불법적인 것이라기보다 오히려 기능적인 것으로 생각할 수 있다고 제안하였다.

젊은이들 가운데 70%가 13세경에 음주를 시도하고 거의 절반이 흡연을 시도하지만, 대부분의 청소년들은 그들이 성숙함에 따라 약물사용을 줄이거나 포기한다는 연구결과(Johnston et al., 1992)는 이러한 발달적 관점을 지지해 주고 있다. 약물사용에 관한 실험은 하지만 남용이나 탐닉 수준으로까지 단계적으로 약물사용을 증가시키지 않는 청소년들의 성격특성은 놀랍게도 매우 긍정적이다. 사회적 상황에서 알코올과 마리화나가 전형적으로 사용되기 때문에 약물사용을 하는 많은 청소년들은 동료들에게 인기가 있고 비교적 잘 적응하며 잘 사회화되고 있다. 그러나 15~20%는 그들의 청소년기 행태를 계속하며, 계속적으로 약물남용 문제에 개입될 가능성이 높다.

공통적인 이론은 알코올과 담배처럼 매우 일반적인 약물이 다른 약물사용의 '출발점'이라는 사실이다. 그러나 연구자들은 청소년 후기와 성인 초기의 심각한 약물사용자의 대다수는 이전에 알코올과 담배를 사용하였지만, 그 반대(즉, 알코올과 담배 사용이 후기의 심각한 약물사용자가 된다)는 사실이 아님을 발견하였다. 소위 '출발점'이라 불리는 약물을 사용한 대부분의 청소년들은 계속해서 심각한 약물이나 심지어 알코올과 담배 다음으로 가장 광범위하게 사용되는 약물인 마리화나를 사용하지 않는다. 그러나 알코올이나 마리화나를 실험하지 않았던 젊은이가 21세경이 되어서 그러한 약물이나 그 밖의 약물을 사용할 가능성은 없다. 초기 실험으로부터 후기의 약물남용 및 탐닉에 이르는 경로는 비교적 적은 비율의 개인의 발달만을 기술해 주고 있다.

(3) 청소년 약물사용의 원인

청소년 약물사용의 원인은 매우 다양하고 복잡한 양상을 나타낸다. 여기서는 그 원인을 다음의 다섯 가지로 요약해 보았다.

① 유전적 요인

이는 알코올중독이나 약물남용의 가족력에서 볼 때 유전적 요인이 자녀들의 약물사용이나 알코올사용에 관여한다는 관점이다. 약물남용은 개인의 약물대사 및 약물에 대한 중추신경계의 반응에 영향을 주는 선천적인 효소의 결핍을 초래할 수 있다.

② 가족 환경적 요인

가족의 구조와 기능은 청소년들의 약물 시도, 사용, 남용에 대한 수용 가능성과 관련이 있다. 양친이나 손위 형제들이 약물남용을 해 온 가족에서 양육된 청소년들은 약물남용자가 될 확률이 높으며, 가정불화, 가족붕괴, 양친의 거부적 태도, 부모의 이혼 등이 청소년 자녀의 약물남용과 관련이 있는 것으로 보고되고 있다.

③ 지역사회와 사회적 환경 요인

약물복용은 외부환경과 연관된 요인들에 의해 중요한 영향을 받는데, 낮은 사회·경제계층 출신의 젊은이들이 부유한 계층보다 약물과 관련된 문제들을 더 많이 경험하는 것으로 알려지고 있다. 이는 사회·경제적 상태가 낮거나 소외집단에 속한 사람들에게는 현실적이고 보상이 될 만한 대안이 없으며 합법적인 역할모델의 결핍 때문에 약물복용을 매력적으로 느끼고 보다 쉽게 선택하는 경향이 있는 것으로 추정된다.

④ 동료와 매스컴 요인

청소년에게는 동료의 압력이나 영향이 약물사용의 시작과 지속성에 중요한 영향을 미치며, 최근에는 매스컴의 영향력도 매우 크게 작용한다고 할 수 있다. 오늘날 매스컴은 청소년에게 약물의 위험도에 대해서도 주의를 환기시키지만, 로맨틱하게 흥분시키는 물질로서뿐 아니라 약물사용이 부와 유명도를 나타내는 수단이 됨을 은연중에 암시하기도 한다.

⑤ 심리학적 및 정신역동적 요인

약물남용이나 의존이 어떤 인격적 요인이나 정신역동적 요인에 의해 초래된다는 주장은 아직 논란이 되고 있다. 정신분석학에는 마약상습복용 행위를 특정 발달단계에 대한 리비도의 고착(fixation)으로 설명한다. 즉, 심리 성적 발달단계에 있어서 구순기로의 퇴행과 고착으로 설명하고 있는 것이다. 정신역동학에서는 약물남용이 자아병리(ego pathology)와 관련이 있음을 시사하고 있다.

(4) 약물의 치료 및 예방

집단요법, 인지-행동 요법, 단기정신치료, 게임요법, 가족치료 등이 약물중독자에게 필요할 수 있다. 치료의 초기 동안에는 치료적 관계형성(therapeutic alliance)을 확립하기 위해 관심 있는 태도와 지지적인 감정이입이 유용하며, 약물 남용 문제에 대한 맞닥뜨림 방법(confrontation)도 제공될 수 있다.

치료자의 위엄과 권위적 태도는 청소년 약물남용 환자의 치료에 중요한 장애 요인이 될 수 있다. 치료자는 정신치료를 통하여 환자의 죄책감 및 실패감을 감소시켜 주며 매일의 활동계획과 대인관계 양상을 바람직한 방향으로 변화시켜 주어야 한다. 치료과정의 전이는 치료관계에 위협을 줄 때만 해석을 하고 긍정적 전이는 이성적 한도 내에서 조장되어야 한다.

약물남용 환자가 주로 사용하는 방어기제로는 부정, 투사, 갈등최소화, 합리화 등이 있는데, 이것에 대해서는 직접 직면하지 말고 방어기제에 내재되어 있는 환자의 고통을 공감하고 강력한 지지와 희망을 갖도록 해 주어야 한다.

4. 청소년의 사회적 문제행동

흔히 청소년 문제라고 하면 청소년 일탈, 청소년 비행과 동일시하거나 문제 청소년을 가정하는 경우가 많다. 여기서는 청소년의 외향적 문제행동 가운데 주로 사회문제의 성격을 많이 지니고 있다고 판단되는 것들을 중심으로 원인과 대처방안을 검토해 보고자 한다. 사회문제로서의 청소년 문제에 관심을 가질 때 우리는 청소년 비행뿐만 아니라 청소년들의 일상적인 고민과 여가문제, 가치관 등도 포함할 수 있으나, 여기서는 외향적인 성격을 지니면서 현재 사회의 구성원들에 의해 심각한 문제행동으로 인식되고 있는 것들을 중심으로 논의를 전개할 것이다.

1) 청소년 폭력

(1) 청소년 폭력의 의미

청소년 폭력(adolescent violence)은 어떤 형태의 것이든 그리고 그 개념을 어떻게 규정하든 인간의 존엄성과 생명의 소중함을 무시하는 행위라는 점에서 다른 어떤 문제행동보다 심각하며 근원적이다. 갈수록 흉포화해지고 있는 청소년 폭력으로 인해 중·고등학생은 물론 초등학생까지도 공포에 떨면서 '학교 가기가 무섭다'고 호소하고 있는 실정이다. 이러한 상황이 전개되면서 일부 청소년들의 경우 폭력배들을 두려워한 나머지 스스로 목숨을 끊거나, 극도의 불안감으로 정신이상 증상을 보이기도 한다.

청소년 폭력은 청소년기에만 국한되는 현상이 아니라 일반적으로 아동기의 성격특성에서 비롯되어서 청소년기를 거쳐 성인기에까지 지속되고 있다는 점에서 그 심각성이 더 크게 인식되는 문제행동이다. 즉, 9세에서 17세 사이의 비행청소년 500명을 조사한 연구에서 이들 중 80%가 이후 8년 만에 다시 폭력행동으로 수감되는 결과를 보였으며, 반사회적 행동을 보이는 성인의 대다수가 과거에 반사회적 청소년이었다는 연구결과들은 청소년기의 폭력적 행동이 성인기의 반사회적 폭력행동과 인격장애의 가장 강력한 예측 인자임을 보여 주는 것이다(진태원, 1996). 따라서 청소년 폭력은 사회의 규범을 파괴시킬 뿐만 아니라 인간 생애 전체에 걸쳐 지속적인 영향을 미치는 문제행동으로 보아야 한다.

특히, 심리학자들은 인간의 공격성에 대해 누적된 연구결과를 가지고 있는데, 이들에 의하면 '타인에게 해를 가하려고 취해진 의도된 행동'을 공격적 행위라고 한다(Sears et al., 1991). 한편, 폭력은 타인의 인격적인 면에 해를 가하기 위해 취해지는 의도적 행위라고 할 수 있다. 다시 말하면, 공격적 행위는 개인의 공격성의 표현으로서 자신의 내적 욕구를 외적으로 표현한 것이라면, 폭력은 언어나 물리적 힘, 심리적 요인에 의해 타인을 인격적으로 침해하여 부정적 감정을 유발하도록 만드는 행위라고 할 수 있다.

청소년들의 공격성은 신체적 공격, 즉 다른 사람이나 또래에 대한 잔인한 행동이 주를 이루지만, 언어적 학대나 성인에 대한 부정적이고 가학적인 태도를 통해 나타나기도 한다. 지속적인 거짓말, 빈번한 무단결석, 거부증 등도 주요 특징이다. 공격성이 더욱 심각해질 때 파괴적이고 잔인한 신체적 폭력과 집단폭력, 강간, 절도, 방화, 살인 등의 형태를 보인다. 조사연구에 의하면 남자들에게는 싸움, 절도, 기물파괴 등의 행동이 많이 나타나고, 여자들에게는 거짓말, 무단결석, 가출, 약물남용, 매춘 등의 문제행동이 빈번히 나타나는 것으로 보고되고 있다(진태원, 1996). 그리고 남자들은 피해자와 대면한 상황에서의 공격행동이 여자보다 많고, 여자들은 대면하지 않은 상황에서의 간접적인 형태의 공격행동이 더 많은 것으로 알려지고 있다(Frodi et al., 1977).

청소년들은 불안감으로 인하여 모호한 상황이나 낯선 장면에서 다른 사람의 의도를 실제보다 더 적대적이고 위협적인 것으로 해석하고 오해하는 경향이 있다. 이러한 지각과 해석은 쉽게 분노와 흥분을 야기시키고, 이것이 공격적 행동의 표출로 이어진다. 뿐만 아니라 공격적 행동 후에도 자신은 정당하고 합리적이라고 생각하고, 상대방이 자신의 공격적 행동을 야기시켰다고 변명하는 경향이 높다.

(2) 청소년 폭력의 특징

청소년 폭력의 실태는 많은 조사연구에서 밝혀지고 있지만, 연구의 목적과 조사방법의 차이로 인하여 그 결과는 상이하다. 지금까지 발표된 대표적인 연구결과에 기초하여 청소년 폭력의 중요한 특징들을 다음과 같이 제시하고자 한다(한상철 등, 2002b, 2003).

① 청소년 폭력은 청소년 문제행동 가운데 가장 많은 비중을 차지하고 있다. 청소년 폭력은 인간존엄과 생명의 소중함을 무시하는 행위라는 점에서 인권에 대한 도전이며, 이들의 폭력행동이 성인 범죄로 이어지는 경우가 많다는 점에서 경각심을 갖지 않을 수 없다.

② 청소년 폭력은 친구나 선배, 불량배 등을 통해 이루어지는 악성폭력의 형태가 많으며, 그 밖에도 부모나 교사의 체벌도 상당부분을 차지하고 있다. 청소년들 상호 간의 폭력에 대한 대응책과 더불어 부모나 교사에 의한 체벌을 감소시킬 수 있는 제도적인 장치가 요구된다. 성인들에 의한 체벌은 청소년의 잘못된 행동을 일시적으로 규제하는 역할은 할 수 있지만, 체벌에 대한 반감과 체벌상황의 부정적 감정의 모방, 폭력행동의 정당화 등을 촉진시킴으로써 청소년 폭력을 강화시킬 수 있음을 명심할 필요가 있다.

③ 청소년 폭력을 비롯한 범죄가 저연령화되고 있다. 특히, 15세 이하의 청소년들에게서 범죄행동의 증가율이 높다는 것은 심각한 현상이 아닐 수 없다. 그러나 고등학교와 대학 시기에는 범죄율이 감소되는 반면 대학졸업

후 사회진출과 함께 범죄비율이 증가하고 있다. 이러한 현상은 사춘기의 시작과 함께 심리적 불안과 갈등이 그들의 공격적 욕구와 결부되면서 폭력행동으로 노출되는 경우가 많다는 것을 보여 주며, 사회진출과 함께 사회에 대한 부적응과 상대적 박탈감, 유해환경에의 무분별한 노출 등이 그들의 공격 성향을 폭발시키는 계기가 된 것으로 해석할 수 있다.

④ 청소년 폭력이 더욱 잔인하고 비인간적인 방법으로 이루어지고 있다. 청소년들의 초기 공격적 행동은 물질적, 권위적 목표를 획득하기 위한 수단이나 다른 사람을 모욕하고자 하는 의미를 가지지만, 이런 공격적 행동이 계속되면서 스릴과 재미, 쾌락을 추구하게 되고 가학증적 성향으로 발전하게 된다. 따라서 뚜렷한 목적이 없이 타인을 괴롭히고 상해를 입히는 것 자체가 공격행위의 목표가 되어 버리기도 하며, 어떠한 비인간적 행위에 대해서도 죄의식이나 양심의 가책을 느끼지 않게 된다.

⑤ 청소년 폭력의 가해자는 다양한 얼굴을 지니고 있다. 비단 가출이나 문제 청소년뿐만 아니라 반장 아이가 가해자인 경우도 있고, 초등학교 2학년 여학생이 고등학생과 똑같은 양태로 다른 아이를 괴롭히기도 하고, 친한 친구가 알고 보니 가해자이기도 한 것이다.

⑥ 피해 학생의 경우 그 사실을 부모나 선생님에게 잘 알리지 않는다. 폭력을 당하였다고 어른들에게 알리는 것은 마마보이가 될 수도 있고, 또래집단으로부터 소외당할 수도 있으며, 보복이 두려워지기도 하고, 자기들만의 비밀을 노출시키는 것이 되기도 한다는 점에서 피해사실을 알리지 않는 경향이 많다.

청소년 폭력의 이러한 실태와 특성을 살펴볼 때, 청소년 폭력에 대한 정확한 원인 진단을 통해 그 대응책을 마련해야 할 것이다. 즉, 청소년의 일반적인 발달 과정과 심리적 특성을 과학적으로 이해함으로써 이들의 욕구불만과 갈등을 해결해 줄 수 있는 방법을 모색해야 하며, 폭력행동을 모방하고 강화시키는 사회의 각종 폭력매체와 성인들의 폭력행동에 대해 이를 제도적으로 차단할 수 있는 방안을 마련해야 한다. 이것은 일반 청소년들의 건전한 성장과 발달을 보호하기 위한 측면도 있지만, 폭력의 가해자 또는 피해자가 지니고 있는 심리적 고통과

장애가 계속 반복되고 심지어 성인기로까지 연결되고 있음을 고려할 때 이들의 폭력습관을 치유하기 위한 측면도 있다. 그러나 이러한 모든 노력은 청소년 개 개인의 존엄성과 인권을 존중하고 이를 신장시켜 주기 위한 사회 정책적 차원의 대책이 전제될 때만이 가능할 것이다.

2) 집단 괴롭힘

(1) 집단 괴롭힘의 의미와 실태

청소년들의 집단 괴롭힘(bullying, mobbing, harassment)이란 주로 학교 장면에서 일어나는 학교폭력의 일종으로, '한 명 이상의 학생이 약한 입장에 있는 학생을 지속적으로 고립시키고 괴롭히는 것'을 말한다. Olweus(1984)는 '한 학생이 반복적이고 지속적으로 한 명 또는 그 이상의 다른 학생들로부터 부정적인 행동을 당하는 것'으로 정의하였다. 가해자의 측면에서도 피해자의 측면에서도 집단 괴롭힘이 성립되지만, 주로 사회적인 문제가 되고 있는 것은 괴롭힘으로 인한 피해자의 고통에 국한된다.

집단 괴롭힘은 그 개념에 두 가지 중요한 요소를 포함하는데, 하나는 부정적인 행동이 대체로 집단적으로 행해진다는 것이고, 다른 하나는 그 행동이 피해자에게 해를 가할 목적을 지닌 공격행동이라는 점이다. 그리고 집단 괴롭힘은 크게 직접적인 괴롭힘과 간접적인 괴롭힘으로 분류된다. 직접적인 것은 피해 대상에 대해 폭행이나 구타, 위협, 괴롭히는 것, 놀리는 것과 같은 공격적 행동을 가하는 것이며, 간접적인 것은 집단에서 소외시키는 것과 배제시키는 것이다(Olweus, 1993).

청소년대화의 광장(1997)에서 전국 초등학교 5학년 이상과 중·고등학생 전체 1,624명을 대상으로 설문 조사한 바에 의하면, 전체의 48.1%가 학교에서 집단 괴롭힘을 가한 경험이 있다고 응답하였다. 한국교육개발원(1998)에서는 전국 57개 초·중·고에서 전체 6,893명의 학생들과 573명의 교사, 그리고 5,485명의 학부모를 대상으로 설문조사를 실시하였는데, 그 결과 전체 학생 응답자의 24.2%가 다른 학생들로부터 괴롭힘을 당한 적이 있다고 응답하였다. 피해가 가장 많은 집단은 중학생(26.9%)이었고, 이어 초등학생(25.1%)과 고등학생(21.3%)의 순서였다. 그리고 전국교직원노동조합이 한길리서치연구소에 의뢰하여 1999년 2월에 서울 및 수도권 지역의 중·고등학생 1,100명을 대상으로 실태 조사를 실시한 결과에 의하면, 전체 응답자의 4.7%가 집단 괴롭힘을 당한 경험이 있다고 응답하였다. 이 중 61.9%는 아무에게도 도움을 요청하지 않았고, 24.4%만이 교사나 친구들에게 상담이나 도움을 요청한 것으로 나타났다. 또한 괴롭힘을 당한 학생들은 대부분 성적이 낮고 생활 수준이 낮은 계층에서 많은 것으로 조사되었다.

한국청소년개발원은 1999년 7월에 전국의 중·고생 1,088명을 대상으로 동일한 조사를 실시하였는데, 그 결과 지난 1년간 집단 괴롭힘을 당한 청소년이 19.3%이고, 이 가운데 지속적인 피해를 입은 학생이 8.3%인 것으로 나타났다. 성별로는 여자 청소년이 남자보다 많고, 중학생이 고등학생보다 많았으며, 대도시보다는 중소도시와 읍면 지역으로 갈수록 피해자가 더 많았다.

이와 같은 조사결과를 살펴볼 때, 집단 괴롭힘은 조사기관이나 연구자에 따라 가해자나 피해자의 비율이 상당히 다르다는 점을 알 수 있다. 그것은 연구기관에 따라 집단 괴롭힘의 개념 규정과 범위를 달리 적용하였을 가능성이 있고, 조사 대상자의 특성이 다르기 때문으로 해석할 수 있다. 그러나 어떠한 연구에서도 집단 괴롭힘으로 인한 피해자가 매우 높은 비율을 차지하며, 이들의 심리적 또는 신체적 피해가 매우 심각하다.

청소년 폭력예방재단이 1998년 실시한 '왕따 실태' 보고서에 의하면, 친구를 집단적으로 괴롭힌 이유에 대해 조사 대상자의 65.4%가 '친구가 따돌림당할 만한 행동을 해서'라고 응답하였고, 13.7%는 '친구가 바보 같아서', 10.9%는 '친구들이 따돌려서'라고 반응하였으며, 이 밖에 '심심해서 따돌렸다'(1.9%)는 반응도 있었다. 그리고 집단 괴롭힘을 가한 후의 느낌에 대해 '후회했다'(29.4%), '미안한 느낌이 들었다'(27.5%), '죄책감이 들었다'(13.3%)고 응답한 학생들이 많았지만, '재미있었다'(17.1%), '별 느낌이 없었다'(10.9%), '기분이 좋았다'(1.9%) 등과 같이 별다른 죄의식을 느끼지 못하고 있는 학생들이 약 30%에 이르고 있음을 보여 주었다. 이러한 결과는 청소년들의 집단 괴롭힘이 특별한 이유 없이 상대방에 대한 인간경시 사상과 집단동조 현상 때문에 발생하고 있음을 나타내며, 그리고 괴롭힘 행동 이후 별다른 죄책감을 느끼지 않고 있는 학생들이 다수를

차지하는 것은 이들의 심리적 공허감이나 무감각성을 잘 대변해 주는 것이라고
볼 수 있다.

(2) 집단 괴롭힘의 원인과 대책

집단 괴롭힘과 관련된 변인들과 괴롭힘의 특징과 원인을 분석해 보면 다음과
같다.

첫째, 집단 괴롭힘은 초등학교에서부터 중학교, 고등학교, 심지어 대학이나 직
장생활에서까지 광범위하게 발생하고 있다. 연령에 따른 집단 괴롭힘의 양상을
연구한 Olweus(1994)는 학년이 높아질수록 집단 괴롭힘으로부터 피해를 당하는
학생들이 줄어든다고 하였다. 즉, 어린 학생들일수록 더 많은 잠재적 가해자를
갖게 되며, 주로 자신보다 나이가 많거나 우월한 위치의 학생들로부터 피해를
당하게 된다. 그러나 연령의 증가와 함께 물리적 집단 괴롭힘은 감소하는 반면
언어적 괴롭힘은 증가된다는 연구보고도 있다(Whitney & Smith, 1993).

집단 괴롭힘이 연령이 낮을수록 더 많다는 것은 청소년기의 연령범위 내에서
그러하다. 즉, 사춘기의 시작과 함께 성호르몬의 급상승으로부터 강한 심리적 불
안을 겪게 되고 사회적 역할 변화에 따른 정신적 갈등을 경험하면서, 이러한 심
리 내적인 혼란과 스트레스를 자기보다 약하거나 부족한 친구를 향해 투사하기
때문으로 해석된다. 유사성을 근거로 친구를 선택하고 집단에의 동조성에 의해
교우집단이 더욱 강화되는 청소년 초기의 교우관계 특성으로 보아 유사성은 그
들에게 심리적 안정감을 제공하는 역할을 하게 된다. 그런데 자신들과 다른 행
동이나 특징을 보이는 친구들의 특이함이나 독특성, 개성은 그들에게 심각한 도
전이며 정신적 안정감을 방해하는 요소가 된다. 따라서 사춘기에 접어든 초등학
교 고학년이나 중학생의 경우 그들만의 심리적 안정감을 회복하는 데 장애가 되
는 요소에 대해 그들을 철저하게 소외시키거나 괴롭히는 행동을 일삼게 되며,
이들의 행동에는 일반적으로 상대방의 입장을 고려할 만한 여유가 포함되어 있
지 않다(한상철, 1997a).

둘째, 집단 괴롭힘은 남학생보다 여학생에게 더 보편적이다. 이러한 경향은
중·고등학교에서 더욱 두드러진다. 그리고 남학생들은 적극적이고 공격적인 방
법을 더 많이 사용하는 반면, 여학생들은 수동적이면서 상대하지 않는 것과 무

시하는 방법을 더 자주 사용하는 것으로 나타났다(삼성생명사회건강연구소, 1997). 여학생의 집단 괴롭힘 가해 및 피해가 더 많은 것은 여학생이 남학생보다 사춘기가 더 빠르고, 신체·생리적 변화에 따른 불안감과 혼란이 더 강하기 때문으로 해석된다.

셋째, 청소년기 집단 괴롭힘의 가해와 피해행동을 유발하는 중요한 원인 가운데 하나는 이들 청소년들이 다양한 상황에서 더 많은 폭력장면을 목격해 왔기 때문이다. 대중매체에 의한 과다한 폭력노출과 가정 내에서의 폭력경험은 청소년들이 갈등상황에서 문제해결의 수단으로 폭력을 사용할 가능성을 높여 주며, 폭력의 한 종류로서 집단 괴롭힘의 시나리오를 연습할 수 있는 기회를 증가시켜 준다고 할 수 있다. 폭력노출 효과에 관한 연구에 따르면, 폭력노출이 증가할수록 폭력에 대해 정서적으로 둔감화되는 것으로 나타났다. 실제 집단 괴롭힘의 가해자들은 보통 학생들보다 폭력에 대해 더 긍정적인 태도를 갖고 있으며(Olweus, 1994), 공감능력과 타인에 대한 배려가 더 낮은 것으로 보고되고 있다.

넷째, 집단 괴롭힘은 청소년들의 집단 동조압력(group conformity)에서 비롯된다. 실제 청소년 비행의 많은 부분은 또래 동조에 의해 비롯된다. 또래에 대한 동조는 청소년 후기보다 초기와 중기에 더 강하게 나타나며, 또래로부터 거부당하는 것을 두려워하는 거부 공포는 15세경에 절정에 달하는 것으로 알려져 있다(Lloyd, 1985). 집단 괴롭힘이 초등학교 고학년이나 중학교에서 가장 심각하게 나타나는 것은 이 시기에 또래 동조압력이 가장 높게 작용하기 때문이며, 이때 또래 거부에 대한 공포가 가장 높기 때문에 특별한 이유 없이 다른 친구들이 따돌리는 대상을 자신도 함께 따돌리고 괴롭히게 된다.

다섯째, 입시위주의 교육과 경쟁적 풍토를 조장하고 있는 학교환경이 청소년들에게 강력한 스트레스를 주게 되며, 이것이 집단 괴롭힘을 가속화시킨다고 할 수 있다. 입시위주의 환경은 학생들을 쉽게 좌절하게 만들고 욕구좌절은 분노를 야기시키며, 이는 공격과 폭력을 초래한다. 또한 욕구좌절이나 스트레스 상황에서 이에 대처하는 방식의 결함이 청소년 폭력이나 집단 괴롭힘을 촉진시킬 것이다. 즉, 이들은 스트레스 상황에서 건설적인 대안적 문제해결 양식을 선택하기보다 공격적이거나 충동적인 방식으로 문제를 해결할 가능성이 있으며, 대처양식에 있어서도 적극적인 전략보다 소극적이고 비합리적인 대처전략을 사용할 것이다.

지금까지 집단 괴롭힘의 관련 변인 및 원인에 대해 고찰해 보았다. 집단 괴롭힘을 예방하고 가해자 및 피해자를 합리적으로 지도하기 위한 방법은 무엇인가? 집단 괴롭힘이 어느 한 가지 원인만으로 발생하는 것이 아닌 만큼 대책 역시 가장 이상적인 어떤 한 가지 방안만을 제시할 수는 없을 것이다. 다양한 요인들, 즉 청소년 초기의 인지적 성숙을 촉진시키고, 스트레스 대처전략을 개선하도록 지도하고, 사회적 기술과 대인협상 전략의 발달을 촉진시키고, 사회적 지지체제를 강화하고, 부모와의 안정적인 애착관계를 유지 발전시키고, 청소년 개인의 자기존중감을 향상시킬 수 있는 방법을 종합적으로 마련해야 할 것이다. 청소년 초기의 신체적·생리적 변화에 따른 자기 불안과 혼란을 스스로 이해하고 수용하도록 지도하는 것 또한 매우 중요한 과제가 될 것이다. 그러나 이 모든 것들에 선행해서 청소년들이 인간의 존엄성과 개성존중 의식을 확립할 수 있도록 지도해야 할 것이다.

3) 청소년 가출

(1) 청소년 가출의 실태와 의미

청소년의 가출(running away)은 성인 가출과 달리 그들이 청소년이기 때문에 더 큰 문제행동으로 인식되는 지위비행의 일종이다. 최근 청소년의 가출은 가정이나 학교생활에서 특별한 문제점이 발견되지 않은 일반 청소년들로까지 보편화되고 있고, 시작 시기는 초등학교까지 저연령화되고 있으며, 장기 가출과 상습 가출의 빈도가 증가되고 있는 등의 특징을 보이고 있다. 또한 가출자들은 가출 이후 의식주 문제와 용돈 부족 등의 생활고통을 가장 많이 호소하고 있고 심리적 불안과 고독감, 우울증 등을 많이 겪고 있으며, 이로 인해 사회의 각종 유해환경에 쉽게 노출되고 있는 것으로 조사되고 있다(한상철, 1999a). 그리고 정확한 통계를 산출하지 못하고 있지만 가정으로부터 탈출하였거나 유기된 상태로 거리에서 노숙생활을 하고 있는 청소년들 역시 가출의 증가와 함께 꾸준히 증가되고 있다(김향초, 1999; 조아미, 1999).

우리나라의 경우 청소년 가출자는 매년 약 12만 명 정도이며, 이 중 3~4만 명 정도가 사회로 흡수되고 있다(박부일, 1999). 그리고 확인된 가출자 가운데 미성년자는 1997년 현재 약 19,800명에 이르고 있으며, 실제로 이들 가출 청소년의 대부분은 학교를 중퇴하거나 조기 탈락한 상태로, 1998년 9월 현재 학교 중퇴자는 78,767명에 이르고 있다(문화관광부, 1998). 가출자를 대상으로 한 심층조사연구(한상철, 1999b)에 의하면 가출자 가운데 약 30%가 빈집이나 길거리, 공공시설 등에서 기거한 경험이 있는 것으로 나타났다. 미국의 경우에도 가출 청소년이 매년 2백만 명에 이르는 것으로 추정되며, 국가적 차원의 가출청소년 지원망(NNRYS)이 설치 · 운영되고 있는 실정이다(Rohr, 1996).

청소년 가출에 대한 사회적 관심의 증대와 연구 노력에 힘입어 가출의 개념을 보다 객관적으로 정의하려는 움직임이 활발하게 전개되어 왔다. 한국형사정책연구원(1993)은 가출의 의도성과 목적성에 비중을 두어 가출을 '개인 혹은 다수가 자신의 지위에 해당하는 역할 수행을 포기하고 새로운 대안을 찾아 집을 나가는 것'으로 정의하였다. 그리고 이영희(1992)는 '다소 의식적으로 또는 충동적으로 가정을 이탈하여 거리로 나오는 것'으로 정의하였고, 나철(1992)은 '집과 가정을 정당한 이유 없이 떠나는 것'으로 정의함으로써 가출자의 가출행위에 초점을 두고 있다. 또한 최재식(1982)은 '정신적 갈등의 해결이나 생활목표의 달성을 위해 가족을 떠나 안주의 장소를 구하려는 일종의 도피행위'라고 정의함으로써 가출을 일종의 도피행위 또는 퇴행적 행위로 규정하고 있다. 이용교(1993)는 미국 General Accounting Office(1989)의 정의를 받아들여 가출청소년에 대해 '부모나 보호자의 동의 없이 집을 떠나서 24시간 이상 집에 들어오지 않는 18세 미만의 청소년'이라는 조작적인 정의를 제시하였다.

가출 청소년이란 말은 가끔 노숙(homeless)이나 유기된(thrown away) 청소년과 혼용되어 사용된다. 엄격한 의미에서 노숙 청소년은 보호, 서비스, 감독과 더불어 쉼터가 필요하지만 갈 곳이 없는 청소년이고, 유기 청소년은 부모나 보호자로부터 집을 나가라고 강요받거나 유기되어 보호자가 그들을 찾으려는 노력을 하지 않는 청소년을 말한다. 이들은 개념상으로 구별될 수 있지만, 현실적으로 가출 청소년이 노숙 청소년이나 유기 청소년으로 전락할 확률이 높을 뿐만 아니라 모두가 집을 떠나 있다는 점에서 큰 차이 없이 혼용해서 사용된다(조아미, 1999).

가출에 대한 이와 같은 정의들은 접근방식에서 다소 차이를 보이고 있지만, 결국 가출자의 가출의도와 가출행위, 그리고 도피행위에 초점을 두고 있는 정의라고 볼 수 있다. 그러나 청소년의 가출은 가출자의 의도나 목적으로 이루어지기도 하지만, 청소년을 집으로부터 떠밀어 내는 요인과 집 밖으로 이끌어내는 요인이 복합적으로 작용하여 이루어지고 있음을 생각해 보아야 한다(한상철, 1999b, 1999c). 다시 말해 가족구조 결손, 가족구성원의 개인적 문제, 부적절한 양육방식, 위기적 사건의 경험 등을 포함한 가정관련 요인들과 학업성적 저하, 교우관계 악화, 교사로부터의 부당한 대우 등을 포함한 학교관련 요인들이 청소년을 떠밀어내는 요인이라면, 사회의 각종 유해환경과 향락산업 등은 그들을 가출로 유혹하는 요인이라고 볼 수 있다. 이와 같은 요인들의 복합적 상호작용에 의해 청소년 가출이 이루어진다고 보았을 때, 청소년 가출은 성인들의 가출과 달리 규정되어야 하며, 청소년들의 의도에 의해서만이 아니라 다양한 요인들, 즉 의도와 무관하게 이루어지는 경우도 있음을 이해할 필요가 있다.

청소년 가출은 그 원인과 형태가 매우 다양하고 복잡하기 때문에 이를 어떤한 문장으로 정의 내리기가 불가능하다고 할 수 있다. 오히려 청소년 가출의 유형, 즉 충동형, 탈출형, 쾌락추구형, 생존형 등을 보다 명확하게 구분한 후, 각각의 유형에 따라 그 정의를 달리 내리는 것이 보다 타당할 것으로 생각되기도 한다. 예컨대, 충동형 청소년 가출이란 청소년들이 감정의 변화나 급격한 흥분상태에서 충동적으로 집을 뛰쳐나가는 것이라고 말할 수 있을 것이다. 그러나 이와 같은 정의 역시 모든 사람들이 합의 가능한 객관적인 유형 또는 정의를 도출하기가 쉽지 않다는 점에서 한계가 있다(한상철, 1999b).

청소년 가출이 문제시되는 것은 단순히 집을 뛰쳐나가기 때문이 아니라 가출후 그들의 생활이 매우 위험하고 각종 비행과 유해환경에 쉽게 젖어들 수 있으며, 이로 인해 결국에는 정신적 황폐화와 존재감 상실, 자살행동 등을 겪게 되기 때문일 것이다. 불가능한 일이겠지만, 만약 가출한 청소년들이 가출 이후 오히려더 행복해지고 자신의 성장과 발달을 가속화시켜 나갈 수 있게 된다면, 부모나사회 성인들이 청소년 가출을 더 이상 심각하게 생각하지 않을 것이다. 그러나가출 이후 거의 대부분의 청소년들은 사회적 위험요소, 즉 유해환경과 향락산업, 폭력조직 등에 쉽게 젖어들고, 이로 인해 그들의 정신건강은 물론이고 사회적 질서와 안녕이 심각하게 위협받는다. 따라서 청소년 가출에 대한 개념은 청소년의정신적 장애 및 생활고통에 초점을 두고 정의 내려야 할 것이다. 즉, '어떤 원인에서든 집을 나와서 현재 생활의 불편함과 정신적 고통을 겪고 있으며, 또한 자신의 정신건강과 삶의 방향이 크게 왜곡되어 있는 상태'라고 정의할 수 있다.

이 정의는 청소년 가출을 사회적 규범에 기초하여 해석하거나 가출자들을 법적으로 규제 또는 처벌하고자 하는 입장과는 거리가 먼 것이다. 오히려 가출자의 현재 심리적 상태에 초점을 둔 것으로, 가출자를 보다 정확하게 이해할 수 있는 개념적인 준거와 치료 및 대안 모색의 방향을 제공하기 위한 것이다.

(2) 청소년 가출의 원인

Spillane-Grieco(1984)는 30명의 남녀 가출자의 부모들에게 자녀의 가출 원인에 대해 질문하였다. 그 결과 부모들은 그들의 자녀가 권위에 따르지 않았고, 처벌받는 것을 두려워하였고, 귀가를 위한 통행금지 시간을 지키지 않았고, 자유를 원했기 때문이라고 응답하였다. 그러나 약 50%에 해당되는 14명의 부모들은 자녀가 왜 집을 떠났는지를 알지 못한다고 응답하였다.

가출 소녀들은 일반적으로 가정에서 부모가 자신을 심하게 간섭하고 통제하며 처벌하는 것으로 보고한 반면, 가출 소년들은 가족 통제와 감시가 거의 없었다고 보고하였다. 남자 청소년의 경우 낮은 수준의 부모 통제로 인해 집을 떠났으며, 이들의 부모들은 또한 자신의 문제에 열중한 나머지 자녀의 문제에 관심을 표명할 만한 시간적 여유가 없어서 청소년 자녀가 가정에서 자신이 더 이상 필요하지 않은 존재라는 사실을 깨닫도록 만든 것이다(Rice, 1999).

나동성과 이용교(1993)는 청소년 가출의 원인을 정신병리학적 이론, 맥락주의적 이론 그리고 가출의 유형학으로 정리하여 설명하고 있다. 먼저, 정신병리학적 이론가들은 가출이 쾌락적 충동의 통제 부족, 신경증, 해소되지 않은 오이디푸스 콤플렉스, 심한 자기애적 인격장애, 낮은 자아개념 등에 의해 발생하는 개인적 정서장애의 한 형태라고 주장한다. 그러나 청소년 가출이 정신적 장애의 한 표현형태라고 보는 관점은 현실적으로 많은 한계를 지닌다. 예컨대, 쾌락적 충동의 통제능력이 부족한 청소년이라고 하여 모두가 가출을 하는 것은 아니다.

둘째, 맥락주의적 이론가들은 심각한 정서장애나 가족병리가 없는 다수의 청소년도 가출을 한다는 사실에 주목하고, 이들의 경우 가출은 가정의 해체나 갈등, 부모의 학대, 학교나 또래집단의 압력, 사회 유해환경으로부터의 유혹 등이 복합적으로 상호작용해서 발생된다고 주장한다. 그러나 이 가운데 가장 중요한 요인은 빈약한 가정환경이다. 부모와의 갈등, 독립성에 대한 요구, 부모의 거부적인 양육태도, 가족 부조화 등이 청소년 자녀의 가출을 설명하는 데 가장 중요한 요인이라고 할 수 있다. 그러나 이 밖에 학교에서의 실패도 가출을 자극하는 요인이 되고 있다. 학습속도가 느린 학생들은 교사들에 의해 배척당하거나 학년 진급이 좌절됨으로써 학교를 거부하고 도망치려고 할 것이다. 이러한 사실은 16~21세 사이의 가출 및 노숙 청소년 가운데 읽기 곤란자가 52%, 계산과 쓰기 곤란자가 29%를 차지하고 있으며, 정상적인 성취자가 20%에 불과하다는 연구결과(Barwick & Siegel, 1996)를 통해 확인될 수 있다. 그러나 한상철(1998)은 청소년 가출이 가정과 학교, 사회의 역동적인 상호작용에 의해 발생된다고 주장한다. 즉, 빈약한 가정환경에서 가출에 대한 동기가 형성되고, 학교성적이 떨어지고 학교생활이나 교우관계가 악화될 때 가출충동이 강화되며, 유해환경과 또래들의 유혹에 의해 가출이 결정된다는 것이다. 화목하지 못한 가정과 전쟁을 방불케 하는 성적 위주의 학교교육이 청소년을 가출로 '내미는 요인'이라고 한다면, 또래집단의 압력과 유흥업소 등의 유해한 사회환경은 청소년을 가출로 '끌어내는 요인'이라고 할 수 있다.

셋째, 가출유형을 통해 가출의 동기를 밝히고자 한 접근이 있다. Roberts(1982)는 가출유형을 세 가지로 정리하였는데, 참을 수 없는 가족상황에서 벗어난 사람, 모험을 추구하는 사람, 학교문제가 있는 사람이 그것이다. Homer(1973)는 가정문제로부터 달아난 가출자를 '탈출형 가출'이라 하고 성이나 약물, 술, 쾌락을 주는 장소나 사람에게로 달아나는, 즉 즐거움을 찾아가는 가출자를 '추구형 가출'이라고 하였다. 그리고 Green과 Esselstyn(1972)은 가출소녀에 대하여 그들의 가출동기별 유형을 세 가지로 구분하였다. 첫째 유형은 '떠도는 가출자'로 흔히 순간의 즐거움을 찾아간다. 이들은 학교를 그만두고, 한 직장에 오래 머무르지 못하며, 약물에 의존하고, 성적인 행위를 활발하게 하는 경향이 있다. 모든 일을 제멋대로 하고, 부모에 반항하며, 집에 돌아왔다가도 다시 달아나는 경우가 많다. 둘째는 '불안한 가출자'로 복잡한 가정문제에서 나온다. 이들은 흔히 가정의 허드렛일을 도와야 하고, 어린 동생을 돌보아야 하며, 집안 살림살이를 꾸려야 한다. 아버지는 과음을 하고, 신체적으로 학대하거나 늘 잔소리를 한다. 이러한 소녀는 불안 때문에 친구 집으로 가출하지만, 며칠 만에 되돌아오는 경우가 많다. 셋째는 '놀란 가출자'로 흔히 아버지나 의붓아버지의 성적 학대에서 벗어나기 위해서 가출한다.

청소년 가출의 원인은 매우 다양하고 복잡한 것이 사실이다. 그러므로 가출의 유형을 구분하여 유형별로 그 원인을 분석하려는 시도는 나름대로 설득력을 지니고 있다. 그러나 가출유형을 구분한 많은 학자들의 견해가 일치되지 않을 뿐 아니라 어떠한 유형 구분도 모든 가출행동을 명확하게 구분할 수 없다는 데 문제가 있다. 그리고 여러 유형의 가출원인을 중복해서 지니고 있는 청소년도 있다. 따라서 본서에서는 청소년 가출의 원인을 가출자의 개인적 특성변인과 환경변인 간의 복합적인 상호작용으로 해석하고자 한다. 즉, 정신적 장애와 성격적 결함, 스트레스 대처능력의 부족 등을 지닌 청소년들이 부적절한 환경적 자극 및 사회적 지지원의 상실에 직면할 때 다양한 문제행동 가운데 가출을 선택하게 된다고 할 수 있다.

(3) 가출 청소년의 문제행동

청소년들이 지각하는 스트레스와 이의 관리기술 및 사회적 지지, 개인적 신념 등은 가출행동을 결정하는 데 영향을 줄 뿐만 아니라 가출 후 청소년들의 문제행동 개입을 결정하는 데도 많은 영향을 준다. 예컨대, 높은 수준의 스트레스를 경험하면서 이에 효과적으로 대처하지 못하는 청소년과 사회적 지지가 낮은 청소년들은 가출을 비롯한 위험행동의 선택 가능성이 높으며, 가출 후 우울이나 나쁜 신체적 건강, 알코올이나 약물사용과 같은 부적응행동과 폭력이나 절도 등의 반사회적 행동을 선택할 확률이 높다(Unger et als., 1998).

대부분의 가출자들은 학대적 가족이나 무관심한 가족 성원으로부터 탈출하였거나, 그들 부모에 의해 거부되고 밀려나고 버려진 상태에 놓여 있다. 이러한 청소년들은 학교를 중퇴하였고 실직 상태에 있으며, 비행집단에 관여한 경우가 많으며, 약물취급과 매춘에 개입하고 있을 수도 있다. 많은 사람들은 약물이나 알코올 남용, 성병, 원치 않은 임신, 폭력, 기타 문제행동의 위험에 처해 있다(Simon et als., 1996). 가출 청소년 가운데 많은 비율은 아동기 동안 거주지의 잦은 변화, 빈곤, 가족 갈등, 신체적 학대, 성적 학대, 부모의 부재 등과 같은 스트

레스 인자를 지니고 있으며, 이들 가운데는 동성애(gay, lesbian, bisexual)를 정체
성(identity)으로 인식하고 있는 사람도 있다. 이것은 스트레스 인자에 대한 관리
기술과 사회적 지지의 부족이 가출 이후 청소년들의 정신건강 및 위험행동을 가
속화시키고 있음을 암시하는 것이다.

　가출 청소년들은 가정의 스트레스 유발 환경이나 상황으로부터 탈출하고 있으
며, 가출 동안 범죄와 폭력에 개입하면서 일정한 은신처나 음식 또는 돈이 없는
상태로 생활하는 경우가 많다(Simon et als., 1996). 이러한 청소년들은 우울증이나
건강 악화, 약물사용과 같은 행위에 쉽게 노출된다(Unger et als., 1998). 이 가운
데 특히 우울증은 가출 청소년들의 보편적인 정신적 장애로서 급속히 확산되고
있는 추세다. LA지역 가출 청소년을 대상으로 한 조사연구에서 표본집단의 64%
가 DSM-Ⅲ의 임상적 우울 준거를 충족시켜 주고 있음을 밝히고 있다(Unger et
als., 1997). 이러한 비율은 일반 청소년의 임상적 우울 비율 7%와 비교할 때 매
우 높은 것이다. 가출 청소년의 우울증은 자살생각이나 자살시도와 높은 상관을
보여 주고 있어(Yoder et als., 1998) 이에 대한 경각심을 더 높여 주고 있다.

　가출 청소년 가운데 신체적 건강의 악화는 38%를 보여 주고 있어 비가출 청소
년 2%와 대조적이다. 그리고 알코올 사용 79%, 마리화나 77%, LSD 67%, 코카인
54%, 약물주사 30% 등의 비율을 보여 주고 있을 뿐만 아니라 55%가 DSM-Ⅲ의
알코올 장애 준거를 충족시키고, 60%는 약물장애 준거를 충족시키고 있다(Kipke
et al., 1998; Unger et al., 1998). 이러한 결과를 통해 가출 청소년들의 경우 우울과
약물사용 및 건강악화가 상호 반복적인 영향을 미침으로써 부정적 반응을 증폭
시켜 나가고 있음을 알 수 있다. 즉, 우울증으로 인하여 건강이 악화되고 약물을
사용하지만, 이러한 행위가 더욱 심한 우울증을 야기하게 되는 것이다. 그럼으로
써 우울과 건강악화가 반복적으로 진행되면서 결국 비행행동이나 자살과 같은
극단적인 행위를 유발하게 된다고 볼 수 있다.

　따라서 가출 청소년의 스트레스 관리기술과 사회적 지지를 향상시켜 줌으로써
그들의 우울과 건강 악화를 예방할 수 있는 적절한 조치가 이루어져야 할 것이
다. 구체적으로 청소년 가출을 예방하기 위한 조치와 더불어 가출 청소년들에게
사회적 지지체계를 강화하고, 위험행동에 대한 지식과 신념체계를 확립하도록
지도하며, 가출 이후 스트레스에 대한 관리기술을 발달시킬 수 있도록 하는 지

도대책이 요구된다고 하겠다.

(4) 가출 청소년에 대한 지도대책

가출 청소년에 대한 심리학적 연구 노력들은 가출자에 대한 지도와 예방대책
이 기존의 방식과 같이 귀가와 보호, 유해업소 단속, 처벌 등과 같은 물리적 방
법으로는 한계가 있을 수밖에 없음을 보여 주고 있다. 청소년이 더 이상 가출을
문제해결의 수단으로 선택하지 않도록 하기 위해서는 그리고 가출 청소년이 폭
력과 약물, 알코올, 매춘 등에 쉽게 흡수되지 않도록 하기 위해서는 청소년의 문
제해결 선택과정을 조력하기 위한 합리적인 지도대책이 마련되어야 하며, 이와
아울러 가출 청소년들이 더 심각한 정신적 장애와 우울, 신체적 건강 악화에 노
출되지 않도록 하기 위한 적절한 사회적 지원체계가 마련되어야 할 것이다.

구체적으로, 가출 예방을 위한 대책으로 개인의 생물학적 특성과 사회 문화적
환경요인을 개선하는 일도 중요하지만, 이에 못지 않게 위험행동 선택의 중개
변인으로 작용하는 가출에 대한 지식, 관리기술 또는 대인협상 전략, 가출에 대
한 개인적 신념 등을 개선 또는 강화시킬 수 있는 방안을 마련해야 할 것이다.
다시 말하면, 가출이 문제에 대한 최상의 해결책이 아니라는 사실과 가출 이후
생활의 불편함이 자신이 상상하는 것보다 매우 크고 위험할 수 있다는 사실을
이해하도록 할 필요가 있다. 이를 위해 가출 이후 생활에 대한 실제적인 정보를
제공해 주는 것도 한 방법이 된다. 그러나 이보다 더 중요한 것은 관리기술을 발
달시킴으로써 부모, 교사, 친구들과의 보다 원만하고 생산적인 관계 형성을 촉진
시킬 수 있도록 하는 것이다. 이와 같은 대인협상 전략은 부모나 또래로부터의
적극적인 사회적 지지를 통해 향상될 수 있다. 그러므로 청소년들이 부모나 의
미있는 타인으로부터의 안정적인 애착과 풍부한 사회적 지지를 제공받는 것은
그들의 심리적 불안과 우울 등을 예방할 수 있게 할 뿐만 아니라 문제장면에서
가출 선택의 가능성을 줄여 줄 것이다(한상철, 1999a; 이은주, 1998).

부모나 그 밖의 가족, 교사, 동료 등의 적극적인 지지는 청소년들의 생활사건
에 대한 스트레스를 경감시키고 그들의 복지를 향상시켜 주는 것으로 밝혀져 왔
다(Sarason, Pierce, & Sarason, 1994). 청소년들이 적극적인 사회적 지지를 받는다
는 것은 스트레스를 긍정적으로 지각하도록 할 뿐만 아니라 그들의 대인관계 개

선과 자기 중심적 사고로부터의 탈피를 촉진시켜 줄 것이다. 사회적 지지란 '개인이 스트레스 인자에 적절히 대처하기 위하여 자신의 사회적 조직망(network)이 제공하는 원조의 유용성'으로 정의된다. 이에 따라 연구자들은 청소년들이 유용한 지지와 만족을 지각하는 데 있어서 그들의 사회적 조직망 성원들이 중요한 기여를 한다는 사실을 발견하였다(Sarason et als., 1994).

이러한 결과는 청소년들의 가출이나 그 밖의 문제행동을 예방하기 위하여 가족관계와 가정 내 성원들 상호 간의 사회적 지지를 개선시킬 수 있는 프로그램의 필요성을 시사한다. 구체적으로, 가족의 강점을 개발하고, 가족 의사소통과 갈등관리 방법을 향상시키고, 가족을 위한 시간을 만들고, 가족 응집성을 증가시키고, 가족 역할 기대와 융통성을 향상시키고, 부모에게 청소년기를 이해하고 이에 대처할 수 있는 기술을 향상시키도록 도와주는 프로그램을 개발할 필요가 있다(Weigel et als., 1998). 이것은 가족 내 성원들의 사회적 지지를 향상시킴으로써 청소년들이 변화의 시기에 겪게 되는 다양한 스트레스 요인들을 긍정적으로 지각하도록 만들 것이며, 결국 가출이나 그 밖의 문제행동의 선택 가능성을 현저하게 줄여 줄 것이다.

4) 청소년 실업

(1) 청소년 실업의 의미

청소년 초기는 동료들에 대한 동조와 신체변화에 대한 자기 지각, 학교라는 사회체제에서의 역할 수행 등에 의해 그들의 정체감을 확립해 나가지만, 고등학교 졸업 이후부터의 청소년 후기가 되면 미래의 직업과 사회적 역할에 의해 정체감 확립 여부가 결정된다(Sprinthal & Collins, 1995). 청소년들이 성인기로 진입하는 과정에서 직업을 통한 경제적 독립을 추구해 나가는 것은 그들의 사회권 행사의 한 과정이며, 자기 존재의 의미와 가치를 실현해 나가는 수단이자 목적으로서의 의미를 갖는다. 그러므로 성인기 진입을 앞둔 청소년들의 취업기회 상실, 즉 실업(unemployment)문제는 경제적 박탈감과 생존권 상실, 사회적 권한 약화라는 성인 실업문제의 특징에 더하여 정체감 혼미(identity diffusion)와 사회에 대한 불신감을 촉진시킬 수 있는 중요한 요인이다.

　한 연구에 의하면, 미국에서 실업률이 1% 상승할 때마다 920명의 사람들이 자살을 하고 650명이 살인을 저지르며, 500명이 심장마비 등 실업 관련 질병으로 사망한 것으로 나타났고, 4,000명이 정신병원에 입원하며 3,300명이 감옥에 들어간다고 하였다. 이처럼 실업은 국가적 경제 손실과 함께 개인적 고통을 함께 수반한다. 특히, 실직으로 인한 실업은 그 자체가 커다란 정신적 충격을 가져다주며, 정신적 공황상태를 야기한다. 그 결과 좌절과 분노, 무기력과 우울증이 증가하며, 자아상실과 불면증 등의 증상을 보이게 된다.

　우리 사회는 태어나면서부터 부모님 말씀에 따라 그리고 선생님의 가르침에 따라 열심히 공부하고 모범적인 생활을 하게 되면 미래에 훌륭한 사람, 즉 원하는 직업인이 될 수 있을 것이라는 기대감을 심어 주고 있다. 이를 위해 즐겁게 놀고 싶은 욕망도 억압하고 자신의 잠재된 다양한 재능도 억제해 놓은 채 오직 미래의 훌륭한 직업을 위해 공부에만 매달려 온 것이다. 그런데 선생님이나 부모님의 지시에 따라 모범적인 생활을 해 온 많은 청소년들이 원하는 훌륭한 직업은 고사하고 사회 진출의 기회마저 갖지 못한다고 할 때, 이들의 절망감과 어른들에 대한 배신감은 곧바로 사회에 대한 반감과 삶의 의욕 상실로 이어질 수밖에 없을 것이다. 대부분의 청소년들은 즐거운 마음으로 모범적인 학교 또는 가정생활을 해 왔다기보다 미래의 아름다운 삶을 보상 기대체제로 설정함으로써 현재의 욕망을 다스려 왔다고 보아야 한다. 그들에게 우리 성인사회가 경제적 어려움과 사회불황을 이유로 그들의 숭고한 희망과 기대감을 꺾는다는 것은 우리의 미래를 포기하는 것이나 다름이 없다.

　청소년들이 직업을 갖지 못한다는 것은 그들이 경제력을 상실한다는 것 이외에도 사회의 구성원으로 정당하게 참여할 수 없음을 뜻한다. 경제위기 상황에서 실업자가 증가하는 것은 당연한 결과이겠지만, 특히 청소년 실업자의 증가는 커다란 사회문제이며 청소년에 대한 우리 사회의 배신행위라는 점을 인식할 필요가 있다. 따라서 국가의 경제정책은 청소년 실업자를 우선적으로 고려하는 데서 출발해야 하며, 이들의 완전고용과 잠재력 실현을 최우선 과제로 삼아야 할 것이다.

(2) 청소년 실업의 현황과 특징

　일반적으로 청소년 실업문제의 논의대상이 되는 청소년 연령층은 경제활동인구

중 15~24세 연령의 미취업·미진학자(취업할 의사가 있으나 일자리가 없어 실업상태에 있는 사람)와 실직자(일시적으로 일자리를 잃은 사람)를 말한다. 15~24세는 고등학교에서부터 고등교육기관까지의 학령인구에 해당되며, 이들 가운데 취업과 진학 등 그들의 진로가 분명하게 확정되지 못하고 있는 미취업 및 미진학자(재수생 등)를 뜻한다(천정웅, 1998). 이와 같은 정의는 청소년기본법에 규정된 청소년 연령 9~24세 가운데, 경제활동허용 가능연령인 15세 이상부터 24세까지의 청소년을 대상으로 한 것으로, 법률적 정의에 불과하다. 청소년기는 사춘기에서부터 성인기 이전까지의 범위를 포함하며, 일반적으로 대학 졸업 후 독립적인 경제활동 및 의사결정과 사회적 책무성을 수행할 수 있을 때까지를 말한다. 이렇게 보았을 때, 청소년 실업은 현실적으로 고등학교 졸업 후의 실업문제는 물론이고 대학 졸업 후 미취업 또는 미진학으로 인한 실업을 모두 포함하는 개념으로 보아야 할 것이다.

그리고 실업의 유형은 마찰적 실업과 구조적 실업, 순환적 실업, 자연적 실업 등으로 구분된다. 먼저, 마찰적 실업이란 정상적인 노동의 회전에 의하여 개인적인 사유나 노동조건이 맞지 않아서 직장을 그만두거나 기업에서 해고되는 것을 말하는데, 청소년의 경우 임시직업(part-time)이나 아르바이트 형태의 직업활동을 하다가 마찰실업을 겪는 경우가 많다. 이 경우 많은 청소년들은 정상적인 임금을 받지 못하거나 노동력의 착취만 당한 채 일터에서 밀려나고 있다.

둘째, 구조적 실업은 변화하는 사회에서 새로운 분야의 고용기회가 창출되어 노동의 수요가 증가되지만 기존 노동의 공급이 이러한 새로운 분야의 노동수요를 뒤따르지 못하여 발생하는 불균형 현상으로, 노동의 수요와 공급이 양극화됨에 따라 발생한다. 최근 대학 졸업자들은 취업할 곳이 없다고 고민하지만, 최첨단 정보화 분야나 단순 생산직 분야에서는 마땅히 채용할 인력이 부족하다고 말한다. 이것은 학교의 진로교육이 형식적으로 이루어지고 있음을 반증하는 것이며, 청소년의 진로 욕구와 현장의 인력 수요를 보다 정확하게 연결해 줄 수 있는 제도적 장치를 필요로 한다.

셋째, 순환적 실업은 경제가 불경기 상황에 접어들면서 실업이 급증하는 것인데, 이때의 실업률은 마찰적 실업이나 구조적 실업 이상으로 높은 것이 특징이다. IMF 이후 우리 사회의 실업률 증가를 뜻하는 것이기도 한데, 이 경우 청소년

취업 희망자의 직업활동을 증가시킴으로써 장기적인 면의 고용 안정과 사회적 안정, 그리고 경기지수의 회복을 추구해 나가야 할 것이다.

넷째, 자연적 실업은 경제가 완전고용 상태에 있는데도 불구하고 발생하는 것으로, 마찰적 실업이나 자발적 실업을 수반한다. 최저 임금제에 의한 임금의 경직성과 높은 실업수당, 노동조합의 압력 등에 의해 기인되는 경우가 많다. 청소년들의 파트타임 노동의 경우 시간당 2,000원 내외의 최저 인건비에 의해 노동력을 착취당함으로써 자연적 실업이 크게 증가되고 있다. 청소년의 노동력이 정당하게 평가될 수 있을 때 청소년 실업은 크게 줄어들 수 있을 것이다.

청소년 실업이 문제시되고 있는 것은 우리나라처럼 중학교 졸업 후 거의 99.4%가 고등학교에 진학하고, 고등학교 졸업 후 83.7%가 대학(전문대학 포함)에 진학하는 현실에서 볼 때(교육부, 1998), 학령기(15~24세)의 문제가 아니라 대학 졸업 후의 문제라고 볼 수 있다. 1997년 11월 IMF 사태가 있고 난 이후 2003년 11월 현재까지 전체 대학 졸업자의 취업률은 급속히 둔화되었으며, 군 입대자와 대학원 진학자를 제외한 순수 취업자는 20%를 밑도는 것으로 나타나고 있다.

천정웅(1998)은 1998년 5월 현재 15~24세 청소년의 실업률을 조사한 결과, 성인 실업률 5.9%보다 약 3배가 많은 15.4%의 실업률을 보고하였다. IMF 이후 청소년과 성인의 실업률이 모두 증가 추세에 있지만, 청소년 실업률의 증가가 훨씬 크다고 할 수 있다. 그러나 대학 졸업 연령에 해당되는 25세에서 27세 범위의 청소년들에 대한 실업률은 정확한 통계를 산출하지 못하고 있으며, 각 대학의 자체 취업률에 의존할 수밖에 없는 실정이다. 최근의 시대적 상황에 따른 청소년 실업문제의 특징을 정리해 보면 다음과 같다.

첫째, 청소년 실업은 실직보다는 노동시장에 진입하는 신규인력의 미취업이 더 많으며, 단기 실업보다 구조적인 원인에 의한 장기 실업이 더 많다. 이러한 특징으로 인해 청소년들은 자립의 기회를 점차 상실할 뿐만 아니라 청소년기를 연장시켜 나갈 수밖에 없으며, 무위도식 상태의 방황과 불건전한 생활습관, 그리고 비행행동의 증가 등을 가져오고 있다.

둘째, 청소년들은 기술의 숙련도가 낮기 때문에 노동시장에서 성인들에 비해 취약한 위치에 있을 수밖에 없다. 특히, 고졸 이하의 학력과 짧은 근로경력을 가진 근로청소년들은 미숙련, 반숙련 등 대체가 용이한 노동에 종사하고 있어 다른 어떤 연령 계층보다 실업 가능성이 높다. 영국의 한 연구에 의하면, 성인 남성의 실업률이 1% 증가되면 20세 이하 남자 청소년의 실업률은 학교 졸업자에 의한 증가분을 제외하고라도 1.7%가 증가하는 것으로 보고되고 있다(Furnham & Stacey, 1991).

셋째, IMF 체제하의 경제위기와 실업문제는 가족해체와 가족문제에 영향을 미치며, 이는 청소년들의 실업문제와 더불어 학업포기, 심리적 불안, 좌절감 등을 초래한다. 이것은 청소년 실업의 악순환과 가족빈곤을 가져오며, 청소년들의 약물의존과 정신 신체적 장애를 발생시킬 가능성을 높여 준다.

(3) 청소년 실업의 대책

청소년 실업의 가장 근본적인 원인은 일자리가 부족하다는 점에 있지만, 교육제도 면에서의 학력별 노동력 수급 불균형, 진로지도의 부적절성, 노동 수요의 감소, 학교와 직업 간의 연계 부족, 취업 근로자와 신규 취업자 간의 형평문제, 청소년을 위한 직업안정 서비스의 미흡 등 여러 요인이 복합적으로 작용하고 있다. 특히, 입시위주의 교육은 모든 청소년을 대학진학으로만 유도할 뿐 그들의 직업적성과 직업에 대한 준비를 소홀히 취급하도록 하고 있다. 그리고 청소년을 산업인력화할 수 있는 체계적인 교육 또는 훈련이 미흡하며, 진로지도의 방향이 학생들의 능력이나 적성보다는 성적 중심으로 이루어지고 있는 것도 문제다. 뿐만 아니라 사무직을 선호하고 생산기술직을 천시하는 전통적인 가치관 역시 청소년 실업의 원인이 되고 있다.

청소년 실업을 예방하고 이에 효과적으로 대응하기 위해서는 앞서 열거한 모든 원인들을 해결 또는 극복하도록 해야겠지만, 이것은 요원할 뿐이다. 청소년 실업문제와 관련하여 무엇보다 우선시되어야 할 과제는 청소년의 노동력과 그들의 직업욕구를 충족시켜 주어야 한다는 당위성을 우리 사회가 인정하고 수용하는 것이다. 이와 더불어 청소년의 노동력을 이용하거나 착취하거나 불안정적인 직업환경을 조성하는 등의 행위에 대해서는 청소년의 인권과 존엄성을 파괴하는 행위로 규정하고 이를 엄격하고도 철저하게 제재할 수 있어야 할 것이다.

둘째, 청소년들을 위한 다양한 직업교육 프로그램을 개발하고 청소년의 직업적성에 따라 적합한 프로그램을 처치할 수 있도록 해야 한다. 직업활동은 단순히 경제력 확보를 위한 수단으로서의 기능만을 갖는 것이 아니라 인간의 삶을 보다 아름답게 설계하고 실천할 수 있도록 하는 것이며, 그 자체가 자아실현의 한 과정으로서의 의미를 갖는다. 다시 말해 직업은 삶의 수단으로서의 기능과 목적으로서의 기능 모두를 갖는 것으로, 청소년들이 직업적 기능을 습득하는 것에서 나아가 직업에 대한 올바른 인식과 태도를 형성할 수 있도록 지도할 필요가 있다.

셋째, 24세 이하 학령기 청소년의 실업문제와 25세 이상 대학 졸업자의 실업문제를 구분하여 각 연령기 청소년에 대한 실업대책을 마련해야 할 것이다. 학령기 청소년의 실업은 대부분 임시직이거나 미숙련 또는 반숙련의 직업활동이 많은 것이 특징인데, 이들의 특징에 적합한 직업교육과 직업안정 대책이 마련되어야 할 것이다. 한편, 대학 졸업자의 실업문제는 전문적이고 장기적인 속성을 지니는 경우가 많기 때문에 이들의 전문 능력을 신장시키고 이를 직무 현장과 연계시킬 수 있는 방안을 중심으로 직업교육을 마련해야 할 것이다.

넷째, 소위 생존형 가출자나 중퇴 청소년들에 대해 이들을 귀가 조치시키거나 학교로 복귀시키는 것만이 최선의 대책이 될 수 없다는 주장이 설득력을 더해 가고 있다. 이들이 그들의 직업능력을 개발하여 건전한 일자리를 찾을 수 있도록 안내하는 것은 그들 개인의 발전과 인권 신장은 물론이고 사회문제의 예방과 사회 기간산업의 발전을 가속화시킬 수 있을 것이다. 따라서 지역사회 내 각종 시설을 이용한 단기 특별직업훈련 과정을 개설할 필요가 있다.

다섯째, 일자리를 잃은 실직 청소년과 가출 또는 중퇴 청소년이 일자리를 보다 쉽게 구할 수 있도록 하기 위해 '청소년취업정보센터'를 설치 운영할 필요가 있다. 중앙부처 및 지방자치단체의 취업관련 정보와 각종 민간기업 및 단체의 취업정보를 수집 및 가공하여 청소년들에게 제공하는 역할을 수행할 수 있으며, 이와 더불어 실업 청소년에 대한 직업상담, 적성검사, 직업흥미검사, 직업교육 프로그램 등을 실시할 수 있을 것이다.

5) 청소년 사이버 일탈

최근 신문지상을 장식하는 톱뉴스 가운데는 'N세대의 사이버 증후군 위험수

위, 청소년 컴퓨터 중독 정신장애 유발, PC방 원조교제 온상, 10대들의 카지노로 전락되고 있는 오락실, 고교생이 PC통신으로 사귄 여중생 집단 성폭행’ 등의 제목들이 부쩍 늘어나고 있다. 모두가 청소년의 사이버 일탈행동을 나타내는 것들이다. 여기서는 다양하게 언급되고 있는 주제들을 크게 세 가지 영역, 즉 컴퓨터 몰입 및 중독, 사이버 범죄, 사이버상의 부적절한 행위로 구분하여 살펴보고자 한다.

(1) 컴퓨터 몰입 및 중독

컴퓨터 몰입 또는 인터넷 중독(webholism)은 청소년들이 장시간 인터넷이나 컴퓨터 통신을 사용함으로써 정신건강을 해치고 대인관계의 장애를 가져오는 일련의 문제행동을 일컫는다. 컴퓨터 중독이란 용어는 실제 정확한 정의와 뚜렷한 과학적 근거가 없는 상태에서 단지 컴퓨터를 오래 사용하거나 자주 사용하는 현상을 말하기도 한다. 이러한 점에서 일반적인 경우에는 컴퓨터 몰입 또는 탐닉이란 용어를 사용하는 것이 더욱 적합할 것이다(천정웅, 2000).

중독(addiction)이란 정신의학적인 용어로 널리 사용되는데, 단순히 어떤 대상을 탐닉하는 것에서 한 걸음 나아가 의존성과 내성, 그리고 금단증상을 보일 때 적용되는 말이다. 그러나 최근 물질 중독과 마찬가지로 컴퓨터에 대한 내성이 형성되어 이를 사용하지 않으면 불안하고 손떨림 현상과 같은 금단증상까지 나타나는 부류가 증가하면서 이들에 대해 컴퓨터 중독이란 용어를 붙일 수 있을 것으로 생각된다. 일반적으로, 컴퓨터 중독이 되면 컴퓨터에 장시간 몰입함으로써 일상생활을 제대로 하지 못하고 컴퓨터를 사용하지 못할 경우 심리적 불안감과 우울증 등을 경험하게 된다. 또한 수면부족과 불규칙한 생활습관으로 인해 체력 저하와 집중력 저하를 겪게 되고 면역체계가 약화되며 눈의 통증 등을 경험한다. 학업이나 업무상의 손실, 통신비용과 같은 경제적인 손실, 대인관계 및 가족관계에서의 문제 등을 경험하기도 한다.

컴퓨터나 인터넷을 통한 가상공간에서의 삶은, 특히 청소년들에게 그들의 정체감 형성을 크게 위협할 수 있는 요인으로 지적되고 있다(한상철, 2000b). 가상공간은 실제로 성 관련 정보와 매춘문제, 사회규범 해체와 관련된 해킹의 문제, 인권침해 문제 등으로 얼룩져 있으며, 이와 같은 문제들은 청소년 초기 정체감 혼미(identity diffusion)를 더욱 가중시키거나 자신을 인터넷 정보제공자에게 의존해 버리도록 하는 조기완료(foreclosure)에 머물게 만든다. 결국 많은 청소년들은 현실적 자아와 가상공간에서의 자아(이상적 자아) 간의 혼동을 경험하게 되며, 장기적인 혼동상태를 겪게 되면서 부정적 정체감(negative identity)을 형성하거나 정신적 장애, 즉 자기 파괴나 존재감 상실, 무력감과 우울, 자살충동 등을 더 많이 경험할 가능성이 있다.

우리나라 청소년의 컴퓨터 중독 실태를 조사한 최근의 한 연구(김옥순·홍혜영, 1999)에 따르면, 아직까지 컴퓨터 중독이 심각한 수준에 이르지는 않고 있다. 그러나 현재 청소년의 인터넷을 비롯한 가상공간에서의 생활이 점차 증가하면서 컴퓨터 중독의 발생 가능성은 매우 높으며, 이로 인한 정신적 장애와 정체감 위기, 사회적 일탈행동의 가능성도 증가될 것으로 예상된다.

(2) 사이버 범죄

사이버 범죄란 기존의 실생활 범죄가 정보통신매체를 수단으로 하여 발생되거나 사이버 공간 내에서 타인의 명예 손상과 재산상의 손실 등을 의도적으로 야기하는 행위 일체를 지칭하는 말이다. 사이버 공간에서 나타나고 있는 지식과 정보에 대한 불법적인 침해, 불건전 정보의 유통, 사생활 침해, 사기와 폭력, 오프라인상으로 연결되는 폭력과 절도 등이 사이버 범죄의 대표적인 형태들이다.

이와 같은 사이버 범죄에 청소년들의 개입이 크게 증가되고 있다. 이것은 사이버 공간이 갖는 동시성과 신속성, 익명성, 대중성 등이 청소년들의 미성숙한 내적 욕구 및 사고를 표출하는 데 가장 적합한 수단으로 이용될 수 있기 때문인 것으로 해석된다. 청소년들은 개인적 우상이나 상상의 청중과 같은 자기 중심적 사고로 인하여 자기 내적 세계에 집착할 뿐만 아니라 타인의 관점을 고려하지 못하는 미성숙한 사고에 빠져 있으며, 가상공간 내에서 자기 상상세계 속의 모든 감각 쾌락적인 요소들을 실행함으로써 현실적인 존재감을 상실해 가고 있다. 가상공간은 그들의 성적·공격적 욕구를 표출하는 가장 이상적인 공간이 되고 있으며, 그들의 미숙한 상상력을 실험할 수 있는 공간이 되기도 한다. 이러한 과정에서 그들은 범죄나 일탈행동에 무감해져 가고 있으며, 이것은 범죄를 자기 모험적인 실험의 한 과정으로 인식할 뿐 범죄로 인식하지 못하는 오류를 낳기도 한다(한상철, 2000b).

사이버 공간에서 발생하는 범죄에는 여러 가지 유형이 있으나, 우리나라 청소년들에게 특히 문제가 되고 있는 것은 컴퓨터 해킹과 바이러스 유포, 아이디(ID) 도용사건 등이다. 그리고 청소년은 사이버 범죄의 가담자로서만이 아니라 범죄의 피해자가 되는 사례가 빈번해지고 있다. 다음은 특히 청소년이 피해자가 되고 있는 사이버 범죄의 유형을 제시한 것이다(천정웅, 2000).

- 사이버 성폭력: 현실공간에서의 성폭력 행위와는 달리 PC 통신, 인터넷, 이메일 등 정보통신 수단을 이용하여 다수 또는 특정인을 성적으로 괴롭히는 행위(sexual harrasment)이며, 사이버 스토킹도 이에 해당된다. PC 통신과 인터넷 대화방에서 상대방과 대화 가운데 성적 수치심을 유발하는 내용의 대화를 유도하거나 성희롱, 폭언을 행사하는 경우를 포함한다. 사이버 성폭력은 정보통신매체의 익명성으로 인해 그 증거 확보 등 수사에 어려움이 있고, 직접적으로 피해자의 생명이나 신체의 안전과 연관되지 않는다는 이유로 법적 처벌이 곤란하며, 게시된 정보가 빠른 시간 내에 광범위하게 확산되는 이유로 인해 그 피해의 정도가 심각한 것이 특징이다. 이 가운데 사이버 스토킹(cyber stalking)은 정보통신망을 통하여 특정인에게 원하지 않는 접근을 지속적으로 시도하거나 계속하여 성적 괴롭힘을 행사하는 경우를 말하는 것으로, 사이버 성폭력의 대표적인 형태다. 연예인 등 유명인은 물론 일반인에 대한 피해사례가 속출하고 있으며, 현실공간에서의 스토킹과 병행되어 발생하는 경우가 많아 더욱 큰 문제가 되고 있다.
- 인터넷 매매춘 알선: 이는 주로 PC 통신의 게시판이나 인터넷 대화방을 중심으로 진행되는데, 매춘 희망자를 모집하거나 폰섹스 사이트를 개설·운영하는 경우가 많다. 아동 및 청소년을 약취·유인하여 음란물을 제작하거나 매매춘 알선행위를 하기도 한다.
- 인터넷 도박: 도박 사이트는 청소년들에게 사행심 조장은 물론이고 경제적 손실과 정신적 장애 등의 문제를 야기하고 있다. 인터넷상에서 이루어지므로 현실적인 규제가 어려운 문제점을 안고 있다.

사이버 범죄는 정보통신매체가 가지고 있는 특성이 그대로 반영된다. 원격지에서 범죄를 행할 수 있고 범죄행위가 용이하고 간편하며, 피해가 발생할 경우 짧은 시간에 광범위하게 퍼져 피해규모가 크며, 신원확인 수단이 미비하여 익명성을 악용할 수 있으며, 불특정 다수를 대상으로 할 수 있으며, 국가 간 국경이 없는 범죄가 가능하며, 물리적 공간에서 행해지는 범죄에 비해 죄의식이나 불안감을 적게 가질 수 있는 것 등이 그 특성이다. 이에 따라 대책 마련이 매우 어려운 실정이다. 다시 말해, 기존의 법 제도와 사법권, 범죄예방 대책 및 진압체제만으로는 한계를 지닐 수밖에 없다.

(3) 사이버상의 부적절한 행위

청소년 사이버 일탈에는 앞서 언급한 해킹이나 바이러스 유포 등과 같이 처벌의 대상이 되는 것이 있는가 하면, 이에 못지 않게 인터넷이나 통신상에서 이용자들 간의 비난, 질책, 무시 등과 같은 문제행위들도 있다. 절제되지 않는 욕설과 인신공격, 음란외설 등의 불건전한 정보와 컴퓨터 통신공간 지배, 부정확한 정보 및 사실의 유포 등은 개방적인 인간관계 형성을 방해하며, 컴퓨터 사용과 호혜적인 정보교환 등을 감소시킬 수 있다.

천정웅(2000)은 부적절한 행위의 유형으로 동일하거나 특별한 내용적 가치가 없는 정보의 연속적 게재(일명 도배), 정보의 내용과 동떨어진 제목의 게재, 정보의 중복 게재, 지나치게 긴 장황한 글의 게재, 출처가 불명확하거나 부정확한 정보의 게재, 욕설 등의 무례하거나 적대적인 언어사용, 인신공격 및 인격모독적인 발언, 과대 허위광고 게재, 음란, 외설, 폭력 등의 불건전 정보의 게재 등을 열거하고 있다. 이 가운데 청소년들에게 특히 문제가 되는 것은 적대적 언어, 인신공격적 발언, 허위사실 유포, 음란 폭력물 게재 등이다. 이 밖에도 무분별한 언어사용, 예컨대 문자표기가 아닌 발음표기 식의 대화양식은 청소년들로 하여금 언어의 왜곡과 저급화를 초래하며, 사고의 틀을 붕괴 또는 왜곡시키는 결과를 초래하고 있다.

음란 폭력물이 청소년에게 유해한 영향을 미치는지는 정확하지 않지만, 이를 상습적으로 탐닉할 경우 부정적인 영향을 미치는 것은 분명하다. 특히, 일탈의 잠재성을 지닌 청소년들에게 있어서 마약이나 폭력관련 정보 등은 일탈 및 범죄의 기폭제가 되며, 음란물은 각종 성범죄뿐만 아니라 성에 대한 왜곡된 사고를 유발하는 결정적인 요인이 된다. 보다 중요한 사실은 많은 청소년들이 이러한 유해 정보에 쉽게 노출되어 있다는 것이다. 한 설문조사(형사정책연구소, 1999)에 의하면, PC 통신을 이용한 청소년들의 4명 중 3명이, 인터넷을 사용하는 청소년 2명 중 1명이 음란물을 접촉한 경험이 있는 것으로 나타났다. 특히, 최근 들어 폭력물에 관한 내용은 점점 끔찍하고 가학적인 형태로 변모되고 있다. 인터넷에 끔찍한 사고장면이나 엽기적인 범죄, 가학행위 등을 담은 홈페이지가 급속히 늘어나고 있는 것은 어떠한 과학적인 연구가 이를 설명해 주지 않더라도 청소년들에게 심각한 악영향을 줄 것임에 틀림없다.

(4) 사이버 일탈행동의 지도대책

청소년의 사이버 일탈을 예방하고 극복하기 위한 방안으로 다음의 몇 가지를 제안하고자 한다. 첫째, 자율규제 활동을 강화하는 것이다(천정웅, 2000). 사이버 공간의 역기능과 유해 정보는 이를 공유하는 네티즌(netizen)들의 자율적인 노력으로 차단되고 예방되는 것이 최선의 방책이다.

둘째, 네티켓 교육을 확산하는 것이다. 네티켓은 사이버 공간 내에서 행위규범 및 예절과 행위를 지배하는 관행들의 세트를 말한다. 정보통신윤리에 대한 조기교육, 일반인 교육, 교재개발 및 보급 등이 네티켓 교육에 포함되어야 할 것이다.

셋째, 부모의 사이버 참여를 증진시킬 필요가 있다. 부모들이 컴퓨터에 대해 잘 모른다는 이유로 사이버 일탈의 방관자가 되어서는 안 된다. 컴퓨터와 사이버 공간은 부모와 청소년 자녀가 함께 즐겁게 놀고 서로를 이해할 수 있는 공간으로 활용되어야 한다.

넷째, 정보기술관계법과 청소년법을 보완해야 한다. 여러 법률에 분산되어 있는 정보통신윤리에 관한 법률과 컴퓨터범죄관련 법률을 일원화하는 작업이 서둘러 진행되어야 하며, 정보화의 진전과 함께 발생할 수 있는 문제점을 사전에 예방할 수 있도록 거시적이고 미래지향적인 법제화의 노력이 있어야 할 것이다.

:: **14** 청소년행정과 정책

일반적으로 청소년행정의 개념에는 두 가지의 관점이 있다. 한 가지 관점은 청소년행정은 청소년정책을 실행하고 집행하는 조직적인 활동이라는 것이며, 또 다른 관점은 청소년행정 속에 청소년정책이 포함되어 있다고 보는 것이다. 다시 말해, 청소년정책을 상위의 개념으로 보는 관점과 청소년행정을 상위의 개념으로 보는 관점이 있다. 최근의 경향은 후자의 관점을 더 많이 지지하는데, 이는 청소년정책을 행정조직에서 결정하기 때문이다. 행정조직의 힘이 커지고 역할이 강화되면서 청소년행정은 행정가들의 역량에 의해 커다란 영향을 받는다. 청소년 분야의 행정가들이 관료 중심적이냐 지원과 봉사 중심적이냐에 따라 청소년정책과 행정이 청소년들에게 실질적인 도움을 줄 수도 있고, 청소년 시설이나 단체의 활동을 억압하기도 한다. 결과적으로 청소년행정은 청소년기본법을 비롯한 관련법에 근거하여 이를 집행하는 과정이지만, 이러한 모든 활동은 오직 청소년들의 삶의 과정을 지원하고 조력하는 차원에서 이루어져야 할 것이다.

이 장에서는 청소년행정의 개념과 성격, 행정의 영역과 관련 분야, 정책과 기본 계획 등에 대해 기술하고자 한다. 이것은 청소년들의 성장과 삶을 지원하기 위한 정책과 행정에 대하여 이해함으로써 청소년학의 체제를 완성하기 위한 것이다.

1. 청소년행정의 개념과 성격

1) 청소년행정의 개념

청소년행정의 개념은 행정을 정의하는 입장에 따라 많은 차이가 있다. 행정을 정의하는 관점은 일반적으로 국가공권설, 조건정비설, 정책집행설 그리고 행정행위설로 나누어질 수 있다.

첫째, 국가공권설에서는 행정을 국가통치권 중 하나로 파악한다. 즉, 행정이란 삼권분립의 헌법체제를 전제로 할 때 입법과 사법을 제외한 일체의 국가작용을 의미한다. 이러한 관점에 기초한 청소년행정은 이미 규정된 법령을 해석하여 청소년들에게 실제로 적용하는 과정이라고 할 수 있다. 따라서 국가공권설을 법규해석적 정의라고도 하며, 청소년에 관한 법규를 집행하는 행정, 즉 '청소년에 관한 행정'이라고 할 수 있다. 이와 같은 행정은 중앙집권적이고 관료적 성격을 띠게 되므로 행정의 실제에 있어서 자율적이고 창의적인 행정은 법규위반이 될 뿐이다.

둘째, 조건정비설의 입장으로 이는 국가공권설과 아주 대조적이다. 여기서 청소년행정이란 어디까지나 '청소년을 위한 행정'으로, 청소년의 욕구와 필요를 충족시켜 주고 청소년의 건전한 성장과 사회적응을 지원하기 위한 것이다. 다시 말하면 청소년의 개인적 성장과 사회공동체감 형성에 필요한 제반 여건을 조성해 주기 위한 것으로, 이 속에는 인적 · 물적 · 재정적 자원이 포함된다. 따라서 행정이 청소년 위에 군림하는 것이 아니라 청소년을 위해 봉사하고 지원하는 보조적 · 수단적인 성격을 띤다. 이러한 관점은 민주적이고 지방분권적이며, '아래에서 위로'의 행정을 의미한다.

셋째, 정책집행설의 입장에 의하면 청소년행정은 청소년에 관한 정책을 수립하고, 이를 국가 권력을 통하여 실현하는 과정이다. 이것은 단순한 법규의 해석과 적용만이 아니라 정책의 결정까지도 행정으로 파악하려는 입장이며, 정치와 행정을 일원론적으로 해석하려는 관점에서 나온 것이다. 그런데 중요한 정책은 일관성과 계속성을 유지해야 하기 때문에 대부분의 경우 이를 입법화하게 된다.

이 경우 국가공권설적 정의와 정책집행설적 정의는 결국 같은 입장이 되어 구분하기가 힘들게 되는 것이 현실이다. 행정조직에서 정책의 결정까지 담당하게 될 때, 이것은 행정 편의성을 보장해 주지만 정책의 전문성과 체계성을 잃게 될 가능성이 높다. 그럼에도 불구하고 우리나라의 청소년행정은 정책을 포괄하고 있다고 볼 수 있다.

넷째, 행정행위설에 따르면 행정이란 조직의 공동 목표를 달성하기 위한 합리적 협동행위를 이룩하려는 작용이라고 정의될 수 있다. 이러한 정의에 기초할 때 청소년행정이란 청소년을 위해 설립된 조직의 목표를 합리적으로 달성하기 위해 조직 구성원의 협동행위를 이룩하려는 작용이라고 말할 수 있다.

위의 정의들을 고찰해 볼 때, 어떠한 정의도 완벽하지는 않지만 두 번째 조건정비설이 청소년행정의 개념으로 가장 바람직하다고 할 수 있다. 그러나 현실적으로 국가공권설이나 정책집행설, 행정행위설의 관점 또한 무시할 수 없다. 행정이란 기본적으로 국가의 공권적 작용이며, 정책을 집행하는 과정이기 때문이다. 청소년행정의 효율성을 위해 청소년이 있는 것이 아니라 청소년을 위해 청소년행정이 있어야 된다는 당위성에 비추어 볼 때, 청소년행정은 무엇보다 청소년의 성장과 적응을 조력하고 청소년을 지도하는 시설과 단체의 활동을 지원하는 것으로 규정되어야 마땅할 것이다.

남정걸(1994)은 이들 네 입장을 이해하고 수용하면서 각각의 문제점을 상호 보완하여 포괄적인 정의를 도출할 필요가 있다고 하였다. 따라서 이상의 정의를 바탕으로 청소년행정을 다음과 같이 포괄적으로 정의하고자 한다. 청소년행정이란 ① 청소년 각자의 인격 완성과 국가와 사회에 기여할 수 있는 건전한 자질육성, 그리고 사회공동체감의 형성을 위하여, ② 청소년에 관한 법규와 정책을 집행하고, ③ 청소년활동에 필요한 제반 조건을 정비·확립하며, ④ 청소년단체나 청소년 시설의 조직 구성원들의 합리적 협동행위를 조성하는, ⑤ 수단적·지원적 봉사활동의 과정이다.

2) 청소년행정의 성격

청소년행정의 특성 및 성격을 청소년행정의 개념 정의에서 고찰한 바를 토대로 다음과 같이 제시하고자 한다(권이종, 1997; 한상철, 1998a).

첫째, 청소년행정은 궁극적으로 청소년을 위한 행정이라는 점에서 그 특수성을 찾아볼 수 있다. 따라서 청소년행정의 이념이나 목표는 어디까지나 청소년의 욕구나 필요를 충족하고 개인적 성장과 사회적 인격을 함양하며, 사회공동체감을 형성할 수 있도록 지원하고 봉사하며, 제반 여건을 조성하는 데서 찾아야 할 것이다.

둘째, 청소년행정은 청소년을 대상으로 하는 행정이다. 청소년은 생애발달 과정의 다른 단계에 있는 사람들과 다른 독특한 발달적 특성을 지니고 있으며, 그들 나름대로의 독특한 문화를 가지고 있다. 따라서 청소년행정은 이들에 대한 보다 과학적이고 체계적인 분석과 이해를 통하여 실질적인 지원이 이루어질 수 있도록 계획되어야 한다.

셋째, 청소년행정은 그 대상의 다양성으로 인해 고도의 탄력성과 비정형성을 특징으로 한다. 청소년집단은 학생청소년, 근로청소년, 비행청소년, 시설수용 청소년, 각종 단체에 가입한 청소년 등으로 유형화되고 이들은 다시 여러 하위 집단으로 구분된다. 따라서 청소년행정은 이들 각 집단의 특성과 다양성을 최대한 반영할 수 있도록 융통성과 탄력성을 유지해야 한다.

넷째, 청소년행정은 고도의 협력성을 특징으로 한다. 중앙의 행정부처와 지방자치단체, 관련 집단과 단체, 시설 상호 간에 긴밀한 협력체계가 전제될 때 청소년행정의 효과성은 물론 효율성을 높일 수 있을 것이다.

다섯째, 청소년행정은 고도의 공개성과 여론에의 민감성을 특징으로 한다. 청소년은 가정과 학교, 사회 전반에 걸쳐 관심의 대상이 되고 있다. 따라서 청소년행정은 청소년 자신들 못지않게 그들의 보호자나 사회여론에 민감해야 하며, 행정의 전반적인 내용을 공개하여 투명성과 신뢰성을 보장받도록 해야 한다.

여섯째, 이상의 모든 특수성은 청소년행정의 전문성으로 집약될 수 있다. 청소년지도와 행정이 소기의 목적을 달성하기 위해서는 무엇보다 청소년행정의 전문성이 전제되어야 한다. 열성만 있으면 할 수 있다는 식의 사고는 청소년지도와 행정의 발전을 저해하는 요소이며, 타 분야 행정에서 소외되거나 인정받지 못한 사람이 마지못해 담당하는 한직으로 여겨지는 풍토가 지속되는 한 청소년행정의 위상과 발전은 기대하기 어렵다.

3) 청소년 공공행정

청소년행정체계는 청소년을 대상으로 하는 행정과 청소년을 위한 행정으로 구분할 수 있다. 이는 구체적으로 청소년에 관한 법규에 따라 청소년을 위한 제반 여건을 조성하고, 청소년을 대상으로 한 조직체를 합리적으로 운영하여 청소년 모두의 인격을 완성함으로써 국가와 사회에 기여할 수 있는 건전한 자질을 함양하도록 지원·조성하는 활동이라고 볼 수 있다(함병수, 1991).

청소년행정은 그 성격상 공공성이 매우 강한 행정체계라 볼 수 있는데, 공공행정은 그것이 이루어지는 영역과 취급대상에 따라 교육행정, 사회복지행정 그리고 청소년행정이라는 다양한 영역으로 세분화될 수 있다. 따라서 청소년행정이 지향하고 의도하는 기본적인 목표와 효과성, 그리고 이것이 실천되는 과정은 공공행정이 본래적으로 의도하고 진행되는 과정과 크게 다르지 않다고 볼 수 있다(박진규, 1999).

2. 우리나라 청소년행정의 변천과정

1) 1964~1970년대 청소년행정의 공식화 단계

우리나라의 청소년행정 및 정책은 실질적으로 1964년 국무총리 소속하에 청소년보호대책위원회를 설치하면서부터 공식화되었다고 볼 수 있다. 1961년 군사정변과 더불어 제5대 박정희 정부가 1963년 12월 취임식과 함께 시작되었고, 그 후 1964년에 국무총리 소속하에 청소년보호대책위원회가 설치되었던 것이다.

청소년행정의 변천과정에서 1964년 행정체제는 해방 이후부터 산발적으로 추진해 왔던 청소년 문제에 대한 부분적 대응을 벗어나 청소년에 관한 종합시책을 수립하고, 시행 과정에서 관련 행정기관과 단체와의 연락 및 조정과 청소년 보호 및 육성과 관련된 범국민운동 전개, 시설 및 단체를 지원하고자 하는 필요를 충족시키기 위한 것이다. 즉, 1964년 국무총리 소속하에 청소년보호대책위원회를 설치하고, 청소년의 달 지정, 청소년백서 발간, 청소년 비행에 대한 대응 등

정부영역에서 청소년사업의 기초적인 공공행정의 모습을 보이기 시작하였다. 이 시기 청소년행정의 핵심적 관점은 청소년 문제에 대한 대응과 청소년 선도와 보호로 집약할 수 있다. 특히, 일부 청소년의 부족한 능력을 보충하여 청소년을 보호하고 올바른 방향으로 선도하려는 후견적 입장과 청소년의 의사능력과 분별능력을 고려하여 일정한 연령 및 능력에 미달하는 자에 대해 책임을 면제시켜 주는 보호적 입장, 그리고 성장 면에서 심신의 발육이 온전하지 못한 청소년에게 특정 행위를 금지시키거나 일정한 사회활동에서 배제시킴으로써 청소년을 직·간접적으로 보호하려는 입장으로 대변할 수 있다(이철위, 1994: 116 참조). 따라서 청소년행정 및 정책의 핵심과제는 일부 문제청소년의 단속과 보호 및 요구호(要救護) 아동의 복리 증진에 집중될 수밖에 없었다.

이 시기는 이미 1961년 박정희 군사정부의 등장과 함께 그동안 미루어져 왔던 미성년자보호법과 아동복리법이 제정되면서 청소년행정이 일부 청소년 문제에 대한 선도와 보호에 대한 사회적 대응 등의 형태로 잉태되고 있었다. 미성년자보호법은 군사정부에서 구법령 정리사업의 하나로 제정되었지만, 당시 미성년자에 대한 인식을 바탕으로 새로운 보호 규정을 설정하고 있다.[1] 아동복리법 역시 1923년 제정된 조선감화령(朝鮮感化令)을 폐지하고, 특정한 구호(救護)가 긴급하게 필요한 아동의 보호를 위해 제정된 것이다(이광호, 2008 재인용).[2]

그런데 1970년대 접어들면서 청소년 문제나 비행의 확산에 따라 보다 엄격하고 광범위한 청소년 지도·육성·보호에 관한 종합대책의 필요성이 대두되고 있었다. 이러한 필요성은 1970년 11월 18인의 의원입법으로 제안된 청소년보호법

---

1) 일제하에서 제정·시행되어 온 '미성년자흡연금지법'과 '미성년자음주금지법'을 대치할 목적으로 미성년자보호법이 제정되었다. 따라서 미성년자보호법은 양법을 통합 규정하고, 동시에 미성년자가 선량한 풍속을 해할 염려가 있는 흥행장 등에 출입하거나 일정한 장소에서 배우자 아닌 이성과의 동숙을 금하고 이러한 행위를 방임하거나 하게 한 친권자, 영업자 등을 벌하게 하는 새로운 미성년자 보호 규정을 설정하고 있다(참조: 내무위원장, 1961, 법안 제안이유).

2) 아동복리법은 아동이 그 보호자로부터 유실, 유기 또는 이탈되었을 경우, 그 보호자가 아동을 육성하기에 부적당하거나 양육할 수 없는 경우, 아동의 건전한 출생을 기할 수 없는 경우, 또는 기타의 경우에 아동이 건전하고 행복하게 육성되도록 그 복리를 보장할 목적으로 제정된 것이다(참조: 문교사회위원장, 1961, 법안 제안이유).

(안)에 잘 표출되어 있다. 청소년보호법(안)[3]이 비록 최초의 청소년관련 법으로 성립되지는 못하였지만, 당시 제안이유는 다음과 같이 설명되고 있다. 즉, '청소년비행은 양적으로 급증할 뿐만 아니라 질적으로도 악화되고 있음에도 불구하고 현행 미성년자보호법은 충분한 규제력을 갖고 있지 않아 소기의 목적을 다할 수 없음으로써, 범인성 환경을 규제 정화하고 청소년 문제에 대한 사회의식을 앙양함으로써 건전한 보호육성에 기여하고자' 제안되었다.

　일부 문제청소년에 대한 선도와 단속 및 보호의 사회적 요구는 결국 1977년에 정신계발, 건전지도, 직업훈련, 복지후생, 교정교도 등 5개 부문의 총 167개 사업을 수록한 청소년계획의 수립 및 시행을 이끌어 내었다. 이와 함께 각 부처 시책에 대한 청소년행정의 종합조정 기능이 더욱 절실해짐에 따라 특정 부처인 내무부장관을 위원장으로 하는 청소년보호대책위원회가 설치되었으며, 곧바로 청소년정책추진기구가 국무총리를 위원장으로 하는 청소년대책위원회로 격상되었다. 국무총리 기획조정실에서 청소년 관할 행정사무를 담당하게 되면서 청소년정책과 사업은 정부영역 전반의 종합적인 행정 추진체계를 갖출 수 있게 된 것이다.

2) 1980년대 청소년행정과 법적 기반 확립단계

　1985년 3월 '청소년 문제개선종합대책 세부추진계획'이 마련되었으며, 이는 각종 청소년사업을 보다 구체화하는 계기를 마련해 주었다. 1979년 12.12사태, 1980년 5.18 광주 민주화운동에 이어 1980년 8월 11대 전두환 정부가 출범되면

---

3) 당시 청소년보호법(안)은 첫째, 청소년은 20세 미만의 남녀로 규정하고 둘째, 대통령이 주재하는 '청소년 문제 국가대책회의'를 매4년마다 개최하고, 국무총리 소속하에 중앙청소년대책심의회를, 시도 · 시군에 지방청소년대책심의회를, 동리에 청소년지도위원을 두게 하고 셋째, 국가나 지방자치단체는 청소년 지도육성, 보호 및 교정에 관한 사업을 추진하고, 단체나 개인이 사업할 시에 국가나 지방자치단체는 재정 보조를 할 수 있으며, 청소년 선도 사업에 기부행위를 한 자에게 조세나 공과를 면제할 수 있도록 하고 넷째, 청소년의 비행방지를 위해 청소년에 대한 각종 규제를 하고, 특히 보호자의 책임을 강조하고 다섯째, 문서, 도서, 간행물, 공연물, 완구류 등의 제조업자, 판매업자 또는 공연업자 등에 대한 규제 등을 내용으로 하고 있다(구태회 외 18인, 1970). 청소년보호법(안)은 가결되지 못하고 1971년 6월 7대 국회의 종료와 함께 임기만료 폐기되었다.

서 청소년 문제에 대한 종합적이고 체계적인 대책이 요구되었던 것이다(이광호, 2007b; 2008a).

그런데 1980년대에 접어들어 전두환 정부의 등장과 함께 국민적 유화정책의 일환으로 과외금지 조치(1980년 7월), 통행금지 해제, 중고생 교복과 두발 자율화(1982년 1월) 등의 조치가 연이어 시행되면서 청소년을 둘러싼 사회적 환경은 급격하게 달라졌다. 특히, 청소년 문제가 일부 문제청소년에 그치지 않고 많은 일반 청소년에게까지 확산되어 가는 일반화 추세에 주목하는 등 청소년 문제는 한국사회에서 중요한 사회적 이슈로 등장하게 되었다. '중고생 교복 및 두발 자율화' 등 유화조치와 맞물려 일반 청소년의 디스코클럽과 맥주홀 출입 및 화재사건[4] 등으로 청소년대책이 일부 문제 청소년에 대한 대응에 그쳐서는 안 된다는 사회적 분위기 조성되었다. 뿐만 아니라 청소년대책이 다수 일반 청소년에 대한 사전예방과 건전 육성으로 확대되어야 한다는 사회적 인식이 크게 대두되었다. 더욱이 1980년대 초반 학생범죄의 증가와 소년 강력범의 급신장 등 청소년 비행의 강력, 폭악화 현상의 심화로 청소년 문제에 대한 기존의 문제별, 부문별 대응이 아니라 체계적이고 종합적인 정책 대응이 절실하다(청소년대책위원회, 1985: 85)는 사회적 공감대 형성으로 이어져 청소년대책은 획기적 전기를 맞이하게 되었다.

이 시기의 시대적·사회적 변화는 청소년행정 및 정책의 의미 있는 변화를 이끌어 내었다. 청소년 문제에 대한 종합적이고 체계적인 대책을 마련하라는 대통령 지시에 따라 관계부처 합동의 '청소년 문제대책반'이 구성되고, 1984년 11월 '청소년 문제개선종합대책'이 확정되기에 이른 것이다. 그리고 청소년 문제개선종합대책을 보다 구체적으로 발전시켜 부처별 추진체계를 갖추기 위해 국무총리

---

4) 1983년 4월 18일 대구 향촌동 디스코클럽 화재로 인해 중고등학생들이 대량 사망하고, 사망자 대부분이 학교에서 모범생이라는 충격으로 나라 전체가 침통한 반성에 빠진 지 얼마 되지 않아서 1984년 2월 3일 서울 석관동 맥주홀 화재사건으로 다시 청소년들이 몰사하는 사태가 발생하였다. 이를 계기로 당시 대통령 비서실과 민주정의당에 각각 청소년종합대책반이 설치되었다. 특히, 청소년 문제에 대한 종합적이고 체계적인 대책을 마련하라는 대통령 지시에 따라 관계부처 합동의 '청소년 문제대책반'이 구성되고, 1984년 11월 '청소년 문제개선종합대책'이 확정(청소년대책위원회, 1985: 35-36, 1986: 85-86)되기에 이르렀다.

실 주관으로 각 부처별 계획을 취합한 후 당시 학계, 언론계, 교육계, 청소년단체 등의 청소년 문제 관련 전문가 약 100여 명의 면담결과가 반영된 총 8부문 176사업이 포함된 '청소년문제개선종합대책 세부추진계획(1985년 3월 20일)'[5]이 청소년대책위원회의 심의·의결로 확정·시행되었다.

　이 시기는 과거 일부 청소년의 문제대응 중심에서 탈피하여 다수 청소년의 건전육성사업 중심으로 전환하고, 청소년 문제에 대한 사후교정보다 사전예방을

---

5) 청소년종합대책 세부추진계획(청소년대책위원회, 1985: 36-44 참조)의 기본방향과 주요 사업을 보면, 정책방향은 크게 문제대응 중심에서 건전육성사업 중점 추진으로, 사후교정보다 사전예방을 강조하고, 정서적·문화적 공간 제공, 빈곤의 세습화 방지 등을 지향하고 있다. 주요 사업은 청소년이용시설 확충과 활용, 청소년단체 및 지도자 육성, 청소년 문화 및 체육진흥, 청소년 국제교류 확대를 골격으로 하는 '청소년건전육성부문'을 필두로 한 8개 부문의 틀로 구성하였다. 그 내용은 가정문제 상담사업 강화 등의 '가정의 교육적 기능 강화', 학교 생활지도 및 상담지도 기능 강화를 중심으로 한 '학교 교육기능 강화', 학교 외 청소년을 대상별로 분류하여 체계적으로 파악함으로써 구체적이고 타당성 있는 대책을 수립하기 위하여 근로, 농촌, 무직·미진학, 불우, 비행청소년 등 5개 대상으로 나누어 총괄부처를 지정하여 대책을 수립하는 '학교 외 청소년 보호·육성' 등이 있다. 그 외에 '청소년 유해사회환경의 정비', '비행청소년의 선도·교화', '청소년 문제에 대한 범국민적 관심 환기', 그리고 청소년대책기구의 강화, 청소년관련 각종 제도 및 법령 개정, 청소년에 관한 조사연구 등을 포함한 '청소년대책추진체제의 강화' 등 모두 8개 부문이다. 1985년 종합대책 세부추진계획에서 제안된 과제 중에서 주목할 만한 사항을 내용, 범주, 추진체계 측면에서 살펴보면 첫째, 청소년 문제에 대응하는 일차적 과제를 청소년의 활동공간을 마련하는 것으로 설정하고 처음으로 청소년시설 확충 및 활용 계획을 마련하고 있으며 당시 청소년의 정서적·문화적 공간 마련을 위해 각 부처에서 관할하는 청소년시설을 이용시설(청소년야영장, 자연학습원, 심신수련장, 청소년회관, 학생교육원, 학생과학관)로 하여 대대적인 청소년 이용시설 확충 및 활용을 우선 과제로 설정하고 있다. 둘째, 청소년지도와 상담 등 청소년사업 인력의 확보와 전문화를 위해 자원인력 활용 및 청소년지도자에 대한 자격제도 도입을 계획하고 있는 점이다. 우선 기존에 각 단체에서 개별적으로 양성해 오던 청소년지도자에 대한 자격제를 도입하고, 기존의 지도자에 대한 보수교육 등 연수 확대 계획을 세웠다. 가정의 교육적 기능 강화 차원에서 가정문제 상담사업 강화와 공립아동상담소 확대 등과 함께 상담요원 전문화를 위해 신규 및 보수교육을 강화하고 퇴직교육공무원과 가정주부 중 능력 있는 자원봉사자를 활용하는 방안도 추진하였다. 이의 일환으로 1985년에 서울에서부터 '학부모상담자원봉사제'를 도입하여 실험·운영(청소년대책위원회, 1986: 89)하고 이후 전국적으로 확대하였으며, 이 제도는 현재까지 각 지역교육청에서 활용되고 있다. 셋째, 청소년종합대책 세부추진계획은 사업 과제와 내용 면에서 뿐만 아니라 정책 범주와 추진내용에서 각 부처의

강조하며, 정서적·문화적 공간 제공 등을 주요 정책방향으로 삼고 있다는 점에서 이전의 행정체제와 차별화된다. 이 시기 청소년행정 및 정책의 주요 이념과 목표는 대다수 일반 청소년의 여가시간 활용을 통한 건전 육성과 보호 및 일반 아동의 복지증진은 물론 사회환경 개선과 여건 조성으로 대변된다. 기존의 문제 청소년에 대한 대응이 정책적 실효성을 거두기 어렵다는 자성과 함께 정신적·신체적으로 나약하지만 무한한 잠재적 가능성을 지닌 일반 대다수 청소년에게 여가시간을 활용한 다양한 활동 기회를 제공하고 위험한 환경에서 보호하고자 하는 정책적 전환을 시도한 것이다.

청소년관련 정책과 사업을 망라한 종합적 체계를 구성하고 있다. 세부추진계획은 총 8개 부문으로 청소년활동, 시설, 단체, 지도자, 국제교류 등을 주 내용으로 하는 '청소년 건전 육성' 부문을 핵심으로 하여 가정교육과 학교교육 부문, 비행청소년 선도·교화, 무직·미진학 청소년에 대한 직업교육과 훈련을 포함한 학교 외 청소년 보호·육성 부문 및 추진 체계 강화 등으로 청소년정책과 사업의 기본 내용 틀을 구성하고 있다. 넷째, 청소년종합 대책 세부추진계획의 원활한 추진을 위한 청소년정책과 사업의 추진체계가 정비 내지는 강화되는 획기적 전기를 마련하였다. 우선 청소년종합대책의 효율적 추진을 위한 중앙과 지방의 청소년행정체계를 정비·강화하였다. 청소년대책 관련 중앙행정기관으로는 최초로 국무총리 행정조정실 밑에 국장급의 청소년전담관을 임명하는 형식으로 1985년 1월 1일에 '청소년대책심의관' 제도를 설치·운영하게 되었다. 아울러 지방에는 당시 늘어나는 청소 년업무를 효율적으로 추진하기 위해 시·도 단위에 청소년전담과 설치를 소요인원과 예산 등을 고려하여 연차적으로 추진하고 시·군·구에도 청소년대책 관련 전담인력 배치를 계 획한 바 있다. 그렇지만 실제로는 1985년과 1987년 사이에 시·도에 한 단계 낮은 청소년 계 신설(1985년 7월), 시·도 교육위원회 청소년전담 장학사 배치(1986년 2월), 소년범죄 전담반 설치(1987년 7월) 등으로 청소년대책 관련 일선행정조직이 강화(청소년대책위원회, 1987: 44)되었다. 아울러 국무총리 행정조정실 청소년대책심의관을 중심으로 각 부처 청소 년대책 관련 업무의 종합조정 기능에 획기적인 전환을 시도하였다. 한편 청소년종합대책 추진체계 강화 차원에서 청소년관련 법령 제정과 청소년 연구·조사기관의 설립이 계획되 었다. 먼저 당시 청소년의 보호 및 육성을 위한 제도적 장치로서 '청소년육성기본법'의 제 정(청소년대책위원회, 1985: 43)을 추진하였다. 실제로 종합대책의 법제정 계획은 1987년 법 명칭이 변경된 '청소년육성법' 제정으로 결실을 봄으로써 한국사회 최초의 청소년관련 법령의 시대를 열게 된 것이다. 또한 당시 청소년의 의식구조와 행동특성을 정확히 파악하 고 청소년대책 수립에 참고하기 위하여 청소년의 가치관과 행동성향에 관한 의식구조 조 사 사업 등의 필요성을 절감하고 청소년 문제에 대한 조사 연구 사업의 장기적 과제로서 청소년 문제연구소의 설립 방안도 검토하였다. 청소년 문제연구소 설립 역시 청소년육성법 제정 시에 '한국청소년 연구원'으로 반영되어 1989년 7월에 발족할 수 있었던 것이다.

이 시기의 청소년행정체제는 1980년대 초부터 잉태되고 있었다. 1981년 4월 기존의 아동복리법이 '구호적 성격의 복지 제공에 중점을 두고 있어 그 동안의 경제·사회의 발전에 따라 발생한 사회적 복지 요구에 부응하지 못하고 있으므로 요보호 아동뿐만 아니라 일반 아동을 포함한 전체 아동의 복지를 보장하고, 특히 유아기에 있어서의 기본적 인격 특성과 능력개발을 조장하기 위한 여건을 조성'(정부, 1981: 1)할 목적으로 아동복지법으로 명칭을 변경하고 개정되었다. 이러한 행정체제의 이념과 가치는 1986년 12월 당시 민주정의당 청소년대책반 중심으로 의원 발의되어 1987년 11월에 의결된 '청소년육성법'에 의해 처음으로 법적 기반을 갖게 되었다.[6]

청소년육성법과 더불어 이 시기의 청소년행정은 일부 문제 청소년만이 아니라 대다수 모든 청소년을 위한 시설과 프로그램, 청소년지도자 등 인프라 구축을 통해 그들에게 다양한 활동 기회를 보장하고, 가정과 학교의 기능을 강화하며, 청소년에게 유해한 사회 환경을 개선함과 동시에 학교에 다니지 않는 일부 청소년의 보호와 육성 및 비행청소년의 선도와 교화 등을 핵심 과제로 포함하고 있다. 이와 같은 이념과 내용은 1988년 청소년육성종합계획을 거쳐 1993년 제1차 청소년육성5개년계획을 비롯하여 현재 제4차 청소년육성5개년계획에 이르기까지 기본적 골격을 유지하고 있다.

청소년육성법과 청소년에 대한 사회적 관심을 반영하여 1989년 중앙정부에

---

6) 당시 청소년육성법은 '기존의 청소년 관계 법률들은 요보호 청소년, 비행청소년에 관한 법률, 또는 특정 단체 위주의 단편적인 법률뿐으로 건전한 청소년의 바람직한 육성지도에 대한 일반법률이 없으며, 청소년단체 지원을 위한 재원의 부족, 청소년 지도행정의 종합적 기획성과 일관성의 부족 등으로 청소년의 건전한 육성을 위한 실질적 지원이 되지 못하고 있으므로, 청소년 문제에 대한 국민의 높은 관심에 부응하여 정부의 책임과 의무를 규정하고 청소년단체의 지원을 강화하여 청소년 지도육성을 범사회적으로 활성화(김정례 등 5인 외 47인, 1986, 법안 제안이유)'하기 위해 제안되었다. 청소년육성법안은 1986년 12월 17일 제안되고 1987년 10월 상정되었으나 당시 문교공보위원회 심사보고서에서 한국청소년 연구원 특수법인의 설립에 따른 법정 사항을 대통령령으로 포괄위임하고 있고, 청소년 장단기 종합계획으로 기간이 불분명하고, 청소년육성위원회의 실무위원회 설치 필요 등의 문제점 지적(국회 문교공보위원회, 1987)으로, 본안은 대안폐기하기로 하고, 대안이 1987년 10월 30일 국회를 통과하게 된 것이다.

'체육청소년부'가 신설되었으며, 청소년정책실에서 우리나라 청소년행정 업무를
총괄하기에 이르렀다. 체육청소년부는 그 뒤 1994년 '문화체육부'를 거쳐 1998
년 정부조직 개편으로 '문화관광부'가 되었으며, 결국 부처 내 '청소년국'을 중
심으로 청소년육성업무를 관장하였다. 그리고 1991년 12월에 '청소년기본법'이
제정 · 공포되면서 청소년정책의 방향과 관련시설의 설치, 청소년지도사의 양성
과 배치 등의 기반을 마련해 주었다. 이와 더불어 '청소년보호위원회'가 1997년
발족되어 요보호 및 문제청소년의 선도와 보호, 유해환경 정화 등의 역할을 수행
하였으며, 문화관광부의 청소년국과 더불어 이원체계를 갖추게 되었다.

3) 2000년대 청소년행정의 재도약 및 통합 단계

2000년대에 접어들어 청소년을 둘러싼 사회경제적 환경은 더욱 어려워졌으며,
청소년들의 생활과 삶의 질은 더욱 열악해졌다. 한국사회가 제2차세계대전 이후
독립한 국가 중에서 최초로 선진국으로 진입하기 위해서는 경제 활성화에 못지
않게 10대와 20대의 생활여건과 환경을 개선할 필요가 있다. 한국사회에서 청소
년의 일상생활, 예컨대 대책 없는 공교육 위기와 입시지옥, 무분별한 상업주의에
따른 향락 및 쾌락적 가치관, 급증하는 비행과 부적응 행동 등을 방치한 채 선진
국 진입을 논의하는 것은 국민들, 특히 아동과 청소년 등 젊은 계층을 기만하고
우롱하는 처사에 불과하다. 청소년은 무궁한 가능성과 잠재력을 지닌 우리 사회
의 자원이자 존엄성의 존재다. 이들에 대한 우리 사회의 책무성은 아무리 강조
해도 부족함이 없을 것이다.

우리나라 청소년행정조직은 정권의 변화와 정치적 논리에 쉽게 함몰되어 왔으
며, 그 결과는 2008년 현재 독립된 청소년행정조직의 붕괴로까지 이어지고 있
다. 2004년 7월부터 본격화된 행정부처 일원화에 대한 논의가 2005년 5월 국무
총리 산하 '국가청소년위원회'를 탄생시켰다. 이는 이전의 문화관광부 내 '청소
년국'과 '청소년보호위원회'를 일원화한 것이다. 편향적인 정치적 논리를 갖지
않은 대부분의 사람들은 청소년행정의 일원화를 환영하였다. 그러나 국무총리실
산하에서 각 부처의 청소년업무를 통합하고 조정하는 실질적인 역할을 수행하기
보다 정부 내 또 다른 커다란 청소년단체와 같은 역할을 자임하면서 강력한 행

정기구로서의 기능을 스스로 위축시켰다는 비판을 받아 왔으며, 일부 정치 성향
의 논리가 작용하면서 2006년 한때 국가청소년위원회를 또 다시 여성가족부로
통합하고자 하는 시도가 나타나기도 하였다.

이와 같은 와중에 2008년 이명박 정부의 출범에 따른 정부조직개편이 진행되
면서 청소년행정조직은 보건복지가족부 내 '아동청소년정책실'로 축소 통합되
기에 이르렀다. 작고 효율적인 정부를 천명하고 나선 이명박 정부의 이념을 반
대할 수는 없지만, 청소년행정조직이 정부조직개편 시기마다 또는 일부 행정 책
임자의 정치적 성향에 따라 그 위상이 크게 변화되고 있음을 볼 때 우리 사회의
가장 가치 있는 자원인 청소년에 대한 사회적 책무성이 심히 의심스러울 따름이
다. 이와 같은 상황에서 청소년계의 많은 인사들은 현재 아동정책과 청소년정책
을 통합하는 방법에 대한 논의에 착수하고 있으며, 이는 또다시 청소년 분야 학
자들이 정부 정책을 뒷받침하는 논리를 스스로 찾고 있음을 보여 주는 안타까운
모습인 것이다.

현재 정부 내 청소년행정기구는 보건복지가족부 내 아동청소년정책실이며, 여
기에 포함된 3개의 부서, 즉 아동청소년활동정책관, 아동청소년복지정책관, 보육
정책관 가운데 2개의 정책관이 청소년 업무를 중복 관장하는 형태로 구성되어
있다. 앞으로 어떤 방향으로 통합 행정체계가 확립될지는 더 많은 논의가 필요
하겠지만, 통합만이 능사가 아니라 청소년을 위한 실질적인 행정체계를 완비하
는 일에 더 많은 에너지를 집중시켜야 할 때다.

4) 청소년 공공조직의 문제점 및 과제

청소년행정은 1990년을 전후로 청소년국의 신설, 청소년정책조정실로의 확대
개편, 부처 통폐합과 청소년정책실로의 개칭 등 여러 차례의 변화를 거듭하였
다. 이와 같은 청소년행정의 잦은 변경은 많은 문제점을 노출시키고 있으며, 앞
으로의 과제 또한 크게 부각되고 있다. 몇 가지 문제점과 과제를 지적하면 다음
과 같다.

첫째, 중앙단위 청소년 부처의 잦은 변경에 따른 조직의 불안정성이다. 중앙단
위 청소년 업무가 1964년 내무부 및 무임소장관실, 1977년 국무총리실, 1983년

문교부, 1985년에는 다시 국무총리실로, 1988년 체육부, 1992년 체육청소년부, 1998년 문화관광부로 이관되는 등 관장 부서의 변동이 수시로 이루어졌으며, 정부 조직 개편설이 있을 때마다 청소년 부처가 대상이 됨으로써 여전히 불안정의 요소가 남아 있다.

청소년에 대한 과학적인 이해와 합리적인 지도대책을 마련하는 일은 청소년의 삶의 질과 복지를 향상시키고 공동체의식을 함양하는 데 있어서 매우 중요하고 시급한 일이다. 뿐만 아니라 현대사회의 갖가지 청소년 문제를 예방하고 지도하기 위해서도 청소년행정의 안정성을 확보하는 일은 절실한 과제이며, 이것은 청소년 개인의 건전한 성장과 발전을 위해서만이 아니라 이들이 곧 성인사회를 구성하고 사회 전반의 문화와 가치를 형성하게 된다는 점에서 사회적·국가적 차원의 과제라고 할 수 있다. 이를 위해서 일본이나 대만, 독일 등에서와 같이 중앙정부 조직에 독립적인 청소년 부서를 설치할 필요가 있으며, 최소한 안정적인 업무추진이 가능하도록 중앙조직을 재편할 필요가 있다.

둘째, 중앙 단위의 정부조직에 청소년육성업무와 청소년보호업무가 문화관광부와 청소년보호위원회로 양분되어 있어 행정의 비효율성과 업무의 중복성이 매우 높다. 따라서 청소년 분야의 양적·질적 발전을 위해서나 행정의 효율성을 위해서 청소년관련 정부 중앙부처가 통합되어야 할 것이다. 주요 업무로서 육성과 보호를 들었지만 복지와 노동, 교육 등 다양한 부처에 흩어져 있는 청소년 업무를 하루속히 통합하여 조직적이고 체계적인 청소년행정이 이루어지도록 해야 할 것이다.

셋째, 공공조직의 업무와 관련하여 청소년육성과 청소년보호란 용어를 재조정해야 한다. 이것은 조직의 문제는 아니지만, 공공조직의 주요 업무라는 점에서 조직의 발전에도 중요한 영향을 미칠 수 있다. 청소년육성이란 용어는 사실 학교교육이 아닌 학교 밖 교육을 강조하기 위해 인위적으로 조작해 낸 말에 불과하다. 학교가 교육의 장이듯이 학교 밖도 교육의 장이다. 그러므로 청소년육성이라는 말은 청소년을 미성숙자, 동물이나 식물과 같은 비인격자, 상징적 실체(예, 꿈나무)로 보고 그들을 어른들이 설정한 기준에 이르도록 하기 위해 양육하여 성장시킨다는 뜻이다. 소위 인격적 성숙을 의미하는 것이 아니라 먹이고 입히고 보호해서 나무를 분재하듯이 어른들의 기준에 맞는 청소년들로 만들어 가겠다는 발상이다. 이것은 청소년의 인격을 무시한 것으로, 매우 위험하고 부적절한 발상이 아닐 수 없다. 그런데도 육성 업무라는 용어가 청소년 관계법이나 정책에 주요 용어로 등장하고 있으며, 이를 관장하는 중앙부처가 문광부 청소년국이라고 한다면 청소년국이 과연 중앙 행정기구로서 위상을 가질 수 있겠는가라는 의문을 갖게 된다. 한편, 청소년보호란 용어에도 문제가 있다. 청소년이 과연 보호의 대상인가라는 의문에서부터 누가 그들을 보호한다는 말인가 그리고 어떻게 보호한다는 것인가 등 수많은 의문이 꼬리를 문다. 이 용어 역시 청소년을 자율적인 인격체로 보기보다 미숙하고 위험한 존재이니까 아직 보호의 대상일 수밖에 없다라는 의미를 더 많이 내포하고 있다. 중앙행정조직의 주요 업무가 혼선을 빚고 있는 것은 다양한 이유가 있겠지만 이와 같은 부적절한 용어 사용도 중요한 역할을 하였다고 생각된다.

3. 청소년정책의 개념과 성격

1) 청소년정책의 개념

청소년정책의 개념은 학자에 따라 청소년정책, 청소년복지정책, 청소년육성정책 등으로 혼용하여 사용하는 경우가 많으므로 청소년정책의 개념을 좀 더 쉽게 이해하기 위하여 먼저 여러 학자들의 정의를 살펴보기로 한다.

김성이는 청소년정책을 청소년들이 화합하고 전진하는 데 정부, 사회단체 그리고 국민 모두가 의도적으로 개입하는 것이라고 하고 가정, 건강, 교육, 사회참여 등 네 가지 분야가 통합적으로 운영되어야 한다고 보았다. 김영모(1995)는 청소년정책을 청소년의 기본적 욕구인 소득, 보건, 교육, 주거 이외에도 비행, 보호, 고용, 환경, 스포츠, 레크리에이션, 상담 등을 해결하기 위한 국가 및 공공기관의 개입이라고 정의하고 있다.

송정부는 청소년복지정책을 청소년이 사회인으로서 생활해 나갈 경우 피할 수 없는 요구인 사회생활의 기본적 요구인 경제적 안정, 직업적 안정, 가족적 안정, 의료보장, 교육의 보장, 사회참가 및 사회적 협동의 기회, 문화오락의 기회를 충족시키는 과정이라고 보았다. 이용교(1995)는 청소년정책을 모든 청소년의 바람직한 사회상태를 목표로 하여 국가와 지방자치단체가 청소년의 사회적 욕구를 충족시키고 청소년 문제를 해결하고자 법령과 시책을 통해서 밝힌 기본 방침이라고 정의하였다. 그리고 박진규(1999)는 청소년정책이란 청소년 관계제도가 기초하고 있는 청소년에 관련된 국가적 목표와 이를 실천하기 위한 행동 지향적인 지침이라고 규정하였다.

홍봉선과 남미애(2000)는 청소년정책을 모든 청소년들이 개인적 성장과 사회적응 및 질 높은 삶을 영위할 수 있도록 청소년의 사회적 욕구를 충족시키고 청소년들의 문제해결을 돕기 위해 국가와 지방자치단체가 청소년에 관한, 청소년을 위한 법령과 시책을 통해 밝힌 방침이라고 정의하면서 청소년복지정책이나 청소년육성정책 등 여러 가지로 불리고 있는 청소년관련정책을 청소년정책으로 통일하여 사용해야 한다고 주장하였다.

이러한 여러 학자들의 정의를 분석 · 종합하여 볼 때, 청소년정책이란 청소년들이 건전하게 성장 · 발달하고 그들의 다양한 욕구를 충족시켜 주기 위해 국가나 지방자치단체가 앞으로 나아가야 할 방향을 법령과 시책을 통해 수립한 방침 또는 지침이라 할 수 있다.

2) 청소년정책의 성격

청소년정책의 개념에 대한 여러 학자들의 정의에서 알 수 있는 것처럼 청소년정책은 타 분야의 정책과 다른 독특한 성격을 지니고 있다. 청소년정책의 성격에 대해 조영승(1999)이 제시한 것들을 홍봉선과 남미애(2000)가 요약 · 정리한 것을 살펴보면 다음과 같다.

첫째, 청소년정책은 청소년들의 지 · 덕 · 체가 조화된 균형적 성장을 목표로 한다. 이는 청소년들이 바람직한 인격을 함양하고 미래 사회에서 유능한 인재로 성장하도록 지원하고 조장한다.

둘째, 청소년정책은 청소년행정활동의 방향과 내용을 제시해 준다. 청소년행정은 청소년정책을 효율적으로 집행하는 수단적 성격을 갖는다. 청소년정책이 정하고 있는 내용은 청소년행정이 담당해야 할 주요 기능이며 처리해야 할 업무다.

셋째, 청소년정책은 청소년 문제의 해결과 전체 청소년들의 균형적 성장을 추구하므로 청소년 문제의 유형과 청소년집단에 따라 세분되어야 하며, 각 집단에 적합한 최적의 정책을 형성하고 집행해야 한다.

넷째, 청소년정책은 청소년의 욕구를 반영하고 발달특성에 적합한 것이어야 한다.

다섯째, 청소년정책은 청소년헌장이나 청소년기본법 등에서 제시한 청소년육성이념을 구현하기 위한 수단적인 성격을 갖는다. 청소년지도의 기본이념은 청소년정책의 궁극적 목표가 된다.

여섯째, 청소년정책은 공공정책으로서 청소년지도 전반에 관한 일반정책과 더불어 각 부서별로 그 기능에 따라 청소년지도에 관한 특별정책을 가지고 있다.

이와 같이, 청소년정책은 그 대상이 청소년들에게 특히 초점이 맞추어져 있는 공공정책으로서 청소년들을 위한 실제적인 행정집행을 위한 기본방향과 내용을 제시해 주는 특성과 성격을 지니고 있다. 우리나라의 청소년정책의 성격을 파악하기 위해 정책의 큰 틀을 이루고 있는 한국청소년기본계획(1992~2001), 제1차 청소년육성5개년계획(1993~1997), 제2차 청소년육성5개년계획(1998~2002)의 내용을 상호 비교해 보면 〈표 14-1〉과 같다. 이 표에서 볼 수 있는 것처럼 우리나라의 청소년정책은 시기와 상황에 따라 그 강조되는 기본 지침들이 조금씩 상이함을 알 수 있다. 예를 들면, 한국청소년기본계획과 제1차 청소년육성5개년계획에는 없으나 제2차 청소년육성5개년계획에는 들어 있는 청소년 참여는 청소년에 대한 권리보장과 참여가 강조되는 시점에서 새롭게 부각되고 있는 영역인 것이다. 그리고 국제화와 정보화의 시대적 흐름도 제2차 청소년육성5개년계획에서 강조되고 있는 정책이다.

3) 청소년정책의 기본원리

청소년정책의 원리란 청소년정책의 수립과 집행 및 평가에 이르는 전 과정에서 지켜야 할 기본방향이나 지침 또는 준거를 말한다. 이를 다음의 다섯 가지로 정리해 보고자 한다.

〈표 14-1〉 우리나라 청소년정책의 내용비교

영역	한국청소년 기본계획 (1992~2001)	제1차 청소년 육성5개년계획 (1993~1997)	제2차 청소년육성5개년계획 (1998~2002)	
청소년 참여			청소년의 권리보장과 자율적인 참여확대	• 청소년의 정책참여 기회 확대 • 청소년의 자생 자율활동 지원 • 공동체의식을 함양하는 청소년 봉사활동 생활화 • 청소년의 권리와 시민권 신장
청소년 활동	청소년 활동	건전한 청소년 활동 지원	청소년이 주체가 되는 문화·체육 중심의 수련활동체제 구축	• 청소년이 활동주체가 되는 공간확충과 운영 활성화 • 특성화·차별화된 수련 프로그램 개발·보급 • 청소년단체의 자율화·자기 특성화 및 열린 운영 • 전문화된 청소년지도사의 양성·배치
청소년 복지	청소년 복지 (1)어려운 청소년 지원	청소년 보호 및 선도 강화	청소년의 복지 증진 및 자립 지원(1)	• 청소년상담의 강화 • 소외 및 농촌 청소년을 위한 복지 증진 • 장애 청소년의 자활 지원 • 청소년의 직업 및 자립능력 향상
청소년 운동	청소년 복지 (2)사회환경 개선	가정과 학교의 역할 증대	가정과 지역사회의 역할강화와 참여 확산	• 올바른 자녀지도를 위한 부모교육 • 도덕성 회복을 위한 시민의식 함양 • 문제 청소년 선도예방 • 청소년 유익환경 조성과 유해환경 정화
청소년 교류	청소년 교류	청소년 교류 확대사업	국제화· 정보화 시대의 주도능력 배양	• 청소년의 창조적 문화감수성 함양 • 지역 간·국가 간 청소년 교류의 내실화 • 남북청소년 교류 기반 조성 • 청소년 정보능력 향상과 정보문화 육성
청소년문화				
청소년 정보화				
시책추진 기반조성	법제보강, 재정확충 및 운영	국민참여확산 및 추진체계강화	추진체계의 정비	

출처: 홍봉선·남미애(2000). 청소년복지론. 서울: 양서원, p. 438.

(1) 타당성의 원리

청소년정책은 청소년의 성장과 생활체험을 지원한다는 목표에 적합한 것이어야 한다. 이를 합목적성의 원리라고도 한다. 청소년을 특정 정치목적의 달성을 위해 수단시하거나 청소년을 위한다는 명목하에 청소년의 자주적 의사를 무시하고 그들을 얽매고 통제해서는 안 된다. 청소년정책은 청소년들의 삶의 질과 복지를 향상시키고 민주적 시민으로서의 자질과 국가사회에 기여할 수 있는 역량을 기른다는 목표에 타당한 것이어야 한다.

(2) 참여성의 원리

이것은 민주사회에서 일반 공공정책 결정과정의 공리처럼 되어 있다. 청소년정책의 결정에서 집행, 그리고 평가에 이르기까지의 전 과정에 청소년들의 참여를 가능한 한 많이 허용해야 한다는 것이다. 물론 참여의 범위와 한계, 기준 등에 관한 문제는 많은 연구를 필요로 한다.

(3) 포괄성의 원리

이것은 정책의 다양한 내용범위를 모두 포괄할 수 있어야 한다는 것이다. 정책의 내용은 청소년의 교육, 수련, 보건, 노동, 환경, 가정, 오락 및 여가활동, 비행 또는 범죄, 교정 및 보호 등과 같이 광범위한 영역에 걸쳐 있으므로 정책수립 단계에서 이를 모두 포함할 수 있어야 하며, 상호 관련성을 유지해야 한다.

(4) 안정성의 원리

청소년정책은 안정성과 계속성, 그리고 일관성이 있어야 한다. 청소년정책이 상부 지향적, 행정 편의주의적, 실적위주로 결정되고 시행된다면 이는 청소년의 건전 육성을 지원하기보다 저해하는 결과를 초래할 것이다. 그리고 청소년정책의 성과는 단시일에 나타나는 것이 아니라 장기간에 걸쳐 나타나며, 양적으로 측정 불가능한 것도 많다. 이러한 점에서 청소년정책은 안정성과 계속성을 유지해야 한다. 그렇다고 하여 청소년정책을 고정불변의 것으로 해석하는 오류는 범하지 말아야 한다. 시대와 사회의 변화에 탄력적이고 융통성 있게 적용해 나갈 수 있는 지혜가 요구되기도 한다.

(5) 실현성의 원리

청소년정책은 구체적으로 실현 가능한 것이어야 한다. 청소년정책이 공권력을 배경으로 정부가 제시한 의지에 그친다면 그것은 한낱 가설이나 문서 또는 탁상 공론에 불과할 것이다. 그러므로 청소년정책이 청소년단체나 시설의 활동 프로 그램으로 구체화될 수 있어야 한다.

4) 청소년정책의 기본계획

우리나라 청소년정책의 기본계획은 1991년 12월 한국청소년기본계획의 수립 으로 본격적으로 마련되었다고 할 수 있다. 한국청소년기본계획은 이후 2차례의 청소년육성5개년계획으로 보완되었으며, 1998년에 제2차 청소년육성5개년 계획 이 확정·시행되었다.

우리나라 청소년정책 가운데 대표적인 것은 1992년부터 2001년까지의 한국청 소년기본계획과 이를 바탕으로 한 청소년육성5개년계획이라 할 수 있으며, 이는 국가차원에서 청소년정책의 기본 계획을 가장 잘 나타내는 것이라 볼 수 있다. 따라서 한국청소년기본계획과 청소년육성5개년계획을 중심으로 우리나라의 청 소년정책 기본 계획을 살펴보고자 한다.

한국청소년기본계획(1992~2001년)에서는 청소년정책을 청소년활동, 청소년복 지, 청소년교류의 세 부분으로 나누어 설정하고 동 계획의 실행을 위한 법제보 강과 재정확충 및 운영 등을 포함하여 다섯 가지 부문이 정책과제로 함께 제시 된 바 있다(홍봉선·남미애, 2000).

1993년도의 제1차 청소년육성5개년계획(1993~1997년)에서는 청소년사업을 내 용에 따라 ① 가정과 학교의 역할 증대, ② 청소년보호 및 선도, ③ 건전한 청소 년활동의 지원, ④ 청소년교류의 활성화, ⑤ 국민참여 확산 및 추진체계 강화 등 의 다섯 가지 정책과제로 분류하였다.

반면, 1998년 7월 수립·시행된 제2차 청소년육성5개년계획(1998~2002년)은 크게 5개 정책, 20개의 정책영역으로 되어 있는데, 지금까지 추진해 온 선도·보호·교화 위주의 청소년정책에서 벗어나 청소년에 대한 기본 생각과 정책방향을 전환하였는데, 그 내용은 다음과 같다(홍봉선·남미애, 2000).

첫째, 오늘의 사회 구성원으로서의 권익증진이다. 그동안 미래의 주인공으로 권리가 유보되어 왔다면 이제는 청소년들이 성인과 동등한 사회의 한 구성원으로서 인권과 시민권을 회복하고 청소년의 자율성과 참여를 증진하기 위한 정책을 수행하는 것이다.

둘째, 청소년 참여·정책주체로서의 청소년이다. 그동안 청소년을 성인 주도의 정책과 정책대상으로 보는 인식이 있었다면 이제는 청소년의 사회·문화적 원동력으로서의 잠재력과 가능성을 인식하고 청소년들의 요구와 희망에 근거하여 정책을 개발할 수 있도록 공식적인 청소년들의 정책 참여의 장을 마련한다는 것이다.

셋째, 다수 건강한 활동의 지원이다. 그동안 소수 문제청소년들을 지도·보호하는 정책이 중심이었다면 이제는 다수 건강한 청소년의 자생적 문화를 형성하고 다양한 활동을 할 수 있도록 소규모의 다양화·특성화된 프로그램을 확대하여 청소년의 창조적·문화적 감수성이 발현될 수 있도록 한다는 것이다.

넷째, 수요자·프로그램 중심의 질적 향상이다. 그동안의 정책이 공급자 중심, 하드웨어, 시설 위주의 양적 성장이었다면 앞으로는 청소년 중심의 프로그램의 질적 성장을 위하여 다양화·특성화된 프로그램을 확대하여 청소년의 창조적 문화 감수성이 발현될 수 있도록 한다는 것이다.

다섯째, 지역·현장 중심의 자율과 열린 운영이다. 중앙 중심의 규제와 닫힌 운영체제가 이제까지의 청소년정책이었다면 앞으로는 지역사회를 중심으로 청소년의 삶의 현장과 활동현장에 맞는 자율적인 사업을 확대하고 인적·물적 자원의 유기적 네트워킹을 통해 열린 운영체제를 구축한다는 것이다.

여섯째, 청소년 참여 부분이 정책 영역화되었으며, 참여적 맥락에서의 청소년 문화와 청소년 정보화의 영역이 새롭게 추가되면서 기존의 가정과 학교의 역할, 사회환경 개선 등과 관련한 영역이 가정과 지역사회의 역할 강화와 참여 확산이라는 성격으로 보완되어 청소년 운동으로 영역화되었다. 이러한 정책에 대한 좀더 자세한 설명이 〈표 14-1〉에 제시되어 있다.

4. 청소년행정 및 정책의 발전과제

1) 청소년행정 및 정책의 문제점

우리나라 청소년행정 및 정책은 짧은 역사 속에서도 많은 발전을 이루어 왔지만 아직까지도 많은 문제점을 지니고 있다. 이러한 문제점을 현재 자주 거론되고 있는 것들을 중심으로 살펴보면 다음과 같다(홍봉선·남미애, 2000).

첫째, 종합적이고 체계적인 청소년정책이 부족하다. 우리나라 청소년정책은 다양한 청소년들의 욕구에 능동적으로 대처하는 종합적인 청소년정책이라고 보기 어렵다. 지금까지의 청소년정책은 요보호 청소년에 대한 선도와 보호 위주에서 전체 청소년을 대상으로 그들의 건강한 육성을 목적으로 수립되었지만, 그 내용은 각 부처에서 실시하여 왔던 기존의 청소년정책을 정리한 것에 불과하였고 그때그때 발생하는 청소년 문제에 대한 단기적 대응으로 행해지는 경우가 많았다.

둘째, 청소년 업무 서비스 전달체계상의 문제다. 우리나라 청소년 업무는 중앙 차원에서는 행정체계가 일원화되어 있지 않으며, 지방 차원에서는 청소년행정을 구체적으로 실현할 조직과 인력이 없어진 상태다. 따라서 청소년정책은 다양한 부처에서 부처별로 행해지고 있는 반면 이들 간에 청소년 지원정책과 관련하여 협조기능이 미약하여 일관성과 통합성이 매우 취약한 상황이며, 업무상의 중복과 교차에 의한 비능률성과 혼란성을 일으키기도 한다.

셋째, 청소년정책과 행정의 비전문성의 문제다. 청소년정책이나 행정은 그 자체가 고유성이나 전문성이 확보되지 못하고 부수 업무로 취급되어 온 행정 풍토에서 그 업무를 맡은 공무원은 한직으로 소외되고 전문성을 신장할 수 없기 때문에 청소년정책이나 행정의 전문가가 희소하다.

넷째, 청소년정책에 대한 재정의 부족이다. 청소년예산은 청소년 및 청소년 문제 발생의 원인과 현상에 대한 충분한 검토와 전문성이 확보되지 못한 채 정책이 기획되어 체계적이고 종합적인 예산편성과 집행이 행해지지 못하고 각 부처의 힘이나 성격에 의해 결정되는 경향이 있고 각 부처 간의 유기적인 사업이 수행되지 못하고 있다. 또한 예산의 변화도 기복이 심해 안정적이지 못하다.

2) 발전과제

청소년정책과 행정에 관한 문제점을 극복하고 더욱 발전되기 위한 과제는 다음과 같다(홍봉선 · 남미애, 2000).

첫째, 통합적인 청소년정책의 수립이다. 청소년기는 스쳐 지나가는 시기가 아니라 독특한 발달과업과 욕구를 갖는 발달단계 중의 하나이며, 어떤 시기보다도 특별한 관심과 지원이 필요한 시기다. 따라서 종전의 문제 위주의 단편적인 정책에서 탈피하여 종합적이고 체계적이며 통합적인 청소년정책이 수립되어야 한다.

둘째, 소관부처 간의 유기적이고 협력적인 체제구축이다. 청소년정책 및 행정은 청소년의 인권을 옹호하고 청소년의 기회균등과 최적생활의 보장 등을 기준으로 전반적인 삶의 질을 향상시키는 것을 목적으로 한다. 이 목적을 달성하기 위해서는 각 행정부처 간, 중앙정부와 지방자치단체 간 그리고 정부와 민간 간의 연대와 협력이 불가피하다. 따라서 일관성 있고 안정된 정책의 수행과 동시에 각 부처 간에 산발적으로 행하는 청소년정책 및 행정이 체계적으로 분권화하고 관계 부처의 협의기능이 강화되어야 한다.

셋째, 적정 규모의 청소년 재원의 확보다. 청소년정책은 국가정책의 우선 순위에서 뒤처져서는 안 될 주요한 과제이므로 청소년예산은 현재 결과성 예산이라기보다 미래 투자성 예산으로 파악되어야 한다. 또한 무엇보다도 국가예산의 확보에 있어서는 단기적인 예산확보, 부처위주의 예산편성이 아니라 청소년 문제에 대한 변화양상 파악, 문제의 심각성, 파급효과 등을 고려한 과학적이고 체계적인 중 · 장기계획에 의한 예산확보 및 편성이 필요하다.

마지막으로, 청소년기본법에서는 일반청소년 대상의 청소년 수련활동이 지나치게 강조되고 있어 요보호 청소년에 대한 배려와 지원이 지나치게 소홀하게 취급되고 있다. 이러한 청소년정책 및 행정은 지나치게 균형을 잃고 있다는 비판을 받고 있으므로 균형잡힌 청소년정책 및 행정이 필요하다.

5. 청소년 시설의 설치와 관리

1) 청소년 시설의 의미

청소년 시설은 일반적으로 볼 때 청소년들이 이용 가능한 모든 시설들을 총칭하는 포괄적인 개념이다. 천정웅(1999)은 청소년 시설이란 청소년들이 자연환경을 이용한 야외활동이나 지역사회 내의 일상적 생활을 통해 심신을 단련하고 여가·문화활동을 하는 공간으로 제공되는 각종 장소·시설·설비를 총칭하는 개념이라고 정의하였고, 류호섭(1995)은 청소년 시설을 학교시설을 제외한 생애학습 차원의 모든 청소년들이 이용할 수 있는 교육회관, 수련마을, 심신수련장은 물론 민간단체의 연수시설이나 스포츠시설까지 포함한 개념이라고 하였다. 김영한(1999)은 국가 또는 민간이 청소년의 수련활동에 필요한 설비 및 공간, 수련 프로그램 등의 서비스체제를 갖추고 전문적인 지도능력을 갖춘 지도자에 의하여

 〈표 14-2〉 청소년 수련시설의 종류와 빈도

구분			시설수	계(%)
생활권	청소년수련관	공립	108	113(17.27)
		민간	5	
	청소년문화의 집	공립	131	142(21.71)
		민간	11	
자연권	청소년수련원	공립	78	190(29.20)
		민간	112	
	청소년야영장	공립	127	146(22.32)
		민간	19	
유스호스텔		공립	11	63(9.63)
		민간	52	
계(%)		공립	455(69.57)	
		민간	199(30.42)	
합 계			654(100)	

체계적이고 조직적인 수련활동 서비스를 제공하는 시설을 청소년 시설이라고 규정지었다.

이렇게 볼 때 청소년 시설은 그 범위에 따라 광의의 개념과 협의의 개념으로 나눌 수 있다. 광의의 개념으로는 천정웅이나 류호섭의 정의처럼 체계적이고 전문적으로 이루어지는 청소년 수련활동을 위한 시설뿐만 아니라 청소년들이 일상생활을 통해 비형식적으로 이용 가능한 모든 장소나 시설들로 볼 수 있으며, 협의의 개념으로는 김영한의 정의처럼 형식적·체계적·전문적으로 이루어지는 청소년 수련활동을 위한 시설들로 볼 수 있다.

한편, 청소년기본법에서는 청소년 시설의 개념을 더욱 구체화시켜 '청소년 수련시설' 이라고 하고 있으며, 이는 수련활동의 실시를 주된 목적으로 하는 시설이라고 정의하고 있고, 그 설치와 운영은 국가와 지방자치단체는 물론 법인, 단체 또는 개인 등 민간인도 할 수 있도록 되어 있다. 다만, 민간의 경우에는 시·도지사의 허가를 받아 설치·운영하도록 되어 있다(청소년백서, 2000).

2) 청소년 시설의 종류

청소년 시설은 다양하게 분류할 수 있으나 크게 청소년 수련활동을 실시할 목적으로 설치된 청소년 수련시설, 일정 지역을 지정·관리하는 청소년 수련지구, 청소년 활동이 부수적으로 실시되는 청소년 이용시설 등으로 크게 나눌 수 있으며, 청소년 수련시설과 청소년 이용시설은 설립목적, 활동사업, 규모와 시설 등에 따라 다시 몇 가지로 분류된다(천정웅, 1999).

(1) 청소년 수련시설

청소년 수련시설은 그 기능이나 수련거리 등에 따라 크게 생활권 수련시설, 자연권 수련시설, 유스호스텔로 나누어진다.

① 생활권 수련시설
생활권 수련시설은 주로 일상생활권 안에서 수련활동을 실시하는 시설을 말한다. 따라서 도보나 대중교통수단으로 쉽게 접근할 수 있도록 주택가, 도심지 또는 도심지 근교에 설치되며 각종 취미활동, 문화활동, 체육활동 등 주로 숙박을 요하지 않는 당일 귀가형 수련활동을 실시하게 된다(청소년백서, 2000).

생활권 수련시설은 그 규모와 기능에 따라 청소년수련관과 청소년문화의 집으로 분류된다. 청소년수련관은 실내활동을 위주로 수련거리를 운영하는 시·도 또는 시·군·구 단위의 수련시설을 의미하며, 청소년문화의 집은 근린생활권 내에서 문화·예술·정보중심의 간단한 수련활동을 실시하면서 청소년의 대화, 휴식공간으로 제공되는 소규모 수련시설을 말한다.

② 자연권 수련시설

자연권 수련시설은 주로 자연과 더불어 체험활동을 위주로 수련활동을 실시하는 시설을 일컫는다. 따라서 야외활동 기능이 상대적으로 중요시되며, 주로 1박 2일 이상의 단체적인 숙박수련활동이 실시되므로 체류할 수 있는 생활관 또는 야영지가 요구되며, 일상생활권과는 격리된 지역에 위치하게 된다(청소년백서, 2000).

자연권 수련시설은 청소년수련원과 청소년야영장으로 구분된다. 청소년수련원은 다양한 수련활동을 실시할 수 있는 수련시설로서 생활관, 자연체험시설, 체육시설, 각종 활동시설 및 녹지대 등을 갖추고 있는 종합 수련시설이며, 청소년야영장은 야영지 위주의 수련시설로서 야영집회에 필요한 기본시설 이외에는 다른 활동시설이 요구되지 않는다.

③ 유스호스텔

유스호스텔은 청소년의 숙박 및 체재에 적합한 시설과 부대편의 시설을 갖추고 숙박편의 제공, 여행청소년의 수련활동 지원 등을 주된 기능으로 하는 시설로 청소년 전용 숙박시설로 볼 수 있다(청소년백서, 2000).

(2) 청소년 수련지구

청소년 수련지구는 자연권에 일정한 지역을 선정하여 수련시설과 지원시설 및 각종 편의시설 등을 설치할 수 있도록 한 종합적인 청소년 활동공간을 말하며, 시·도지사가 지정하고, 수련지구 조성계획 등은 관할 시·도지사가 직접 수립하거나 법인 또는 단체가 관할하고 시·도지사의 승인을 얻어 수립한다(청소년백서, 2000).

(3) 청소년 이용시설

청소년 이용시설이란 수련시설 이외의 시설로서 그 설치목적의 범위 안에서 수련활동의 실시와 청소년의 건전한 이용 등에 제공될 수 있는 시설을 말한다. 여기에는 ① 도서관 및 문고, ② 박물관 및 미술관, ③ 과학관, ④ 체육시설, ⑤ 사회교육시설, ⑥ 사회복지관, ⑦ 근로청소년회관, ⑧ 자연휴양림 및 수목원, ⑨ 문화예술회관, ⑩ 지방문화원, ⑪ 시민회관·어린이회관·공원·고수부지 기타 이와 유사한 공공 이용시설로서 수련활동 또는 청소년 여가선용을 위한 이용에 적합한 시설, ⑫ 기타 다른 법령에 의하여 청소년 활동과 관련되어 설치된 시설 등이 포함된다(천정웅, 1999).

청소년 이용시설을 설치·운영하는 국가 또는 지방자치단체 및 기타 공공기관 등은 그가 설치·운영하는 시설을 청소년의 수련활동에 필요한 경우에 그 시설의 운영에 지장이 없는 범위 안에서 청소년의 수련활동에 제공하도록 협조하여야 한다. 또한 국가 또는 지방자치단체는 청소년 이용시설을 설치·운영하는 개인·법인 또는 단체에 대하여 수련거리의 제공 및 기타 필요한 지원을 할 수 있으며, 예산의 범위 내에서 그 시설의 운영에 필요한 경비 일부를 보조할 수 있다(천정웅, 1999).

3) 청소년 수련시설의 현황

2003년 현재 우리나라의 청소년 수련시설은 654개소로서 외국의 경우와 비교하여 열악한 실정이며, 지역별 편차도 심하다. 그러나 지난 1991년 수립된 한국청소년기본계획과 문민정부 출범 후 이를 보완하여 수립한 청소년육성5개년계획의 시행으로 청소년 수련시설의 설치가 활발히 추진되어 증가하는 추세에 있으며, 특히 부족했던 생활권 수련시설의 경우 급격한 증가추세를 보이고 있다(청소년백서, 2003).

청소년 수련시설의 현황을 좀 더 상세히 알아보기 위하여 청소년 수련시설의 종류별 수와 백분율(%)을 표로 나타내 보면 〈표 14-2〉와 같다. 〈표 14-2〉에서 볼 수 있는 것처럼 자연권에 비해 생활권 수련시설이 적은 편이며, 생활권 수련시설 중 청소년수련관의 수가 상대적으로 적다는 것을 알 수 있다.

4) 청소년 시설의 운영실태 및 문제점

청소년 시설의 관리 및 운영은 그 시설의 특성과 기능에 따라 상이하기 때문에 각종 시설에 대한 구체적인 관리 및 운영을 알아보는 것은 불가능하다. 대표적인 청소년 수련시설(생활권, 자연권, 유스호스텔) 및 청소년 이용시설의 설치 및 운영에 대해서는 이들 시설들을 설명하면서 간략하게 언급하였으므로 여기서는 생략하고 우리나라 청소년 시설의 운영실태 및 그 문제점을 천정웅(1999)의 제안을 중심으로 살펴보면 다음과 같다.

첫째, 청소년 수련시설 이용률이 낮게 나타나고 있다. 전체 이용률은 약 32%로서 생활권이 54%, 유스호스텔이 32%, 자연권이 20%였다. 연간 시설수용 가능인원은 1996년까지 높은 증가추세에서 1997년을 기점으로 감소 후 현재는 낮은 증가를 보이고 있다(전명기 등, 1998).

둘째, 청소년 수련시설의 운영인력 중 자격을 갖춘 인력이 부족하다. 청소년지도사 자격을 갖춘 인력은 약 690명으로 전체 인력의 14%에 불과하였다. 그러나 법규정에 의한 배치 기준은 680명으로 전체적으로 101%이나 국·공립 시설의 경우는 배치 기준의 72%로서 민간의 131%보다 매우 낮은 수준이었다.

셋째, 청소년 시설의 수련 프로그램의 다양성이 부족하다. 1998년의 경우 총 962종의 수련활동 프로그램 중 약 67%에 달하는 644종이 10개 영역에 포함되어 있었다. 전체적으로 보면 체력단련 프로그램이 141종(21.9%)으로 가장 많고, 취미특기활동이 151종(23.4%), 전통문화활동이 109종(16.9%)으로 나타났다. 반면, 직업준비활동(7종)이나 국제교류활동(5종), 시민의식활동(16종)에 속하는 프로그램은 다양하지 않은 것으로 나타났다.

넷째, 수련시설의 포괄적인 경영실태가 열악하다. 수련시설의 자립률을 살펴보면 전체적으로는 50%였고, 생활권 수련시설이 43%, 자연권 수련시설이 58%, 유스호스텔이 43%인 것으로 나타났다. 이는 공익서비스인 청소년 수련활동에 대한 별도의 지원대책이 마련되지 않는 이상 소집단 개인 중심의 수련 서비스를 제공하고 수련시설의 질을 높이고자 하는 청소년 육성정책을 실현하는 데 많은 문제점을 지니고 있다.

　다섯째, 안전대책의 수립이 미비하다. 연구결과(김영한, 1999)에 따르면 청소년 수련시설을 이용하는 많은 사람들이 안전사고의 위험성을 우려하고 있는 것으로 나타났다. 이러한 안전사고 대책미비 요인은 청소년 수련시설의 이용률을 저하시키는 요인들 중의 하나라고 볼 수 있다.

　이와 더불어 한상철은 2002년에 한국청소년 수련시설협회의 프로젝트 사업에 참여하여 전국의 수련시설 50개를 대상으로 운영컨설팅을 실시하였으며, 이 과정에서 수련시설에 종사하는 실무자와의 인터뷰를 토대로 다음과 같은 내용을 제안 사항으로 도출한 바 있다(한상철, 2003b).

　첫째, 청소년정책과 관련하여 청소년관련 중앙부처의 통폐합, 학교교육과의 연계성 강화, 중앙의 청소년정책과 지방 정책 간의 일관성 유지, 청소년관련법의 보완, 자치단체의 수련시설 위탁조건 및 계약서 체결에 대한 규정 마련 등이 제안되었다.

　둘째, 조직 및 배치와 관련하여 인력배치를 위한 규정 마련, 운영책임자의 자격과 근무규정 마련, 청소년지도사의 처우개선 방안이 제안되었다.

　셋째, 시설 관리 및 운영과 관련하여 규정마련, 청소년 수련시설 본래의 기능 회복, 수련활동 프로그램의 전문성과 다양성, 복합건물 내 수련시설의 위상 정립 등이 제안되었다.

　넷째, 예산 및 시설위탁과 관련하여 정부와 자치단체의 보조금 확대, 수련시설 위·수탁조건과 계약체결에 관한 규정 마련 등이 제안되었다.

6. 청소년단체의 운영

1) 청소년단체의 성격

　우리나라 청소년단체에는 청소년의 선도·지원·보호·육성 등을 위한 목표를 가지고, 사회 및 조직을 갖고 활동하는 순수 청소년단체와 단체 고유의 목적 사업의 일환으로 청소년과 관련된 활동사업을 추진하거나 조직 구성원의 일부로서 청소년을 관리하는 유관 사회단체 등 여러 형태가 있다. 이 밖에도 청소년 활동과 관련된 위원회, 그룹, 서클, 클럽 등으로 불리는 활동체도 있으며, 사회단체, 복지단체, 봉사단체, 부녀단체, 종교단체 등도 청소년관련 사업을 하고 있다. 그러므로 청소년단체의 수를 정확히 파악하기가 어려운 실정이다.

우리나라에서 현대적 의미의 청소년단체활동이 본격적으로 시작된 것은 1960년대부터이며, 특히 1965년 청소년단체활동의 상호 협력을 위한 15개 청소년단체의 협의기구로 '한국청소년단체협의회(일명 청협)'가 발족되면서 본격적으로 청소년단체의 운영이 이루어졌다(천정웅, 1999).

한국청소년단체협의회의 발족과 함께 많은 새로운 단체들이 설립되었고, 각 단체는 집단활동을 근간으로 청소년단체활동을 체계적으로 전개하기 시작하였다. 특히, 1987년 청소년육성법 제정과 1988년 한국청소년단체협의회의 사단법인화, 1991년 한국청소년기본계획과 청소년기본법의 제정, 1993년 청소년기본법 시행에 따른 제1차 청소년육성5개년계획과 제2차 청소년육성5개년계획의 수립 등은 청소년단체의 활발한 활동을 촉진시킨 계기가 되었다.

현재 한국청소년단체협의회에 가입되어 있는 단체는 60여 개에 이르고 있고 기타 비가입 단체로서 문화관광부에 등록되어 있는 단체를 포함하면 총 90여 개의 청소년단체가 활동하고 있다(천정웅, 1999). 이들 단체들은 설립목적이나 이념, 조직규모나 형태, 가입대상 청소년들의 특성, 활동사업의 내용 등 여러 면에서 독특한 성격을 가지고 있으며, 유사하거나 공통된 특성을 갖고 있기도 하다.

대표적인 청소년단체의 종류를 살펴보면, 먼저 한국청소년단체협의회 회원단체의 경우 한국청소년연맹, 흥사단, 한국보이스카우트연맹, 한국걸스카우트연맹 등 청소년지도 및 육성을 주목적으로 하는 순수 청소년단체와 대한가족협회, 유네스코한국위원회, 청소년적십자 등 단체목적 사업의 일환으로 청소년관련 사업을 추진하는 청소년단체들이 있다.

청소년단체들이 추진하고 있는 활동은 주로 청소년 수련활동, 지도자 연수활동, 연구활동, 상담활동, 지역사회 개발활동, 자원봉사활동, 사회교육 및 체육활동, 국제교류활동, 문예 및 취미활동, 유해환경 민간 감시활동 등을 들 수 있다.

2) 청소년단체의 운영요건

청소년단체의 조직 운영을 위한 제 요건에 대해서는 여러 가지로 논의될 수 있으나 여기서는 일반적인 구비요건과 단체활동의 조직 운영상의 요소로 나누어 고찰하기로 한다.

먼저, 단체운영의 일반적 구비요건으로는 첫째, 전문성과 사명감을 가진 지도 인력의 확보와 지위보장 둘째, 재정적 자립과 예산의 확보 셋째, 청소년들의 활동시설(놀이, 문화시설) 및 공간(강의실, 공연실 등)의 확보 넷째, 청소년의 다양한 욕구에 부응한 프로그램의 개발 및 보급 다섯째, 청소년단체에 대한 사회적 관심과 기성인들의 의식전환 여섯째, 청소년단체 간의 유대강화와 지도력 및 프로그램의 교류 일곱째, 정부 및 외부기관의 의존에서 탈피한 자율적인 운영의 확대 여덟째, 지방단위 조직으로의 확산 등이 지적되고 있다.

한편, 청소년단체의 조직 운영상의 요소로는 크게 네 가지가 있는데, 여기서는 이에 대해 보다 구체적으로 살펴보기로 한다.

첫째, 단체활동의 목적을 명료화해야 한다. 단체의 모든 운영방향은 설립목적에 기초하며, 이를 기반으로 단체의 운영과 활동결과를 평가하게 된다. 목적이 명확하게 설정되고 진술되면 구성원들의 이해도와 협동심을 높일 수 있고 운영의 구체적인 방향을 제시할 수 있으며, 활동 프로그램의 설계와 개발을 보다 용이하게 할 수 있다.

둘째, 단체활동의 조직과 운영을 위해서는 목적달성 기능과 집단유지 기능의 균형을 고려해야 한다. 청소년단체를 비롯한 모든 조직은 공동의 목적이 있으며, 그것을 달성하는 것으로 단체의 존재 의의가 있다. 이와 더불어 청소년단체는 구성원 상호 간에 따뜻한 애정과 인간관계를 통해 집단을 유지시켜 나가야 한다. 이 기능이 없다면 단체는 분열되거나 해체될 수밖에 없다. 단체 구성원 간에 친목회와 하이킹, 노래, 게임, 스포츠 활동을 하고 상호 고민을 상담하는 것 등은 단체유지를 위한 기능을 수행하는 것이다. 청소년단체는 목적달성 기능과 집단유지 기능을 균형 있게 발전시켜 나갈 때 운영의 효율성을 높여 나갈 수 있을 것이다.

셋째, 청소년단체의 운영은 조직편성의 적정화를 도모해야 하는데, 이를 위해서는 소집단화와 역할분담을 중시할 필요가 있다. 대집단 안에서 개인은 스스로 적극적인 자세를 갖기보다 나 하나쯤이야 하는 소극적인 자세로서 다른 사람에게 의존하기 쉬우며, 몸은 단체의 일원으로 있으면서 마음은 다른 방향으로 달리는 비참여 현상이 나타날 수 있다. 따라서 가능한 소집단을 편성하여 운영의 효율성을 높일 필요가 있다. 그리고 소집단 내에서 상호 역할을 분담하여 협력하도록 할 때 서로를 이해하고 단체에 공헌하고 있다는 소속감을 높여줄 수 있을 것이다.

넷째, 조직운영의 효율화를 도모해야 한다. 이를 위해서는 ① 회원들의 흥미와 욕구를 만족시킬 것, ② 회원 상호 간에 단결과 참여 분위기를 조성할 것, ③ 협력과 경쟁을 적절히 이용할 것, ④ 회원 간의 상호작용을 촉진시킬 것, ⑤ 개별지도를 강화할 것, ⑥ 시설과 설비를 효과적으로 이용할 것 등이 제안되고 있다.

3) 청소년단체의 활동

청소년단체들이 추진하고 있는 활동은 그 종류가 많기 때문에 일일이 소개하기 힘들다. 여기에서는 한국청소년단체협의회 회원단체를 중심으로 그동안 추진되어 왔던 활동을 권이종(1996)이 유형화한 것을 살펴보기로 한다.

(1) 극기활동

청소년단체에서 전개하고 있는 극기활동으로는 등산, 야영, 국토순례 등의 프로그램이 있다. 이 가운데 국토순례는 주로 도보행군을 통하여 사적지, 명산대찰, 고적지 등을 순례함으로써 국토의 특성과 자원을 알게 되며, 순국선열의 정신을 되살려 향토애와 애국심을 기르는 활동이다. 이는 청소년들의 협동심이나 인내심을 길러주기 위한 중요한 체험학습활동이라고 볼 수 있다.

(2) 탐사활동

청소년단체에서 수행하고 있는 탐사활동으로는 오리엔티어링, 유적지 탐방 학술조사, 동굴탐사 등이 있다. 오리엔티어링은 산과 들의 대자연 속에서 미지의 포스트를 찾아다니는 활동으로 체력, 판단력, 인내심, 성취감 등을 길러주는 활

동이다. 유적지 탐방 학술조사는 역사적으로 의미 있는 사적이나 특정한 학술목
적을 정하여 집단적인 활동을 전개함으로써 역사의식과 탐구능력을 함양시키는
활동이다. 그리고 동굴탐사는 우리나라의 지형과 지질에 대한 이해와 사랑을 체
득하게 하는 활동이다.

(3) 안전구호활동

청소년단체에서 이루어지고 있는 안전구호활동은 크게 안전생활훈련, 대피방
호훈련, 재해구호활동 등으로 나눌 수 있다. 이러한 활동들은 사고를 예방하고
위급한 사태에 대처하는 훈련을 통하여 개인 및 집단의 안전을 위한 의식과 기
능을 향상시키고자 하는 목적을 가지고 있다. 따라서 청소년들로 하여금 안전수
칙을 지키며, 생활 속에서 개인의 안전뿐만 아니라 집단의 안전에도 적극 참여
하는 태도를 갖게 하며, 생명을 존중하고 위기 시에 상호 협동하여 재난을 극복
하게 하는 능력과 태도를 길러주게 한다.

(4) 지역사회 봉사활동

청소년단체에서 이루어지고 있는 지역사회 봉사활동으로는 어려운 아동이나
노인, 장애인을 대상으로 하는 자원봉사활동, 지역사회의 다양한 문제나 행사에
참여하는 지역개발활동, 환경오염을 방지하고 자연과 인간과의 바른 관계를 체
험하는 환경보전활동, 건전한 교통문화 창달을 위한 교통안전활동 그리고 합리
적인 소비자생활과 소비자의 권리보호를 위한 소비자활동 등이 있다.

(5) 자아탐색활동

청소년단체의 자아탐색활동은 청소년들이 자기관리 능력을 향상시키고 좋은
대인관계 기술을 습득하도록 돕는 심성계발 프로그램과 자신의 특성에 대한 바
른 이해를 통해 자신에게 적합한 직업과 진로를 탐색하고 준비하는 직업적인 자
아정체감을 형성하도록 돕는 진로탐색 프로그램으로 이루어져 있다.

4) 단체 시설 운영의 문제점 및 개선책

청소년단체나 시설의 운영과 관리에 있어서 다음과 같은 몇 가지 문제점을 지적함과 동시에 앞으로의 개선방안에 대해서도 고찰해 보고자 한다.

첫째, 청소년단체나 시설은 제각기 고유의 목표를 가지고 있으나 단체들 또는 시설들 간의 차이가 분명치 않으며, 목표가 청소년 수련 프로그램을 통해 구체적으로 나타나지 않고 있다. 모든 조직은 고유의 설립목적과 목표를 설정하고 있으며, 이것은 교육과정이나 프로그램에 반영되어서 구성원들의 행동을 통해 실현되어야 한다. 뿐만 아니라 조직의 목표는 그 조직의 특성과 운영방향을 반영해야 하며, 조직 구성원들의 마음속에 내면화되고 실현될 수 있도록 구체적이고 명세적인 형태로 진술되어야 한다. 그런데도 청소년단체나 시설의 목표는 각 단체나 시설의 특성을 반영하기보다는 기존 단체나 시설의 목표를 모방하는 수준에 그치고 있으며, 그것이 교육과정이나 프로그램에 반영되어 있지 않음으로써 목표와 실제 수련내용과의 괴리현상을 빚고 있다.

따라서 청소년단체나 시설에서는 각 기관의 특성에 맞추어 고유 목표와 수련목표를 보다 명확하고 구체적으로 설정해야 하며, 이러한 목표가 교육과정이나 프로그램 속에 반영될 수 있도록 프로그램 설계에서부터 개발과정에 이르는 전 과정을 보다 체계적이고 전문적으로 수행해야 할 것이다. 이것은 청소년행정의 전문성을 전제로 하며, 이와 더불어 단체 및 시설에 소속된 구성원들의 자발적이고 적극적인 연구 노력에 의해 가능할 것이다.

둘째, 청소년단체 및 시설에서는 청소년들의 요구를 최대한 반영함으로써 청소년 중심의 행정과 지도가 가능하도록 해야 하는데도 불구하고 많은 단체와 시설에서는 청소년의 요구와 사회의 변화에 적절히 대응하지 못하고 있다. 구태의연한 프로그램이나 활동, 행정가의 보수주의적 사고와 행정 편의주의적 운영, 청소년단체 또는 시설이라고 자칭하면서도 청소년 전문지도자 한 사람 없는 조직, 청소년의 발달과 심리적 특성을 과학적으로 연구하고 이해할 수 있는 전문가가 없는 조직, 청소년의 관점에서 활동을 전개한다는 말을 하면서도 실제로 성인들의 관습과 사회통념 속에서 청소년들을 길들여 가고 있는 수련활동, 일회성의 행사를 통해 청소년 사업의 실적을 과장하고 있는 조직, 이 모든 것이 청소년의 요구보다 성인의 관점만이 강조되고 있는 현장이다.

　청소년의 요구와 사회의 요구를 반영하고 청소년 중심의 실질적인 지도활동이 전개되기 위해서는 무엇보다 청소년을 과학적으로 이해하고자 하는 연구 노력이 선행되어야 할 것이다. 이것은 청소년의 특성과 발달, 그리고 생활환경을 있는 그대로 객관적으로 이해하고, 성인의 관점으로서가 아니라 그들의 사고구조 속에서 그들의 행동을 분석하고자 하는 태도를 요구한다. 그리고 청소년의 제반 특성과 요구에 기초하여 청소년 수련활동이나 지도활동을 전개하고자 하는 행정가 또는 지도자의 신념이 요구되기도 한다. 무엇보다 행정가의 청소년에 대한 잘못된 편견이나 비과학적인 판단을 배제해야만 할 것이다.

　셋째, 청소년단체와 시설들 상호 간에 연대의식이나 공동체적 노력이 결여되어 있으며, 단체나 시설을 하나로 통합하는 전국적 또는 지역적 조직망, 즉 협의체 기구가 미약하거나 그 기능이 약하다. 개별 청소년단체들은 개방적이고 협력적이기보다 폐쇄적이고 경쟁적인 양상을 나타내고 있음으로써 상호 협조체제를 기대하기 어려운 실정이다. 이러한 상황에서 청소년단체협의회와 같은 기구는 단체나 시설들 간의 상호 협조체제와 공동활동을 지원하기 위한 다양한 프로그램을 개발해야 하며, 이와 더불어 전국적으로 또는 단일지역 내에서라도 청소년들이 어떤 단체나 시설을 이용하더라도 자신의 욕구를 충족하고 의미 있는 삶을 설계할 수 있도록 하는 연합망 체제를 구축하는 데 보다 많은 노력을 기울여야 할 것이다. 이를 위해서는 각 시·도에 설치되어 있는 청소년단체협의회의 위상을 높이고 재정적 지원을 확충해야 하며, 이와 함께 회원 단체 또는 시설들의 협력을 유도할 수 있는 다양한 방안을 마련해야 한다.

　넷째, 청소년단체 및 시설의 운영은 일부 공공기관을 제외하고는 대부분 열악한 수준에 있으며, 심지어 매년 적자상태로 운영되고 있다. 독지가나 관련 기업인의 기부금에 의존하거나 청소년들이 내는 참가비에만 의존하게 된다는 것은 정부나 지방자치단체의 실적 위주 청소년 지원사업을 단적으로 나타내는 결과라고 말할 수 있다. 시설만 지어 놓고 소위 생색만 내는 청소년 사업이라면 청소년 지도에 오히려 역효과를 가져올 수 있음을 명심해야 한다. 물론 어느 정도의 재정 지원이 이루어지고 있으나 이 또한 일부 힘 있는 사회단체나 기관에 집중되고 있다면 청소년 사업의 효과는 크게 기대하기 어려울 것이다.

무엇보다 정부의 재정지원이 현실적으로 더욱 확대되어야 하겠지만, 재정지원의 합리성과 투명성 및 공정성이 보장될 수 있도록 다각적인 노력이 뒤따라야 할 것이다. 이것은 청소년행정이 실적 위주나 편의주의적 행정의 산물이 아니라 실질적이고 효율적인 방향으로 전개되기 위한 필수적인 조치라고 할 수 있다. 청소년들은 아무런 경제적 부담 없이 자유롭게 청소년단체나 시설을 이용할 수 있어야 한다.

│ 참고문헌 │

강대근 · 천성민(1993). 청소년지도활동의 모형과 실제. 한국청소년개발원(편), 청소년지도론. 서울: 서원.

고성혜(1996). 가출청소년을 위한 중간의 집 설치방안 연구. 연구보고서 96-17. 한국청소년개발원.

고성혜(2000). 청소년의 의식세계. 자녀안심운동서울협의회.

고영복 · 김인자 · 안해균(1980). 청소년의 여가활동 실태에 관한 연구. 국무총리기획조정실.

구준주(1984). 청소년의 성역할 유형과 창의성과의 관계. 석사학위논문. 경북대학교 대학원.

구창모(1993). 청소년 문제의 유형별 현황과 지도: 폭력. 한국청소년개발원(편). 청소년 문제론. 서울: 서원.

권이종(1996). 청소년학 개론. 서울: 교육과학사.

권준모(2001). 컴퓨터 게임이 청소년에게 미치는 영향에 관한 연구. 청소년보호위원회.

권중돈(1994). 집단지도의 과정. 청소년개발원(편). 집단지도론. 서울: 서원.

금성사(1991). G-ISD: 교육과정개발 지침서. 금성사 구미연수원.

김광일 등(1983). 성에 대한 태도조사. 정신건강연구 Ⅰ. 한양대학교 정신건강연구소.

김동위(1994). 청소년의 인간화 교육. 서울: 교육과학사.

김문환(1988). 청소년문화 육성의 기본전제. 청년연구 Ⅱ. 유네스코한국위원회, 41-60.

김선남(1994). 청소년 비행 관련 변인간의 인과적 분석. 박사학위논문. 전남대학교 대학원.

김선영(1987). 우리나라 고등학생의 양성적 성역할 정체감과 자아실현성 및 도덕성 발달과의 관계. 석사학
　　　위논문. 고려대학교 대학원.

김신일(1993). 청소년문화의 의미와 성격. 한국청소년개발원(편). 청소년문화론. 서울: 서원.

김영모(1995). 한국청소년정책의 역사와 발전방향. 한국청소년개발원(편). 청소년정책의 역사와 발전방향. 서

울: 한국청소년개발원.

김영찬(1980). 생활, 문화, 교육. 서울: 교육과학사.

김영한(1999). 청소년 수련시설의 운영현황과 종합대책. 오늘의 청소년 9. 한국청소년단체협의회.

김옥순(2000). 정보사회와 청소년 자아 정체성. 한국청소년개발원 심포지움. 인터넷 문화: 청소년참여와 사이버
　　　일탈, 23-57.

김옥순 · 홍혜영(1999). 정보사회와 청소년 I: 통신중독증. 서울: 한국청소년문화원.

김인경(1994). 청소년기 자아 중심성 하위구인의 내용타당성 연구. 한국심리학회지: 발달 7(1), 96-119.

김인경 · 윤진(1987). 청소년기 자아 중심성에 관한 연구. 한국심리학회 연차대회 발표논문초록.

김인경 · 장근영(1992). 청소년기 자아 중심성과 관련변인들에 대한 탐색적 연구. 한국심리학회지: 발달 5(1),
　　　143-156.

김재은(1984). 연구방법. 서울: 교육과학사.

김종옥 · 권중돈(1992). 집단사회사업 방법론. 서울: 홍익제.

김창대 등(1994). 청소년 문제유형분류체계-기초연구. 청소년상담연구 8. 청소년대화의 광장.

김향초(1999). 가출청소년을 위한 쉼터의 발전방향과 청소년 가출에 대한 대책. 연구보고서. 서울구로구 가출
　　　청소년쉼터.

김호권(1974). 현대교수이론. 서울: 교육출판사.

김홍규(1994). 인간행동의 이해. 서울: 양서원.

김희강(1980). 새로운 성역할 개념에 관한 일 연구. 석사학위논문. 고려대학교 대학원.

나일주(1992). 산업교육 프로그램개발 모형 및 서식개발연구. 연강학술재단.

남정걸(1994). 청소년행정과 정책의 과제. 한국청소년개발원(편). 청소년관계법과 행정. 서울: 서원.

남정걸(1998). 사회교육행정론. 서울: 교육과학사.

노성호(1992). 한국의 청소년 비행화에 관한 연구. 박사학위논문. 고려대학교 대학원.

류호섭(1995). 시설 · 설비관리. 한국청소년개발원(편). 청소년기관운영. 서울: 한국청소년개발원.

문화관광부(2003). 청소년백서.

박명윤 · 구창모 · 신선미(1991). 청소년 수련거리 실태조사 및 개발방향 연구. 한국청소년개발원.

박부일(1999). 청소년 가출 예방과 가출 청소년 선도대책. 오늘의 청소년. 한국청소년단체협의회.

박선영(1985). 대학생의 성역할 관념에 관한 일 연구: 자기와 타인의 지각 불일치 및 심리적 적응을 중심으
　　　로. 석사학위논문. 이화여자대학교 대학원.

박성희(1994). 청소년활동프로그램 개발의 기초. 한국청소년개발원(편). 프로그램의 개발과 운영.

박아청(1990). 아이덴티티의 世界. 서울: 교육과학사.

박진규(2003). 청소년문화. 서울: 학지사.

서봉연(1988). 한국 청소년의 Identity Crisis에 관한 분석적 연구. 심리학의 연구문제 3. 서울대학교 심리학과,

129-160.

송명자(1994). 심리학의 최근 동향: 발달. 한국심리학회 동계연수회 8, 3-140. 서울: 한국심리학회.

송명자(1997). 발달심리학. 서울: 학지사.

송정부(1993). 청소년의 문제행동. 한국청소년개발원(편). 청소년 문제론. 서울: 서원.

신미식(2000). 성매매 청소년 문제 실태와 해결방안에 관한 연구. 한국청소년개발원.

심응철 · 최광현(1986). 비행청소년의 자아개념 연구. 행동과학연구 8. 고려대학교 행동과학연구소.

오미경(1997). 감각추구성향(sensation seeking)과 사회화 요인이 남녀 청소년의 위험행동에 미치는 영향. 박사학위논문. 이화여자대학교 대학원.

윤영민(2000). 인터넷이 청소년의 사회화에 미치는 영향. 청소년보호위원회 제2차 정책포럼. 인터넷 시대에 있어 청소년 문제와 대책.

윤진(1992). 청소년을 바라보는 시각. 서울: 한국청소년연구원, 1-18.

이달호 · 김제한(1987). 교육심리학. 서울: 학문사.

이민희(2001). 청소년 성매매에 관한 정책연구. 문화관광부 · 한국청소년개발원.

이봉철(1991). 인권, 청소년, 그리고 청소년권. 한국청소년연구 2(4), 5-29.

이영희(1992). 가출청소년을 위한 쉼터 마련. "청소년 가출의 예방과 대처방안" 심포지움 자료집. 한국청소년연구원.

이용교(1993). 가출. 한국청소년개발원(편), 청소년 문제론. 서울: 서원.

이용교(1995). 한국청소년정책론. 서울: 인간과 복지.

이윤호(1993). 비행청소년의 교정 교화. 한국청소년개발원(편). 청소년 문제론. 서울: 서원.

이은경(2001). 청소년 가출과 성매매 실태분석. 청소년 문제 정책포럼, 청소년 위기, 어떻게 해결할 것인가.

이은주(1998). 생활사건 스트레스와 사회적 지지가 청소년 비행에 미치는 영향. 한국청소년연구 9(2), 115-137. 한국청소년개발원.

이종승(1989). 교육연구법. 서울: 배영사.

이춘재 등(1988). 청년심리학. 서울: 중앙적성출판사.

이춘화(1999). 집단 따돌림 예방 및 지도대책 연구. 한국청소년개발원.

이형득(1984). 상담의 이론적 접근. 대구: 형설출판사.

이형득 · 한상철(1993). 여가상담 프로그램. 지도상담 18, 계명대학교 학생생활연구소.

이희도 · 한상철 · 곽형식 · 이동원 · 양병한(1996). 수업이론과 실제. 서울: 중앙적성출판사.

임승권(1988). 정신위생. 서울: 양서원.

임영식(1997). 청소년기 우울의 특징과 문제행동. 청소년행동연구 2. 대구한의대학교 청소년문제연구소. 57-72.

임영식(1999). 청소년 자살과 예방. 청소년행동연구 4, 35-50, 대구한의대학교 청소년문제연구소.

자녀안심운동 서울협의회(2001). 청소년 PC방 이용실태 조사. 자녀안심운동 서울협의회.

장병림(1980). 청년심리학. 서울 법문사.

장수한(1993). 상담사례분석을 통한 청소년 가출의 원인과 대책. 석사학위논문. 부산대학교.

장휘숙(1999). 청년심리학. 서울: 학지사.

전명기 · 박창남 · 김영한(1998). 청소년 수련시설 특성화방안 연구. 서울: 한국청소년개발원.

정옥분 · 윤종희 · 도현심 역(1999). 청년발달의 이론. 서울: 양서원.

조수헌(2000). 컴퓨터사용이 청소년의 건강에 미치는 영향에 관한 연구. 청소년보호위원회.

조아미(1999). 가출청소년을 위한 청소년쉼터의 사회적 역할. 연구보고서. 서울구로구 가출청소년쉼터.

조아미(1999). 청소년의 정서 관련 섭식 욕구에 관한 연구. 한국청소년연구 10(1). 한국청소년개발원.

조아미(2002). 청소년의 게임이용 실태와 중독에 관한 연구. 청소년행동연구 7. 대구한의대 청소년문제연구소.

조영남(1992). 수업체제설계 모형과 이에 따른 컴퓨터 보조수업 코스웨어의 개발연구. 박사학위논문, 경북대학교
　　　대학원.

조영승(1999). 청소년육성정책. 한국청소년학회(편). 청소년학총론. 서울: 양서원.

조혜정(1999). 청소년은 얼마만큼 자율적 주체인가? 청소년 인권개선을 위한 대토론회 자료집, 한국청소년학회.

진태원(1996). 폭력과 비행. 종합보고서. 서울 YWCA 청소년유해환경감시단.

차갑부(1993). 성인교육방법론. 서울: 양서원.

차경수(1998). 청소년학 연구의 현황과 과제. 청소년학연구 5(2), 1-16. 한국청소년학회.

차재호(1986). 가치관의 변화. 사회과학연구협의회(편). 한국사회의 변화와 문제. 법문사.

천정웅(1998). 청소년 실업과 대응전략. "IMF시대와 청소년 문제". '98 청소년 건전육성을 위한 영남권 지역공청
　　　회 자료집. 대구한의대학교 청소년문제연구소.

천정웅(2000). N세대의 컴퓨터 몰입과 사이버 일탈. "인터넷 문화: 청소년참여와 사이버 일탈" 워크숍 자료집.
　　　한국청소년개발원.

천정웅(1999). 청소년정책의 발전과 특성. 한국청소년학회(편). 청소년학총론. 서울: 양서원.

청소년대화의 광장(1995). 청소년 폭력 실태조사.

청소년보호위원회(1999). 청소년유해환경 접촉 종합실태조사-매체, 약물, 업소 부문.

청소년보호위원회(2002). 청소년유해환경 종합 실태조사 결과보고.

최윤미 등(1998). 현대 청년심리학. 서울: 학문사.

최윤진(1993). 가정지도편람 2. 한국청소년개발원.

최윤진 등(1991). 청소년지도자 양성 방안 및 교육과정 개발에 관한 연구. 한국청소년연구원.

최재석(1982). 가족해체: 아동의 가출을 중심으로. 김영모(편). 현대사회문제론. 서울: 한국사회복지정책연구소.

최창섭(1993). 대중매체와 청소년. 한국청소년개발원(편). 청소년문화론. 서울: 서원.

최충옥(1991). 청소년학 정립을 위한 시론. 1991년도 청소년학대회. 한국청소년학회.

한국여성개발원(1995). 1995 여성통계연보. 서울: 한국여성개발원.

한국청소년개발원(1994). 청소년관계법과 행정. 서울: 한국청소년개발원.

한국형사정책연구원(1993). 청소년의 가출과 비행의 관계에 관한 연구. 한국형사정책연구원.

한규석(1995). 사회심리학의 이해. 서울: 학지사.

한상철(1994). 청소년의 스트레스와 우울: 원인과 대응전략. 논문집 12. 대구한의대학교.

한상철(1995a). 기업교육을 위한 체제접근적 모형개발: ISD-P 모형. 논문집 13, 49-76. 대구한의대학교.

한상철(1995b). 청소년의 심리적 부적응에 관한 연구. '95 연구보고. 대구 YMCA 청소년문제연구소.

한상철(1996). 청소년지도 참여자들의 동기유발 및 유지를 위한 전략. 논문집 14. 대구한의대학교.

한상철(1997a). 청소년 폭력의 심리학적 원인과 대응전략. 청소년행동연구 2, 31-54. 대구한의대학교 청소년문제연구소.

한상철(1997b). 청소년지도의 이론과 실제. 대구: 대구한의대학교 출판부.

한상철(1998a). 청소년학 개론. 서울: 중앙적성출판사.

한상철(1998b). 청소년기의 위험행동: 교우관계 및 가족역할 변화와의 관계. 청소년학연구 5(3), 45-62. 한국청소년학회.

한상철(1998c). 청소년심리연구의 동향과 과제. 청소년학연구 5(2), 33-62. 한국청소년학회.

한상철(1999a). 가출 청소년의 우울과 자살행동. 논문집 17. 대구한의대학교.

한상철(1999b). 가출청소년의 위험행동과 대처방안에 관한 탐색적 연구. 청소년행동연구 4, 113-134. 대구한의대학교 청소년 문제연구소.

한상철(1999c). 소외 청소년의 가출 및 비행화 모형과 정책적 대안. "소외청소년을 위한 정책대안" 심포지움 자료집, 한국청소년학회.

한상철(2000a). 가출 청소년 및 학생 청소년의 지각된 사회적 지원과 우울과의 관계. 연구보고 99-p-03, 한국청소년개발원.

한상철(2000b). 사이버 공간에서의 청소년의 삶과 자아 정체성. "인터넷 문화: 청소년참여와 사이버 일탈 워크숍" 자료집. 한국청소년개발원.

한상철(2001a). 청소년기 위험행동의 원인 및 보호적 요소와 발달적 모형에 대한 탐색적 연구. 교육학연구 39(4), 한국교육학회.

한상철(2001b). 청소년의 이성관계에서의 갈등협상전략과 사회적 유능성과의 관계에 대한 탐색적 연구. 교육심리연구 15(1), 25-47. 한국교육심리학회.

한상철(2002a). 청소년에 대한 잘못된 고정관념과 실제의 분석. 청소년행동연구 7, 85-108. 대구한의대학교 청소년문제연구소.

한상철(2002b). 청소년 폭력의 위험요인과 보호요인, 교육학연구. 계명대학교 사회과학연구소.

한상철(2003a). 청소년의 인터넷 접촉정도와 중독성향에 대한 조사. 한국심리학회지: 사회문제 9(2), 19-40. 한국사회문제심리학회.

한상철(2003b). 생활권 청소년 수련시설에 대한 운영컨설팅 결과분석과 대안제시. 청소년학연구 10(1), 19-44.

한국청소년학회.

한상철(2003c). 감각추구성향과 대처전략이 청소년의 위험행동에 미치는 영향. 교육심리연구 17(4), 5-24. 한국
    교육심리학회.

한상철ㆍ권두승ㆍ방희정ㆍ설인자ㆍ김혜원(2001). 청소년지도론. 서울: 학지사.

한상철ㆍ김혜원ㆍ설인자ㆍ임영식ㆍ조아미(2003). 청소년 문제행동-심리학적 접근. 학지사.

한상철ㆍ박성희ㆍ조아미(1997). 청소년심리학. 서울: 양서원.

한상철ㆍ이수연(2003). 가출 청소년의 우울 및 자살행동에 대한 상담학적 개입전략에 관한 연구. 청소년상담
    연구 11(1), 152-165. 한국청소년상담원.

한상철ㆍ임영식(2000). 청소년심리의 이해. 서울: 학문사.

한상철ㆍ이형득(1995). 인간이해와 교육. 서울: 중앙적성출판사.

한승희ㆍ정회욱ㆍ황진구ㆍ정윤경(1995). 학교수련활동 운영모형개발보고서. 연구보고서 95-22. 한국청소년개발원.

한준상(1991). 청소년 유해환경과 청소년정책. 한국의 청소년과 교육환경. 대한 YMCA연맹ㆍ대한 YWCA연합회.

함병수 등(1991). 청소년 관계제도 개선 방안에 관한 연구. 서울: 한국청소년연구원.

허정무(1995). 청소년단체수련활동의 이론과 실제. 오운문화재단.

허형(1988). 형식조작적 사고와 지능과 학업성취도와의 관계. 교육학연구 26(1), 79-68.

허혜경ㆍ김혜수(2003). 청년발달심리학. 서울: 학지사.

현암사 편집부(1994). 일곱 가지 남성 콤플렉스. 서울: 현암사

홍대식 역(1983). 사회심리학. 서울: 박영사.

홍봉선ㆍ남미애(2000). 청소년복지론. 서울: 양서원.

황상민(1997). 사이버공간에서의 청소년의 정체성 형성: 가상 공동체 의식과 복합 공동체성의 형성을 중심으
    로. 한국심리학회 춘계심포지움. 가상공동체 의식과 정보화 사회에의 적응, 35-66.

황상민(2001). 인터넷 중독의 실태와 사회적 손실규모. 인터넷중독 대처방안 모색을 위한 전문가포럼. 한국정보
    문화센터.

황정규(1984). 학교학습과 교육평가. 서울: 교육과학사.

황진구(1999). 청소년 인터넷 이용실태에 관한 연구. 한국청소년개발원.

황진구(2001). 청소년 정보격차 실태와 대책 연구. 한국청소년개발원.

岡本包治, 小山忠弘 外(1988). 社會敎育指導者 入門. 東京: 日常出版.

深谷昌志(1987). 청소년의 지도. 일본방송출판회.

日高幸南(1988). 사회교육실천의 방법ㆍ기술. 동경: 전일본사회교육연합회.

佐藤守 外(1990). 생애학습의 촉진방법. 동경: 제일법규.

Abeles, N. (1979). Theories of counseling. In H. M. Burks & B. Steffle (Eds.), *Psychodynamic theory*. NY: McGraw-Hill Book Co.

Achenbach, T. M., & Edelbrock, C. S. (1981). Behavioral problems and competencies reported by parents of normal and disturbed children aged four through sixteen. *Monographs of the Society for Research in Child Development, 46* (Serial No. 188).

Adelson, J., & O'neil, R. P. (1986). Growth of political ideas in adolescence: The sense of community. *Journal of Personality and Social Psychology, 4*, 295-306.

Aguilar, T. E. (1987). Effects of a leisure education program on expressed attitudes of delinquent adolescents. *Therapeutic Recreation Journal, 21*, 43-51.

Alexander, P. C., Neimeyer, R. A., Follette, V. M., Moorse, M. K., & Harler, S. (1989). A comparison of group treatments of women sexually abused as children. *Journal of Consulting and Clinical Psychology, 57*, 479-483.

Allen, J. P., Bell, K. L., & Boykin, K. A. (1994). *Autonomy and relatedness in adolescent-mother interactions and social functioning with peers*. Paper presented at the meeting of the Society for Research on Adolescence. San Diego, CA.

Anderson, G., & Brown, R. I. (1984). Real and laboratory gambling, sensation seeking and arousal. *British Journal of Psychology, 75*, 401-410.

Andrews, D. H., & Goodson, L. A. (1980). A Comparative Analysis of Models of Instructional Design. *Journal of Instructional Development, 3*(4), 2-15.

Arnett, J. (1992). Reckless behavior in adolescence: A developmental perspective. *Developmental Review, 12*, 339-373.

Arnett, J. (1995). Broad and narrow socialization: The family in the context of a cultural theory. *Journal of Marriage Family, 57*, 617-628.

Arnett, J. (1996). Sensation-seeking, aggressiveness, and adolescent reckless behavior. *Personality and Individual Differences, 20*, 693-702.

Arnett, J. (1998). Risk behavior and family role transitions during the twenties. *Journal of Youth and Adolescence, 27*(3), 301-320.

Arnstein, J. (1990). *Runaways in their own words: Kids talking about living on the street*. New York: Tor Book.

Bachman, J. G., Wadsworth, K. N., O'Malley, P. M., Schulenberg, J., & Johnston, L. D. (1996). Marriage, divorce, and parenthood during the transition to young adulthood: Impacts on drug use and abuse. In L. Schulenberg et al. (Eds.). *Health risks and developmental transitions during adolescence*. New York: Cambridge University Press.

Baldwin, A. L. (1964). The approval of parent. *Behavior Psychology*.

Bancroft, J. (1990). The impact of sociocultural influences on adolescent sexual development: Futher considerations. In J. Bancroft & J. M. Reinisch (Eds.). *Adolescence and puberty.* New York: Oxford University Press.

Bandura, A. (1973). *Aggression: A social learning analysis.* Englewood Cliffs, NJ: Prentice-Hall.

Bandura, A. (1977). *Social learning theory.* Englewood Cliffs, N.J.: Prentice-Hall.

Barnard, L. S. (1979). A study of leisure attitude and locus of control in a structured leisure counseling problem. Unpblished Doctoral Dissertation, Departmant of Guidance and Educational Psychology in the Graduate School Southern Illinois University.

Baron, R. A. (1977). *Human aggression.* New York: Plenum.

Baron, R. A., & Bell, P. A. (1976). Aggression and heat: the influence of ambient temperature, negative affect, and a cooling drink on physical aggression. *Journal of Personality and Social Psychology, 33,* 245-255.

Barwick, N. A., & Siegel, L. S. (1996). Learning difficulties in adolescent clients of shelter for runaway and homeless street youth. *Journal of Research on Adolescence, 6,* 649-670.

Baumrind, D. (1991). The influence of parenting style on adolescent competence and substance abuse. *Journal of Early Adolescence, 11,* 56-95.

Beal, C. R. (1994). *Boys and girls: The development of gender-roles.* New York: McGraw-Hill.

Beck, A. T. (1974). The development of depression: A cognitive model. In R. J. Friedman & M. M. Katz (Eds.). *The psychology of depression: Contemporary theory and research.* New York: John Wiley and Son.

Beck, A. T. (1980). *Depression, cases and treatment.* Philadelphia, University of Pennsylvania Press.

Bedini, L. A. (1990). The status of leisure education: Implications for instruction and practice. *Therapeutic Recreation Journal, 24,* 40-49.

Belansky, E. S., & Clements, P. (1992). *Adolescence: A crossroads for gender-role transcendence or gender-role intensification.* Paper presented at the meeting of the Society for Research on Adolescence, Washington, DC.

Belle, D., & Goldman, N. (1980). Patterns of diagnoses received by men and women. In M. Guttentag, S. Salasin, & D. Belle (Eds.). *The mental health of women.* New York: Academic Press.

Bem, S. L. (1974). The measurement of psychological androgyny. *Journal of Consulting and Clinical Psychology, 42,* 155-166.

Bem, S. L., & Lenney, E. (1976). Sex typing and avoidance of cross sex behavior. *Journal of Personality and Social Psychology, 33,* 48-54.

Berkowitz, L. (1974). Some determinants of impulsive aggression: the role of mediated associations with reinforcements of aggression. *Psychological Review, 81*, 165-176.

Berkowitz, L. (1984). Some effects of thought on anti and prosocial influences of media events: A cognitive neoassociation analysis. *Psychological Bulletin*, 410-427.

Bernard, H. S. (1981). Identity formation in late adolescence: A review of some emperical findings. *Adolescence, 16*, 349-358.

Bicksler, H. S. (2002). Listening to the voices of adolescents with serious emotional disturbance. D. T. Marsh & M. A. Fristad (Eds.), *Handbook of serious emotional disturbance,* John Wiley & Sons, Inc., New York.

Biegler, R. S., Liben, L., & Yekel, C. A. (1992). *Developmental patterns of gender-related beliefs: Beyond unitary constructs and measures.* Paper presented at the meeting of the American Psychological Association, Washington, DC.

Blackham, G. J., & Silberman, A. (1971). *Modification of child behavior.* Bermont, California: Wadsworth Publishing Company, Inc.

Blau, G. M., & Gullotta, T. P. (1996). *Adolescent dysfunctional behavior.* Sage.

Bloom, B. S. (1976). *Huamn characteristics and school learning.* New York: McGraw-Hill.

Blos, P. (1989). The inner world of the adolescent. In A. H. Esman (Ed.). *International annuals of adolescent psychiatry.* Chicago: University of Chicago Press.

Boas, F. (1950). *Foreword to coming of aging in Samoa.* New York: New American Library.

Bond, M. H., & Dutton, D. G. (1975). The effect of interaction anticipation and experience as a victim on aggressive behavior. *Journal of Personality, 43*, 3.

Brent, D. A., Kerr, M. M., Goldstein, C., Bozigar, J., Wartella, M., & Allan, M. J. (1989). An outbreak of suicide and suicidal behavior in a high school. *Journal of the American Academy of Child and Adolescent Psychiatry, 28*, 918-924.

Bridges, K. M. B. (1979). *Emotional development in early infancy child development.* McGraw-Hill Book Co., p. 8.

Briggs, L., Gustafson, K., & Tillman, M. (1991). *Instructional design.* Englewood Cliffs, NJ: Educational Technology Publications.

Brightbill, C. K. (1960). *The challenge of leisure.* Englewood Cliffs, N. J.: Prentice-Hall, Inc..

Bronfenbrener, U. (1977). Toward an experimental ecology of human development. *American Psychologist, 32*, 513-531.

Bronfenbrenner, U. (1986). Ecology of the family as a contest for human development: Research perspectives. *Developmental Psychology, 22*, 723-742.

Brook, J. S., Brook, D. W., Gordon, A. S., Whiteman, M., & Cohen, P. (1990). The psychological etiology of adolescent drug use: A family interactional approach. *Genetic, Social, and General Psychology Monographs, 116,* 110-267.

Brooks-Gunn, J., & Reiter, E. O. (1990). The role of pubertal processes. In S. S. Feldman & G. R. Elliott (Eds.), *At the threshold: The developing adolescent.* Cambridge, MA: Harvard University Press.

Brown, B. B., & Trujillo, C. M. (1988). Adolescents' perceptions of peer group stereotypes. Cited in Muuss, R. *Theories of adolescence.* New York: McGraw-Hall, Inc.

Buhrmester, D. (1993). *Adolesent friendship and the socialization of gender differences in social interaction styles.* Paper presented at the bienial meeting of the Society for Research in Child Development, New Orleans.

Buss, D. M. (1988). Love acts: The evolutionary biology of love. In R. J. Sternberg & M. L. Barness (Eds.). *The anatomy of love.* New Haven, CT: Yale University Press.

Byres, J. P. (1988). Formal operations: A systematic reformulation. *Developmental Review, 8,* 66-87.

Campbell, C. Y. (1988). *Group raps depiction of teenagers.* Boston Globe, p. 44.

Cantwell, D. P., & Baker, L. (1991). Manifestation of depressive affect in adolescence. *Journal of Youth and Adolescence, 20,* 121-134.

Caplan, P. J., & Caplan, J. B. (1994). *Thinking critically about research on sex and gender.* New York: Harper Collins.

Carroll, J. B. (1963). A model of school learning. *Teachers College Record, 64,* 723-733.

Carver, C. S., & Scheider, M. F. (1985). A control-systems approach to the self- regulation of action. In J. Kuhl & J. Beckmann (Eds.). *Action controln: From cognition to behavior,* 237-266, New York: Springer-Verlag.

Cella, D. F., DeWolfe, A. A., & Fitzgibbon, M. (1987). Ego identity status, Identification, and decision-making style in late adolescence. *Adolescence, 22,* 849-861.

Clark, A. E., & Ruble, D. N. (1978). Young adolescent's beliefs concerning mensturation. *Child Development, 49,* 231-234.

Clement, R., & Jonah, B. A. (1984). Field dependence, sensation seeking and driving behaviour. *Personality and Individual Differences, 5,* 87-93.

Cline, D. B., Croft, R. G., & Courrier, S. (1973). Desensitization of children to television violence. *Journal of Personality and Social Psychology, 27,* 360-365.

Cloninger, C. R. (1987). Neurogenetic adaptive mechanisms in alcoholism. *Science, 236,* 410-416.

Cohen, A. K. (1958). *Delinquency boys: The culture of the gang.* The Free Press.

Cohen, C., Teresi, J., & Holmes, D. (1988). The physical wellbeing of old homeless men. *Journal of Gerontology, 43,* 121-126.

Cole, D. A. (1991). Adolescent suicide. In R. M. Lerner, A. C. Petersen, & Brooks-Gunn (Eds.). *Encyclopedia of adolescence* (Vol. 2, pp. 1113-1116). New York: Garland.

Collins, W. A., & Luebker, C. (1993). *Parental behavior during adolescence: individual and relational significance.* Paper presented at the biennial meeting of the Society for Research in Child Development, New Orleans.

Condry, J. C. (1989). *The psychology of television.* Hillsdale, NJ: Erlbaum.

Conger, J. J. (1977). *Adolescence and Youth: Psychological development in a changing world* (2nd ed.). New York: Harper & Row.

Cooper, C. R., Grotevant, H. D., Moore, M. S., & Condon, S. M. (1982). *Family support and conflict: Both foster adolescent identity and role taking.* Paper presented at the meeting of the American Psychological Association, Washington, DC.

Corey, G. (1982). *Theory and practice of counseling and psychotherapy.* Monterey, Calif.: Brooks/Cole.

Cormier, W. H., & Cormier, L. S. (1979). *Interviewing strategies for helpers: A guide to assessment, treatment, and evaluation.* Monterey, Calif.: Brooks/Cole.

Crawford, M., & MacLeod, M. (1990). Gender in the college classroom: An assessment of the "chilly climate" for women. *Sex roles, 23,* 101-122.

Crokett, L. J. (1991). Sex roles and sex-typing in adolescence. In R. M. Lerner, A. C. Petersen, & Brooks-Gunn (Eds.), *Encyclopedia of adolescence* (Vol. 2). New York: Garland.

Dahlbeck, O. (1990). Criminality and risk taking. *Personality and Individual Differences, 11,* 265-272.

Davis, F. W., & Yates, B. T. (1982). Self-efficacy expectancies vs. outcome expectancies as determinants of performance deficits and depressive affect. *Cognitive Therapy and Research, 6,* 23-35.

Dick, W. (1993). Enhanced ISD: A Response to Changing Environments for Learning and Performance. *Educational Technology, 33*(2), 12-16.

Dickason, J. G. (1977). Approaches and techniques of recreation counseling. In A. Eppeson, P. A. Witt & G. Hitzhysen (Eds.). *Leisure counseling: An aspect of leisure education,* Sprinfield, Ill. C. C. Thomas, 54-63.

Dollard, J., Doob, L., Miller, N. E., Mowrer, O. H., & Sears, R. (1939). *Frustration and aggression.* New Haven, CT: Yale Uni. Press.

Donnerstein, E., Donnerstein, M., & Evans, R. (1975). Erotic stimuli and aggression: Facilitation and inhibition. *Journal of Personality and Social Psychology, 32,* 237-244.

Donovan, J. E., Jessor, R., & Costa, F. M. (1991). Adolescent health behavior and conventionality-unconventionality: An extension of problem-behavior theory. *Health Psychology, 10,* 52-61.

Doyle, J. A., & Paludi, M. A. (1995). *Sex and gender: The human experience* (3rd ed.). Dubuque, IA:

Brown and Benchmark.

Dunn, J. (1986). *Generalizability of the leisure diagnostic battery.* Unpublished Doctoral Dissertation, University of Illinois, Champaign.

Durkheim, E. (1893). *De la devision du travail Social.* 田原音知 譯 (1971), 社會分業論. 青木書店.

Ebata, A. T. (1991). Stress and coping in adolescence. In R. M. Lerner, A. C. Petersen, & J. Brooks-Gunn (Eds.), *Encyclopedia of adolescence* (Vol. 2, pp. 1100-1106). New York: Garland.

Eccles, J. (1987). Gender roles and achievement patterns: An expectancy value perspective. In J. M. Reinisch, L. A. Rosenblum, & S. A. Sanders (Eds.). Masculinity/femininity. New York: Oxford University Press.

Eccles, J. S., Harold-Goldsmith, R., & Miller, C. L. (1989). *Parents' stereotypic belief about gender differences and adolescence.* Paper presented at the biennial meeting of the Society for Research in Child Development, Kansas City.

Edelman, M. W. (1992). Foreword. In A. Hatkoff & K. Klopp. *How to save the children.* New York: Simon & Schuster.

Edelman, M. W. (1994). *The state of America's children, 1994.* Washington, DC: Children's Defense Fund.

Edwards, P. B., & Bloland, P. A. (1980). Leisure counseling and consultation. *The Personnel and Guidance Journal, 68,* 435-440.

Elkind, D. (1967). Egocentrism in adolescence. *Child Development, 38,* 1025-1034.

Elkind, D. (1974). *A sympathetic understanding of the child from birth to sixteen.* Boston: Allyn & Bacon.

Ellis, A. (1979). The practice of rational-emotive therapy. In A. Ellis & J. Whiteley (Eds.). *Theoritical and emperical foundations of rational-emotive therapy.* Monterey, Calif.: Brooks/Cole.

Enright, R. D., Levy, V. M., Harris, D., & Lapsley, D. K. (1987). Do economic conditions influence how theorists view adolescents? *Journal of Youth and Adolescence, 16,* 541-559.

Erikson, E. H. (1959). Identity and life cycle. *Psychological Issues, Monograph 1,* 1-171, New York: International Universities Press.

Erikson, E. H. (1968). *Identity: Youth and Crisis.* New York: W. W. Norton.

Erikson, E. H. (1980). *Identity and the life cycle.* New York: W. W. Norton.

Eron, L. D., Husemann, L. R., Lefkowitz, M. M., & Walder, L. O. (1972). Does television violence cause aggression? *American Psychologist, 27,* 253-263.

Evans, R. I. (1967). *Dialogues with Erik Erikson.* Harper & Row.

Eysenck, H. J. (1952). *The structure of human personality.* London: Methuen.

Faiman, C., & Winter, J. S. D. (1974). Gonadotropins and sex hormone patterns in puberty: Clinical data. In M. M. Grumbach, G. D. Grave, & F. E. Mayer (Eds.). *Control of the onset of puberty.* New

York: Wiley.

Fasick, F. A. (1994). On the "invention" of adolescence. *Journal of Early Adolescence, 14,* 6-23.

Faust, M. S. (1960). Developmental maturity as a determinant in prestige of adolescent girls. *Child Development, 31,* 173-184.

Feldman, S. S., & Elliott, G. R. (1990). Progress and promise of research on normal adolescent development. In S. S., Feldman & G. Elliott (Eds.). *At the threshold: The developing adolescent.* Cambridge, MA: Harvard University Press.

Feshbach, S., & Singer, R. (1971). *Television and aggression: An experimental field study.* San Francisco: Jossey Bass.

Fischoff, B. (1992). Risk taking: A Developmental Perspective. In J. F. Yates (Ed.). *Risk-taking behavior* (pp. 132-162). New York: Wiley.

Fisher, C. B., & Brone, R. J. (1991). Eating disorders in adolescence. In R. M. Lerner, A. C. Petersen, & J. Brooks-Gunn (Eds.). *Encyclopedia of adolescence* (Vol. 1, pp. 272-277). New York: Garland.

Flavell, J. H. (1985). *Cognitive development* (2nd. Ed.). Englewood Cliffs, NJ: Prentice-Hall, Inc.

Forrest, D. V. (1983). Depression: Information and interventions for school counselors. *The School Counselor, 30*(4), 270-271.

Freedman, J. L., Heshka, S., & Levy, A.(1975). Population density and pathology: Is there a relationship? *Journal of Experimental Social Psy., 11,* 539-552.

Freeman, D. (1983). *Margaret Mead and Samoa.* Cambridge, MA: Harvard University Press.

Freud, A. (1958). *The ego and the mechanisms of defense.* New York: International Universities Press.

Freud, S. (1952). New introductory lectures on psychoanalysis. In R. M. Hutchins (Ed.). *Great Books of the western world,* Volume 54: *Freud,* translated by W. J. H. Sprott, Chicago: Encyclopadia Britanica, Inc..

Friedman, I. M. (1985). *Alcohol and unnatural deaths in San Francisco youths. Pediatrics, 76,* 191-193.

Frodi, A., Macauley, J., & Thome, P. R. (1977). Are women always less aggressive than men? A review of the experimental literature. *Psychological Bullutin, 84,* 634-660.

Furnham, A., & Stacey, B. (1991). *Young, people's understanding of society.* London: Routledge.

Gagné, R. M., Briggs, L. J., & Wager, W. W. (1992). *Principles of Instructional Design* (4th Ed). NY: Holt, Rinehart & Winston Inc.

Galambos, N. L., Petersen, A. C., Richards, M., & Gitleson, I. B. (1985). The Attitudes toward Women Scale for Adolescents (AWSA): A study of reliability and validity. *Sex roles, 13,* 343-356.

Gallup, A. M., & Clark, D. L. (1987). The 19th annual Gallup poll of the public's attitude toward the public schools. *Phi Delta Kappan, 69,* 17-30.

Gans, J. (1990). *America's adolescents: How healthy are they?* Chicago: American Medical Association.

Garmezy, N. (1985). Stress-resistant children: The search for protective factors. *Journal of Child Psychology and Psychiatry, 4,* 213-233.

Garrison, K. C. (1965). *Psychology of adolescence.* Mcmillian, p. 269.

Gibbs, N, (1990). The dreams of youth. *Time* (Special Issue), 10-14.

Gjerde, P. F., & Block, J. (1991). Preadolescent antecedents of depressive symptomatology at age 18: A prospective study. *Journal of Youth and Adolescence, 20,* 217-232.

Goldstein, A. J. (1979). Behavioral psychotherapy. In R. J. Corsini (Ed.), *Current psychotherapies,* Itasca, Ill.: F. E. Peacock.

Goodenough, E. L. (1967). *Theories of learning.* N.Y.: McGraw-Hill Book Co., p. 2.

Goodlad, J. I. (1984). *A place called school.* New York: McGraw-Hill. 108-124.

Goodnow, J. J. (1995). *Incorporating "culture" into accounts of development.* Paper presented at the meeting of the Society for Research in Child Development, Indianapolis, IN.

Graff, R. W., Whitehead, G. I., III, & LeCompte, M. (1986). Group treatment with divorced women using cognitive-behavioral and supportive-insight methods. *Journal of Counseling Psychology, 33,* 276-281.

Gronlund, N. E. (1973). *Preparing criterion-referenced test for classroom instruction.* New York: The Macmillan Co.

Gustafson, K. L., & Tillman, M. H. (1991). Designing the General Strategies of Instruction. In Briggs, L. J., Gustafson, K. L., & Tillman, M. H. (Eds.). *Instructional design.* Englewood Cliffs, NJ: Educational Technology Publications.

Hall, C. S., & Lindzey, C. (1978). *Theories of personality* (3rd ed.). New York: John Wiley and Sons.

Hall, R. C. W., Tice, L., Beresford, T. P., Wooley, B., & Hall, A. K. (1989). Sexual abuse in patients with anorexia nervosa and bulimia. *Psychosomatics, 30,* 73-79.

Halonen, J., & Santrock, J. W. (1996). Psychology: The context of behavior (2nd ed.), Dubuque, IA: Brown & Benchmark.

Hamburg, D. A. (1993). The opportunities of early adolescence. In R. Takanishi (Ed.), *Adolescence in the 1990s.* New York: Teachers College Press.

Hannum, W., & Hansen, C. (1989). *Instructional systems development in large organizations.* Englewood Cliffs, NJ: Educational Technology Publications.

Harter, S. (1990). Self and identity development. In S. S. Feldman & G. R. Elliott (Eds.), *At the threshold: The developing adolescent.* Cambridge, MA: Harvard University Press.

Hartman, D. (1969). Influence of symbolically modeled instrumental aggression and pain cues on aggressice behavior. *Journal of Personality and Social Psy, 11,* 280-288.

Hauck, W. E., Martens, M., & Wetzel, M. (1986). Shyness, group dependence and self-concept: Attributes of the imaginary audience. *Adolescence, 21,* 529-534.

Hauser, S. T., & Bowlds, M. K. (1990). Stress, coping, and adaptation. In S. S. Feldman & G. R. Elliott (Eds.), *At the threshold: The developing adolescent* (pp. 388-413). Cambridge, MA: Harvard University Press.

Heino, A., van der Molen, H. H., & Wilde, G. J. S. (1992). *Risk-homeostatic processes in car-following behaviour: Individual differences in car-following and perceived risk.* Traffic Research Center monograph VK 92-02. Groningen, the Netherlands: University of Groningen Press.

Hickman, C. M. (1992). *Effects of behavioral group leisure counseling programs on leisure independence, depression, and depression related variables of adult women.* Unpublished Doctoral Dissertation, Department of Recreation and Leisure, The University of Utah.

Hill, A. J., & Bhatti, R. (1995). Body shape perception and dieting in preadolescent British Asian girls: Links with eating Disorders. *International Journal of Eating Disorders, 17,* 175-183.

Hill, J. P., & Lynch, M. E. (1983). The intensification of gender-related role expectations during early adolescence. In J. Brooks-Gunn & A. Petersen (Eds.). *Girls at puberty* (pp. 201-228). New York: Plenum.

Hirschi, T., & Hindelang, M. J. (1977). Intelligence and delinquency: A revisionist review. *American Sociology Review, 42,* 571-587.

Hirshorn, B. (1991). Sharing or competition: Multiple views of the intergenerational flow of society's resources. *Marriage and Family Review, 16,* 175-192.

Hjelle, L. A., & Ziegler, D. J. (1981). *Personality theories* (2nd ed.). New York: McGraw-Hill Book Company.

Hoffman, L. W. (1989). Effects of maternal employment in the two-parent family. *American Psychologist, 44,* 283-292.

Hofstede, G. (1980). *Culture's consequences: International differences in work-related values.* Beverly Hills, CA: Sage.

Hokanson, J. E., & Shetler, S. (1961). The effect of overt aggression on physiological arousal. *Journal of Abnormal and Social Psychology, 3,* 446-448.

Holland, A., Sicotte, N., & Treasure, L. (1988). Anorexia nervosa: Evidence for a genetic basis. *Journal of Psychosomatic Research, 32,* 561-571.

Holmbeck, G. N., & Hill, J. P. (1986). A path-analytic approach to the relations between parental traits and acceptance and adolescent adjustment. *Sex roles, 14,* 315-334.

Holmes, L. D. (1987). Quest for the real Samoa: The Mead-Freeman controversy and beyond. South

Hadley, MA: Bergin & Carvey.

Homer, L. E. (1973). Community-based resource for runaway girls. *Social Casework, 54,* 373-379.

Horvath, P., & Zuckerman, M. (1993). Sensation seeking, risk appraisal, and risky behavior. *Personality and Individual Differences, 14,* 41-52.

Hosford, R. E. (1969). Behavioral counseling: A contemporary overview. *Counseling Psychologist, 1*(4), 1-33.

Huchings, B. (1974). Registered criminality in the adoptive & biological parents of registered male adoptees. In S. A. Mednick, F. Schulsinger, J. Higgings, & B. Bell (Eds.). *Genetics, Environment and Psychopathology.* Amsterdam: North-Holland, 215-217.

Hurlock, E. B. (1948). *Developmental Psychology.* New York: McGraw-Hil Book Co., 310.

Huston, A. C., & Alvarez, M. (1990). The socialization context of gender-role development in early adolescence. In R. Montemayor, G. R. Adams, & T. P. Gulotta (Eds.). *From childhood to adolescence: A transitional period?* Newbury Park, CA: Sage.

Hyde, J. S. (1981). How large are cognitive gender differences? A meta-analysis using w^2 and d. *American Psychologist, 36,* 892-901.

Hyde, J. S. (1990). Meta-analysis and psychology of gender differences. *Signs: Journal of Women in Cultural and Society, 16,* 55-69.

I.B.M. (1986). *A Systems Approach to Education: Instructional Systems Development Guide.*

Inhelder, B., & Piaget, J. (1958). *The growth of logical thinking: From childhood to adolescence.* New York: Basic Books.

Irwin, C. E., Jr. (1993). Adolescent and risk taking: How are they related? In N. J. Bell & R. W. Bell (Eds.). *Adolescent risk taking.* Sage. Newbury Park, CA.

Irwin, C. E., Jr., & Millstein, S. G. (1986). Biopsychosocial correlates of risk-taking behaviors during adolescence. *Journal of Adolescent Health Care, 7,* 82S-96S.

Irwin, D. B., & Simons, J. A. (1994). *Life-span developmental psychology.* Wisconsin: Brown & Benchmark, Inc.

Jacob, K. W., & Koeppel, J. C. (1974). Psychological correlates of the mobility decision. *Bullentin of the Psychological Society, 3,* 330-332.

Jeff, T., & Smit, M. (Ed.) (1988). *Welfare and Youth Work, Practice.* London: Macmillan Education.

Jensen, A. R. (1969). How much can we boost IQ and scholastic achievement? *Harvard Educational Review, 39,* 1-123.

Jensen, A. R. (1969). How much can we boost IQ and scholastic achievement? *Harvard Educational Review, 39,* 1-123.

Jensen, C. R. (1977). *Leisure and Recreation,* Philadelpia: Lea & Febiger.

Jessor, R. (1991). Risk behavior in adolescence: A psychosocial framework for understanding and action. *Journal of Adolescent Health Care, 12*, 592-605.

Jhally, S. (1990). *Dreamworlds: Desire/sex/power in rock video* (Video). Amherst: University of Massachusetts at Amherst, Department of Communications.

Johnson, J. H. (1986). *Life events as stressors in childhood and adolescence*. Beverly Hills: Sage.

Johnston, L. D., O'Malley, P. M., & Bachman, J. G. (1992). *Smoking, drinking, and illicit drug use among American secondary school students, college students, and young adults, 1975-1991* (vol. 1). Rockville, MD: National Institute of Drug Abuse.

Jose, P. E. (1990). Just world reasoning in children's immanent justice judgements. *Child Development, 54*, 669-676.

Kafry, D. (1982). Sensation seeking of young children. *Personality and Individual Differences 3*, 161-166.

Kandel, D. B. (1986). Processes of peer influences in adolescence. In R. K. Silbereiwen et al., (Eds.). *Development as action in context*. Berlin: Springer-Verlag.

Kandel, D. B., & Raveis, V. H. (1989). Cessation of illicit drug use in young adulthood. *Arch. Gen. Psychiat. 74*, 109-116.

Kanfer, F. H. (1980). Self-management method. In F. H. Kanfer & A. P. Goldstein (Eds.). *Helping people change*. New York: Pergamon Press.

Kaplan, P. S. (2004). *Adolescence*. Houghton Mifflin Company.

Kaplan, S. L., Busner, J., & Pollack, S. (1988). Perceived weight, actual weight, and depressive symptoms in a general adolescent sample. *International Journal of Eating Disorders, 7*, 107-113.

Kazdin, A. E. (1990). Psychotherapy for children and adolescents. *Annual Review of Psychology, 41*, 21-54.

Keating, D. P. (1990). Adolescent thinking. In S. S. Feldman & G. R. Elliot (Eds.). *At the Threshold: The Developing Adolescent* (pp. 54-89). Cambridge, Harvard University Press.

Kegels, S. M., Adler, N. E., & Irwin, C. E., Jr. (1988). Sexually active adolescents and condoms: Changes over one year in knowledge, attitudes and use. *American Journal of Public Health, 78*, 460-461.

Kestenberg, J. (1968). Phases of adolescence, with suggestions for a correlation of psychic and hormonal organizations, Part III: Puberty growth, differentiation, and consolidation. *Journal of the American Academy of Child Psychiatry, 7*, 108-151.

Kleck, G. (1988). Miscounting suicides. *Suicide and Life-Threatening Behavior, 18*, 219-236.

Kobak, R., Cole, C., Fleming, W., Ferenz-WGilles, R., & Bamble, W. (1993). Attachment and emotional regulation during mother-teen problem-solving: A control theory analysis. *Child Development, 64*, 231-245.

Koff, E., Rierdan, J., & Silverstone, E. (1978). Change in representation of body image as a function of menarcheal status. *Developmental Psychology, 14*, 635-641.

Kohlberg, L. (1984). *The psychology of moral development: The nature and validity of moral stages* (Vol. 2). New York: Harper & Row.

Krumboltz, J. D. (1966). Promoting adaptive behavior: New answers to familiar questions. In J. Krumboltz (Ed.). *Revolution in counseling*. Boston: Houghton Mifflin.

Kubiak, L. C. (1987). *A school based, stress-inoculation approach to stress management training with adolescents: Effects on locus of control, self-concept, state-traite anxiety and social behavior.* Doctoral dissertation, University of Florida.

Kupersmidt, J. B., Burchinal, M. R., Leff, S. S., & Patterson, C. J. (1992). *A longitudinal study of perceived support and conflict with parents from middle childhood through early adolescence.* Paper presented at the meeting of the Society for Research on Adolescence, Washington, DC.

LaFleur, N. K. (1979). Behavioral views of counseling. In H. M. Jr. Burks & B. Stefflre (Eds.). *Theories of counseling*. New York: McGraw-Hill.

Langlieb, K. R. (1987). *The effect of retirement-leisure counseling on leisure and retirement attitude.* Unpublished Doctoral Dissertation.

Lapsley, D. K. (1991). Egocentrism theory and the "new look" at the imaginary audience and personal fable in adolescence. In R. M. Lerner, A. C. Petersen, & J. Brooks-Gunn (Eds.). *Encyclopedia of adolescence*. New York: Garland.

Lavin, D. E. (1965). *The prediction of academic performance*. New York: Rassell Sage Foundation.

Lavori, P. W., Keller, M. B., Beardslee, W. R., & Dorer, D. J. (1988). Affective disorder in childhood: Separating the familial component of risk from individual characteristics of children. *Journal of Affective Disorders, 15*, 303-311.

Lawson, A. E. (1982). Relationships among performances on three formal operations tasks. *Journal of Psychology, 96*, 235-241.

Lazarus, R. S., & Folkman, S. (1984). *Stress, appraisal, and coping*. New York: Springer Publishing Company.

Lerner, M. (1991). Changing organism context relations as the basic process of development: A developmental- contextual perspective. *Developmental Psychology, 27*, 27-32.

Lerner, R. M., Entwisle, D. R., & Hause, S. T. (1994). The crisis among contemporary American adolescents: A call for the integration of research, policies, and programs. *Journal of Research on Adolescence, 4*, 1-4.

Leshin, C., Pollock, J., & Reigeluth, C. (1992). *Instructional Design Strategies and Tactics*. Englewood Cliffs, NJ: Educational Technology Publications.

Levenson, E. A. (1961). The treatment of school phobia in the young adult. *American Journal of Psychotherapy, 15*, 539-552.

Leventhal, A. (1994). *Peer conformity during adolescence: An integration of developmental, situational, and individual characteristics.* Paper presented at the meeting of the Society for Research on Adolescence, San Diego, CA.

LeVine, R. A., & Shweder, R. A. (1995). *Culture, pluralism, and the nature-nurture problem.* Paper presented at the meeting of the Society for Research in Child Development, Indianapolis, IN.

Levitt, M. Z., & Selman, R. L. (1996). *The personal meaning of risk behavior: A developmental perspective on friendship and fighting in early adolescence.* Lawrence Erlbaum Association Associates, Publishers, New Jersey.

Levy, G. D. (1991). *Effects of gender constancy, figure's sex and size on preschooler's gender constancy: Sometimes big girls to cry.* Paper presented at the Society for Research in Child Development meeting, Seattle.

Levy, G. D., & Carter, D. B. (1989). Gender schema, gender constancy, and gender-role knowledge: The roles of cognitive factors in preschoolers' gender-role stereotype attributions. *Developmental Psychology, 25*, 444-449.

Lewin, K. (1935). *Dynamic theory of personality.* New York: McGraw-Hill.

Lim, C. (1994). *Formative research on an instructional theory for conceptual understanding.* Unpublished doctoral dissertation, Indiana University, Indiana.

Linn, M. C., & Petersen, A. C. (1986). A meta-analysis of gender differences in spatial ability: Implication for mathematics and science achievement. In J. S. Hyde & M. C. Linn (Eds.). *The psychology of gender: Advances through meta-analysis.* Baltimore: Johns Hopkins University Press.

Linn, V. C. (1983). Content, context, and process in reasoning. *Journal of Early Adolescence, 3*, 63-82.

Lloyd, M. A. (1985). *Adolescence.* New York: Harper & Row.

Lohnes, P. R. (1966). Measuring adolescent personality. *Project TALENT five-Year Follow-up studies.* Interim Report 1, Pittsburg, Pa.: University of Pittsburg.

Lynch, M. E. (1991). Gender intensification. In R. M. Lerner, A. C. Petersen, & J. Brooks-Gunn (Eds.). *Encyclopedia of adolescence* (Vol.1). New York: Garland.

Maccoby, E. E. (1993). *Trends and issues in the study of gender role development.* Paper presented at the biennial meeting of the Society for Research in Child Development, New Orleans.

Maccoby, E. E., & Jacklin, C. N. (1974). *The psychology of sex differences.* Palo Alto, CA: Stanford University Press.

MacKenzie, R. G. (1991). Substance abuse. In W. R. Hendee (Ed.), *The health of adolescents* (186-210).

San Francisco: Jossey-Bass.

Mager, R. F. (1962). *Preparing instructional objectives.* Belmont, California: Fearon.

Marcia, J. E. (1966). Development and retardation of ego identity status. *Journal of Personality and Social Psychology, 3*(5), 551-558.

Marcia, J. E. (1988). Identity and intervention. *Journal of Adolescence, 12*, 401-410.

Marcus, M. D., Wing, R. R., & Hopkins, J. (1988). Obese being eaters: Affect, Cognitions, and response to behavioral weight control. *Journal of Consulting and Clinical Psychology, 56*, 433-439.

Martin, C. L. (1990). Attitudes and expectations about children with nontraditional and traditional gender roles. *Sex roles, 22*, 151-165.

Martin, C. L., & Halverson, C. F. (1987). The role of cognition in sex role acquisition. In D. B. Carter (Ed.). *Current conceptions of sex roles and sex typing: Theory and research.* New York: Praeger.

Maslow, A. H. (1954). *Motivation and Personality.* New York: Harper.

Matlin, M. W. (1993). *The psychology of women* (2nd ed.). San Diego: Harcourt Brace Jovanovich.

Maw, W. H., & Maw, E. W. (1968). Self appraisal of curiosity. *Journal of Educational Research, 61*, 462-466.

McDowell, C. F. (1983). *Leisure wellness: Concepts and helping strategies.* Eugene, OR: Sun Moon Press.

McNamara, K. (1989). Group counseling for overweight and depressed college women: A comparative evaluation. *The Journal for Specialists in Group Work, 14*, 211-218.

Mcwhirter, J. J., Mcwhirter, B. T., Mcwhirter, E. H., & Mcwhirter, R. J. (2004). *At-risk youth: A comprehensive response* (3rd.). Brooks & Cole.

Mead, M. (1928). *Coming of age in Samoa.* New York: Morrow.

Mead, M. (1935). *Sex and temperament in three primitive societies.* New York: Morrow.

Meichenbaum, D. (1977). *Cognitive behavior modification: An integrative approach.* New York: Plenum.

Meichenbaum, D. (1985). *Stress inoculation training.* New York: Pergamon Press.

Meltzer, S. (1968). *Psychology of adolescence.* N.Y.: McGraw-Hill Book Co., p. 392.

Mendels, J. (1970). *Concept of depression.* New York: John Wiley, 53-97.

Michael, J., & Meyerson, L. (1962). Behavioral approach to counseling and guidance. *Harvard Educational Review, 32*, 382-402.

Miller, P. H. (1993). *Theories of development psychology.* New York: Freeman.

Millstein, S. G., Irwin, C. E., Jr., Adler, N. E., Cohn, L. D., Kegeles, S. M., & Dolcini, M. M. (1992). High-risk behaviors and health concerns among young adolescents. *Pediatrics, 89.* 422-428.

Mirel, J. E. (1991). Twentieth-century America, adolescence in. In R. M. Lerner, A. C. Petersen, & J. Brooks-Gunn (Eds.). *Encyclopedia of adolescence* (Vol. 2). New York: Garland.

Morgan, B., & Leing, P. (1980). Effects of assertion training on acceptance of disability by physically disabled university students. *Journal of Counseling Psychology, 27,* 209-212.

Morgan, M. (1987). Television, sex-role attitudes, and sex-role behavior. *Journal of Early Adolescence, 7,* 269-282.

Motorola. (1990). *Motorola training and development system.* Unpublished manuscript.

Mounts, N. S. (1992). *An ecological analysis of peer influence on adolescent academic achievement and delinquency.* Paper presented at the meeting of the Society for Research on Adolescence, Washington, DC.

Moyer, K. (1976). *The psychology of aggression.* NY: Harper & Row.

Muuss, R. E. (1988). *Theories of adolescence* (5th Ed.). New York: McGraw-Hill.

Nakkula, M., Barr, D., Watts, C., & Richmond, J. B. (1992). Friendship and fighting: A developmental approach to the study of risk and prevention of violence. *Development and Psychopathology, 4,* 529-558.

Neugarten, B. L. (1988). *Policy issues for an aging society.* Paper presented at the meeting of the American Psychological Association, Atlanta.

Neulinger, J., & Brok, A. J. (1974). Reflections on the 1973 American Psychological Association leisure symposium. *Journal of Leisure Research, 6,* 168-171.

Neulinger, J. (1975). The need for and the implications of a psychological conception of leisure. *Ontario Psychologist, 8,* 13-20.

Newcomer, S., & Udry, J. R. (1987). *Parental marital status effects on adolescent sexual behavior. Journal of Marriage and Family, 49,* 235-240.

Nolen-Hoeksema, S., Girgus, J. S., & Seligman, M. E. P. (1991). Sex differences in depression and explanatory style in children. *Journal of Youth and Adolescence, 20,* 233-246.

O' Conner, B. P., & Nikolic, J. (1990). Identity development and formal operations as sources of adolescent egocentrism. *Journal of Youth and Adolecence, 19,* 149-158.

Offer, D., Ostrov, E., & Howard, K. I. (1991). Disorders of self-image, depression, and suicide. In W.R. Hendee (Ed.). *The health of adolescents.* San Francisco: Jossey-Bass.

Offer, D., Ostrov, E., Howard, K. I., & Atkinson, R. (1988). *The teenage world: Adolescents' self-image in ten countries.* New York: Plenum.

Olweus (1994). Annotation: Bullying at school based intervention program. *Journal of Child Psychology and Psychiatry, 35,* 1171-1190.

Osgood, D. W., Wilson, J. K., O' Malley, P. M., Bachman, J. G., & Johnston, L. D. (1996). Routine actives and individual deviant behavior. *American Sociological Review,* in press.

Ostrov, E., Offer, D., & Howard, K. I. (1989). Gender differences in adolescent symptomatology: A normative study. *Journal of American Academy of Child and Adolescent Psychiatry, 28*, 394-398.

Paludi, M. A. (1992). *The psychology of women*. Madison, WI: Brown & Brenchmark.

Parker, S. R. (1969). Theory and practice of the work-leisure relationship. *Society and Culture, 2*.

Patterson, C. H. (1980). *Theories of counseling and psychotherapy* (3rd ed.). New York: Harper & Row Publishers.

Paxton, S., Wertheim, E., Gibbons, K., Szmukler, G., Huller, L., & Petrovich, J. (1991). Body image satisfaction, dieting beliefs, and weight loss behaviors in adolescent girls and boys. *Journal of Youth and Adolescence, 20*, 361-380.

Pellet, L. (1974). *The development and implementation of a leisure counseling program with female psychiatric patients based on value clarification techniques*. Unpublished master's thesis, Clemson University, Clemson, South Carolina.

Petersen, A. C., Sarigiani, P. A., & Kennedy, R. E. (1991). Adolescent depression: Why more girls? *Journal of Youth and Adolescence, 20*, 247-272.

Piaget, J. (1952). *The child's conception of number*. New York: Norton.

Piaget, J., & Inhelder, B. (1973). Memory and intelligence. New York: Basic Books.

Plomin, R. (1990). *Nature and nurture: An introduction to human behavior genetics*. Pacific Grove, CA: Brooks/Cole.

Power, C., & Estaugh, V. (1990). The role of family formation and dissolution in shaping drinking behavior in early adulthood. *Br. J. Addict. 85*, 521-530.

Rakos, R. F., & Schroeder, H. E. (1980). *Self-directed assertiveness training*. New York: Bio Monitoring Application (BMA).

Ramirez, J., Bryant, J., & Zillman, D. (1982). Effects of erotica on retaliatory behavior as a function of level of prior provocation. *Journal of Personality and Social Psychology, 43*, 971-978.

Reigeluth, C. M. (1983). *Instructional design theories and models: An overview of their current status* (Ed.). Hillsdale, NJ: Lawrence Erlbaum Associates.

Reigeluth, C. M. (1991). A third-wave educational system. In B. H. Banathy (Ed.), *Systems design of education*. Englewood cliffs: NJ. ET publications.

Reynolds, R. P., & O'Morrow, G. S. (1985). *Problems, issues & concepts in therapeutic recreation*. Englewood Cliffs, NJ: Prentice-Hall, Inc.

Rice, F. P. (1999). *The adolescent: Development, relationships, and culture*. Allyn & Bacon.

Richey, R. C. (1993). Instructional Design Theory and a Changing Field. *Educational Technology, 33*(2), 16-21.

Rierdan, J., Koff, E., & Stubbs, M.L. (1989). Timing of menarche, preparation, and initial menstrual experience: Replication and further analyses in a prospective study. *Journal of Youth and*

Adolescence, 18, 413-426.

Roberts, A. R. (1982). Adolescent runaways in suburbia: A new typology. *Adolescence, 17*, 379-396.

Robins, K. (1995). "Cyberspace and the world we live in" in *Cyberspace/Cyberbod/Cyberpunk of Technological Embodyment.* Nondon, Routledge.

Robinson, J. P., Shaver, P. R., & Wrightsman, L. S. (1991). *Measures of personality and social psychological attitudes* (Eds.). San Diego: Academic Press, Inc.

Rogers, C. (1961). *On becoming a person.* Boston: Houghton Mifflin Company.

Rogers, C. (1980). *A way of Being.* Boston: Houhton Mifflin Company.

Rogoff, B. (1981). *Apprenticeship in thinking.* New York: Oxford University Press.

Rohr, N. E. (1996). Identifying adolescent runaways: The predictive utility of the personality inventory of children. *Adolescence, 31*, 604-623.

Romiszowski, A. J. (1981). *Desinging Instructional Systems.* NY: Kogan Page, London/Nicholas Publishing.

Rosenthal, D., et als. (1975). Parent-child relationships and psychopathological disorder in the child. *Archives of General Psychiatry, 32*, 466-477.

Sanders, W. B. (1981). *Juvenile Delinquency: Causes, patterns, and reactions.* New York: Holt, Rinehart and Winston.

Santrock, J. W. (1996). *Adolescence* (6th Ed.). Brown and Benchmark.

Sarason, G., Pierce, G. R., & Sarason, B. R. (1994). General and specific perceptions of social support. In W. R. Avison & I. H. Gotlib (Eds.). *Stress and mental health: Contemporary issues and prospects for the future* (151-177). New York: Plenum.

Scales, P. (1990). Developing capable young people: An alternative strategy for prevention programs. *Journal of Early Adolescence, 10*, 420-438.

Scriven, M. (1967). The methodology of educational evaluation. In R. Stake (Ed.). *Perspectives of curriculum evaluation.* Chicago: Rand MaNally.

Sears, D., Peplau, L. A., & Taylor, S. E. (1991). *Social Psychology.* Prentice Hall: Englewood Cliffs, New Jersey.

Selman, R. L., Schultz, L. H., & Yeates, K. O. (1996). Interpersonal understanding and action: A developmental perspectives. In D. Cicchetti & S. L. Toth (Eds.). *Rochester symposium on developmental psychopathology*, Vol. 3 (pp. 289-329). Hillsdale, NJ: Erlbaum.

Sessoms, H. D. (1976). The impossible dream? *Journal of Physical Education and Recreation, 47,* 3, 39-40.

Seyle, H. (1976). *The stress of life.* New York: McGraw-Hill.

Shaffer, D. R. (1993). *Developmental Psychology: Childhood and Adolescence* (3rd Ed.). California: Brooks/Cole.

Sherman, B. L., & Dominick, J. R. (1986). Violence and sex in music videos: TV and rock' n' roll. *Journal of Communication, 36,* 79-93.

Shield, R. (1992). The individual, consumption, cultures and the fate of community. R. Shield (Ed.). *Life style shopping,* Routledge.

Siegler, R. S. (1986). *Children's Thinking.* Prentice-Hall, Englewood Cliffs, New Jersey.

Simon, T. R., Kipke, M. D., Ungel, J. B., & Montegomery, S. (1996). *Homeless youth in Hollywood: The lives left behind.* American Public Health Association annual meeting. New York.

Simons, T. P., & Blyth, D. A. (1987). *Moving into adolescence: The impact of pubertal change and school context.* Mew York: Aladine de Gruyter.

Singer, J. L., & Colligian, J. Jr. (1987). Personality: Developments in the study of private experience. *Annual Review of Psychology, 38,* 533-574.

Skinner, B. F. (1953). *Science and human behavior.* New York: Macmillan.

Sloane, R. B., Staples, F. R., Cristol, A. H., Yorkton, N. J., & Whipple, K. (1975). *Psychotherapy versus behavior therapy.* Cambridge, Mass.: Harvard University Press.

Spade, J. Z., & Reese, C. A. (1991). We've come a long way, maybe: Colleae students' plans for work and family. *Sex Roles, 24,* 309-321.

Spillane-Grieco, E. (1984). Characteristics of a helpful relationship: A study of empathetic understanding and positive regard between runaways and their parents. *Adolescence, 19,* 63-75.

Spirito, A., Overholser, J., Ashworth, S., Morgan, J., & Benedict-Drew, C. (1988). Evaluation of a suicide awareness curriculum for high school students. *Journal of American Academy of Child and Adolescent Psychiatry, 27,* 705-711.

Sprinthall, N. A., & Collins, W. A. (1995). *Adolescent Psychology: A developmental view.* New York: McGraw-Hill, Inc.

Stearns, P. E. (1993). History of emotions: The issue of change. M. Lewis & J. M. Haviland (Eds.), *Handbook of Emotions,* The Guilford Press.

Stedman, L., & Smith, M. (1983). Recent reform proposals for American education. *Contemporary Education Review, 2,* 85-104.

Susman, E.J., Dorn, L.D., & Chrousos, G.P. (1991). Negative affect and hormone levels in young adolescents: Concurrent and predictive perspectives. *Journal of Youth and Adolescence, 20,* 167-190.

Taylor, F. G., & Marshall, W. L. (1977). Experimental analysis of a cognitive-behavioral therapy for depression. *Cognitive Therapy and Research, 1*(1).

Taylor, S. E., Wayment, H. A., & Carrillo, M. (1996). Social comparison, self- regulation, and motivation. R. M. Sorrentino & E. T. Higgins (Eds.). 3-27. *Handbook of Motivation and Cognition,* New York:

The Guilford Press.

Tedeschi, J., Lindskold, S., & Rosenfeld, P. (1985). *Introduction to social psychology.* New York: West.

Teri, L., & Lewinsohn, P. M. (1986). Individual and group treatment of unipolar depression: Comparison of treatment outcome and identification of predictors of successful treatment outcome. *Behavior Therapy, 17,* 215-228.

Terman, L. M. (1921). In symposium: Intelligence and its measurement. *Journal of Educational Psychology, 12,* 127-133.

Thomas, A., & Chess, S. (1986). The New York Longitudinal Study: From infancy to early adult life. In R. Plomin & J. Dunn (Eds.). *The study of temperament: Changes, continuities and challenges.* Hillsdale, NJ: Erlbaum.

Tinsley, H. E. A., & Tinsley, D. J. (1984). Leisure counseling models. In E. T. Dowd (Ed.). *Leisure counseling concepts and applications* (80-96). Springfied, IL: Charles C. Thomas Publishers.

Udry, J. R. (1990). Hormonal and social determinants of adolescent sexual initiation. In J. Bancroft & J. M. Reinisch (Eds.). *Adolescence and puberty.* New York: Oxford University Press.

Unger, J. B., Kipke, M. D., Simon, T. R., Johnson, C. J., Montgomery, S. B., & Iverson, E. (1998). Stress, coping, and social suport among homeless youth. *Journal of Adolescent Research, 13*(2), 134-157.

Unger, J. B., Kipke, M. D., Simon, T. R., Montgomery, S. B., & Johnson, C. J. (1997). Homeless youths and young adults in Los Angeles: Prevalence of mental health problems and the relationship between mental health and substance abuse disorders. *American Journal of Community Psychology, 25,* 371-394.

Vasta, R., Haith, M. M., & Miller, S. A. (1992). *Child psychology: The modern science.* New York: John Wiley & Sons.

Wadsworth, M. (1979). *Roots of delinquency: Infancy, adolescence and crime.* Oxford: Martin Robertson.

Wager, W. W. (1993). Instructional Systems Fundamentals: Pressures to Change. *Educational Technology, 33*(2), 8-12.

Watson, J. B. (1960). Conditioned emotion at reaction. *Journal of Experimental Psychology,* p. 1.

Weigel, D. J., Devereux, P., Leigh, G. K., Ballard-Reisch, D. (1998). A longitudinal study of adolescents' perceptions of support and stress: Stability and change. *Journal of Adolescent Research, 13*(2), 158-177.

Weiner, B. (1986). *An attributional theory of motivation and emotion.* New York: Springer-Verlag.

Weiss, G. (1983). Long-term outcome: Findings, concepts and practical implications. In M. Rutter (Ed.), *Developmental Neuropsychiatry.* New York: Guilford Press.

Weissman, M. M., & Klerman, G. L. (1991). Gender differences in depression in adolescence. In R.M. Lerner, A. C. Petersen, & J. Brooks-Gunn (Eds.). *Encyclopedia of adolescence* (Vol. 1, 210-214).

New York: Garland.

West, D. J. (1973). *Who becomes delinquent?* London: Heinemann Education.

Whiting, B. B. (1989). *Culture and interpersonal behavior.* Paper presented at the biennial meeting of the Society for Research in Child Development, Kansas City.

Whitney, I., & Smith, P. K. (1993). A survey of the nature and extent of bullying in junior/middle and secondary schools. *Educational Research, 35,* 3-25.

Williams, J. E., & Best, D. I. (1989). *Sex and pshche: Self-concept viewed cross-culturally.* Newbury Park, CA: Sage.

Wison, G., & Ryland, F. (1949). *Social group work practice.* Houghton Mifflin Co..

Wolpe, J. (1958). *Psychotherapy by reciprocal inhibition.* Stanford, Calif.: Stanford University Press.

Yankelovich, D. (1974). *The new morality: A profile of American youth in the 1970s.* New York: McGraw-Hill.

Yelon, S. L., & Weinstein, G. W. (1977). *A teacher's world: Psychology in the classroom.* New York: McGraw-Hill.

Yoder, K. A., Hoyt, D. R., & Whitbeck, L. B. (1998). Suicidal behavior among homeless and runaway adolescents. *Journal of Youth and Adolescence, 27*(6), 753-771.

Young, K. S. (1999). Internet addiction: Evaluation and treatment. *Student BMJ, 99,* 351-353.

Zillman, D. (1971). Excitation transfer in communication-mediated aggressive behavior. *Journal of Experimental Social Psy., 7,* 419-434.

Zuckerman, M. (1994). *Behavioral expressions and biological bases of sensation seeking,* New York: Cambridge University Press.

찾아보기

저자약력 ···

한 상 철(韓相哲)

계명대학교 사범대학 교육학과 졸업
동 대학교 대학원 교육학과 교육심리전공 졸업(석사 · 박사)
전) 미래를 여는 청소년학회 회장
현) 대구한의대학교 청소년교육상담학과 교수
　　한국청소년관련학과교수협의회 회장
　　청소년문제연구소 소장
　　한국심리학회 사회문제심리학회 상벌 및 윤리위원회 이사

〈저서〉

청소년학개론(공저, 교육과학사, 2007)
청소년이상심리학(공역, 시그마프레스, 2005)
청소년문제행동-심리학적 접근(공저, 학지사, 2003)
여성교육론(공저, 교육과학사, 2003)
노인교육론(공저, 형설출판사, 2003)
청소년지도론(공저, 학지사, 2001)
청소년교육론(공저, 형설출판사, 2001)
청소년심리의 이해(공저, 학문사, 2000)
청소년학개론(중앙적성출판사, 1998)
청소년심리학(공저, 양서원, 1997)
청소년지도의 이론과 실제(대구한의대학교출판사, 1997)

[2판]

청소년학 : 청소년 이해와 지도

2004년 8월 6일 1판 1쇄 발행
2007년 9월 20일 1판 4쇄 발행
2008년 8월 25일 2판 1쇄 발행
2022년 3월 20일 2판 6쇄 발행

지은이 • 한 상 철
펴낸이 • 김 진 환
펴낸곳 • ㈜ **학지사**
　　　　04031 서울특별시 마포구 양화로 15길 20 마인드월드빌딩 5층
대표전화 • 02) 330-5114　　팩스 • 02) 324-2345
등록번호 • 제313-2006-000265호
홈페이지 • http://www.hakjisa.co.kr
페이스북 • https://www.facebook.com/hakjisabook

ISBN 978-89-5891-711-3 93370

정가 18,000원

출판 · 교육 · 미디어기업 **학지사**

간호보건의학출판 **학지사메디컬** www.hakjisamd.co.kr
심리검사연구소 **인싸이트** www.inpsyt.co.kr
학술논문서비스 **뉴논문** www.newnonmun.com
원격교육연수원 **카운피아** www.counpia.com